Burckhardt · Die Kultur der Renaissance in Italien

JACOB BURCKHARDT

DIE KULTUR DER RENAISSANCE IN ITALIEN

EIN VERSUCH

MIT 32 BILDTAFELN

HERAUSGEGEBEN
UND MIT EINER EINFÜHRUNG VON
WALTHER REHM

Manfred Pawlak
Verlagsgesellschaft mbH.,
Herrsching

1981 Lizenzausgabe für Manfred Pawlak,
Verlagsgesellschaft mbH., Herrsching.
Mit freundlicher Genehmigung
des Phil. Reclam jun. Verlages, Stuttgart.
ISBN 3-88199-018-6

EINFÜHRUNG

Der Geist ist die Kraft, jedes
Zeitliche ideal aufzufassen.
Jacob Burckhardt

Burckhardt hat von dem ersten großen, in neuem Geist geschriebenen Geschichtswerk, von Machiavells *Florentinischen Geschichten*, gesagt, es könne gegen jede Zeile irgend etwas einzuwenden sein, und ihr hoher, ja einziger Wert im Ganzen bliebe dennoch bestehen. Dasselbe mag heute von Burckhardts *Kultur der Renaissance in Italien* gelten. Sie ist vor genau hundert Jahren, 1860, zum ersten Male erschienen, hat ungefähr dreißig Auflagen und Ausgaben erlebt und durch Übersetzung in die meisten modernen Sprachen Eingang gefunden. Eine Zeitlang wurde das Werk hart angegriffen, allein es hat sich seinen festen Platz bewahrt und bestimmt noch immer die allgemeine Vorstellung von einem begrenzten, aber geschichtlich in die Weite wirkenden Zeitalter. Das Buch ist nicht, wie man wohl gemeint hat, aus der Reihe der wissenschaftlichen Werkzeuge in die der wissenschaftlichen Kunstwerke getreten; es verbindet auch jetzt noch, wie bei seinem ersten Hervortreten, das Wissenschaftliche und das Künstlerische in einer höchst seltenen und bewunderungswürdigen Art.

Heute, da der Inhalt des Buchs mittelbar und unmittelbar geistiger Allgemeinbesitz geworden ist, läßt sich kaum noch verstehen, daß es seinerzeit den Gebildeten eine große, glänzende Epoche neu hat sehen lehren und daß von diesem wissenschaftlichen Werk eine geistesgeschichtliche und kulturphilosophische Wirkung ausgegangen ist, die freilich nicht in der Absicht des sich überstark zurückhaltenden Verfassers gelegen hat. Die italienische Renaissance, als geistige, lebenbestimmende Macht, hat durch das Buch, namentlich aber durch Nietzsche, den Kollegen und Bewunderer Burckhardts, und dann künstlerisch durch C. F. Meyer, durch Gobineau und die Essays Walter Paters am Ende des 19. Jahrhunderts tiefen Einfluß auf eine ästhetische Weltanschauung gewonnen, die, ganz dem Individuellen zugewandt, sich am Großen, Schönen und ruchlos Starken, Immoralischen begeisterte und oft ins Dekadente abglitt.

In seiner eigentümlichen Auffassung der italienischen Renaissance hat Burckhardt Vorläufer gehabt. Es ist eine erlauchte Ahnenreihe, die sich von Voltaire und Galiani über Heinse hin zu Goethe, Rumohr und Stendhal zieht. Von mannigfachen geistigen Voraussetzungen aus haben diese die verschiedenen Seiten der italienischen Renaissance, ihr Machtstreben und ihr Formstreben, ihre politischen und kulturellen Inhalte aus innerer Wahlverwandtschaft erfaßt und dargestellt. Sie haben die Bausteine geliefert, aus denen Burckhardt mit völlig ursprünglicher Kraft das Kunstwerk seiner Gesamtansicht zusammenfügte. Denn er bietet, nach verschiedenen Teilausschnitten und nach dem ersten, ihm vertrauten dichterischen Gemälde, das Ludwig Tieck 1840 in dem Roman *Vittoria Accorombona* entworfen hatte, das erste wissenschaftliche und zugleich künstlerische Bild, aus dem die vergangene Epoche dem Leser entgegenleuchtet. Burckhardt hat den vorher mehr stil- und kunstgeschichtlich verwendeten Begriff „Renaissance“ zu einem umfassenden Zeit- und Kulturbegriff geweitet, und man war ihm darin gefolgt. Durch ihn wurde eine Vergangenheit mit der „verehrenden Kraft“ der bildlich-geistigen Anschauung zu neuem Leben erweckt.

Burckhardt hat der Renaissance-Epoche eine tiefe, innere Anteilnahme entgegengebracht. Er ist von der Kunst der „goldenen Zeit“ her zur Gesamterscheinung der Renaissance gekommen und hat von der Kunst her ihre Kultur gesehen und beschrieben. Der das Renaissance-Buch veröffentlichte, war auch der Verfasser des fünf Jahre zuvor erschienenen

Cicerone (1855), der Anleitung zum Genuß der Kunstwerke Italiens von der Antike bis zum Ausgang des 18. Jahrhunderts, mit dem Ziel: „Umrisse vorzuzeichnen, welche das Gefühl des Beschauers mit lebendiger Empfindung ausfüllen könnte." Daß Burckhardt sehr bewußt Kunsthistoriker und Kulturhistoriker zugleich war und im großen die Kunstgeschichte mit der Kulturgeschichte verknüpfen wollte, erklärt auch die innere Eigenart seiner epochalen Darstellung der *Kultur der Renaissance.* Sie hebt nachdrücklich den ästhetischen Formensinn der Italiener, auch in ihrer Stellung zu Staat, Krieg, Mensch und Gesellschaft, hervor. Mensch, Staat, Politik und Gesellschaft erscheinen hier zum ersten Male als bewußt erstrebtes und gefordertes „Kunstwerk", als wahre, gesetzlich schöne Gestalt. Burckhardt, der immer stark vom romanischen Formgefühl als einem für ihn unersetzlichen Lebenswert angezogen wurde, hat im rationalen Formstreben der Renaissance-Italiener, welche auch die klassische Kunst geschaffen haben, den einen wesensbestimmenden Grundzug der Epoche erkannt. Daneben tritt der andere Grundzug im inneren Bau dieser Zeit, der gleichfalls aus dem Individuellen hervorbrechende Machtwille. In ihm bekundet sich etwas Großes, Gewaltiges, der Drang einer jung und stark empfindenden Zeit, die sich von den Fesseln der Kirche befreien will und in ein neu erobertes Leben tritt, dabei aber mitunter die Schranken des gesetzlich Schönen überschreitet. Es ist eine Zeit, die in allem, auch im Bösen, groß ist und groß fühlt.

Daß das Bild der Epoche im Buch so klar und plastisch erscheint, hängt mit der Anschauungskraft und Wirklichkeitsfreude Burckhardts, mit seinem unmittelbaren Verhältnis zu den Dingen der Geschichte und der Kunst zusammen. Schon früh hatte er in sich den Zug zur Geschichte und dessen tiefere Gründe erkannt. Es war einmal das „Poetische", das ihn an der Vergangenheit fesselte. Zum größten Teil ist all das, was Burckhardt nicht ohne schmerzlichen Verzicht im eigenen Gedicht zu sagen verwehrt war, in seine wissenschaftlichen Werke eingegangen. Zum andern war es das Künstlerisch-Bildmässige, Gegenständliche an der Geschichte, das er sich durch eine täglich sich schärfende Anschauung aneignen wollte. „Wo ich nicht von der Anschauung ausgehen kann, da leiste ich nichts." Das ist, 1842, im Sinne Goethes gesprochen, der auch ein Augenmensch war und in Anschauungen dachte. Burckhardt bekennt, er lebe von Bildern und Anschauungen; sein Geschichtsstudium und seine Beschäftigung mit der Kunst sei aus einem enormen Durst nach Anschauung hervorgegangen. Dieses Verlangen, zu schauen und andere schauen zu machen, hat später sein ganzes Streben durchwirkt und sich ihm zu jener Sehnsucht nach kontemplativer Erkenntnis erhöht, die er nachmals, am Schluß seiner *Weltgeschichtlichen Betrachtungen*, in unvergeßliche Worte kleidete.

Innerhalb seiner „kulturhistorischen Gesamtanschauung" will Burckhardt ein abgerundetes Bild geben und die italienische „Nationalkontur" scharf umreißen. Darum sucht er die Nachzeichnung des Seienden und Zuständlichen, nicht des Entstehenden und Werdenden. Er bietet bewußt das Nebeneinander und den Querschnitt, nicht das Nacheinander und den Längsschnitt. Er fordert von sich die abgerundete, möglichst harmonische Ansicht eines Gesamten, nicht die Auseinandersetzung des Einzelnen und seiner Problematik. Da er wesentlich stationär sieht, kümmert er sich nur sehr wenig um die geschichtliche Entwicklung einer Erscheinung und Denkweise. Er verlangt die Erscheinung und die Denkweise als solche; sie allein ziehen ihn an und vermitteln die „Signatur des italienischen Geistes". Das erklärt Burckhardts Bild der Renaissance. Aus innerem, kompositionellem Bedürfnis faßt er sehr entschieden zu einem einheitlichen, gegenständlichen Ganzen zusammen, was sich in Wirklichkeit aus sehr verschiedenen Teilen und Stufen zusammensetzt. Oft vereinfacht er bewußt, und so kommt der entwicklungsgeschichtliche Ablauf der italienischen Renaissance und ihrer Kultur in seiner Darstellung nicht zur Geltung.

An diesem Punkt setzten in der Folge, je nach dem Standpunkt zu Recht oder zu Unrecht, die Kritik und die neue Forschung ein. Ergänzend und erweiternd haben sie die Schichten in der Entfaltung der Renaissance ins Auge gefaßt und mannigfache neue Züge in das von Burckhardt entworfene Bild eingezeichnet. Auch wollte Burckhardt nicht das langsame Sichloslösen der Renaissance aus dem Mittelalter darstellen, ebensowenig ihren Übergang ins Barock, obschon es falsch wäre, deswegen bei ihm auf ein Übersehen derartiger Probleme zu schließen. Seine Absichten waren andere. Er hat die Grenzen zwischen Mittelalter und Renaissance nicht fließend gelassen, sondern sie mit überstarker Betonung gezogen und die neue Zeit sehr hart, ohne Übergänge, gegen die vorangehende Epoche abgesetzt, um das andere dieser Jahrhunderte plastisch hervortreten lassen zu können. Daher entsteht mitunter in seiner Darstellung der Eindruck, als ob die Renaissancezeit mit einem Male und plötzlich aus dem Boden emporgestiegen sei. Um die Gestalt des Zeitraums, der in seiner eigentümlichen Geschlossenheit vor ihm noch niemals deutlich erkannt worden war, genau und eindringlich zu fassen, mußte Burckhardt die Jahrhunderte der Renaissance mit gleichsam künstlerischer Absicht isolieren. Nur auf diese Weise hat seine Darstellung ihre bildmäßige Einheit und Überzeugungskraft gewonnen.

Nicht nur aus Gründen des künstlerischen Aufbaus betont Burckhardt so scharf die neuen geistigen Richtungen und bezeichnenden Charakterzüge der Renaissance. Er tut es auch aus Erwägungen, die das Geschichtsphilosophische berühren. Noch stärker treten sie in der *Griechischen Kulturgeschichte* und in den sogenannten *Weltgeschichtlichen Betrachtungen* als Grundlagen seiner historischen Auffassung hervor. Er sucht das Typische, Bleibende an den Dingen, um ihnen „durch unablässiges Parallelisieren der Facta" das „Allgemeine", das Bild des jezuweilen „Ewigen" in der Geschichte, das ihn mit tiefem Respekt erfüllt, abzugewinnen. „Wir lernen hier den *ewigen* Griechen kennen", heißt es in der Einleitung zur *Griechischen Kulturgeschichte.* In den *Weltgeschichtlichen Betrachtungen* liest man zu Beginn: „Wir betrachten das *sich Wiederholende, Konstante, Typische* als ein in uns Anklingendes und Verständliches." Um den „Geistesinhalt", nicht um den „Realinhalt" geht es Burckhardt. Er ist zwar im Wissenschaftlichen und Geistesgeschichtlichen Vertreter und Meister des gegen die Abstraktion der Hegelianer sich wendenden Realismus, der aus der Wurzel der historischen Schule erwachsen war. Aber er nimmt die Empirie und Realität noch als Zeugnis des Ewigen.

Burckhardt fühlt sich zur Renaissance hingezogen, weil ihm die Renaissance-Italiener das erstgeborene Volk des modernen, wesentlich individuellen Zeitalters sind, insofern sie sich subjektiv, als eigengeartete Menschen, empfinden und durchgängig und im Gesamten sich selbst, ihr „Selbst" entdecken. Darauf kommt es in der Tat an, und man sagt sehr wenig gegen Burckhardts Grundüberzeugung, wenn man nachweist, es habe bereits vor der Renaissance völlig emanzipierte und subjektiv sich verstehende Menschen gegeben. Burckhardt unterschied hier später genauer: es habe im Mittelalter einen unendlichen Reichtum, noch nicht von Individualitäten, sondern von abgestuften Lebensformen gegeben. Gegenüber den schon im Mittelalter möglicherweise vorhandenen „modernen" Lebensäußerungen betont er nachdrücklich, daß dieser oder jener Zug, dieses oder jenes Gefühl innerhalb der Lebensformen jetzt durchgängig und allgemein auftrete. In dieser durchgehenden, oft sogar rechenhaften Bewußtheit des neugearteten Lebensgefühls und der ihm entsprechenden Lebensformen ruht denn auch der wesentliche Unterschied von Mittelalter und Renaissance. Wie Goethe erblickt auch Burckhardt in den Menschen, die damals in neuem Geist ihre Lebensgeschichte aufzeichnen, „Repräsentanten sämtlicher Menschheit". Von Benvenuto Cellini sagt Goethe: „Solche Naturen können als geistige Flügelmänner angesehen werden, die uns mit heftigen Äußerungen dasjenige andeuten, was durchaus, obgleich oft nur mit schwachen, unkenntlichen Zügen, in jeden menschlichen Busen eingeschrieben ist." Burckhardt aber meint von Cellini, es lebe in dieser Gestalt ein ganz kenntliches Vorbild des modernen Menschen. (Freilich hat er dies Aperçu später, für die dritte Auflage des Buchs, gestrichen.) Sodann ist die „Renaissance", das heißt die wiederentdeckte und wiedererstandene Antike, diejenige Macht, welche in engem Bündnis, und wesentlich nur in diesem, mit dem neben ihr vorhandenen italienischen Volksgeist die abendländische Welt bezwungen hat. Darum muß sie „die Führerin unseres Weltalters heißen".

Es ist also kein Zufall, wenn eine so ausgeprägte Persönlichkeit wie die Jacob Burckhardts die *Kultur der Renaissance in Italien* beschreibt, und ebensowenig, wenn man von ihm eine souveräne *Griechische Kulturgeschichte* besitzt. Die griechische Antike ist der andere, große Zeitraum, in dem der Mensch geistiges Individuum wird und sich als solches erkennt und deutet. Burckhardt möchte den Menschen der griechischen Polis in seinen Wandlungen (nicht Entwicklungen), in seinen typischen Zügen bildhaft und querschnittmässig durch die verschiedenen Epochen seiner Geschichte fassen, von der Blüte und Reife bis zum Untergang. So ist Burckhardt der Geschichtsschreiber des europäischen Individualismus geworden. Jedenfalls ist er derjenige gewesen, der das Problem besonders scharf und in großem Zusammenhang erblickt hat. Er besaß ein sehr feines historisches Sensorium für die Höhepunkte und Krisen des abendländischen Individualismus, für Zeiten seines geschichtlichen Aufgangs und Niedergangs, für die Erscheinungen einer „Renaissance" oder, innerhalb der historischen Pathologie, für die eines „Verfalls". Für beide Phänomene hat Nietzsche von dem „weisen Wissenden" viel gelernt. Jugend und Frühling eines wesentlich individuellen Kulturzeitalters schildert Burckhardt in seinem Renaissance-Buch und in den ersten Abschnitten der *Griechischen Kultur-*

geschichte. Herbst und Alter eines solch individuellen Volks und Zeitalters, des antiken, stellt er in andern Teilen der *Kulturgeschichte* dar. Sein Frühwerk, *Die Zeit Konstantins des Großen,* 1853 erschienen, wählt das Thema der geschichtlichen Alterung und inneren Zersetzung und führt es am Beispiel der antiken Kultur durch. Das Renaissance-Werk von 1860 wirkt wie das innere und äußere Gegenstück zum *Konstantin.* Beide Bücher zeigen, zusammen mit der *Griechischen Kulturgeschichte* und dem *Cicerone,* daß sich Burckhardt stets nur „Themen von universalhistorischem, ökumenischem Interesse" auserkoren (und auch andern empfohlen) und dann auf seine eigene, „wildgewachsene" Manier ausgeführt hat.

Noch eine andere Seite in Burckhardts Stellung zur Renaissance ist wesentlich: eine „romantische", insofern in seiner Ablehnung der eigenen, höchst kritisch betrachteten Gegenwart und in seiner Rückwendung zur Vergangenheit ein „romantischer" Zug liegt. In dem Renaissance-Dialog *Fiorenza* von Thomas Mann heißt es einmal: „Wohin die Sehnsucht drängt, nicht wahr? Dort ist man nicht – das ist man nicht. Und doch verwechselt der Mensch den Menschen gern mit seiner Sehnsucht." Auch für Burckhardt ist die Sehnsucht zur Renaissance und besonders zu ihrer Kunst Sehnsucht zu dem, was seine Zeit nicht mehr besitzt: schönes, geschlossenes und geformtes Dasein. Wenn dann im gleichen Dialog gesagt wird: „Was ist Kunst? Bildende Sehnsucht", so gilt das auch von Burckhardts wissenschaftlich-künstlerischer Gestaltung der italienischen Renaissance. Auch bei ihm wird eine Sehnsucht bildend oder, wie Goethe es sagt, produktiv, in noch höherem Maß bei seinem Landsmann C. F. Meyer, der Burckhardts Buch Entscheidendes für sein eigenes dichterisches Renaissance-Bild verdankt.

Den beiden Schweizern ist auch dies noch gemeinsam: vom ästhetischen Standpunkt aus haben sie die Renaissance bejaht, vom ethischen aus aber verneint. In tiefer Verkennung der inneren Art Burckhardts hat man seine Schilderung der Renaissance mit der überwiegenden Abwesenheit des eigentlich ethischen Prinzips auch als Zustimmung zu dieser letztern Tatsache genommen. Man glaubte, auch er habe „jenseits von Gut und Böse" gestanden. Seine Beziehungen zu Nietzsche und der Umstand, daß dieser bei Burckhardt den Immoralismus der Renaissance aufgezeigt fand, freilich nur als faszinierendes, historisch-psychologisches Faktum, nicht als weltanschauliche „Wünschbarkeit", haben dazu beigetragen, daß der Basler Gelehrte vor und nach 1900 durch die Brille Nietzschescher Spekulationen gesehen wurde. Burckhardt hat zweifellos durch die Vermittlung Nietzsches und mit diesem zusammen am Ende des 19. Jahrhunderts als angeblicher Verkünder eines Herrenmenschentums und eines Daseins in Schönheit und „ruchloser" Stärke gewirkt. Burckhardt wußte, daß er an dem neuartigen Renaissancekult nicht ganz ohne Schuld war. Die oft schwebend-andeutende, von hoher Ironie belebte Art, mit der er in seinem Buch und in seinen 1870/71 als Vorlesung vorgetragenen sogenannten *Weltgeschichtlichen Betrachtungen* Dinge besprach, Möglichkeiten zu verstehen gab und gefährliche Durchblicke eröffnete, die bei folgerichtigem Durch- und Zu-Ende-Denken ein unheimliches Ansehen annehmen konnten – diese Art hat auf Nietzsche tief gewirkt. Er saß damals, im Winter 1870/71, voll innerer Eregung unter den Zuhörern Burckhardts und schrieb in einem Brief, er glaube der einzige von ihnen zu sein, „der die tiefen Gedankengänge mit ihren seltsamen Brechungen und Umbiegungen, wo die Sache an das Bedenkliche streift, begreift". Seiner Ansicht nach neigte dieser höchst seltsame und ihn fesselnde „Mann von fünfzig Jahren" zwar nicht zu „Verfälschungen", wohl aber zu „Verschweigungen der Wahrheit". In vielem hat Nietzsche die Schlußfolgerungen gezogen, die Burckhardt in seinem vorsichtigen, erasmischen Wesen sich zu ziehen scheute. Nietzsches spätere Gedankengänge besaßen für ihn etwas

Schwindelerregendes. Auch schauderte er vor dem oft unheilvollen, fast dämonischen Nachleben seines eigenen Geschichtsbildes zurück. Es mußte ihn unheimlich berühren, wenn er sah, wie in Nietzsches Radikalismus seine eigenen Anschauungen, mehr oder weniger gewandelt, wiederkehrten und ihm selbst nicht immer bewußt gewordene Möglichkeiten ausgeschöpft wurden, die sich auf seine andeutenden Ausführungen oder Überlegungen gründen ließen.

Ein Schüler Burckhardts berichtet, dieser habe später seine übermütigen Expektorationen, namentlich über die Renaissance, bereut, weil sie schlimm auf die jüngere Generation gewirkt hätten. Burckhardts Freund, Paul Heyse, hatte schon 1860, bei Erscheinen der *Kultur*, gespürt, was vielen später entgangen war: „die hohe Ironie, die wie ein ätherisches Salz alle Poren durchwittert", vorzüglich die Urteile über die Moral der Renaissance. Seitdem die *Griechische Kulturgeschichte* vorliegt, in der Burckhardt tiefe, dunkle Schatten in das strahlende, winckelmannisch-goethische Bild des Griechentums eingezeichnet und, trotz aller Liebe zu seiner Kunst, unerbittlich scharf mit ihm abgerechnet hat, vollends seit der Veröffentlichung der *Weltgeschichtlichen Betrachtungen* mit dem immer wiederholten Satz: die Macht sei an sich böse, kann nicht der geringste Zweifel darüber walten, wo Burckhardt steht und welche Bedeutung die ethischen Prinzipien, das heißt das „alltägliche, vortreffliche Hausbrot ‚Gut und Böse'", in seinem Leben besitzen.

Das „Schöne in Kunst und Natur" war ihm eine Lebensmacht und ein unersetzliches Lebensbedürfnis, es war seine „Phantasie". Aus seiner „Affinität mit dem Schönen" und seiner Sehnsucht nach dem Harmonischen besaß er ein unmittelbares Verhältnis zur Kunst. Seinen *Cicerone* schrieb er bewußt als „Anleitung zum Genuß der Kunstwerke Italiens", nicht nur zu ihrem geschichtlichen Verständnis. Er hatte als einer der wenigen seiner Zeit den Mut, in den Dingen der Kunst-Wertung einseitig Partei zu ergreifen und das Subjektive hervorzukehren. „Es gilt, den Durst dieser Seele nach allem Schönen zu stillen, ehe ich von hinnen scheide", heißt es schon 1847 in einem Brief, und in einem Gedicht aus den gleichen Jahren bekennt er den inbrünstigen Wunsch, Priester sein zu dürfen „an dem Altar, drauf lodert die Flamme des Ewig-Schönen". Wie Winckelmann kannte auch Burckhardt das Südweh des Nordländers und sein mächtiges Verlangen nach dem Anblick der Schönheit und ihrer gesetzlichen Formen. Seine *Kultur der Renaissance* bezeichnete er selbst als eine „Forschung in der Geschichte des Schönen". Noch die *Erinnerungen aus Rubens,* die der alte Mann für sich niederschrieb, sind von dem Glück durchwärmt, das ihm die immer wieder gesuchte und erneuerte Betrachtung dieses glänzenden, aristokratischen Künstlers und seiner Werke bot. Den „gemeinen" Rembrandt konnte Burckhardt zeitlebens nicht leiden, hier werden seine Grenzen deutlich sichtbar. Er lehnte die dauernde Verletzung seines Schönheitsgefühls durch dessen Kunst energisch ab.

Denn das Schöne war ihm zutiefst auch ein Sittliches, gerade weil er mit Goethe genau wußte, daß nur das Sinnlich-Höchste das Element sei, worin sich in der Kunst das Sittlich-Hohe oder doch eine Ahnung desselben ausdrücke. Das verleiht auch seinem Kunsturteil die Würde, den unvergänglichen Reiz, die innere Gewißheit und die produktive Kraft, selbst dort, wo es einschränkt oder verneint. Burckhardt fragt nach der großen, gehaltenen Menschlichkeit in den Dingen. Es war eine seiner ältesten Überzeugungen, der Charakter sei für den Menschen viel entscheidender als der Reichtum des Geistes. Im *Cicerone* stellt Burckhardt am Schluß seiner Würdigung Raffaels fest, dessen höchste persönliche Eigenschaft sei nicht ästhetischer, sondern sittlicher Art gewesen, „nämlich die große Ehrlichkeit und der starke Wille, womit er in jedem Augenblick nach demjenigen Schönen rang, welches er eben jetzt als das höchste Schöne vor sich sah". Wie streng und vernichtend klingt aus Burckhardts Mund das Urteil über Correggio, an dem er das sittlich Erhebende vermißt: „Wenn diese Gestalten lebendig würden, was hätte man an ihnen?" Von den griechischen Göttern aber wird er später sagen: sie konnten nicht gut sein, weil sie nur ästhetische Ideale, keine ethischen Potenzen waren. „Wir haben nur uns selbst gelebt und allen andern Schmerz bereitet. Wir waren nicht gut, und darum mußten wir untergehen." Es ist die Güte und das Mitleid, welche Burckhardt nicht nur von den Göttern, sondern auch vom Menschen fordert, gerade vom geschichtlichen. An Caesar hebt er neben allem andern noch den „Gran Güte" hervor, der ihm die Erscheinung des ganz Großen, Unersetzlichen erst vollendet. Das „Unersetzliche" aber ist ihm das Zeichen historischer Größe. Endgültig trennte sich Burckhardts Weg von dem Nietzsches, als dieser den Kampf gegen das Mitleid aufnahm, sich also gegen Schopenhauer wandte. Schopenhauer aber war Burckhardts „Philosoph". In den *Weltgeschichtlichen Betrachtungen* kommen die pessimistischen Grundlagen seines geschichtlichen Denkens, mit der Überzeugung, daß die Macht etwas durchaus Böses sei, deutlich zur Geltung.

Der „praktische Pessimismus" als Ausdruck einer unabhängigen, tapferen Lebensstimmung verträgt sich bei Burckhardt sehr wohl mit einem „theoretischen Optimismus". Zudem ist er bei ihm durch das Bewußtsein von der Gewalt des Schönen gemildert und verklärt. Wie Keller und Stifter kennt auch Burckhardt die „stille Grundtrauer" des Lebens, „ohne die es keine rechte Freude gibt". In solchem Sinn muß er in seinen späteren Jahren Italien erlebt haben. Das „Land der Menschlichkeit", wie es Winckelmann zuerst genannt hat, des „gesetzlich schönen und freien Daseins" hat ihn immer wieder bewegt, und das Wissen um die Hinfälligkeit und Vergänglichkeit des Lebens, das von früh an in ihm wohnt, hat ihn gerade angesichts des Schönen tief durchdrungen. Namentlich die römische Landschaft hat Burckhardt, den Bewunderer Claude Lorrains, zeitlebens ergriffen. Wenn Bachofen in seiner Selbstbiographie schreibt, es hänge an den Mauern Roms etwas, das das Tiefste im Menschen aufrege, so hat Burckhardt bekannt: es sei etwas Eigenes mit dieser römischen Landschaft – „man sollte einmal mit dieser uralten Person ein ernsthaftes Wort darüber reden, was sie eigentlich für ein Privilegium hat, den Menschen zeitweise auf das Höchste aufzuregen und dann in Wehmut und Einsamkeit stehen zu lassen“. Burckhardt empfand die südliche Landschaft mit den Augen Claude Lorrains, der „als reingestimmte Seele in der Natur diejenige Stimme vernimmt, welche vorzugsweise den Menschen zu trösten bestimmt ist“, und der ihre Worte nachspricht.

Das Tröstliche – das Wort kehrt immer wieder, wenn Burckhardt von dem spricht, was ihm das Höchste bedeutet, von der Geschichte (sie sei sein einziger Trost, darum könne er auch nicht ganz unglücklich werden), und von Poesie, Musik und bildender Kunst. „Die Poesie soll ... andere trösten helfen“, sie soll dem Menschen sein Innerstes deuten, das Problem des Daseins lösen helfen und, wie jede Kunst – so sagt es Goethe –, unbekannte Harmonien aus den Tiefen der Existenz an das Tageslicht bringen. Der göttliche Zug Tizians, heißt es im *Cicerone,* bestehe darin, „daß er den Dingen und Menschen diejenige Harmonie des Daseins anfühlt, welche in ihnen nach Anlage ihres Wesens sein sollte oder noch getrübt und unkenntlich in ihnen lebt; was in der Wirklichkeit zerfallen, zerstreut, bedingt ist, das stellt er als ganz, glückselig und frei dar“. Es ist die Harmonie, von der Winckelmann einst meinte, sie gehe über menschliche Begriffe und werde von den ewigen Verbindungen der Dinge angestimmt. Sie allein bringt dem Menschen Trost. Grillparzers Satz: die Poesie sei die Aufhebung der Beschränkung des Lebens, ist Burckhardt ebenso aus dem Herzen gesprochen wie Nietzsches Wort: „Damit der Bogen nicht breche, ist die Kunst da.“ Burckhardts eigene dichterische Versuche wachsen aus dieser Stimmung heraus. „Poesie tröstet mich noch zuweilen."

Die nachsommerliche, herbstlich milde Reife eines sehr ernsten, männlichen Verzichts hat sich Burckhardt erst nach schweren Enttäuschungen persönlich-privater und allgemeiner Art errungen. Schon früh war es einsam um ihn geworden. Doch bot ihm diese Einsamkeit, wie er glaubte, „einen Hauch unbestimmten Glücks", „jene (relative) Stille: ‚otium divinum'", „Windstille der Seele", die auch Winckelmann als Höchstes in der Lebensstimmung vorschwebte. Burckhardt hat liebend Verzicht geleistet – das Motiv klingt schon 1838, bei dem Zwanzigjährigen, an –, ohne eigentlich menschenfeindlich zu werden. Das stellt ihn in die „Verwandtschaft" Goethes und der goethisch Entsagenden, und auch dies, daß er, über die gewöhnlichen Täuschungen des Lebens hinaus, nach der Erkenntnis des Wesentlichen und nach den „bleibenden Verhältnissen" strebte, so daß zuletzt auch der Stil seines Daseins „auf den tiefsten Grundfesten der Erkenntnis, auf dem Wesen der Dinge ruht". Burckhardt wußte mit Goethe, daß zur Resignation Stärke gehört. Auch von ihm gilt dessen Wort: „Alles ruft uns zu: daß wir entsagen sollen ... Nur wenige Menschen gibt es, die solche unerträgliche Empfindung vorausahnen und, um allen partiellen Resignationen auszuweichen, sich ein für allemal im Ganzen resignieren. Diese überzeugen sich von dem Ewigen, Notwendigen, Gesetzlichen und suchen sich solche Begriffe zu bilden, welche unverwüstlich sind, ja durch die Betrachtung des Vergänglichen nicht aufgehoben, sondern bestätigt werden." Der Überwindung des andrängenden Irdischen in der ruhevollen Betrachtung der Welt und des geschichtlichen Lebens wollte sich Burckhardt nähern, gerade weil auch er sich oft tief in die Zeit und ihre vordergründigen „Wünschbarkeiten" gebunden fühlte.

Es ist goethische Lebensweisheit und Humanität, die der ältere Burckhardt in sich trug. Wie Mörike, den er sehr liebte, oder wie Stifter und Keller hat er sie im eigenen Leben weitergewandelt. Wenn Nietzsche noch 1888 in der *Götzendämmerung* Basel ausdrücklich einen „Vorrang von Humanität" einräumte, dann führte er diese seltene Ausnahme gerade auf das Wirken des von ihm hochverehrten Mannes und Gelehrten zurück. Die innere Vereinsamung Burckhardts glaubte er als ein Wesensverwandtes zu spüren und auch das Trauervolle an ihr. Er stellte ihn zu den „sich Zurückhaltenden, aus Desperation". Sein Freund Erwin Rohde meinte sogar, irrtümlich genug, es habe Burckhardt in jüngeren Jahren nur an Stärke der Hoffnung und vielleicht auch an der Fähigkeit zu einer lebenernährenden Illusion gefehlt. Ein von Goethe herkommender „humaner Spätling" konnte, bei aller Einsicht in das geschichtlich fast Unabwendbare einer Entwicklung, zu dem neuen Deutschland nicht mehr ja sagen. Seit 1870 steuerte es, wie die übrigen europäischen Nationalstaaten, mit ausgeprägtem „Jetztzeit-Enthusiasmus" und optimistisch geschwellter Erfolgsstimmung einer unheilvoll schnell zunehmenden Industrialisierung und Nivellierung in allen Lebensgebieten, auch dem der Kultur, zu. Burckhardt verfolgte diese Entwicklung mit wachsender Sorge, bisweilen erfüllte sie ihn mit Grauen. Das wahnsinnige Schnellmaß im Leben und die Sucht nach stets Neuem waren ihm, der das Leben nicht als „Geschäft", sondern als „Dasein" leben wollte, ein Abscheu. All dies ließ wahre Persönlichkeiten mit geschlossener, schöpferischer Bildung kaum noch aufkommen. Bildung aber, im alten, hohen Sinn, „ganz reife, ganz ruhige Bildung", wie sie noch später an Burckhardt der einstige Freund Gottfried Kinkel bewundert, schien für ihn das einzige Wesentliche, vor allem in der Zeit nach 1870, die in ihrem hastigen Erwerbssinn mit Riesenschritten der Herrschaft der „terribles simplificateurs", der schrecklichen Vereinfacher, und damit der Katastrophe zueilte, die Burckhardt, hellsichtig wie kaum ein zweiter in seiner Epoche, für das neue Jahrhundert voraussah und in ihren Grundzügen genau beschrieb. Es habe den Anschein, äußert er einmal, als ob die Welt nach und nach in die unrechten Hände gekommen sei.

Was ihn ganz persönlich anging und ihn besonders tief berührte, war das allmähliche, aber sichere Schwinden des „vielartigen Reichtums des Geistes". In ihm sah er eine „spezifische Eigenschaft" des Europäischen, die er immer wieder in seinen Vorlesungen und Vorträgen herausarbeitete. Dem drohenden Anheimfall dieses vielartigen europäischen Reichtums an die „Gefahr der politisch-religiösen Zwangseinheit und Zwangsnivellierung" wollte er, für seinen bemessenen Teil, steuern und dem Streben nach „Zeitungen" die „Ewigungen" des Geistes entgegensetzen: nicht öffentlich und politisch, sondern durch sein treues, beharrliches Wirken in Basel und in seinem „baslerischen Dasein". In einer geschichtlich entwurzelten und schnelllebigen Zeit hatte sich Burckhardt schon sehr früh innerlich für die „Bildung Alteuropas" und seine Überlieferung entschieden. Knapp und genau hat er seine Aufgabe und ihre Verantwortung erkannt und benannt: „rückwärts gewandt zur Rettung der Bildung früherer Zeit, vorwärts gewandt zur heitern und unverdrossenen Vertretung des Geistes in einer Zeit, die sonst gänzlich dem Stoff anheimfallen könnte." –

„Bene vixit, qui bene latuit" – das war Burckhardts Wahlspruch und Lebensmotto, und so verlief auch sein äußeres Dasein verhältnismäßig ruhig. Es war das Leben eines Gelehrten, der unabhängig, frei und bedürfnislos nur dem lebte, was ihm am Herzen lag, der Welt der Geschichte (als Kulturgeschichte) und der Welt des Kunst-Schönen. Geboren wurde Burckhardt am 25. Mai 1818 zu Basel als Sohn des dortigen Münsterpredigers und späteren Antistes. Auch er war zunächst für den theologischen Beruf bestimmt. Doch hat Burckhardt dieses Studium nach einigen Semestern mit dem der Geschichte vertauscht und seit 1840 in einem dreijährigen Aufenthalt in Berlin den Grund zu seinem umfassenden Wissen gelegt. Er hörte dort unter anderem die Vorlesungen Rankes, Boeckhs, Droysens und Jacob Grimms; ihnen verdankt er, neben seinen Basler Lehrern, die strenge wissenschaftliche Schulung. Seine erste historische Arbeit, *Konrad von Hochstaden, Erzbischof von Köln* (1843) zeigt bereits den werdenden Kulturhistoriker. Das schmale Büchlein *Die Kunstwerke der belgischen Städte* (1842) wirkt in seiner unbefangenen und lebhaft-anschaulichen Art wie ein Vorläufer des *Cicerone.* Es war die Frucht einer kurzen Reise nach Belgien, die der Student 1841 nach einem glücklichen Sommersemester in Bonn, mit Rheinromantik und jugendlicher Freundschaftsschwärmerei, von dort aus unternommen hatte. Denn von früh an, schon seit seiner Basler Gymnasiastenzeit, läuft neben dem historischen das kunsthistorische Studium, in dem Burckhardt seinen enormen „Durst nach Anschauung" stillen wollte. In Berlin, in den Vorlesungen des Kunsthistorikers Franz Kugler und dann in dessen Haus, in dem er später auch Geibel und den jungen Paul Heyse kennenlernte, empfing er wesentliche kunstgeschichtliche Anregungen. 1855 hat Burckhardt darum Kugler, mit dem ihn bald eine enge Freundschaft verband, dankbar den *Cicerone* gewidmet. Nach der Promotion und einem Aufenthalt in Paris habilitierte sich Burckhardt Ende 1843 in Basel, hielt geschichtliche und kunstgeschichtliche Vorlesungen und war nebenher, von Mitte 1844 bis Ende 1845, auch politischer Redakteur der konservativen *Basler Zeitung.* Dann gab er diese ihm allmählich lästig werdende Stellung samt der Dozentur an der Universität auf und fuhr im März 1846 nicht zum ersten Male nach Italien, aber zum ersten Male nach Rom. Es sollte seine „Menschwerdungsreise" sein. In Rom erhielt Burckhardt jedoch schon bald von Kugler aus Berlin die Aufforderung, dessen beide großen Handbücher, das der Kunstgeschichte und das der Geschichte der Malerei, für eine zweite Auflage neu zu bearbeiten. Burckhardt sagte zu, kürzte seinen Aufenthalt in Italien ab, traf im Herbst

1846 in Berlin ein, machte sich an die Arbeit und war bereits ein Jahr später, im Oktober 1847, wieder in Rom. Im Frühjahr 1848 bot ihm Basel ein Extraordinariat und eine Stelle als Lehrer am Pädagogium an, und er folgte dem Ruf. Die deutsch-romantische Zeit Burckhardts, die tiefe Quellen in ihm geweckt hatte, war damit nicht ohne Kämpfe und sehr bewußte Distanzierungen, besonders von seinen deutschen Freunden, innerlich und äußerlich abgeschlossen.

In den folgenden Mannesjahren schuf Burckhardt seine großen Werke. Er wandte sich den umfassendsten geschichtlichen und kulturgeschichtlichen Fragen zu und erhob sich mit immer größerer Weite des Blicks allmählich zu einem wahrhaft europäischen Standpunkt im Werten der geschichtlichen Phänomene. 1853 erschien *Die Zeit Konstantins des Großen,* 1855, als Ergebnis eines neuen italienischen Aufenthalts, der *Cicerone* und endlich 1860 *Die Kultur der Renaissance in Italien.* Im Herbst 1855 war Burckhardt als Professor der Kunstgeschichte an das damals neugegründete Eidgenössische Polytechnikum nach Zürich gegangen, 1858 wurde er als ordentlicher Professor der Geschichte an die Universität seiner Vaterstadt zurückberufen, der er bis zu seinem Tod treu blieb und seine „ganze Nervenkraft" widmete. 1872 schlug Burckhardt einen Ruf nach Berlin als Nachfolger Rankes aus. Als ein echter und „nicht ganz unnützer Basler" wollte er nur in Basel leben und sterben. Im Nebenamt hielt er seit 1874 wieder kunstgeschichtliche Vorlesungen, tat es auch dann noch, als er 1886, fast siebzigjährig, seine geschichtliche Professur niederlegte. Im Frühjahr 1893 trat er ganz vom Lehramt zurück. Zu dieser ausgebreiteten, höchst gewissenhaft und gern geübten Lehrtätigkeit kamen die zahlreichen öffentlichen Vorträge hauptsächlich in der Basler Aula, die bald eine stadtberühmte Angelegenheit wurden und ihm selbst, trotz der damit verbundenen Arbeitslast, ein Bedürfnis waren. Was einer kann, sagt Carl Spitteler anläßlich dieser

Vorträge, das liebt er auch zu leisten; offenbar habe Burckhardt auch das Gefühl gehabt, daß er das Beste von sich selbst in seinen Vorträgen zu bieten vermochte. Von der wahrhaft umfassenden Weite dieser Vorträge gibt der zuerst 1918 erschienene Auswahlband eine annähernde Vorstellung. Alle historischen Gebiete sind mit den fesselndsten Themata vertreten. Vielleicht spürt man nirgends stärker als hier den Zug europäischer Humanität, der sich von Petrarca und Montaigne über die französischen Enzyklopädisten und Moralisten bis hin zu Goethe, den Brüdern Humboldt und Burckhardt erstreckt.

Da sich Burckhardt ganz seiner Vorlesungs- und Vortragstätigkeit widmete, mit dem Ziel, „vielen und verschiedenartigen Menschen die geistigen Dinge lieb zu machen", sagte er bewußt „aller Autorschaft" ab. Nach dem Erscheinen seiner *Geschichte der Renaissance in Italien* (1867), die in streng systematischer Weise Stil und Ausdrucksformen der Architektur dieser Epoche behandelt, veröffentlichte er nichts mehr. Auch die Neubearbeitungen seiner Bücher legte er, mit Ausnahme des *Konstantin*, in fremde Hände. Des wissenschaftlichen und schriftstellerischen Tagesruhms, von dem er nie viel gehalten, bedurfte er nicht mehr. Über diese Dinge war er schon lange und früher als andere hinaus. Gleichwohl waren auch noch die Altersjahre mit „zwar beständiger, aber kommoder Arbeit" ausgefüllt. Burckhardt schrieb seine Vorlesungen über die *Griechische Kulturgeschichte*, auf deren Vorbereitung er große Mühe verwendet hatte, ergänzend und erweiternd ins Reine (erschienen 1898–1902). Die *Erinnerungen aus Rubens* entstanden (gedruckt 1898), ebenso die drei Aufsätze über das Altarbild, das Porträt in der italienischen Malerei und die Sammler, die als *Beiträge zur Kunstgeschichte von Italien* gleichfalls 1898 herausgegeben wurden. 1905 folgten die sogenannten *Weltgeschichtlichen Betrachtungen*, 1926 wurden Burckhardts Gedichte neu gesammelt, von 1929–1934 erschien die große, vierzehnbändige Gesamtausgabe seiner Werke, die seit 1954 teilweise eine zweite Auflage erfuhr. 1949 begann eine mehrbändige Briefausgabe zu erscheinen.[1]

Die Briefe Burckhardts sind wichtig. Die sinnliche Frische und temperamentvolle Ursprünglichkeit seiner Kunstanschauung erhielt er sich durch regelmässige Reisen, die ihn nach Deutschland, Frankreich, England und immer wieder ins gelobte Land, ins „Kastanien- und Freskenland“, nach Italien führten. Die Briefe, die Burckhardt auf diesen Reisen, und auch sonst, an seine Freunde und Bekannten schrieb, gehören zum Belebendsten und Köstlichsten, was man in dieser Art lesen kann. Geistig und teilweise auch stammestümlich darf man sie zu denen von Gottfried Keller und zu denen aus dem „alten Süddeutschland“, von Hebel, Vischer und Mörike stellen. Die Jugendbriefe an Gottfried und Johanna Kinkel (Basel 1921), an die Brüder Schauenburg (Basel 1923) und an Heinrich Schreiber (Basel 1925), die Mannesbriefe an den Studenten Albert Brenner (Basel 1918) und an Paul Heyse (München 1916), die Altersbriefe an den Architekten Max Alioth (München 1912), an Friedrich von Preen (Stuttgart 1922) und an Heinrich Wölfflin (Basel 1948) lassen den Zauber und auch den Ernst von Burckhardts Persönlichkeit deutlich werden. Denn eine Persönlichkeit im Wortverstand, eine durchtönende Einheit, ist Jacob Burckhardt gewesen. Er zählte das selbst zu den wertvollsten Dingen: „... die Persönlichkeit ist doch das Höchste, was es gibt.“ In seiner Vaterstadt Basel starb Burckhardt am 8. August 1897.

1. Für alles Nähere sei verwiesen auf W. Kaegi, Jacob Burckhardt, Basel–Stuttgart 1947–1956, I–III. Dazu W. Rehm, Jacob Burckhardt, Frauenfeld–Leipzig 1930.

ZUM TEXT

Dieser Neudruck der *Kultur der Renaissance* ist innerhalb Reclams Universal-Bibliothek zuerst 1928, nach Freigabe des Werks, erschienen. Er folgte damals textlich überwiegend der zweiten, von Burckhardt durchgesehenen Auflage von 1869. Werner Kaegi hat 1930 im V. Band der Jacob-Burckhardt-Gesamtausgabe einen neuen kritischen Text vorgelegt. Zwar ging dieser gleichfalls von der zweiten Auflage aus, berücksichtigte jedoch die Zusätze und Änderungen, die Burckhardt für die dritte, nicht mehr von ihm, sondern von Ludwig Geiger betreute Auflage in sein Privat-Exemplar eingetragen hatte. Der nachfolgende Neudruck übernimmt, mit dem freundlichen Einverständnis Kaegis, fast immer diese Textgestaltung, einschließlich der alten Einteilung und einschließlich der kleinen Verbesserung, die Kaegi gelegentlich des zweiten Abdrucks seiner Textbearbeitung (Bern 1944, Verlag Hallwag, mit Illustrationen) nachgetragen hat. Die Interpunktion wurde, soweit nötig, dem heutigen Gebrauch angeglichen.

Die erste und zweite Auflage seines Werks hatte Burckhardt „Luigi Picchioni, dem greisen Lehrer, Kollegen und Freund“ gewidmet. 1860 war das Buch ohne Vorwort hinausgegangen; der zweiten Auflage gab Burckhardt folgende „Vorbemerkung“ mit:

„Die Veränderungen, welche dieses Buch in der neuen Auflage erfahren hat, beschränken sich auf lauter einzelne Zeilen im Text und Zusätze in den Anmerkungen, während eine vollständige Umarbeitung des Ganzen wünschbar gewesen wäre. Zu einer solchen fehlt dem Verfasser die nötige Muße und die Möglichkeit eines nochmaligen längeren Aufenthaltes in Italien, und statt nun bloß einzelne

Partien zu ändern und neue einzuschieben, wagt er es eher, das Werk in derselben Gestalt, in welcher es einst Anklang gefunden, wiederum erscheinen zu lassen. Vielleicht würden auch manche Ansichten und Urteile, welche jetzt dem Verfasser bereits etwas jugendlich erscheinen, in derjenigen Schattierung, die sie nunmehr erhalten würden, geringere Zustimmung finden.

Möge die Arbeit den Freunden der gegenwärtig in so schwunghaftem Fortschritt begriffenen Kulturgeschichte von neuem empfohlen sein."

ERSTER ABSCHNITT

DER STAAT ALS KUNSTWERK

Im wahren Sinne des Wortes führt diese Schrift den Titel eines blossen Versuches, und der Verfasser ist sich deutlich genug bewusst, dass er mit sehr mässigen Mitteln und Kräften sich einer überaus grossen Aufgabe unterzogen hat. Aber auch wenn er mit stärkerer Zuversicht auf seine Forschung hinblicken könnte, so wäre ihm der Beifall der Kenner kaum sicherer. Die geistigen Umrisse einer Kulturepoche geben vielleicht für jedes Auge ein verschiedenes Bild, und wenn es sich vollends um eine Zivilisation handelt, welche als nächste Mutter der unsrigen noch jetzt fortwirkt, so muss sich das subjektive Urteilen und Empfinden jeden Augenblick beim Darsteller wie beim Leser einmischen. Auf dem weiten Meere, in welches wir uns hinauswagen, sind der möglichen Wege und Richtungen viele, und leicht könnten dieselben Studien, welche für diese Arbeit gemacht wurden, unter den Händen eines andern nicht nur eine ganz andere Benützung und Behandlung erfahren, sondern auch zu wesentlich verschiedenen Schlüssen Anlass geben. Der Gegenstand an sich wäre wichtig genug, um noch viele Bearbeitungen wünschbar zu machen, Forscher der verschiedensten Standpunkte zum Reden aufzufordern. Einstweilen sind wir zufrieden, wenn uns ein geduldiges Gehör gewährt und dieses Buch als ein Ganzes aufgefaßt wird. Es ist die wesentlichste Schwierigkeit der Kulturgeschichte, dass sie ein grosses geistiges Kontinuum in einzelne scheinbar oft willkürliche Kategorien zerlegen muß, um es nur irgendwie zur Darstellung zu bringen. – Der grössten Lücke des Buches gedachten wir einst durch ein besonderes Werk über „Die Kunst der Renaissance" abzuhelfen; ein Vorsatz, welcher nur geringernteils hat ausgeführt werden können[1].

Der Kampf zwischen den Päpsten und den Hohenstaufen hinterliess zuletzt Italien in einem politischen Zustande, welcher von dem des übrigen Abendlandes in den wesentlichsten Dingen abwich. Wenn in Frankreich, Spanien, England das Lehnssystem so geartet war, dass es nach Ablauf seiner Lebenszeit dem monarchischen Einheitsstaat in die Arme fallen musste, wenn es in Deutschland wenigstens die Einheit des Reiches äusserlich festhalten half, so hatte Italien sich ihm fast völlig entzogen. Die Kaiser des 14. Jahrhunderts wurden im günstigsten Falle nicht mehr als Oberlehnsherrn, sondern als mögliche Häupter und Verstärkungen schon vorhandener Mächte empfangen und geachtet; das Papsttum aber mit seinen Kreaturen und Stützpunkten war gerade stark genug, jede künftige Einheit zu verhindern, ohne doch selbst eine schaffen zu können[2]. Zwischen den beiden war eine Menge politischer Gestaltungen – Städte und Gewaltherrscher – teils schon vorhanden, teils neu emporgekommen, deren Dasein rein tatsächlicher Art war[3]. In ihnen erscheint der moderne europäische Staatsgeist zum erstenmal frei seinen eigenen Antrieben hingegeben; sie zeigen oft genug die fessellose Selbstsucht

1. Geschichte der Baukunst von Franz Kugler (des vierten Bandes erste Hälfte, die Architektur und Dekoration der italienischen Renaissance enthaltend).

2. Macchiavelli, Discorsi L. I. c. 12.

3. Die Herrschenden und ihr Anhang heissen zusammen lo stato, und dieser Name durfte dann die Bedeutung des gesamten Daseins eines Territoriums usurpieren.

in ihren furchtbarsten Zügen, jedes Recht verhöhnend, jede gesunde Bildung im Keim erstickend; aber wo diese Richtung überwunden oder irgendwie aufgewogen wird, da tritt ein neues Lebendiges in die Geschichte: der Staat als berechnete, bewusste Schöpfung, als Kunstwerk. In den Stadtrepubliken wie in den Tyrannenstaaten prägt sich dies Leben hundertfaltig aus und bestimmt ihre innere Gestalt sowohl als ihre Politik nach aussen. Wir begnügen uns mit der Betrachtung des vollständigern, deutlicher ausgesprochenen Typus desselben in den Tyrannenstaaten.

Der innere Zustand der von Gewaltherrschern regierten Territorien hatte ein berühmtes Vorbild an dem Normannenreiche von Unteritalien und Sizilien, wie Kaiser Friedrich II. es umgestaltet hatte[4]. Aufgewachsen unter Verrat und Gefahr in der Nähe von Sarazenen, hatte er sich frühe gewöhnt an eine völlig objektive Beurteilung und Behandlung der Dinge, der erste moderne Mensch auf dem Throne. Dazu kam eine nahe, vertraute Kenntnis von dem Innern der sarazenischen Staaten und ihrer Verwaltung und jener Existenzkrieg mit den Päpsten, welcher beide Parteien nötigte, alle denkbaren Kräfte und Mittel auf den Kampfplatz zu führen. Friedrichs Verordnungen (besonders seit 1231) laufen auf die völlige Zernichtung des Lehnsstaates, auf die Verwandlung des Volkes in eine willenlose, unbewaffnete, im höchsten Grade steuerfähige Masse hinaus. Er zentralisierte die ganze richterliche Gewalt und die Verwaltung in einer bisher für das Abendland unerhörten Weise; kein Amt mehr durfte durch Volkswahl besetzt werden, bei Strafe der Verwüstung des betreffenden Ortes und Degradation der Bürger zu Hörigen. Die Steuern, be-

4. Höfler: Kaiser Friedrich II., S. 39 ff.

ruhend auf einem umfassenden Kataster und auf mohammedanischer Routine, wurden beigetrieben mit jener quälerischen und grausamen Art, ohne welche man dem Orientalen freilich kein Geld aus den Händen bringt. Hier ist kein Volk mehr, sondern ein kontrollierbarer Haufe von Untertanen, die z. B. ohne besondere Erlaubnis nicht auswärts heiraten und unbedingt nicht auswärts studieren durften; – die Universität Neapel übte den frühsten bekannten Studienzwang, während der Orient seine Leute wenigstens in diesen Dingen frei liess. Echt mohammedanisch dagegen war es wiederum, dass Friedrich nach dem ganzen Mittelmeer eigenen Handel trieb, viele Gegenstände sich vorbehielt und den Handel der Untertanen hemmte. Die fatimidischen Khalifen mit ihrer Geheimlehre des Unglaubens waren (wenigstens anfangs) tolerant gewesen gegen die Religionen ihrer Untertanen; Friedrich dagegen krönt sein Regierungssystem durch eine Ketzerinquisition, die nur um so schuldvoller erscheint, wenn man annimmt, er habe in den Ketzern die Vertreter freisinnigen städtischen Lebens verfolgt. Als Polizeimannschaft im Innern und als Kern der Armee nach aussen dienten ihm endlich jene aus Sizilien nach Luceria und nach Nocera übergesiedelten Sarazenen, welche gegen allen Jammer taub und gegen den kirchlichen Bann gleichgültig waren. Die Untertanen, der Waffen entwöhnt, liessen später den Sturz Manfreds und die Besitznahme des Anjou leicht und willenlos über sich ergehen; letzterer aber erbte diesen Regierungsmechanismus und benützte ihn weiter.

Neben dem zentralisierenden Kaiser tritt ein Usurpator der eigentümlichsten Art auf: sein Vicarius und Schwiegersohn Ezzelino da Romano. Er repräsentiert kein Regierungs- und Verwaltungssystem, da seine Tätigkeit in lauter Kämpfen um die Herrschaft im östlichen Oberitalien aufging, allein er ist als politisches Vorbild für die Folgezeit nicht minder wichtig als sein kaiserlicher Beschützer. Alle bisherige Eroberung und Usurpation des Mittelalters war entweder auf wirkliche oder vorgegebene Erbschaft und andere Rechte hin oder gegen die Ungläubigen oder Exkommunizierten vollbracht worden. Hier zum erstenmal wird die Gründung eines Thrones versucht durch Massenmord und endlose Scheusslichkeiten, d. h. durch Aufwand aller Mittel mit alleiniger Rücksicht auf den Zweck. Keiner der Spätern hat den Ezzelino an Kolossalität des Verbrechens irgendwie erreicht, auch Cesare Borgia nicht, aber das Beispiel war gegeben, und Ezzelinos Sturz war für die Völker keine Herstellung der Gerechtigkeit und für künftige Frevler keine Warnung.

Umsonst stellte in einer solchen Zeit S. Thomas von Aquino, der geborene Untertan Friedrichs, die Theorie einer konstitutionellen Herrschaft auf, wo der Fürst durch ein von ihm ernanntes Oberhaus und eine vom Volk gewählte Repräsentation unterstützt gedacht wird. Dergleichen verhallte in den Hörsälen, und Friedrich und Ezzelino waren und blieben für Italien die größten politischen Erscheinungen des 13. Jahrhunderts. Ihr Bild, schon halb fabelhaft widergespiegelt, ist der wichtigste Inhalt der „hundert alten Novellen", deren ursprüngliche Redaktion gewiss noch in dies Jahrhundert fällt[5]. Ezzelino wird hier bereits mit einer scheuen Ehrfurcht geschildert, welche der Niederschlag jedes ganz grossen Eindruckes ist. Eine ganze Literatur, von der Chronik der Augenzeugen bis zur halbmythologischen Tragödie, schloss sich an seine Person an[6].

5. Cento novelle antiche, Nov. 1, 6, 20, 21, 22, 23, 29, 30, 45, 56, 83, 88, 98.

6. Scardeonius, de urbis Patav. antiqu., im Thesaurus des Graevius VI, III, p. 259.

Sofort nach dem Sturze der beiden tauchen dann, hauptsächlich aus den Parteikämpfen der Guelfen und Ghibellinen, die einzelnen Tyrannen in großer Anzahl empor, in der Regel als Ghibellinenhäupter, dabei aber unter so verschiedenen Vorgängen und Bedingungen, dass man eine allgemeine zu Grunde liegende Unvermeidlichkeit gar nicht verkennen kann. In betreff der Mittel brauchen sie nur da fortzufahren, wo die Parteien begonnen hatten: mit der Ausrottung oder Vertreibung der Gegner und Zerstörung ihrer Wohnungen.

Die grössern und kleinern Gewaltherrschaften des 14. Jahrhunderts verraten es häufig genug, dass Eindrücke dieser Art nicht verloren waren. Ihre Missetaten schrien laut und die Geschichte hat sie umständlich verzeichnet, aber als ganz auf sich selbst gestellte und danach organisierte Staaten haben sie immerhin ein höheres Interesse.

Die bewusste Berechnung aller Mittel, wovon kein damaliger ausseritalischer Fürst eine Idee hatte, verbunden mit einer innerhalb der Staatsgrenzen fast absoluten Machtvollkommenheit, brachte hier ganz besondere Menschen und Lebensformen hervor[1]. Das Hauptgeheimnis der Herrschaft lag für die weisern Tyrannen darin, dass sie die Steuern möglichst so liessen, wie sie dieselben angetroffen oder am Anfang eingerichtet hatten: eine Grundsteuer, basiert auf einen Kataster; bestimmte Consumosteuern und Zölle auf Ein- und Ausfuhr, wozu noch die Einnahmen von dem Privatvermögen des herrschenden Hauses kamen; die einzige mögliche Steigerung hing ab von der Zunahme des allgemeinen Wohlstandes und Verkehres. Von Anleihen, wie sie in den Städten vorkamen, war hier

1. Sismondi, Hist. des rép. italiennes, IV, p. 420; VIII, p. 1. s.

nicht die Rede; eher erlaubte man sich hier und da einen wohlberechneten Gewaltstreich, vorausgesetzt, dass er den ganzen Zustand unerschüttert liess, wie z. B. die echt sultanische Absetzung und Ausplünderung des obersten Finanzbeamten[2].

Mit diesen Einkünften suchte man auszureichen, um den kleinen Hof, die Leibwache, die geworbene Mannschaft, die Bauten – und die Spassmacher sowohl als die Leute von Talent zu bezahlen, die zur persönlichen Umgebung des Fürsten gehörten. Die Illegitimität, von dauernden Gefahren umschwebt, vereinsamt den Herrscher; das ehrenvollste Bündnis, welches er nur irgend schliessen kann, ist das mit der höhern geistigen Begabung, ohne Rücksicht auf die Herkunft. Die Liberalität (Miltekeit) der nordischen Fürsten des 13. Jahrhunderts hatte sich auf die Ritter, auf das dienende und singende Adelsvolk beschränkt. Anders der monumental gesinnte, ruhmbegierige italienische Tyrann, der das Talent als solches braucht. Mit dem Dichter oder Gelehrten zusammen fühlt er sich auf einem neuen Boden, ja fast im Besitz einer neuen Legitimität.

Weltbekannt ist in dieser Beziehung der Gewaltherrscher von Verona, Can Grande della Scala, welcher in den ausgezeichneten Verbannten an seinem Hofe ein ganzes Italien beisammen unterhielt. Die Schriftsteller waren dankbar; Petrarca, dessen Besuche an diesen Höfen so strenge Tadler gefunden haben, schilderte das ideale Bild eines Fürsten des 14. Jahrhunderts[3]. Er verlangt von seinem Adressaten – dem Herrn von Padua – vieles und grosses, aber auf eine Weise, als traute er es ihm zu. „Du musst nicht Herr deiner Bürger, sondern Vater des Vaterlandes sein und

2. Franco Sacchetti, Novelle (61, 62).

3. Petrarca, de rep. optime administranda, ad Franc. Carraram. (Opera, p. 372, s.)

jene wie deine Kinder lieben[4], ja wie Glieder deines Leibes. Waffen, Trabanten und Söldner magst du gegen die Feinde wenden – gegen deine Bürger kommst du mit dem blossen Wohlwollen aus; freilich meine ich nur die Bürger, welche das Bestehende lieben, denn wer täglich auf Veränderungen sinnt, der ist ein Rebell und Staatsfeind und gegen solche mag strenge Gerechtigkeit walten!" Im einzelnen folgt nun die echt moderne Fiktion der Staatsallmacht; der Fürst soll für alles sorgen, Kirchen und öffentliche Gebäude herstellen und unterhalten, die Gassenpolizei aufrecht halten[5], Sümpfe austrocknen, über Wein und Getreide wachen; die Steuern gerecht verteilen, Hülflose und Kranke unterstützen und ausgezeichneten Gelehrten seinen Schutz und Umgang widmen, indem dieselben für seinen Nachruhm sorgen würden.

Aber welches auch die allgemeinen Lichtseiten und die Verdienste einzelner gewesen sein mögen, so erkannte oder ahnte doch schon das 14. Jahrhundert die geringe Dauer, die Garantielosigkeit der meisten dieser Tyrannen. Da aus innern Gründen politische Verfassungen wie diese genau um so viel haltbarer sind, als das Gebiet grösser ist, so waren die mächtigern Gewaltherrschaften stets geneigt, die kleinern zu verschlingen. Welche Hekatombe kleiner Herrscher ist nur allein den Visconti in dieser Zeit geopfert worden! Dieser äussern Gefahr aber entsprach gewiss fast jedesmal eine innere Gärung, und die Rückwirkung dieser Lage auf das Gemüt des Herrschers musste in

4. Erst hundert Jahre später wird dann auch die Fürstin zur Landesmutter. Vgl. Hieron. Crivellis Leichenrede auf Bianca Maria Visconti, bei Muratori, XXV, Col. 429. Eine politische Uebertragung hievon ist es, wenn eine Schwester Papst Sixtus IV. bei Jac. Volaterranus (Murat. XXIII, Col. 109) mater ecclesiae genannt wird.

5. Mit dem beiläufigen Wunsch, es möchte das Lagern der Schweine in den Gassen von Padua verboten werden, da der Anblick an sich unerfreulich sei und die Pferde davon scheu würden.

den meisten Fällen überaus verderblich sein. Die falsche Allmacht, die Aufforderung zum Genuss und zu jeder Art von Selbstsucht von der einen, die Feinde und Verschwörer von der andern Seite machten ihn fast unvermeidlich zum Tyrannen im übeln Sinne. Wäre nur wenigstens den eigenen nächsten Blutsverwandten zu trauen gewesen! Allein wo alles illegitim war, da konnte sich auch kein festes Erbrecht, weder für die Sukzession in der Herrschaft, noch für die Teilung der Güter bilden, und vollends in drohenden Augenblicken schob den unmündigen oder untüchtigen Fürstensohn ein entschlossener Vetter oder Oheim beiseite, im Interesse des Hauses selbst. Auch über Ausschluss oder Anerkennung der Bastarde war beständiger Streit. So kam es, dass eine ganze Anzahl dieser Familien mit unzufriedenen, rachsüchtigen Verwandten heimgesucht waren; ein Verhältnis, das nicht eben selten in offenen Verrat und in wilden Familienmord ausbrach. Andere, als Flüchtlinge auswärts lebend, fassen sich in Geduld und behandeln auch diese Sachlage objektiv, wie z. B. jener Visconti, der am Gardasee Fischnetze auswarf[6]; der Bote seines Gegners fragte ihn ganz direkt: wann er wieder nach Mailand zurückzukehren gedenke? und erhielt die Antwort: „Nicht eher, als bis die Schandtaten jenes über meine Verbrechen das Uebergewicht erlangt haben werden." Bisweilen opfern auch die Verwandten den regierenden Herrn der allzusehr beleidigten öffentlichen Moral, um dadurch das Gesamthaus zu retten[7]. Hie und da ruht die Herrschaft noch so auf der Gesamtfamilie, dass das Haupt an deren Beirat gebunden ist; auch in

6. Petrarca, Rerum memorandar. liber III, p. 460. – Es ist Matteo I. Visconti und der damals in Mailand herrschende Guido della Torre gemeint.

7. Matteo Villani, V, 81: die geheime Ermordung des Matteo II. Visconti durch seine Brüder.

diesem Falle veranlasste die Teilung des Besitzes und des Einflusses leicht den bittersten Hader.

Bei den damaligen florentinischen Autoren begegnet man einem durchgehenden tiefen Hass gegen dieses ganze Wesen. Schon das pomphafte Aufziehen, das Prachtkostüm, wodurch die Gewaltherrscher vielleicht weniger ihrer Eitelkeit Genüge tun als vielmehr Eindruck auf die Phantasie des Volkes machen wollten, erweckt ihren ganzen Sarkasmus. Wehe wenn ihnen gar ein Emporkömmling in die Hände fällt wie der neugebackene Doge Agnello von Pisa (1364), der mit dem goldenen Szepter auszureiten pflegte und sich dann wieder zu Hause am Fenster zeigte „wie man Reliquien zeigt“, auf Teppich und Kissen von Goldstoff gelehnt; kniend musste man ihn bedienen wie einen Papst oder Kaiser[8]. Oefter aber reden diese alten Florentiner in einem erhabenen Ernst. Dante[9] erkennt und benennt vortrefflich das Unadlige, Gemeinverständige der neufürstlichen Hab- und Herrschgier. „Was tönen ihre Posaunen, Schellen, Hörner und Flöten anders als: herbei zu uns, ihr Henker! ihr Raubvögel!“ Man malt sich die Burg des Tyrannen hoch und isoliert, voller Kerker und Lauschröhren[10], als einen Aufenthalt der Bosheit und des Elends. Andere weissagen jedem Unglück, der in Tyrannendienste gehe[11] und bejammern am Ende den Tyrannen selbst, welcher unvermeidlich der Feind aller Guten und

8. Filippo Villani, Istorie XI, 101. – Auch Petrarca findet die Tyrannen geputzt „wie Altäre an Festtagen“. – Den antiken Triumphzug des Castracane in Lucca findet man umständlich beschrieben in dessen Leben von Tegrimo, bei Murat. XI, Col. 1340.

9. De vulgari eloquio, I, c. 12: ... qui non heroico more, sed plebeo se sequuntur superbiam etc.

10. Dies zwar erst in Schriften des 15. Jahrhunderts, aber gewiss nach frühern Phantasien: L. B. Alberti, de re aedif. V, 3. – Franc. di Giorgio, Trattato, bei Della Valle, Lettere sanesi, III, 121.

11. Franco Sacchetti, Nov. 61.

Tüchtigen sei, sich auf niemand verlassen dürfe und den Untertanen die Erwartung seines Sturzes auf dem Gesicht lesen könne. „So wie die Tyrannien entstehen, wachsen und sich befestigen, so wächst auch in ihrem Innern verborgen der Stoff mit, welcher ihnen Verwirrung und Untergang bringen muß[12].“ Der tiefste Gegensatz wird nicht deutlich hervorgehoben: Florenz war damals mit der reichsten Entwicklung der Individualitäten beschäftigt, während die Gewaltherrscher keine andere Individualität gelten und gewähren liessen als die ihrige und die ihrer nächsten Diener. War doch die Kontrolle des einzelnen Menschen bis aufs Passwesen herab schon völlig durchgeführt[13].

Das Unheimliche und Gottverlassene dieser Existenz bekam in den Gedanken der Zeitgenossen noch eine besondere Farbe durch den notorischen Sternglauben und Unglauben mancher Herrscher. Als der letzte Carrara in seinem pestverödeten Padua (1405) die Mauern und Tore nicht mehr besetzen konnte, während die Venezianer die Stadt umzingelten, hörten ihn seine Leibwachen oft des Nachts dem Teufel rufen: er möge ihn töten!

Die vollständigste und belehrendste Ausbildung dieser Tyrannis des 14. Jahrhunderts findet sich wohl unstreitig bei den Visconti in Mailand, von dem Tode des Erzbischofs Giovanni (1354) an. Gleich meldet sich in Bernabò ganz unverkennbar eine Familienähnlichkeit mit den schrecklichsten römischen Imperatoren[1]; der wichtigste Staatszweck ist die Eberjagd

12. Matteo Villani, VI, 1.

13. Das Passbureau von Padua um die Mitte des 14. Jahrhunderts als quelli delle bullette bezeichnet bei Franco Sacchetti, Nov. 117. In den letzten zehn Jahren Friedrichs II., als die persönlichste Kontrolle herrschte, muss das Passwesen schon sehr ausgebildet gewesen sein.

1. Corio, Storia di Milano, Fol. 247, s.

des Fürsten; wer ihm dareingreift, wird martervoll hingerichtet; das zitternde Volk muss ihm 5000 Jagdhunde füttern, unter der schärfsten Verantwortlichkeit für deren Wohlbefinden. Die Steuern werden mit allen denkbaren Zwangsmitteln emporgetrieben, sieben Töchter jede mit 100 000 Goldgulden ausgestattet und ein enormer Schatz gesammelt. Beim Tode seiner Gemahlin (1384) erschien eine Notifikation „an die Untertanen", sie sollten, wie sonst die Freude, so jetzt das Leid mit ihm teilen und ein Jahr lang Trauer tragen. – Unvergleichlich bezeichnend ist dann der Handstreich, womit ihn sein Neffe Giangaleazzo (1385) in seine Gewalt bekam, eines jener gelungenen Komplotte, bei deren Schilderung noch späten Geschichtschreibern das Herz schlägt[2]. Bei Giangaleazzo tritt der echte Tyrannensinn für das Kolossale gewaltig hervor. Er hat mit Aufwand von 300 000 Goldgulden riesige Dammbauten unternommen, um den Mincio von Mantua, die Brenta von Padua nach Belieben ableiten und diese Städte wehrlos machen zu können[3], ja es wäre nicht undenkbar, dass er auf eine Trockenlegung der Lagunen von Vendig gesonnen hätte. Er gründete[4] „das wunderbarste aller Klöster", die Certosa von Pavia, und den Dom von Mailand, „der an Grösse und Pracht alle Kirchen der Christenheit übertrifft", ja vielleicht ist auch der Palast in Pavia, den schon sein Vater Galeazzo begonnen und den er vollendete, weitaus die herrlichste Fürstenresidenz des damaligen Europas gewesen. Dorthin verlegte er auch seine berühmte Bibliothek und die grosse Sammlung von Reliquien der Heiligen, welchen er eine besondere Art von Glauben widmete. Bei einem Fürsten von dieser Sinnesart wäre es befremdlich, wenn

2. Auch z. B. dem Paolo Giovio: Viri illustres, Jo. Galeatius.
3. Corio, Fol. 272, 285.
4. Cagnola, im Archiv. stor. III, p. 23.

er nicht auch im politischen Gebiet nach den höchsten Kronen gegriffen hätte. König Wenzel machte ihn (1395) zum Herzog; er aber hatte nichts geringeres als das Königtum von Italien[5] oder die Kaiserkrone im Sinne, als er (1402) erkrankte und starb. Seine sämtlichen Staaten sollen ihm einst in einem Jahre ausser der regelmässigen Steuer von 1 200 000 Goldgulden noch weitere 800 000 an ausserordentlichen Subsidien bezahlt haben. Nach seinem Tode ging das Reich, das er durch jede Art von Gewalttaten zusammengebracht, in Stücken, und vorderhand konnten kaum die ältern Bestandteile desselben behauptet werden. Was aus seinen Söhnen Giovan Maria († 1412) und Filippo Maria (†1447) geworden wäre, wenn sie in einem andern Lande und ohne von ihrem Hause zu wissen, gelebt hätten, wer weiss es? Doch als Erben dieses Geschlechtes erbten sie auch das ungeheure Kapital von Grausamkeit und Feigheit, das sich hier von Generation zu Generation angesammelt hatte.

Giovan Maria ist wiederum durch seine Hunde berühmt, aber nicht mehr durch Jagdhunde, sondern durch Tiere, die zum Zerreissen von Menschen abgerichtet waren und deren Eigennamen uns überliefert sind wie die der Bären Kaiser Valentinians I.[6] Als im Mai 1409 während des noch dauernden Krieges das verhungernde Volk ihm auf der Strasse zurief: Pace! Pace!, liess er seine Söldner einhauen, die 200 Menschen töteten; darauf war bei Galgenstrafe verboten,

5. So Corio, Fol. 286 und Poggio, Hist. Florent. IV, bei Murat. XX, Col. 290. – Von Plänen auf das Kaisertum redet Cagnola a. a. O. und das Sonett bei Trucchi, Poesie ital. inedite II, p. 118:

Stan le città lombarde con le chiave
In man per darle a voi . . . etc.
Roma vi chiama: Cesar mio novello
Io sono ignuda, et l'anima pur vive:
Or mi coprite col vostro mantello etc.

6. Corio, Fol. 301 u. ff. Vgl. Ammian. Marcellin. XXIX, 3.

die Worte Pace und Guerra auszusprechen und selbst die Priester angewiesen, statt dona nobis pacem zu sagen tranquillitatem! Endlich benützten einige Verschworne den Augenblick, da der Grosscondottiere des wahnsinnigen Herzogs, Facino Cane, todkrank zu Pavia lag, und machten den Giovan Maria bei der Kirche S. Gottardo in Mailand nieder; der sterbende Facino aber liess am selbigen Tage seine Offiziere schwören, dem Erben Filippo Maria zu helfen, und schlug selber[7] noch vor, seine Gemahlin möge sich nach seinem Tode mit diesem vermählen, wie denn auch baldigst geschah; es war Beatrice di Tenda. Von Filippo Maria wird noch weiter zu reden sein.

Und in solchen Zeiten getraute sich Cola Rienzi, auf den hinfälligen Enthusiasmus der verkommenen Stadtbevölkerung von Rom eine neue Herrschaft über Italien zu bauen. Neben Herrschern wie jene ist er von Anfang an ein armer, verlorener Tor.

Die Gewaltherrschaft im 15. Jahrhundert zeigt einen veränderten Charakter. Viele von den kleinen Tyrannen und auch einige von den grössern, wie die Scala und Carrara, sind untergegangen; die mächtigen haben sich arrondiert und innerlich charakteristischer ausgebildet; Neapel erhält durch die neue aragonesische Dynastie eine kräftigere Richtung. Vorzüglich bezeichnend aber ist für dieses Jahrhundert das Streben der Condottieren nach unabhängiger Herrschaft, ja nach Kronen: ein weiterer Schritt auf der Bahn des rein Tatsächlichen und eine hohe Prämie für das Talent wie für die Ruchlosigkeit. Die kleinern Tyrannen,

7. So Paul. Jovius: Viri illustres, Jo. Galeatius, Philippus.

um sich einen Rückhalt zu sichern, gehen jetzt gern in Dienste der größern Staaten und werden Condottieren derselben, was ihnen etwas Geld und auch wohl Straflosigkeit für manche Missetaten verschafft, vielleicht sogar Vergrösserung ihres Gebietes. Im ganzen genommen mussten Grosse und Kleine sich mehr anstrengen, besonnener und berechneter verfahren und sich der gar zu massenhaften Greuel enthalten; sie durften überhaupt nur so viel Böses üben, als nachweisbar zu ihren Zwecken diente – so viel verzieh ihnen auch die Meinung der Unbeteiligten. Von dem Kapital von Pietät, welches den legitimen abendländischen Fürstenhäusern zustatten kam, ist hier keine Spur, höchstens eine Art von hauptstädtischer Popularität; was den Fürsten Italiens wesentlich weiterhelfen muss, ist immer Talent und kühle Berechnung. Ein Charakter wie derjenige Karls des Kühnen, der sich mit wütender Leidenschaft in völlig unpraktische Zwecke hinein verbiss, war den Italienern ein wahres Rätsel. „Die Schweizer seien ja lauter Bauern, und wenn man sie auch alle töte, so sei dies ja keine Genugtuung für die burgundischen Magnaten, die im Kampfe umkommen möchten! Besässe auch der Herzog die Schweiz ohne Widerstand, seine Jahreseinkünfte wären deshalb um keine 5000 Dukaten grösser usw[1]." Was in Karl Mittelalterliches war, seine ritterlichen Phantasien oder Ideale, dafür hatte Italien längst kein Verständnis mehr. Wenn er aber vollends den Unteranführern Ohrfeigen erteilte[2] und sie dennoch bei sich behielt, wenn er seine Truppen misshandelte, um sie wegen einer Niederlage zu strafen, und dann wieder seine Geheimräte vor den Soldaten blamierte – dann mussten ihn die Diplomaten des

1. De Gingins: Dépêches des ambassadeurs milanais, II, p. 200 (N. 213). Vgl. II, 3 (N. 144) und II, 212 (N. 218).
2. Paul. Jovius, Elogia.

Südens verloren geben. Ludwig XI. aber, der in seiner Politik die italienischen Fürsten innerhalb ihrer eigenen Art übertrifft, und der vor allem sich als Bewunderer des Francesco Sforza bekannte, ist im Gebiet der Bildung durch seine vulgäre Natur weit von jenen Herrschern geschieden.

In ganz merkwürdiger Mischung liegt Gutes und Böses in den italienischen Staaten des 15. Jahrhunderts durcheinander. Die Persönlichkeit der Fürsten wird eine so durchgebildete, eine oft so hochbedeutende, für ihre Lage und Aufgabe so charakteristische[3], dass das sittliche Recht schwer zu seinem Rechte kömmt.

Grund und Boden der Herrschaft sind und bleiben illegitim und ein Fluch haftet daran und will nicht davon weichen. Kaiserliche Gutheissungen und Belehnungen ändern dies nicht, weil das Volk keine Notiz davon nimmt, wenn seine Herrscher sich irgendwo in fernen Landen oder von einem durchreisenden Fremden ein Stück Pergament gekauft haben[4]. Wären die Kaiser etwas nütze gewesen, so hätten sie die Gewaltherrn gar nicht emporkommen lassen – so lautete die Logik des unwissenden Menschenverstandes. Seit dem Römerzuge Karls IV. haben die Kaiser in Italien nur noch den ohne sie entstandenen Gewaltzustand *sanktioniert*, ohne ihn jedoch im geringsten anders als durch Urkunden *garantieren* zu können. Karls ganzes Auftreten in Italien ist eine der schmählichsten politischen Komödien; man mag im Matteo Villani[5] nachlesen, wie ihn die Visconti in

3. Dieser Verein von Kraft und Talent ist es, was bei Macchiavell virtù heisst und auch mit scelleratezza verträglich gedacht wird, z. B. Discorsi I, 10, bei Anlass des Sept. Severus.

4. Hierüber Franc. Vettori, Arch. stor. VI, p. 293, s. „Die Belehnung durch einen Mann, der in Deutschland wohnt und von einem römischen Kaiser nichts als den eiteln Namen hat, ist nicht imstande, einen Bösewicht zum wahren Signore einer Stadt zu machen."

5. M. Villani, IV, 38, 39, 56, 77, 78, 92; V, 1, 2, 21, 36, 54.

ihrem Gebiete herum und endlich daraus weg eskortieren, wie er eilt gleich einem Messkaufmann, um nur recht bald für seine Ware (die Privilegien nämlich) Geld zu erhalten, wie kläglich er in Rom auftritt, und wie er endlich, ohne einen Schwertstreich getan zu haben, mit seinem vollen Geldsack wieder über die Alpen zieht[6]. Sigismund kam wenigstens das erstemal (1414) in der guten Absicht, Johann XXIII. zur Teilnahme an seinem Konzil zu bewegen; damals war es, als Kaiser und Papst auf dem hohen Turm von Cremona das Panorama der Lombardie genossen, während ihren Wirt, den Stadttyrannen Gabrino Fondolo, das Gelüste ankam, beide herunterzuwerfen. Das zweitemal erschien Sigismund völlig als Abenteurer; mehr als ein halbes Jahr hindurch sass er in Siena wie in einem Schuldgefängnis und konnte nachher nur mit Not zur Krönung in Rom gelangen. Was soll man vollends von Friedrich III. denken? Seine Besuche in Italien haben den Charakter von Ferien- oder Erholungsreisen auf Unkosten derer, die ihre Rechte von

6. Ein Italiener war es, Fazio degli Uberti (Dittamondo, L. VI, cap. 5, um das Jahr 1360), welcher Karl IV. noch einen Kreuzzug nach dem heiligen Lande zumuten wollte. Die Stelle ist eine der besten in dem betreffenden Gedichte und auch sonst bezeichnend. Der Dichter wird durch einen trotzigen Turcomannen vom heil. Grab weggewiesen:

Coi passi lunghi e con la testa bassa
Oltre passai e dissi: ecco vergogna
Del cristian che'l saracin quì lassa!
Poscia al pastor (den Papst) mi volsi per rampogna:
E tu ti stai, che sei vicar di Cristo
Co' frati tuoi a ingrassar la carogna?
Similimente dissi a quel sofisto (Karl IV.)
Che sta in Buemme (Böhmen) a piantar vigne e fichi,
E che non cura di sì caro acquisto:
Che fai? perchè non segui i primi antichi
Cesari de' Romani, e che non siegui,
Dico, gli Otti, i Corradi, i Federichi?
E che pur tieni questo imperio in tregui?
E se non hai lo cuor d'esser Augusto,
Che nol rifiuti? o che non ti dilegui? etc.

ihm verbrieft haben wollten, oder solcher, denen es schmeichelte, einen Kaiser recht pomphaft zu bewirten. So verhielt es sich mit Alfons von Neapel, der sich den kaiserlichen Besuch 150 000 Goldgulden kosten liess[7]. In Ferrara[8] hat Friedrich bei seiner zweiten Rückkehr von Rom (1469) einen ganzen Tag lang, ohne das Zimmer zu verlassen, lauter Beförderungen, achtzig an der Zahl, ausgespendet; da ernannte er cavalieri, conti, dottori, Notare, und zwar conti mit verschiedenen Schattierungen, als da waren: conte palatino, conte mit dem Recht dottori, ja bis auf fünf dottori zu ernennen, conte mit dem Recht Bastarde zu legitimieren, Notare zu kreieren, unehrliche Notare ehrlich zu erklären usw. Nur verlangte sein Kanzler für die Ausfertigung der betreffenden Urkunden eine Erkenntlichkeit, die man in Ferrara etwas stark fand[9]. Was Herzog Borso dabei dachte, als sein kaiserlicher Gönner dergestalt urkundete und der ganze kleine Hof sich mit Titeln versah, wird nicht gemeldet. Die Humanisten, welche damals das grosse Worte führten, waren je nach den Interessen geteilt. Während die einen[10] den Kaiser mit dem konventionellen Jubel der Dichter des kaiserlichen Roms feiern, weiss Poggio[11] gar nicht mehr, was die Krönung eigentlich sagen solle; bei den Alten sei ja nur ein siegreicher Imperator gekrönt worden, und zwar mit Lorbeer.

Mit Maximilian I. beginnt dann eine neue kaiserliche Politik gegen Italien, in Verbindung mit der allgemeinen Intervention fremder Völker. Der Anfang – die Belehnung des Lodovico Moro mit Beseitigung

7. Das Nähere bei Vespasiano Fiorent., p. 54. Vgl. 150.
8. Diario Ferrarese, bei Murat. XXIV, Col. 215, s.
9. Haveria voluto scortigare la brigata.
10. Annales Estenses, bei Murat. XX, Col. 41.
11. Poggii Hist. Florent. pop., L. VII, bei Murat. XX, Col. 381.

seines unglücklichen Neffen – war nicht von der Art, welche Segen bringt. Nach der modernen Interventionstheorie darf, wenn Zweie ein Land zerreissen wollen, auch ein Dritter kommen und mithalten, und so konnte auch das Kaisertum sein Stück begehren. Aber von Recht u. dgl. musste man nicht mehr reden. Als Ludwig XII. (1502) in Genua erwartet wurde, als man den grossen Reichsadler von der Fronte des Hauptsaales im Dogenpalast wegtilgte und alles mit Lilien bemalte, frug der Geschichtschreiber Senarega[12] überall herum, was jener bei so vielen Revolutionen stets geschonte Adler eigentlich bedeute und was für Ansprüche das Reich auf Genua habe? Niemand wusste etwas anderes als die alte Rede: Genua sei eine camera imperii. Niemand wusste überhaupt in Italien irgendwelchen sichern Bescheid über solche Fragen. Erst als Karl V. Spanien und das Reich zusammen besass, konnte er mit spanischen Kräften auch kaiserliche Ansprüche durchsetzen. Aber was er so gewann, kam bekanntlich nicht dem Reiche, sondern der spanischen Macht zugute.

Mit der politischen Illegitimität der Dynastien des 15. Jahrhunderts hing wiederum zusammen die Gleichgültigkeit gegen die legitime Geburt, welche den Ausländern, z. B. einem Comines, so sehr auffiel. Sie ging gleichsam mit in den Kauf. Während man im Norden, im Haus Burgund etwa, den Bastarden eigene bestimmt abgegrenzte Apanagen, Bistümer und dergleichen zuwies, während in Portugal eine Bastardlinie sich nur durch die grösste Anstrengung auf dem Throne behauptete, war in Italien kein fürstliches Haus mehr, welches nicht in der Hauptlinie irgendeine unechte Deszendenz gehabt und ruhig geduldet hätte. Die Aragonesen von Neapel waren die Bastardlinie

12. Senarega, de reb. Genuens., bei Murat. XXIV, Col. 575.

des Hauses, denn Aragon selbst erbte der Bruder des Alfons I. Der grosse Federigo von Urbino war vielleicht überhaupt kein Montefeltro. Als Pius II. zum Kongress von Mantua (1459) reiste, ritten ihm bei der Einholung in Ferrara ihrer acht Bastarde vom Haus Este entgegen[13], darunter der regierende Herzog Borso selbst und zwei uneheliche Söhne seines ebenfalls unehelichen Bruders und Vorgängers Leonello. Letzterer hatte außerdem eine rechtmäßige Gemahlin gehabt, und zwar eine uneheliche Tochter Alfons I. von Neapel, von einer Afrikanerin[14]. Die Bastarde wurden auch schon deshalb öfter zugelassen, weil die ehelichen Söhne minorenn und die Gefahren dringend waren; es trat eine Art von Seniorat ein, ohne weitere Rücksicht auf echte oder unechte Geburt. Die Zweckmässigkeit, die Geltung des Individuums und seines Talentes sind hier überall mächtiger als die Gesetze und Bräuche des sonstigen Abendlandes. War es doch die Zeit, da die Söhne der Päpste sich Fürstentümer gründeten! Im 16. Jahrhundert unter dem Einfluss der Fremden und der beginnenden Gegenreformation wurde die ganze Angelegenheit strenger angesehen; Varchi findet, die Sukzession der ehelichen Söhne sei „von der Vernunft geboten und von ewigen Zeiten her der Wille des Himmels[15].“ Kardinal Ippolito Medici gründete sein Anrecht auf die Herrschaft über Florenz darauf, dass er aus einer vielleicht rechtmässigen Ehe entsprosst, oder doch wenigstens Sohn einer Adligen und nicht (wie der Herzog Alessandro) einer Dienstmagd sei[16]. Jetzt beginnen auch die morganati-

13. Aufgezählt im Diario Ferrarese, bei Murat. XXIV, Col. 203. Vgl. Pii II. Comment, II, p. 102.

14. Marin Sanudo, Vita de' duchi di Venezia, bei Murat. XXII, Col. 1113.

15. Varchi, Stor. Fiorent. I, p. 8.

16. Soriano, Relaz. di Roma 1533, bei Tommaso Gar, Relazioni, p. 281.

schen Gefühlsehen, welche im 15. Jahrhundert aus sittlichen und politischen Gründen kaum einen Sinn gehabt hätten.

Die höchste und meistbewunderte Form der Illegitimität ist aber im 15. Jahrhundert der Condottiere, der sich – welches auch seine Abkunft sei – ein Fürstentum erwirbt. Im Grunde war schon die Besitznahme von Unteritalien durch die Normannen im 11. Jahrhundert nichts anderes gewesen; jetzt aber begannen Projekte dieser Art die Halbinsel in dauernder Unruhe zu erhalten.

Die Festsetzung eines Soldführers als Landesherrn konnte auch ohne Usurpation geschehen, wenn ihn der Brodherr aus Mangel an Geld mit Land und Leuten abfand[17]; ohnehin bedurfte der Condottiere, selbst wenn er für den Augenblick seine meisten Leute entliess, eines sichern Ortes, wo er Winterquartier halten und die notwendigsten Vorräte bergen konnte. Das erste Beispiel eines so ausgestatteten Bandenführers ist John Hawkwood, welcher von Papst Gregor XI. Bagnacavallo und Cotignola erhielt. Als aber mit Alberigo da Barbiano italienische Heere und Heerführer auf den Schauplatz traten, da kam auch die Gelegenheit viel näher, Fürstentümer zu erwerben, oder wenn der Condottiere schon irgendwo Gewaltherrscher war, das Ererbte zu vergrössern. Das erste grosse Bacchanal dieser soldatischen Herrschbegier wurde gefeiert in dem Herzogtum Mailand nach dem Tode des Giangaleazzo (1402); die Regierung seiner beiden Söhne (S. 39 f.) ging hauptsächlich mit der Vertilgung dieser kriegerischen Tyrannen dahin, und der grösste derselben, Facino Cane, wurde samt seiner Witwe, samt einer Reihe von Städten und 400 000 Goldgulden ins Haus geerbt; überdies zog Beatrice di Tenda die Sol-

17. Für das Folgende vgl. Canestrini, in der Einleitung zu Tom. XV. des Archiv. stor.

daten ihres ersten Gemahls nach sich[18]. Von dieser Zeit an bildete sich dann jenes über alle Massen unmoralische Verhältnis zwischen den Regierungen und ihren Condottieren aus, welches für das 15. Jahrhundert charakteristisch ist. Eine alte Anekdote[19], von jenen, die nirgends und doch überall wahr sind, schildert dasselbe ungefähr so: Einst hatten die Bürger einer Stadt – es soll Siena gemeint sein – einen Feldherrn, der sie von feindlichem Druck befreit hatte; täglich berieten sie, wie er zu belohnen sei und urteilten, keine Belohnung, die in ihren Kräften stände, wäre gross genug, selbst nicht wenn sie ihn zum Herrn der Stadt machten. Endlich erhob sich einer und meinte: Lasst uns ihn umbringen und dann als Stadtheiligen anbeten. Und so sei man mit ihm verfahren ungefähr wie der römische Senat mit Romulus. In der Tat hatten sich die Condottieren vor niemand mehr zu hüten als vor ihren Brodherren; kämpften sie mit Erfolg, so waren sie gefährlich und wurden aus der Welt geschafft wie Roberto Malatesta gleich nach dem Siege, den er für Sixtus IV. erfochten (1482); beim ersten Unglück aber rächte man sich bisweilen an ihnen wie die Venezianer am Carmagnola (1432)[20]. Es zeichnet die Sachlage in moralischer Beziehung, dass die Condottieren oft Weib und Kind als Geiseln geben mussten und dennoch weder Zutrauen genossen noch selber empfanden. Sie hätten Heroen der Ent-

18. Cagnola, Archiv. stor. III, p. 28: et (Filippo Maria) da lei (Beatr.) ebbe molto texoro e dinari, e tutte le giente d'arme del dicto Facino, che obedivano a lei.

19. Infessura, bei Eccard, scriptores II, Col. 1911. Die Alternative, welche Macchiavell dem siegreichen Condottiere stellt, s. Discorsi, I, 30.

20. Ob sie auch den Alviano 1516 vergiftet, und ob die dafür angegebenen Gründe richtig sind? vgl. Prato im Archiv. Stor. III, p. 348.– Von Colleoni liess sich die Republik zur Erbin einsetzen und nahm nach seinem Tode 1475 erst noch eine förmliche Konfiskation vor. Vgl. Malipiero, Annali Veneti, im Archiv. stor. VII, I, p. 244. Sie liebte es, wenn die Condottieren ihr Geld in Venedig anlegten, ibid. p. 351.

sagung, Charaktere wie Belisar sein müssen, wenn sich der tiefste Hass nicht in ihnen hätte sammeln sollen; nur die vollkommenste innere Güte hätte sie davon abhalten können, absolute Frevler zu werden. Und als solche, voller Hohn gegen das Heilige, voller Grausamkeit und Verrat gegen die Menschen, lernen wir manche von ihnen kennen, fast lauter Leute, denen es nichts ausmachte, im päpstlichen Banne zu sterben. Zugleich aber entwickelt sich in manchen die Persönlichkeit, das Talent, bis zur höchsten Virtuosität und wird auch in diesem Sinne von den Soldaten anerkannt und bewundert; es sind die ersten Armeen der neuern Geschichte, wo der persönliche Kredit des Anführers ohne weitere Nebengedanken die bewegende Kraft ist. Glänzend zeigt sich dies z. B. im Leben des Francesco Sforza[21]; da ist kein Standesvorurteil, das ihn hätte hindern können, die allerindividuellste Popularität bei jedem einzelnen zu erwerben und in schwierigen Augenblicken gehörig zu benützen; es kam vor, dass die Feinde bei seinem Anblick die Waffen weglegten und mit entblösstem Haupt ihn ehrerbietig grüssten, weil ihn jeder für den gemeinsamen „Vater der Kriegerschaft" hielt. Dieses Geschlecht Sforza gewährt überhaupt das Interesse, dass man die Vorbereitung auf das Fürstentum von Anfang an glaubt durchschimmern zu sehen[22]. Das Fundament dieses Glückes bildete die grosse Fruchtbarkeit der Familie; Francescos bereits hochberühmter Vater Jacopo hatte zwanzig Geschwister, alle rauh erzogen in Cotignola bei Faenza, unter dem Eindruck einer jener endlosen romagnolischen Vendetten zwischen ihnen und dem Hause der Pasolini. Die ganze Wohnung war lauter Arsenal und Wachtstube, auch Mutter und Töchter

21. Cagnola, im Archiv. stor. III, p. 121, s.

22. Wenigstens bei Paul. Jovius, in seiner Vita magni Sfortiae (Viri illustres), einer der anziehendsten von seinen Biographien.

völlig kriegerisch. Schon im dreizehnten Jahre ritt Jacopo heimlich von dannen, zunächst nach Panicale zum päpstlichen Condottiere Boldrino, demselben, welcher dann noch im Tode seine Schar anführte, indem die Parole von einem fahnenumsteckten Zelte ausgegeben wurde, in welchem der einbalsamierte Leichnam lag – bis sich ein würdiger Nachfolger fand. Jacopo, als er in verschiedenen Diensten allmählich emporkam, zog auch seine Angehörigen nach sich und genoss durch dieselben die nämlichen Vorteile, die einem Fürsten eine zahlreiche Dynastie verleiht. Diese Verwandten sind es, welche die Armee beisammen halten, während er im Castel dell' uovo zu Neapel liegt; seine Schwester nimmt eigenhändig die königlichen Unterhändler gefangen und rettet ihn durch dieses Pfand vom Tode. Es deutet schon auf Absichten von Dauer und Tragweite, dass Jacopo in Geldsachen äusserst zuverlässig war und deshalb auch nach Niederlagen Kredit bei den Bankiers fand; dass er überall die Bauern gegen die Lizenz der Soldaten schützte, und die Zerstörung eroberter Städte nicht liebte; vollends aber, dass er seine ausgezeichnete Konkubine Lucia (die Mutter Francescos) an einen andern verheiratete, um für einen fürstlichen Ehebund verfügbar zu bleiben. Auch die Vermählungen seiner Verwandten unterlagen einem gewissen Plan. Von der Gottlosigkeit und dem wüsten Leben seiner Fachgenossen hielt er sich ferne; die drei Lehren, womit er seinen Francesco in die Welt sandte, lauten: rühre keines andern Weib an; schlage keinen von deinen Leuten oder, wenn es geschehen, schicke ihn weit fort; endlich: reite kein hartmäuliges Pferd und keines, das gerne die Eisen verliert. Vor allem aber besass er die Persönlichkeit, wenn nicht eines grossen Feldherrn, doch eines grossen Soldaten, einen mächtigen, allseitig geübten Körper, ein populäres Bauerngesicht, ein wunderwürdiges Gedächtnis, das alle Soldaten, alle ihre Pferde und ihre Soldverhältnisse von vielen Jahren her kannte und aufbewahrte. Seine Bildung war nur italienisch; alle Musse aber wandte er auf Kenntnis der Geschichte und liess griechische und lateinische Autoren für seinen Gebrauch übersetzen. Francesco, sein noch ruhmvollerer Sohn, hat von Anfang an deutlich nach einer grossen Herrschaft gestrebt und das gewaltige Mailand durch glänzende Heerführung und unbedenklichen Verrat auch erhalten (1447–1450).

Sein Beispiel lockte. Aeneas Sylvius[23] schrieb um diese Zeit: „In unserm veränderungslustigen Italien, wo nichts fest steht und keine alte Herrschaft existiert, können leicht aus Knechten Könige werden." Einer aber, der sich selber „den Mann der Fortuna" nannte, beschäftigte damals vor allen die Phantasie des ganzen Landes: Giacomo Piccinino, der Sohn des Nicolò. Es war eine offene und brennende Frage: ob auch ihm die Gründung eines Fürstentumes gelingen werde oder nicht? Die grössern Staaten hatten ein einleuchtendes Interesse, es zu verhindern, und auch Francesco Sforza fand, es wäre vorteilhaft, wenn die Reihe der souverän gewordenen Soldführer mit ihm selber abschlösse. Aber die Truppen und Hauptleute, die man gegen Piccinino absandte, als er z. B. Siena hatte für sich nehmen wollen, erkannten[24] ihr eigenes Interesse darin, ihn zu halten: „Wenn es mit ihm zu Ende ginge, dann könnten wir wieder den Acker bauen." Während sie ihn in Orbetello eingeschlossen hielten, verproviantierten sie ihn zugleich, und er kam auf das ehrenvollste aus der Klemme. Endlich aber entging er seinem Verhängnis doch nicht. Ganz Italien wettete, was geschehen werde, als er (1465) von einem Besuch bei Sforza in Mailand nach Neapel zum König

23. Aen. Sylvius: De dictis et factis Alphonsi, Opera, Fol. 475.
24. Pii II. Comment. I, p. 46, vgl. 69.

Ferrante reiste. Trotz aller Bürgschaften und hohen Verbindungen liess ihn dieser im Castel nuovo ermorden[25]. Auch die Condottieren, welche ererbte Staaten besassen, fühlten sich doch nie sicher; als Roberto Malatesta und Federigo von Urbino (1482) an Einem Tage, jener in Rom, dieser in Bologna, starben, fand es sich, dass jeder im Sterben dem andern seinen Staat empfehlen liess[26]! Gegen einen Stand, der sich so vieles erlaubte, schien alles erlaubt. Francesco Sforza war noch ganz jung mit einer reichen calabresischen Erbin, Polissena Ruffa, Gräfin von Montalto, verheiratet worden, welche ihm ein Töchterchen gebar; eine Tante vergiftete die Frau und das Kind und zog die Erbschaft an sich[27].

Vom Untergang Piccininos an galt das Aufkommen von neuen Condottierenstaaten offenbar als ein nicht mehr zu duldender Skandal; die vier „Großstaaten“ Neapel, Mailand, Kirche und Venedig schienen ein System des Gleichgewichtes zu bilden, welches keine jener Störungen mehr vertrug. Im Kirchenstaat, wo es von kleinen Tyrannen wimmelte, die zum Teil Condottieren gewesen oder es noch waren, bemächtigten sich seit Sixtus IV. die Nepoten des Alleinrechtes auf solche Unternehmungen. Aber die Dinge brauchten nur irgendwo ins Schwanken zu geraten, so meldeten sich auch die Condottieren wieder. Unter der kläglichen Regierung Innocenz VIII. war es einmal nahe daran, dass ein früher in burgundischen Diensten gewesener Hauptmann Boccalino sich mitsamt der Stadt Osimo, die er für sich genommen, den Türken über-

25. Sismondi X, p. 258. – Corio, Fol. 412, wo Sforza als mitschuldig gilt, weil er von P.s kriegerischer Popularität Gefahren für seine eigenen Söhne gefürchtet. – Storia Bresciana, bei Murat. XXI, Col. 902. – Wie man 1466 den venezianischen Grosscondottiere Colleoni in Versuchung führte, erzählt Malipiero, Annali veneti, Arch. stor. VII, I, p. 210.

26. Allegretti, Diarii Sanesi, bei Murat. XXIII, p. 811.

27. Orationes Philelphi, Fol. 9, in der Leichenrede auf Francesco.

geben hätte[28]; man musste froh sein, dass er sich auf Vermittlung des Lorenzo magnifico hin mit Geld abfinden liess und abzog. Im Jahre 1495, bei der Erschütterung aller Dinge infolge des Krieges Karls VIII., versuchte sich ein Condottiere Vidovero von Brescia[29]; er hatte schon früher die Stadt Cesena durch Mord vieler Edeln und Bürger eingenommen, aber das Kastell hielt sich, und er musste wieder fort; jetzt, begleitet von einer Truppe, die ihm ein anderer böser Bube, Pandolfo Malatesta von Rimini, Sohn des erwähnten Roberto und venezianischer Condottiere, abgetreten, nahm er dem Erzbischof von Ravenna die Stadt Castelnuovo ab. Die Venezianer, welche Grösseres besorgten und ohnehin vom Papst gedrängt wurden, befahlen dem Pandolfo „wohlmeinend", den guten Freund bei Gelegenheit zu verhaften; es geschah, obwohl „mit Schmerzen", worauf die Ordre kam, ihn am Galgen sterben zu lassen. Pandolfo hatte die Rücksicht, ihn erst im Gefängnis zu erdrosseln und dann dem Volk zu zeigen. – Das letzte bedeutendere Beispiel solcher Usurpationen ist der berühmte Kastellan von Musso, der bei der Verwirrung im Mailändischen nach der Schlacht bei Pavia (1525) seine Souveränetät am Comersee improvisierte.

Im allgemeinen läßt sich von den Gewaltherrschern des 15. Jahrhunderts sagen, dass die schlimmsten Dinge in den kleinern und kleinsten Herrschaften am meisten sich häuften. Namentlich lagen hier für zahlreiche Familien, deren einzelne Mitglieder alle ranggemäss leben wollten, die Erbstreitigkeiten nahe; Bernardo Varano von Camerino schaffte (1434) zwei Brüder aus der Welt[30], weil seine Söhne mit deren

28. Marin Sanudo, Vite de' Duchi di Ven., bei Murat. XXII, Col. 1241.
29. Malipiero, Ann. Veneti, Archiv. stor. VII, I, p. 407.
30. Chron. Eugubinum, bei Murat. XXI, Col. 972.

Erbe ausgestattet sein wollten. Wo ein blosser Stadtherrscher sich auszeichnet durch praktische, gemässigte, unblutige Regierung und Eifer für die Kultur zugleich, da wird es in der Regel ein solcher sein, der zu einem grossen Hause gehört oder von der Politik eines solchen abhängt. Dieser Art war z. B. Alessandro Sforza[31], Fürst von Pesaro, Bruder des grossen Francesco und Schwiegervater des Federigo von Urbino (†1473). Als guter Verwalter, als gerechter und zugänglicher Regent genoss er nach langem Kriegsleben eine ruhige Regierung, sammelte eine herrliche Bibliothek und brachte seine Musse mit gelehrten und frommen Gesprächen zu. Auch Giovanni II. Bentivoglio von Bologna (1462–1506), dessen Politik von der der Este und Sforza bedingt war, lässt sich hieher zählen. Welche blutige Verwilderung dagegen finden wir in den Häusern der Varani von Camerino, der Malatesta von Rimini, der Manfreddi von Faenza, vor allem der Baglioni von Perugia. Ueber die Ereignisse im Hause der letztern gegen Ende des 15. Jahrhunderts sind wir durch ausgezeichnete Geschichtsquellen – die Chroniken des Graziani und des Matarazzo[32] – besonders anschaulich unterrichtet.

Die Baglionen waren eines von jenen Häusern, deren Herrschaft sich nicht zu einem förmlichen Fürstentum durchgebildet hatte, sondern mehr nur in einem städtischen Primat bestand und auf grossem Familienreichtum und tatsächlichem Einfluß auf die Aemterbesetzung beruhte. Innerhalb der Familie wurde einer als Gesamtoberhaupt anerkannt; doch herrschte tiefer, verborgener Hass zwischen den Mitgliedern der verschiedenen Zweige. Ihnen gegenüber hielt sich eine gegnerische Adelspartei unter Anführung der Familie Oddi; alles ging (um 1487) in Waffen, und alle Häuser

31. Vespasiano Fiorent., p. 148.
32. Archiv. stor. XVI, Parte I. et II.

der Grossen waren voller Bravi; täglich gab es Gewalttaten; bei Anlaß der Beerdigung eines ermordeten deutschen Studenten stellten sich zwei Kollegien in Waffen gegeneinander auf; ja bisweilen lieferten sich die Bravi verschiedener Häuser Schlachten auf offener Piazza. Vergebens jammerten Kaufleute und Handwerker; die päpstlichen Governatoren und Nepoten schwiegen oder machten sich bald wieder davon. Endlich müssen die Oddi Perugia verlassen, und nun wird die Stadt eine belagerte Feste unter der vollendeten Gewaltherrschaft der Baglionen, welchen auch der Dom als Kaserne dienen muss. Komplotten und Ueberfällen wird mit furchtbarer Rache begegnet; nachdem man (im Jahr 1491) 130 Eingedrungene zusammengehauen und am Staatspalast gehenkt, wurden auf der Piazza 35 Altäre errichtet und drei Tage lang Messen gelesen und Prozessionen gehalten, um den Fluch von der Stätte wegzunehmen. Ein Nepot Innocenz VIII. wurde am hellen Tage auf der Gasse erstochen, einer Alexanders VI., der abgesandt war um zu schlichten, erntete nichts als offenen Hohn. Dafür hatten die beiden Häupter des regierenden Hauses Guido und Ridolfo häufige Unterredungen mit der heiligen wundertätigen Dominikanernonne Suor Colomba von Rieti, welche unter Androhung grossen künftigen Unheils zum Frieden riet, natürlich vergebens. Immerhin macht der Chronist bei diesem Anlass aufmerksam auf die Andacht und Frömmigkeit der bessern Peruginer in diesen Schreckensjahren. Während (1494) Karl VIII. heranzog, führten die Baglionen und die in und um Assisi gelagerten Verbannten einen Krieg von solcher Art, dass im Tal alle Gebäude dem Boden eben, die Felder unbebaut lagen, die Bauern zu kühnen Räubern und Mördern verwilderten, und Hirsche und Wölfe das emporwuchernde Gestrüpp bevölkerten, wo letztere sich an den Leichen der Gefallenen, an „Christenfleisch", gütlich taten. Als Alexander VI. vor dem von Neapel zurückkehrenden Karl VIII. (1495) nach Umbrien entwich, fiel es ihm in Perugia ein, er könnte sich der Baglionen auf immer entledigen; er schlug dem Guido irgendein Fest, ein Turnier oder etwas dergleichen vor, um sie irgendwo alle beisammen zu haben, aber Guido war der Meinung, „das allerschönste Schauspiel wäre, alle bewaffnete Mannschaft von Perugia beisammen zu sehen", worauf der Papst seinen Plan fallen liess. Bald darauf machten die Verbannten wieder einen Ueberfall, bei welchem nur der persönlichste Heldenmut der Baglionen den Sieg gewann. Da wehrte sich auf der Piazza der achtzehnjährige Simonetto Baglione mit Wenigen gegen mehrere Hunderte, und stürzte mit mehr als zwanzig Wunden, erhob sich aber wieder, als ihm Astorre Baglione zu Hülfe kam, hoch zu Ross in vergoldeter Eisenrüstung mit einem Falken auf dem Helm: „Dem Mars vergleichbar an Anblick und an Taten sprengte er in das Gewühl."

Damals war Rafael als zwölfjähriger Knabe in der Lehre bei Pietro Perugino. Vielleicht sind Eindrücke dieser Tage verewigt in den frühen kleinen Bildchen des heil. Georg und des heil. Michael; vielleicht lebt noch etwas davon unvergänglich fort in dem grossen St. Michaelsbilde, und wenn irgendwo Astorre Baglione seine Verklärung gefunden hat, so ist es geschehen in der Gestalt des himmlischen Reiters im Heliodor.

Die Gegner waren teils umgekommen, teils in panischem Schrecken gewichen, und fortan keines solchen Angriffes mehr fähig. Nach einiger Zeit wurde ihnen eine partielle Versöhnung und Rückkehr gewährt. Aber Perugia wurde nicht sicherer noch ruhiger; die innere Zwietracht des herrschenden Hauses brach jetzt in entsetzlichen Taten aus. Gegenüber Guido, Ridolfo und ihren Söhnen Gianpaolo, Simonetto, Astorre, Gismondo, Gentile, Marcantonio u. a. taten sich zwei Grossneffen, Grifone und Carlo Barciglia, zusammen; letzterer zugleich Neffe des Fürsten Varano von Camerino und Schwager eines der früheren Verbannten, Jeronimo dalla Penna. Vergebens bat Simonetto, der schlimme Ahnungen hatte, seinen Oheim kniefällig, diesen Penna töten zu dürfen, Guido versagte es ihm. Das Komplott reifte plötzlich bei der Hochzeit des Astorre mit der Lavinia Colonna, Mitte Sommers 1500. Das Fest nahm seinen Anfang und dauerte einige Tage unter düstern Anzeichen, deren Zunahme bei Matarazzo vorzüglich schön geschildert ist. Der anwesende Varano trieb sie zusammen; in teuflischer Weise wurde dem Grifone die Alleinherrschaft und ein erdichtetes Verhältnis seiner Gemahlin Zenobia mit Gianpaolo vorgespiegelt und endlich jedem Verschworenen sein bestimmtes Opfer zugeteilt. (Die Baglionen hatten lauter geschiedene Wohnungen, meist an der Stelle des jetzigen Kastells.) Von den vorhandenen Bravi bekam jeder fünfzehn Mann mit; der Rest wurde auf Wachen ausgestellt. In der Nacht vom 15. Juli wurden die Türen eingerannt und der Mord an Guido, Astorre, Simonetto und Gismondo vollzogen; die andern konnten entweichen.

Als Astorres Leiche mit der des Simonetto auf der Gasse lag, verglichen ihn die Zuschauer „und besonders die fremden Studenten" mit einem alten Römer; so würdig und gross war der Anblick; in Simonetto fanden sie noch das Trotzigkühne, als hätte ihn selbst der Tod nicht gebändigt. Die Sieger gingen bei den Freunden der Familie herum und wollten sich empfehlen, fanden jedoch alles in Tränen und mit der Abreise auf die Landgüter beschäftigt. Aber die entronnenen Baglionen sammelten draussen Mannschaft und drangen, Gianpaolo an der Spitze, des folgenden Tages in die Stadt, wo andere Anhänger, soeben von Barciglia mit dem Tode bedroht, schleunig zu ihm stiessen; als bei S. Ercolano Grifone in seine Hände fiel, überliess er es seinen Leuten, ihn niederzumachen; Barciglia und Penna aber flüchteten sich nach Camerino zum Hauptanstifter des Unheils, Varano; in einem Augenblick, fast ohne Verlust, war Gianpaolo Herr der Stadt.

Atalanta, Grifones noch schöne und junge Mutter, die sich Tags zuvor samt seiner Gattin Zenobia und zwei Kindern Gianpaolos auf ein Landgut zurückgezogen und den ihr nacheilenden Sohn mehrmals mit ihrem Mutterfluche von sich gewiesen, kam jetzt mit der Schwiegertochter herbei und suchte den sterbenden Sohn. Alles wich vor den beiden Frauen auf die Seite; niemand wollte als der erkannt sein, der den Grifone erstochen hätte, um nicht die Verwünschung der Mutter auf sich zu ziehen. Aber man irrte sich; sie selber beschwor den Sohn, denjenigen zu verzeihen, welche die tödlichen Streiche geführt, und er verschied unter ihren Segnungen. Ehrfurchtsvoll sahen die Leute den beiden Frauen nach, als sie in ihren blutigen Kleidern über den Platz schritten. Diese Atalanta ist es, für welche später Rafael die weltberühmte Grablegung gemalt hat. Damit legte sie ihr eigenes Leid dem höchsten und heiligsten Mutterschmerz zu Füssen.

Der Dom, welcher das meiste von dieser Tragödie in seiner Nähe gesehen, wurde mit Wein abgewaschen und neu geweiht. Noch immer stand von der Hochzeit her der Triumphbogen, bemalt mit den Taten Astorres und mit den Lobversen dessen, der uns dieses alles erzählt, des guten Matarazzo.

Es entstand eine ganz sagenhafte Vorgeschichte der Baglionen, welche nur ein Reflex dieser Greuel ist. Alle von diesem Hause seien von jeher eines bösen Todes gestorben, einst 27 miteinander; schon einmal seien ihre Häuser geschleift und mit den Ziegeln davon die Gassen gepflastert worden u. dgl. Unter Paul III. trat dann die Schleifung ihrer Paläste wirklich ein.

Einstweilen aber scheinen sie gute Vorsätze gefasst, in ihrer eignen Partei Ordnung geschafft und die Beamten gegen die adligen Bösewichter geschützt zu haben. Allein der Fluch brach später doch wieder wie ein nur scheinbar gedämpfter Brand hervor; Gianpaolo wurde unter Leo X. 1520 nach Rom gelockt und enthauptet; der eine seiner Söhne, Orazio, der Perugia nur zeitweise und unter den gewaltsamsten Umständen besass, nämlich als Parteigänger des ebenfalls von den Päpsten bedrohten Herzogs von Urbino, wütete noch einmal im eignen Hause auf das grässlichste. Ein Oheim und drei Vettern wurden ermordet, worauf ihm der Herzog sagen liess, es sei jetzt genug[33]. Sein Bruder Malatesta Baglione ist der florentinische Feldherr, welcher durch den Verrat von 1530 unsterblich geworden, und dessen Sohn Ridolfo ist jener letzte des Hauses, welcher in Perugia durch Ermordung des Legaten und der Beamten im Jahr 1534 eine nur kurze, aber schreckliche Herrschaft übte.

Den Gewaltherrschern von Rimini werden wir noch hie und da begegnen. Frevelmut, Gottlosigkeit, kriegerisches Talent und höhere Bildung sind selten so in einem Menschen vereinigt gewesen wie in Sigismondo Malatesta († 1467). Aber wo die Missetaten sich häufen, wie in diesem Hause geschah, da gewinnen sie das Schwergewicht auch über das Talent und ziehen die Tyrannen in den Abgrund. Der schon erwähnte Pandolfo, Sigismondos Enkel, hielt sich nur noch, weil Venedig seinen Condottiere trotz aller Verbrechen nicht

33. Vardi, Stor. fiorent. I, p. 242, s.

wollte fallen lassen; als ihn seine Untertanen (1497) aus hinreichenden Gründen[34] in seiner Burg zu Rimini bombardierten und dann entwischen liessen, führte ein venezianischer Kommissär den mit Brudermord und allen Greueln Befleckten wieder zurück. Nach drei Jahrzehnden waren die Malatesten arme Verbannte. Die Zeit um 1527 war, wie die des Cesare Borgia, eine Epidemie für diese kleinen Dynastien, nur sehr wenige überlebten sie und nicht einmal zu ihrem Glück. In Mirandola, wo kleine Fürsten aus dem Hause Pico herrschten, sass im Jahr 1533 ein armer Gelehrter, Lilio Gregorio Giraldi, der aus der Verwüstung von Rom sich an den gastlichen Herd des hochbejahrten Giovan Francesco Pico (Neffen des berühmten Giovanni) geflüchtet hatte; bei Anlass ihrer Besprechungen über das Grabmal, welches der Fürst für sich bereiten wollte, entstand eine Abhandlung[35], deren Dedikation vom April jenes Jahres datiert ist. Aber wie wehmütig lautet die Nachschrift: „Im Oktober desselben Jahres ist der unglückliche Fürst durch nächtlichen Mord von seinem Brudersohn des Lebens und der Herrschaft beraubt worden, und ich selber bin in tiefem Elend kaum mit dem Leben davongekommen."

Eine charakterlose Halbtyrannie, wie sie Pandolfo Petrucci seit den 1490er Jahren in dem von Faktionen zerrissenen Siena ausübte, ist kaum der nähern Betrachtung wert. Unbedeutend und böse, regierte er mit Hülfe eines Professors der Rechte und eines Astrologen und verbreitete hie und da einigen Schrecken durch Mordtaten. Sein Sommervergnügen war, Steinblöcke vom Monte Amiata herunterzurollen, ohne Rücksicht

34. Malipiero, Ann. Veneti, Archiv. stor. VII, I, p. 498.

35. Lil. Greg. Giraldus, de vario sepeliendi ritu. – Schon 1470 war in diesem Hause eine Miniaturkatastrophe vorgefallen. Vgl. Diario Ferrarese, bei Murat. XXIV. Col. 225.

darauf, was und wen sie trafen. Nachdem ihm gelingen musste, was den Schlausten misslang – er entzog sich den Tücken des Cesare Borgia – starb er doch später verlassen und verachtet. Seine Söhne aber hielten sich noch lange mit einer Art von Halbherrschaft.

Von den wichtigern Dynastien sind die Aragonesen gesondert zu betrachten. Das Lehnswesen, welches hier seit der Normannenzeit als Grundherrschaft der Barone fortdauert, färbt schon den Staat eigentümlich, während im übrigen Italien, den südlichen Kirchenstaat und wenige andere Gegenden ausgenommen, fast nur noch einfacher Grundbesitz gilt und der Staat keine Befugnisse mehr erblich werden lässt. Sodann ist der grosse Alfons, welcher seit 1435 Neapel in Besitz genommen († 1458), von einer andern Art als seine wirklichen oder vorgeblichen Nachkommen. Glänzend in seinem ganzen Dasein, furchtlos unter seinem Volke, von einer grossartigen Liebenswürdigkeit im Umgang, und selbst wegen seiner späten Leidenschaft für Lucrezia d'Alagna nicht getadelt, sondern bewundert, hatte er die eine üble Eigenschaft der Verschwendung[36], an welche sich dann die unvermeidlichen Folgen hingen. Frevelhafte Finanzbeamte wurden zuerst allmächtig, bis sie der bankerott gewordene König ihres Vermögens beraubte; ein Kreuzzug wurde gepredigt, um unter diesem Vorwand den Klerus zu besteuern; bei einem grossen Erdbeben in den Abruzzen mußten die Ueberlebenden die Steuer für die Umgekommenen weiter bezahlen. Unter solchen Umständen war Alfons für hohe Gäste der prunkhafteste Wirt seiner Zeit (S. 44) und froh des unaufhörlichen Spendens an jedermann, auch an Feinde; für literarische Bemühungen hatte er vollends keinen Maßstab

36. Jovian. Pontan.: de liberalitate, und: de obedientia, l. 4. Vgl. Sismondi X, p. 78, s.

mehr, so daß Poggio für die lateinische Uebersetzung von Xenophons Cyropädie fünfhundert Goldstücke erhielt.

Ferrante[37], der auf ihn kam, galt als sein Bastard von einer spanischen Dame, war aber vielleicht von einem valencianischen Marranen erzeugt. War es nun mehr das Geblüt oder die seine Existenz bedrohenden Komplotte der Barone, was ihn düster und grausam machte, jedenfalls ist er unter den damaligen Fürsten der schrecklichste. Rastlos tätig, als einer der stärksten politischen Köpfe anerkannt, dabei kein Wüstling, richtet er alle seine Kräfte, auch die eines unversöhnlichen Gedächtnisses und einer tiefen Verstellung auf die Zernichtung seiner Gegner. Beleidigt in allen Dingen, worin man einen Fürsten beleidigen kann, indem die Anführer der Barone mit ihm verschwägert und mit allen auswärtigen Feinden verbündet waren, gewöhnte er sich an das Aeusserste als an ein Alltägliches. Für die Beschaffung der Mittel in diesem Kampfe und in seinen auswärtigen Kriegen wurde wieder etwa in jener mohammedanischen Weise gesorgt, die Friedrich II. angewandt hatte: mit Korn und Oel handelte nur die Regierung; den Handel überhaupt hatte Ferrante in den Händen eines Ober- und Grosskaufmanns, Francesco Coppola, zentralisiert, welcher mit ihm den Nutzen teilte und alle Reeder in seinen Dienst nahm; Zwangsanleihen, Hinrichtungen und Konfiskationen, grelle Simonie und Brandschatzung der geistlichen Korporationen beschufen das übrige. Nun überliess sich Ferrante ausser der Jagd, die er rücksichtslos übte, zweierlei Vergnügun-

37. Tristano Caracciolo: de varietate fortunae, bei Murat. XXII. – Jovian. Pontanus: de prudentia, l. IV; de magnanimitate, l. I; de liberalitate, de immanitate. – Cam. Porzio, Congiura de' Baroni, passim. – Comines, Charles VIII, chap. 17, mit der allgem. Charakteristik der Aragonesen.

gen: seine Gegner entweder lebend in wohlverwahrten Kerkern oder tot und einbalsamiert, in der Tracht, die sie bei Lebzeiten trugen[38], in seiner Nähe zu haben. Er kicherte, wenn er mit seinen Vertrauten von den Gefangenen sprach; aus der Mumienkollektion wurde nicht einmal ein Geheimnis gemacht. Seine Opfer waren fast lauter Männer, deren er sich durch Verrat, ja an seiner königlichen Tafel bemächtigt. Völlig infernal war das Verfahren gegen den im Dienst grau und krank gewordenen Premierminister Antonello Petrucci, von dessen wachsender Todesangst Ferrante immerfort Geschenke annahm, bis endlich ein Anschein von Teilnahme an der letzten Baronenverschwörung den Vorwand gab zu seiner Verhaftung und Hinrichtung, zugleich mit Coppola. Die Art, wie dies alles bei Caracciolo und Porzio dargestellt ist, macht die Haare sträuben. – Von den Söhnen des Königs genoss der ältere, Alfonso Herzog von Calabrien, in den spätern Zeiten eine Art Mitregierung; ein wilder, grausamer Wüstling, der vor dem Vater die grössere Offenheit voraus hatte und sich auch nicht scheute, seine Verachtung gegen die Religion und ihre Bräuche an den Tag zu legen. Die bessern, lebendigen Züge des damaligen Tyrannentums muss man bei diesen Fürsten nicht suchen; was sie von der damaligen Kunst und Bildung an sich nehmen, ist Luxus oder Schein. Schon die echten Spanier treten in Italien fast immer nur entartet auf; vollends aber zeigt der Ausgang dieses Marranenhauses (1494 und 1503) einen augenscheinlichen Mangel an Rasse. Ferrante stirbt vor innerer Sorge und Qual; Alfonso traut seinem eigenen Bruder Federigo, dem einzigen Guten der Familie, Verrat zu und beleidigt ihn auf die unwürdigste Weise; endlich flieht er, der bisher als einer

38. Paul. Jovius, Histor. I, p. 14, in der Rede eines mailändischen Gesandten; Diario Ferrarese, bei Murat. XXIV, Col. 294.

der tüchtigsten Heerführer Italiens gegolten, besinnungslos nach Sizilien und lässt seinen Sohn, den jüngern Ferrante, den Franzosen und dem allgemeinen Verrat zur Beute. Eine Dynastie, welche so regiert hatte wie diese, hätte allermindestens ihr Leben teuer verkaufen müssen, wenn ihre Kinder und Nachkommen eine Restauration hoffen sollten. Aber: jamais homme cruel ne fut hardi, wie Comines bei diesem Anlass etwas einseitig und im ganzen doch richtig sagt.

Echt italienisch im Sinne des 15. Jahrhunderts stellt sich das Fürstentum in den Herzogen von Mailand dar, deren Herrschaft seit Giangaleazzo schon eine völlig ausgebildete absolute Monarchie gewesen ist. Vor allem ist der letzte Visconti, Filippo Maria (1412 bis 1447), eine höchst merkwürdige, glücklicherweise vortrefflich geschilderte[39] Persönlichkeit. Was die Furcht aus einem Menschen von bedeutenden Anlagen in hoher Stellung machen kann, zeigt sich hier, man könnte sagen, mathematisch vollständig; alle Mittel und Zwecke des Staates konzentrieren sich in dem einen der Sicherung seiner Person, nur dass sein grausamer Egoismus doch nicht in Blutdurst überging. Im Kastell von Mailand, das die herrlichsten Gärten, Laubgänge und Tummelplätze mit umfasste, sitzt er, ohne die Stadt in vielen Jahren auch nur zu betreten; seine Ausflüge gehen nach den Landstädten, wo seine prächtigen Schlösser liegen; die Barkenflottille, die ihn, von raschen Pferden gezogen, auf eigens gebauten Kanälen dahinführt, ist für die Handhabung der ganzen Etikette eingerichtet. Wer das Kastell betrat, war hundertfach beobachtet; niemand sollte auch nur am Fenster stehen, damit nicht nach aussen gewinkt würde. Ein künstliches System von Prüfungen erging

39. Petri Candidi Decembrii Vita Phil. Mariae Vivecomitis, bei Murat. XX.

Pisanello: Medaille des Fil. Maria Visconti

Verrocchio (?): Cosimo de' Medici

über die, welche zur persönlichen Umgebung des Fürsten gezogen werden sollten; diesen vertraute er dann die höchsten diplomatischen wie die Lakaiendienste an, denn beides war ja hier gleich ehrenvoll. Und dieser Mann führte lange, schwierige Kriege und hatte beständig grosse politische Dinge unter den Händen, d. h. er musste unaufhörlich Leute mit umfassenden Vollmachten aussenden. Seine Sicherheit lag nun darin, dass keiner von diesen keinem traute, daß die Condottieren durch Spione und die Unterhändler und höhern Beamten durch künstlich genährte Zwietracht, namentlich durch Zusammenkoppelung je eines Guten und eines Bösen, irregemacht und auseinander gehalten wurden. Auch in seinem Innersten ist Filippo Maria bei den entgegengesetzten Polen der Weltanschauung versichert; er glaubt an Gestirne und an blinde Notwendigkeit und betet zugleich zu allen Nothelfern[40]; er liest alte Autoren und französische Ritterromane. Und zuletzt hat derselbe Mensch, der den Tod nie wollte erwähnen hören[41] und selbst seine sterbenden Günstlinge aus dem Kastell schaffen liess, damit niemand in dieser Burg des Glückes erbleiche, durch Schliessung einer Wunde und Verweigerung des Aderlasses seinen Tod absichtlich beschleunigt und ist mit Anstand und Würde gestorben.

Sein Schwiegersohn und endlicher Erbe, der glückliche Condottiere Francesco Sforza (1450–1466, S. 51) war vielleicht von allen Italienern am meisten der Mann nach dem Herzen des 15. Jahrhunderts. Glänzender als in ihm war der Sieg des Genies und der individuellen Kraft nirgends ausgesprochen, und wer das nicht anzuerkennen geneigt war, durfte doch immerhin den Liebling der Fortuna in ihm verehren.

40. Rührten von ihm etwa die 14 Marmorstatuen der Nothelfer am Kastell zu Mailand her? – S. Historia der Frundsberge, fol. 27.

41. Ihn ängstigte, quod aliquando „non esse" necesse esset.

Mailand empfand es offenbar als Ehre, wenigstens einen so berühmten Herrscher zu erhalten; hatte ihn doch bei seinem Eintritt das dichte Volksgedränge zu Pferde in den Dom hineingetragen, ohne dass er absteigen konnte[42]. Hören wir die Bilanz seines Lebens, wie sie Papst Pius II., ein Kenner in solchen Dingen, uns vorrechnet[43]. „Im Jahr 1459, als der Herzog zum Fürstenkongress nach Mantua kam, war er 60 (eher 58) Jahre alt; als Reiter einem Jüngling gleich, hoch und äusserst imposant an Gestalt, von ernsten Zügen, ruhig und leutselig im Reden, fürstlich im ganzen Benehmen, ein Ganzes von leiblicher und geistiger Begabung ohnegleichen in unserer Zeit, im Felde unbesiegt – das war der Mann, der von niedrigem Stande zur Herrschaft über ein Reich emporstieg. Seine Gemahlin war schön und tugendhaft, seine Kinder anmutig wie Engel vom Himmel; er war selten krank; alle seine wesentlichen Wünsche erfüllten sich. Doch hatte auch er einiges Missgeschick; seine Gemahlin tötete ihm aus Eifersucht die Geliebte; seine alten Waffengenossen und Freunde Troilo und Brunoro verliessen ihn und gingen zu König Alfons über; einen andern, Ciarpollone, musste er wegen Verrats henken lassen; von seinem Bruder Alessandro mußte er erleben, dass derselbe einmal die Franzosen gegen ihn aufstiftete; einer seiner Söhne zettelte Ränke gegen ihn und kam in Haft; die Mark Ancona, die er im Krieg erobert, verlor er auch wieder im Krieg. Niemand geniesst ein so ungetrübtes Glück, dass er nicht irgendwo mit Schwankungen zu kämpfen hätte. Der ist glücklich, der wenige Widerwärtigkeiten hat.“ Mit dieser negativen Definition des Glückes entlässt der gelehrte Papst seinen Leser.

42. Corio, Fol. 400; – Cagnola, im Archiv. stor. III, p. 125.

43. Pii II. Comment. III, p. 130. Vgl. II, 87, 106. Eine andere, noch mehr ins Düstere fallende Taxation vom Glücke des Sforza gibt Caracciolo, de varietate fortunae, bei Murat. XXII. Col. 74.

Wenn er hätte in die Zukunft blicken können oder auch nur die Konsequenzen der völlig unbeschränkten Fürstenmacht überhaupt erörtern wollen, so wäre ihm eine durchgehende Wahrnehmung nicht entgangen: die Garantielosigkeit der Familie. Jene engelschönen, überdies sorgfältig und vielseitig gebildeten Kinder unterlagen, als sie Männer wurden, der ganzen Ausartung des schrankenlosen Egoismus. Galeazzo Maria (1466 bis 1476), ein Virtuose der äussern Erscheinung, war stolz auf seine schöne Hand, auf die hohen Besoldungen, die er bezahlte, auf den Geldkredit, den er genoss, auf seinen Schatz von zwei Millionen Goldstücken, auf die namhaften Leute, die ihn umgaben, und auf die Armee und die Vogeljagd, die er unterhielt. Dabei hörte er sich gerne reden, weil er gut redete, und vielleicht am allerfliessendsten, wenn er etwa einen venezianischen Gesandten kränken konnte[44]. Dazwischen aber gab es Launen wie z. B. die, ein Zimmer in einer Nacht mit Figuren ausmalen zu lassen; es gab entsetzliche Grausamkeiten gegen Nahestehende und besinnungslose Ausschweifung. Einigen Phantasten schien er alle Eigenschaften eines Tyrannen zu besitzen; sie brachten ihn um und lieferten damit den Staat in die Hände seiner Brüder, deren einer, Lodovico il Moro, nachher mit Uebergehung des eingekerkerten Neffen die ganze Herrschaft an sich riss. An diese Usurpation hängt sich dann die Intervention der Franzosen und das böse Schicksal von ganz Italien. Der Moro ist aber die vollendetste fürstliche Charakterfigur dieser Zeit und erscheint damit wieder wie ein Naturprodukt, dem man nicht ganz böse sein kann. Bei der tiefsten Immoralität seiner Mittel erscheint er in deren Anwendung völlig naiv; er würde wahrscheinlich sich sehr verwundert

44. Malipiero, Ann. veneti, Archiv. stor. VII, I, p. 216, 221.

haben, wenn ihm jemand hätte begreiflich machen wollen, daß nicht nur für die Zwecke, sondern auch für die Mittel eine sittliche Verantwortung existiert; ja er würde vielleicht seine möglichste Vermeidung aller Bluturteile als eine ganz besondere Tugend geltend gemacht haben. Den halbmythischen Respekt der Italiener vor seiner politischen Force nahm er wie einen schuldigen Tribut[45] an; noch 1496 rühmte er sich: Papst Alexander sei sein Kaplan, Kaiser Max sein Condottiere, Venedig sein Kämmerer, der König von Frankreich sein Kurier, der da kommen und gehen müsse, wie ihm beliebe[46]. Mit einer erstaunlichen Besonnenheit wägt er noch in der letzten Not (1499) die möglichen Ausgänge ab und verlässt sich dabei, was ihm Ehre macht, auf die Güte der menschlichen Natur; seinen Bruder Kardinal Ascanio, der sich erbietet, im Kastell von Mailand auszuharren, weist er ab, da sie früher bittern Streit gehabt hatten: „Monsignore, nichts für ungut, Euch traue ich nicht, wenn Ihr schon mein Bruder seid" – bereits hatte er sich einen Kommandanten für das Kastell, diese „Bürgschaft seiner Rückkehr" ausgesucht, einen Mann, dem er nie Uebles, stets nur Gutes erwiesen[47]. Derselbe verriet dann gleichwohl die Burg. – Im Innern war der Moro bemüht, gut und nützlich zu walten, wie er denn in Mailand und auch in Como noch zuletzt auf seine Beliebtheit rechnete; doch hatte er in den spätern Jahren (seit 1496) die Steuerkraft seines Staates übermässig angestrengt und z. B. in Cremona einen angesehenen Bürger, der gegen die neuen Auflagen redete, aus lauter Zweckmässigkeit insgeheim erdrosseln las-

45. Chron. venetum, bei Murat. XXIV, Col. 65.

46. Malipiero, Ann. Veneti, Archiv. stor. VII, I, p. 492, Vgl. 481, 561.

47. Seine letzte Unterredung mit demselben, echt und merkwürdig, bei Senarega, Murat. XXIV, Col. 567.

sen; auch hielt er sich seitdem bei Audienzen die Leute durch eine Barre weit vom Leibe[48], so dass man sehr laut reden musste, um mit ihm zu verhandeln. – An seinem Hofe, dem glanzvollsten von Europa, da kein burgundischer mehr vorhanden war, ging es äusserst unsittlich her; der Vater gab die Tochter, der Gatte die Gattin, der Bruder die Schwester preis[49]. Allein der Fürst wenigstens blieb immer tätig und fand sich als Sohn seiner Taten denjenigen verwandt, welche ebenfalls aus eigenen geistigen Mitteln existierten, den Gelehrten, Dichtern, Musikern und Künstlern. Die von ihm gestiftete Akademie[50] ist in erster Linie in bezug auf ihn, nicht auf eine zu unterrichtende Schülerschaft vorhanden; auch bedarf er nicht des Ruhmes der betreffenden Männer, sondern ihres Umganges und ihrer Leistungen. Es ist gewiss, dass Bramante am Anfang schmal gehalten wurde[51]; aber Lionardo ist doch bis 1496 richtig besoldet worden – und was hielt ihn überhaupt an diesem Hofe, wenn er nicht freiwillig blieb? Die Welt stand ihm offen wie vielleicht überhaupt keinem von allen damaligen Sterblichen, und wenn irgend etwas dafür spricht, dass in Lodovico Moro ein höheres Element lebendig gewesen, so ist es dieser lange Aufenthalt des rätselhaften Meisters in seiner Umgebung. Wenn Lionardo später dem Cesare Borgia und Franz I. gedient hat, so mag er auch an diesen das aussergewöhnliche Naturell geschätzt haben.

Von den Söhnen des Moro, die nach seinem Sturz

48. Diario Ferrarese, bei Murat. XXIV, Col. 336, 367, 369. Das Volk glaubte, er thesauriere.

49. Corio, Fol. 448. Die Nachwirkungen dieses Zustandes sind besonders kenntlich in den auf Mailand bezüglichen Novellen und Introduktionen des Bandello.

50. Amoretti, Memorie storiche sulla vita ecc. di Lionardo da Vinci, p. 35, s. 83, s.

51. S. dessen Sonette bei Trucchi, Poesie inedite.

von fremden Leuten schlecht erzogen waren, sieht ihm der ältere, Massimiliano, gar nicht mehr ähnlich; der jüngere, Francesco, war wenigstens des Aufschwunges nicht unfähig. Mailand, das in diesen Zeiten so viele Male die Gebieter wechselte und dabei unendlich litt, sucht sich wenigstens gegen die Reaktionen zu sichern; die im Jahre 1512 vor der Armee der heiligen Liga und Massimiliano abziehenden Franzosen werden bewogen, der Stadt einen Revers darüber auszustellen, dass die Mailänder keinen Teil an ihrer Vertreibung hätten und, ohne Rebellion zu begehen, sich einem neuen Eroberer übergeben dürften[52]. Es ist auch in politischer Beziehung zu beachten, dass die unglückliche Stadt in solchen Augenblicken des Ueberganges, gerade wie z. B. Neapel bei der Flucht der Aragonesen, der Plünderung durch Rotten von Bösewichtern (auch sehr vornehmen) anheimzufallen pflegte.

Zwei besonders wohlgeordnete und durch tüchtige Fürsten vertretene Herrschaften sind in der zweiten Hälfte des 15. Jahrhunderts die der Gonzagen von Mantua und der Montefeltro von Urbino. Die Gonzagen waren schon als Familie ziemlich einträchtig; es gab bei ihnen seit langer Zeit keine geheimen Mordtaten, und sie durften ihre Toten zeigen. Marchese Francesco Gonzaga[53] und seine Gemahlin Isabella von Este sind, so locker es bisweilen hergehen mochte, ein würdevolles und einiges Ehepaar geblieben und haben bedeutende und glückliche Söhne erzogen in einer Zeit,

52. Prato, im Archiv. stor. III, p. 298, vgl. 302.

53. Geb. 1466, verlobt mit der sechsjährigen Isabella 1480, sukzediert 1484, vermählt 1490, † 1519; Isabellens Tod 1539. Ihre Söhne Federigo, 1519–1540, zum Herzog erhoben 1530, und der berühmte Ferrante Gonzaga. Das Folgende aus der Korrespondenz Isabellens, nebst Beilagen, Archiv. stor. Append. Tom. II, mitgeteilt von d'Arco.

da ihr kleiner, aber hochwichtiger Staat oft in der grössten Gefahr schwebte. Dass Francesco als Fürst und als Condottiere eine besonders gerade und redliche Politik hätte befolgen sollen, das würde damals weder der Kaiser, noch die Könige von Frankreich, noch Venedig verlangt oder gar erwartet haben, allein er fühlte sich wenigstens seit der Schlacht am Taro (1495), soweit es die Waffenehre betraf, als italienischen Patrioten und teilte diese Gesinnung auch seiner Gemahlin mit. Sie empfindet fortan jede Aeusserung heldenmütiger Treue, wie z. B. die Verteidigung von Faenza gegen Cesare Borgia als eine Ehrenrettung Italiens. Unser Urteil über sie braucht sich nicht auf die Künstler und Schriftsteller zu stützen, welche der schönen Fürstin ihr Mäzenat reichlich vergalten; ihre eigenen Briefe schildern uns die unerschütterlich ruhige, im Beobachten schalkhafte und liebenswürdige Frau hinlänglich. Bembo, Bandello, Ariosto und Bernardo Tasso sandten ihre Arbeiten an diesen Hof, obschon derselbe klein und machtlos und die Kasse oft sehr leer war; einen feinern geselligen Kreis als diesen gab es eben seit der Auflösung des alten urbinatischen Hofes (1508) doch nirgends mehr, und auch der ferraresische war wohl hier im Wesentlichen übertroffen, nämlich in der Freiheit der Bewegung. Spezielle Kennerin war Isabella in der Kunst, und das Verzeichnis ihrer kleinen, höchst ausgesuchten Sammlung wird kein Kunstfreund ohne Bewegung lesen.

Urbino besass in dem grossen Federigo (1444 bis 1482), mochte er nun ein echter Montefeltro sein oder nicht, einen der vortrefflichsten Repräsentanten des Fürstentums. Als Condottiere hatte er die politische Moralität der Condottieren, woran sie nur zur Hälfte schuld sind; als Fürst seines kleinen Landes befolgte er die Politik, seinen auswärts gewonnenen Sold im

Lande zu verzehren und dasselbe möglichst wenig zu besteuern. Von ihm und seinen beiden Nachfolgern Guidobaldo und Francesco Maria heisst es: „Sie errichteten Gebäude, beförderten den Anbau des Landes, lebten an Ort und Stelle und besoldeten eine Menge Leute; das Volk liebte sie“[54]. Aber nicht nur der Staat war ein wohl berechnetes und organisiertes Kunstwerk, sondern auch der Hof, und zwar in jedem Sinne. Federigo unterhielt 500 Köpfe; die Hofchargen waren so vollständig wie kaum an den Höfen der grössten Monarchen, aber es wurde nichts vergeudet, alles hatte seinen Zweck und seine genaue Kontrolle. Hier wurde nicht gespielt, gelästert und geprahlt, denn der Hof musste zugleich eine militärische Erziehungsanstalt für die Söhne anderer grosser Herren darstellen, deren Bildung eine Ehrensache für den Herzog war. Der Palast, den er sich baute, war nicht der prächtigste, aber klassisch durch die Vollkommenheit seiner Anlage; dort sammelte er seinen grössten Schatz, die berühmte Bibliothek. Da er sich in einem Lande, wo jeder von ihm Vorteil oder Verdienst zog und niemand bettelte, vollkommen sicher fühlte, so ging er beständig unbewaffnet und fast unbegleitet; keiner konnte ihm das nachmachen, dass er in offenen Gärten wandelte, in offenem Saale sein frugales Mahl hielt, während aus Livius (zur Fastenzeit aus Andachtsschriften) vorgelesen wurde. An demselben Nachmittag hörte er eine Vorlesung aus dem Gebiet des Altertums und ging dann in das Kloster der Clarissen, um mit der Oberin am Sprachgitter von heiligen Dingen zu reden. Abends leitete er gerne die Leibesübungen der jungen Leute seines Hofes auf der Wiese bei S. Francesco mit der herrlichen Aussicht, und sah genau zu, dass sie sich bei den Fang- und Laufspielen

54. Franc. Vettori, im Archiv. stor. Append. Tom. VI, p. 321. – Ueber Federigo insbesondere: Vespasiano Fiorent. p. 132. s.

vollkommen bewegen lernten. Sein Streben ging beständig auf die höchste Leutseligkeit und Zugänglichkeit; er besuchte die, welche für ihn arbeiteten, in der Werkstatt, gab beständig Audienzen und erledigte die Anliegen der einzelnen womöglich am gleichen Tage. Kein Wunder, dass die Leute, wenn er durch die Strassen ging, niederknieten und sagten: Dio ti mantenga, Signore! Die Denkenden aber nannten ihn das Licht Italiens[55]. – Sein Sohn Guidobaldo, bei hohen Eigenschaften von Krankheit und Unglück aller Art verfolgt, hat doch zuletzt (1508) seinen Staat in sichere Hände, an seinen Neffen Francesco Maria, zugleich Nepoten des Papstes Julius II., übergeben können, und dieser wiederum das Land wenigstens vor dauernder Fremdherrschaft geborgen. Merkwürdig ist die Sicherheit, mit welcher diese Fürsten, Guidobaldo vor Cesare Borgia, Francesco Maria vor den Truppen Leos X. unterducken und fliehen; sie haben das Bewusstsein, dass ihre Rückkehr um so leichter und erwünschter sein werde, je weniger das Land durch fruchtlose Verteidigung gelitten hat. Wenn Lodovico Moro ebenfalls so rechnete, so vergass er die vielen andern Gründe des Hasses, die ihm entgegenwirkten. – Guidobaldos Hof ist als hohe Schule der feinsten Geselligkeit durch Baldassar Castiglione unsterblich gemacht worden, der seine Ekloge Tirsi (1506) vor jenen Leuten zu ihrem Lobe aufführte und später (1518) die Gespräche seines Cortigiano in den Kreis der hochgebildeten Herzogin (Elisabetta Gonzaga) verlegte.

Die Regierung der Este in Ferrara, Modena und Reggio hält zwischen Gewaltsamkeit und Popularität eine merkwürdige Mitte[56]. Im Innern des Palastes

55. Castiglione, Cortigiano, L. I.

56. Das Folgende bes. nach den Annales Estenses bei Muratori, XX und dem Diario Ferrarese, bei Murat. XXIV.

gehen entsetzliche Dinge vor; eine Fürstin wird wegen vorgeblichen Ehebruchs mit einem Stiefsohn enthauptet (1425); eheliche und uneheliche Prinzen fliehen vom Hof und werden auch in der Fremde durch nachgesandte Mörder bedroht (letzteres 1471); dazu beständige Komplotte von aussen; der Bastard eines Bastardes will dem einzigen rechtmässigen Erben (Ercole I.) die Herrschaft entreissen; später (1493) soll der letztere seine Gemahlin vergiftet haben, nachdem er erkundet, dass sie ihn vergiften wollte, und zwar im Auftrag ihres Bruders Ferrante von Neapel. Den Schluss dieser Tragödien macht das Komplott zweier Bastarde gegen ihre Brüder, den regierenden Herzog Alfons I. und den Kardinal Ippolito (1506), welches beizeiten entdeckt und mit lebenslänglichem Kerker gebüsst wurde. – Ferner ist die Fiskalität in diesem Staate höchst ausgebildet und muss es sein, schon weil er der bedrohteste unter allen grossen und mittlern Staaten von Italien ist und der Rüstungen und Befestigungen in hohem Grade bedarf. Allerdings sollte in gleichem Masse mit der Steuerkraft auch der natürliche Wohlstand des Landes gesteigert werden, und Marchese Nicolò († 1441) wünschte ausdrücklich, dass seine Untertanen reicher würden als andere Völker. Wenn die rasch wachsende Bevölkerung einen Beleg für den wirklich erreichten Wohlstand abgibt, so ist es in der Tat ein wichtiges Faktum, dass (1497) in der ausserordentlich erweiterten Hauptstadt keine Häuser mehr zu vermieten waren[57]. Ferrara ist die erste moderne Stadt Europas; hier zuerst entstanden auf den Wink der Fürsten so grosse, regelmässig angelegte Quartiere; hier sammelte sich durch Konzentration der Beamtenschaft und künstlich herbeigezogene Industrie ein Residenzvolk; reiche Flüchtlinge

57. Diario Ferr. l. c. Col. 347.

aus ganz Italien, zumal Florentiner, wurden veranlasst, sich hier anzusiedeln und Paläste zu bauen. Allein die indirekte Besteuerung wenigstens muss einen eben nur noch erträglichen Grad von Ausbildung erreicht haben. Der Fürst übte wohl eine Fürsorge, wie sie damals auch bei andern italienischen Gewaltherrschern, z. B. bei Galeazzo Maria Sforza, vorkam: bei Hungersnöten liess er Getreide aus der Ferne kommen[58] und teilte es, wie es scheint, umsonst aus; allein in gewöhnlichen Zeiten hielt er sich schadlos durch das Monopol, wenn nicht des Getreides, doch vieler andern Lebensmittel: Salzfleisch, Fische, Früchte, Gemüse, welche letztere auf und an den Wällen von Ferrara sorgfältig gepflanzt wurden. Die bedenklichste Einnahme aber war die von dem Verkauf der jährlich neu besetzten Aemter, ein Gebrauch, der durch ganz Italien verbreitet war, nur dass wir über Ferrara am besten unterrichtet sind. Zum Neujahr 1502 heisst es z. B.: die meisten kauften ihre Aemter um gesalzene Preise (salati); es werden Factoren verschiedener Art, Zolleinnehmer, Domänenverwalter (massarî), Notare, Podestàs, Richter und selbst Capitani, d. h. herzogliche Oberbeamte von Landstädten einzeln angeführt. Als einer von den „Leutefressern", welche ihr Amt teuer bezahlt haben und welche das Volk hasst „mehr als den Teufel", ist Tito Strozza genannt, hoffentlich nicht der berühmte lateinische Dichter. Um dieselbe Jahreszeit pflegte der jeweilige Herzog in Person eine Runde durch Ferrara zu machen, das sogenannte Andar per ventura, wobei er sich wenigstens von den Wohlhabendern beschenken liess. Doch wurde dabei kein Geld, sondern nur Naturalien gespendet.

Der Stolz des Herzogs[59] war es nun, wenn man in ganz Italien wusste, dass in Ferrara den Soldaten ihr

58. Paul. Jovius: Vita Alfonsi ducis, in den viri illustres.
59. Paul. Jovius l. c.

Sold, den Professoren der Universität ihr Gehalt immer auf den Tag ausbezahlt wurde, dass die Soldaten sich niemals eigenmächtig am Bürger und Landmann erholen durften, dass Ferrara uneinnehmbar sei und dass im Kastell eine gewaltige Summe gemünzten Geldes liege. Von einer Scheidung der Kassen war keine Rede; der Finanzminister war zugleich Hausminister. Die Bauten des Borso (1430–1471), Ercole I. (bis 1505) und Alfons I. (bis 1534) waren sehr zahlreich, aber meist von geringem Umfang[60]; man erkennt darin ein Fürstenhaus, das bei aller Prachtliebe – Borso erschien nie anders als in Goldstoff und Juwelen – sich auf keine unberechenbare Ausgabe einlassen will. Alfonso mag von seinen zierlichen kleinen Villen ohnehin gewußt haben, daß sie den Ereignissen unterliegen würden, Belvedere mit seinen schattigen Gärten, wie Montana mit den schönen Fresken und Springbrunnen.

Die dauernd bedrohte Lage entwickelte in diesen Fürsten unleugbar eine grosse persönliche Tüchtigkeit; in einer so künstlichen Existenz konnte sich nur ein Virtuose mit Erfolg bewegen, und jeder musste sich rechtfertigen und erweisen als den, der die Herrschaft verdiene. Ihre Charaktere haben sämtlich grosse Schattenseiten, aber in jedem war etwas von dem, was das Ideal der Italiener ausmachte. Welcher Fürst des damaligen Europas hat sich so sehr um die eigene Ausbildung bemüht, wie z. B. Alfonso I.? Seine Reise nach Frankreich, England und den Niederlanden war eine eigentliche Studienreise, die ihm eine genauere Kenntnis von Handel und Gewerben jener Länder eintrug[61]. Es ist töricht, ihm die Drechslerarbeit seiner Erholungsstunden vorzuwerfen, da sie mit seiner Mei-

60. Borso baute doch u. a. die Certosa von Ferrara, welche immer eine der schönsten Certosen des damaligen Italiens heissen kann.

61. Bei diesem Anlass mag auch die Reise Leos X. als Kardinal erwähnt werden. Vgl. Paul. Jovii vita Leonis X, Lib. I. Die Absicht war

sterschaft im Kanonengiessen und mit seiner vorurteilslosen Art, die Meister jedes Faches um sich zu haben, zusammenhing. Die italienischen Fürsten sind nicht wie die gleichzeitigen nordischen auf den Umgang mit einem Adel angewiesen, der sich für die einzige beachtenswerte Klasse der Welt hält und auch den Fürsten in diesen Dünkel hineinzieht; hier darf und muss der Fürst jeden kennen und brauchen, und ebenso ist auch der Adel zwar der Geburt nach abgeschlossen, aber in geselliger Beziehung durchaus auf persönliche, nicht auf Kastengeltung gerichtet, wovon unten weiter zu handeln sein wird.

Die Stimmung der Ferraresen gegen dieses Herrscherhaus ist die merkwürdigste Mischung aus einem stillen Grauen, aus jenem echtitalienischen Geist der wohlausgesonnenen Demonstration, und aus völlig moderner Untertanenloyalität; die persönliche Bewunderung schlägt in ein neues Pflichtgefühl um. Die Stadt Ferrara setzte 1451 dem (1441) verstorbenen Fürsten Nicolò eine eherne Reiterstatue auf der Piazza; Borso scheute sich (1454) nicht, seine eigene sitzende Bronzestatue in die Nähe zu setzen, und überdies dekretierte ihm die Stadt gleich am Anfang seiner Regierung eine „marmorne Triumphsäule“. Ein Ferrarese, der im Auslande, in Venedig, über Borso öffentlich schlecht geredet, wird bei der Heimkehr denunziert und vom Gericht zu Verbannung und Gütereinziehung verurteilt, ja beinahe hätte ihn ein loyaler Bürger vor dem Tribunal niedergestossen; mit dem Strick um den Hals geht er zum Herzog und erfleht völlige Verzeihung. Ueberhaupt ist dies Fürstentum mit Spähern gut versehen, und der Herzog in Person prüft täglich den Fremdenrapport, auf welchen die

minder ernst, mehr auf Zerstreuung und allgemeine Weltkenntnis gerichtet, übrigens völlig modern. Kein Nordländer reiste damals wesentlich zu solchen Zwecken.

Wirte streng verpflichtet sind. Bei Borso[62] wird dies noch in Verbindung gebracht mit seiner Gastfreundschaft, die keinen bedeutenden Reisenden ungeehrt wollte ziehen lassen; für Ercole I.[63] dagegen war es reine Sicherheitsmassregel. Auch in Bologna musste damals, unter Giovanni II. Bentivoglio, jeder durchpassierende Fremde an dem einen Tor einen Zettel lösen, um wieder zum andern hinauszudürfen[64]. – Höchst populär wird der Fürst, wenn er drückende Beamte plötzlich zu Boden schmettert, wenn Borso seine ersten und geheimsten Räte in Person verhaftet; wenn Ercole I. einen Einnehmer, der sich lange Jahre hindurch vollgesogen, mit Schanden absetzt; da zündet das Volk Freudenfeuer an und läutet die Glocken. Mit einem liess es aber Ercole zu weit kommen, mit seinem Polizeidirektor, oder wie man ihn nennen will (capitaneo di giustizia) Gregorio Zampante aus Lucca (denn für Stellen dieser Art eignete sich kein Einheimischer). Selbst die Söhne und Brüder des Herzogs zitterten vor demselben; seine Bussen gingen immer in die Hunderte und Tausende von Dukaten, und die Tortur begann schon vor dem Verhör. Von den grössten Verbrechern liess er sich bestechen und verschaffte ihnen durch Lügen die herzogliche Begnadigung. Wie gerne hätten die Untertanen dem Herzog 10 000 Dukaten und drüber bezahlt, wenn er diesen Feind Gottes und der Welt kassiert hätte! Aber Ercole hatte ihn zu seinem Gevatter und zum Cavaliere gemacht, und der Zampante legte Jahr um Jahr 2000 Dukaten beiseite; freilich ass er nur noch Tauben, die im Hause gezogen wurden und ging nicht mehr über die Gasse ohne eine Schar von Armbrustschützen und Sbirren. Es wäre Zeit gewesen, ihn zu beseitigen; da machten ihn (1496)

62. Jovian. Pontan., de liberalitate.
63. Giraldi, Hecatommithi, VI, Nov. 1.
64. Vasari XII, 166, V. di Michelangelo.

zwei Studenten und ein getaufter Jude, die er tödlich beleidigt, in seinem Hause während der Siesta nieder und ritten auf bereitgehaltenen Pferden durch die Stadt, singend: „Heraus, Leute, laufet! wir haben den Zampante umgebracht." Die nachgesandte Mannschaft kam zu spät, als sie bereits über die nahe Grenze in Sicherheit gelangt waren. Natürlich regnete es nun Pasquille, die einen als Sonette, die andern als Canzonen. – Andererseits ist es ganz im Geiste dieses Fürstentums, dass der Souverän seine Hochachtung vor nützlichen Dienern auch dem Hof und der Bevölkerung diktiert. Als 1469 Borsos Geheimrat Lodovico Casella starb, durfte am Begräbnistage kein Tribunal und keine Bude in der Stadt und kein Hörsal in der Universität offenstehen; jedermann sollte die Leiche nach S. Domenico begleiten, weil auch der Herzog mitziehen würde. In der Tat schritt er – „der erste vom Haus Este, der einem Untertan an die Leiche gegangen" – in schwarzem Gewande weinend hinter dem Sarge her, hinter ihm je ein Verwandter Casellas, von einem Herrn vom Hof geführt; Adlige trugen dann die Leiche des Bürgerlichen aus der Kirche in den Kreuzgang, wo sie beigesetzt wurde. Ueberhaupt ist das offizielle Mitempfinden fürstlicher Gemütsbewegungen zuerst in diesen italienischen Staaten aufgekommen[65]. Der Kern hievon mag seinen schönen menschlichen Wert haben, die Aeusserung, zumal bei den Dichtern, ist in der Regel zweideutig. Eines der Jugendgedichte Ariostos[66], auf den Tod der Lianora von Aragon, Gemahlin des Ercole I., enthält, ausser den unvermeidlichen Trauerblumen, wie sie in allen Jahrhunderten gespendet werden, schon einige völlig

65. Ein frühes Beispiel, Bernabò Visconti, S. 38.

66. Als Capitolo 19, und in den opere minori, ed. Lemonnier, Vol. I, p. 425 als Elegia 17 betitelt. Ohne Zweifel war dem 19jährigen Dichter die Ursache dieses Todesfalles (S. 74) nicht bekannt.

moderne Züge: „dieser Todesfall habe Ferrara einen Schlag versetzt, den es in vielen Jahren nicht verwinden werde; seine Wohltäterin sei jetzt Fürbitterin im Himmel geworden, da die Erde ihrer nicht würdig gewesen; freilich, die Todesgöttin sei ihr nicht wie uns gemeinen Sterblichen mit blutiger Sense genaht, sondern geziemend (onesta) und mit so freundlichem Antlitz, dass jede Furcht verschwand." Aber wir treffen noch auf ganz andere Mitgefühle; Novellisten, welchen an der Gunst der betreffenden Häuser alles liegen musste und welche auf diese Gunst rechnen, erzählen uns die Liebesgeschichten der Fürsten, zum Teil bei deren Lebzeiten[67], in einer Weise, die spätern Jahrhunderten als der Gipfel aller Indiskretion, damals als harmlose Verbindlichkeit erschien. Ja lyrische Dichter bedichteten die beiläufigen Passionen ihrer hohen, dabei legitim vermählten Herrn, Angelo Poliziano die des Lorenzo magnifico, und mit besonderem Akzent Gioviano Pontano die des Alfonso von Calabrien. Das betreffende Gedicht[68] verrät wider Willen die scheussliche Seele des Aragonesen; er muss auch in diesem Gebiete der Glücklichste sein, sonst wehe denen, die glücklicher wären! – Dass die grössten Maler, z. B. Lionardo, die Maitressen ihrer Herrn malten, versteht sich von selbst.

Das estensische Fürstentum wartete aber nicht die Verherrlichung durch andere ab, sondern es verherrlichte sich selbst. Borso liess sich im Palazzo Schifanoja in einer Reihe von Regentenhandlungen abmalen, und Ercole feierte (zuerst 1472) den Jahrestag seines Regierungsantrittes mit einer Prozession, welche aus-

67. In den Hecatommithi des Giraldi handeln I, Nov. 8 und VI, Nov. 1, 2, 3, 4 und 10 von Ercole I., Alfonso I. und Ercole II., alles verfasst bei Lebzeiten der beiden letztern. – Vieles über fürstliche Zeitgenossen auch im Bandello.

68. U. a. in den Deliciae poetar. italor.

Mantegna: Die Familie des Lodovico Gonzaga

Verrocchio: Giuliano de' Medici

drücklich mit der des Fronleichnamsfestes verglichen wird; alle Buden waren geschlossen wie an einem Sonntag; mitten im Zuge marschierten alle vom Haus Este, auch die Bastarde, in Goldstoff. Dass alle Macht und Würde vom Fürsten ausgehe, eine persönliche Auszeichnung von seiner Seite sei, war an diesem Hofe schon längst[69] versinnbildlicht durch einen Orden vom goldenen Sporn, der mit dem mittelalterlichen Rittertum nichts mehr zu tun hatte. Ercole I. gab zum Sporn noch einen Degen, einen goldgestickten Mantel und eine Dotation, wofür ohne Zweifel eine regelmässige Aufwartung verlangt wurde.

Das Mäzenat, wofür dieser Hof weltberühmt geworden ist, knüpfte sich teils an die Universität, welche zu den vollständigsten Italiens gehörte, teils an den Hof- und Staatsdienst; besondere Opfer wurden dafür kaum gebracht. Bojardo gehörte als reicher Landedelmann und hoher Beamter durchaus nur in diese Sphäre; als Ariost anfing etwas zu werden, gab es, wenigstens in der wahren Bedeutung, keinen mailändischen und keinen florentinischen, bald auch keinen urbinatischen Hof mehr, von Neapel nicht zu reden, und er begnügte sich mit einer Stellung neben den Musikern und Gauklern des Kardinals Ippolito, bis ihn Alfonso in seine Dienste nahm. Anders war es später mit Torquato Tasso, auf dessen Besitz der Hof eine wahre Eifersucht zeigte.

Gegenüber von dieser konzentrierten Fürstenmacht war jeder Widerstand innerhalb des Staates erfolglos. Die Elemente zur Herstellung einer städtischen Republik waren für immer aufgezehrt, alles auf Macht und Gewaltübung orientiert. Der Adel, politisch rechtlos,

69. Bereits 1367 bei Nicolò dem Aeltern erwähnt, im Polistore, bei Murat. XXIV, Col. 848.

auch wo er noch feudalen Besitz hatte, mochte sich und seine Bravi als Guelfen und Ghibellinen einteilen und kostümieren, sie die Feder am Barett oder die Bauschen an den Hosen[1] so oder anders tragen lassen – die Denkenden, wie z. B. Macchiavell[2], wussten ein für allemal, dass Mailand oder Neapel für eine Republik zu „korrumpiert" waren. Es kommen wunderbare Gerichte über jene vorgeblichen zwei Parteien, die längst nichts mehr als alte, im Schatten der Gewalt am Spalier gezogene Familiengehässigkeiten waren. Ein italienischer Fürst, welchem Agrippa von Nettesheim[3] die Aufhebung derselben anriet, antwortete: ihre Händel tragen mir ja bis 12 000 Dukaten Bussgelder jährlich ein! – Und als z. B. im Jahre 1500 während der kurzen Rückkehr des Moro in seine Staaten die Guelfen von Tortona einen Teil des nahen französischen Heeres in ihre Stadt riefen, damit sie den Ghibellinen den Garaus machten, plünderten und ruinierten die Franzosen zunächst allerdings diese, dann aber auch die Guelfen selbst, bis Tortona völlig verwüstet war[4]. – Auch in der Romagna, wo jede Leidenschaft und jede Rache unsterblich waren, hatten jene beiden Namen den politischen Inhalt vollkommen eingebüsst. Es gehörte mit zum politischen Irrsinn des armen Volkes, dass die Guelfen hie und da sich zur Sympathie für Frankreich, die Ghibellinen für Spanien verpflichtet glaubten. Ich sehe nicht, dass die, welche diesen Irrsinn ausbeuteten, besonders weit damit gekommen wären. Frankreich hat Italien nach allen Interventionen immer wieder räumen müssen, und was aus Spanien geworden ist, nachdem es Italien umgebracht hat, das greifen wir mit den Händen.

1. Burigozzo, im Archiv. stor. III, p. 432.
2. Discorsi I, 17.
3. De incert. et vanitate scientiar. cap. 55.
4. Prato, im Archiv. stor. III, p. 241.

Doch wir kehren zum Fürstentum der Renaissance zurück. Eine vollkommen reine Seele hätte vielleicht auch damals raisonniert, das alle Gewalt von Gott sei und dass diese Fürsten, wenn jeder sie gutwillig und aus redlichem Herzen unterstütze, mit der Zeit gut werden und ihren gewaltsamen Ursprung vergessen *müssten*. Aber von leidenschaftlichen, mit schaffender Glut begabten Phantasien und Gemütern ist dies nicht zu verlangen. Sie sahen, wie schlechte Aerzte, die Hebung der Krankheit in der Beseitigung des Symptoms und glaubten, wenn man die Fürsten ermorde, so gebe sich die Freiheit von selber. Oder sie dachten auch nicht so weit, und wollten nur dem allgemein verbreiteten Hass Luft machen, oder nur eine Rache für Familienunglück oder persönliche Beleidigungen üben. So wie die Herrschaft eine unbedingte, aller gesetzlichen Schranken entledigte, so ist auch das Mittel der Gegner ein unbedingtes. Schon Boccaccio sagt es offen:[5] „Soll ich den Gewaltherrn König, Fürst heissen und ihm Treue bewahren als meinem Obern? Nein! denn er ist Feind des gemeinen Wesens. Gegen ihn kann ich Waffen, Verschwörung, Späher, Hinterhalt, List gebrauchen; das ist ein heiliges, notwendiges Werk. Es gibt kein lieblicheres Opfer als Tyrannenblut.“ Die einzelnen Hergänge dürfen uns hier nicht beschäftigen; Macchiavell hat in einem allbekannten Kapitel[6] seiner Discorsi die

5. De casibus virorum illustrium, L. II, cap. 15.

6. Discorsi, III, 6. Womit storie fior. L. VIII. zu vergleichen. – Schilderung von Verschwörungen ist schon sehr frühe eine Liebhaberei der Italiener. Bereits Luitprand gibt dergleichen wenigstens umständlicher als irgendein Zeitgenosse des 10. Jahrhunderts; aus dem 11. Jahrhundert ist (bei Baluz. Miscell. I, p. 184) die Befreiung Messinas von den Sarazenen durch den herbeigerufenen Normannen Roger ein bezeichnendes Stück dieser Art (1060), der dramatischen Ausschmückung der Sizilianischen Vesper zu geschweigen (1282). Dieselbe Vorliebe findet man bekanntlich in der Geschichtschreibung der Griechen.

antiken und modernen Verschwörungen von der alten griechischen Tyrannenzeit an behandelt und sie nach ihrer verschiedenen Anlage und ihren Chancen ganz kaltblütig beurteilt. Nur zwei Bemerkungen: über die Mordtaten beim Gottesdienst und über die Einwirkung des Altertums mögen hier gestattet sein.

Es war fast unmöglich, der wohlbewachten Gewaltherrscher anderswo habhaft zu werden als bei feierlichen Kirchgängen, vollends aber war eine ganze fürstliche Familie bei keinem andern Anlass beisammenzutreffen. So ermordeten die Fabrianesen[7] (1435) ihr Tyrannenhaus, die Chiavelli, während eines Hochamtes, und zwar laut Abrede bei den Worten des Credo: Et incarnatus est. In Mailand wurde (1412) Herzog Giovan Maria Visconti am Eingang der Kirche S. Gottardo, (1476) Herzog Galeazzo Maria Sforza in der Kirche S. Stefano ermordet, und Lodovico Moro entging einst (1484) den Dolchen der Anhänger der verwitweten Herzogin Bona nur dadurch, dass er die Kirche S. Ambrogio durch eine andere Tür betrat, als dieselben erwartet hatten. Eine besondere Impietät war dabei nicht beabsichtigt; die Mörder Galeazzos beteten noch vor der Tat zu dem Heiligen der betreffenden Kirche und hörten noch die erste Messe daselbst. Doch war es bei der Verschwörung der Pazzi gegen Lorenzo und Giuliano Medici (1478) eine Ursache des teilweisen Misslingens, dass der Bandit Montesecco sich zwar für die Ermordung bei einem Gastmahl verdungen hatte, den Vollzug im Dom von Florenz dagegen verweigerte; an seiner Stelle verstanden sich dann Geistliche dazu, „welche der heiligen Orte gewohnt waren und sich deshalb nicht scheuten“[8].

7. Corio, fol. 333. Das folgende ibid. fol. 305, 422, s. 440.

8. So das Zitat aus Gallus, bei Sismondi XI, 93. – Das oben genannte Motiv für den Mord beim Kirchgang wird schon in der merovingischen Zeit ausgesprochen. Gregor. Turon. IX, 3.

Was das Altertum betrifft, dessen Einwirkung auf die sittlichen und speziell auf die politischen Fragen noch öfter berührt werden wird, so gaben die Herrscher selbst das Beispiel, indem sie in ihrer Staatsidee sowohl als in ihrem Benehmen das alte römische Imperium oft ausdrücklich zum Vorbild nahmen. Ebenso schlossen sich nun ihre Gegner, sobald sie mit theoretischer Besinnung zu Werke gingen, den antiken Tyrannenmördern an. Es wird schwer zu beweisen sein, dass sie in der Hauptsache, im Entschluss zur Tat selbst, durch dies Vorbild seien bestimmt worden, aber reine Phrase und Stilsache blieb die Berufung auf das Altertum doch nicht. Die merkwürdigsten Aufschlüsse sind über die Mörder Galeazzo Sforzas, Lampugnani, Olgiati und Visconti vorhanden[9]. Sie hatten alle drei ganz persönliche Motive, und doch kam der Entschluss vielleicht aus einem allgemeinern Grunde. Ein Humanist und Lehrer der Eloquenz, Cola de' Montani, hatte unter einer Schar von sehr jungen mailändischen Adligen eine unklare Begier nach Ruhm und nach grossen Taten für das Vaterland entzündet und war endlich gegen die zwei erstgenannten mit dem Gedanken einer Befreiung Mailands herausgerückt. Bald kam er in Verdacht, wurde ausgewiesen und musste die Jünglinge ihrem lodernden Fanatismus überlassen. Etwa zehn Tage vor der Tat verschworen sie sich feierlich im Kloster S. Ambrogio; „dann", sagt Olgiati, „in einem abgelegenen Raum vor einem Bilde des heiligen Ambrosius erhob ich meine Augen und flehte ihn um Hilfe für uns und *sein* ganzes Volk". Der himmlische Stadtpatron soll die Tat schützen, gerade wie nachher S. Stephan, in dessen Kirche sie geschieht. Nun zogen sie noch viele andere halb in die Sache hinein, hatten im Hause Lampugnani ihr allnächtliches

9. Corio, fol. 422. – Allegretto, Diarî Sanesi, bei Murat. XXIII, Col. 777. – S. oben S. 66.

Hauptquartier und übten sich mit Dolchscheiden im Stechen. Die Tat gelang, aber Lampugnani wurde gleich von den Begleitern des Herzogs niedergemacht und die andern ergriffen. Visconti zeigte Reue, Olgiati blieb trotz aller Tortur dabei, dass die Tat ein Gott wohlgefälliges Opfer gewesen und sagte noch, während ihm der Henker die Brust einschlug: Nimm dich zusammen, Girolamo! man wird lange an dich denken; der Tod ist bitter, der Ruhm ewig!

So ideal aber die Vorsätze und Absichten hier sein mochten, so schimmert doch aus der Art und Weise, wie die Verschwörung betrieben wird, das Bild gerade des heillosesten aller Konspiratoren hervor, der mit der Freiheit gar nichts gemein hat: des Catilina. Die Jahrbücher von Siena sagen ausdrücklich, die Verschwörer hätten den Sallust studiert, und aus Olgiatis eigenem Bekenntnis erhellt es mittelbar[10]. Auch sonst werden wir diesem furchtbaren Namen wieder begegnen. Für das geheime Komplottieren gab es eben doch, wenn man vom Zweck absah, kein so einladendes Muster mehr wie dieses.

Bei den Florentinern, so oft sie sich der Medici entledigten oder entledigen wollten, galt der Tyrannenmord als ein offen zugestandenes Ideal. Nach der Flucht der Medici im Jahre 1494 nahm man aus ihrem Palast Donatellos Bronzegruppe[11] der Judith mit dem toten Holofernes und setzte sie vor den Signorenpalast an die Stelle, wo jetzt Michelangelos David steht, mit der Inschrift: exemplum salutis publicae cives posuere 1495. Ganz besonders aber berief man sich jetzt auf

10. Man vergleiche in dem eigenen Bericht Olgiatis, bei Corio, einen Satz wie folgenden: Quisque nostrum magis socios potissime et infinitos alios sollicitare, infestare, alter alteri benevolos se facere coepit. Aliquid aliquibus parum donare; simul magis noctu edere, bibere, vigilare, nostra omnia bona polliceri, etc.

11. Vasari, III, 251, Nota zur v. di Donatello.

den jüngern Brutus, der noch bei Dante[12] mit Cassius und Judas Ischarioth im untersten Schlund der Hölle steckt, weil er das Imperium verraten. Pietro Paolo Boscoli, dessen Verschwörung gegen Giuliano, Giovanni und Giulio Medici (1513) misslang, hatte im höchsten Grade für Brutus geschwärmt und sich vermessen, ihn nachzuahmen, wenn er einen Cassius fände; also solcher hatte sich ihm dann Agostino Capponi angeschlossen. Seine letzten Reden im Kerker[13], eines der wichtigsten Aktenstücke über den damaligen Religionszustand, zeigen, mit welcher Anstrengung er sich jener römischen Phantasien wieder entledigte, um christlich zu sterben. Ein Freund und der Beichtvater müssen ihn versichern, S. Thomas von Aquino verdamme die Verschwörungen überhaupt, aber der Beichtvater hat in späterer Zeit demselben Freunde insgeheim eingestanden, S. Thomas mache eine Distinktion und erlaube die Verschwörung gegen einen Tyrannen, der sich dem Volk gegen dessen Willen mit Gewalt aufgedrungen. – Als Lorenzino Medici den Herzog Alessandro (1537) umgebracht und sich geflüchtet hatte, erschien eine wahrscheinlich echte, mindestens in seinem Auftrage verfasste Apologie[14] der Tat, worin er den Tyrannenmord an sich als das verdienstlichste Werk preist; sich selbst vergleicht er auf den Fall, dass Alessandro wirklich ein echter Medici und also (wenn auch weitläufig) mit ihm verwandt gewesen, ungescheut mit Timoleon, dem Brudermörder aus Patriotismus. Andere haben auch hier den Vergleich mit Brutus gebraucht, und dass selbst

12. Inferno XXXIV, 64.

13. Aufgezeichnet von dem Ohrenzeugen Luca della Robbia, Archiv. stor. I, p. 273. Vgl. Paul. Jovius, vita Leonis X., L. III, in den Viri illustres.

14. Bei Roscoe, Vita di Lorenzo de' Medici, vol. IV, Beilage 12. – Vgl. auch die Relation, Lettere di Principi (Ed. Venez. 1577) III, fol. 162 ff.

Michelangelo noch ganz spät Gedanken dieser Art nachgehangen hat, darf man wohl aus seiner Brutusbüste (in den Uffizien) schliessen. Er liess sie unvollendet, wie fast alle seine Werke, aber gewiss nicht, weil ihm der Mord Cäsars zu schwer auf das Herz gefallen, wie das darunter angebrachte Distichon meint.

Einen Massenradikalismus, wie er sich gegenüber den neuern Monarchien ausgebildet hat, würde man in den Fürstenstaaten der Renaissance vergebens suchen. Jeder einzelne protestierte wohl in seinem Innern gegen das Fürstentum, aber er suchte viel eher sich leidlich oder vorteilhaft unter demselben einzurichten, als es mit vereinten Kräften anzugreifen. Es musste schon soweit kommen, wie damals in Camerino, in Fabriano, in Rimini (S. 59), bis eine Bevölkerung ihr regierendes Haus zu vertilgen oder zu verjagen unternahm. Auch wusste man in der Regel zu gut, dass man nur den Herrn wechseln würde. Das Gestirn der Republiken war entschieden im Sinken.

Einst hatten die italienischen Städte in höchstem Grade jene Kraft entwickelt, welche die Stadt zum Staate macht. Es bedurfte nichts weiter, als dass sich diese Städte zu einer grossen Föderation verbündeten; ein Gedanke, der in Italien immer wiederkehrt, mag er im einzelnen bald mit diesen, bald mit jenen Formen bekleidet sein. In den Kämpfen des 12. und 13. Jahrhunderts kam es wirklich zu grossen, kriegerisch gewaltigen Städtebünden, und Sismondi (II, 174) glaubt, die Zeit der letzen Rüstungen des Lombardenbundes gegen Barbarossa (seit 1168) wäre wohl der Moment gewesen, da eine allgemeine italienische Föderation sich hätte bilden können. Aber die mächtigern Städte hatten bereits Charakterzüge entwickelt, welche dies unmöglich machten: sie erlaubten sich als Handelskonkurrenten die äussersten Mittel gegeneinander und drückten schwächere Nachbarstädte in rechtlose Abhängigkeit nieder; d. h. sie glaubten am Ende doch einzeln durchzukommen und des Ganzen nicht zu bedürfen und bereiteten den Boden vor für jede andere Gewaltherrschaft. Diese kam, als innere Kämpfe zwischen den Adelsparteien unter sich und mit den Bürgern die Sehnsucht nach einer festen Regierung weckten und die schon vorhandenen Soldtruppen jede Sache um Geld unterstützten, nachdem die einseitige Parteiregierung schon längst das allgemeine Bürgeraufgebot unbrauchbar zu finden gewohnt war[1]. Die Tyrannis verschlang die Freiheit der meisten Städte; hie und da vertrieb man sie, aber nur halb, oder nur auf kurze Zeit; sie kam immer wieder, weil die innern Bedingungen für sie vorhanden und die entgegenstrebenden Kräfte aufgebraucht waren.

Unter den Städten, welche ihre Unabhängigkeit bewahrten, sind zwei für die ganze Geschichte der Menschheit von höchster Bedeutung: Florenz, die Stadt der beständigen Bewegung, welche uns auch Kunde hinterlassen hat von allen Gedanken und Absichten der einzelnen und der Gesamtheit, die drei Jahrhunderte hindurch an dieser Bewegung teilnahmen; dann Venedig, die Stadt des scheinbaren Stillstandes und des politischen Schweigens. Es sind die stärksten Gegensätze, die sich denken lassen, und beide sind wiederum mit nichts auf der Welt zu vergleichen.

Venedig erkannte sich selbst als eine wunderbare, geheimnisvolle Schöpfung, in welcher noch etwas anderes als Menschenwitz von jeher wirksam gewesen. Es gab einen Mythus von der feierlichen Gründung der Stadt: am 25. März 413 um Mittag hätten die

1. Ueber letztern Punkt s. Jac. Nardi, Vita di Ant. Giacomini, p. 18.

Uebersiedler aus Padua den Grundstein gelegt am Rialto, damit eine unangreifbare, heilige Freistätte sei in dem von den Barbaren zerrissenen Italien. Spätere haben in die Seele dieser Gründer alle Ahnungen der künftigen Grösse hineingelegt; M. Antonio Sabellico, der das Ereignis in prächtig strömenden Hexametern gefeiert hat, lässt den Priester, der die Stadtweihe vollzieht, zum Himmel rufen: „Wenn wir einst Grosses wagen, dann gib Gedeihen! Jetzt knien wir nur vor einem armen Altar, aber wenn unsere Gelübde nicht umsonst sind, so steigen Dir, o Gott, hier einst hundert Tempel von Marmor und Gold empor!"[2] – Die Inselstadt selbst erschien zu Ende des 15. Jahrhunderts wie das Schmuckkästchen der damaligen Welt. Derselbe Sabellico schildert sie als solches[3] mit ihren uralten Kuppelkirchen, schiefen Türmen, inkrustierten Marmorfassaden, mit ihrer ganz engen Pracht, wo die Vergoldung der Decken und die Vermietung jedes Winkels sich miteinander vertrugen. Er führt uns auf den dichtwogenden Platz vor S. Giacometto am Rialto, wo die Geschäfte einer Welt sich nicht durch lautes Reden oder Schreien, sondern nur durch ein vielstimmiges Summen verraten, wo in den Portiken[4] ringsum und in denen der anstossenden Gassen die Wechsler und die Hunderte von Goldschmieden sitzen, über ihren Häuptern Läden und Magazine ohne Ende; jenseits von der Brücke beschreibt er den grossen Fondaco der Deutschen, in dessen Hallen ihre Waren und ihre Leute wohnen, und vor welchem stets Schiff an Schiff im Kanal liegt; von da weiter aufwärts die

2. Genethliacon, in seinen carmina. – Vgl. Sansovino, Venezia, fol. 203. – Die älteste venezian. Chronik, bei Pertz, Monum. IX, p. 5, 6, verlegt die Gründung der Inselorte erst in die longobardische Zeit und die vom Rialto ausdrücklich noch später.

3. De situ venetae urbis.

4. Diese ganze Gegend wurde dann durch die Neubauten des beginnenden 16. Jahrhunderts verändert.

Wein- und Oelflotte und parallel damit am Strande, wo es von Facchinen wimmelt, die Gewölbe der Händler; dann vom Rialto bis auf den Marcusplatz die Parfümeriebuden und Wirtshäuser. So geleitet er den Leser von Quartier zu Quartier bis hinaus zu den beiden Lazaretten, welche mit zu den Instituten hoher Zweckmässigkeit gehörten, die man nur hier so ausgebildet vorfand. Fürsorge für die Leute war überhaupt ein Kennzeichen der Venezianer, im Frieden wie im Kriege, wo ihre Verpflegung der Verwundeten, selbst der feindlichen, für andere ein Gegenstand des Erstaunens war[5]. Was irgend öffentliche Anstalt hiess, konnte in Venedig sein Muster finden; auch das Pensionswesen wurde systematisch gehandhabt, sogar in betreff der Hinterlassenen. Reichtum, politische Sicherheit und Weltkenntnis hatten hier das Nachdenken über solche Dinge gereift. Diese schlanken, blonden[6] Leute mit dem leisen, bedächtigen Schritt und der besonnenen Rede unterschieden sich in Tracht und Auftreten nur wenig voneinander; den Putz, besonders Perlen, hingen sie ihren Frauen und Mädchen an. Damals war das allgemeine Gedeihen, trotz grosser Verluste durch die Türken, noch wahrhaft glänzend; aber die aufgesammelte Energie und das allgemeine Vorurteil Europas genügten auch später noch, um Venedig selbst die schwersten Schläge lange überdauern zu lassen: die Entdeckung des Seeweges nach Ostindien, den Sturz der Mameluckenherrschaft von Aegypten und den Krieg der Liga von Cambray.

Sabellico, der aus der Gegend von Tivoli gebürtig und an das ungenierte Redewerk der damaligen Philo-

5. Benedictus: Carol. VIII., bei Eccard, Scriptores, II, Col. 1597, 1601, 1621. – Im Chron. Venetum, Murat. XXIV, Col. 26, sind die politischen Tugenden der Venezianer aufgezählt: bontà, innocenza, zelo di carità, pietà, misericordia.

6. Viele Nobili schoren sich kurz; Erasmi Colloq. ed. Tigur. a. 1553, pag. 215, miles et carthusianus.

logen gewöhnt war, bemerkt an einem andern Orte[7] mit einigem Erstaunen, dass die jungen Nobili, welche seine Morgenvorlesungen hörten, sich gar nicht auf das Politisieren mit ihm einlassen wollten: „Wenn ich sie frage, was die Leute von dieser oder jener Bewegung in Italien dächten, sprächen und erwarteten, antworten sie mir alle mit Einer Stimme, sie wüssten nichts." Man konnte aber von dem demoralisierten Teil des Adels trotz aller Staatsinquisition mancherlei erfahren, nur nicht so wohlfeilen Kaufes. Im letzten Viertel des 15. Jahrhunderts gab es Verräter in den höchsten Behörden[8]; die Päpste, die italienischen Fürsten, ja ganz mittelmässige Condottieren im Dienst der Republik hatten ihre Zuträger, zum Teil mit regelmäßiger Besoldung; es war so weit gekommen, dass der Rat der Zehn für gut fand, dem Rat der Pregadi wichtigere politische Nachrichten zu verbergen, ja man nahm an, dass Lodovico Moro in den Pregadi über eine ganz bestimmte Stimmenzahl verfüge. Ob das nächtliche Aufhenken einzelner Schuldigen und die hohe Belohnung der Angeber (z. B. sechzig Dukaten lebenslängliche Pension) viel fruchteten, ist schwer zu sagen; eine Hauptursache, die Armut vieler Nobili, liess sich nicht plötzlich beseitigen. Im Jahr 1492 betrieben zwei Nobili einen Vorschlag, der Staat solle jährlich 70 000 Dukaten zur Vertröstung derjenigen armen Adligen auswerfen, welche kein Amt hätten; die Sache war nahe daran, vor den grossen Rat zu kommen, wo sie eine Majorität hätte erhalten können – als der Rat der Zehn noch zu rechter Zeit eingriff und die beiden auf Lebenszeit nach Nicosia auf Cypern verbannte[9].

7. Epistolae, lib. V, fol. 28.

8. Malipiero, Ann. Veneti, Archiv. stor. VII, I, p. 377, 431, 481, 493, 530. II, p. 661, 668, 679. – Chron. venetum, bei Murat. XXIV, Col. 57. – Diario Ferrarese, ib. Col. 240.

9. Malipiero, im Arch. stor. VII, II, p. 691. Vgl. 694, 713 und I, 535.

Um diese Zeit wurde ein Soranzo auswärts als Kirchenräuber gehenkt, und ein Contarini wegen Einbruchs in Ketten gelegt; ein anderer von derselben Familie trat 1499 vor die Signorie und jammerte, er sei seit vielen Jahren ohne Amt, habe nur 16 Dukaten Einkünfte und 9 Kinder, dazu 60 Dukaten Schulden, verstehe kein Geschäft und sei neulich auf die Gasse gesetzt worden. Man begreift, daß einzelne reiche Nobili Häuser bauten, um die armen darin gratis wohnen zu lassen. Der Häuserbau um Gottes willen, selbst in ganzen Reihen, kommt in Testamenten als gutes Werk vor[10].

Wenn die Feinde Venedigs auf Uebelstände dieser Art jemals ernstliche Hoffnungen gründeten, so irrten sie sich gleichwohl. Man könnte glauben, daß schon der Schwung des Handels, der auch dem Geringsten einen reichlichen Gewinn der Arbeit sicherte, dass die Kolonien im östlichen Mittelmeer die gefährlichen Kräfte von der Politik abgelenkt haben möchten. Hat aber nicht Genua, trotz ähnlicher Vorteile, die sturmvollste politische Geschichte gehabt? Der Grund von Venedigs Unerschütterlichkeit liegt eher in einem Zusammenwirken von Umständen, die sich sonst nirgends vereinigten. Unangreifbar als Stadt, hatte es sich von jeher der auswärtigen Verhältnisse nur mit der kühlsten Ueberlegung angenommen, das Parteiwesen des übrigen Italiens fast ignoriert, seine Allianzen nur für vorübergehende Zwecke und um möglichst hohen Preis geschlossen. Der Grundton des venezianischen Gemütes war daher der einer stolzen, ja verachtungsvollen Isolierung und folgerichtig einer stärkern Solidarität im Innern, wozu der Hass des ganzen übrigen Italiens noch das Seine tat. In der Stadt selbst hatten dann alle Einwohner die stärksten gemeinschaftlichen Interessen gegenüber den Kolonien sowohl als den Besitzungen

10. Marin Sanudo, Vite de' Duchi, Murat. XXII, Col. 1194.

der Terraferma, indem die Bevölkerung der letztern (d. h. der Städte bis Bergamo) nur in Venedig kaufen und verkaufen durfte. Ein so künstlicher Vorteil konnte nur durch Ruhe und Eintracht im Innern aufrechterhalten werden – das fühlte gewiss die übergrosse Mehrzahl, und für Verschwörer war schon deshalb hier ein schlechter Boden. Und wenn es Unzufriedene gab, so wurden sie durch die Trennung in Adlige und Bürger auf eine Weise auseinandergehalten, die jede Annäherung sehr erschwerte. Innerhalb des Adels aber war den möglicherweise Gefährlichen, nämlich den Reichen, eine Hauptquelle aller Verschwörungen, der Müssiggang, abgeschnitten durch ihre grossen Handelsgeschäfte und Reisen und durch die Teilnahme an den stets wiederkehrenden Türkenkriegen. Die Kommandanten schonten sie dabei, ja bisweilen in strafbarer Weise, und ein venezianischer Cato weissagte den Untergang der Macht, wenn diese Scheu der Nobili, einander irgend wehe zu tun, auf Unkosten der Gerechtigkeit fortdauern würde[11]. Immerhin aber gab dieser grosse Verkehr in der freien Luft dem Adel von Venedig eine gesunde Richtung im ganzen. Und wenn Neid und Ehrgeiz durchaus einmal Genugtuung begehrten, so gab es ein offizielles Opfer, eine Behörde und legale Mittel. Die vieljährige moralische Marter, welcher der Doge Francesco Foscari († 1457) vor den Augen von ganz Venedig unterlag, ist vielleicht das schrecklichste Beispiel dieser nur in Aristokratien möglichen Rache. Der Rat der Zehn, welcher in alles eingriff, ein unbedingtes Recht über Leben und Tod, über Kassen und Armeebefehl besass, die Inquisitoren in sich enthielt, und den Foscari wie so manchen Mächtigen stürzte, dieser Rat der Zehn wurde alljährlich von der ganzen regierenden Kaste,

11. Chron. Venetum, Mur. XXIV, Col. 105.

dem gran consiglio, neu gewählt, und war somit der unmittelbarste Ausdruck derselben. Grosse Intrigen mögen bei diesen Wahlen kaum vorgekommen sein, da die kurze Dauer und die spätere Verantwortlichkeit das Amt nicht sehr begehrenswert machten. Allein vor diesen und andern venezianischen Behörden, mochte ihr Tun noch so unterirdisch und gewaltsam sein, flüchtete sich doch der echte Venezianer nicht, sondern er stellte sich; nicht nur weil die Republik lange Arme hatte und statt seiner die Familie plagen konnte, sondern weil in den meisten Fällen wenigstens nach Gründen und nicht aus Blutdurst verfahren wurde[12]. Ueberhaupt hat wohl kein Staat jemals eine grössere moralische Macht über seine Angehörigen in der Ferne ausgeübt. Wenn es z. B. Verräter in den Pregadi gab, so wurde dies reichlich dadurch aufgewogen, dass jeder Venezianer in der Fremde ein geborner Kundschafter für seine Regierung war. Von den venezianischen Kardinälen in Rom verstand es sich von selbst, dass sie die Verhandlungen der geheimen päpstlichen Konsistorien nach Hause meldeten. Kardinal Domenico Grimani liess in der Nähe von Rom (1500) die Depeschen wegfangen, welche Ascanio Sforza an seinen Bruder Lodovico Moro absandte, und schickte sie nach Venedig; sein eben damals schwer angeklagter Vater machte dies Verdienst des Sohnes öffentlich vor dem gran consiglio, d. h. vor der ganzen Welt geltend[13].

Wie Venedig seine Condottieren hielt, ist oben (S. 48) angeordnet worden. Wenn es noch irgendeine besondere Garantie ihrer Treue suchen wollte, so fand es sie etwa in ihrer grossen Anzahl, welche den Verrat

12. Chron. Venetum, Murat. XXIV, Col. 123, s. und Malipiero, a. a. O. VII, I, p. 175, s. erzählen den sprechenden Fall des Admirals Antonio Grimani.

13. Chron. Ven. l. c. Col. 166.

ebensosehr erschweren, als dessen Entdeckung erleichtern musste. Beim Anblick venezianischer Armeerollen fragt man sich nur, wie bei so bunt zusammengesetzten Scharen eine gemeinsame Aktion möglich gewesen? In derjenigen des Krieges von 1495 figurieren[14] 15 526 Pferde in lauter kleinen Posten; nur der Gonzaga von Mantua hatte davon 1200, Gioffredo Borgia 740; dann folgen sechs Anführer mit 700–600, zehn mit 400, zwölf mit 400–200, etwa vierzehn mit 200–100, neun mit 80, sechs mit 60–50 usw. Es sind teils alte venezianische Truppenkörper, teils solche unter venezianischen Stadtadligen und Landadligen, die meisten Anführer aber sind italienische Fürsten und Stadthäupter oder Verwandte von solchen. Dazu kommen 24 000 Mann Infanterie, über deren Beischaffung und Führung nichts bemerkt wird, nebst weitern 3300 Mann wahrscheinlich besonderer Waffengattungen. Im Frieden waren die Städte der Terraferma gar nicht oder mit unglaublich geringen Garnisonen besetzt. Venedig verliess sich nicht gerade auf die Pietät, wohl aber auf die Einsicht seiner Untertanen; beim Kriege der Liga von Cambray (1509) sprach es sie bekanntlich vom Treueid los und liess es darauf ankommen, daß sie die Annehmlichkeiten einer feindlichen Okkupation mit seiner milden Herrschaft vergleichen würden; da sie nicht mit Verrat von S. Marcus abzufallen nötig gehabt hatten und also keine Strafe zu fürchten brauchten, kehrten sie mit dem grössten Eifer wieder unter die gewohnte Herrschaft zurück. Dieser Krieg war, beiläufig gesagt, das Resultat eines hundertjährigen Geschreies über die Vergrösserungssucht Venedigs. Letzteres beging bisweilen den Fehler allzu kluger Leute,

14. Malipiero, l. c. VII, I, p. 349. Andere Verzeichnisse dieser Art bei Marin Sanudo, Vite de'Duchi, Mur. XXII, Col. 990 (vom Jahr 1426), Col. 1088 (vom Jahr 1440), bei Corio, fol. 435–438 (von 1483), bei Guazzo, Historie, fol. 151, s.

welche auch ihren Gegnern keine nach ihrer Ansicht törichten, rechnungswidrigen Streiche zutrauen wollen[15]. In diesem Optimismus, der vielleicht den Aristokratien am ehesten eigen ist, hatte man einst die Rüstungen Mohammeds II. zur Einnahme von Konstantinopel, ja die Vorbereitungen zum Zuge Karls VIII. völlig ignoriert, bis das Unerwartete doch geschah[16]. Ein solches Ereignis war nun auch die Liga von Cambray, insofern sie dem klaren Interesse der Hauptanstifter, Ludwigs XII. und Julius II., entgegenlief. Im Papst war aber der alte Hass von ganz Italien gegen die erobernden Venezianer aufgesammelt, so dass er über den Einmarsch der Fremden die Augen schloss, und was die auf Italien bezügliche Politik des Kardinals Amboise und seines Königs betraf, so hätte Venedig deren bösartigen Blödsinn schon lange als solchen erkennen und fürchten sollen. Die meisten übrigen nahmen an der Liga teil aus jenem Neid, der dem Reichtum und der Macht als nützliche Zuchtrute gesetzt, an sich aber ein ganz jämmerliches Ding ist. Venedig zog sich mit Ehren, aber doch nicht ohne bleibenden Schaden aus dem Kampfe.

Eine Macht, deren Grundlagen so kompliziert, deren Tätigkeit und Interessen auf einen so weiten Schauplatz ausgedehnt waren, liesse sich gar nicht denken ohne eine grossartige Uebersicht des Ganzen, ohne eine beständige Bilanz der Kräfte und Lasten, der Zunahme und Abnahme. Venedig möchte sich wohl als den Geburtsort der modernen Statistik geltend machen dürfen, mit ihm vielleicht Florenz, und in zweiter Linie die entwickeltern italienischen Fürstentümer. Der Lehnsstaat des Mittelalters bringt höchstens Gesamtverzeich-

15. Guicciardini (Ricordi, N. 150) bemerkt vielleicht zuerst, dass das politische Rachebedürfnis auch die deutliche Stimme des eignen Interesses übertäuben könne.

16. Malipiero, l. c. VII, I, p. 328.

nisse der fürstlichen Rechte und Nutzbarkeiten (Urbarien) hervor; er fasst die Produktion als eine stehende auf, was sie annäherungsweise auch ist, solange es sich wesentlich um Grund und Boden handelt. Diesem gegenüber haben die Städte im ganzen Abendlande wahrscheinlich von frühe an ihre Produktion, die sich auf Industrie und Handel bezog, als eine höchst bewegliche erkannt und danach behandelt, allein es blieb – selbst in den Blütezeiten der Hansa – bei einer einseitig kommerziellen Bilanz. Flotten, Heere, politischer Druck und Einfluss kamen einfach unter das Soll und Haben eines kaufmännischen Hauptbuches zu stehen. Erst in den italienischen Staaten vereinigen sich die Konsequenzen einer völligen politischen Bewusstheit, das Vorbild mohammedanischer Administration und ein uralter starker Betrieb der Produktion und des Handels selbst, um eine wahre Statistik zu begründen[17]. Der unteritalische Zwangsstaat Kaiser Friedrichs II. (S. 29 f.) war einseitig auf Konzentration der Macht zum Zwecke eines Kampfes um Sein oder Nichtsein organisiert gewesen. In Venedig dagegen sind die letzten Zwecke Genuss der Macht und des Lebens, Weiterbildung des von den Vorfahren Ererbten, Ansammlung der gewinnreichsten Industrien und Eröffnung stets neuer Absatzwege.

Die Autoren sprechen sich über diese Dinge mit

17. Noch in ziemlich beschränktem Sinne entworfen und doch schon sehr wichtig ist die statistische Uebersicht von Mailand, im Manipulus Florum (bei Murat. XI, 711, s.) vom Jahre 1288. Sie zählt auf: Haustüren, Bevölkerung, Waffenfähige, Loggien der Adligen, Brunnen, Oefen, Schenken, Fleischerbuden, Fischer, Kornbedarf, Hunde, Jagdvögel, Preise von Holz, Heu, Wein und Salz, – ferner Richter, Notare, Aerzte, Schullehrer, Abschreiber, Waffenschmiede, Hufschmiede, Hospitäler, Klöster, Stifte und geistliche Korporationen. – Eine vielleicht noch ältere aus dem Liber de magnalibus Mediolani, bei Heinr. de Hervordia, ed. Potthast, p. 165. – Vgl. auch die Statistik von Asti um 1280 bei Ogerius Alpherius (Alfieri), de gestis Astensium, Histor. patr. monumenta, Scriptorum Tom. III, Col. 684, ss.

grösster Unbefangenheit aus[18]. Wir erfahren, daß die Bevölkerung der Stadt im Jahr 1422 190 000 Seelen betrug; vielleicht hat man in Italien am frühsten angefangen, nicht mehr nach Feuerherden, nach Waffenfähigen, nach solchen, die auf eigenen Beinen gehen konnten u. dgl., sondern nach animo zu zählen und darin die neutralste Basis aller weitern Berechnungen anzuerkennen. Als die Florentiner um dieselbe Zeit ein Bündnis mit Venedig gegen Filippo Maria Visconti wünschten, wies man sie einstweilen ab, in der klaren, hier durch genaue Handelsbilanz belegten Ueberzeugung, dass jeder Krieg zwischen Mailand und Venedig, d. h. zwischen Abnehmer und Verkäufer, eine Torheit sei. Schon wenn der Herzog nur sein Heer vermehre, so werde das Herzogtum wegen sofortiger Erhöhung der Steuern ein schlechterer Konsument. „Besser man lasse die Florentiner unterliegen, dann siedeln sie, des freistädtischen Lebens gewohnt, zu uns über und bringen ihre Seiden- und Wollenweberei mit, wie die bedrängten Lucchesen getan haben." Das Merkwürdigste aber ist die Rede des sterbenden Dogen Mocenigo (1423) an einige Senatoren, die er vor sein Bett kommen liess[19]. Sie enthält die wichtigsten Elemente einer Statistik der gesamten Kraft und Habe Venedigs. Ich weiss nicht, ob und wo eine gründliche Erläuterung dieses schwierigen Aktenstückes existiert; nur als Kuriosität mag folgendes angeführt werden. Nach geschehener Abzahlung von 4 Millionen Dukaten eines Kriegsanlehens betrug die Staatsschuld (il monte) damals noch 6 Millionen Dukaten. Der Gesamtumlauf des Handels (wie es scheint) betrug

18. Vorzüglich Marin Sanudo, in den Vite de' Duchi di Venezia, Murat. XXII, passim.

19. Bei Sanudo l. c. Col. 958. Das auf den Handel Bezügliche ist daraus mitgeteilt bei Scherer, Allg. Gesch. des Welthandels, I, 326, Anm.

10 Millionen, welche 4 Millionen abwarfen. (So heisst es im Text.) Auf 3000 Navigli, 300 Nàvi und 45 Galere fuhren 17 000, resp. 8000 und 11 000 Seeleute. (Ueber 200 Mann per Galera.) Dazu kamen 16 000 Schiffszimmerleute. Die Häuser von Venedig hatten 7 Millionen Schätzungswert und trugen an Miete eine halbe Million ein[20]. Es gab 1000 Adlige von 70 bis 4000 Dukaten Einkommen. – An einer andern Stelle wird die ordentliche Staatseinnahme in jenem selben Jahre auf 1 100 000 Dukaten geschätzt; durch die Handelsstörungen infolge der Kriege war sie um die Mitte des Jahrhunderts auf 800 000 Dukaten gesunken[21].

Wenn Venedig durch derartige Berechnungen und deren praktische Anwendung eine große Seite des modernen Staatswesens am frühsten vollkommen darstellte, so stand es dafür in derjenigen Kultur, welche man damals in Italien als das Höchste schätzte, einigermassen zurück. Es fehlt hier der literarische Trieb im allgemeinen und insbesondere jener Taumel zugunsten des klassischen Altertums[22]. Die Begabung zu Philosophie und Beredsamkeit, meint Sabellico, sei hier an sich so gross als die zum Handel und Staatswesen; schon 1459 legte Georg der Trapezuntier die lateinische Uebersetzung von Platos Buch über die Gesetze dem Dogen zu Füssen und wurde mit 150 Dukaten jährlich als Lehrer der Philologie angestellt, dedizierte auch der Signorie seine Rhetorik[23]. Durch-

20. Hiemit sind doch wohl die sämtlichen Häuser und nicht bloss die dem Staat gehörenden gemeint. Letztere rentierten bisweilen allerdings enorm; vgl. Vasari, XIII, 83. V.d. Jac. Sansovino.

21. Dies bei Sanudo, Col. 963. Eine Staatsrechnung von 1490, Col. 1245.

22. Ja diese Abneigung soll in dem Venezianer Paul II. bis zum Hass ausgebildet gewesen sein, so dass er die Humanisten sämtlich Ketzer nannte. Platina, Vita Pauli, p. 323.

23. Sanudo, l. c. Col. 1167.

geht man aber die venezianische Literaturgeschichte, welche Francesco Sansovino seinem bekannten Buche[24] angehängt hat, so ergeben sich für das 14. Jahrhundert fast noch lauter theologische, juridische und medizinische Fachwerke nebst Historien, und auch im 15. Jahrhundert ist der Humanismus im Verhältnis zur Bedeutung der Stadt bis auf Ermolao Barbaro und Aldo Manucci nur äusserst spärlich vertreten. Die Bibliothek, welche der Kardinal Bessarion dem Staat vermachte, wurde kaum eben vor Zerstreuung und Zerstörung geschützt. Für gelehrte Sachen hatte man ja Padua, wo freilich die Mediziner und die Juristen als Verfasser staatsrechtlicher Gutachten weit die höchsten Besoldungen hatten. Auch die Teilnahme an der italienischen Kunstdichtung ist lange Zeit eine geringe, bis dann das beginnende 16. Jahrhundert alles Versäumte nachholt. Selbst den Kunstgeist der Renaissance hat sich Venedig von aussen her zubringen lassen, und erst gegen Ende des 15. Jahrhunderts sich mit voller eigener Machtfülle darin bewegt. Ja es gibt hier noch bezeichnendere geistige Zögerungen. Derselbe Staat, welcher seinen Klerus so vollkommen in der Gewalt hatte, die Besetzung aller wichtigen Stellen sich vorbehielt und der Kurie einmal über das andere Trotz bot, zeigte eine offizielle Andacht von ganz besonderer Färbung[25]. Heilige Leichen und andere Reliquien aus dem von den Türken eroberten Griechenland werden mit den größten Opfern erworben und vom Dogen in großer Prozession empfangen[26]. Für den ungenähten Rock beschloß man (1455) bis 10 000 Dukaten aufzuwenden, konnte ihn aber nicht erhalten. Es han-

24. Sansovino, Venezia, Lib. XIII.

25. Vgl. Heinric. de Hervordia ad a. 1293 (pag. 213, ed. Potthast).

26. Sanudo, l. c. Col. 1158, 1171, 1177. Als die Leiche des S. Lucas aus Bosnien kam, gab es Streit mit den Benediktinern von S. Giustina zu Padua, welche dieselbe schon zu besitzen glaubten, und der päpstliche Stuhl mußte entscheiden. Vgl. Guicciardini, Ricordi, Nr. 401.

delte sich hier nicht um eine populäre Begeisterung, sondern um einen stillen Beschluss der höhern Staatsbehörde, welcher ohne alles Aufsehen hätte unterbleiben können und in Florenz unter gleichen Umständen gewiss unterblieben wäre. Die Andacht der Massen und ihren festen Glauben an den Ablass eines Alexander VI. lassen wir ganz außer Betrachtung. Der Staat selber aber, nachdem er die Kirche mehr als anderswo absorbiert, hatte wirklich hier eine Art von geistlichem Element in sich, und das Staatssymbol, der Doge, trat bei zwölf grossen Prozessionen[27] (andate) in halbgeistlicher Funktion auf. Es waren fast lauter Feste zu Ehren politischer Erinnerungen, welche mit den großen Kirchenfesten konkurrierten; das glänzendste derselben, die berühmte Vermählung mit dem Meere, jedesmal am Himmelfahrtstage.

Die höchste politische Bewusstheit, den grössten Reichtum an Entwicklungsformen findet man vereinigt in der Geschichte von Florenz, welches in diesem Sinne wohl den Namen des ersten modernen Staates der Welt verdient. Hier treibt ein ganzes Volk das, was in den Fürstenstaaten die Sache einer Familie ist. Der wunderbare florentinische Geist, scharf raisonnierend und künstlerisch zugleich, gestaltet den politischen und sozialen Zustand unaufhörlich um und beschreibt und richtet ihn ebenso unaufhörlich. So wurde Florenz die Heimat der politischen Doktrinen und Theorien, der Experimente und Sprünge, aber auch mit Venedig die Heimat der Statistik und allein und vor allen Staaten der Welt die Heimat der geschichtlichen Darstellung im neuern Sinne. Der Anblick des alten Roms und die Kenntnis seiner Geschichtschreiber kam hinzu, und Giovanni Villani ge-

27. Sansovino, Venezia, Lib. XII

steht[28], dass er beim Jubiläum des Jahres 1300 die Anregung zu seiner grossen Arbeit empfangen und gleich nach der Heimkehr dieselbe begonnen habe; allein wie manche unter den 200 000 Rompilgern jenes Jahres mögen ihm an Begabung und Richtung ähnlich gewesen sein und haben doch die Geschichte ihrer Städte nicht geschrieben! Denn nicht jeder konnte so trostvoll beifügen: „Rom ist im Sinken, meine Vaterstadt aber im Aufsteigen und zur Ausführung grosser Dinge bereit, und darum habe ich ihre ganze Vergangenheit aufzeichnen wollen und gedenke damit fortzufahren bis auf die Gegenwart und soweit ich noch die Ereignisse erleben werde." Und ausser dem Zeugnis von seinem Lebensgange erreichte Florenz durch seine Geschichtschreiber noch etwas Weiteres: einen grösseren Ruhm als irgendein anderer Staat von Italien[29].

Nicht die Geschichte dieses denkwürdigen Staates, nur einige Andeutungen über die geistige Freiheit und Objektivität, welche durch diese Geschichte in den Florentinern wach geworden, sind hier unsere Aufgabe.

Um das Jahr 1300 beschrieb Dino Compagni die städtischen Kämpfe seiner Tage. Die politische Lage der Stadt, die innern Triebfedern der Parteien, die Charaktere der Führer, genug, das ganze Gewebe von nähern und entferntern Ursachen und Wirkungen sind hier so geschildert, dass man die allgemeine Superiorität des florentinischen Urteilens und Schilderns mit Händen greift. Und das grösste Opfer dieser Krisen, Dante Alighieri, welch ein Politiker, gereift durch Heimat und Exil! Er hat den Hohn über das beständige Aendern und Experimentieren an der Verfassung in eherne Terzinen gegossen[30], welche sprichwörtlich

28. G. Villani, VIII, 36. – Das Jahr 1300 ist zugleich das festgehaltene Datum in der Divina Commedia.

29. Dies schon um 1470 konstatiert bei Vespasiano Fiorent., p. 554.

30. Purgatorio VI, Ende.

bleiben werden, wo irgend Aehnliches vorkommen will; er hat seine Heimat mit Trotz und mit Sehnsucht angeredet, dass den Florentinern das Herz beben musste. Aber seine Gedanken dehnen sich aus über Italien und die Welt, und wenn seine Agitation für das Imperium, wie er es auffasste, nichts als ein Irrtum war, so muß man bekennen, dass das jugendliche Traumwandeln der kaum geborenen politischen Spekulation bei ihm eine poetische Grösse hat. Er ist stolz, der erste zu sein, der diesen Pfad betritt[31], allerdings an der Hand des Aristoteles, aber in seiner Weise sehr selbständig. Sein Idealkaiser ist ein gerechter, menschenliebender, nur von Gott abhängender Oberrichter, der Erbe der römischen Weltherrschaft, welche eine vom Recht, von der Natur und von Gottes Ratschluss gebilligte war. Die Eroberung des Erdkreises sei nämlich eine rechtmässige, ein Gottesurteil zwischen Rom und den übrigen Völkern gewesen, und Gott habe dieses Reich anerkannt, indem er unter demselben Mensch wurde und sich bei seiner Geburt der Schatzung des Kaisers Augustus, bei seinem Tode dem Gericht des Pontius Pilatus unterzog usw. Wenn wir diesen und andern Argumenten nur schwer folgen können, so ergreift Dantes Leidenschaft immer. In seinen Briefen[32] ist er einer der frühsten aller Publizisten, vielleicht der frühste Laie, der Tendenzschriften in Briefform auf eigene Hand ausgehen liess. Er fing damit beizeiten an; schon nach dem Tode Beatrices erliess er ein Pamphlet über den Zustand von Florenz „an die Grossen des Erdkreises", und auch die spätern offenen Schreiben aus der Zeit seiner Verbannung sind an lauter Kaiser, Fürsten und Kardinäle gerichtet. In

31. De Monarchia I, 1.

32. Dantis Alligherii epistolae, cum notis C. Witte. Wie er den Kaiser durchaus in Italien haben wollte, so auch den Papst, s. d. Brief S. 35 während des Konklaves von Carpentras 1314.

diesen Briefen und in dem Buche „von der Vulgärsprache“ kehrt unter verschiedenen Formen das mit so vielen Schmerzen bezahlte Gefühl wieder, dass der Verbannte auch ausserhalb der Vaterstadt eine neue geistige Heimat finden dürfe in der Sprache und Bildung, die ihm nicht mehr genommen werden könne, und auf diesen Punkt werden wir noch einmal zurückkommen.

Den Villani, Giovanni sowohl als Matteo, verdanken wir nicht sowohl tiefe politische Betrachtungen als vielmehr frische, praktische Urteile und die Grundlage zur Statistik von Florenz, nebst wichtigen Angaben über andere Staaten[33]. Handel und Industrie hatten auch hier neben dem politischen Denken das staatsökonomische geweckt. Ueber die Geldverhältnisse im Grossen wusste man nirgends in der Welt so genauen Bescheid, anzufangen von der päpstlichen Kurie zu Avignon, deren enormer Kassenbestand (25 Millionen Goldgulden beim Tode Johanns XXII.) nur aus so guten Quellen[34] glaublich wird. Nur hier erhalten wir Bescheid über kolossale Anleihen z. B.: des Königs von England bei den florentinischen Häusern Bardi und Peruzzi, welche ein Guthaben von 1 365 000 Goldgulden – eigenes und Kompagnie-Geld – einbüssten (1338) und sich dennoch wieder erholten[35]. Das Wichtigste aber sind die auf den Staat bezüglichen Angaben[36] aus jener nämlichen Zeit: die Staatseinnahmen (über 300 000 Goldgulden) und Ausgaben; die Bevölkerung der Stadt (hier noch sehr un-

33. Wozu die Statistik eines Anonymus vom Jahr 1339 bei Baluz. Miscell. IV, p. 117, s. einige erwünschte Ergänzungen bietet. Auch hier die allgemeine Tätigkeit: non est dives aut pauper in ea (scil. civitate) qui de arte certa se nutrire non valeat et suos.

34. Giov. Villani XI, 20. Vgl. Matt. Villani IX, 93.

35. Diese und ähnliche Notizen bei Giov. Villani XI, 87. XII, 54.

36. Giov. Villani XI, 91, s. – Abweichend davon Macchiavelli, Stor. fiorent. lib. II.

vollkommen nach dem Brodkonsum in bocche, d. h. Mäulern, berechnet auf 90 000), und die des Staates; der Ueberschuss von 300–500 männlichen Geburten unter den 5800–6000 alljährlichen Täuflingen des Battistero[37]; die Schulkinder, von welchen 8000 bis 10 000 lesen, 1000–1200 in sechs Schulen rechnen lernten; dazu gegen 600 Schüler, welche in vier Schulen in (lateinischer) Grammatik und Logik unterrichtet wurden. Es folgt die Statistik der Kirchen und Klöster, der Spitäler (mit mehr als 1000 Betten im ganzen); die Wollen-Industrie, mit äusserst wertvollen Einzelangaben; die Münze, die Verproviantierung der Stadt, die Beamtenschaft u. a. m.[38] Anderes erfährt man beiläufig, wie z. B. bei der Einrichtung der neuen Staatsrenten (monte) im Jahr 1353 u. f. auf den Kanzeln gepredigt wurde, von den Franziskanern dafür, von den Dominikanern und Augustinern dagegen[39]; vollends haben in ganz Europa die ökonomischen Folgen des schwarzen Todes nirgends eine solche Beachtung und Darstellung gefunden, noch finden können wie hier[40]. Nur ein Florentiner konnte uns überliefern: wie man erwartete, dass bei der Wenigkeit der Menschen alles wohlfeil werden sollte, und wie statt dessen Lebensbedürfnisse und Arbeitslohn auf das Doppelte stiegen; wie das gemeine Volk anfangs gar nicht mehr arbeiten, sondern nur gut leben wollte; wie zumal die Knechte und Mägde in der Stadt nur noch um sehr hohen Lohn zu haben waren; wie die Bauern nur noch das allerbeste Land bebauen mochten und das gerin-

37. Der Pfarrer legte für jeden Knaben eine schwarze, für jedes Mädchen eine weisse Bohne beiseite; dies war die ganze Kontrolle.

38. Es gab in dem solid gebauten Florenz bereits eine stehende Löschmannschaft, ibid. XII, 35.

39. Matteo Villani, III, 106.

40. Matteo Villani, I, 2–7, vgl. 58. – Für die Pestzeit selber steht in erster Linie die berühmte Schilderung des Boccaccio am Anfang des Decamerone.

gere liegen liessen usw.; wie dann die enormen Vermächtnisse für die Armen, die während der Pest gemacht wurden, nachher zwecklos erschienen, weil die Armen teils gestorben, teils nicht mehr arm waren. Endlich wird einmal bei Gelegenheit eines grossen Vermächtnisses, da ein kinderloser Wohltäter allen Stadtbettlern je sechs Denare hinterliess, eine umfassende Bettelstatistik[41] von Florenz versucht.

Diese statistische Betrachtung der Dinge hat sich in der Folge bei den Florentinern auf das Reichste ausgebildet; das Schöne dabei ist, dass sie den Zusammenhang mit dem Geschichtlichen im höhern Sinne, mit der allgemeinen Kultur und mit der Kunst in der Regel durchblicken lassen. Eine Aufzeichnung vom Jahr 1422[42] berührt mit einem und demselben Federzug die 72 Wechselbuden rings um den Mercato nuovo, die Summe des Barverkehrs (2 Millionen Goldgulden), die damals neue Industrie des gesponnenen Goldes, die Seidenstoffe, den Filippo Brunellesco, der die alte Architektur wieder aus der Erde hervorgräbt, und den Lionardo Aretino, Sekretär der Republik, welcher die antike Literatur und Beredsamkeit wieder erweckt; endlich das allgemeine Wohlergehen der damals politisch ruhigen Stadt und das Glück Italiens, das sich der fremden Soldtruppen entledigt hatte. Jene oben (S. 99 f.) angeführte Statistik von Venedig, die fast aus demselben Jahre stammt, offenbart freilich einen viel grössern Besitz, Erwerb und Schauplatz; Venedig beherrscht schon lange die Meere mit seinen Schiffen, während Florenz (1422) seine erste eigene Galeere (nach Alessandria) aussendet. Allein wer erkennt nicht in der florentinischen Aufzeichnung den höhern Geist? Solche und ähnliche Notizen finden sich hier von Jahrzehnd zu Jahrzehnd, und zwar schon in Uebersichten geord-

41. Gio. Villani X, 164.
42. Ex annalibus Ceretani, bei Fabroni, Magni Cosmi vita, Adnot. 34.

net, während anderwärts im besten Falle einzelne Aussagen vorhanden sind. Wir lernen das Vermögen und die Geschäfte der ersten Medici approximativ kennen; sie gaben an Almosen, öffentlichen Bauten und Steuern von 1434–1471 nicht weniger als 663 755 Goldgulden aus, wovon auf Cosimo allein über 400 000 kamen[43], und Lorenzo magnifico freut sich, dass das Geld so gut ausgegeben sei. Nach 1478 folgt dann wieder eine höchst wichtige und in ihrer Art vollständige Uebersicht[44] des Handels und der Gewerbe der Stadt, darunter mehrere, welche halb oder ganz zur Kunst gehören: die Gold- und Silberstoffe und Damaste; die Holzschnitzerei und Marketterie (Intarsia); die Arabeskenskulptur in Marmor und Sandstein; die Porträtfiguren in Wachs; die Goldschmiede- und Juwelierkunst. Ja das angeborene Talent der Florentiner für die Berechnung des ganzen äussern Daseins zeigt sich auch in ihren Haus-, Geschäfts- und Landwirtschaftsbüchern, die sich wohl vor denen der übrigen Europäer des 15. Jahrhunderts um ein namhaftes auszeichnen mögen. Mit Recht hat man angefangen, ausgewählte Proben davon zu publizieren[45]; nur wird es noch vieler Studien bedürfen, um klare allgemeine Resultate daraus zu ziehen. Jedenfalls gibt sich auch hier derjenige Staat zu erkennen, wo sterbende Väter testamentarisch[46] den Staat ersuchten, ihre Söhne um 1000 Goldgulden zu büssen, wenn sie kein regelmässiges Gewerbe treiben würden.

Für die erste Hälfte des 16. Jahrhunderts besitzt

43. Ricordi des Lorenzo, bei Fabroni, Laur. Med. magnifici vita, Adnot. 2 und 25. – Paul. Jovius: Elogia, Cosmus.

44. Von Benedetto Dei, bei Fabroni, ibid. Adnot. 200. Die Zeitbestimmung geht aus Varchi III, p. 107 hervor. – Das Finanzprojekt eines gewissen Lodovico Ghetti, mit wichtigen Angaben, bei Roscoe, Vita di Lor. de Medici, Bd. II, Beilage 1.

45. Z. B. im Archivio stor. IV.

46. Libri, Histoire des sciences mathém. II, 163, s.

dann vielleicht keine Stadt der Welt eine solche Urkunde wie die herrliche Schilderung von Florenz bei Varchi ist[47]. Auch in der beschreibenden Statistik wie in so manchen andern Beziehungen wird hier noch einmal ein Muster hingestellt, ehe die Freiheit und Grösse dieser Stadt zu Grabe geht[48].

47. Varchi, Stor. fiorent. III, p. 56, s. zu Ende des IX. Buches. Einige offenbar irrige Zahlen möchten wohl auf Schreib- oder Druckfehlern beruhen.

48. Ueber Wertverhältnisse und Reichtum in Italien überhaupt kann ich, in Ermangelung weiterer Hülfsmittel, hier nur einige zerstreute Data zusammenstellen, wie ich sie zufällig gefunden habe. Offenbare Uebertreibungen sind beiseite zu lassen. Die Goldmünzen, auf welche die meisten Angaben lauten, sind: der Ducato, der Zecchino, der Fiorino d'oro und der Scudo d'oro. Ihr Wert ist annäherungsweise derselbe, eilf bis zwölf Franken unseres Geldes.

In *Venedig* galt z. B. der Doge Andrea Vendramin (1476) mit 170 000 Ducati für sehr reich. (Malipiero l. c. VII, II, p. 666.)

In den 1460er Jahren heisst der Patriarch von Aquileja, Lod. Patavino, „fast der reichste aller Italiener" mit 200 000 Dukaten. (Gasp. Veronens., Vita Pauli II, bei Mur. III, II, Col. 1027.) Anderswo fabelhafte Angaben.

Antonio Grimani (S. 95) liess sich die Erhebung seines Sohnes Domenico zum Kardinal 30 000 Dukaten kosten. Er selbst wurde bloss an Barschaft auf 100 000 Dukaten geschätzt. (Chron. Venetum, Mur. XXIV, Col. 125.)

Ueber das Getreide im Handel und im Marktpreis zu Venedig s. bes. Malipiero l. c. VII, II, p. 709, s. (Notiz von 1498.)

Schon um 1522 gilt nicht mehr Venedig, sondern Genua nächst Rom als die reichste Stadt Italiens. (Nur glaublich durch die Autorität eines Franc. Vettori; s. dessen Storia, im Archiv. stor. Append. Tom. VI, p. 343.) Bandello, Parte II, Nov. 34 und 42, erwähnt den reichsten genuesischen Kaufmann seiner Zeit, Ansaldo Grimaldi.

Zwischen 1400 und 1580 nimmt Franc. Sansovino ein Sinken des Geldwertes auf die Hälfte an. (Venezia, fol. 151, bis.)

In der *Lombardei* glaubt man ein Verhältnis der Getreidepreise um die Mitte des 15. zu denjenigen der Mitte unseres Jahrhunderts annehmen zu müssen wie 3 zu 8. (Sacco di Piacenza, im Archiv. stor. append. Tom. V, Nota des Herausgebers Scarabelli.)

In *Ferrara* gab es zur Zeit des Herzogs Borso reiche Leute bis 50 und 60 000 Ducati. (Diario Ferrarese, Mur. XXIV, Col. 207, 214, 218; eine fabelhafte Angabe Col. 187.)

Für *Florenz* kommen Angaben ganz exzeptioneller Art vor, welche nicht zu durchschnittlichen Schlüssen führen. So jene Anleihen

Neben dieser Berechnung des äussern Daseins geht aber jene fortlaufende Schilderung des politischen Lebens einher, von welcher oben die Rede war. Florenz durchlebt nicht nur mehr politische Formen und Schattierungen, sondern es gibt auch unverhältnismässig mehr Rechenschaft davon als andere freie Staaten Italiens und des Abendlandes überhaupt. Es ist der vollständigste Spiegel des Verhältnisses von Menschenklassen und einzelnen Menschen zu einem wandelbaren Allgemeinen. Die Bilder der grossen bürgerlichen Demagogien in Frankreich und Flandern, wie sie Froissart entwirft, die Erzählungen unserer deutschen Chroniken des 14. Jahrhunderts sind wahrlich bedeutungsvoll genug, allein an geistiger Vollständigkeit, an vielseitiger Begründung des Herganges sind die Florentiner allen unendlich überlegen. Adelsherrschaft, Tyrannis, Kämpfe des Mittelstandes mit dem Proletariat, volle, halbe und Scheindemokratie, Primat eines Hauses, Theokratie (mit Savonarola), bis auf jene Mischformen, welche das mediceische Gewaltfürsten-

fremder Fürsten, die wohl nur auf ein oder wenige Häuser lauten, faktisch aber grosse Kompagniegeschäfte waren. So auch jene enorme Besteuerung unterliegender Parteien; wie z. B. von 1430 bis 1453 von 77 Familien 4 875 000 Goldgulden bezahlt wurden. (Varchi III, p. 115, s.)

Das Vermögen des Giovanni Medici betrug bei dessen Tode (1428) 179 221 Goldgulden, aber von seinen beiden Söhnen Cosimo und Lorenzo hinterliess der letztere allein bei seinem Tode (1440) bereits 235 137. (Fabroni, Laur. Med., Adnot. 2.)

Von dem allgemeinen Schwung des Erwerbes zeugt es z. B., dass schon im 14. Jahrhundert die 44 Goldschmiedebuden auf Ponte vecchio dem Staat 800 Goldgulden Jahresmiete eintrugen. (Vasari II, 114, V. di Taddeo Gaddi.) – Das Tagebuch des Buonaccorso Pitti (bei Delécluze, Florence et ses vicissitudes, vol. II.) ist voll Zahlenangaben, welche indes nur im allgemeinen die hohen Preise aller Dinge und den geringen Geldwert beweisen.

Für *Rom* geben natürlich die Einnahmen der Kurie, da sie europäisch waren, gar keinen Maßstab; auch ist den Angaben über päpstliche Schätze und Kardinalsvermögen wenig zu trauen. Der bekannte Bankier Agostino Chigi hinterliess (1520) eine Gesamthabe im Werte von 800 000 Ducati. (Lettere pittoriche, I. Append. 48.)

tum vorbereiteten, alles wird so beschrieben, dass die innersten Beweggründe der Beteiligten dem Lichte bloss liegt[49]. Endlich fasst Macchiavelli in seinen florentinischen Geschichten (bis 1492) seine Vaterstadt vollkommen als ein lebendiges Wesen und ihren Entwicklungsgang als einen individuell naturgemässen auf; der erste unter den Modernen, der dieses so vermocht hat. Es liegt ausser unserm Bereich, zu untersuchen, ob und in welchen Punkten Macchiavell willkürlich verfahren sein mag, wie er im Leben des Castruccio Castracane – einem von ihm eigenmächtig kolorierten Tyrannentypus – notorischer Weise getan hat. Es könnte in den Storie fiorentine gegen jede Zeile irgend etwas einzuwenden sein und ihr hoher, ja einziger Wert im ganzen bliebe dennoch bestehen. Und seine Zeitgenossen und Fortsetzer: Jacopo Pitti, Guicciardini, Segni, Varchi, Vettori, welch ein Kranz von erlauchten Namen! Und welche Geschichte ist es, die diese Meister schildern! Die letzten Jahrzehnde der florentinischen Republik, ein unvergesslich grosses Schauspiel, sind uns hier vollständig überliefert. In dieser massenhaften Tradition über den Untergang des höchsten, eigentümlichsten Lebens der damaligen Welt mag der eine nichts erkennen als eine Sammlung von Kuriositäten ersten Ranges, der andere mit teuflischer Freude den Bankerott des Edeln und Erhabenen konstatieren, ein Dritter die Sache als einen grossen gerichtlichen Prozess auseinanderlegen – jedenfalls wird sie ein Gegenstand nachdenklicher Betrachtung bleiben bis ans Ende der Tage. Das Grundunglück, welches

49. Was Cosimo (1433–1465) und seinen Enkel Lorenzo magnifico († 1492) betrifft, so verzichtet der Verfasser auf jedes Urteil über die innere Politik derselben. Eine anklagende Stimme von Gewicht (Gino Capponi) s. im Archiv. stor. I, p. 315, s. Die Lobpreisung Lorenzos bei Roscoe scheint es hauptsächlich gewesen zu sein, welche eine Reaktion hervorrief. (Sismondi, Hist. des rép. it. u. a. m.)

die Sachlage stets von neuem trübte, war die Herrschaft von Florenz über unterworfene, ehemals mächtige Feinde wie die Pisaner, was einen beständigen Gewaltzustand zur notwendigen Folge hatte. Das einzige, freilich sehr heroische Mittel, das nur Savonarola hätte durchführen können und auch nur mit Hülfe besonders glücklicher Umstände, wäre die rechtzeitige Auflösung Toskanas in eine Föderation freier Städte gewesen; ein Gedanke, der erst als weit verspäteter Fiebertraum einen patriotischen Lucchesen[50] (1548) auf das Schafott bringt. Von diesem Unheil und von der unglücklichen Guelfensympathie der Florentiner für einen fremden Fürsten und der daherigen Gewöhnung an fremde Interventionen hängt alles weitere ab. Aber wer muss nicht dieses Volk bewundern, das unter der Leitung seines heiligen Mönches in einer dauernd erhöhten Stimmung das erste italienische Beispiel von Schonung der besiegten Gegner gibt? während die ganze Vorzeit ihm nichts als Rache und Vertilgung predigt! Die Glut, welche hier Patriotismus und sittlich-religiöse Umkehr in ein Ganzes schmilzt, sieht von weitem wohl bald wieder wie erloschen aus, aber ihre besten Resultate leuchten dann in jener denkwürdigen Belagerung von 1529–1530 wieder neu auf. Wohl waren es „Narren“, welche diesen Sturm über Florenz heraufbeschworen, wie Guicciardini damals schrieb, aber schon er gesteht zu, dass sie das unmöglich Geglaubte ausrichteten; und wenn er meint, die Weisen wären dem Unheil ausgewichen, so hat dies

50. Franc. Burlamacchi, den Vater des Hauptes der lucchesischen Protestanten Michele B. Vgl. Archiv. stor. Append. Tom. II, p. 176. – Wie Mailand durch seine Härte gegen die Schwesterstädte im 11. bis 13. Jahrhundert die Bildung eines grossen Despotenstaates erleichterte, ist bekannt genug. Noch beim Aussterben der Visconti 1447 verscherzte Mailand die Freiheit Oberitaliens hauptsächlich dadurch, dass es von einer Föderation gleichberechtigter Städte nichts wissen wollte. Vgl. Corio, fol. 358 s.

keinen andern Sinn als dass sich Florenz völlig ruhmlos und lautlos in die Hände seiner Feinde hätte liefern sollen. Es hätte dann seine prächtigen Vorstädte und Gärten und das Leben und die Wohlfahrt unzähliger Bürger bewahrt und wäre dafür um eine der grössten Erinnerungen ärmer.

Die Florentiner sind in manchen grossen Dingen Vorbild und frühster Ausdruck der Italiener und der modernen Europäer überhaupt, und so sind sie es auch mannigfach für die Schattenseiten. Wenn schon Dante das stets an seiner Verfassung bessernde Florenz mit einem Kranken verglich, der beständig seine Lage wechselt, um seinen Schmerzen zu entrinnen, so zeichnete er damit einen bleibenden Grundzug dieses Staatslebens. Der grosse moderne Irrtum, dass man eine Verfassung *machen,* durch Berechnung der vorhandenen Kräfte und Richtungen neu produzieren könne[51], taucht zu Florenz in bewegten Zeiten immer wieder auf, und auch Macchiavell ist davon nicht frei gewesen. Es bilden sich Staatskünstler, welche durch künstliche Verlegung und Verteilung der Macht, durch höchst filtrierte Wahlarten, durch Scheinbehörden u. dgl. einen dauerhaften Zustand begründen, gross und klein gleichmässig zufriedenstellen oder auch täuschen wollen. Sie exemplieren dabei auf das Naivste mit dem Altertum und entlehnen zuletzt auch ganz offiziell von dort die Parteinamen, z. B. ottimati, aristocrazia[52] usw. Seitdem erst hat sich die Welt an diese Ausdrücke gewöhnt und ihnen einen konven-

51. Am dritten Adventssonntag 1494 predigte Savonarola über den Modus, eine neue Verfassung zustande zu bringen, wie folgt: Die 16 Kompagnien der Stadt sollten jede ein Projekt ausarbeiten, die Gonfalonieren die vier besten auswählen, und aus diesen die Signorie die allerbeste! – Es kam dann doch alles anders, und zwar unter dem Einfluß des Predigers selbst.

52. Letzteres zuerst 1527, nach der Verjagung der Medici; s. Varchi I, 121 etc.

tionellen, europäischen Sinn verliehen, während alle frühern Parteinamen nur dem betreffenden Lande gehörten und entweder unmittelbar die Sache bezeichneten oder dem Spiel des Zufalls entstammten. Wie sehr färbt und entfärbt aber der Name die Sache!

Von allen jedoch, die einen Staat meinten konstruieren zu können[53], ist Macchiavell ohne Vergleich der Grösste. Er fasst die vorhandenen Kräfte immer als lebendige, aktive, stellt die Alternativen richtig und grossartig und sucht weder sich noch andere zu täuschen. Es ist in ihm keine Spur von Eitelkeit noch Plusmacherei, auch schreibt er ja nicht für das Publikum, sondern entweder für Behörden und Fürsten oder für Freunde. Seine Gefahr liegt nie in falscher Genialität, auch nicht im falschen Ausspinnen von Begriffen, sondern in einer starken Phantasie, die er offenbar mit Mühe bändigt. Seine politische Objektivität ist allerdings bisweilen entsetzlich in ihrer Aufrichtigkeit, aber sie ist entstanden in einer Zeit der äussersten Not und Gefahr, da die Menschen ohnehin nicht mehr leicht an das Recht glauben noch die Billigkeit voraussetzen konnten. Tugendhafte Empörung gegen dieselbe macht auf uns, die wir die Mächte von rechts und links in unserem Jahrhundert an der Arbeit gesehen haben, keinen besondern Eindruck. Macchiavell war wenigstens imstande, seine eigene Person über den Sachen zu vergessen. Ueberhaupt ist er ein Patriot im strengsten Sinne des Wortes, obwohl seine Schriften (wenige Worte ausgenommen) alles direkten Enthusiasmus bar und ledig sind und obwohl ihn die Florentiner selber zuletzt als einen Verbrecher ansahen[54]. Wie sehr er sich auch, nach der Art der mei-

53. Macchiavelli, Storie fior. l. III. „Un savio dator delle leggi" könnte Florenz retten.

54. Varchi, Stor. fiorent. I, p. 210.

sten, in Sitte und Rede gehen liess – das Heil des Staates war doch sein erster und letzter Gedanke. Sein vollständigstes Programm über die Einrichtung eines neuen florentinischen Staatswesen ist niedergelegt in der Denkschrift an Leo X.[55], verfasst nach dem Tode des jüngern Lorenzo Medici, Herzogs von Urbino († 1519), dem er sein Buch vom Fürsten gewidmet hatte. Die Lage der Dinge ist eine späte und schon total verdorbene, und die vorgeschlagenen Mittel und Wege sind nicht alle moralisch; aber es ist höchst interessant zu sehen, wie er als Erbin der Medici die Republik, und zwar eine mittlere Demokratie einzuschieben hofft. Ein kunstreicheres Gebäude von Konzessionen an den Papst, die speziellen Anhänger desselben und die verschiedenen florentinischen Interessen ist gar nicht denkbar; man glaubt in ein Uhrwerk hineinzusehen. Zahlreiche andere Prinzipien, Einzelbemerkungen, Parallelen, politische Perspektiven usw. für Florenz finden sich in den Discorsi, darunter Lichtblicke von erster Schönheit; er erkennt z. B. das Gesetz einer fortschreitenden, und zwar stossweise sich äussernden Entwicklung der Republiken an und verlangt, dass das Staatswesen beweglich und der Veränderung fähig sei, indem nur so die plötzlichen Bluturteile und Verbannungen vermieden würden. Aus einem ähnlichen Grunde, nämlich um Privatgewalttaten und fremde Intervention („den Tod aller Freiheit") abzuschneiden, wünscht er gegen verhasste Bürger eine gerichtliche Anklage (accusa) eingeführt zu sehen, an deren Stelle Florenz von jeher nur die Uebelreden gehabt habe. Meisterhaft charakterisiert er die unfreiwilligen, verspäteten Entschlüsse, welche in Republiken bei kritischen Zeiten eine so grosse Rolle spielen. Dazwischen einmal verführt ihn die Phantasie und der Druck der

55. Discorso sopra il reformar lo stato di Firenze, in den Opere minori, p. 207.

Zeiten zu einem unbedingten Lob des Volkes, welches seine Leute besser wähle als irgend ein Fürst und sich „mit Zureden“ von Irrtümern abbringen lasse[56]. In betreff der Herrschaft über Toscana zweifelt er nicht, dass dieselbe seiner Stadt gehöre, und hält (in einem besondern Discorso) die Wiederbezwingung Pisas für eine Lebensfrage; er bedauert, dass man Arezzo nach der Rebellion von 1502 überhaupt habe stehen lassen; er gibt sogar im allgemeinen zu, italienische Republiken müssten sich lebhaft nach aussen bewegen und vergrössern dürfen, um nicht selber angegriffen zu werden und um Ruhe im Innern zu haben; allein Florenz habe die Sache immer verkehrt angefangen und sich Pisa, Siena und Lucca von jeher tödlich verfeindet, während das „brüderlich behandelte“ Pistoja sich freiwillig untergeordnet habe[57].

Es wäre unbillig, die wenigen übrigen Republiken, die im 15. Jahrhundert noch existierten, mit diesem einzigen Florenz auch nur in Parallele setzen zu wollen, welches bei weitem die wichtigste Werkstätte des italienischen, ja des modernen europäischen Geistes überhaupt war. Siena litt an den schwersten organischen Uebeln, und sein relatives Gedeihen in Gewerben und Künsten darf hierüber nicht täuschen. Aeneas Sylvius[58] schaut von seiner Vaterstadt aus wahrhaft sehnsüchtig nach den „fröhlichen“ deutschen Reichsstädten hinüber, wo keine Konfiskationen von Habe und Erbe, keine gewalttätigen Behörden, keine Fak-

56. Dieselbe Ansicht, ohne Zweifel hier entlehnt, findet sich bei Montesquieu wieder.

57. Aus der etwas späteren Zeit (1532 ?) vergl. man das furchtbar aufrichtige Gutachten des Guicciardini über die Lage und unvermeidliche Organisation der mediceischen Partei, Lettere di principi III, fol. 124 (ed. Venez. 1577).

58. Aen. Sylvii apologia ad Martinum Mayer, p. 701. – Ähnlich noch Macchiavelli, Discorsi I, 55 u. a. a. O.

tionen das Dasein verderben[59]. Genua gehört kaum in den Kreis unserer Betrachtung, da es sich an der ganzen Renaissance vor den Zeiten des Andrea Doria kaum beteiligte, weshalb der Rivierese in Italien als Verächter aller höhern Bildung[60] galt. Die Parteikämpfe zeigen hier einen so wilden Charakter und waren von so heftigen Schwankungen der ganzen Existenz begleitet, dass man kaum begreift, wie die Genuesen es anfingen, um nach allen Revolutionen und Okkupationen immer wieder in einen erträglichen Zustand einzulenken. Vielleicht gelang es, weil alle, die sich beim Staatswesen beteiligten, fast ohne Ausnahme zugleich als Kaufleute tätig waren[61]. Welchen Grad von Unsicherheit der Erwerb im Grossen und der Reichtum aushalten können, mit welchem Zustand im Innern der Besitz ferner Kolonien verträglich ist, lehrt Genua in überraschender Weise.

Lucca bedeutet im 15. Jahrhundert nicht viel. Aus den ersten Jahrzehnden desselben, da die Stadt unter der Halbtyrannis der Familie Guinigi lebte, ist ein Gutachten des lucchesischen Geschichtschreibers Giovanni di Ser Cambio erhalten, welches für die Lage solcher Herrscherhäuser in Republiken überhaupt als

59. Wie völlig moderne Halbbildung und Abstraktion bisweilen in das politische Wesen hineingriffen, zeigt die Parteiung von 1535, Della Valle, Lettere sanesi III, p. 317. Eine Anzahl von Krämern, aufgeregt durch Livius und Macchiavells Discorsi, verlangen alles Ernstes Volkstribunen u. a. römische Magistrate gegen die Missregierung der Vornehmen und Beamten.

60. Pierio Valeriano, de infelicitate literator., bei Anlass des Bartolommeo della Rovere.

61. Senarega, de reb. Genuens. bei Murat. XXIV, Col. 548. Ueber die Unsicherheit vgl. bes. Col. 519, 525, 528 etc. Die sehr offenherzige Rede der Gesandten bei der Uebergabe des Staates an Francesco Sforza 1464 s. bei Cagnola, Archiv. stor. III, p. 165, s. – Die Gestalt des Erzbischofs, Dogen, Korsaren und (später) Kardinals Paolo Fregoso geht beträchtlich über den Rahmen der sonstigen italienischen Verhältnisse hinaus.

sprechendes Denkmal gelten kann[62]. Der Autor erörtert: die Grösse der Verteilung der Söldnertruppen in Stadt und Gebiet; die Vergebung aller Aemter an ausgewählte Anhänger; die Verzeichnung aller Waffen im Privatbesitz und Entwaffnung der Verdächtigen; die Aufsicht über die Verbannten, welche durch Drohung mit gänzlicher Konfiskation dazu angehalten werden, die ihnen zum Exil angewiesenen Orte nicht zu verlassen; die Beseitigung gefährlicher Rebellen durch heimliche Gewalttat; die Nötigung ausgewanderter Kaufleute und Gewerbleute zur Rückkehr; die möglichste Beseitigung der weitern Bürgerversammlung (consiglio generale) durch eine nur aus Anhängern bestehende Kommission von 12 oder 18; die Einschränkung aller Ausgaben zugunsten der unentbehrlichen Söldner, ohne welche man in beständiger Gefahr leben würde und die man bei guter Laune halten muss (i soldati si faccino amici, confidanti e savî); endlich wird die gegenwärtige Not, zumal der Verfall der Seidenindustrie, aber auch aller andern Gewerbe sowie des Weinbaues zugegeben und zur Aushülfe vorgeschlagen ein hoher Zoll auf auswärtige Weine und ein vollständiger Zwang der Landschaft (contado), mit Ausnahme der Lebensmittel alles in der Stadt zu kaufen. Der merkwürdige Aufsatz würde auch für uns eines umständlichen Kommentars bedürfen; hier möge er nur erwähnt sein als einer von den vielen Belegen für die Tatsache, dass in Italien eine zusammenhängende politische Reflexion viel früher entwickelt war als im Norden.

Wie nun die meisten italienischen Staaten in ihrem Innern Kunstwerke, d. h. bewusste, von der Reflexion

62. Baluz. Miscell. ed. Mansi, Tom. IV, p. 81, ss.

abhängige, auf genau berechneten sichtbaren Grundlagen ruhende Schöpfungen waren, so musste auch ihr Verhältnis zueinander und zum Ausland ein Werk der Kunst sein. Dass sie fast sämtlich auf ziemlich neuen Usurpationen beruhen, ist für ihre auswärtigen Beziehungen so verhängnisvoll wie für das Innere. Keiner erkennt den andern ohne Rückhalt an; dasselbe Glücksspiel, welches bei Gründung und Befestigung der eigenen Herrschaft gewaltet hat, mag auch gegen den Nachbar walten. Hängt es doch gar nicht immer von dem Gewaltherrscher ab, ob er ruhig sitzen wird oder nicht. Das Bedürfnis, sich zu vergrössern, sich überhaupt zu rühren, ist allen Illegitimen eigen. So wird Italien die Heimat einer „auswärtigen Politik", welche dann allmählich auch in andern Ländern die Stelle eines anerkannten Rechtszustandes vertreten hat. Die völlig objektive, von Vorurteilen wie von sittlichen Bedenken freie Behandlung der internationalen Dinge erreicht bisweilen eine Vollendung, in welcher sie elegant und grossartig erscheint, während das Ganze den Eindruck eines bodenlosen Abgrundes hervorbringt.

Diese Ränke, Liguen, Rüstungen, Bestechungen und Verrätereien machen zusammen die äussere Geschichte des damaligen Italiens aus. Lange Zeit war besonders Venedig der Gegenstand allgemeiner Anklagen, als wollte es ganz Italien erobern oder allgemach so herunterbringen, dass ein Staat nach dem andern ihm ohnmächtig in die Arme fallen müsse[1]. Bei näherm Zusehen wird man jedoch inne, dass dieser Weheruf sich nicht aus dem Volk, sondern aus der Umgebung der Fürsten und Regierungen erhebt, welche fast sämtlich bei ihren Untertanen schwer verhasst sind, wäh-

1. So noch ganz spät Varchi, Stor. fiorent. I, 57.

rend Venedig durch sein leidlich mildes Regiment ein allgemeines Zutrauen geniesst[2]. Auch Florenz, mit seinen knirschenden Untertanenstädten, fand sich Venedig gegenüber in mehr als schiefer Stellung, selbst wenn man den Handelsneid und das Fortschreiten Venedigs in der Romagna nicht in Betracht zog. Endlich brachte es die Liga von Cambray (S. 96) wirklich dahin, denjenigen Staat zu schwächen, den ganz Italien mit vereinten Kräften hätte stützen sollen.

Allein auch alle übrigen versehen sich des Allerschlimmsten zu einander, wie das eigene böse Gewissen es jedem eingibt, und sind fortwährend zum Aeussersten bereit. Lodovico Moro, die Aragonesen von Neapel, Sixtus IV. hielten in ganz Italien die allergefährlichste Unruhe wach, der Kleinern zu geschweigen. Hätte sich dieses entsetzliche Spiel nur auf Italien beschränkt! Allein die Natur der Dinge brachte es mit sich, dass man sich nach fremder Intervention und Hülfe umsah, hauptsächlich nach Franzosen und Türken.

Zunächst sind die Bevölkerungen selber durchweg für Frankreich eingenommen. Mit einer grauenerregenden Naivetät gesteht Florenz von jeher seine alte guelfische Sympathie für die Franzosen ein[3]. Und als Karl VIII. wirklich im Süden der Alpen erschien, fiel ihm ganz Italien mit einem Jubel zu, welcher ihm und seinen Leuten selber ganz wunderlich vorkam[4]. In der

2. Galeazzo Maria Sforza sagt 1467 dem venezian. Agenten wohl das Gegenteil, allein dies ist nur ergötzliche Prahlerei. Vgl. Malipiero, Annali veneti, Arch. stor. VII, I, p. 216 u. f. Bei jedem Anlass ergeben sich Städte und Landschaften freiwillig an Venedig, freilich meist solche, die aus tyrannischen Händen kommen, während Florenz freiheitsgewohnte Nachbarrepubliken darniederhalten muss, wie Guicciardini (Ricordi, N. 29) bemerkt.

3. Vielleicht das Stärkste dieser Art in einer Instruktion an die zu Karl VII. gehenden Gesandten im Jahr 1452, bei Fabroni, Cosmus, Adnot. 107.

Phantasie der Italiener (man denke an Savonarola) lebte das Idealbild eines grossen, weisen und gerechten Retters und Herrschers, nur war es nicht mehr wie bei Dante der Kaiser, sondern der capetingische König von Frankreich. Mit seinem Rückzug war die Täuschung im ganzen dahin, doch hat es noch lange gedauert, bis man einsah, wie vollständig Karl VIII., Ludwig XII. und Franz I. ihr wahres Verhältnis zu Italien verkannten und von welch untergeordneten Beweggründen sie sich leiten liessen. Anders als das Volk suchten die Fürsten sich Frankreichs zu bedienen. Als die französisch-englischen Kriege zu Ende waren, als Ludwig XI. seine diplomatischen Netze nach allen Seiten hin auswarf, als vollends Karl von Burgund sich in abenteuerlichen Plänen wiegte, da kamen ihnen die italienischen Kabinette von allen Seiten entgegen, und die französische Intervention musste früher oder später eintreten, auch ohne die Ansprüche auf Neapel und Mailand, so gewiss als sie z. B. in Genua und Piemont schon längst stattgefunden hatte. Die Venezianer erwarteten sie schon 1462[5]. Welche Todesangst Herzog Galeazzo Maria von Mailand während des Burgunderkrieges ausstand, als er, scheinbar sowohl mit Ludwig XI. als mit Karl verbündet, den Ueberfall beider fürchten musste, zeigt seine Korrespondenz[6] in schlagender Weise. Das System eines Gleichgewichtes der vier italienischen Hauptstaaten, wie Lorenzo magnifico es verstand, war doch nur das Postulat eines lich-

4. Comines, Charles VIII, chap. 10: Man hielt die Franzosen comme saints. – Vgl. Chap. 17. – Chron. Venetum bei Murat. XXIV, Col. 5, 10, 14, 15. – Matarazzo, Cron. di Perugia, Arch. stor. XVI, II, p. 23. Zahlloser anderer Aussagen nicht zu gedenken.

5. Pii II. Commentarii, X, p. 492.

6. Gingins, Dépêches des ambassadeurs Milanais etc. I, p. 26, 153, 279, 283, 285, 327, 331, 345, 359. II, p. 29, 37, 101, 217, 306. Karl sprach bereits einmal davon, Mailand dem jungen Ludwig von Orleans zu geben.

ten, optimistischen Geistes, welcher über frevelnde Experimental-Politik wie über florentinischen Guelfen-Aberglauben hinaus war und sich bemühte, das beste zu hoffen. Als Ludwig XI. ihm im Kriege gegen Ferrante von Neapel und Sixtus IV. Hülfstruppen anbot, sagte er: „Ich vermag noch nicht, meinen Nutzen der Gefahr ganz Italiens vorzuziehen; wollte Gott, es fiele den französischen Königen niemals ein, ihre Kräfte in diesem Lande zu versuchen! Wenn es dazu kommt, so ist Italien verloren[7].“ Für andere Fürsten dagegen ist der König von Frankreich abwechselnd Mittel oder Gegenstand des Schreckens, und sie drohen mit ihm, sobald sie aus irgendeiner Verlegenheit keinen bequemern Ausweg wissen. Vollends glaubten die Päpste, ohne alle eigene Gefahr mit Frankreich operieren zu dürfen, und Innocenz VIII. meinte noch, er könne schmollend sich nach dem Norden zurückziehen, um von da mit einem französischen Heere als Eroberer nach Italien zurückzukehren[8].

Denkende Menschen sahen also die fremde Eroberung schon lange vor dem Zuge Karls VIII. voraus[9]. Und als Karl wieder über die Alpen zurück war, lag es recht klar vor aller Augen, dass nunmehr eine Aera der Interventionen begonnen habe. Fortan verflicht sich Unglück mit Unglück, man wird zu spät inne, dass Frankreich und Spanien, die beiden Hauptintervenienten, inzwischen moderne Grossmächte geworden sind, dass sie sich nicht mehr mit oberflächlichen Huldigungen begnügen können, sondern um Einfluss und Besitz in Italien auf den Tod kämpfen

7. Nicolò Valori, Vita di Lorenzo.

8. Fabroni, Laurentius magnificus, Adnot. 205, s. – Selbst in einem seiner Breven hiess es einmal wörtlich: flectere si nequeam Superos, Acheronta movebo, hoffentlich doch nicht in Beziehung auf die Türken (Villari, Storia di Savonarola, II, p. 48 der Documenti).

9. Z. B. Jovian. Pontanus in seinem Charon. Am Ende erwartet er einen Einheitsstaat.

müssen. Sie haben angefangen, den zentralisierten italienischen Staaten zu gleichen, ja dieselben nachzuahmen, nur in kolossalem Masstab. Die Absichten auf Länderraub und Ländertausch nehmen eine Zeitlang einen Flug ins Unbedingte hinaus. Das Ende aber war bekanntlich ein totales Uebergewicht Spaniens, welches als Schwert und Schild der Gegenreformation auch das Papsttum in eine lange Abhängigkeit brachte. Die traurige Reflexion der Philosophen bestand dann einzig darin, nachzuweisen, wie alle die, welche die Barbaren gerufen, ein schlechtes Ende genommen hätten.

Offen und ohne alle Scheu setzte man sich im 15. Jahrhundert auch mit den Türken in Verbindung; es schien dies ein Mittel politischer Wirkung wie ein anderes. Der Begriff einer solidarischen „abendländischen Christenheit" hatte schon im Verlauf der Kreuzzüge bisweilen bedenklich gewankt, und Friedrich II. mochte demselben bereits entwachsen sein, allein das erneute Vordringen des Orients, die Not und der Untergang des griechischen Reiches hatte im ganzen wieder die frühere Stimmung der Abendländer (wenn auch nicht ihren Eifer) erneuert. Hievon macht Italien eine durchgängige Ausnahme; so gross der Schrecken vor den Türken und die wirkliche Gefahr sein mochte, so ist doch kaum eine bedeutendere Regierung, welche nicht irgendeinmal frevelhaft mit Mohammed II. und seinen Nachfolgern einverstanden gewesen wäre gegen andere italienische Staaten. Und wo es nicht geschah, da traute es doch jeder dem andern zu – es war noch immer nicht so schlimm als was z. B. die Venezianer dem Thronerben Alfons von Neapel Schuld gaben, dass er Leute geschickt habe, um die Zisternen von Venedig zu vergiften[10]. Von einem Verbrecher wie Sigis-

10. Comines, Charles VIII, chap. 7. – Wie Alfons im Kriege seinen Gegner bei einer Unterredung wegzufangen suchte, erzählt Nantiporto,

mondo Malatesta erwartete man nichts Besseres, als dass er die Türken nach Italien rufen möchte[11]. Aber auch die Aragonesen von Neapel, welchen Mohammed – angeblich von andern italienischen Regierungen[12] aufgereizt – eines Tages Otranto wegnahm, hetzten hernach den Sultan Bajazeth II. gegen Venedig[13]. Ebendasselbe liess sich Lodovico Moro zuschulden kommen; „das Blut der Gefallenen und der Jammer der bei den Türken Gefangenen schreit gegen ihn zu Gott um Rache", sagt der Annalist des Staates. In Venedig, wo man alles wusste, war es auch bekannt, dass Giovanni Sforza, Fürst von Pesaro, der Vetter des Moro, die nach Mailand reisenden türkischen Gesandten beherbergt hatte[14]. Von den Päpsten des 15. Jahrhunderts sind die beiden ehrenwertesten, Nicolaus V. und Pius II., in tiefstem Kummer wegen der Türken gestorben, letzterer sogar unter den Anstalten einer Kreuzfahrt, die er selber leiten wollte; ihre Nachfolger dagegen veruntreuen die aus der ganzen Christenheit gesammelten Türkengelder und entweihen den darauf gegründeten Ablass zu einer Geldspekulation für sich[15]. Innocenz VIII. gibt sich zum Kerkermeister des geflüchteten Prinzen Dschem her, gegen ein von dessen Bruder Bajazeth II. zu zahlendes Jahrgeld, und

bei Murat. III, II, Col. 1073. Er ist der wahre Vorläufer des Cesare Borgia.

11. Pii II. Commentarii X, p. 492. – Ein blumenreicher Brief Malatestas, worin er dem Mohammed II. einen Porträtmaler Matteo Passo von Verona empfiehlt und die Uebersendung eines Buches von der Kriegskunst ankündigt, wahrscheinlich vom Jahr 1463, bei Baluz. Miscell. III, 113. – Was Galeazzo Maria von Mailand 1467 einem venezianischen Agenten sagte, war wohl nur Prahlerei. Vgl. Malipiero, Ann. veneti, Archiv. stor. VII, I, p. 222. – Ueber Boccalino s. S. 52.

12. Porzio, Congiura de' baroni, l. I, p. 4. Dass Lorenzo magnifico die Hand im Spiel gehabt habe, ist schwer glaublich.

13. Chron. Venetum, bei Murat. XXIV, Col. 14 und 76.

14. Malipiero, a. a. O., p. 565, 568.

15. Trithem., Annales Hirsaug. ad. a. 1490, Tom. II, p. 535, s.

Alexander VI. unterstützt in Konstantinopel die Schritte des Lodovico Moro zur Förderung eines türkischen Angriffes auf Venedig (1498), worauf ihm dieses mit einem Konzil droht[16]. Man sieht, dass das berüchtigte Bündnis Franz I. mit Soliman II. nichts in seiner Art Neues und Unerhörtes war.

Uebrigens gab es auch einzelne Bevölkerungen, welchen sogar der Uebergang an die Türken nicht mehr als etwas besonders Schreckliches erschien. Selbst wenn sie nur gegen drückende Regierungen damit gedroht haben sollten, so wäre dies doch ein Zeichen, dass man mit dem Gedanken halbenweges vertraut geworden war. Schon um 1480 gibt Battista Mantovano deutlich zu verstehen, dass die meisten Anwohner der adriatischen Küste etwas der Art voraussähen und dass namentlich Ancona es wünsche[17]. Als die Romagna unter Leo X. sich sehr bedrückt fühlte, sagte einst ein Abgeordneter von Ravenna dem Legaten Kardinal Giulio Medici ins Gesicht: „Monsignore, die erlauchte Republik Venedig will uns nicht, um keinen Streit mit der Kirche zu bekommen, wenn aber der Türke nach Ragusa kommt, so werden wir uns ihm übergeben[18]."

Angesichts der damals schon begonnenen Unterjochung Italiens durch die Spanier ist es ein leidiger, aber doch gar nicht grundloser Trost, dass nunmehr das Land wenigstens vor der Barbarisierung durch die Türkenherrschaft geschützt war[19]. Sich selber hätte es

16. Malipiero, a. a. O., p. 161. Vgl. p. 152. – Die Auslieferung des Dschem an Karl VIII., s. p. 145, wo es klar wird, dass eine Korrespondenz der schimpflichsten Art zwischen Alexander und Bajazeth existierte, selbst wenn die Aktenstücke bei Burcardus untergeschoben sein sollten.

17. Bapt. Mantuanus, de calamitatibus temporum, zu Ende des zweiten Buches, im Gesang der Nereide Doris an die türkische Flotte.

18. Tommaso Gar, Relazioni della corte di Roma, I, p. 55.

19. Ranke, Geschichten der romanischen und germanischen Völker. – Michelets Ansicht (Réforme, p. 467), die Türken würden sich in Italien

bei der Entzweiung seiner Herrschaft schwerlich vor diesem Schicksal bewahrt.

Wenn man nach all diesem von der damaligen italienischen Staatskunst etwas Gutes sagen soll, so kann sich dies nur auf die objektive, vorurteilslose Behandlung solcher Fragen beziehen, welche nicht durch Furcht, Leidenschaft oder Bosheit bereits getrübt waren. Hier gibt es kein Lehnswesen im nordischen Sinne mit künstlich abgeleiteten Rechten, sondern die Macht, welche jeder besitzt, besitzt er (in der Regel) wenigstens faktisch ganz. Hier gibt es keinen Geleitsadel, welcher im Gemüt der Fürsten den abstrakten Ehrenpunkt mit all seinen wunderlichen Folgerungen aufrecht hielte, sondern Fürsten und Ratgeber sind darin eins, dass nur nach der Lage der Dinge, nach den zu erreichenden Zwecken zu handeln sei. Gegen die Menschen, die man benützt, gegen die Verbündeten, woher sie auch kommen mögen, existiert kein Kastenhochmut, der irgend jemanden abschrecken könnte, und zu allem Ueberfluss redet der Stand der Condottieren, wo die Herkunft völlig gleichgültig ist, vernehmlich genug von der wirklichen Macht. Endlich kennen die Regierungen, als gebildete Despoten, ihr eigenes Land und die Länder ihrer Nachbarn ungleich genauer, als ihre nordischen Zeitgenossen die ihrigen, und berechnen die Leistungsfähigkeit von Freund und Feind in ökonomischer wie in moralischer Hinsicht bis ins einzelste; sie erscheinen, trotz den schwersten Irrtümern, als geborene Statistiker.

Mit solchen Menschen konnte man unterhandeln,

okzidentalisiert haben, überzeugt mich nicht. – Vielleicht zum erstenmal ist jene Bestimmung Spaniens angedeutet in der Festrede, welche Fedra Inghirami 1510 vor Julius II. hielt, zur Feier der Einnahme von Bugia durch die Flotte Ferdinands d. Kath. Vgl. Anecdota litteraria II, p. 149.

man konnte sie zu überzeugen, d. h. durch tatsächliche Gründe zu bestimmen hoffen. Als der grosse Alfonso von Neapel (1434) Gefangener des Filippo Maria Visconti geworden war, wußte er diesen zu überzeugen, daß die Herrschaft des Hauses Anjou über Neapel statt der seinigen die Franzosen zu Herrn von Italien machen würde, und jener liess ihn ohne Lösegeld frei und schloss ein Bündnis mit ihm[20]. Schwerlich hätte ein nordischer Fürst so gehandelt und gewiss keiner von der sonstigen Moralität des Visconti. Ein festes Vertrauen auf die Macht tatsächlicher Gründe beweist auch der berühmte Besuch, welchen Lorenzo magnifico – unter allgemeiner Bestürzung der Florentiner – dem treulosen Ferrante in Neapel abstattete, der gewiss in der Versuchung und nicht zu gut dazu war, ihn als Gefangenen da zu behalten[21]. Denn dass man einen mächtigen Fürsten verhaften und dann nach Ausstellung einiger Unterschriften und andern tiefen Kränkungen wieder lebendig entlassen könne, wie Karl der Kühne mit Ludwig XI. zu Péronne tat (1468), erschien den Italienern als Torheit[22], so dass Lorenzo entweder gar nicht mehr oder ruhmbedeckt zurückerwartet wurde. Es ist in dieser Zeit zumal von venezianischen Gesandten eine Kunst der politischen Ueberredung aufgewandt worden, von welcher man diesseits der Alpen erst durch die Italiener einen Begriff bekam, und welche ja nicht nach den offiziellen Empfangsreden beurteilt werden darf, denn diese gehören der humanistischen Schulrhetorik an. An Derbheiten und Naivetäten fehlte es im diplomatischen

20. U. a. Corio, fol. 333. Vgl. das Benehmen gegen Sforza, fol. 329.

21. Nic. Valori, Vita di Lorenzo. – Paul. Jovius, Vita Leonis X, L. I.; letzterer gewiss nach guten Quellen, obwohl nicht ohne Rhetorik.

22. Wenn Comines bei diesem und hundert andern Anlässen so objektiv beobachtet und urteilt als irgendein Italiener, so ist dabei sein italienischer Umgang, zumal mit Angelo Catto, gewiss sehr in Betracht zu ziehen.

Verkehr auch nicht[23], trotz aller sonst sehr entwickelten Etikette. Fast rührend aber erscheint uns ein Geist wie Macchiavell in seinen „Legazioni". Mangelhaft instruiert, kümmerlich ausgestattet, als untergeordneter Agent behandelt, verliert er niemals seinen freien, hohen Beobachtungsgeist und seine Lust des anschaulichen Berichtens. – Italien ist und bleibt dann vorzugsweise das Land der politischen „Instruktionen" und „Relationen"; trefflich unterhandelt wurde gewiss auch in andern Reichen, allein nur hier sind aus schon so früher Zeit zahlreiche Denkmäler vorhanden. Schon die grosse Depesche aus den letzten Lebenswochen des geängsteten Ferrante von Neapel (17. Januar 1494) von der Hand des Pontano an das Kabinett Alexanders VI. gerichtet, gibt den höchsten Begriff von dieser Gattung von Staatsschriften, und diese ist uns nur beiläufig und als eine aus einer grossen Anzahl von Depeschen Pontanos mitgeteilt worden[24]. Wie vieles von ähnlicher Bedeutung und Lebendigkeit aus andern Kabinetten des sinkenden 15. und beginnenden 16. Jahrhunderts mag noch verborgen liegen, des Späteren zu geschweigen. – Von dem Studium des Menschen, als Volk wie als Individuum, welches mit dem Studium der Verhältnisse bei diesen Italienern Hand in Hand ging, wird in einem besondern Abschnitte die Rede sein.

Auf welche Weise auch der Krieg den Charakter eines Kunstwerkes annahm, soll hier nur mit einigen Worten angedeutet werden. Im abendländischen Mittelalter war die Ausbildung des einzelnen Kriegers eine

23. Vgl. z. B. Malipiero, a. a. O., p. 216, 221, 236, 237, 478, etc.

24. Bei Villari, storia di G. Savonarola, vol. II, p. XLIII der Documenti, unter welchen sich auch sonst noch merkwürdige politische Briefe finden. – Anderes vom Ende des 15. Jahrhunderts besonders bei Baluzius, Miscellanea, ed. Mansi, vol. I.

Pietro Lombardi: S. Maria dei Miracoli, Venedig

Ghirlandaio: Loggia dei Lanzi in Florenz
(Fresko, Ausschnitt)

höchst vollendete innerhalb des herrschenden Systemes von Wehr und Waffen, auch gab es gewiss jederzeit geniale Erfinder in der Befestigungs- und Belagerungskunst, allein Strategie sowohl als Taktik wurden in ihrer Entwicklung gestört durch die vielen sachlichen und zeitlichen Beschränkungen der Kriegspflicht und durch den Ehrgeiz des Adels, welcher z. B. angesichts der Feinde um den Vorrang im Streit haderte und mit seinem blossen Ungestüm gerade die wichtigsten Schlachten, wie die von Crécy und Maupertuis, verdarb. Bei den Italienern dagegen herrschte am frühsten das in solchen Dingen anders geartete Söldnerwesen vor, und auch die frühe Ausbildung der Feuerwaffen trug ihrerseits dazu bei, den Krieg gleichsam zu demokratisieren, nicht nur weil die festesten Burgen vor den Bombarden erzitterten, sondern weil die auf bürgerlichem Wege erworbene Geschicklichkeit des Ingenieurs, Stückgiessers und Artilleristen in den Vordergrund trat. Man empfand dabei nicht ohne Schmerz, dass die Geltung des Individuums – die Seele der kleinen, trefflich ausgebildeten italienischen Söldnerheere – durch jene von ferne her wirkenden Zerstörungsmittel beeinträchtigt wurde, und es gab einzelne Condottieren, welche sich wenigstens gegen das unlängst in Deutschland erfundene[25] Handrohr aus Kräften verwahrten; so liess Paolo Vitelli[26] den gefangenen feindlichen Schioppettieri die Augen ausstechen und die Hände abhauen, während er die Kanonen als berechtigt anerkannte und gebrauchte. Im grossen und ganzen aber liess man die Erfindungen walten und nützte sie nach Kräften aus, so dass die Italiener für die Angriffsmittel wie für den Festungs-

25. Pii II. Commentarii L. IV, p. 190 ad a. 1459.

26. Paul. Jovius, Elogia. Man wird an Federigo von Urbino erinnert, „welcher sich geschämt hätte", in seiner Bibliothek ein gedrucktes Buch zu dulden. Vgl. Vespas. Fiorent.

bau die Lehrer von ganz Europa wurden. Fürsten wie Federigo von Urbino, Alfonso von Ferrara, eigneten sich eine Kennerschaft des Faches an, gegen welche selbst die eines Maximilian I. nur oberflächlich erschienen sein wird. In Italien gab es zuerst eine Wissenschaft und Kunst des gesamten im Zusammenhang behandelten Kriegswesens; hier zuerst begegnen wir einer neutralen Freude an der korrekten Kriegführung als solcher, wie dies zu dem häufigen Parteiwechsel und zu der rein sachlichen Handlungsweise der Condottieren passte. Während des mailändisch-venezianischen Krieges von 1451 und 1452, zwischen Francesco Sforza und Jacopo Piccinino, folgte dem Hauptquartier des letztern der Literat Porcellio, mit dem Auftrage des Königs Alfonso von Neapel, eine Relation[27] zu verfassen. Sie ist in einem nicht sehr reinen, aber fliessenden Latein im Geiste des damaligen humanistischen Bombastes geschrieben, im ganzen nach Cäsars Vorbild, mit eingestreuten Reden, Prodigien usw.; und da man seit hundert Jahren ernstlich darob stritt, ob Scipio Africanus major oder Hannibal grösser gewesen[28], muss sich Piccinino bequemen, durch das ganze Werk Scipio zu heissen und Sforza Hannibal. Auch über das mailändische Heer mußte objektiv berichtet werden; der Sophist liess sich bei Sforza melden, wurde die Reihen entlang geführt, lobte alles höchlich und versprach, was er hier gesehen, ebenfalls der Nachwelt zu überliefern[29]. Auch sonst ist die damalige Literatur Italiens reich an Kriegsschilderungen und Aufzeichnungen von Stratagemen zum Gebrauch des beschaulichen Kenners sowohl als der gebildeten Welt überhaupt, wäh-

27. Porcellii commentaria Jac. Picinini, bei Murat. XX. Eine Fortsetzung für den Krieg von 1453 ibid. XXV.

28. Aus Missverstand nennt Porcellio den Scipio «Aemilianus», während er den Africanus major meint.

29. Simonetta, Hist. Fr. Sfortiae, bei Murat. XXI, Col. 630.

rend gleichzeitige nordische Relationen, z. B.: Diebold Schillings Burgunderkrieg, noch ganz die Formlosigkeit und protokollarische Treue von Chroniken an sich haben. Der grösste Dilettant, der je als solcher[30] im Kriegswesen aufgetreten ist, Macchiavelli, schrieb damals seine „arte della guerra". Die subjektive Ausbildung des einzelnen Kriegers aber fand ihre vollendetste Aeusserung in jenen feierlichen Kämpfen von einem oder mehreren Paaren, dergleichen schon lange vor dem berühmten Kampfe bei Barletta (1503) Sitte gewesen ist[31]. Der Sieger war dabei einer Verherrlichung gewiss, die ihm im Norden fehlte: durch Dichter und Humanisten. Es liegt im Ausgang dieser Kämpfe kein Gottesurteil mehr, sondern ein Sieg der Persönlichkeit und – für die Zuschauer – der Entscheid einer spannenden Wette nebst einer Genugtuung für die Ehre des Heeres oder der Nation.

Es versteht sich, dass diese ganze rationelle Behandlung der Kriegssachen unter gewissen Umständen den ärgsten Greueln Platz machte, selbst ohne Mitwirkung des politischen Hasses, bloss etwa einer versprochenen Plünderung zuliebe. Nach der vierzigtägigen Verheerung Piacenzas (1447), welche Sforza seinen Soldaten hatte gestatten müssen, stand die Stadt geraume Zeit leer und musste mit Gewalt wieder bevölkert werden[32]. Doch will dergleichen wenig sagen im Ver-

30. Als solcher wird er dann doch behandelt. Vgl. Bandello, Parte I, Nov. 40.

31. Vgl. z. B.: De obsidione Tiphernatium, im zweiten Band der rer. italicar. scriptores ex codd. florent., Col. 690. Ein sehr bezeichnendes Ereignis vom Jahr 1474. – Der Zweikampf des Marschalls Boucicault mit Galeazzo Gonzaga 1406 bei Cagnola, Arch. stor. III, p. 25. – Wie Sixtus IV. die Duelle seiner Gardisten ehrte, erzählt Infessura. Seine Nachfolger erliessen Bullen gegen das Duell überhaupt. Sept. Decretal. V. Tit. 17.

32. Das Nähere Arch. stor. Append. Tom. V, und ein Brief bei Baluz. Miscell. III, p. 158, mit Einzelheiten, welche das Heer Sforzas als eine der schrecklichsten Söldnerrotten der Welt erkennen lassen.

gleich mit dem Jammer, den nachher die Truppen der Fremden über Italien brachten; besonders jene Spanier, in welchen vielleicht ein nicht abendländischer Zusatz des Geblütes, vielleicht die Gewöhnung an die Schauspiele der Inquisition die teuflische Seite der Natur entfesselt hatte. Wer sie kennenlernt bei ihren Greueltaten von Prato, Rom usw., hat es später schwer, sich für Ferdinand den Katholischen und Karl V. im höhern Sinne zu interessieren. Diese haben ihre Horden gekannt und dennoch losgelassen. Die Last von Akten aus ihrem Kabinett, welche allmählich zum Vorschein kommt, mag eine Quelle der wichtigsten Notizen bleiben – einen belebenden politischen Gedanken wird niemand mehr in den Skripturen solcher Fürsten suchen.

Papsttum und Kirchenstaat[1], als eine ganz ausnahmsweise Schöpfung, haben uns bisher, bei der Feststellung des Charakters italienischer Staaten überhaupt, nur beiläufig beschäftigt. Gerade das, was sonst diese Staaten interessant macht, die bewusste Steigerung und Konzentration der Machtmittel, findet sich im Kirchenstaat am wenigsten, indem hier die geistliche Macht die mangelhafte Ausbildung der weltlichen unaufhörlich decken und ersetzen hilft. Welche Feuerproben hat der so konstituierte Staat im 14. und beginnenden 15. Jahrhundert ausgehalten! Als das Papsttum nach Südfrankreich gefangengeführt wurde, ging anfangs alles aus den Fugen, aber Avignon hatte Geld, Truppen und einen grossen Staats- und Kriegsmann, der den Kirchenstaat wieder völlig unterwarf, den Spanier Albornoz. Noch viel grösser war die Ge-

1. Ein für allemal ist hier auf Rankes Päpste, Bd. I, und auf Sugenheim, Geschichte der Entstehung und Ausbildung des Kirchenstaates, zu verweisen.

fahr einer definitiven Auflösung, als das Schisma hinzutrat, als allmählich weder der römische noch der avignonesische Papst reich genug war, um den von neuem verlorenen Staat zu unterwerfen, aber nach der Herstellung der Kircheneinheit gelang dies unter Martin V. doch wieder, und gelang abermals, nachdem sich die Gefahr unter Eugen IV. erneuert hatte. Allein der Kirchenstaat war und blieb einstweilen eine völlige Anomalie unter den Ländern Italiens; in und um Rom trotzten dem Papsttum die grossen Adelsfamilien der Colonna, Savelli, Orsini, Anguillara usw.; in Umbrien, in der Mark, in der Romagna gab es zwar jetzt fast keine jener Stadtrepubliken mehr, welchen einst das Papsttum für ihre Anhänglichkeit so wenig Dank gewusst hatte, aber dafür eine Menge grosser und kleiner Fürstenhäuser, deren Gehorsam und Vasallentreue nicht viel besagen wollte. Als besondere, aus eigener Kraft bestehende Dynastien haben sie auch ihr besonderes Interesse, und in dieser Beziehung ist oben (S. 54, 70) bereits von den wichtigsten derselben die Rede gewesen.

Gleichwohl sind wir auch dem Kirchenstaat als Ganzem hier eine kurze Betrachtung schuldig. Neue merkwürdige Krisen und Gefahren kommen seit der Mitte des 15. Jahrhunderts über ihn, indem der Geist der italienischen Politik von verschiedenen Seiten her sich auch seiner zu bemächtigen, ihn in die Pfade seiner Raison zu leiten sucht. Die geringern dieser Gefahren kommen von aussen oder aus dem Volke, die grössern haben ihre Quelle in dem Gemüt der Päpste selbst.

Das transalpinische Ausland darf zunächst ausser Betracht bleiben. Wenn dem Papsttum in Italien eine tödliche Bedrohung zustiess, so hätte ihm weder Frankreich unter Ludwig XI., noch England beim Beginn der Rosenkriege, noch das einstweilen gänzlich zerrüttete Spanien, noch auch das um sein Basler Konzil betrogene Deutschland die geringste Hülfe gewährt oder auch nur gewähren können. In Italien selber gab es eine gewisse Anzahl gebildeter und auch wohl Ungebildeter, welche eine Art von Nationalstolz dareinsetzten, dass das Papsttum dem Lande gehöre; sehr viele hatten ein bestimmtes Interesse dabei, dass es so sei und bleibe; eine gewaltige Menge glaubte auch noch an die Kraft der päpstlichen Weihen und Segnungen[2], darunter auch grosse Frevler, wie jener Vitellozzo Vitelli, der noch um den Ablass Alexanders VI. flehte, als ihn der Sohn des Papstes erwürgen liess[3]. Allein alle diese Sympathien zusammen hätten wiederum das Papsttum nicht gerettet gegenüber von wahrhaft entschlossenen Gegnern, die den vorhandenen Hass und Neid zu benützen gewusst hätten.

Und bei so geringer Aussicht auf äussere Hülfe entwickeln sich gerade die allergrössten Gefahren im Innern des Papsttums selber. Schon indem dasselbe jetzt wesentlich im Geist eines weltlichen italienischen Fürstentums lebte und handelte, musste es auch die düstern Momente eines solchen kennenlernen; seine eigentüm-

2. Der Eindruck der Benediktionen Eugens IV. in Florenz, Vespasiano Fiorent. p. 18. – Die Majestät der Funktionen Nicolaus V., s. Infessura (Eccard, II, Col. 1883, seq.) und J. Manetti, Vita Nicolai V. (Murat. III, II, Col. 923). – Die Huldigungen an Pius II., s. Diario Ferrarese (Murat. XXIV., Col. 205) und Pii II. Comment. passim, bes. IV, 201, 204. XI, 562. Auch Mörder vom Fach wagen sich nicht an den Papst. – Die grossen Funktionen wurden als etwas sehr Wesentliches behandelt von dem pomphaften Paul II. (Platina l. c. 321) und von Sixtus IV., welcher die Ostermesse trotz des Podagras sitzend hielt (Jac. Volaterran. diarium, Murat. XXIII., Col. 131). Merkwürdig unterscheidet das Volk zwischen der magischen Kraft des Segens und der Unwürdigkeit des Segnenden; als er 1481 die Himmelfahrtsbenediktion nicht geben konnte, murrten und fluchten sie über ihn (Ibid. Col. 133).

3. Macchiavelli, Scritti minori, p. 142, in dem bekannten Aufsatz über die Katastrophe von Sinigaglia. – Freilich waren Spanier und Franzosen noch eifriger als italienische Soldaten. Vgl. bei Paul. Jov. vita Leonis X. (L. II.) die Szene vor der Schlacht bei Ravenna, wo das spanische Heer den vor Freude weinenden Legaten wegen der Absolution umdrängt. Ferner (ibid.) die Franzosen in Mailand.

liche Natur aber brachte noch ganz besondere Schatten hinein.

Was zunächst die Stadt Rom betrifft, so hat man von jeher dergleichen getan, als ob man ihre Aufwallungen wenig fürchte, da so mancher durch Volkstumult vertriebene Papst wieder zurückgekehrt sei und die Römer um ihres eigenen Interesses willen die Gegenwart der Kurie wünschen müssten. Allein Rom entwickelte nicht nur zuzeiten einen spezifisch antipäpstlichen Radikalismus[4], sondern es zeigte sich auch mitten in den bedenklichsten Komplotten die Wirkung unsichtbarer Hände von aussen. So bei der Verschwörung des Stefano Porcari gegen denjenigen Papst, welcher gerade der Stadt Rom die grössten Vorteile gegewährt hatte, Nicolaus V. (1453). Porcari bezweckte einen Umsturz der päpstlichen Herrschaft überhaupt und hatte dabei grosse Mitwisser, die zwar nicht genannt werden[5], sicher aber unter den italienischen Regierungen zu suchen sind. Unter demselben Pontifikat schloss Lorenzo Valla seine berühmte Deklamation gegen die Schenkung Constantins mit einem Wunsch um baldige Säkularisation des Kirchenstaates[6].

Auch die catilinarische Rotte, mit welcher Pius II.

4. Bei jenen Ketzern aus der Campagna, von Poli, welche glaubten, ein rechter Papst müsste die Armut Christi zum Kennzeichen haben, darf man dagegen ein einfaches Waldensertum vermuten. Wie sie unter Paul II. verhaftet wurden, erzählen Infessura (Eccard II, Col. 1893), Platina, p. 317, etc.

5. L. B. Alberti: de Porcaria conjuratione bei Murat. XXV, Col. 309 seqq. – P. wollte: omnem pontificiam turbam funditus exstinguere. Der Autor schliesst: Video sane, quo stent loco res Italiae; intelligo, qui sint, quibus hic perturbata esse omnia conducat .. Er nennt sie: extrinsecos impulsores und meint, Porcari werde noch Nachfolger seiner Missetat finden. P.s eigene Phantasien glichen freilich denjenigen des Cola Rienzi.

6. Ut Papa tantum vicarius Christi sit et non etiam Caesaris ... Tunc Papa et dicetur et erit pater sanctus, pater omnium, pater ecclesiae, etc.

(1459) kämpfen musste[7], verhehlte es nicht, dass ihr Ziel der Sturz der Priesterherrschaft im allgemeinen sei, und der Hauptanführer Tiburzio gab Wahrsagern die Schuld, welche ihm die Erfüllung dieses Wunsches eben auf dieses Jahr verheissen hätten. Mehrere römische Grosse, der Fürst von Tarent und der Condottiere Jacopo Piccinino, waren die Mitwisser und Beförderer. Und wenn man bedenkt, welche Beute in den Palästen reicher Prälaten bereitlag (jene hatten besonders den Kardinal von Aquileja im Auge), so fällt es eher auf, dass in der fast ganz unbewachten Stadt solche Versuche nicht häufiger und erfolgreicher waren. Nicht umsonst residierte Pius lieber überall als in Rom, und noch Paul II. hat (1468) einen heftigen Schrecken wegen eines wirklichen oder vorgegebenen Komplottes ähnlicher Art ausgestanden[8]. Das Papsttum musste entweder einmal einem solchen Anfall unterliegen oder gewaltsam die Faktionen der Grossen bändigen, unter deren Schutz jene Räuberscharen heranwuchsen.

Diese Aufgabe setzte sich der schreckliche Sixtus IV. Er zuerst hatte Rom und die Umgebung fast völlig in der Gewalt, zumal seit der Verfolgung der Colonnesen, und deshalb konnte er auch in Sachen des Pontifikates sowohl als der italienischen Politik mit so kühnem Trotz verfahren und die Klagen und Konzilsdrohungen des ganzen Abendlandes überhören. Die nötigen Geldmittel lieferte eine plötzlich ins Schrankenlose wachsende Simonie, welche von den Kardinalsernennungen bis auf die kleinsten Gnaden und Bewilligungen herunter sich alles unterwarf[9]. Sixtus selbst hatte

7. Pii II. Commentarii IV, p. 208, seqq.

8. Platina, Vitae Papar., p. 318.

9. Battista Mantovano, de calamitatibus temporum, L. III. Der Araber verkauft Weihrauch, der Tyrier Purpur, der Inder Elfenbein: venalia nobis templa, sacerdotes, altaria, sacra, coronae, ignes, thura, preces, coelum est venale, Deusque.

die päpstliche Würde nicht ohne Bestechung erhalten.

Eine so allgemeine Käuflichkeit konnte einst dem römischen Stuhl üble Schicksale zuziehen, doch lagen dieselben in unberechenbarer Ferne. Anders war es mit dem Nepotismus, welcher das Pontifikat selber einen Augenblick aus den Angeln zu heben drohte. Von allen Nepoten genoss anfangs Kardinal Pietro Riario bei Sixtus die grösste und fast ausschliessliche Gunst; ein Mensch, welcher binnen kurzem die Phantasie von ganz Italien beschäftigte[10], teils durch ungeheuern Luxus, teils durch die Gerüchte, welche über seine Gottlosigkeit und seine politischen Pläne laut wurden. Er hat sich (1473) mit Herzog Galeazzo Maria von Mailand dahin verständigt, dass dieser König der Lombardie werden und ihn, den Nepoten, dann mit Geld und Truppen unterstützen solle, damit er bei seiner Heimkehr nach Rom den päpstlichen Stuhl besteigen könne; Sixtus würde ihm denselben, scheint es, freiwillig abgetreten haben[11]. Dieser Plan, welcher wohl auf eine Säkularisation des Kirchenstaates als Folge der Erblichmachung des Stuhles hinausgelaufen wäre, scheiterte dann durch Pietros plötzliches Absterben. Der zweite Nepot, Girolamo Riario, blieb weltlichen Standes und tastete das Pontifikat nicht an; seit ihm aber vermehren die päpstlichen Nepoten die Unruhe Italiens durch das Streben nach einem grossen Fürstentum. Früher war es etwa vorgekommen, dass die Päpste ihre Oberlehnsherrlichkeit über Neapel zugunsten ihrer

10. Man sehe z. B. die Annales Placentini, bei Murat. XX, Col. 943.

11. Corio, Storia di Milano, fol. 416 bis 420. Pietro hatte schon die Papstwahl des Sixtus leiten helfen, s. Infessura, bei Eccard, scriptores, II, Col. 1895. – Merkwürdig, dass schon 1469 geweissagt worden war, es werde binnen dreier Jahre aus Savona (Heimat des 1471 gewählten Sixtus) das Heil hervorgehen; s. den datierten Brief bei Baluz. Miscell. III, p. 181. – Laut Macchiav. storie fior. L. VII. hätten die Venezianer den Kardinal vergiftet. Gründe dazu fehlten ihnen in der Tat nicht.

Verwandten geltend machen wollten[12]; seitdem dies aber auch noch Calixt III. misslungen, war hieran nicht mehr so leicht zu denken, und Girolamo Riario musste, nachdem die Ueberwältigung von Florenz (und wer weiss wie mancher andere Plan) misslungen war, sich mit Gründung einer Herrschaft auf Grund und Boden des Kirchenstaates selber begnügen. Man mochte dies damit rechtfertigen, dass die Romagna mit ihren Fürsten und Stadttyrannen der päpstlichen Oberherrschaft völlig zu entwachsen drohte, oder dass sie in kurzem die Beute der Sforza und der Venezianer werden konnte, wenn Rom nicht auf diese Weise eingriff. Allein wer garantierte in jenen Zeiten und Verhältnissen den dauernden Gehorsam solcher souverän gewordener Nepoten und ihrer Nachkommen gegen Päpste, die sie weiter nichts mehr angingen? Selbst der noch lebende Papst war nicht immer seines eigenen Sohnes oder Neffen sicher, und vollends lag die Versuchung nahe, den Nepoten eines Vorgängers durch den eigenen zu verdrängen. Die Rückwirkungen dieses ganzen Verhältnisses auf das Papsttum selbst waren von der bedenklichsten Art; alle, auch die geistlichen Zwangsmittel wurden ohne irgendwelche Scheu an den zweideutigsten Zweck gewandt, welchem sich die andern Zwecke des Stuhles Petri unterordnen mussten, und wenn das Ziel unter heftigen Erschütterungen und allgemeinem Hass erreicht war, so hatte man eine Dynastie geschaffen, welche das grösste Interesse am Untergang des Papsttums hatte.

Als Sixtus starb, konnte sich Girolamo nur mit äusserster Mühe und nur durch den Schutz des Hauses Sforza (dem seine Gemahlin angehörte) in seinem erschwindelten Fürstentum (Forlì und Imola) halten. Bei dem nun (1484) folgenden Konklave – in welchem

12. Schon Honorius II. wollte nach dem Tode Wilhelms I. 1127 Apulien einziehen, als «dem heiligen Petrus heimgefallen».

Innocenz VIII. gewählt wurde – trat eine Erscheinung zutage, welche beinahe einer neuen äussern Garantie des Papsttums ähnlich sieht: zwei Kardinäle, welche Prinzen regierender Häuser sind, lassen sich ihre Hülfe auf das schamloseste durch Geld und Würden abkaufen, nämlich Giovanni d'Aragona, Sohn des Königs Ferrante, und Ascanio Sforza, Bruder des Moro[13]. So waren wenigstens die Herrscherhäuser von Neapel und Mailand durch Teilnahme an der Beute beim Fortbestand des päpstlichen Wesens interessiert. Noch einmal beim folgenden Konklave, als alle Kardinäle bis auf fünf sich verkauften, nahm Ascanio ungeheure Bestechungen an und behielt sich ausserdem die Hoffnung[14] vor, das nächstemal selber Papst zu werden.

Auch Lorenzo magnifico wünschte, dass das Haus Medici nicht leer ausgehe. Er vermählte seine Tochter Maddalena mit dem Sohn des neuen Papstes, Franceschetto Cybò, und erwartete nun nicht bloss allerlei geistliche Gunst für seinen eigenen Sohn Kardinal Giovanni (den künftigen Leo X.), sondern auch eine rasche Erhebung des Schwiegersohns[15]. Allein in letzterm Betracht verlangte er Unmögliches. Bei Innocenz VIII. konnte von dem kecken, staatengründenden Nepotismus deshalb nicht die Rede sein, weil Franceschetto ein ganz kümmerlicher Mensch war, dem es, wie seinem Vater, dem Papste, nur um den Genuss der Macht im niedrigsten Sinne, namentlich um den Erwerb grosser Geldmassen[16] zu tun sein konnte. Die Art jedoch,

13. Fabroni: Laurentius mag., Adnot. 130. Ein Kundschafter meldet von diesen beiden: hanno in ogni elezione a mettere a sacco questa corte, e sono i maggior ribaldi del mondo.

14. Corio, fol. 450.

15. Ein höchst bezeichnender Mahnbrief Lorenzos bei Fabroni, Laurentius magn. Adnot. 217 und im Auszug bei Ranke, Päpste, I, p. 45.

16. Und etwa noch neapolitanischer Lehen, weshalb denn auch Innocenz die Anjou von neuem gegen den in solchem Betracht harthörigen König Ferrante aufrief. Das Betragen des Papstes bei dieser Sache, seine

wie Vater und Sohn dies Geschäft trieben, hätte auf die Länge zu einer höchst gefährlichen Katastrophe, zur Auflösung des Staates, führen müssen.

Hatte Sixtus das Geld beschafft durch den Verkauf aller geistlichen Gnaden und Würden, so errichten Innocenz und sein Sohn eine Bank der weltlichen Gnaden, wo gegen Erlegung von hohen Taxen Pardon für Mord und Totschlag zu haben ist; von jeder Busse kommen 150 Dukaten an die päpstliche Kammer, und was darüber geht, an Franceschetto. Rom wimmelt namentlich in den letzten Zeiten dieses Pontifikates von protegierten und nicht protegierten Mördern; die Faktionen, mit deren Unterwerfung Sixtus den Anfang gemacht, stehen wieder in voller Blüte da; dem Papst in seinem wohlverwahrten Vatikan genügt es, da und dort Fallen aufzustellen, in welchen sich zahlungsfähige Verbrecher fangen sollen. Für Franceschetto aber gab es nur noch eine Hauptfrage: auf welche Art er sich, wenn der Papst stürbe, mit möglichst grossen Kassen aus dem Staube machen könne? Er verriet sich einmal bei Anlass einer falschen Todesnachricht (1490); alles überhaupt vorhandene Geld – den Schatz der Kirche – wollte er fortschaffen, und als die Umgebung ihn daran hinderte, sollte wenigstens der Türkenprinz Dschem mitgehen, ein lebendiges Kapital, das man um hohen Preis etwa an Ferrante von Neapel verhandeln konnte[17]. Es ist schwer, politische Möglichkeiten in längst vergangenen Zeiten zu berechnen; unabweisbar aber drängt sich die Frage auf, ob Rom noch zwei oder drei Pontifikate dieser Art ausgehalten hätte? Auch gegenüber dem andächtigen Europa war es unklug, die Dinge so weit kommen zu lassen, dass

ganze Teilnahme am zweiten neapolitanischen Baronenaufstand war ebenso ungeschickt als unredlich. Seine rohe Art, mit dem Ausland zu drohen, vgl. oben S. 122.

17. Vgl. bes. Infessura, bei Eccard, scriptores, II, passim.

nicht bloss der Reisende und der Pilger, sondern eine ganze Ambassade des römischen Königs Maximilian in der Nähe von Rom bis aufs Hemde ausgezogen wurde und dass manche Gesandte unterwegs umkehrten, ohne die Stadt betreten zu haben.

Mit *dem* Begriff vom Genuss der Macht, welcher in dem hochbegabten Alexander VI. (1492–1503) lebendig war, vertrug sich ein solcher Zustand freilich nicht, und das erste, was geschah, war die einstweilige Herstellung der öffentlichen Sicherheit und das präzise Auszahlen aller Besoldungen.

Strenge genommen, dürfte dieses Pontifikat hier, wo es sich um italienische Kulturformen handelt, übergangen werden, denn die Borgia sind so wenig Italiener als das Haus von Neapel. Alexander spricht mit Cesare öffentlich spanisch, Lucrezia wird bei ihrem Empfang in Ferrara, wo sie spanische Toilette trägt, von spanischen Buffonen angesungen; die vertrauteste Hausdienerschaft besteht aus Spaniern, ebenso die verrufenste Kriegerschar des Cesare im Krieg des Jahres 1500, und selbst sein Henker, Don Micheletto, sowie der Giftmischer Sebastian Pinzon scheinen Spanier gewesen zu sein. Zwischen all seinem sonstigen Treiben erlegt Cesare auch einmal spanisch kunstgerecht sechs wilde Stiere in geschlossenem Hofraum. Allein die Korruption, als deren Spitze diese Familie erscheint, hatten sie in Rom schon sehr entwickelt angetroffen.

Was sie gewesen sind und was sie getan haben, ist oft und viel geschildert worden. Ihr nächstes Ziel, welches sie auch erreichten, war die völlige Unterwerfung des Kirchenstaates, indem die sämtlichen[18] kleinen Herrscher – meist mehr oder weniger unbotmässige Vasallen der Kirche – vertrieben oder zernichtet und

18. Mit Ausnahme der Bentivoglî von Bologna und des Hauses Este zu Ferrara. Letzteres wurde zur Verschwägerung genötigt; Lucrezia Borgia heiratete den Prinzen Alfonso.

in Rom selbst beide grosse Faktionen zu Boden geschmettert wurden, die angeblich guelfischen Orsinen so gut wie die angeblich ghibellinischen Colonnesen. Aber die Mittel, welche angewandt wurden, waren so schrecklich, dass das Papsttum an den Konsequenzen derselben notwendig hätte zugrunde gehen müssen, wenn nicht ein Zwischenereignis (die gleichzeitige Vergiftung von Vater und Sohn) die ganze Lage der Dinge plötzlich geändert hätte. – Auf die moralische Entrüstung des Abendlandes allerdings brauchte Alexander nicht viel zu achten; in der Nähe erzwang er Schrecken und Huldigung; die ausländischen Fürsten liessen sich gewinnen, und Ludwig XII. half ihm sogar aus allen Kräften, die Bevölkerungen aber ahnten kaum, was in Mittelitalien vorging. Der einzige in diesem Sinne wahrhaft gefährliche Moment, als Karl VIII. in der Nähe war, ging unerwartet glücklich vorüber, und auch damals handelte es sich nicht um das Papsttum als solches[19], sondern höchstens um Verdrängung Alexanders durch einen bessern Papst. Die grosse, bleibende und wachsende Gefahr für das Pontifikat lag in Alexander selbst und vor allem in seinem Sohne Cesare Borgia.

In dem Vater waren Herrschbegier, Habsucht und Wollust mit einem starken und glänzenden Naturell

19. Laut Corio (Fol. 479) dachte Karl an ein Konzil, an die Absetzung des Papstes, ja an seine Wegführung nach Frankreich, und zwar erst bei der Rückkehr von Neapel. Laut Benedictus: Carolus VIII. (bei Eccard, scriptores, II, Col. 1584) hätte Karl in Neapel, als ihm Papst *und* Kardinäle die Anerkennung seiner neuen Krone verweigerten, sich allerdings Gedanken gemacht de Italiae imperio deque pontificis *statu* mutando, allein gleich darauf gedachte er sich wieder mit Alexanders persönlicher Demütigung zu begnügen. Der Papst entwischte ihm jedoch. – Das Nähere seither bei Pilorgerie, Campagne et bulletins de la grande armée d'Italie 1494–1495 (Paris, 1866, in 8.), wo der Grad der Gefahr Alexanders in den einzelnen Momenten (p. 111, 117 etc.) erörtert wird. Selbst auf dem Rückweg (p. 281, s.) wollte Karl ihm nichts zuleide tun.

verbunden. Was irgend zum Genuss von Macht und Wohlleben gehört, das gönnte er sich vom ersten Tage an im weitesten Umfang. In den Mitteln zu diesem Zwecke erscheint er sogleich völlig unbedenklich; man wusste auf der Stelle, dass er die für seine Papstwahl aufgewandten Opfer mehr als nur wieder einbringen würde[20], und dass die Simonie des Kaufes durch die des Verkaufes weit würde überboten werden. Es kam hinzu, dass Alexander von seinem Vize-Kanzellariat und andern frühern Aemtern her die möglichen Geldquellen besser kannte und mit grösserm Geschäftstalent zu handhaben wusste als irgendein Kuriale. Schon im Lauf des Jahres 1494 geschah es, dass ein Karmeliter Adamo von Genua, der zu Rom von der Simonie gepredigt hatte, mit zwanzig Wunden ermordet in seinem Bette gefunden wurde. Alexander hat kaum einen Kardinal ausser gegen Erlegung hoher Summen ernannt.

Als aber der Papst mit der Zeit unter die Herrschaft seines Sohnes geriet, nahmen die Mittel der Gewalt jenen völlig satanischen Charakter an, der notwendig auf die Zwecke zurückwirkt. Was im Kampf gegen die römischen Grossen und gegen die romagnolischen Dynasten geschah, überstieg im Gebiet der Treulosigkeit und Grausamkeit sogar dasjenige Mass, an welches z. B. die Aragonesen von Neapel die Welt bereits gewöhnt hatten, und auch das Talent der Täuschung war grösser. Vollends grauenhaft ist die Art und Weise, wie Cesare den Vater isoliert, indem er den Bruder, den Schwager und andere Verwandte und

20. Corio, fol. 450. – Malipiero, Ann. Veneti, Arch. stor. VII, I, p. 318. – Welche Raubsucht die ganze Familie ergriffen haben muss, sieht man u. a. aus Malipiero, a. a. O. p. 565. Ein Nepot wird als päpstlicher Legat in Venedig herrlich empfangen und macht durch Erteilung von Dispensen ungeheures Geld; seine Dienerschaft stiehlt beim Abziehen alles, dessen sie habhaft werden kann, auch ein Stück Goldstoff vom Hauptaltar einer Kirche in Murano.

Höflinge ermordet, sobald ihm deren Gunst beim Papst oder ihre sonstige Stellung unbequem wird. Alexander musste zu der Ermordung seines geliebtesten Sohnes, des Duca di Gandia, seine Einwilligung geben[21], weil er selber stündlich vor Cesare zitterte.

Welches waren nun die tiefsten Pläne des letztern? Noch in den letzten Monaten seiner Herrschaft, als er eben die Condottieren zu Sinigaglia umgebracht hatte und faktisch Herr des Kirchenstaates war (1503), äusserte man sich in seiner Nähe leidlich bescheiden: der Herzog wolle bloss Faktionen und Tyrannen unterdrücken, alles nur zum Nutzen der Kirche; für sich bedinge er sich höchstens die Romagna aus, und dabei könne er des Dankgefühles aller folgenden Päpste sicher sein, da er ihnen Orsinen und Colonnesen vom Halse geschafft[22]. Aber niemand wird dies als seinen letzten Gedanken gelten lassen. Schon etwas weiter ging einmal Papst Alexander selbst mit der Sprache heraus, in der Unterhaltung mit dem venezianischen Gesandten, indem er seinen Sohn der Protektion von Venedig empfahl: „Ich will dafür sorgen", sagte er, „dass einst das Papsttum entweder an ihn oder an Eure Republik fällt[23]." Cesare freilich fügte bei: es

21. Dies bei Panvinio (Contin. Platinae. p. 339): insidiis Caesaris fratris interfectus . . . connivente . . . ad scelus patre. Gewiss eine authentische Aussage, gegen welche die Darstellungen bei Malipiero und Matarazzo (wo dem Giovanni Sforza die Schuld gegeben wird) zurückstehen müssen. – Auch die tiefe Erschütterung Alexanders deutet auf Mitschuld. Vom Auffischen der Leiche in der Tiber sagte Sannazaro:

Piscatorem hominum ne te non, Sexte, putemus,
Piscaris natum retibus, ecce, tuum.

22. Macchiavelli, Opere, ed. Milan. Vol. V, p. 387, 393, 395, in der Legazione al Duca Valentino.

23. Tommaso Gar, Relazione della corte di Roma, I, p. 12, in der Rel. des P. Capello. Wörtlich: «Der Papst achtet Venedig wie keinen Potentaten der Welt, e però desidera, che ella (Signoria di Venezia) protegga il figluolo, e dice voler fare tale ordine, che il papato o sia suo, ovvero della Signoria nostra.» Das suo kann sich doch wohl nur auf Cesare beziehen. Was das Pron. possessivum freilich bisweilen für

Pollaiuolo: Sixtus IV.

Raffael: Julius II. (Fresko, Ausschnitt)

solle nur Papst werden, wen Venedig wolle, und zu diesem Endzweck brauchten nur die venezianischen Kardinäle recht zusammenzuhalten. Ob er damit sich selbst gemeint, mag dahingestellt bleiben; jedenfalls genügt die Aussage des Vaters, um seine Absicht auf die Besteigung des päpstlichen Thrones zu beweisen. Wiederum etwas mehr erfahren wir mittelbar von Lucrezia Borgia, insofern gewisse Stellen in den Gedichten des Ercole Strozza der Nachklang von Aeusserungen sein dürften, die sie als Herzogin von Ferrara sich wohl erlauben konnte. Zunächst ist auch hier von Cesares Aussicht auf das Papsttum die Rede[24], allein dazwischen tönt etwas von einer gehofften Herrschaft über Italien im allgemeinen[25], und am Ende wird angedeutet, dass Cesare gerade als weltlicher Herrscher das Grösste vorgehabt und deshalb einst den Kardinalshut niedergelegt habe[26]. In der Tat kann kein Zweifel darüber walten, dass Cesare, nach Alexanders Tode zum Papst gewählt oder nicht, den Kirchenstaat um jeden Preis zu behaupten gedachte und dass er dies, nach allem, was er verübt hatte, als Papst unmöglich auf die Länge vermocht hätte. Wenn irgendeiner, so hätte er den Kirchenstaat säkularisiert[27] und hätte es tun müssen, um dort weiter zu herrschen.

Unsicherheit stiftet, weiss man aus dem heute noch nicht gestillten Streit über die Worte Vasaris, Vita di Rafaelle: a Bindo Altoviti fece il ritratto suo etc. etc.

24. Strozzii poetae, p. 19, in der Venatio des Ercole Strozza: . . . cui triplicem fata invidere coronam. Dann in dem Trauergedicht auf Cesares Tod, p. 31, seq.: spераretque olim solii decora alta paterni.

25. Ebenda: Jupiter habe einst versprochen: Affore Alexandri sobolem, quae poneret olim Italiae leges, atque aurea saecla referret etc.

26. Ebenda: sacrumque decus *maiora* parantem deposuisse.

27. Er war bekanntlich mit einer französischen Prinzessin aus dem Hause Albret vermählt und hatte eine Tochter von ihr; auf irgendeine Weise hätte er wohl eine Dynastie zu gründen versucht. Es ist nicht bekannt, dass er Anstalten gemacht, den Kardinalshut wieder anzunehmen, obschon er (laut Macchiav. a. a. O. S. 285) auf einen baldigen Tod seines Vaters rechnen musste.

Trügt uns nicht alles, so ist dies der wesentliche Grund der geheimen Sympathie, womit Macchiavell den grossen Verbrecher behandelt; von Cesare oder von niemand durfte er hoffen, dass er „das Eisen aus der Wunde ziehe", d. h. das Papsttum, die Quelle aller Interventionen und aller Zersplitterung Italiens, zernichte. – Die Intriganten, welche Cesare zu erraten glaubten, wenn sie ihm das Königtum von Toscana spiegelten, wies er, wie es scheint, mit Verachtung von sich[28].

Doch alle logischen Schlüsse aus seinen Prämissen sind vielleicht eitel – nicht wegen einer sonderlichen dämonischen Genialität, die ihm so wenig innewohnte als z. B. dem Herzog von Friedland – sondern weil die Mittel, die er anwandte, überhaupt mit keiner völlig konsequenten Handlungsweise im grossen verträglich sind. Vielleicht hätte in dem Uebermass von Bosheit sich wieder eine Aussicht der Rettung für das Papsttum aufgetan, auch ohne jenen Zufall, der seiner Herrschaft ein Ende machte.

Wenn man auch annimmt, dass die Zernichtung aller Zwischenherrscher im Kirchenstaate dem Cesare nichts als Sympathie eingetragen hätte, wenn man auch die Schar, die 1503 seinem Glücke folgte – die besten Soldaten und Offiziere Italiens mit Lionardo da Vinci als Oberingenieur – als Beweis seiner grossen Aussichten gelten lässt, so gehört doch anderes wieder ins Gebiet des Irrationellen, so dass unser Urteil darob irre wird wie das der Zeitgenossen. Von dieser Art ist besonders die Verheerung und Misshandlung des eben gewonnenen Staates[29], den Cesare doch zu behalten

28. Macchiavelli, a. a. O. S. 334. Pläne auf Siena und eventuell auf ganz Toscana waren vorhanden, aber noch nicht ganz gereift; die Zustimmung Frankreichs war dazu notwendig.

29. Macchiavelli, a. a. O. S. 326, 351, 414. – Matarazzo, Cronaca di Perugia, Arch. stor. XVI, II, p. 157 und 221: «Er wollte, dass seine

und zu beherrschen gedenkt. Sodann der Zustand Roms und der Kurie in den letzten Jahren des Pontifikates. Sei es, dass Vater und Sohn eine förmliche Proskriptionsliste entworfen hatten[30], sei es, dass die Mordbeschlüsse einzeln gefasst wurden – die Borgia legten sich auf heimliche Zernichtung aller derer, welche ihnen irgendwie im Wege waren oder deren Erbschaft ihnen begehrenswert schien. Kapitalien und fahrende Habe waren noch das wenigste dabei; viel einträglicher für den Papst war es, dass die Leibrenten der betreffenden geistlichen Herren erloschen und dass er die Einkünfte ihrer Aemter während der Vakanz und den Kaufpreis derselben bei neuer Besetzung einzog. Der venezianische Gesandte Paolo Capello[31] meldete im Jahr 1500 wie folgt: „Jede Nacht findet man zu Rom 4 oder 5 Ermordete, nämlich Bischöfe, Prälaten und andere, so dass ganz Rom davor zittert, von dem Herzog (Cesare) ermordet zu werden." Er selber zog des Nachts mit seinen Garden in der erschrockenen Stadt herum[32], und es ist aller Grund vorhanden, zu glauben, dass dies nicht bloss geschah, weil er, wie Tiberius, sein scheusslich gewordenes Antlitz bei Tage nicht mehr zeigen mochte, sondern um seiner tollen Mordlust ein Genüge zu tun, vielleicht auch an ganz Unbekannten. Schon im Jahr 1499 war die Desperation hierüber so gross und allgemein, dass das Volk viele päpstliche Gardisten überfiel und umbrachte[33].

Soldaten sich nach Belieben einquartierten, so dass sie in Friedenszeiten noch mehr gewannen als im Kriege.»

30. So Pierio Valeriano, de infelicitate literat., bei Anlass des Giovanni Regio.

31. Tommaso Gar, a. a. O. S. 11.

32. Paulus Jovius, Elogia, Caesar Borgia. – In den Commentarii urbani des Raph. Volaterranus enthält Lib. XXII eine unter Julius II. und doch noch sehr behutsam abgefasste Charakteristik Alexanders. Hier heisst es: Roma . . . nobilis jam carnificina facta erat.

33. Diario Ferrarese, bei Murat. XXIV, Col. 362.

10*

Wem aber die Borgia mit offener Gewalt nicht beikamen, der unterlag ihrem Gift. Für diejenigen Fälle, wo einige Diskretion nötig schien, wurde jenes schneeweisse, angenehm schmeckende Pulver[34] gebraucht, welches nicht blitzschnell, sondern allmählich wirkte und sich unbemerkt jedem Gericht oder Getränk beimischen liess. Schon Prinz Dschem hatte davon in einem süssen Trank mit bekommen, bevor ihn Alexander an Karl VIII. auslieferte (1495), und am Ende ihrer Laufbahn vergifteten sich Vater und Sohn damit, indem sie zufällig von dem für einen reichen Kardinal bestimmten Wein genossen. Der offizielle Epitomator der Papstgeschichte, Onufrio Panvinio[35], nennt drei Kardinäle, welche Alexander hat vergiften lassen (Orsini, Ferrerio und Michiel) und deutet einen vierten an, welchen Cesare auf seine Rechnung nahm (Giovanni Borgia); es möchten aber damals selten reichere Prälaten in Rom gestorben sein ohne einen Verdacht dieser Art. Auch stille Gelehrte, die sich in eine Landstadt zurückgezogen, erreichte ja das erbarmungslose Gift. Es fing an, um den Papst herum nicht mehr recht geheuer zu werden; Blitzschläge und Sturmwinde, von welchen Mauern und Gemächer einstürzten, hatten ihn schon früher in auffallender Weise heimgesucht und in Schrecken gesetzt; als 1500[36] sich diese Erscheinungen wiederholten, fand man darin „cosa diabolica“. Das Gerücht von diesem Zustande der Dinge scheint durch das starkbesuchte[37] Jubiläum von 1500 doch endlich

34. Paul. Jovius, Histor. II, fol. 47.

35. Panvinius, Epitome pontificum, p. 359. Der Giftversuch gegen den spätern Julius II., s. p. 363. – Laut Sismondi XIII, 246, starb auch der langjährige Vertraute aller Geheimnisse, Lopez, Kardinal von Capua, auf dieselbe Weise; laut Sanuto (bei Ranke, Päpste, I, S. 52, Anm.) auch der Kardinal von Verona.

36. Prato, Arch. Stor. III, p. 254. – Vgl. Attilius Alexius bei Baluz. Miscell. IV, p. 518, s.

37. Und stark vom Papst ausgebeutete. Vgl. Chron. Venetum, bei Murat. XXIV, Col. 133.

weit unter den Völkern herumgekommen zu sein, und die schmachvolle Ausbeutung des damaligen Ablasses tat ohne Zweifel das übrige, um alle Augen auf Rom zu lenken[38]. Ausser den heimkehrenden Pilgern kamen auch sonderbare weisse Büsser aus Italien nach dem Norden, darunter verkappte Flüchtlinge aus dem Kirchenstaat, welche nicht werden geschwiegen haben. Doch wer kann berechnen, wie lange und hoch das Aergernis des Abendlandes noch hätte steigen müssen, ehe es für Alexander eine unmittelbare Gefahr erzeugte. „Er hätte", sagt Panvinio anderswo[39], „auch die noch übrigen reichen Kardinäle und Prälaten aus der Welt geschafft, um sie zu erben, wenn er nicht, mitten in den grössten Absichten für seinen Sohn, dahingerafft worden wäre." Und was würde Cesare getan haben, wenn er im Augenblick, da sein Vater starb, nicht ebenfalls auf den Tod krank gelegen hätte? Welch ein Konklave wäre das geworden, wenn er sich einstweilen, mit all seinen Mitteln ausgerüstet, durch ein mit Gift zweckmässig reduziertes Kardinalskollegium zum Papst wählen liess, zumal in einem Augenblick, da keine französische Armee in der Nähe gewesen wäre! Die Phantasie verliert sich, sobald sie diese Hypothesen verfolgt, in einen Abgrund.

Statt dessen folgte das Konklave Pius III. und nach dessen baldigem Tode auch dasjenige Julius II. unter dem Eindruck einer allgemeinen Reaktion.

Welches auch die Privatsitten Julius II. sein mochten, in den wesentlichen Beziehungen ist er der Retter des Papsttums. Die Betrachtung des Ganges der Dinge in den Pontifikaten seit seinem Oheim Sixtus hatte ihm einen tiefern Einblick in die wahren Grundlagen und Bedingungen des päpstlichen Ansehens gewährt, und

38. Anshelm, Berner Chronik, III, Seite 146–156. – Trithem. Annales Hirsaug. Tom. II, p. 579, 584, 586.
39. Panvin. Contin. Platinae, p. 341.

danach richtete er nun seine Herrschaft ein und widmete ihr die ganze Kraft und Leidenschaft seiner unerschütterlichen Seele. Zwar nicht ohne bedenkliche Verhandlungen, doch ohne Simonie, unter allgemeinem Beifall stieg er die Stufen des Stuhles Petri hinan, und nun hörte wenigstens der eigentliche Handel mit den höchsten Würden gänzlich auf. Julius hatte Günstlinge und darunter sehr unwürdige, allein des Nepotismus war er durch ein besonderes Glück überhoben: sein Bruder Giovanni della Rovere war der Gemahl der Erbin von Urbino, Schwester des letzten Montefeltro Guidobaldo, und aus dieser Ehe war seit 1491 ein Sohn, Francesco Maria della Rovere vorhanden, welcher zugleich rechtmässiger Nachfolger im Herzogtum Urbino und päpstlicher Nepot war. Was nun Julius sonst irgend erwarb, im Kabinett oder durch seine Feldzüge, das unterwarf er mit hohem Stolz der Kirche und nicht seinem Hause; den Kirchenstaat, welchen er in voller Auflösung angetroffen, hinterliess er völlig gebändigt und durch Parma und Piacenza vergrössert. Es lag nicht an ihm, dass nicht auch Ferrara für die Kirche eingezogen wurde. Die 700 000 Dukaten, welche er beständig in der Engelsburg liegen hatte, sollte der Kastellan einst niemandem als dem künftigen Papst ausliefern. Er erbte die Kardinäle, ja alle Geistlichen, die in Rom starben, und zwar auf rücksichtslose Weise[40], aber er vergiftete und mordete keinen. Dass er selber zu Felde zog, war für ihn unvermeidlich und hat ihm in Italien sicher nur genützt zu einer Zeit, da man entweder Amboss oder Hammer sein musste, und da die Persönlichkeit mehr wirkte als das besterworbene Recht. Wenn er aber trotz all seines hochbetonten: „Fort mit den Barbaren!" gleichwohl am meisten dazu beitrug, daß die Spanier in Italien

40. Daher jene Pracht der bei Lebzeiten gesetzten Prälatengräber; so entzog man den Päpsten wenigstens einen Teil der Beute.

sich recht festsetzten, so konnte dies für das Papsttum gleichgültig, ja vielleicht relativ vorteilhaft erscheinen. Oder war nicht bis jetzt von der Krone Spaniens am ehesten ein dauernder Respekt vor der Kirche zu erwarten[41], während die italienischen Fürsten vielleicht nur noch frevelhafte Gedanken gegen letztere hegten? – Wie dem aber sei, der mächtige originelle Mensch, der keinen Zorn herunterschlucken konnte und kein wirkliches Wohlwollen verbarg, machte im ganzen den für seine Lage höchst wünschbaren Eindruck eines „Pontefice terribile". Er konnte sogar wieder mit relativ gutem Gewissen die Berufung eines Konzils nach Rom wagen, womit dem Konzilsgeschrei der ganzen europäischen Opposition Trotz geboten war. Ein solcher Herrscher bedurfte auch eines grossartigen äussern Symboles seiner Richtung; Julius fand dasselbe im Neubau von St. Peter; die Anlage desselben, wie sie Bramante wollte, ist vielleicht der grösste Ausdruck aller einheitlichen Macht überhaupt. Aber auch in den übrigen Künsten lebt Andenken und Gestalt dieses Papstes im höchsten Sinne fort, und es ist nicht ohne Bedeutung, dass selbst die lateinische Poesie jener Tage für Julius in andere Flammen gerät als für seine Vorgänger. Der Einzug in Bologna, am Ende des „Iter Julii secundi", von Kardinal Adriano da Corneto, hat einen eigenen prachtvollen Ton, und Giovan Antonio Flaminio hat in einer der schönsten Elegien[42] den Patrioten im Papst um Schutz für Italien angerufen.

41. Ob Julius wirklich gehofft hat, Ferdinand der Kath. werde sich von ihm bestimmen lassen, die verdrängte aragonesische Nebenlinie wieder auf den Thron von Neapel zu setzen, bleibt trotz Giovios Aussage (Vita Alfonsi Ducis) sehr zweifelhaft.

42. Beide Gedichte z. B. bei Roscoe, Leone X., ed. Bossi IV, 257 und 297. – Freilich als Julius im August 1511 einmal in mehrstündiger Ohnmacht lag und für tot galt, wagten sogleich die unruhigsten Köpfe aus den vornehmsten Familien – Pompeo Colonna und Antimo Savelli –

Julius hatte durch eine donnernde Konstitution[43] seines lateranensischen Konzils die Simonie bei der Papstwahl verboten. Nach seinem Tode (1513) wollten die geldlustigen Kardinäle dieses Verbot dadurch umgehen, dass eine allgemeine Abrede proponiert wurde, wonach die bisherigen Pfründen und Aemter des zu Wählenden gleichmässig unter sie verteilt werden sollten; sie würden dann den pfründenreichsten Kardinal (den ganz untüchtigen Rafael Riario) gewählt haben[44]. Allein ein Aufschwung hauptsächlich der jüngern Mitglieder des heiligen Kollegiums, welche vor allem einen liberalen Papst wollten, durchkreuzte jene jämmerliche Kombination; man wählte Giovanni Medici, den berühmten Leo X.

Wir werden ihm noch öfter begegnen, wo irgend von der Sonnenhöhe der Renaissance die Rede sein wird; hier ist nur darauf hinzuweisen, dass unter ihm das Papsttum wieder grosse innere und äussere Gefahren erlitt. Darunter ist nicht zu rechnen die Verschwörung der Kardinäle Petrucci, Sauli, Riario und Corneto, weil diese höchstens einen Personenwechsel zur Folge haben konnte; auch fand Leo das wahre Gegenmittel in Gestalt jener unerhörten Kreation von 31 neuen Kardinälen, welche noch dazu einen guten Effekt machte, weil sie zum Teil das wahre Verdienst belohnte[45].

Höchst gefährlich aber waren gewisse Wege, auf welchen Leo in den zwei ersten Jahren seines Amtes sich betreten ließ. Durch ganz ernstliche Unterhand-

das „Volk" aufs Kapitol zu rufen und zur Abwerfung der päpstlichen Herrschaft anzufeuern, a vendicarsi in libertà . . . a publica ribellione, wie Guicciardini im zehnten Buch meldet.

43. Septimo decretal. L. I. Tit. 3, Cap. 1 bis 3.

44. Franc. Vettori, im Arch. stor. VI, 297.

45. Ausserdem soll sie ihm (laut Paul. Lang., chronicon Citicense) 500 000 Goldgulden eingetragen haben; der Franziskanerorden allein, dessen General ebenfalls Kardinal wurde, zahlte 30 000.

lungen suchte er seinem Bruder Giuliano das Königreich Neapel und seinem Neffen Lorenzo ein grosses oberitalisches Reich zu verschaffen, welches Mailand, Toscana, Urbino und Ferrara umfasst haben würde[46]. Es leuchtet ein, dass der Kirchenstaat, auf solche Weise eingerahmt, eine mediceische Apanage geworden wäre, ja man hätte ihn kaum mehr zu säkularisieren nötig gehabt.

Der Plan scheiterte an den allgemeinen politischen Verhältnissen; Giuliano starb beizeiten; um Lorenzo dennoch auszustatten, unternahm Leo die Vertreibung des Herzogs Francesco Maria della Rovere von Urbino, zog sich durch diesen Krieg unermesslichen Hass und Armut zu und musste, als Lorenzo 1519 ebenfalls starb[47], das mühselig Eroberte an die Kirche geben; er tat ruhmlos und gezwungen, was ihm, freiwillig getan, ewigen Ruhm gebracht haben würde. Was er dann noch gegen Alfonso von Ferrara versuchte und gegen ein paar kleine Tyrannen und Condottieren wirklich ausführte, war vollends nicht von der Art, welche die Reputation erhöht. Und dies alles, während die Könige des Abendlandes sich von Jahr zu Jahr mehr an ein kolossales politisches Kartenspiel gewöhnten, dessen Einsatz und Gewinn immer auch dieses oder jenes Gebiet von Italien war[48]. Wer wollte dafür bürgen, daß sie nicht, nachdem ihre heimische Macht in den letzten Jahrzehnden unendlich gewachsen, ihre Absichten auch einmal auf den Kirchenstaat ausdehnen würden? Noch Leo musste ein Vorspiel dessen erleben, was 1527 sich erfüllte; ein paar Haufen spanischer In-

46. Franc. Vettori, a. a. O. p. 301. – Arch. stor. append. I, p. 293, s. – Roscoe, Leone X., ed. Bossi VI, p. 232, s. – Tommaso Gar, a. a. O. p. 42.

47. Ariosto, Sat. VI. vs. 106. Tutti morrete, ed è fatal che muoja Leone appresso . . .

48. Eine Kombination dieser Art statt mehrerer: Lettere de' principi I, 46 in einer Pariser Depesche des Kardinals Bibiena 1518.

fanterie erschienen gegen Ende des Jahres 1520 – aus eigenem Antrieb, scheint es – an den Grenzen des Kirchenstaates, um den Papst einfach zu brandschatzen[49], liessen sich aber durch päpstliche Truppen zurückschlagen. Auch die öffentliche Meinung gegenüber der Korruption der Hierarchie war in den letzten Zeiten rascher gereift als früher, und ahnungsfähige Menschen, wie z. B. der jüngere Pico von Mirandola[50], riefen dringend nach Reformen. Inzwischen war bereits Luther aufgetreten.

Unter Hadrian VI. (1521–1523) kamen auch die schüchternen und wenigen Reformen gegenüber der grossen deutschen Bewegung schon zu spät. Er konnte nicht viel mehr als seinen Abscheu gegen den bisherigen Gang der Dinge, gegen Simonie, Nepotismus, gewissenlose Stellenbesetzung, Kumulation, Verschwendung, Banditenwesen und Unsittlichkeit an den Tag legen. Die Gefahr vom Luthertum her erschien nicht einmal als die grösste; ein geistvoller venezianischer Beobachter, Girolamo Negro, spricht Ahnungen eines nahen, schrecklichen Unheils für Rom selber aus[51].

Unter Clemens VII. erfüllt sich der ganze Horizont von Rom mit Dünsten gleich jenem graugelben Sciroccoschleier, welcher dort bisweilen den Spätsommer

49. Franc. Vettori, a. a. O. p. 333.

50. Bei Roscoe, Leone X., ed. Bossi, VIII, p. 105 u. f. findet sich eine Deklamation, welche Pico 1517 an Pirkheimer sandte. Er fürchtet, dass noch unter Leo das Böse förmlich über das Gute siegen möchte, et in te bellum a nostrae religionis hostibus ante audias geri quam parari.

51. Lettere de' principi, I. Rom, 17. März 1523: Dieser Staat steht aus vielen Gründen auf einer Nadelspitze, und Gott gebe, dass wir nicht bald nach Avignon fliehen müssen oder bis an die Enden des Ozeans. Ich sehe den Sturz dieser geistlichen Monarchie nahe vor mir... Wenn Gott nicht hilft, so ist es um uns geschehen. Ob Hadrian vergiftet worden oder nicht, ist aus Blas. Ortiz, Itinerar. Hadriani (Baluz. Miscell. ed. Mansi I, p. 386 fg.) nicht unbedingt zu ersehen; das Uebel ist die allgemeine Voraussetzung.

so verderblich macht. Der Papst ist in der nächsten Nähe wie in der Ferne verhasst; während das Uebelbefinden der Denkenden fortdauert[52], treten auf Gassen und Plätzen predigende Eremiten auf, welche den Untergang Italiens, ja der Welt weissagen und Papst Clemens den Antichrist nennen[53]; die colonnesische Faktion erhebt ihr Haupt in trotzigster Gestalt; der unbändige Kardinal Pompeo Colonna, dessen Dasein[54] allein schon eine dauernde Plage für das Papsttum war, darf Rom (1526) überfallen in der Hoffnung, mit Hülfe Karls V. ohne weiteres Papst zu werden, sobald Clemens tot oder gefangen wäre. Es war kein Glück für Rom, dass dieser sich in die Engelsburg flüchten konnte; das Schicksal aber, für welches er selber aufgespart sein sollte, darf schlimmer als der Tod genannt werden.

Durch eine Reihe von Falschheiten jener Art, welche nur dem Mächtigen erlaubt ist, dem Schwächern aber Verderben bringt, verursachte Clemens den Anmarsch des spanisch-deutschen Heeres unter Bourbon und Frundsberg (1527). Es ist gewiss[55], dass das Kabinett Karls V. ihm eine grosse Züchtigung zugedacht hatte und dass es nicht voraus berechnen konnte, wie weit seine unbezahlten Horden in ihrem Eifer gehen würden. Die Werbung fast ohne Geld wäre in Deutschland erfolglos geblieben, wenn man nicht gewusst hätte, es gehe gegen Rom. Vielleicht finden sich noch irgendwo die schriftlichen eventuellen Aufträge an Bourbon, und zwar solche, die ziemlich gelinde lauten, aber die Geschichtsforschung wird sich davon nicht betören lassen. Der katholische König und Kaiser verdankte es rein

52. Negro a. a. O. zum 24. Okt. (soll Sept. heissen) und 9. Nov. 1526, 11. April 1527.

53. Varchi, Stor. fiorent. I, 43, 46, s.

54. Paul. Jovius: Vita Pomp. Columnae.

55. Ranke, Deutsche Geschichte. II, 375 ff.

dem Glücke, dass Papst und Kardinäle nicht von seinen Leuten ermordet wurden. Wäre dies geschehen, keine Sophistik der Welt könnte ihn von der Mitschuld lossprechen. Der Mord zahlloser geringerer Leute und die Brandschatzung der übrigen mit Hülfe von Tortur und Menschenhandel zeigen deutlich genug, was beim „Sacco di Roma" überhaupt möglich war.

Den Papst, der wieder in die Engelsburg geflüchtet war, wollte Karl V., auch nachdem er ihm ungeheure Summen abgepresst, wie es heisst, nach Neapel bringen lassen, und dass Clemens statt dessen nach Orvieto floh, soll ohne alle Konnivenz von spanischer Seite geschehen sein[56]. Ob Karl einen Augenblick an die Säkularisation des Kirchenstaates dachte (worauf alle Welt[57] gefasst war), ob er sich wirklich durch Vorstellungen Heinrichs VIII. von England davon abbringen liess, dies wird wohl in ewigem Dunkel bleiben.

Wenn aber solche Absichten vorhanden waren, so haben sie in keinem Falle lange angehalten; mitten aus der Verwüstung von Rom steigt der Geist der kirchlich-weltlichen Restauration empor. Augenblicklich ahnte dies z. B.: Sadoleto[58]. „Wenn durch unsern Jammer", schreibt er, „dem Zorn und der Strenge Gottes genuggetan ist, wenn diese furchtbaren Strafen uns wieder den Weg öffnen zu bessern Sitten und Gesetzen, dann ist vielleicht unser Unglück nicht das grösste gewesen ... Was Gottes ist, dafür mag Gott sorgen, wir aber haben ein Leben der Besserung vor uns, das uns keine Waffengewalt entreissen mag; richten wir nur Taten und Gedanken dahin, dass wir den

56. Vardi, Stor. fiorent. II, 43, s.

57. Ebenda, und: Ranke, Deutsche Geschichte. II, S. 394, Anm. Man glaubte, Karl würde seine Residenz nach Rom verlegen.

58. Sein Brief an den Papst, d. d. Carpentras, 1. Sept. 1527, in den Anecdota litt. IV, p. 335.

wahren Glanz des Priestertums und unsere wahre Grösse und Macht in Gott suchen."

Von diesem kritischen Jahre 1527 an war in der Tat so viel gewonnen, dass ernsthafte Stimmen wieder einmal sich hörbar machen konnten. Rom hatte zu viel gelitten, um selbst unter einem Paul III. je wieder das heitere grundverdorbene Rom Leos X. werden zu können.

Sodann zeigte sich für das Papsttum, sobald es einmal tief im Leiden war, eine Sympathie teils politischer, teils kirchlicher Art. Die Könige konnten nicht dulden, dass einer von ihnen sich ein besonderes Kerkermeisteramt über den Papst anmasste und schlossen u. a. zu dessen Befreiung den Vertrag von Amiens (18. August 1527). Sie beuteten damit wenigstens die Gehässigkeit aus, welche auf der Tat der kaiserlichen Truppen ruhte. Zugleich aber kam der Kaiser in Spanien selbst empfindlich ins Gedränge, indem seine Prälaten und Granden ihm die nachdrücklichsten Vorstellungen machten, so oft sie ihn zu sehen bekamen. Als eine grosse allgemeine Aufwartung von Geistlichen und Weltlichen in Trauerkleidern bevorstand, geriet Karl in Sorgen, es möchte daraus etwas Gefährliches entstehen in der Art des vor wenigen Jahren gebändigten Comunidaden-Aufruhrs; die Sache wurde untersagt[59]. Er hätte nicht nur die Misshandlung des Papstes auf keine Weise verlängern dürfen, sondern es war, abgesehen von aller auswärtigen Politik, die stärkste Notwendigkeit für ihn vorhanden, sich mit dem furchtbar gekränkten Papsttum zu versöhnen. Denn auf die Stimmung Deutschlands, welche ihm wohl einen andern Weg gewiesen hätte, wollte er sich so wenig stützen als auf die deutschen Verhältnisse überhaupt. Es ist auch möglich, dass er sich, wie ein Vene-

59. Lettere de' principi. I, 72. Castiglione an den Papst, Burgos 10. Dez. 1527

zianer meint, durch die Erinnerung an die Verheerung Roms in seinem Gewissen beschwert fand[60] und deshalb jene Sühne beschleunigte, welche besiegelt werden musste durch die bleibende Unterwerfung der Florentiner unter das Haus des Papstes, die Medici. Der Nepot und neue Herzog, Alessandro Medici, wird vermählt mit der natürlichen Tochter des Kaisers.

In der Folge behielt Karl durch die Konzilsidee das Papsttum wesentlich in der Gewalt und konnte es zugleich drücken und beschützen. Jene grösste Gefahr aber, die Säkularisation, vollends diejenige von innen heraus, durch die Päpste und ihre Nepoten selber, war für Jahrhunderte beseitigt durch die deutsche Reformation. So wie diese allein dem Zug gegen Rom (1527) Möglichkeit und Erfolg verliehen hatte, so nötigte sie auch das Papsttum, wieder der Ausdruck einer geistigen Weltmacht zu werden, indem es sich an die Spitze aller ihrer Gegner stellen, sich aus der „Versunkenheit in lauter faktischen Verhältnissen" emporraffen musste. Was nun in der spätern Zeit des Clemens VII., unter Paul III., Paul IV. und ihren Nachfolgern mitten im Abfall halb Europas allmählich heranwächst, ist eine ganz neue, regenerierte Hierarchie, welche alle grossen, gefährlichen Aergernisse im eigenen Hause, besonders den staatengründenden Nepotismus[61] vermeidet und im Bunde mit den katholischen Fürsten, getragen von einem neuen geistlichen Antrieb, ihr Hauptgeschäft aus der Wiedergewinnung der Verlorenen macht. Sie ist nur vorhanden und nur zu verstehen in ihrem Gegensatz zu den Abgefallenen. In diesem Sinne kann man mit voller Wahrheit sagen, dass das Papsttum in moralischer Beziehung durch seine Todfeinde gerettet worden ist. Und nun befestigte sich

60. Tommaso Gar, Relaz. della corte di Roma I, 299.

61. Den Farnesen gelang noch etwas der Art, die Caraffa gingen unter.

auch seine politische Stellung, freilich unter dauernder Aufsicht Spaniens, bis zur Unantastbarkeit; fast ohne alle Anstrengung erbte es beim Aussterben seiner Vasallen (der legitimen Linie von Este und des Hauses della Rovere) die Herzogtümer Ferrara und Urbino. Ohne die Reformation dagegen – wenn man sie sich überhaupt wegdenken kann – wäre der ganze Kirchenstaat wahrscheinlich schon längst in weltliche Hände übergegangen.

Zum Schluss betrachten wir noch in Kürze die Rückwirkung dieser politischen Zustände auf den Geist der Nation im allgemeinen.

Es leuchtet ein, dass die allgemeine politische Unsicherheit in dem Italien des 14. und 15. Jahrhunderts bei den edlern Gemütern einen patriotischen Unwillen und Widerstand hervorrufen musste. Schon Dante und Petrarca[1] proklamieren laut ein Gesamt-Italien, auf welches sich alle höchsten Bestrebungen zu beziehen hätten. Man wendet wohl ein, es sei dies nur ein Enthusiasmus einzelner Hochgebildeter gewesen, von welchem die Masse der Nation keine Kenntnis nahm, allein es möchte sich damals mit Deutschland kaum viel anders verhalten haben, obwohl es wenigstens dem Namen nach die Einheit und einen anerkannten Oberherrn, den Kaiser, hatte. Die erste laute literarische Verherrlichung Deutschlands (mit Ausnahme einiger Verse bei den Minnesängern) gehört den Humanisten der Zeit Maximilians I. an[2] und erscheint fast wie ein

1. Petrarca: epist. fam. I, 3, p. 574, worin er Gott dafür preist, als Italiener geboren zu sein. Sodann: Apologia contra cuiusdam anonymi Galli calumnias, vom Jahre 1367, p. 1068, s.

2. Ich meine besonders die Schriften von Wimpheling, Bebel u. a. im I. Bande der scriptores des Schardius. – Wozu aus etwas früherer Zeit Felix Fabri (Hist. Suevorum) und aus etwas späterer Zeit Irenicus (Germaniae exegesis, 1518) hinzuzufügen sind.

Echo italienischer Deklamationen. Und doch war Deutschland früher faktisch in einem ganz andern Grade Ein Volk gewesen als Italien jemals seit der Römerzeit. Frankreich verdankt das Bewusstsein seiner Volkseinheit wesentlich erst den Kämpfen gegen die Engländer, und Spanien hat auf die Länge nicht einmal vermocht, das engverwandte Portugal zu absorbieren. Für Italien waren Existenz und Lebensbedingungen des Kirchenstaates ein Hindernis der Einheit im grossen, dessen Beseitigung sich kaum jemals hoffen liess. Wenn dann im politischen Verkehr des 15. Jahrhunderts gleichwohl hie und da des Gesamtvaterlandes mit Emphase gedacht wird, so geschieht dies meist nur, um einen andern, gleichfalls italienischen Staat zu kränken[3]. Die ganz ernsten, tiefschmerzlichen Anrufungen an das Nationalgefühl lassen sich erst im 16. Jahrhundert wieder hören, als es zu spät war, als Franzosen und Spanier das Land überzogen hatten. Von dem Lokalpatriotismus kann man etwa sagen, daß er die Stelle dieses Gefühles vertritt, ohne dasselbe zu ersetzen.

3. Ein Beispiel statt vieler: Die Antwort des Dogen von Venedig an einen florentinischen Agenten wegen Pisas 1496, bei Malipiero, ann. veneti, Arch. stor. VII, I, p. 427.

ZWEITER ABSCHNITT

ENTWICKLUNG DES INDIVIDUUMS

In der Beschaffenheit dieser Staaten, Republiken wie Tyrannien, liegt nun zwar nicht der einzige, aber der mächtigste Grund der frühzeitigen Ausbildung des Italieners zum modernen Menschen. Daß er der Erstgeborne unter den Söhnen des jetzigen Europas werden musste, hängt an diesem Punkte.

Im Mittelalter lagen die beiden Seiten des Bewusstseins – nach der Welt hin und nach dem Innern des Menschen selbst – wie unter einem gemeinsamen Schleier träumend oder halbwach. Der Schleier war gewoben aus Glauben, Kindesbefangenheit und Wahn; durch ihn hindurchgesehen erschienen Welt und Geschichte wundersam gefärbt, der Mensch aber erkannte sich nur als Rasse, Volk, Partei, Korporation, Familie oder sonst in irgend einer Form des Allgemeinen. In Italien zuerst verweht dieser Schleier in die Lüfte; es erwacht eine *objektive* Betrachtung und Behandlung des Staates und der sämtlichen Dinge dieser Welt überhaupt; daneben aber erhebt sich mit voller Macht das *Subjektive;* der Mensch wird geistiges *Individuum*[1] und erkennt sich als solches. So hatte sich einst erhoben der Grieche gegenüber den Barbaren, der individuelle Araber gegenüber den andern Asiaten als Rassenmenschen. Es wird nicht schwer sein nachzuweisen, daß die politischen Verhältnisse hieran den stärksten Anteil gehabt haben.

1. Man beachte die Ausdrücke uomo singolare, uomo unico für die höhere und höchste Stufe der individuellen Ausbildung.

Schon in viel frühern Zeiten gibt sich stellenweise eine Entwicklung der auf sich selbst gestellten Persönlichkeit zu erkennen, wie sie gleichzeitig im Norden nicht so vorkömmt oder sich nicht so enthüllt. Der Kreis kräftiger Frevler des 10. Jahrhunderts, welchen Liutprand schildert, einige Zeitgenossen Gregors VII., einige Gegner der ersten Hohenstaufen zeigen Physiognomien dieser Art. Mit Ausgang des 13. Jahrhunderts aber beginnt Italien von Persönlichkeiten zu wimmeln; der Bann, welcher auf dem Individualismus gelegen, ist hier völlig gebrochen; schrankenlos spezialisieren sich tausend einzelne Gesichter. Dantes grosse Dichtung wäre in jedem andern Lande schon deshalb unmöglich gewesen, weil das übrige Europa noch unter jenem Banne der Rasse lag; für Italien ist der hehre Dichter schon durch die Fülle des Individuellen der nationalste Herold seiner Zeit geworden. Doch die Darstellung des Menschenreichtums in Literatur und Kunst, die vielartig schildernde Charakteristik wird in besondern Abschnitten zu besprechen sein; hier handelt es sich um die psychologische Tatsache selbst. Mit voller Ganzheit und Entschiedenheit tritt sie in die Geschichte ein; Italien weiss im 14. Jahrhundert wenig von falscher Bescheidenheit und von Heuchelei überhaupt; kein Mensch scheut sich davor, aufzufallen, anders zu sein und zu scheinen[2] als die andern[3].

2. In Florenz gab es um 1390 deshalb keine herrschende Mode der männlichen Kleidung mehr, weil jeder sich auf besondere Weise zu tragen suchte. Vgl. die Canzone des Franco Sacchetti: contro alle nuove foggie, in den Rime, publ. dal Poggiali, p. 52.

3. Am Ende des 16. Jahrhunderts zieht Montaigne (Essais, L. III, chap. 5, vol. III, p. 367 der Pariser Ausgabe von 1816) u. a. folgende Parallele: «ils (les Italiens) ont plus communement des belles femmes, et moins des laides que nous; mais des rares et excellentes beautéz j'estime que nous allons à pair. Et (je) en juge autant des esprits: de ceux de la commune façon ils en ont beaucoup plus et evidemment; la brutalité y est sans comparaison plus rare: d'âmes singulières et du plus hault estage, nous ne leur en debvons rien.»

Zunächst entwickelt die Gewaltherrschaft, wie wir sahen, im höchsten Grade die Individualität des Tyrannen, des Condottiere[4] selbst, sodann diejenige des von ihm protegierten, aber auch rücksichtslos ausgenützten Talentes, des Geheimschreibers, Beamten, Dichters, Gesellschafters. Der Geist dieser Leute lernt notgedrungen alle seine innern Hülfsquellen kennen, die dauernden wie die des Augenblickes; auch ihr Lebensgenuss wird ein durch geistige Mittel erhöhter und konzentrierter, um einer vielleicht nur kurzen Zeit der Macht und des Einflusses einen grösstmöglichen Wert zu verleihen.

Aber auch die Beherrschten gingen nicht völlig ohne einen derartigen Antrieb aus. Wir wollen diejenigen ganz ausser Berechnung lassen, welche ihr Leben in geheimem Widerstreben, in Verschwörungen verzehrten, und bloss derer gedenken, die sich darein fügten, reine Privatleute zu bleiben etwa wie die meisten Städtebewohner des byzantinischen Reiches und der mohammedanischen Staaten. Gewiss wurde es z. B. den Untertanen der Visconti oft schwer genug gemacht, die Würde des Hauses und der Person zu behaupten, und Unzählige mögen durch die Knechtschaft am sittlichen Charakter Einbusse erlitten haben. Nicht so an dem, was man individuellen Charakter nennt, denn gerade innerhalb der allgemeinen politischen Machtlosigkeit gediehen wohl die verschiedenen Richtungen und Bestrebungen des Privatlebens um so stärker und vielseitiger. Reichtum und Bildung, soweit sie sich

4. Auch wohl die ihrer Gemahlinnen, wie man im Hause Sforza und in verschiedenen oberitalischen Herrscherfamilien bemerkt. Man vgl. in den Clarae mulieres des Jacobus Bergomensis die Biographien der Battista Malatesta, Paola Gonzaga, Orsina Torella, Bona Lombarda, Riccarda von Este und der wichtigern Frauen der Familie Sforza. Es ist mehr als eine wahre Virago darunter und auch die Ergänzung der individuellen Entwicklung durch hohe humanistische Kultur fehlt nicht.

zeigen und wetteifern durften, in Verbindung mit einer noch immer grossen munizipalen Freiheit und mit dem Dasein einer Kirche, die nicht, wie in Byzanz und in der islamitischen Welt, mit dem Staat identisch war – alle diese Elemente zusammen begünstigten ohne Zweifel das Aufkommen individueller Denkweisen, und gerade die Abwesenheit des Parteikampfes fügte hier die nötige Musse hinzu. Der politisch indifferente Privatmensch mit seinen teils ernsten, teils dilettantischen Beschäftigungen möchte wohl in diesen Gewaltstaaten des 14. Jahrhunderts zuerst vollkommen ausgebildet aufgetreten sein. Urkundliche Aussagen hierüber sind freilich nicht zu verlangen; die Novellisten, von welchen man Winke erwarten könnte, schildern zwar manchen bizarren Menschen, aber immer nur in einseitiger Absicht und nur soweit dergleichen die zu erzählende Geschichte berührt; auch spielt ihre Szene vorwiegend in republikanischen Städten.

In diesen letztern waren die Dinge wieder auf andere Weise der Ausbildung des individuellen Charakters günstig. Je häufiger die Parteien in der Herrschaft abwechselten, um soviel stärker war der einzelne veranlaßt, sich zusammenzunehmen bei Ausübung und Genuss der Herrschaft. So gewinnen zumal in der florentinischen Geschichte[5] die Staatsmänner und Volksführer ein so kenntliches persönliches Dasein wie sonst in der damaligen Welt kaum ausnahmsweise einer, kaum ein Jacob von Arteveldt.

Die Leute der unterlegenen Parteien aber kamen oft in eine ähnliche Stellung wie die Untertanen der Tyrannenstaaten, nur dass die bereits gekostete Freiheit

5. Franco Sacchetti, in seinem Capitolo (Rime, publ. dal Poggiali, p. 56) zählt um 1390 über hundert Namen von bedeutenden Leuten der herrschenden Parteien auf, welche bei seinen Gedenkzeiten gestorben seien. So viele Mediokritäten darunter sein mochten, so ist doch das Ganze ein starker Beleg für das Erwachen der Individualität. – Ueber die „Vite“ des Filippo Villani s. unten.

oder Herrschaft, vielleicht auch die Hoffnung auf deren Wiedergewinn ihrem Individualismus einen höhern Schwung gab. Gerade unter diesen Männern der unfreiwilligen Musse findet sich z. B. ein Agnolo Pandolfini († 1446), dessen Schrift „vom Hauswesen"[6] das erste Programm einer vollendet durchgebildeten Privatexistenz ist. Seine Abrechnung zwischen den Pflichten des Individuums und dem unsichern und undankbaren öffentlichen Wesen[7] ist in ihrer Art ein wahres Denkmal der Zeit zu nennen.

Vollends aber hat die Verbannung die Eigenschaft, dass sie den Menschen entweder aufreibt oder auf das höchste ausbildet. „In all unsern volkreichern Städten", sagt Gioviano Pontano[8], „sehen wir eine Menge Leute, die freiwillig ihre Heimat verlassen haben; die Tugenden nimmt man ja überall hin mit." In der Tat waren es bei weitem nicht bloss förmlich Exilierte, sondern Tausende hatten die Vaterstadt ungeheissen verlassen, weil der politische oder ökonomische Zustand an sich unerträglich wurde. Die ausgewanderten Florentiner in Ferrara, die Lucchesen in Venedig usw. bildeten ganze Kolonien.

Der Kosmopolitismus, welcher sich in den geistvollsten Verbannten entwickelt, ist eine höchste Stufe des Individualismus. Dante findet, wie schon erwähnt wurde (S. 105), eine neue Heimat in der Sprache und Bildung Italiens, geht aber doch auch darüber hinaus mit den Worten: „Meine Heimat ist die Welt über-

6. Trattato del governo della famiglia. Es gibt eine neuere Hypothese, wonach diese Schrift von dem Baumeister L. B. Alberti verfasst wäre. Vgl. Vasari IV, 54, Nota 5, ed. Lemonnier. – Ueber Pandolfini vgl. Vespas. Fiorent., p. 379.

7. Trattato p. 65, s.

8. Jov. Pontanus, de fortitudine, L. II. Siebzig Jahre später konnte Cardanus (de vita propria, Cap. 32) bitter fragen: Quid est patria, nisi consensus tyrannorum minutorum ad opprimendos imbelles timidos, et qui plerumque sunt innoxii?

haupt[9]!" – Und als man ihm die Rückkehr nach Florenz unter unwürdigen Bedingungen anbot, schrieb er zurück: „Kann ich nicht das Licht der Sonne und der Gestirne überall schauen? nicht den edelsten Wahrheiten überall nachsinnen, ohne deshalb ruhmlos, ja schmachvoll vor dem Volk und der Stadt zu erscheinen? Nicht einmal mein Brod wird mir fehlen[10]!" Mit hohem Trotz legen dann auch die Künstler den Akzent auf ihre Freiheit vom Ortszwang. „Nur wer alles gelernt hat", sagt Ghiberti[11], „ist draussen nirgends ein Fremdling; auch seines Vermögens beraubt, ohne Freunde, ist er doch der Bürger jeder Stadt und kann furchtlos die Wandelungen des Geschickes verachten." Aehnlich sagt ein geflüchteter Humanist: „Wo irgend ein gelehrter Mann seinen Sitz aufschlägt, da ist gute Heimat[12]."

Ein sehr geschärfter kulturgeschichtlicher Blick dürfte wohl imstande sein, im 15. Jahrhundert die Zunahme völlig ausgebildeter Menschen schrittweise zu verfolgen. Ob dieselben das harmonische Ausrunden ihres geistigen und äussern Daseins als bewusstes, aus-

9. De vulgari eloquio, Lib. I, cap. 6. – Ueber die italienische Idealsprache cap. 17. Die geistige Einheit der Gebildeten cap. 18. – Aber auch das Heimweh in der berühmten Stelle Purg. VIII, 1 u. ff. und Parad. XXV, 1.

10. Dantis Alligherii Epistolae, ed. Carolus Witte, p. 65.

11. Ghiberti, secondo commentario, cap. XV. (Vasari, ed. Lemonnier, I, p. XXIX.)

12. Codri Urcei vita, vor dessen Opera. – Freilich grenzt dies schon an das: Ubi bene, ibi patria. – Die Masse neutralen geistigen Genusses, der von keiner Oertlichkeit abhängt, und dessen die gebildeten Italiener mehr und mehr fähig wurden, erleichterte ihnen das Exil beträchtlich. Uebrigens ist der Kosmopolitismus ein Zeichen jeder Bildungsepoche, da man neue Welten entdeckt und sich in der alten nicht mehr heimisch fühlt. Er tritt bei den Griechen sehr deutlich hervor nach dem peloponnesischen Kriege; Platon war, wie Niebuhr sagt, kein guter Bürger und Xenophon ein schlechter; Diogenes proklamierte vollends die Heimatlosigkeit als ein wahres Vergnügen und nannte sich selber ἄπολις, wie man beim Laertius liest.

gesprochenes Ziel vor sich gehabt, ist schwer zu sagen; mehrere aber besassen die Sache, soweit dies bei der Unvollkommenheit alles Irdischen möglich ist. Mag man auch z. B. verzichten auf eine Gesamtbilanz für Lorenzo magnifico, nach Glück, Begabung und Charakter, so beobachtet man dafür eine Individualität wie die des Ariosto hauptsächlich in seinen Satiren. Bis zu welchem Wohllaut sind da ausgeglichen der Stolz des Menschen und des Dichters, die Ironie gegen die eigenen Genüsse, der feinste Hohn und das tiefste Wohlwollen.

Wenn nun dieser Antrieb zur höchsten Ausbildung der Persönlichkeit zusammentraf mit einer wirklich mächtigen und dabei vielseitigen Natur, welche sich zugleich aller Elemente der damaligen Bildung bemeisterte, dann entstand der „allseitige Mensch", l'uomo universale, welcher ausschliesslich Italien angehört. Menschen von enzyklopädischem Wissen gab es durch das ganze Mittelalter in verschiedenen Ländern, weil dieses Wissen nahe beisammen war; ebenso kommen noch bis ins 12. Jahrhundert allseitige Künstler vor, weil die Probleme der Architektur relativ einfach und gleichartig waren und in Skulptur und Malerei die darzustellende Sache über die Form vorherrschte. In dem Italien der Renaissance dagegen treffen wir einzelne Künstler, welche in allen Gebieten zugleich lauter Neues und in seiner Art Vollendetes schaffen und dabei noch als Menschen den grössten Eindruck machen. Andere sind allseitig, ausserhalb der ausübenden Kunst, ebenfalls in einem ungeheuer weiten Kreise des Geistigen.

Dante, welcher schon bei Lebzeiten von den einen Poet, von den andern Philosoph, von Dritten Theologe genannt wurde[13], strömt in all seinen Schriften eine

13. Boccaccio, Vita di Dante, p. 16.

Fülle von zwingender persönlicher Macht aus, der sich der Leser unterworfen fühlt auch abgesehen vom Gegenstande. Welche Willenskraft setzt schon die unerschütterlich gleichmässige Ausarbeitung der Divina Commedia voraus. Sieht man aber auf den Inhalt, so ist in der ganzen äussern und geistigen Welt kaum ein wichtiger Gegenstand, den er nicht ergründet hätte und über welchen seine Aussage – oft nur wenige Worte – nicht die gewichtigste Stimme aus jener Zeit wäre. Für die bildende Kunst ist er Urkunde – und wahrlich noch um wichtigerer Dinge willen als wegen seiner paar Zeilen über die damaligen Künstler; bald wurde er aber auch Quelle der Inspiration[14].

Das 15. Jahrhundert ist zunächst vorzüglich dasjenige der vielseitigen Menschen. Keine Biographie, welche nicht wesentliche, über den Dilettantismus hinausgehende Nebenbeschäftigungen des Betreffenden namhaft machte. Der florentinische Kaufmann und Staatsmann ist oft zugleich ein Gelehrter in beiden alten Sprachen; die berühmtesten Humanisten müssen ihm und seinen Söhnen des Aristoteles Politik und Ethik vortragen[15]; auch die Töchter des Hauses erhalten eine hohe Bildung, wie denn überhaupt in diesen Sphären dic Anfänge der höhern Privaterziehung vorzüglich zu suchen sind. Der Humanist seinerseits wird zur grössten Vielseitigkeit aufgefordert, indem sein philologisches Wissen lange nicht bloss wie heute der objektiven Kenntnis des klassischen Weltalters,

14. Die Engel, welche er am Jahrestag von Beatrices Tode auf Täfelchen zeichnete (Vita nuova, p. 61), könnten wohl mehr als Dilettantenarbeit gewesen sein. Lion. Aretino sagt, er habe egregiamente gezeichnet und sei ein grosser Liebhaber der Musik gewesen.

15. Für dieses und das Folgende vgl. besonders Vespasiano Fiorentino, für die florentinische Bildung des 15. Jahrhunderts eine Quelle ersten Ranges. Hierher p. 359, 379, 401 usw. – Sodann die schöne und lehrreiche Vita Jannoctii Manetti (geb. 1396) bei Murat. XX.

sondern einer täglichen Anwendung auf das wirkliche Leben dienen muss. Neben seinen plinianischen Studien[16] z. B. sammelt er ein Museum von Naturalien; von der Geographie der Alten aus wird er moderner Kosmograph; nach dem Muster ihrer Geschichtschreibung verfasst er Zeitgeschichten; als Uebersetzer plautinischer Komödien wird er wohl auch der Regisseur bei den Aufführungen; alle irgend eindringlichen Formen der antiken Literatur bis auf den lucianischen Dialog bildet er so gut als möglich nach, und zu dem allen funktioniert er noch als Geheimschreiber und Diplomat, nicht immer zu seinem Heil.

Ueber diese Vielseitigen aber ragen einige wahrhaft Allseitige hoch empor. Ehe wir die damaligen Lebens- und Bildungs-Interessen einzeln betrachten, mag hier, an der Schwelle des 15. Jahrhunderts, das Bild eines jener Gewaltmenschen seine Stelle einnehmen: Leon Battista Alberti. Seine Biographie[17] – nur ein Fragment – spricht von ihm als Künstler nur wenig und erwähnt seine hohe Bedeutung in der Geschichte der Architektur gar nicht, es wird sich nun zeigen, was er auch ohne diesen speziellen Ruhm gewesen ist.

In allem, was Lob bringt, war Leon Battista von Kindheit an der erste. Von seinen allseitigen Leibesübungen und Turnkünsten wird Unglaubliches berichtet, wie er mit geschlossenen Füssen den Leuten über die Schultern hinwegsprang, wie er im Dom ein Geld-

16. Das Folgende beispielsweise aus Perticaris Charakteristik des Pandolfo Collenuccio, bei Roscoe, Leone X., ed. Bossi III, p. 197, s., und in den Opere del Conte Perticari, Mil. 1823, vol. II.

17. Bei Muratori, XXV, Col. 295, s. Hiezu als Ergänzung Vasari IV, 52, s. – Ein allseitiger Dilettant wenigstens, und zugleich in mehreren Fächern Meister, war z. B. Mariano Socini, wenn man dessen Charakteristik bei Aeneas Sylvius (Opera, p. 622, Epist. 112) Glauben schenken darf.

stück emporwarf, bis man es oben an den fernen Gewölben anklingen hörte, wie die wildesten Pferde unter ihm schauderten und zitterten – denn in drei Dingen wollte er den Menschen untadelhaft erscheinen: im Gehen, im Reiten und im Reden. Die Musik lernte er ohne Meister, und doch wurden seine Kompositionen von Leuten des Faches bewundert. Unter dem Drucke der Dürftigkeit studierte er beide Rechte, viele Jahre hindurch, bis zu schwerer Krankheit durch Erschöpfung; und als er im 24. Jahre sein Wort-Gedächtnis geschwächt, seinen Sachensinn aber unversehrt fand, legte er sich auf Physik und Mathematik und lernte daneben alle Fertigkeiten der Welt, indem er Künstler, Gelehrte und Handwerker jeder Art bis auf die Schuster um ihre Geheimnisse und Erfahrungen befragte. Das Malen und Modellieren – namentlich äusserst kenntlicher Bildnisse, auch aus dem blossen Gedächtnis – ging nebenein. Besondere Bewunderung erregte der geheimnisvolle Guckkasten[18], in welchem er bald die Gestirne und den nächtlichen Mondaufgang über Felsgebirgen erscheinen liess, bald weite Landschaften mit Bergen und Meeresbuchten bis in duftige Fernen hinein, mit heranfahrenden Flotten, im Sonnenglanz wie im Wolkenschatten. Aber auch was andere schufen, erkannte er freudig an und hielt überhaupt jede menschliche Hervorbringung, die irgend dem Gesetze der Schönheit folgte, beinah für etwas Göttliches[19]. Dazu kam eine schriftstellerische Tätigkeit zunächst über die Kunst selber, Marksteine und Hauptzeugnisse für die Renaissance der Form, zumal der Architektur. Dann lateinische Prosadichtungen, Novellen u. dgl., von welchen man einzelnes für antik gehalten

18. Vgl. den Ibn Firnas, bei Hammer, Literaturgesch. der Araber, I, Einleitung S. 51.

19. Quicquid ingenio esset hominum cum quadam effectum elegantia, id prope divinum ducebat.

hat, auch scherzhafte Tischreden, Elegien und Eklogen; ferner ein italienisches Werk „vom Hauswesen" in vier Büchern[20], ja eine Leichenrede auf seinen Hund. Seine ernsten und seine witzigen Worte waren bedeutend genug, um gesammelt zu werden; Proben davon, viele Kolumnen lang, werden in der genannten Lebensschilderung mitgeteilt. Und alles, was er hatte und wusste, teilte er, wie wahrhaft reiche Naturen immer tun, ohne den geringsten Rückhalt mit, und schenkte seine grössten Erfindungen umsonst weg. Endlich aber wird auch die tiefste Quelle seines Wesens namhaft gemacht: ein fast nervös zu nennendes, höchst sympathisches Mitleben an und in allen Dingen. Beim Anblick prächtiger Bäume und Erntefelder musste er weinen; schöne, würdevolle Greise verehrte er als eine „Wonne der Natur" und konnte sie nicht genug betrachten; auch Tiere von vollkommener Bildung genossen sein Wohlwollen, weil sie von der Natur besonders begnadigt seien; mehr als einmal, wenn er krank war, hat ihn der Anblick einer schönen Gegend gesund gemacht[21]. Kein Wunder, wenn die, welche ihn in so rätselhaft innigem Verkehr mit der Aussenwelt kennen lernten, ihm auch die Gabe der Vorahnung zuschrieben. Eine blutige Krisis des Hauses Este, das Schicksal von Florenz und das der Päpste auf eine Reihe von Jahren hinaus soll er richtig geweissagt haben, wie ihm denn auch der Blick ins Innere des Menschen, die Physiognomik, jeden Moment zu Gebote stand. Es versteht sich von selbst, dass eine höchst intensive Willenskraft diese ganze Persönlichkeit durchdrang und zusammen-

20. Dieses verlorene Werk ist es (vgl. S. 165, Anm.), welches von Neuern für wesentlich identisch mit dem Trattato des Pandolfini gehalten wird.

21. In seinem Werke De re aedificatoria, L. VIII, cap. 1 findet sich eine Definition von dem, was ein schöner Weg heissen könne: si modo mare, modo montes, modo lacum fluentem fontesve, modo aridam rupem aut planitiem, modo nemus vallemque exhibebit.

hielt; wie die Grössten der Renaissance sagte auch er: „Die Menschen können von sich aus alles, sobald sie wollen.“

Und zu Alberti verhielt sich Lionardo da Vinci, wie zum Anfänger der Vollender, wie zum Dilettanten der Meister. Wäre nur Vasaris Werk hier ebenfalls durch eine Schilderung ergänzt wie bei Leon Battista! Die ungeheuern Umrisse von Lionardos Wesen wird man ewig nur von ferne ahnen können.

Der bisher geschilderten Entwicklung des Individuums entspricht auch eine neue Art von Geltung nach aussen: der moderne Ruhm[1].

Ausserhalb Italiens lebten die einzelnen Stände jeder für sich mit seiner einzelnen mittelalterlichen Standesehre. Der Dichterruhm der Troubadours und Minnesänger z. B. existiert nur für den Ritterstand. In Italien dagegen ist Gleichheit der Stände vor der Tyrannis oder vor der Demokratie eingetreten; auch zeigen sich bereits Anfänge einer allgemeinen Gesellschaft, die ihren Anhalt an der italienischen und lateinischen Literatur hat, wie hier in vorgreifender Weise bemerkt werden muss; dieses Bodens aber bedurfte es, um jenes neue Element im Leben zum Keimen zu bringen. Dazu kam, dass die römischen Autoren, welche man emsig zu studieren begann, von dem Begriff des Ruhmes erfüllt und getränkt sind und dass schon ihr Sachinhalt – das Bild der römischen Weltherrschaft – sich dem italienischen Dasein als dauernde Parallele aufdrängte. Fortan ist alles Wollen und Vollbringen der Italiener

1. Ein Autor statt vieler: Blondus, Roma triumphans, L. V, p. 117, s., wo die Definitionen der Gloria aus den Alten gesammelt sind und auch dem Christen ausdrücklich die Ruhmbegier gestattet wird. – Ciceros Schrift de gloria, welche noch Petrarca besass, ist bekanntlich seitdem verlorengegangen.

von einer sittlichen Voraussetzung beherrscht, die das übrige Abendland noch nicht kennt.

Wiederum muss zuerst Dante gehört werden, wie bei allen wesentlichen Fragen. Er hat nach dem Dichterlorbeer[2] gestrebt mit aller Kraft seiner Seele; auch als Publizist und Literator hebt er hervor, dass seine Leistungen wesentlich neu, dass er der erste auf seinen Bahnen nicht nur sei, sondern auch heissen wolle[3]. Doch berührt er schon in seinen Prosaschriften auch die Unbequemlichkeiten eines hohen Ruhmes; er weiss, wie manche bei der persönlichen Bekanntschaft mit dem berühmten Manne unbefriedigt bleiben, und setzt auseinander, dass hieran teils die kindische Phantasie der Leute, teils der Neid, teils die eigene Unlauterkeit des Betreffenden schuld sei[4]. Vollends aber hält sein grosses Gedicht die Anschauung von der Nichtigkeit des Ruhmes fest, wenngleich in einer Weise, welche verrät, dass sein Herz sich noch nicht völlig von der Sehnsucht danach losgemacht. Im Paradies ist die Sphäre des Mercur der Wohnsitz solcher Seligen[5], die auf Erden nach Ruhm gestrebt und dadurch den „Strahlen der wahren Liebe“ Eintrag getan haben. Hochbezeichnend aber ist, dass die armen Seelen im Inferno von Dante verlangen, er möge ihr Andenken, ihren Ruhm auf Erden erneuern und wachhalten[6], während diejenigen im Purgatorio nur um Fürbitte flehen[7]; ja in einer

2. Paradiso XXV, Anfang: Se mai continga etc. – Vgl. Boccaccio, Vita di Dante, p. 49. Vaghissimo fu e d'onore e di pompa, e per avventura più che alla sua inclita virtù non si sarebbe richiesto.

3. De vulgari eloquio, L. I, Cap. 1. Ganz besonders de Monarchia, L. I, Cap. I, wo er den Begriff der Monarchie darstellen will, nicht bloss um der Welt nützlich zu sein, sondern auch: ut palmam tanti bravii primus in meam gloriam adipiscar.

4. Convito, ed. Venezia 1529, fol. 5 und 6.

5. Paradiso VI, 112, s.

6. Z. B.: Inferno VI, 89. XIII, 53. XVI, 85. XXXI, 127.

7. Purgatorio V, 70, 87, 133. VI, 26. VIII, 71. XI, 31. XIII, 147.

berühmten Stelle[8] wird die Ruhmbegier – lo gran disio dell' eccellenza – schon deshalb verworfen, weil der geistige Ruhm nicht absolut, sondern von den Zeiten abhängig sei und je nach Umständen durch grössere Nachfolger überboten und verdunkelt werde.

Rasch bemächtigt sich nun das neu aufkommende Geschlecht von Poeten-Philologen, welches auf Dante folgt, des Ruhmes in doppeltem Sinn: indem sie selber die anerkanntesten Berühmtheiten Italiens werden und zugleich als Dichter und Geschichtschreiber mit Bewusstsein über den Ruhm anderer verfügen. Als äusseres Symbol dieser Art von Ruhm gilt besonders die Poetenkrönung, von welcher weiter die Rede sein wird.

Ein Zeitgenosse Dantes, Albertinus Musattus oder Mussatus, zu Padua von Bischof und Rektor als Dichter gekrönt, genoss bereits einen Ruhm, der an die Vergötterung streifte; jährlich am Weihnachtstage kamen Doktoren und Scholaren beider Kollegien der Universität in feierlichem Aufzug mit Posaunen und, scheint es, mit brennenden Kerzen vor sein Haus, um ihn zu begrüssen[9] und zu beschenken. Die Herrlichkeit dauerte, bis er (1318) bei dem regierenden Tyrannen aus dem Hause Carrara in Ungnade fiel.

In vollen Zügen geniesst auch Petrarca den neuen, früher nur für Helden und Heilige vorhandenen Weihrauch und überredet sich sogar in seinen spätern Jahren, dass ihm derselbe ein nichtiger und lästiger Be-

8. Purgatorio XI, 79–117. Ausser gloria finden sich hier beisammen: Grido, fama, rumore, nominanza, onore, lauter Umschreibungen derselben Sache. – Boccaccio dichtete, wie er in dem Brief an Joh. Pizinga (Opere volgari, Vol. XVI) gesteht, perpetuandi nominis desiderio.

9. Scardeonius, de urb. Patav. antiq. (Graev. Thesaur. VI, III, Col. 260). Ob cereis, muneribus oder etwa certis muneribus zu lesen, lasse ich dahingestellt. Die etwas feierliche Persönlichkeit des Mussatus ist schon aus dem Ton seiner Geschichte Heinrichs VII. zu erkennen.

gleiter scheine. Sein Brief „an die Nachwelt"[10] ist die Rechenschaft des alten, hochberühmten Mannes, der die öffentliche Neugier zufriedenstellen muss; bei der Nachwelt möchte er wohl Ruhm geniessen, bei den Zeitgenossen aber sich lieber denselben verbitten[11]; in seinen Dialogen von Glück und Unglück[12] hat bei Anlass des Ruhmes der Gegenredner, welcher dessen Nichtigkeit beweist, den stärkern Akzent für sich. Soll man es aber strenge nehmen, wenn es Petrarca noch immer freut, dass der paläologische Autokrator von Byzanz[13] ihn durch seine Schriften so genau kennt wie Kaiser Karl IV. ihn kennt? Denn in der Tat ging sein Ruf schon bei Lebzeiten über Italien hinaus. Und empfand er nicht eine gerechte Rührung, als ihn bei einem Besuch in seiner Heimat Arezzo die Freunde zu seinem Geburtshaus führten und ihm meldeten, die Stadt sorge dafür, dass nichts daran verändert werden dürfe[14]! Früher feierte und konservierte man die Wohnungen einzelner grosser Heiligen, wie z. B. die Zelle des S. Thomas von Aquino bei den Dominikanern in Neapel, die Portiuncula des S. Franciskus bei Assisi; höchstens genossen noch einzelne grosse Rechtsgelehrte jenes halbmythische Ansehen, welches zu dieser Ehre führte; so benannte das Volk noch gegen Ende des 14. Jahrhunderts zu Bagnolo unweit Florenz ein altes Gebäude als „Studio" des Accursius (geb.

10. Epistola de origine et vita etc., am Eingang der Opera: «Franc. Petrarca Posteritati salutem». Gewisse neuere Tadler von P.s Eitelkeit würden an seiner Stelle schwerlich so viele Güte und Offenheit behalten haben wie er.

11. Opera, p. 177: de celebritate nominis importuna.

12. De remediis utriusque fortunae, passim.

13. Epist. seniles III, 5. Einen Maßstab von Petrarcas Ruhm gibt z. B. Blondus (Italia illustrata, p. 416) hundert Jahre nachher, durch seine Versicherung, dass auch kaum ein Gelehrter mehr etwas von König Robert dem Guten wüsste, wenn Petrarca seiner nicht so oft und freundlich gedacht hätte.

14. Epist. seniles XIII, 3, p. 918.

um 1150), liess aber doch geschehen, dass es zerstört wurde[15]. Wahrscheinlich frappierten die hohen Einnahmen und die politischen Verbindungen einzelner Juristen (als Konsulenten und Deduktionenschreiber) die Einbildungskraft der Leute auf lange hinaus.

Zum Kultus der Geburtshäuser gehört der der Gräber berühmter Leute[16]; für Petrarca kommt auch noch der Ort, wo er gestorben, überhaupt hinzu, indem Arquato seinem Andenken zu Ehren ein Lieblingsaufenthalt der Paduaner und mit zierlichen Wohngebäuden geschmückt wurde[17] – zu einer Zeit, da es im Norden noch lange keine „klassischen Stellen“, sondern nur Wallfahrten zu Bildern und Reliquien gab. Es wurde Ehrensache für die Städte, die Gebeine eigener und fremder Zelebritäten zu besitzen, und man erstaunt zu sehen, wie ernstlich die Florentiner schon im 14. Jahrhundert – lange vor S. Croce – ihren Dom zum Pantheon zu erheben strebten. Accorso, Dante, Petrarca, Boccaccio und der Jurist Zanobi della Strada sollten dort Prachtgräber erhalten[18]. Noch spät im 15. Jahrhundert verwandte sich Lorenzo magnifico in Person bei den Spoletinern, dass sie ihm die Leiche des Malers Fra Filippo Lippi für den Dom abtreten möchten, und erhielt die Antwort: sie hätten überhaupt keinen Ueberfluß an Zierden, besonders nicht an berühmten Leuten, weshalb er sie verschonen möge; in der Tat musste man sich mit einem Kenotaphium begnügen. Und auch Dante blieb trotz allen Verwendungen, zu welchen schon Boccaccio mit em-

15. Filippo Villani, Vite, p. 19.

16. Beides beisammen in der Grabschrift auf Boccaccio: Nacqui in Firenze al Pozzo Toscanelli; Di fuor sepolto a Certaldo giaccio, etc. – Vgl. Opere volgari di Bocc., vol. XVI, p. 44.

17. Mich. Savonarola, de laudibus Patavii, bei Murat. XXIV, Col. 1157.

18. Der motivierte Staatsbeschluss von 1396 bei Gaye, Carteggio, I, p. 123.

phatischer Bitterkeit die Vaterstadt aufstachelte[19], ruhig bei S. Francesco in Ravenna schlafen, „zwischen uralten Kaisergräbern und Heiligengrüften, in ehrenvollerer Gesellschaft als du, o Heimat, ihm bieten könntest.“ Es kam schon damals vor, dass ein wunderlicher Mensch ungestraft die Lichter vom Altar des Kruzifixes wegnahm und sie an das Grab stellte mit den Worten: Nimm sie, du bist ihrer würdiger als jener – der Gekreuzigte[20].

Nunmehr gedenken auch die italischen Städte wieder ihrer Mitbürger und Einwohner aus dem Altertum. Neapel hatte vielleicht sein Grab Virgils nie ganz vergessen, schon weil sich ein halbmythischer Begriff an den Namen geknüpft hatte. Padua glaubte vollends noch im 16. Jahrhundert nicht nur die echten Gebeine seines trojanischen Gründers Antenor, sondern auch die des Titus Livius zu besitzen[21]. „Sulmona“, sagt Boccaccio[22], „klagt, dass Ovid fern in der Verbannung begraben sei, Parma freut sich, dass Cassius in seinen Mauern schlummere.“ Die Mantuaner prägten im 14. Jahrhundert eine Münze mit dem Brustbild Virgils und stellten eine Statue auf, die ihn vorstellen sollte; aus mittelalterlichem Junkerhochmut[23] liess sie der Vormund des damaligen Gonzaga, Carlo Malatesta, 1392 umstürzen und musste sie, weil der Ruhm des alten Dichters stärker war, wieder aufrichten lassen. Vielleicht zeigte man schon damals zwei Miglien von

19. Boccaccio, Vita di Dante, p. 39.

20. Franco Sacchetti, Nov. 121.

21. Erstere in dem bekannten Sarkophag bei S. Lorenzo, letztere am Palazzo della ragione über einer Tür. Das Nähere über deren Auffindung 1413 s. Misson, Voyage en Italie, vol. I.

22. Vita di Dante, l. c. Wie die Leiche des Cassius nach der Schlacht bei Philippi wieder nach Parma gelangt sein mag?

23. Nobilitatis fastu, und zwar sub obtentu religionis, sagt Pius II. (Comment. X, p. 473). Die neue Gattung von Ruhm musste wohl vielen Leuten unbequem erscheinen, die an anderes gewöhnt waren.

der Stadt die Grotte, wo einst Virgil meditiert haben sollte[24], gerade wie bei Neapel die Scuola di Virgilio. Como eignete sich die beiden Plinius zu[25] und verherrlichte sie gegen Ende des 15. Jahrhunderts durch sitzende Statuen in zierlichen Baldachinen an der Vorderseite seines Domes.

Auch die Geschichtschreibung und die neugeborene Topographie richten sich fortan darauf ein, keinen einheimischen Ruhm mehr unverzeichnet zu lassen, während die nordischen Chroniken nur erst hie und da zwischen Päpsten, Kaisern, Erdbeben und Kometen die Bemerkung machen, zu dieser Zeit habe auch dieser oder jener berühmte Mann „geblüht". Wie sich eine ausgezeichnete Biographik, wesentlich unter der Herrschaft des Ruhmesbegriffes, entwickelte, wird bei einem andern Anlass zu betrachten sein; hier beschränken wir uns auf den Ortspatriotismus des Topographen, der die Ruhmesansprüche seiner Stadt verzeichnet.

Im Mittelalter waren die Städte stolz gewesen auf ihre Heiligen und deren Leichen und Reliquien in den Kirchen[26]. Damit beginnt auch noch der Panegyrist von Padua um 1450, Michele Savonarola[27] seine Aufzählung; dann aber geht er über auf „berühmte Männer, welche keine Heiligen gewesen sind, jedoch durch ausgezeichneten Geist und hohe Kraft (virtus) verdient haben, den Heiligen angeschlossen zu werden (adnecti)" – ganz wie im Altertum der berühmte

24. Vgl. Keysslers Neueste Reisen, p. 1016.

25. Der ältere war bekanntlich von Verona.

26. So verhält es sich auch wesentlich noch in der merkwürdigen Schrift: De laudibus Papiae (bei Murat. XI) aus dem 14. Jahrhundert; viel munizipaler Stolz, aber noch kein spezieller Ruhm.

27. De laudibus Patavii, bei Murat. XXIV, Col. 1151 ff.

28. Nam et veteres nostri tales aut divos aut aeterna memoria dignos non immerito praedicabant. Quum virtus summa sanctitatis sit consocia et pari emantur pretio.

Mann an den Heros angrenzt[28]. Die weitere Aufzählung ist für jene Zeit bezeichnend im höchsten Grade. Zuerst folgen Antenor, der Bruder des Priamus, der mit einer Schar flüchtiger Troer Padua gegründet; König Dardanus, der den Attila in den euganeischen Bergen besiegte, ihn weiter verfolgte und zu Rimini mit einem Schachbrett totschlug; Kaiser Heinrich IV., der den Dom erbaut hat; ein König Marcus, dessen Haupt in Monselice aufbewahrt wird; – dann ein paar Kardinäle und Prälaten als Stifter von Pfründen, Kollegien und Kirchen; der berühmte Theologe Fra Alberto, der Augustiner, eine Reihe von Philosophen mit Paolo Veneto und dem weltbekannten Pietro von Abano beginnend; der Jurist Paolo Padovano; sodann Livius und die Dichter Petrarca, Mussato, Lovato. Wenn an Kriegszelebritäten einiger Mangel zu verspüren, so tröstet sich der Autor mit dem Ersatz von gelehrter Seite und mit der grössern Dauerhaftigkeit des geistigen Ruhmes, während der Kriegsruhm oft mit dem Leibe begraben werde und, wenn er dauere, dies doch nur den Gelehrten verdanke. Immerhin aber gereiche es der Stadt zur Ehre, dass wenigstens berühmte auswärtige Krieger auf eigenes Begehren in ihr begraben lägen: so Pietro de Rossi von Parma, Filippo Arcelli von Piacenza, besonders Gattamelata von Narni († 1442), dessen ehernes Reiterbild „gleich einem triumphierenden Cäsar“ bereits bei der Kirche des Santo aufgerichtet stand. Dann nennt der Verfasser Scharen von Juristen und Medizinern, Adlige, welche nicht bloss wie so viele „die Ritterwürde empfangen, sondern sie auch verdient hatten“, endlich berühmte Mechaniker, Maler und Tonkünstler. Den Beschluss macht ein Fechtmeister Michele Rosso, welcher als der Berühmteste seines Faches an vielen Orten gemalt zu sehen war.

Neben solchen lokalen Ruhmeshallen, bei deren Ausstattung Mythus, Legende, literarisch hervorgebrachte Renommée und populäres Erstaunen zusammenwirken, bauen die Poeten-Philologen an einem allgemeinen Pantheon des Weltruhms; sie schreiben Sammelwerke: von berühmten Männern, von berühmten Frauen, oft in unmittelbarer Abhängigkeit von Corn. Nepos, Pseudo-Sueton, Valerius Maximus, Plutarch (Mulierum virtutes), Hieronymus (de viris illustribus) usw. Oder sie dichten von visionären Triumphzügen und idealen, olympischen Versammlungen, wie Petrarca namentlich in seinem Trionfo della fama, Boccaccio in seiner Amorosa visione, mit Hunderten von Namen, wovon mindestens drei Vierteile dem Altertum, die übrigen dem Mittelalter angehören[29]. Allmählich wird dieser neuere, relativ moderne Bestandteil mit grösserem Nachdruck behandelt; die Geschichtschreiber legen Charakteristiken in ihre Werke ein, und es entstehen Sammlungen von Biographien berühmter Zeitgenossen, wie die von Filippo Villani, Vespasiano

29. In den casus virorum illustrium des Boccaccio gehört nur das letzte, neunte Buch der nachantiken Zeit an. Ebenso noch viel später in den Commentarii urbani des Raph. Volaterranus nur das 21. Buch, welches das neunte der Anthropologie ist; Päpste und Kaiser behandelt er im 22. und 23. Buch besonders. – In dem Werke „de claris mulieribus" des Augustiners Jacobus Bergomensis (um 1500), vgl. S. 163, Anm., überwiegt das Altertum und noch mehr die Legende, dann folgen aber einige wertvolle Biographien von Italienerinnen. Bei Scardeonius (de urb. Patav. antiq., Graev. thesaur. VI, III, Col. 405, s.) werden lauter berühmte Paduanerinnen aufgezählt: Zuerst eine Legende oder eine Sage aus der Völkerwanderung; dann leidenschaftliche Tragödien aus den Parteikämpfen des 13. und 14. Jahrhunderts; hierauf andere kühne Heldenweiber; die Klosterstifterin, die politische Ratgeberin, die Ärztin, die Mutter vieler und ausgezeichneter Söhne, die gelehrte Frau, das Bauernmädchen, das für seine Unschuld stirbt, endlich die schöne hochgebildete Frau des 16. Jahrhunderts, auf welche jedermann Gedichte macht; zum Schluß die Dichterin und Novellistin. Ein Jahrhundert später wäre zu all diesen berühmten patavinischen Frauen noch die Professorin hinzugekommen. – Die berühmten Frauen des Hauses Este, bei Ariosto, Orl. XIII.

Fiorentino und Bartolommeo Fazio[30], zuletzt die von Paolo Giovio.

Der Norden aber besass, bis Italien auf seine Autoren (z. B. Trithemius) einwirkte, nur Legenden der Heiligen und vereinzelte Geschichten und Beschreibungen von Fürsten und Geistlichen, die sich noch deutlich an die Legende anlehnen und vom Ruhm, d. h. von der persönlich errungenen Notorietät, wesentlich unabhängig sind. Der Dichterruhm beschränkt sich noch auf bestimmte Stände, und die Namen der Künstler erfahren wir im Norden fast ausschließlich nur, insofern sie als Handwerker und Zunftmenschen auftreten.

Der Poet-Philolog in Italien hat aber, wie bemerkt, auch schon das stärkste Bewusstsein davon, dass er der Austeiler des Ruhmes, ja der Unsterblichkeit sei; und ebenso der Vergessenheit[31]. Schon Boccaccio klagt über eine von ihm gefeierte Schöne, welche hartherzig blieb, um immer weiter von ihm besungen und dadurch berühmt zu werden, und verdeutet ihr, er wolle es fortan mit dem Tadel versuchen[32]. Sannazaro droht dem vor Karl VIII. feig geflohenen Alfonso von Neapel in zwei prächtigen Sonetten mit ewiger Obskurität[33]. Angelo Poliziano mahnt (1491) den König Johann von Portugal[34] in betreff der Entdeckungen in Afrika ernstlich daran, beizeiten für Ruhm und Unsterblichkeit zu sorgen und ihm das Material „zum Stilisieren“

30. Die viri illustres des B. Facius, herausgegeben von Mehus, eines der wichtigsten Werke dieser Art aus dem 15. Jahrhundert, habe ich leider nie zu sehen bekommen.

31. Schon ein lateinischer Sänger des 12. Jahrhunderts – ein fahrender Scholar, der mit seinem Lied um ein Kleid bettelt – droht damit. S. Carmina Burana, p. 76.

32. Boccaccio, Opere volgari, Vol. XVI, im 13. Sonett: Pallido, vinto etc.

33. U. a. bei Roscoe, Leone X., ed. Bossi IV, p. 203.

34. Angeli Politiani epp. Lib. X.

(operosius excolenda) nach Florenz zu übersenden; sonst möchte es ihm ergehen wie all jenen, deren Taten, von der Hülfe der Gelehrten entblösst, „im grossen Schutthaufen menschlicher Gebrechlichkeit verborgen liegen bleiben". Der König (oder doch sein humanistisch gesinnter Kanzler) ging darauf ein und versprach wenigstens, es sollten die bereits portugiesisch abgefassten Annalen über die afrikanischen Dinge in italienischer Uebersetzung nach Florenz zur lateinischen Bearbeitung verabfolgt werden; ob dies wirklich geschah, ist nicht bekannt. So ganz leer, wie dergleichen Prätensionen auf den ersten Blick scheinen, sind sie keineswegs; die Redaktion, in welcher die Sachen (auch die wichtigsten) vor Mit- und Nachwelt treten, ist nichts weniger als gleichgültig. Die italienischen Humanisten mit ihrer Darstellungsweise und ihrem Latein haben lange genug die abendländische Lesewelt wirklich beherrscht, und auch die italienischen Dichter sind bis ins vorige Jahrhundert weiter in allen Händen herumgekommen als die irgendeiner Nation. Der Taufname des Amerigo Vespucci von Florenz wurde seiner Reisebeschreibung wegen zum Namen des vierten Weltteils, und wenn Paolo Giovio mit all seiner Flüchtigkeit und eleganten Willkür sich dennoch die Unsterblichkeit versprach[35], so ist er dabei nicht ganz fehlgegangen.

Neben solchen Anstalten den Ruhm äusserlich zu garantieren, wird hie und da ein Vorhang hinweggezogen, und wir schauen den kolossalsten Ehrgeiz und Durst nach Grösse, unabhängig von Gegenstand und Erfolg, in erschreckend wahrem Ausdruck. So in Macchiavells Vorrede zu seinen florentinischen Geschichten, wo er seine Vorgänger (Lionardo Aretino,

35. Paul. Jov. de romanis piscibus, Praefatio (1525): Die erste Dekade seiner Historien werde nächstens herauskommen non sine aliqua spe immortalitatis.

Poggio) tadelt wegen des allzu rücksichtsvollen Schweigens in betreff der städtischen Parteiungen. „Sie haben sich sehr geirrt und bewiesen, dass sie den Ehrgeiz der Menschen und die Begier nach Fortdauer des Namens wenig kannten. Wie manche, die sich durch Löbliches nicht auszeichnen konnten, strebten danach durch Schmähliches! Jene Schriftsteller erwogen nicht, dass Handlungen, welche Grösse an sich haben, wie dies bei den Handlungen der Regenten und Staaten der Fall ist, immer mehr Ruhm als Tadel zu bringen scheinen, welcher Art sie auch seien und welches der Ausgang sein möge[36].“ Bei mehr als einem auffallenden und schrecklichen Unternehmen wird von besonnenen Geschichtschreibern als Beweggrund das brennende Verlangen nach etwas Grossem und Denkwürdigem angegeben. Hier offenbart sich nicht eine blosse Ausartung der gemeinen Eitelkeit, sondern etwas wirklich Dämonisches, d. h. Unfreiheit des Entschlusses, verbunden mit Anwendung der äussersten Mittel und Gleichgültigkeit gegen den Erfolg als solchen. Macchiavell selber fasst z. B. den Charakter des Stefano Porcari (S. 135) so auf[37]; von den Mördern des Galeazzo Maria Sforza (S. 85) sagen ungefähr dasselbe die Aktenstücke; die Ermordung des Herzogs Alessandro von Florenz (1537) schreibt selbst Varchi (im V. Buch) der Ruhmsucht des Täters Lorenzino Medici (oben S. 87 f.) zu. Noch viel schärfer hebt aber Paolo Giovio[38] dieses Motiv hervor; Lorenzino, wegen der Verstümmelung antiker Statuen in Rom durch ein Pamphlet des Molza an den Pranger gestellt, brütet über einer Tat, deren

36. Hiezu vgl. Discorsi I, 27. Die tristizia, Verbrechen, kann grandezza haben und in alcuna parte generosa sein; die grandezza kann von einer Tat jede infamia entfernen; der Mensch kann onorevolmente tristo sein, im Gegensatz zum perfettamente buono.

37. Storie fiorentine, L. VI.

38. Paul. Jov. Elogia, bei Anlass des Marius Molsa.

„Neuheit" jene Schmach in Vergessenheit bringen sollte, und ermordet seinen Verwandten und Fürsten. – Es sind echte Züge dieser Zeit hoch aufgeregter, aber bereits verzweifelnder Kräfte und Leidenschaften, ganz wie einst die Brandstiftung im Tempel von Ephesus zur Zeit des Philipp von Mazedonien.

Das Korrektiv nicht nur des Ruhmes und der modernen Ruhmbegier, sondern des höher entwickelten Individualismus überhaupt ist der moderne Spott und Hohn, womöglich in der siegreichen Form des Witzes[1]. Wir erfahren aus dem Mittelalter, wie feindliche Heere, verfeindete Fürsten und Grosse einander mit symbolischem Hohn auf das Aeusserste reizen, oder wie der unterlegene Teil mit höchster symbolischer Schmach beladen wird. Daneben beginnt in theologischen Streitigkeiten schon hie und da, unter dem Einfluss antiker Rhetorik und Epistolographie, der Witz eine Waffe zu werden, und die provenzalische Poesie entwickelt eine eigene Gattung von Trotz- und Hohnliedern; auch den Minnesingern fehlt gelegentlich dieser Ton nicht, wie ihre politischen Gedichte zeigen[2]. Aber ein selbständiges Element des Lebens konnte der Witz doch erst werden, als sein regelmässiges Opfer, das ausgebildete Individuum mit persönlichen Ansprüchen, vorhanden war. Da beschränkt er sich auch

1. Das Schimpfen allein hat man schon sehr früh, bei dem verlogenen Benzo von Alba, im 11. Jh. (Pertz, Scriptt. XI.)

2. Das Mittelalter ist ausserdem reich an sogenannten satirischen Gedichten, allein es ist noch nicht individuelle, sondern fast lauter allgemeine, auf Stände, Kategorien, Bevölkerungen usw. gemünzte Satire, welche denn auch leicht in den lehrhaften Ton übergeht. Der allgemeine Niederschlag dieser ganzen Richtung ist vorzüglich die Fabel vom Reineke Fuchs in all ihren Redaktionen bei den verschiedenen Völkern des Abendlandes. Für die französische Literatur dieses Zweiges ist eine treffliche neuere Arbeit vorhanden: Lenient, La satire en France au moyen-âge.

bei weitem nicht mehr auf Wort und Schrift, sondern wird tatsächlich: er spielt Possen und verübt Streiche, die sogenannten burle und beffe, welche einen Hauptinhalt mehrerer Novellensammlungen ausmachen.

Die „hundert alten Novellen", welche noch zu Ende des 13. Jahrhunderts entstanden sein müssen, haben noch nicht den Witz, den Sohn des Kontrastes, und noch nicht die Burla zum Inhalt[3]; ihr Zweck ist nur, weise Reden und sinnvolle Geschichten und Fabeln in einfach schönem Ausdruck wiederzugeben. Wenn aber irgend etwas das hohe Alter der Sammlung beweist, so ist es dieser Mangel an Hohn. Denn gleich mit dem 14. Jahrhundert folgt Dante, der im Ausdruck der Verachtung alle Dichter der Welt hinter sich lässt und z. B. schon allein wegen jenes grossen höllischen Genrebildes von den Betrügern[4] der höchste Meister kolossaler Komik heissen muss. Mit Petrarca beginnen[5] schon die Witzsammlungen nach dem Vorbilde des Plutarch (Apophthegmata usw.). Was dann während des genannten Jahrhunderts sich in Florenz von Hohn aufsammelte, davon gibt Franco Sacchetti in seinen Novellen die bezeichnendste Auswahl. Es sind meist keine eigentlichen Geschichten, sondern Antworten, die unter gewissen Umständen gegeben werden, horrible Naivetäten, womit sich Halbnarren, Hofnarren, Schälke, liederliche Weiber ausreden; das Komische liegt dann in dem schreienden Gegensatz dieser wahren oder scheinbaren Naivetät zu den sonstigen Verhältnissen der Welt und zur gewöhnlichen Moralität; die Dinge stehen auf dem Kopf. Alle Mittel der

3. Ausnahmsweise kommt auch schon ein insolenter Witz vor, Nov. 37.

4. Inferno XXI, XXII. Die einzige mögliche Parallele wäre Aristophanes.

5. Ein schüchterner Anfang Opera p. 421 u. f., in Rerum memorandarum libri IV. Anderes z. B.: p. 868, in Epp. senil. X, 2. Der Wortwitz schmeckt bisweilen noch sehr nach seinem mittelalterlichen Asyl, dem Kloster.

Darstellung werden zu Hülfe genommen, auch z. B. schon die Nachahmung bestimmter oberitalienischer Dialekte. Oft tritt an die Stelle des Witzes die bare freche Insolenz, der plumpe Betrug, die Blasphemie und die Unfläterei; ein paar Condottierenspässe[6] gehören zum Rohesten und Bösesten, was aufgezeichnet ist. Manche Burla ist hochkomisch, manche aber auch ein bloss vermeintlicher Beweis der persönlichen Ueberlegenheit, des Triumphes über einen andern. Wie viel man einander zugute hielt, wie oft das Schlachtopfer durch einen Gegenstreich die Lacher wieder auf seine Seite zu bringen sich begnügte, wissen wir nicht; es war doch viele herzlose und geistlose Bosheit dabei, und das florentinische Leben mag hiedurch oft recht unbequem geworden sein[7]. Bereits ist der Spasserfinder und Spasserzähler eine unvermeidliche Figur geworden, und es muss darunter klassische gegeben haben, weit überlegen allen blossen Hofnarren, welchen die Konkurrenz, das wechselnde Publikum und das rasche Verständnis der Zuhörer (lauter Vorzüge des Aufenthaltes in Florenz) abgingen. Deshalb reisten auch einzelne Florentiner auf Gastrollen an den Tyrannenhöfen der Lombardie und Romagna herum[8] und fanden ihre Rechnung dabei, während sie in der Vaterstadt, wo der Witz auf allen Gassen lief, nicht viel gewannen. Der bessere Typus dieser Leute ist der des amüsanten Menschen (l'uomo piacevole), der geringere ist der des Buffone und des gemeinen Schmarotzers, der sich an Hochzeiten und Gastmählern einfindet mit dem Raisonnement: „Wenn ich nicht eingeladen worden bin, so ist das nicht meine Schuld."

6. Nov. 40, 41; es ist Ridolfo da Camerino.

7. Die bekannte Posse von Brunellesco und dem dicken Holzschnitzer, so geistreich erfunden, ist doch wohl grausam zu nennen.

8. Ibid. Nov. 49. Und doch hatte man laut Nov. 67 das Gefühl, dass hie und da ein Romagnole auch dem schlimmsten Florentiner überlegen sei.

Da und dort helfen diese einen jungen Verschwender aussaugen[9], im ganzen aber werden sie als Parasiten behandelt und verhöhnt, während höherstehende Witzbolde sich fürstengleich dünken und ihren Witz für etwas wahrhaft Souveränes halten. Dolcibene, welchen Kaiser Karl IV. zum „König der italienischen Spassmacher" erklärt hatte, sagte in Ferrara zu ihm: „Ihr werdet die Welt besiegen, da Ihr mein und des Papstes Freund seid; Ihr kämpft mit dem Schwert, der Papst mit dem Bullensiegel, ich mit der Zunge[10]!" Dies ist kein blosser Scherz, sondern eine Vorahnung Pietro Aretinos.

Die beiden berühmtesten Spassmacher um die Mitte des 15. Jahrhunderts waren ein Pfarrer in der Nähe von Florenz, Arlotto, für den feinern Witz (facezie), und der Hofnarr von Ferrara, Gonnella, für die Buffonerien. Es ist bedenklich, ihre Geschichten mit denjenigen des Pfaffen von Kalenberg und des Till Eulenspiegel zu vergleichen; letztere sind eben auf ganz andere, halbmythische Weise entstanden, so dass ein ganzes Volk daran mitgedichtet hat, und dass sie mehr auf das Allgemeingültige, Allverständliche hinauslaufen, während Arlotto und Gonnella historisch und lokal bekannte und bedingte Persönlichkeiten waren. Will man aber einmal die Vergleichung zulassen und sie auf die „Schwänke" der ausseritalischen Völker überhaupt ausdehnen, so wird es sich im ganzen finden, dass der „Schwank", in den französischen Fabliaux[11] wie bei den Deutschen, in erster Linie auf

9. Ang. Pandolfini, del governo della famiglia, p. 48.

10. Franco Sacchetti, Nov. 156; vgl. Nov. 24. – Die Facetiae des Poggio sind dem Inhalt nach mit Sacchetti nahe verwandt: burle, Insolenzen, Missverständnisse einfacher Menschen gegenüber der raffinierten Zote, dann aber mehr Wortwitze, die den Philologen verraten. – Ueber L. B. Alberti vgl. S. 170 f.

11. Folgerichtig auch in denjenigen Novellen der Italiener, deren Inhalt von dort entlehnt ist.

einen Vorteil oder Genuss berechnet ist, während der Witz des Arlotto, die Possen des Gonnella sich gleichsam Selbstzweck, nämlich um des Triumphes, um der Satisfaktion willen vorhanden sind. (Till Eulenspiegel erscheint dann wieder als eine eigentümliche Gattung, nämlich als der personifizierte, meist ziemlich geistlose Schabernack gegen besondere Stände und Gewerbe.) Der Hofnarr des Hauses Este hat sich mehr als einmal durch bittern Hohn und ausgesuchte Rache schadlos gehalten[12].

Die Spezies des uomo piacevole und des Buffone haben die Freiheit von Florenz lange überdauert. Unter Herzog Cosimo blühte der Barlacchia, zu Anfang des 17. Jahrhunderts Francesco Ruspoli und Curzio Marignolli. Ganz merkwürdig zeigt sich in Papst Leo X. die echt florentinische Vorliebe für Spassmacher. Der „auf die feinsten geistigen Genüsse gerichtete und darin unersättliche" Fürst erträgt und verlangt doch an seiner Tafel ein paar witzige Possenreisser und Fresskünstler, darunter zwei Mönche und ein Krüppel[13]; bei festlichen Zeiten behandelte er sie mit gesucht antikem Hohn als Parasiten, indem ihnen Affen und Raben unter dem Anschein köstlicher Braten aufgestellt wurden. Ueberhaupt behielt sich Leo die Burle für eigenen Gebrauch vor; namentlich gehörte es zu seiner Art von Geist, die eigenen Lieblingsbeschäftigungen – Dichtungen und Musik – bisweilen ironisch zu behandeln, indem er und sein Faktotum Kardinal Bibiena die Karikaturen derselben beförderten[14]. Beide fanden es nicht unter ihrer Würde, einen guten

12. Laut Bandello IV, Nov. 2 konnte Gonnella auch sein Gesicht in die Züge anderer verstellen und alle Dialekte Italiens nachmachen.

13. Paul. Jovius, Vita Leonis X.

14. Erat enim Bibiena mirus artifex hominibus aetate vel professione gravibus ad insaniam impellendis. Man erinnert sich dabei an den Scherz, welchen Christine von Schweden mit ihren Philologen trieb.

alten Sekretär mit allen Kräften so lange zu bearbeiten, bis er sich für einen grossen Musiktheoretiker hielt. Den Improvisator Baraballo von Gaeta hetzte Leo durch beständige Schmeicheleien so weit, dass sich derselbe ernstlich um die kapitolinische Dichterkrönung bewarb; am Tage der mediceischen Hauspatrone S. Cosmas und S. Damian musste er erst, mit Lorbeer und Purpur ausstaffiert, das päpstliche Gastmahl durch Rezitation erheitern und, als alles am Bersten war, im vatikanischen Hof den goldgeschirrten Elefanten besteigen, welchen Emanuel der Grosse von Portugal nach Rom geschenkt hatte; währenddessen sah der Papst von oben durch sein Lorgnon[15] herunter. Das Tier aber wurde scheu vom Lärm der Pauken und Trompeten und vom Bravorufen und war nicht über die Engelsbrücke zu bringen.

Die Parodie des Feierlichen und Erhabenen, welche uns hier in Gestalt eines Aufzuges entgegentritt, hatte damals bereits eine mächtige Stellung in der Poesie eingenommen[16]. Freilich musste sie sich ein anderes Opfer suchen als z. B. Aristophanes durfte, da er die grossen Tragiker in seiner Komödie auftreten liess. Aber dieselbe Bildungsreife, welche bei den Griechen

15. Das Lorgnon entnehme ich nicht bloss aus Rafaels Porträt, wo es eher als Lupe zur Betrachtung der Miniaturen des Gebetbuches gedeutet werden kann, sondern aus einer Notiz des Pellicanus, wonach Leo eine aufziehende Prozession von Mönchen durch ein Specillum betrachtete (vgl. Zürcher Taschenbuch auf 1858, S. 177), und aus der cristallus concava, die er laut Giovio auf der Jagd brauchte. – Laut Attilius Alexius (Baluz. Miscell. IV, 518): oculari ex gemina (gemma?) utebatur, quam manu gestans, si quando aliquid videndum esset, oculis admovebat.

16. Auch in der bildenden Kunst fehlt sie nicht; man erinnere sich z. B. jenes bekannten Stiches, welcher die Laocoonsgruppe in drei Affen übersetzt darstellt. Nur ging dergleichen selten über eine flüchtige Handzeichnung hinaus; manches mag auch zernichtet worden sein. Die Karikatur ist dann wieder wesentlich etwas anderes; Lionardo in seinen Grimassen (Ambrosiana) stellt das Hässliche dar, wenn und weil es komisch ist, und erhöht dabei diesen komischen Charakter nach Belieben.

zu einer bestimmten Zeit die Parodie hervortrieb, brachte sie auch hier zur Blüte. Schon zu Ende des 14. Jahrhunderts werden im Sonett petrarchische Liebesklagen und anderes der Art durch Nachahmung ausgehöhnt; ja das Feierliche der vierzehnzeiligen Form an sich wird durch geheimtuenden Unsinn verspottet. Ferner lud die göttliche Komödie auf das stärkste zur Parodierung ein, und Lorenzo magnifico hat im Stil des Inferno die herrlichste Komik zu entwickeln gewusst. (Simposio, oder: i Beoni.) Luigi Pulci ahmt in seinem Morgante deutlich die Improvisatoren nach, und überdies ist seine und Bojardos Poesie, schon insofern sie über dem Gegenstande schwebt, stellenweise eine wenigstens halbbewusste Parodie der mittelalterlichen Ritterdichtung. Der grosse Parodist Teofilo Folengo (blühte um 1520) greift dann ganz unmittelbar zu. Unter dem Namen Limerno Pitocco dichtet er den Orlandino, wo das Ritterwesen nur noch als lächerliche Rokokoeinfassung um eine Fülle moderner Einfälle und Lebensbilder herum figuriert; unter dem Namen Merlinus Coccajus schildert er die Taten und Fahrten seiner phantastischen Landstreicher, ebenfalls mit starker tendenziöser Zutat, in halblateinischen Hexametern, unter dem komischen Scheinapparat des damaligen gelehrten Epos. (Opus Macaronicorum.) Seitdem ist die Parodie auf dem italischen Parnass immerfort, und bisweilen wahrhaft glanzvoll, vertreten gewesen.

In der Zeit der mittlern Höhe der Renaissance wird dann auch der Witz theoretisch zergliedert und seine praktische Anwendung in der feinern Gesellschaft genauer festgestellt. Der Theoretiker ist Gioviano Pontano[17]; in seiner Schrift über das Reden, namentlich

17. Jovian. Pontan. de Sermone. Er konstatiert eine besondere Begabung zum Witz ausser bei den Florentinern auch bei den Sienesen und Peruginern; den spanischen Hof fügt er dann noch aus Höflichkeit bei.

im vierten Buch, versucht er durch Analyse zahlreicher einzelner Witze oder facetiae zu einem allgemeinen Prinzip durchzudringen. Wie der Witz unter Leuten von Stande zu handhaben sei, lehrt Baldassar Castiglione in seinem Cortigiano[18]. Natürlich handelt es sich wesentlich nur um Erheiterung dritter Personen durch Wiedererzählung von komischen und graziösen Geschichten und Worten; vor direkten Witzen wird eher gewarnt, indem man damit Unglückliche kränke, Verbrechern zu viele Ehre antue und Mächtige und durch Gunst Verwöhnte zur Rache reize, und auch für das Wiedererzählen wird dem Mann von Stande ein weises Masshalten in der nachahmenden Dramatik, d. h. in den Grimassen, empfohlen. Dann folgt aber, nicht bloss zum Wiedererzählen, sondern als Paradigma für künftige Witzbildner, eine reiche Sammlung von Sach- und Wortwitzen, methodisch nach Gattungen geordnet, darunter viele ganz vortreffliche. Viel strenger und behutsamer lautet etwa zwei Jahrzehnde später die Doktrin des Giovanni della Casa in seiner Anweisung zur guten Lebensart[19]; im Hinblick auf die Folgen will er aus Witzen und Burle die Absicht des Triumphierens völlig verbannt wissen. Er ist der Herold einer Reaktion, welche eintreten musste.

In der Tat war Italien eine Lästerschule geworden wie die Welt seitdem keine zweite mehr aufzuweisen gehabt hat, selbst in dem Frankreich Voltaires nicht. Am Geist des Verneinens fehlte es dem letztern und seinen Genossen nicht, aber wo hätte man im vorigen Jahrhundert die Fülle von passenden Opfern hernehmen sollen, jene zahllosen hoch und eigenartig entwickelten Menschen, Zelebritäten jeder Gattung,

18. Il cortigiano, Lib. II. fol. 74, s. – Die Herleitung des Witzes aus dem Kontrast, obwohl noch nicht völlig klar, fol. 76.
19. Galateo del Casa, ed. Venez. 1789, p. 26, s. 48.

Staatsmänner, Geistliche, Erfinder und Entdecker, Literaten, Dichter und Künstler, die obendrein ihre Eigentümlichkeit ohne Rückhalt walten liessen? Im 15. und 16. Jahrhundert existierte diese Heerschar, und neben ihr hatte die allgemeine Bildungshöhe ein furchtbares Geschlecht von geistreichen Ohnmächtigen, von geborenen Krittlern und Lästerern grossgezogen, deren Neid seine Hekatomben verlangte; dazu kam aber noch der Neid der Berühmten untereinander. Mit letzterem haben notorisch die Philologen angefangen: Filelfo, Poggio, Lorenzo Valla u. a., während z. B. die Künstler des 15. Jahrhunderts noch in fast völlig friedlichem Wettstreit nebeneinander lebten, wovon die Kunstgeschichte Akt nehmen darf.

Der grosse Ruhmesmarkt Florenz geht hierin, wie gesagt, allen andern Städten eine Zeitlang voran. „Scharfe Augen und böse Zungen" ist das Signalement der Florentiner[20]. Ein gelinder Hohn über alles und jedes mochte der vorherrschende Alltagston sein. Macchiavelli, in dem höchst merkwürdigen Prolog seiner Mandragola, leitet mit Recht oder Unrecht von der allgemeinen Medisance das sichtbare Sinken der moralischen Kraft her, droht übrigens seinen Verkleinerern damit, dass auch er sich auf Uebelreden verstehe. Dann kommt der päpstliche Hof, seit lange ein Stelldichein der allerschlimmsten und dabei geistreichsten Zungen. Schon Poggios Facetiae sind ja aus dem Lügenstübchen (bugiale) der apostolischen Schreiber datiert, und wenn man erwägt, welche grosse Zahl von enttäuschten Stellenjägern, von hoffnungsvollen Feinden und Konkurrenten der Begünstigten, von Zeitver-

20. Lettere pittoriche, I, 71, in einem Briefe des Vinc. Borghini 1577. – Macchiavelli, Stor. fior. L. VII. sagt von den jungen Herrn in Florenz nach der Mitte des 15. Jahrhunderts: gli studî loro erano apparire col vestire splendidi, e col parlare sagaci ed astuti, e quello che più destramente mordeva gli altri, era più savio e da più stimato.

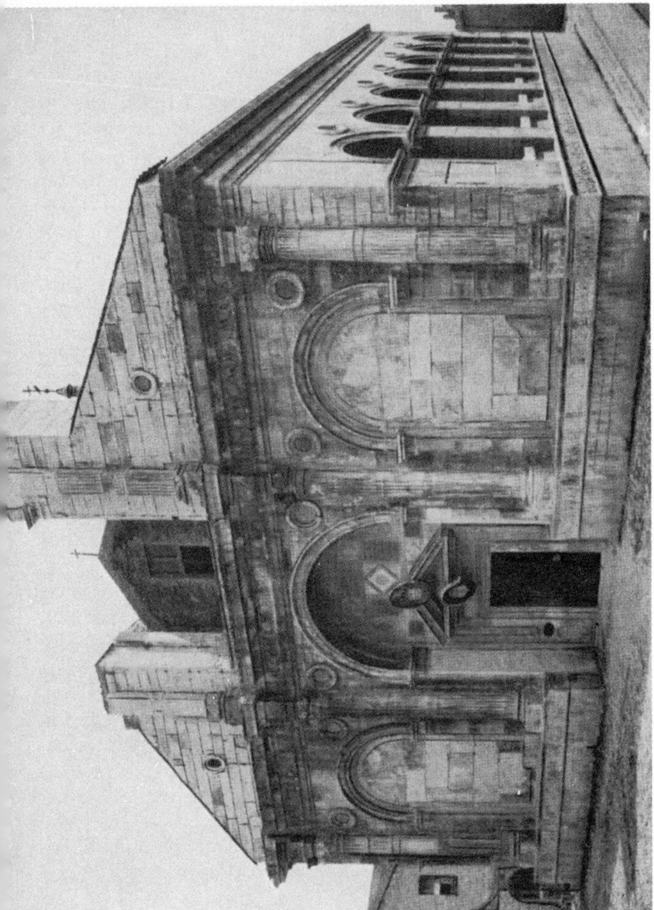

L. B. Alberti: S. Francesco in Rimini

Masolino: Die Hl. Katharina im Gefängnis

treibern sittenloser Prälaten beisammen war, so kann es nicht auffallen, wenn Rom für das wilde Pasquill wie für die beschaulichere Satire eine wahre Heimat wurde. Rechnet man noch gar hinzu, was der allgemeine Widerwille gegen die Priesterherrschaft und was das bekannte Pöbelbedürfnis, den Mächtigen das Grässlichste anzudichten, beifügte, so ergibt sich eine unerhörte Summe von Schmach[21]. Wer konnte, schützte sich dagegen am zweckmässigsten durch Verachtung, sowohl was die wahren als was die erlogenen Beschuldigungen betraf, und durch glänzenden, fröhlichen Aufwand[22]. Zartere Gemüter aber konnten wohl in eine Art von Verzweiflung fallen, wenn sie tief in Schuld und noch tiefer in üble Nachrede verstrickt waren[23]. Allmählich sagte man jedem das Schlimmste nach, und gerade die strengste Tugend weckte die Bosheit am sichersten. Von dem grossen Kanzelredner Fra Egidio von Viterbo, den Leo um seiner Verdienste willen zum Kardinal erhob und der sich bei dem Unglück von 1527 auch als tüchtiger populärer Mönch zeigte[24], gibt Giovio zu verstehen, er habe sich die aszetische Blässe durch Qualm von nassem Stroh u. dgl. konserviert. Giovio ist bei solchen Anlässen ein echter

21. Vgl. Fedra Inghiramis Leichenrede auf Lodovico Podocataro (1505), in den Anecd. litt. I, p. 319. – Der Skandalsammler Massaino erwähnt bei Paul. Jov., Dialogus de viris litt. illustr. (Tiraboschi, Tom. VII, parte IV, p. 1631).

22. So hielt es im ganzen Leo X. und er rechnete damit im ganzen richtig; so schrecklich die Pasquillanten zumal nach seinem Tode mit ihm umgingen, sie haben die Gesamtanschauung seines Wesens nicht dominieren können.

23. In diesem Falle war wohl Kardinal Ardicino della Porta, der 1491 seine Würde niederlegen und in ein fernes Kloster flüchten wollte. Vgl. Infessura, bei Eccard II, Col. 2000.

24. S. dessen Leichenrede in den Anecd. litt. IV, p. 315. Er brachte in der südlichen Mark Ancona ein Bauernheer zusammen, das nur durch den Verrat des Herzogs von Urbino am Handeln verhindert wurde. – Seine schönen hoffnungslosen Liebesmadrigale bei Trucchi, Poesie ined. III, p. 123.

Kuriale[25]; in der Regel erzählt er sein Històrchen, fügt dann bei, er glaube es nicht, und lässt endlich in einer allgemeinern Bemerkung durchblicken, es möchte doch etwas dran sein. Das wahre Brandopfer des römischen Hohnes aber war der gute Hadrian VI.; es bildete sich ein Uebereinkommen, ihn durchaus nur von der burlesken Seite zu nehmen. Mit der furchtbaren Feder eines Francesco Berni verdarb er es gleich von Anfang an, indem er drohte – nicht die Statue des Pasquino, wie man[26] sagte –, sondern die Pasquillanten selber in die Tiber werfen zu lassen. Die Rache dafür war das berühmte Capitolo „gegen Papst Adriano“, diktiert nicht eigentlich vom Hass, sondern von der Verachtung gegen den lächerlichen holländischen Barbaren; die wilde Drohung wird aufgespart für die Kardinäle, die ihn gewählt haben. Berni und andere[27] malen auch die Umgebung des Papstes mit derselben pikanten Lügenhaftigkeit aus, mit welcher das heutige großstädtische Feuilleton das So zum Anders und das Nichts zum Etwas verkünstelt. Die Biographie, welche Paolo Giovio im Auftrag des Kardinals von Tortosa verfasste und welche eigentlich eine Lobschrift vorstellen sollte, ist für jeden, der zwischen den Zeilen lesen kann, ein wahrer Ausbund von Hohn. Es liest sich (zumal für das damalige Italien) sehr komisch, wie Hadrian sich beim Domkapitel von Saragossa um die Kinnlade des S. Lambert bewirbt, wie ihn dann die andächtigen Spanier mit Schmuck

25. Wie er an der Tafel Clemens VII. seine Zunge brauchte, s. bei Giraldi, Hecatommithi, VII, Nov. 5.

26. Die ganze angebliche Beratung über das Versenken des Pasquino bei Paul. Jov., Vita Hadriani, ist von Sixtus IV. auf Hadrian übertragen. – Vgl. Lettere de' principi I, Brief des Negro vom 7. April 1523. Pasquino hatte am St. Marcustag ein besonderes Fest, welches der Papst verbot.

27. Z. B.: Firenzuola, Opere, vol. I, p. 116, im Discorso degli animali.

und Zeug ausstatten, „bis er einem wohlherausgeputzten Papst recht ähnlich sieht", wie er seinen stürmischen und geschmacklosen Zug von Ostia gen Rom hält, sich über die Versenkung oder Verbrennung des Pasquino berät, die wichtigsten Verhandlungen wegen Meldung des Essens plötzlich unterbricht und zuletzt nach unglücklicher Regierung an allzu vielem Biertrinken verstirbt; worauf das Haus seines Leibarztes von Nachtschwärmern bekränzt und mit der Inschrift Liberatori Patriae S. P. Q. R. geschmückt wird. Freilich Giovio hatte bei der allgemeinen Renteneinziehung auch seine Rente verloren und nur deshalb zur Entschädigung eine Pfründe erhalten, weil er „kein Poet", d. h. keine Heide sei. Es stand aber geschrieben, dass Hadrian das letzte grosse Opfer dieser Art sein sollte. Seit dem Unglück Roms (1527) starb mit der äussersten Ruchlosigkeit des Lebens auch die frevelhafte Rede sichtlich ab.

Während sie aber noch in Blüte stand, hatte sich, hauptsächlich in Rom, der grösste Lästerer der neuern Zeit, Pietro Aretino, ausgebildet. Ein Blick auf sein Wesen erspart uns die Beschäftigung mit manchen Geringern seiner Gattung.

Wir kennen ihn hauptsächlich in den letzten drei Jahrzehnden seines Lebens (1527–1556), die er in dem für ihn einzig möglichen Asyl Venedig zubrachte. Von hier aus hielt er das ganze berühmte Italien in einer Art von Belagerungszustand; hieher mündeten auch die Geschenke auswärtiger Fürsten, die seine Feder brauchten oder fürchteten. Karl V. und Franz I. pensionierten ihn beide zugleich, weil jeder hoffte, Aretino würde dem andern Verdruss machen; Aretino schmeichelte beiden, schloss sich aber natürlich enger an Karl an, weil dieser in Italien Meister blieb. Nach dem Sieg über Tunis (1535) geht dieser Ton in den der lächerlichsten Vergötterung über, wobei zu erwägen ist, dass Aretino fortwährend sich mit der Hoffnung hinhalten liess, durch Karls Hülfe Kardinal zu werden. Vermutlich genoss er eine spezielle Protektion als spanischer Agent, indem man durch sein Reden oder Schweigen auf die kleinern italienischen Fürsten und auf die öffentliche Meinung drücken konnte. Das Papstwesen gab er sich die Miene gründlich zu verachten, weil er es aus der Nähe kenne; der wahre Grund war, dass man ihn von Rom aus nicht mehr honorieren konnte und wollte[28]. Venedig, das ihn beherbergte, beschwieg er weislich. Der Rest seines Verhältnisses zu den Grossen ist lauter Bettelei und gemeine Erpressung.

Bei Aretino findet sich der erste ganz grosse Missbrauch der Publizität zu solchen Zwecken. Die Streitschriften, welche hundert Jahre vorher Poggio und seine Gegner gewechselt hatten, sind in der Absicht und im Ton ebenso infam, allein sie sind nicht auf die Presse, sondern auf eine Art von halber und geheimer Publizität berechnet; Aretino macht sein Geschäft aus der ganzen und unbedingten; er ist in gewissem Betracht einer der Urväter der Journalistik. Periodisch lässt er seine Briefe und andere Artikel zusammen drucken, nachdem sie schon vorher in weitern Kreisen kursiert haben mochten[29].

Verglichen mit den scharfen Federn des 18. Jahrhunderts hat Aretino den Vorteil, dass er sich nicht

28. An den Herzog von Ferrara, 1. Januar 1536: Ihr werdet nun von Rom nach Neapel reisen, ricreando la vista avvilita nel mirar le miserie pontificali con la contemplatione delle eccellenze imperiali.

29. Wie er sich damit speziell den Künstlern furchtbar machte, wäre anderswo zu erörtern. – Das publizistische Vehikel der deutschen Reformation ist wesentlich die Broschüre, in Beziehung auf bestimmte einmalige Angelegenheiten; Aretino dagegen ist Journalist in dem Sinne, dass er einen fortwährenden Anlass des Publizierens in sich hat.

mit Prinzipien beladet, weder mit Aufklärung, noch mit Philanthropie und sonstiger Tugend, noch auch mit Wissenschaft; sein ganzes Gepäck ist das bekannte Motto: „Veritas“ odium parit. Deshalb gab es auch für ihn keine falschen Stellungen, wie z. B. für Voltaire, der seine Pucelle verleugnen und anderes lebenslang verstecken musste; Aretino gab zu allem seinen Namen, und noch spät rühmt er sich offen seiner berüchtigten Ragionamenti. Sein literarisches Talent, seine lichte und pikante Prosa, seine reiche Beobachtung der Menschen und Dinge würden ihn unter allen Umständen beachtenswert machen, wenn auch die Konzeption eines eigentlichen Kunstwerkes, z. B. die echte dramatische Anlage einer Komödie, ihm völlig versagt blieb; dazu kommt dann noch ausser der gröbsten und feinsten Bosheit eine glänzende Gabe des grotesken Witzes, womit er im einzelnen Fall dem Rabelais nicht nachsteht[30].

Unter solchen Umständen, mit solchen Absichten und Mitteln geht er auf seine Beute los oder einstweilen um sie herum. Die Art, wie er Clemens VII. auffordert, nicht zu klagen sondern zu verzeihen[31], während das Jammergeschrei des verwüsteten Roms zur Engelsburg, dem Kerker des Papstes, empordringt, ist lauter Hohn eines Teufels oder Affen. Bisweilen, wenn er die Hoffnung auf Geschenke völlig aufgeben muss, bricht seine Wut in ein wildes Geheul aus, wie z. B. in dem Capitolo an den Fürsten von Salerno. Dieser hatte ihn eine Zeitlang bezahlt und wollte nicht weiter zahlen; dagegen scheint es, dass der schreckliche Pierluigi Farnese, Herzog von Parma, niemals Notiz von ihm nahm. Da dieser Herr auf gute Nachrede wohl überhaupt verzichtet hatte, so war es nicht mehr leicht,

30. Z. B. im Capitolo an den Albicante, einen schlechten Dichter; leider entziehen sich die Stellen der Zitation.

31. Lettere, ed. Venez. 1539. Fol. 12, vom 31. Mai 1527.

ihm wehe zu tun; Aretino versucht es, indem er[32] sein äusseres Ansehen als das eines Sbirren, Müllers und Bäckers bezeichnet. Possierlich ist Aretino am ehesten im Ausdruck der reinen, wehmütigen Bettelei, wie z. B. im Capitolo an Franz I., dagegen wird man die aus Drohung und Schmeichelei gemischten Briefe und Gedichte trotz aller Komik nie ohne tiefen Widerwillen lesen können. Ein Brief wie der an Michelangelo vom November 1545[33] existiert vielleicht nicht ein zweites Mal; zwischen alle Bewunderung (wegen des Weltgerichtes) hinein droht er ihm wegen Irreligiosität, Indezenz und Diebstahl (an den Erben Julius II.) und fügt in einem begütigenden Postskript bei: „Ich habe Euch nur zeigen wollen, dass wenn Ihr divino (di-vino) seid, ich auch nicht d'acqua bin." Aretino hielt nämlich darauf – man weiss kaum, ob aus wahnsinnigem Dünkel oder aus Lust an der Parodie alles Berühmten –, dass man ihn ebenfalls göttlich nenne, und so weit brachte er es in der persönlichen Berühmtheit allerdings, dass in Arezzo sein Geburtshaus als Sehenswürdigkeit der Stadt galt[34]. Andererseits freilich gab es ganze Monate, da er sich in Venedig nicht über die Schwelle wagte, um nicht irgendeinem erzürnten Florentiner wie z. B. dem jüngern Strozzi in die Hände zu laufen; es fehlte nicht an Dolchstichen und entsetzlichen Prügeln[35], wenn sie auch nicht den Erfolg hatten, welchen ihm Berni in einem famosen Sonett weissagte; er ist in seinem Hause am Schlagfluss gestorben.

In der Schmeichelei macht er beachtenswerte Unter-

32. Im ersten Capitolo an Cosimo.

33. Gaye, Carteggio II, p. 332.

34. S. den frechen Brief von 1536 in den Lettere pittor., I, Append., 34. – Vgl. oben S. 176 das Geburtshaus des Petrarca in demselben Arezzo.

35. L'Aretin, per Dio grazia, è vivo e sano,
Ma'l mostaccio ha fregiato nobilmente,
E più colpi ha, che dita in una mano.
(Mauro, capitolo in lode delle bugie.)

schiede; für Nichtitaliener trägt er sie plump und dick auf[36], für Leute wie den Herzog Cosimo von Florenz weiss er sich anders zu geben. Er lobt die Schönheit des damals noch jungen Fürsten, der in der Tat auch diese Eigenschaft mit Augustus in hohem Grade gemein hatte; er lobt seinen sittlichen Wandel mit einem Seitenblick auf die Geldgeschäfte von Cosimos Mutter Maria Salviati, und schließt mit einer wimmernden Bettelei wegen der teuren Zeiten usw. Wenn ihn aber Cosimo pensionierte[37], und zwar im Verhältnis zu seiner sonstigen Sparsamkeit ziemlich hoch (in der letzten Zeit mit 160 Dukaten jährlich), so war wohl eine bestimmte Rücksicht auf seine Gefährlichkeit als spanischer Agent mit im Spiel. Aretino durfte in einem Atemzug über Cosimo bitter spotten und schmähen und doch dabei dem florentinischen Geschäftsträger drohen, dass er beim Herzog seine baldige Abberufung erwirken werde. Und wenn der Medici sich auch am Ende von Karl V. durchschaut wusste, so mochte er doch nicht wünschen, dass am kaiserlichen Hofe aretinische Witze und Spottverse über ihn in Kurs kommen möchten. Eine ganz hübsch bedingte Schmeichelei ist auch diejenige an den berüchtigten Marchese von Marignano, der als „Kastellan von Musso“ einen eigenen Staat zu gründen versucht hatte. Zum Dank für übersandte hundert Scudi schreibt Aretin: „Alle Eigenschaften, die ein Fürst haben muss, sind in Euch vorhanden, und jedermann würde dies einsehen, wenn nicht die bei allen Anfängen unvermeidliche Gewaltsamkeit Euch noch als etwas rauh (aspro) erscheinen liesse[38].“

36. Man sehe z. B. den Brief an den Kardinal von Lothringen, Lettere, ed. Venez. 1539, vom 21. November 1534, sowie die Briefe an Karl V.

37. Für das Folgende s. Gaye, Carteggio, II, p. 336, 337, 345.

38. Lettere, ed. Venez. 1539. Fol. 15, vom 16. Juni 1529.

Man hat häufig als etwas Besonderes hervorgehoben, dass Aretino nur die Welt, nicht auch Gott gelästert habe. Was er geglaubt hat, ist bei seinem sonstigen Treiben völlig gleichgültig, ebenso sind es die Erbauungsschriften, welche er nur aus äussern Rücksichten[39] verfasste. Sonst aber wüsste ich wahrlich nicht, wie er hätte auf die Gotteslästerung verfallen sollen. Er war weder Dozent noch theoretischer Denker und Schriftsteller; auch konnte er von Gott keine Geldsummen durch Drohungen und Schmeicheleien erpressen, fand sich also auch nicht durch Versagung zur Lästerung gereizt. Mit unnützer Mühe aber gibt sich ein solcher Mensch nicht ab.

Es ist ein gutes Zeichen des heutigen italienischen Geistes, dass ein solcher Charakter und eine solche Wirkungsweise tausendmal unmöglich geworden sind. Aber von Seite der historischen Betrachtung aus wird dem Aretino immer eine wichtige Stellung bleiben.

39. Mochte es die Hoffnung auf den roten Hut oder die Furcht vor den beginnenden Bluturteilen der Inquisition sein, welche er noch 1535 herb zu tadeln gewagt hatte (s. a. a. O. Fol. 37), welche aber seit der Reorganisation des Institutes 1542 plötzlich zunahmen und alles zum Schweigen brachten.

DRITTER ABSCHNITT

DIE WIEDERERWECKUNG DES ALTERTUMS

Auf diesem Punkte unserer kulturgeschichtlichen Uebersicht angelangt, müssen wir des Altertums gedenken, dessen „Wiedergeburt" in einseitiger Weise zum Gesamtnamen des Zeitraums überhaupt geworden ist. Die bisher geschilderten Zustände würden die Nation erschüttert und gereift haben auch ohne das Altertum, und auch von den nachher aufzuzählenden neuen geistigen Richtungen wäre wohl das meiste ohne dasselbe denkbar; allein wie das Bisherige, so ist auch das Folgende doch von der Einwirkung der antiken Welt mannigfach gefärbt, und wo das Wesen der Dinge ohne dieselbe verständlich und vorhanden sein würde, da ist es doch die Aeusserungsweise im Leben nur mit ihr und durch sie. Die „Renaissance" wäre nicht die hohe weltgeschichtliche Notwendigkeit gewesen, die sie war, wenn man so leicht von ihr abstrahieren könnte. Darauf aber müssen wir beharren, als auf einem Hauptsatz dieses Buches, dass nicht sie allein, sondern ihr enges Bündnis mit dem neben ihr vorhandenen italienischen Volksgeist die abendländische Welt bezwungen hat. Die Freiheit, welche sich dieser Volksgeist dabei bewahrte, ist eine ungleiche und scheint, sobald man z. B. nur auf die neulateinische Literatur sieht, oft sehr gering; in der bildenden Kunst aber und in mehrern andern Sphären ist sie auffallend gross, und das Bündnis zwischen zwei weit auseinander liegenden Kulturepochen desselben Volkes erweist sich als ein, weil höchst selbständiges, deshalb auch berechtigtes und fruchtbares. Das übrige Abendland mochte zusehen, wie es den grossen, aus Italien kommenden Antrieb abwehrte oder sich halb oder ganz aneignete; wo letzteres geschah, sollte man sich die Klagen über den frühzeitigen Untergang unserer mittelalterlichen Kulturformen und Vorstellungen ersparen. Hätten sie sich wehren können, so würden sie noch leben. Wenn jene elegischen Gemüter, die sich danach zurücksehnen, nur eine Stunde darin zubringen müssten, sie würden heftig nach moderner Luft begehren. Dass bei grossen Prozessen jener Art manche edle Einzelblüte mit zugrunde geht, ohne in Tradition und Poesie unvergänglich gesichert zu sein, ist gewiss; allein das grosse Gesamtereignis darf man deshalb nicht ungeschehen wünschen. Dieses Gesamtereignis besteht darin, dass neben der Kirche, welche bisher (und nicht mehr für lange) das Abendland zusammenhielt, ein neues geistiges Medium entsteht, welches, von Italien her sich ausbreitend, zur Lebensatmosphäre für alle höher gebildeten Europäer wird. Der schärfste Tadel, den man darüber aussprechen kann, ist der der Unvolkstümlichkeit, der erst jetzt notwendig eintretenden Scheidung von Gebildeten und Ungebildeten in ganz Europa. Dieser Tadel ist aber ganz wertlos, sobald man eingestehen muss, dass die Sache noch heute, obwohl klar erkannt, doch nicht beseitigt werden kann. Und diese Scheidung ist überdies in Italien lange nicht so herb und unerbittlich als anderswo. Ist doch ihr grösster Kunstdichter Tasso auch in den Händen der Aermsten.

Das römisch-griechische Altertum, welches seit dem 14. Jahrhundert so mächtig in das italienische Leben eingriff, als Anhalt und Quelle der Kultur, als Ziel und Ideal des Daseins, teilweise auch als bewusster neuer Gegensatz, dieses Altertum hatte schon längst stellenweise auf das ganze, auch ausseritalienische Mittelalter eingewirkt. Diejenige Bildung, welche Karl der Grosse vertrat, war wesentlich eine Renaissance, gegenüber der Barbarei des 7. und 8. Jahrhunderts, und konnte nichts anderes sein. Wie hierauf in die romanische Baukunst des Nordens ausser der allgemeinen, vom Altertum ererbten Formengrundlage auch auffallende direkt antike Formen sich einschleichen, so hatte die ganze Klostergelehrsamkeit allmählich eine grosse Masse von Stoff aus römischen Autoren in sich aufgenommen, und auch der Stil derselben blieb seit Einhard nicht ohne Nachahmung.

Anders aber als im Norden wacht das Altertum in Italien wieder auf. Sobald hier die Barbarei aufhört, meldet sich bei dem noch halb antiken Volk die Erkenntnis seiner Vorzeit; es feiert sie und wünscht sie zu reproduzieren. Ausserhalb Italiens handelt es sich um eine gelehrte, reflektierte Benützung einzelner Elemente der Antike, in Italien um eine gelehrte und zugleich populäre sachliche Parteinahme für das Altertum überhaupt, weil dasselbe die Erinnerung an die eigene alte Grösse ist. Die leichte Verständlichkeit des Lateinischen, die Menge der noch vorhandenen Erinnerungen und Denkmäler befördert diese Entwicklung gewaltig. Aus ihr und aus der Gegenwirkung des inzwischen doch anders gewordenen Volksgeistes, der germanisch-langobardischen Staatseinrichtungen, des allgemein europäischen Rittertums, der übrigen Kultureinflüsse aus dem Norden und der Religion und Kirche erwächst dann das neue Ganze: der modern italienische Geist, welchem es bestimmt war, für den ganzen Okzident massgebendes Vorbild zu werden.

Wie sich in der bildenden Kunst das Antike regt, sobald die Barbarei aufhört, zeigt sich z. B. deutlich bei Anlass der toskanischen Bauten des 12. und der Skulpturen des 13. Jahrhunderts. Auch in der Dichtkunst fehlen die Parallelen nicht, wenn wir annehmen dürfen, dass der grösste lateinische Dichter des 12. Jahrhunderts, ja der, welcher für eine ganze Gattung der damaligen lateinischen Poesie den Ton angab, ein Italiener gewesen sei. Es ist derjenige, welchem die besten Stücke der sogenannten Carmina Burana angehören. Eine ungehemmte Freude an der Welt und ihren Genüssen, als deren Schutzgenien die alten Heidengötter wieder erscheinen, strömt in prachtvollem Fluss durch die gereimten Strophen. Wer sie in einem Zuge liest, wird die Ahnung, dass hier ein Italiener, wahrscheinlich ein Lombarde spreche, kaum abweisen können; es gibt aber auch bestimmte einzelne Gründe dafür[1]. Bis zu einem gewissen Grade sind diese lateinischen Poesien der Clerici vagantes des 12. Jahrhunderts allerdings ein gemeinsames europäisches Produkt, mitsamt ihrer grossen auffallenden Frivolität, allein der, welcher den Gesang de Phyllide et Flora und das Aestuans interius etc. gedichtet hat, war vermutlich kein Nordländer, und auch der feine beobachtende Sybarit nicht, von welchem Dum Dianae vitrea sero lampas oritur (S. 124) herrührt. Hier ist eine Renais-

1. Carmina Burana, in der «Bibliothek des literarischen Vereins in Stuttgart» der XVI. Band. – Der Aufenthalt in Pavia (p. 68, 69), die italienische Lokalität überhaupt, die Szene mit der pastorella unter dem Oelbaum (p. 145), die Anschauung einer pinus als eines weitschattigen Wiesenbaums (p. 156), der mehrmalige Gebrauch des Wortes bravium (p. 137, 144), namentlich aber die Form Madii für Maji (p. 141) scheinen für unsere Annahme zu sprechen. – Dass der Dichter sich Walther nennt, gibt noch keinen Wink über seine Herkunft. Gewöhnlich identifiziert man ihn mit Gualterus de Mapes, einem Domherrn von Salisbury und Kaplan der englischen Könige gegen Ende des 12. Jahrhunderts. In neuerer Zeit glaubt man ihn in einem gew. Walther von Lille oder von Chatillon wieder zu erkennen, vgl. Giesebrecht, bei Wattenbach: Deutschlands Geschichtsquellen im Mittelalter, S. 431 ff.

sance der antiken Weltanschauung, die nur um so klarer in die Augen fällt neben der mittelalterlichen Reimform. Es gibt manche Arbeit dieses und der nächsten Jahrhunderte, welche Hexameter und Pentameter in sorgfältiger Nachbildung und allerlei antike, zumal mythologische Zutat in den Sachen aufweist und doch nicht von ferne jenen antiken Eindruck hervorbringt. In den hexametrischen Chroniken u. a. Produktionen von Guilielmus Appulus an begegnet man oft einem emsigen Studium des Virgil, Ovid, Lucan, Statius und Claudian, allein die antike Form bleibt blosse Sache der Gelehrsamkeit, gerade wie der antike Stoff bei Sammelschriftstellern in der Weise des Vincenz von Beauvais oder bei dem Mythologen und Allegoriker Alanus ab Insulis. Die Renaissance ist aber nicht stückweise Nachahmung und Aufsammlung, sondern Wiedergeburt, und eine solche findet sich in der Tat in jenen Gedichten des unbekannten Clericus aus dem 12. Jahrhundert.

Die grosse, allgemeine Parteinahme der Italiener für das Altertum beginnt jedoch erst mit dem 14. Jahrhundert. Es war dazu eine Entwicklung des städtischen Lebens notwendig, wie sie nur in Italien und erst jetzt vorkam: Zusammenwohnen und tatsächliche Gleichheit von Adligen und Bürgern; Bildung einer allgemeinen Gesellschaft (S. 172), welche sich bildungsbedürftig fühlte und Musse und Mittel übrig hatte. Die Bildung aber, sobald sie sich von der Phantasiewelt des Mittelalters losmachen wollte, konnte nicht plötzlich durch blosse Empirie zur Erkenntnis der physischen und geistigen Welt durchdringen, sie bedurfte eines Führers, und als solchen bot sich das klassische Altertum dar mit seiner Fülle objektiver, einleuchtender Wahrheit in allen Gebieten des Geistes. Man nahm von ihm Form und Stoff mit Dank und Bewunderung an; es wurde einstweilen der Hauptinhalt jener Bildung[2]. Auch die allgemeinen Verhältnisse Italiens waren der Sache günstig; das Kaisertum des Mittelalters hatte seit dem Untergang der Hohenstaufen entweder auf Italien verzichtet oder konnte sich daselbst nicht halten; das Papsttum war nach Avignon übergesiedelt; die meisten tatsächlich vorhandenen Mächte waren gewaltsam und illegitim; der zum Bewusstsein geweckte Geist aber war im Suchen nach einem neuen haltbaren Ideal begriffen, und so konnte sich das Scheinbild und Postulat einer römisch-italischen Weltherrschaft der Gemüter bemächtigen, ja eine praktische Verwirklichung versuchen mit Cola di Rienzo. Wie er, namentlich bei seinem ersten Tribunat, die Aufgabe anfasste, musste es allerdings nur zu einer wunderlichen Komödie kommen, allein für das Nationalgefühl war die Erinnerung an das alte Rom durchaus kein wertloser Anhalt. Mit seiner Kultur aufs neue ausgerüstet fühlte man sich bald in der Tat als die vorgeschrittenste Nation der Welt.

Diese Bewegung der Geister nicht in ihrer Fülle, sondern nur in ihren äussern Umrissen, und wesentlich in ihren Anfängen zu zeichnen, ist nun unsere nächste Aufgabe[3].

2. Wie das Altertum in allen höhern Gebieten des Lebens als Lehrer und Führer dienen könne, schildert z. B. in rascher Uebersicht Aeneas Sylvius (opera p. 603 in der Epist. 105, an Erzherzog Sigismund).

3. Für das Nähere verweisen wir auf Roscoe: Lorenzo magnif. und: Leo X., sowie auf Voigt: Enea Silvio, und auf Papencordt: Geschichte der Stadt Rom im Mittelalter. – Wer sich einen Begriff machen will von dem Umfang, welchen das Wissenswürdige bei den Gebildeten des beginnenden 16. Jahrhunderts angenommen hatte, ist am besten auf die Commentarii urbani des Raphael Volaterranus zu verweisen. Hier sieht man, wie das Altertum den Eingang und Hauptinhalt jedes Erkenntniszweiges ausmachte, von der Geographie und Lokalgeschichte durch die Biographien aller Mächtigen und Berühmten, die Popularphilosophie, die Moral und die einzelnen Spezialwissenschaften hindurch bis auf die Analyse des ganzen Aristoteles, womit das Werk

Vor allem geniesst die Ruinenstadt Rom[1] selber jetzt eine andere Art von Pietät als zu der Zeit, da die Mirabilia Romae und das Geschichtswerk des Wilhelm von Malmesbury verfasst wurden. Die Phantasie des frommen Pilgers wie die des Zaubergläubigen und des Schatzgräbers[2] tritt in den Aufzeichnungen zurück neben der des Historikers und Patrioten. In diesem Sinne wollen Dantes Worte[3] verstanden sein: Die Steine der Mauern von Rom verdienten Ehrfurcht, und der Boden, worauf die Stadt gebaut ist, sei würdiger, als die Menschen sagen. Die kolossale Frequenz der Jubiläen lässt in der eigentlichen Literatur doch kaum eine andächtige Erinnerung zurück; als besten Gewinn vom Jubiläum des Jahres 1300 bringt Giovanni Villani (S. 102 f.) seinen Entschluss zur Geschichtschreibung mit nach Hause, welchen der Anblick der Ruinen von Rom in ihm geweckt. Petrarca gibt uns noch Kunde von einer zwischen klassischem und christlichem Altertum geteilten Stimmung; er erzählt, wie er oftmals mit Giovanni Colonna auf die riesigen Ge-

schliesst. Um die ganze Bedeutung desselben als Quelle der Bildung zu erkennen, müsste man es mit allen frühern Enzyklopädien vergleichen. Eine umständliche und allseitige Behandlung des vorliegenden Themas gewährt das treffliche Werk von Voigt: die Wiederbelebung des klassischen Altertums.

1. Die hier nur flüchtig berührte Aufgabe ist seither im grössten Maßstabe gelöst worden durch Gregorovius' «Geschichte der Stadt Rom im Mittelalter», auf welches Werk hier ein für allemal verwiesen wird.

2. Bei Guil. Malmesb., Gesta regum Anglor., L. II, § 169, 170, 205, 206 (ed. London 1840, vol. I, p. 277 ss., p. 354 ss.), verschiedene Schatzgräberphantasien, dann Venus als gespenstische Liebschaft, und endlich die Auffindung der riesigen Leiche des Pallas, Sohnes Evanders, um die Mitte des 11. Jahrh. – Vgl. Iac. ab Aquis, Imago mundi (Hist. patr. monum. Scriptt., Tom. III, Col. 1603) über den Ursprung des Hauses Colonna in Verbindung mit geheimen Schätzen. – Ausser seinen Schatzgräbergeschichten teilt Malmesbury freilich auch die Elegie des Hildebert von Mans, Bischofs von Tours, mit, eines der auffallendsten Beispiele humanistischer Begeisterung für die erste Hälfte des 12. Jahrhunderts.

3. Dante, Convito, Tratt. IV, Cap. 5.

wölbe der Diocletiansthermen hinaufgestiegen[4]; hier, in der reinen Luft, in tiefer Stille, mitten in der weiten Rundsicht redeten sie zusammen, nicht von Geschäften, Hauswesen und Politik, sondern, mit dem Blick auf die Trümmer ringsum, von der Geschichte, wobei Petrarca mehr das Altertum, Giovanni mehr die christliche Zeit vertrat; dann auch von der Philosophie und von den Erfindern der Künste. Wie oft seitdem bis auf Gibbon und Niebuhr hat diese Ruinenwelt die geschichtliche Kontemplation geweckt.

Dieselbe geteilte Empfindung offenbart auch noch Fazio degli Uberti in seinem um 1360 verfassten Dittamondo, einer fingierten visionären Reisebeschreibung, wobei ihn der alte Geograph Solinus begleitet wie Virgil den Dante. So wie sie Bari zu Ehren des S.Nicolaus, Monte Gargano aus Andacht zum Erzengel Michael besuchen, so wird auch in Rom die Legende von Araceli und die von S. Maria in Trastevere erwähnt, doch hat die profane Herrlichkeit des alten Rom schon merklich das Uebergewicht; eine hehre Greisin in zerrissenem Gewand – es ist Roma selber – erzählt ihnen die glorreiche Geschichte und schildert umständlich die alten Triumphe[5]; dann führt sie die Fremdlinge in der Stadt herum und erklärt ihnen die sieben Hügel und eine Menge Ruinen – che comprender potrai, quanto fui bella! –

Leider war dieses Rom der avignonesischen und schismatischen Päpste in bezug auf die Reste des Altertums schon bei weitem nicht mehr, was es einige Men-

4. Epp. familiares VI, 2 (pag. 657); Aeusserungen über Rom, bevor er es gesehen, ibid. II, 9 (p. 600); vgl. II, 14.

5. Dittamondo, II, cap. 3. Der Zug erinnert noch teilweise an die naiven Bilder der heiligen drei Könige und ihres Gefolges. – Die Schilderung der Stadt, II, cap. 31, ist archäologisch nicht ganz ohne Wert. – Laut dem Polistore (Murat. XXIV, Col. 845) reisten 1366 Nicolò und Ugo von Este nach Rom: per vedere quelle magnificenze antiche, che al presente si possono vedere in Roma.

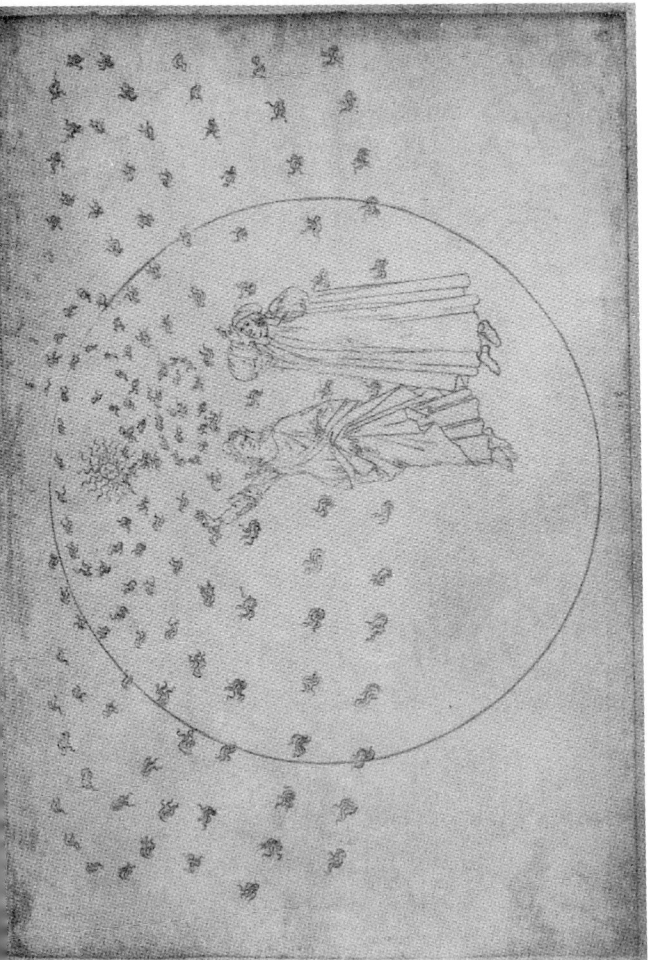

Botticelli: Dante und Beatrice im Paradies

Tizian: Pietro Aretino

schenalter vorher gewesen war. Eine tödliche Verwüstung, welche den wichtigsten noch vorhandenen Gebäuden ihren Charakter genommen haben muss, war die Schleifung von 140 festen Wohnungen römischer Grossen durch den Senator Brancaleone um 1258; der Adel hatte sich ohne Zweifel in den besterhaltenen und höchsten Ruinen eingenistet gehabt[6]. Gleichwohl blieb noch immer unendlich viel mehr übrig, als was gegenwärtig aufrechtsteht, und namentlich mögen viele Reste noch ihre Bekleidung und Inkrustation mit Marmor, ihre vorgesetzten Säulen u. a. Schmuck gehabt haben, wo jetzt nur der Kernbau aus Backsteinen übrig ist. An diesen Tatbestand schloss sich nun der Anfang einer ernsthaften Topographie der alten Stadt an. In Poggios Wanderung durch Rom[7] ist zum erstenmal das Studium der Reste selbst mit dem der alten Autoren und mit dem der Inschriften (welchen er durch alles Gestrüpp hindurch[8] nachging) inniger verbunden, die Phantasie zurückgedrängt, der Gedanke an das christliche Rom geflissentlich ausgeschieden. Wäre nur Poggios Arbeit viel ausgedehnter und mit Abbildungen versehen! Er traf noch sehr viel mehr Erhaltenes an als achtzig Jahre später Rafael. Er selber hat noch das Grabmal der Caecilia Metella und die Säulenfronte eines der Tempel am Abhang des Kapitols zuerst vollständig und dann später

6. Beiläufig hier ein Beleg, wie auch das Ausland Rom im Mittelalter als einen Steinbruch betrachtete: Der berühmte Abt Sugerius, der sich (um 1140) für seinen Neubau von St. Denis um gewaltige Säulenschäfte umsah, dachte an nichts Geringeres als an die Granitmonolithen der Diocletiansthermen, besann sich aber doch eines andern. Sugerii libellus alter, bei Duchesne, scriptores, IV, p. 352. – Karl der Grosse war ohne Zweifel bescheidener verfahren.

7. Poggii opera, fol. 50, s. Ruinarum urbis Romae descriptio. Um 1430, nämlich kurz vor dem Tode Martins V. – Die Thermen des Caracalla und Diocletian hatten noch ihre Inkrustation und ihre Säulen.

8. Poggio als frühster Inskriptionensammler, in seinem Briefe in der vita Poggii, bei Murat. XX, Col. 177. Als Büstensammler Col. 183.

bereits halbzerstört wiedergesehen, indem der Marmor noch immer den unglückseligen Materialwert hatte, leicht zu Kalk gebrannt werden zu können; auch eine gewaltige Säulenhalle bei der Minerva unterlag stückweise diesem Schicksal. Ein Berichterstatter vom Jahre 1443 meldet die Fortdauer dieses Kalkbrennens, „welches eine Schmach ist; denn die neuern Bauten sind erbärmlich, und das Schöne an Rom sind die Ruinen[9]". Die damaligen Einwohner in ihren Campagnolenmänteln und Stiefeln kamen den Fremden vor wie lauter Rinderhirten, und in der Tat weidete das Vieh bis zu den Banchi hinein; die einzige gesellige Reunion waren die Kirchgänge zu bestimmten Ablässen; bei dieser Gelegenheit bekam man auch die schönen Weiber zu sehen.

In den letzten Jahren Eugens IV. (†1447) schrieb Blondus von Forlì seine Roma instaurata, bereits mit Benützung des Frontinus und der alten Regionenbücher, sowie auch (scheint es) des Anastasius. Sein Zweck ist schon bei weitem nicht bloss die Schilderung des Vorhandenen, sondern mehr die Ausmittelung des Untergegangenen. Im Einklang mit der Widmung an den Papst tröstet er sich für den allgemeinen Ruin mit den herrlichen Reliquien der Heiligen, welche Rom besitze.

Mit Nicolaus V. (1447–1455) besteigt derjenige neue monumentale Geist, welcher der Renaissance eigen war, den päpstlichen Stuhl. Durch die neue Geltung und Verschönerung der Stadt Rom als solcher wuchs nun wohl einerseits die Gefahr für die Ruinen, andererseits aber auch die Rücksicht für dieselben als Ruhmestitel der Stadt. Pius II. ist ganz erfüllt von anti-

9. Fabroni, Cosmus, Adnot. 86. Aus einem Briefe des Alberto degli Alberti an Giovanni Medici. – Ueber den Zustand Roms unter Martin V. s. Platina, p. 277; während der Abwesenheit Eugens IV. s. Vespasiano Fiorent., p. 21.

quarischem Interesse, und wenn er von den Altertümern Roms wenig redet, so hat er dafür denjenigen des ganzen übrigen Italiens seine Aufmerksamkeit gewidmet und diejenigen der Umgebung der Stadt in weitem Umfange zuerst genau gekannt und beschrieben[10]. Allerdings interessieren ihn als Geistlichen und Kosmographen antike und christliche Denkmäler und Naturwunder gleichmässig, oder hat er sich Zwang antun müssen, als er z. B. niederschrieb: Nola habe grössere Ehre durch das Andenken des St. Paulinus als durch die römischen Erinnerungen und durch den Heldenkampf des Marcellus? Nicht dass etwa an seinem Reliqienglauben zu zweifeln wäre, allein sein Geist ist schon offenbar mehr der Forscherteilnahme an Natur und Altertum, der Sorge für das Monumentale, der geistvollen Beobachtung des Lebens zugeneigt. Noch in seinen letzten Jahren als Papst, podagrisch und doch in der heitersten Stimmung, lässt er sich auf dem Tragsessel über Berg und Tal nach Tusculum, Alba, Tibur, Ostia, Falerii, Ocriculum bringen und verzeichnet alles, was er gesehen; er verfolgt die alten Römerstrassen und Wasserleitungen und sucht die Grenzen der antiken Völkerschaften um Rom zu bestimmen. Bei einem Ausflug nach Tibur mit dem grossen Federigo von Urbino vergeht die Zeit beiden auf das angenehmste mit Gesprächen über das Altertum und dessen Kriegswesen, besonders über den trojanischen Krieg; selbst auf seiner Reise zum Kongress von Mantua (1459) sucht er, wiewohl vergebens, das von Plinius erwähnte Labyrinth von Clusium und besieht am Mincio die sogenannte Villa Virgils. Dass derselbe Papst auch von den Abbreviatoren ein klassisches Latein verlangte, versteht sich beinahe von

10. Das Folgende aus Jo. Ant. Campanus: Vita Pii II. bei Muratori III, II, Col. 980, s. – Pii II. Commentarii, p. 48, 72, s. 206, 248, s. 501 u. a. a. O.

selbst; hat er doch einst im neapolitanischen Krieg die Arpinaten amnestiert als Landsleute des M. T. Cicero, sowie des C. Marius, nach welchen noch viele Leute dort getauft waren. Ihm allein als Kenner und Beschützer konnte und mochte Blondus seine Roma triumphans zueignen, den ersten grossen Versuch einer Gesamtdarstellung des römischen Altertums.

In dieser Zeit war natürlich auch im übrigen Italien der Eifer für die römischen Altertümer erwacht. Schon Boccaccio[11] nennt die Ruinenwelt von Bajae „altes Gemäuer, und doch neu für moderne Gemüter"; seitdem galten sie als grösste Sehenswürdigkeit der Umgegend Neapels. Schon entstanden auch Sammlungen von Altertümern jeder Gattung. Ciriaco von Ancona durchstreifte nicht bloss Italien, sondern auch andere Länder des alten Orbis terrarum und brachte Inschriften und Zeichnungen in Menge mit; auf die Frage, warum er sich so bemühe, antwortete er: um die Toten zu erwecken[12]. Die Historien der einzelnen Städte hatten von jeher auf einen wahren oder fingierten Zusammenhang mit Rom, auf direkte Gründung oder Kolonisation von dort aus hingewiesen[13]; längst scheinen gefällige Genealogen auch einzelne Familien von berühmten römischen Geschlechtern deriviert zu haben. Dies lautete so angenehm, dass man auch im Lichte der beginnenden Kritik des 15. Jahrhunderts daran

11. Boccaccio, Fiammetta, cap. 5.

12. Leandro Alberti, Descriz. di tutta l'Italia, fol. 285. – Laut Lionardo Aretino (Baluz. Misc. III, p. 111) durchreiste Ciriaco Aetolien, Acarnanien, Böotien und den Peloponnes und kannte Sparta, Argos und Athen.

13. Zwei Beispiele statt vieler: die fabulose Urgeschichte von Mailand, im Manipulus (Murat. XI, Col. 552) und die von Florenz, am Anfang der Chronik des Ricordano Malaspini, und dann bei Gio. Villani, laut welchem Florenz gegen das antirömische, rebellische Fiesole von jeher Recht hat, weil es so gut römisch gesinnt ist. (I, 9, 38, 41, II, 2.) – Dante, Inf. XV, 76.

festhielt. Ganz unbefangen redete Pius II. in Viterbo[14] zu den römischen Oratoren, die ihn um schleunige Rückkehr bitten: „Rom ist ja meine Heimat so gut wie Siena, denn mein Haus, die Piccolomini, ist vor alters von Rom nach Siena gewandert, wie der häufige Gebrauch der Namen Aeneas und Sylvius in unserer Familie beweist." Vermutlich hätte er nicht übel Lust gehabt, ein Julier zu sein. Auch für Paul II. – Barbo von Venedig – wurde gesorgt, indem man sein Haus, trotz einer entgegenstehenden Abstammung aus Deutschland, von den römischen Ahenobarbus ableitete, die mit einer Kolonie nach Parma geraten und deren Nachkommen wegen Parteiung nach Venedig ausgewandert seien[15]. Dass die Massimi von Q. Fabius Maximus, die Cornaro von den Cornelieren abstammen wollten, kann nicht befremden. Dagegen ist es für das folgende 16. Jahrhundert eine recht auffallende Ausnahme, dass der Novellist Bandello sein Geschlecht von vornehmen Ostgoten (I, Nov. 23.) abzuleiten sucht.

Kehren wir nach Rom zurück. Die Einwohner, „die sich damals Römer nannten", gingen begierig auf das Hochgefühl ein, welches ihnen das übrige Italien entgegenbrachte. Wir werden unter Paul II., Sixtus IV. und Alexander VI. prächtige Karnevalsaufzüge stattfinden sehen, welche das beliebteste Phan-

14. Commentarii, p. 206, im IV. Buch.

15. Mich. Cannesius, Vita Pauli II. bei Murat. III, II, Col. 993. Selbst gegen Nero, den Sohn des Domitius Ahenobarbus, will Autor, der päpstlichen Verwandtschaft wegen, nicht unverbindlich sein; er sagt von demselben nur: de quo rerum scriptores multa ac diversa commemorant. – Noch stärker war es freilich z. B., wenn die Familie Plato in Mailand sich schmeichelte, von dem grossen Plato abzustammen, wenn Filelfo in einer Hochzeitsrede und in einer Lobrede auf den Juristen Teodoro Plato dies sagen durfte, und wenn ein Giovanantonio Plato der von ihm 1478 gemeisselten Relieffigur des Philosophen (im Hof des Pal. Mazenta zu Mailand) die Inschrift beifügen konnte: Platonem suum, a quo originem et ingenium refert . . .

tasiebild jener Zeit, den Triumph altrömischer Imperatoren, darstellten. Wo irgend Pathos zum Vorschein kam, musste es in jener Form geschehen. Bei dieser Stimmung der Gemüter geschah es am 18. April 1485, dass sich das Gerücht verbreitete, man habe die wunderbar schöne, wohlerhaltene Leiche einer jungen Römerin aus dem Altertum gefunden[16]. Lombardische Maurer, welche auf einem Grundstück des Klosters S. Maria nuova, an der Via Appia, ausserhalb der Caecilia Metella, ein antikes Grabmal aufgruben, fanden einen marmornen Sarkophag angeblich mit der Aufschrift: Julia, Tochter des Claudius. Das Weitere gehört der Phantasie an; die Lombarden seien sofort verschwunden samt den Schätzen und Edelsteinen, welche im Sarkophag zum Schmuck und Geleit der Leiche dienten; letztere sei mit einer sichernden Essenz überzogen und so frisch, ja so beweglich gewesen wie die eines eben gestorbenen Mädchens von 15 Jahren; dann hiess es sogar, sie habe noch ganz die Farbe des Lebens, Augen und Mund halb offen. Man brachte sie nach dem Konservatorenpalast auf dem Kapitol, und dahin, um sie zu sehen, begann nun eine wahre Wallfahrt; viele kamen auch, um sie abzumalen; „denn sie war schön, wie man es nicht sagen noch schreiben kann, und wenn man es sagte oder schriebe, so würden es, die sie nicht sahen, doch nicht glauben". Aber auf Befehl Innocenz VIII. musste sie eines Nachts vor Porta Pinciana an einem geheimen Ort verscharrt werden; in der Hofhalle der Konservatoren blieb nur der leere Sarkophag. Wahrscheinlich war über den Kopf der Leiche eine farbige Maske des idealen Stiles aus Wachs oder etwas Aehnlichem modelliert, wozu die vergoldeten Haare, von welchen die Rede ist, ganz wohl passen würden. Das

16. Hierüber Nantiporto, bei Murat. III, II, Col. 1094; Infessura bei Eccard, Scriptores, II, Col. 1951; – Matarazzo, im Arch. stor. XVI, II, p. 180.

Rührende an der Sache ist nicht der Tatbestand, sondern das feste Vorurteil, dass der antike Leib, den man endlich hier in Wirklichkeit vor sich zu sehen glaubte, notwendig herrlicher sein müsse als alles, was jetzt lebe.

Inzwischen wuchs die sachliche Kenntnis des alten Rom durch Ausgrabungen; schon unter Alexander VI. lernte man die sog. Grottesken, d. h. die Wand- und Gewölbedekoration der Alten kennen, und fand in Porto d'Anzo den Apoll vom Belvedere; unter Julius II. folgten die glorreichen Auffindungen des Laocoon, der vatikanischen Venus, des Torso, der Cleopatra u. a. m.[17]; auch die Paläste der Grossen und Kardinäle begannen sich mit antiken Statuen und Fragmenten zu füllen. Für Leo X. unternahm Rafael jene ideale Restauration der ganz alten Stadt, von welcher sein (oder Castigliones) berühmter Brief spricht[18]. Nach der bittern Klage über die noch immer dauernden Zerstörungen, namentlich noch unter Julius II., ruft er den Papst um Schutz an für die wenigen übriggebliebenen Zeugnisse der Grösse und Kraft jener göttlichen Seelen des Altertums, an deren Andenken sich noch jetzt diejenigen entzünden, die des Höhern fähig seien. Mit merkwürdig durchdringendem Urteil legt er dann den Grund zu einer vergleichenden Kunstgeschichte überhaupt und stellt am Ende denjenigen Begriff von „Aufnahme“ fest, welcher seitdem gegolten hat: er verlangt für jeden Ueberrest Plan, Aufriss und Durchschnitt gesondert. Wie seit dieser Zeit die Archäologie, in speziellem Anschluss an die geheiligte Weltstadt und deren Topographie, zur besondern Wissenschaft heranwuchs, wie die vitru-

17. Schon unter Julius II. grub man nach in der Absicht, Statuen zu finden. Vasari XI, p. 302, V. di Gio. da Udine.

18. Quatremère, Stor. della vita etc. di Rafaello, ed. Longhena, p. 531.

vianische Akademie wenigstens ein kolossales Programm[19] aufstellte, kann nicht weiter ausgeführt werden. Hier dürfen wir bei Leo X. stehenbleiben, unter welchem der Genuss des Altertums sich mit allen andern Genüssen zu jenem wundersamen Eindruck verflocht, welcher dem Leben in Rom seine Weihe gab. Der Vatikan tönte von Gesang und Saitenspiel; wie ein Gebot zur Lebensfreude gingen diese Klänge über Rom hin, wenn auch Leo damit für sich kaum eben erreichte, dass sich Sorgen und Schmerzen verscheuchen liessen, und wenn auch seine bewusste Rechnung, durch Heiterkeit das Dasein zu verlängern[20], mit seinem frühen Tode fehlschlug. Dem glänzenden Bilde des leonischen Rom, wie es Paolo Giovio entwirft, wird man sich nie entziehen können, so gut bezeugt auch die Schattenseiten sind: die Knechtschaft der Emporstrebenden und das heimliche Elend der Prälaten, welche trotz ihrer Schulden standesgemäss leben müssen[21], das Lotteriemässige und Zufällige von Leos literarischem Mäzenat, endlich seine völlig verderbliche Geldwirtschaft[22]. Derselbe Ariost, der diese Dinge so gut kannte und verspottete, gibt doch wieder in der sechsten Satire ein ganz sehnsüchtiges Bild von dem Umgang mit den hochgebildeten Poeten, welche ihn durch die Ruinenstadt begleiten würden, von dem gelehrten Beirat, den er für seine eigene Dichtung dort vorfände, endlich von den Schätzen der vatikanischen

19. Lettere pittoriche II, I. Tolomei an Landi, 14. Nov. 1542.

20. Er wollte curis animique doloribus quacunque ratione aditum intercludere, heiterer Scherz und Musik fesselten ihn, und er hoffte auf diese Weise länger zu leben. Leonis X. vita anonyma, bei Roscoe, ed. Bossi XII, p. 169.

21. Von Ariostos Satiren gehören hieher die I. (Perc' ho molto etc.) und die IV. (Poiche, Annibale etc.)

22. Ranke, Päpste, I, 408 f. – Lettere de' principi I, Brief des Negri 1. September 1522: ... tutti questi cortigiani esausti da Papa Leone e falliti ...

Bibliothek. Dies, und nicht die längst aufgegebene Hoffnung auf mediceische Protektion, meint er, wären die wahren Lockspeisen für ihn, wenn man ihn wieder bewegen wollte, als ferraresischer Gesandter nach Rom zu gehen.

Ausser dem archäologischen Eifer und der feierlich patriotischen Stimmung weckten die Ruinen als solche, in und ausser Rom, auch schon eine elegisch-sentimentale. Bereits bei Petrarca und Boccaccio finden sich Anklänge dieser Art (S. 207 f., 212); Poggio (a. a. O.) besucht oft den Tempel der Venus und Roma, in der Meinung, es sei der des Castor und Pollux, wo einst so oft Senat gehalten worden, und vertieft sich hier in die Erinnerung an die grossen Redner Crassus, Hortensius, Cicero. Vollkommen sentimental äussert sich dann Pius II. zumal bei der Beschreibung von Tibur[23], und bald darauf entsteht die erste ideale Ruinenansicht nebst Schilderung bei Polifilo[24]: Trümmer mächtiger Gewölbe und Kolonnaden, durchwachsen von alten Platanen, Lorbeeren und Zypressen nebst wildem Buschwerk. In der heiligen Geschichte wird es, man kann kaum sagen wie, gebräuchlich, die Darstellung der Geburt Christi in die möglichst prachtvollen Ruinen eines Palastes zu verlegen[25]. Dass dann endlich die künstliche Ruine zum Requisit prächtiger Gartenanlagen wurde, ist nur die praktische Aeusserung desselben Gefühls.

Unendlich wichtiger aber als die baulichen und überhaupt künstlerischen Reste des Altertums waren

23. Pii II. Commentarii, p. 251, im V. Buch. – Vgl. auch Sannazaros Elegie in ruinas Cumarum, im 2. Buche.

24. Polifilo, Hypnerotomachia, ohne Seitenzahlen. Im Auszug bei Temanza, p. 12.

25. Während alle Kirchenväter und alle Pilger nur von einer Höhle wissen. Auch die Dichter können des Palastes entbehren. Vgl. Sannazaro, de partu Virginis, L. II.

natürlich die schriftlichen, griechische sowohl als lateinische. Man hielt sie ja für die Quellen aller Erkenntnis im absolutesten Sinne. Das Bücherwesen jener Zeit der grossen Fünde ist oft geschildert worden; wir können nur einige weniger beachtete Züge hier beifügen[26].

So gross die Einwirkung der alten Schriftsteller seit langer Zeit und vorzüglich während des 14. Jahrhunderts in Italien erscheint, so war doch mehr das Längstbekannte in zahlreichere Hände verbreitet als Neues entdeckt worden. Die gangbarsten lateinischen Dichter, Historiker, Redner und Epistolographen nebst einer Anzahl lateinischer Uebersetzungen nach einzelnen Schriften des Aristoteles, Plutarch und weniger andern Griechen bildeten wesentlich den Vorrat, an welchem sich die Generation des Boccaccio und Petrarca begeisterte. Letzerer besaß und verehrte bekanntlich einen griechischen Homer, ohne ihn lesen zu können; die erste lateinische Uebersetzung der Ilias und Odyssee hat Boccaccio mit Hülfe eines calabresischen Griechen, so gut es ging, zustande gebracht. Erst mit dem 15. Jahrhundert beginnt die grosse Reihe neuer Entdeckungen, die systematische Anlage von Bibliotheken durch Kopieren und der eifrigste Betrieb des Uebersetzens aus dem Griechischen[27].

Ohne die Begeisterung einiger damaligen Sammler, welche sich bis zur äussersten Entbehrung anstrengten, besässen wir ganz gewiss nur einen kleinen Teil zumal der griechischen Autoren, welche auf unsere Zeit ge-

26. Hauptsächlich aus Vespasiano Fiorentino, im X. Buche des Spicileg. romanum von Mai. Der Autor war ein florentinischer Bücherhändler und Kopienlieferant um die Mitte des 15. Jahrhunderts und nach derselben.

27. Bekanntlich wurde, um die Begier nach dem Altertum zu täuschen oder zu brandschatzen, auch einiges Unechte geschmiedet. Man sehe in den literar-geschichtlichen Werken statt alles übrigen die Artikel über Annius von Viterbo.

kommen sind. Papst Nicolaus V. hat sich schon als Mönch in Schulden gestürzt, um Codices zu kaufen oder kopieren zu lassen; schon damals bekannte er sich offen zu den beiden grossen Passionen der Renaissance: Bücher und Bauten[28]. Als Papst hielt er Wort; Kopisten schrieben und Späher suchten für ihn in der halben Welt, Perotto erhielt für die lateinische Uebersetzung des Polybius 500 Dukaten, Guarino für die des Strabo 1000 Goldgulden und sollte noch weitere 500 erhalten, als der Papst zu früh starb. Mit 5000 oder je nachdem man rechnete 9000 Bänden[29] hinterliess er diejenige eigentlich für den Gebrauch aller Kurialen bestimmte Bibliothek, welche der Grundstock der Vaticana geworden ist; im Palast selber sollte sie aufgestellt werden, als dessen edelste Zier, wie es einst König Ptolemäus Philadelphus zu Alexandrien gehalten. Als er wegen der Pest mit dem Hofe nach Fabriano zog, nahm er seine Uebersetzer und Kompilatoren dahin mit, auf dass sie ihm nicht wegstürben.

Der Florentiner Niccolò Niccoli[30], Genosse des gelehrten Freundeskreises, welcher sich um den ältern Cosimo Medici versammelte, wandte sein ganzes Vermögen auf Erwerb von Büchern; endlich, da er nichts mehr hatte, hielten ihm die Medici ihre Kassen offen für jede Summe, die er zu solchen Zwecken begehrte. Ihm verdankt man die Vervollständigung des Ammianus Marcellinus, des Cicero de oratore u. a. m.; er bewog den Cosimo zum Ankauf des trefflichsten

28. Vespas. Fior., p. 31. Tommaso da Serezana usava dire, che dua cosa farebbe, s'egli potesse mai spendere, ch'era in libri e murare. E l'una e l'altra fece nel suo pontificato. – Seine Uebersetzer s. bei Aen. Sylvius, de Europa, cap. 58, p. 459, und bei Papencordt, Gesch. der Stadt Rom, p. 502.

29. Vespas. Fior., p. 48 und 658, 665. Vgl. J. Manetti, Vita Nicolai V. bei Murat. III, II, Col. 925, s. – Ob und wie Calixt III. die Sammlung wieder teilweise verzettelte, s. Vespas. Fior., p. 284, s. mit Mais Anmerkung.

30. Vespas. Fior., p. 617, s.

Plinius aus einem Kloster zu Lübeck. Mit einem grossartigen Zutrauen lieh er seine Bücher aus, liess die Leute auch bei sich lesen, soviel sie wollten, und unterredete sich mit ihnen über das Gelesene. Seine Sammlung, 800 Bände zu 6000 Goldgulden gewertet, kam nach seinem Tode durch Cosimos Vermittelung an das Kloster S. Marco mit Bedingung der Oeffentlichkeit.

Von den beiden grossen Bücherfindern Guarino und Poggio ist der letztere[31], zum Teil als Agent des Niccoli, bekanntlich auch in den süddeutschen Abteien tätig gewesen, und zwar bei Anlass des Konzils von Konstanz. Er fand dort sechs Reden des Cicero und den ersten vollständigen Quintilian, die Sangallensische, jetzt Zürcher Handschrift; binnen 32 Tagen soll er sie vollständig, und zwar sehr schön, abgeschrieben haben. Den Silius Italicus, Manilius, Lucretius, Val. Flaccus, Ascon. Pedianus, Columella, Celsus, A. Gellius, Statius u. a. m. konnte er wesentlich vervollständigen; mit Lionardo Aretino zusammen brachte er die zwölf letzten Stücke des Plautus zum Vorschein, sowie die Verrinen des Cicero.

Aus antikem Patriotismus sammelte der berühmte Grieche Kardinal Bessarion[32] 600 Codices, heidnischen wie christlichen Inhalts, mit ungeheuren Opfern, und suchte nun einen sichern Ort, wohin er sie stiften könne, damit seine unglückliche Heimat, wenn sie je wieder frei würde, ihre verlorene Literatur wieder finden möchte. Die Signorie von Venedig (S. 100) erklärte sich zum Bau eines Lokales bereit, und noch heute bewahrt die Marcusbibliothek einen Teil jener Schätze[33].

31. Vespas. Fior., p. 547, s.

32. Vespas. Fior., p. 193. Vgl . Marin Sanudo, bei Murat. XXII, Col. 1185 s.

33. Wie man einstweilen damit umging, s. b. Malipiero, Ann veneti. Arch. stor. VII, II, p. 653, 655.

Das Zusammenkommen der berühmten mediceischen Bibliothek hat eine ganz besondere Geschichte, auf welche wir hier nicht eingehen können; der Hauptsammler für Lorenzo magnifico war Johannes Lascaris. Bekanntlich hat die Sammlung nach der Plünderung des Jahres 1494 noch einmal stückweise durch Kardinal Giovanni Medici (Leo X.) erworben werden müssen.

Die urbinatische Bibliothek[34] (jetzt im Vatikan) war durchaus die Gründung des grossen Federigo von Montefeltro (S. 72), der schon als Knabe zu sammeln begonnen hatte, später beständig 30–40 Scrittori an verschiedenen Orten beschäftigte, und im Verlauf der Zeit über 30 000 Dukaten daran wandte. Sie wurde, hauptsächlich mit Hülfe Vespasianos, ganz systematisch fortgesetzt und vervollständigt, und was dieser davon berichtet, ist besonders merkwürdig als Idealbild einer damaligen Bibliothek. Man besass z. B. in Urbino die Inventarien der Vaticana, der Bibliothek von S. Marco in Florenz, der viscontinischen Bibliothek von Pavia, ja selbst das Inventar von Oxford, und fand mit Stolz, dass Urbino in der Vollständigkeit der Schriften des einzelnen Autors jenen vielfach überlegen sei. In der Masse wog vielleicht noch das Mittelalter und die Theologie vor; da fand sich der ganze Thomas von Aquino, der ganze Albertus magnus, der ganze Bonaventura usw.; sonst war die Bibliothek sehr vielseitig und enthielt z. B. alle irgend beizuschaffenden medizinischen Werke. Unter den „Moderni" standen die grossen Autoren des 14. Jahrhunderts, z. B. Dante, Boccaccio mit ihren gesamten Werken oben an; dann folgten 25 auserlesene Humanisten, immer mit ihren lateinischen und italienischen Schriften und allem, was sie übersetzt hatten. Unter den griechischen Codices überwogen sehr die Kirchenväter, doch heisst

34. Vespas. Fior., p. 124, s.

es bei den Klassikern u. a. in einem Zuge: alle Werke des Sophokles, alle Werke des Pindar, alle Werke des *Menander* – ein Codex, der offenbar frühe[35] aus Urbino verschwunden sein muss, weil ihn sonst die Philologen bald ediert haben würden.

Von der Art wie damals Handschriften und Bibliotheken entstanden, erhalten wir auch sonst einige Rechenschaft. Der direkte Ankauf eines ältern Manuskriptes, welches einen raren oder allein vollständigen oder gar nur einzig vorhandenen Text eines alten Autors enthielt, blieb natürlich eine seltene Gabe des Glückes und kam nicht in Rechnung. Unter den Kopisten nahmen diejenigen, welche Griechisch verstanden, die erste Stelle und den Ehrennamen Scrittori im vorzugsweisen Sinne ein; es waren und blieben ihrer wenige, und sie wurden hoch bezahlt[36]. Die übrigen, Copisti schlechtweg, waren teils Arbeiter, die einzig davon lebten, teils arme Gelehrte, die eines Nebengewinnes bedurften. Merkwürdigerweise waren die Kopisten von Rom um die Zeit Nicolaus V. meist Deutsche und Franzosen[37], wahrscheinlich Leute, die

35. Etwa bei der Einnahme von Urbino durch das Heer Cesare Borgias? – Mai bezweifelt die Existenz der Handschrift, ich kann aber nicht glauben, dass Vespasiano etwa die blossen Gnomenexzerpte aus Menander, bekanntlich nur ein paar hundert Verse, mit «tutte le opere» und in jener Reihe umfangreicher Codices (mochte es auch nur unser jetziger Sophokles und Pindar sein) aufgeführt haben würde. Es ist nicht undenkbar, dass jener Menander noch einmal zum Vorschein kömmt.

36. Wenn Piero de' Medici beim Tode des bücherliebenden Königs Matthias Corvinus von Ungarn voraussagt, die Scrittori würden fortan ihre Preise ermässigen müssen, da sie sonst von niemand mehr (scil. als von uns) beschäftigt würden, so kann dies nur auf die Griechen gehen, denn Kalligraphen, auf welche man es zu deuten versucht wäre, gab es fortwährend viele in ganz Italien. – Fabroni, Laurent. magn. Adnot. 156. Vgl. Adnot 154.

37. Gaye, Carteggio, I, p. 164. Ein Brief von 1455, unter Calixt III. Auch die berühmte Miniaturenbibel von Urbino ist von einem Franzosen, Arbeiter Vespasianos, geschrieben. S. D'Agincourt, Malerei, Tab. 78.

etwas bei der Kurie zu suchen hatten und ihren Lebensunterhalt herausschlagen mussten. Als nun z. B. Cosimo Medici für seine Lieblingsgründung, die Badia unterhalb Fiesole, rasch eine Bibliothek gründen wollte, liess er den Vespasiano kommen und erhielt den Rat: auf den Kauf vorrätiger Bücher zu verzichten, da sich, was man wünsche, nicht vorrätig finde, sondern schreiben zu lassen; darauf machte Cosimo einen Akkord mit ihm auf tagtägliche Auszahlung, und Vespasiano nahm 45 Schreiber und lieferte in 22 Monaten 200 fertige Bände[38]. Das Verzeichnis, wonach man verfuhr, hatte Cosimo von Nicolaus V.[39] eigenhändig erhalten. (Natürlich überwog die kirchliche Literatur und die Ausstattung für den Chordienst weit das übrige.)

Die Handschrift war jene schöne neu italienische, die schon den Anblick eines Buches dieser Zeit zu einem Genuss macht, und deren Anfang schon ins 14. Jahrhundert hinaufreicht. Papst Nicolaus V., Poggio, Giannozzo Manetti, Niccolò Niccoli und andere berühmte Gelehrte waren von Hause aus Kalligraphen und verlangten und duldeten nur Schönes. Die übrige Ausstattung, auch wenn keine Miniaturen dazukamen, war äusserst geschmackvoll, wie besonders die Codices der Laurenziana mit ihren leichten linearen Anfangs- und Schlussornamenten beweisen. Das Material war, wenn für grosse Herren geschrieben wurde, immer nur Pergament, der Einband in der Vaticana und zu Urbino gleichmässig ein Karmosinsammet mit silbernem Beschläge. Bei einer solchen Gesinnung, welche die Ehrfurcht vor dem Inhalt der Bücher durch möglichst edle Ausstattung an den Tag legen wollte, ist es begreiflich, dass die plötzlich auftauchenden gedruckten

38. Vespas. Fior., p. 335.

39. Auch für die Bibliotheken von Urbino und Pesaro (die des Aless. Sforza, S. 54) hatte der Papst eine ähnliche Gefälligkeit.

Bücher anfangs auf Widerstand stiessen. Federigo von Urbino „hätte sich geschämt“, ein gedrucktes Buch zu besitzen[40].

Die müden Abschreiber aber – nicht die, welche vom Kopieren lebten, sondern die vielen, welche ein Buch abschreiben mussten, um es zu haben – jubelten über die deutsche Erfindung[41]. Für die Vervielfältigung der Römer und dann auch der Griechen war sie in Italien bald und lange nur hier tätig, doch ging es damit nicht so rasch, als man bei der allgemeinen Begeisterung für diese Werke hätte denken sollen. Nach einiger Zeit bilden sich Anfänge der modernen Autors- und Verlagsverhältnisse[42], und unter Alexander VI. kam die präventive Zensur auf, indem es jetzt nicht mehr leicht möglich war, ein Buch zu zernichten, wie noch Cosimo sich es von Filelfo ausbedingen konnte[43].

Wie sich nun allmählich, im Zusammenhang mit dem fortschreitenden Studium der Sprachen und des Altertums überhaupt, eine Kritik der Texte bildete, ist so wenig ein Gegenstand dieses Buches als die Geschichte der Gelehrsamkeit überhaupt. Nicht das Wissen der Italiener als solches, sondern die Reproduktion des Altertums in Literatur und Leben muss

40. Vespas. Fior., p. 129.

41. Artes – Quîs labor est fessis demptus ab articulis, in einem Gedicht des Robertus Ursus um 1470, Rerum ital. scriptt. ex codd. Florent., Tom. II, Col. 693. Er freut sich etwas früh über die zu hoffende rasche Verbreitung der klassischen Autoren. Vgl. Libri, Hist. des sciences mathématiques II, 278, s. – Ueber die Drucker in Rom Gaspar. Veron. Vita Pauli II, bei Murat. III, II, Col. 1046. Das erste Privilegium in Venedig s. Marin Sanudo, bei Murat. XXII, Col. 1189.

42. Etwas Aehnliches hatte schon zur Zeit des Schreibens existiert, s. Vespas. Fior., p. 656, s. über die Weltchronik des Zembino von Pistoja.

43. Fabroni, Laurent. magn. Adnot. 212. – Es geschah in betreff der Schmähschrift de exilio.

uns beschäftigen. Doch sei über die Studien an sich noch eine Bemerkung gestattet.

Die griechische Gelehrsamkeit konzentriert sich wesentlich auf Florenz und auf das 15. und auf den Anfang des 16. Jahrhunderts. Was Petrarca und Boccaccio angeregt hatten[44], scheint noch nicht über die Teilnahme einiger begeisterten Dilettanten hinausgegangen zu sein; andererseits starb mit der Kolonie gelehrter griechischer Flüchtlinge auch das Studium des Griechischen in den 1520er Jahren weg[45], und es war ein rechtes Glück, dass Nordländer (Erasmus, die Estienne, Budeus) sich desselben inzwischen bemächtigt hatten. Jene Kolonie hatte begonnen mit Manuel Chrysoloras und seinem Verwandten Johannes, sowie mit Georg von Trapezunt, dann kamen um die Zeit der Eroberung Konstantinopels und nachher Johannes Argyropulos, Theodor Gaza, Demetrios Chalcondylas, der seine Söhne Theophilos und Basilios zu tüchtigen Griechen erzog, Andronikos Kallistos, Markos Musuros und die Familie der Lascaris, nebst andern mehr. Seit jedoch die Unterwerfung Griechenlands durch die Türken vollständig war, gab es keinen neuen gelehrten Nachwuchs mehr, ausgenommen die Söhne der Flüchtlinge und vielleicht ein paar Candioten und Cyprioten. Dass nun ungefähr mit dem Tode Leos X. auch der Verfall der griechischen Studien im allgemeinen beginnt, hatte wohl zum Teil seinen Grund in einer Veränderung der geistigen Richtung überhaupt[46], und in der bereits eingetretenen relativen Sättigung mit dem Inhalt der klassischen Literatur; gewiss ist

44. Vgl. Sismondi VI, p. 149, s.

45. Das Aussterben dieser Griechen konstatiert Pierius Valerian. de infelicitate literat. bei Anlass der Lascaris. Und Paulus Jovius am Ende seiner Elogia literaria sagt von den Deutschen: ... quum literae non latinae modo cum pudore nostro, sed graecae et hebraicae in eorum terras fatali commigratione transierint. (Gegen 1540.)

46. Ranke, Päpste, I, 486. – Man vgl. das Ende dieses Abschnittes.

aber auch die Koinzidenz mit dem Aussterben der gelehrten Griechen keine ganz zufällige. Das Studium des Griechischen unter den Italienern selbst erscheint, wenn man die Zeit um 1500 zum Maßstab nimmt, gewaltig schwunghaft; damals lernten diejenigen Leute griechisch reden, welche es ein halbes Jahrhundert später noch als Greise konnten, wie z. B. die Päpste Paul III. und Paul IV.[47]. Gerade diese Art von Teilnahme aber setzte den Umgang mit gebornen Griechen voraus.

Ausserhalb Florenz hatten Rom und Padua fast immer, Bologna, Ferrara, Venedig, Perugia, Pavia u. a. Städte wenigstens zeitweise besoldete Lehrer des Griechischen[48]. Unendlich viel verdankte das griechische Studium der Offizin des Aldo Manucci zu Venedig, wo die wichtigsten und umfangreichsten Autoren zum erstenmal griechisch gedruckt wurden. Aldo wagte seine Habe dabei; er war ein Editor und Verleger, wie die Welt wenige gehabt hat.

Dass neben den klassischen Studien auch die orientalischen einen ziemlich bedeutenden Umfang gewannen, ist wenigstens hier mit einem Worte zu erwähnen. An die dogmatische Polemik gegen die Juden knüpfte sich zuerst bei Giannozzo Manetti[49], einem grossen florentinischen Gelehrten und Staatsmann († 1459), die Erlernung des Hebräischen und der ganzen jüdischen Wissenschaft; sein Sohn Agnolo musste von Kindheit auf Lateinisch, Griechisch und Hebräisch lernen; ja Papst Nicolaus V. liess von Giannozzo die

47. Tommaso Gar, Relazioni della corte di Roma, I, p. 338, 379.

48. Georg von Trapezunt mit 150 Dukaten in Venedig 1459 als Professor der Rhetorik besoldet, Malipiero, Arch. stor. VII, II, p. 653. – Ueber den griechischen Lehrstuhl in Perugia s. Arch. stor. XVI, II, p. 19 der Einleitung. – Für Rimini bleibt es ungewiss, ob griechisch doziert wurde; vgl. Anecd. litt. II, p. 300.

49. Vesp. Fior., p. 48, 476, 578, 614. – Auch Fra Ambrogio Camaldolese konnte hebräisch. Ibid., p. 320.

ganze Bibel neu übersetzen, indem die philologische Gesinnung jener Zeit darauf hindrängte, die Vulgata aufzugeben[50]. Auch sonst nahm mehr als ein Humanist das Hebräische lange vor Reuchlin mit in seine Studien auf, und Pico della Mirandola besass das ganze talmudische und philosophische Wissen eines gelehrten Rabbiners. Auf das Arabische kam man am ehesten von Seiten der Medizin, welche sich mit den ältern lateinischen Uebersetzungen der grossen arabischen Aerzte nicht mehr begnügen wollte; den äussern Anlass boten etwa die venezianischen Konsulate im Orient, welche italienische Aerzte unterhielten. Hieronimo Ramusio, ein venezianischer Arzt, übersetzte aus dem Arabischen und starb in Damaskus. Andrea Mongajo von Belluno[51] hielt sich um Avicennas willen lange in Damaskus auf, lernte das Arabische und emendierte seinen Autor; die venezianische Regierung stellte ihn dann für dieses besondere Fach in Padua an.

Bei Pico müssen wir hier noch verweilen, ehe wir zu der Wirkung des Humanismus im Grossen übergehen. Er ist der einzige, welcher laut und mit Nachdruck die Wissenschaft und Wahrheit aller Zeiten gegen das einseitige Hervorheben des klassischen Altertums verfochten hat[52]. Nicht nur Averrhoes und die jüdischen Forscher, sondern auch die Scholastiker des Mittelalters schätzt er nach ihrem Sachinhalt; er glaubt sie reden zu hören: „Wir werden ewig leben, nicht

50. Sixtus IV., der das Gebäude für die Vaticana errichtete und dieselbe durch viele Ankäufe vermehrte, warf auch Besoldungen für lateinische, griechische und hebräische Skriptoren (librarios) aus. Platina, Vita Sixti IV, p. 332.

51. Pierius Valerian., de infelic. lit. bei Anlass des Mongajo. – Ueber Ramusio, vgl. Sansovino, Venezia, Fol. 250.

52. Vorzüglich in dem wichtigen Briefe vom Jahre 1485 an Ermolao Barbaro, bei Ang. Politian. epistolae, L. IX. – Vgl. Jo. Pici oratio de hominis dignitate.

in den Schulen der Silbenstecher, sondern im Kreis der Weisen, wo man nicht über die Mutter der Andromache oder über die Söhne der Niobe diskutiert, sondern über die tiefern Gründe göttlicher und menschlicher Dinge; wer da nähertritt, wird merken, dass auch die Barbaren den Geist (Mercurium) hatten, nicht auf der Zunge, aber im Busen.“ Im Besitz eines kräftigen, durchaus nicht unschönen Lateins und einer klaren Darstellung verachtet er den pedantischen Purismus und die ganze Ueberschätzung einer entlehnten Form, zumal wenn sie mit Einseitigkeit und Einbusse der vollen grossen Wahrheit in der Sache verbunden ist. An ihm kann man inne werden, welche erhabene Wendung die italienische Philosophie würde genommen haben, wenn nicht die Gegenreformation das ganze höhere Geistesleben gestört hätte.

Wer waren nun diejenigen, welche das hochverehrte Altertum mit der Gegenwart vermittelten und das erstere zum Hauptinhalt der Bildung der letztern erhoben?

Es ist eine hundertgestaltige Schar, die heute dieses, morgen jenes Antlitz zeigt; so viel aber wusste die Zeit und wussten sie selbst, dass sie ein neues Element der bürgerlichen Gesellschaft seien. Als ihre Vorläufer mögen am ehesten jene vagierenden Kleriker des 12. Jahrhunderts gelten, von deren Poesie oben (S. 204 f.) die Rede gewesen ist; dasselbe unstete Dasein, dieselbe freie und mehr als freie Lebensansicht, und von derselben Antikisierung der Poesie wenigstens der Anfang. Jetzt aber tritt der ganzen wesentlich noch immer geistlichen und von Geistlichen gepflegten Bildung des Mittelalters eine neue Bildung entgegen, die sich vorzüglich an dasjenige hält, was jenseits des Mittelalters liegt. Die aktiven Träger derselben werden wichtige Personen[1], weil sie wissen was die Alten gewusst haben, weil sie zu schreiben suchen wie die Alten schrieben, weil sie zu denken und bald auch zu empfinden beginnen wie die Alten dachten und empfanden. Die Tradition, der sie sich widmen, geht an tausend Stellen in die Reproduktion über.

Es ist von Neuern öfter beklagt worden, dass die Anfänge einer ungleich selbständigern, scheinbar wesentlich italienischen Bildung, wie sie um 1300 in Florenz sich zeigten, nachher durch das Humanistenwesen so völlig überflutet worden seien[2]. Damals habe in Florenz alles lesen können, selbst die Eseltreiber hätten Dantes Canzonen gesungen, und die besten noch vorhandenen italienischen Manuskripte hätten ursprünglich florentinischen Handarbeitern gehört; damals sei die Entstehung einer populären Enzyklopädie wie der „Tesoro“ des Brunetto Latini möglich gewesen; und dies alles habe zur Grundlage gehabt eine allgemeine Tüchtigkeit des Charakters, wie sie durch die Teilnahme an den Staatsgeschäften, durch Handel und Reisen, vorzüglich durch systematischen Ausschluss alles Müßigganges in Florenz zur Blüte gebracht worden war. Damals seien denn auch die Florentiner in der ganzen Welt angesehen und brauchbar gewesen, und nicht umsonst habe Papst Bonifaz VIII. sie in jenem Jahre das fünfte Element genannt. Mit dem stärkern Andringen des Humanimus seit 1400 sei dieser einheimische Trieb verkümmert, man habe fortan die Lösung jedes Problems nur vom Altertum erwartet und darob die Literatur in ein blosses Zitieren aufgehen lassen; ja der Untergang der Freiheit hänge hiemit zusammen, indem diese Erudition auf einer

1. Wie sie sich selber taxierten, verrät z. B. Poggio (de avaritia, fol. 2), indem nach seiner Ansicht nur solche sagen können, sie hätten gelebt, se vixisse, welche gelehrte und beredte lateinische Bücher geschrieben oder Griechisches in Lateinisches übersetzt haben.

2. Bes. Libri, Histoire des sciences mathém. II, 159, s. 258, s.

Knechtschaft unter der Autorität beruhte, das munizipale Recht dem römischen aufopferte und schon deshalb die Gunst der Gewaltherrscher suchte und fand.

Diese Anklagen werden uns noch hie und da beschäftigen, wo dann ihr wahres Mass und der Ersatz für die Einbusse zur Sprache kommen wird. Hier ist nur vor allem festzustellen, dass die Kultur des kräftigen 14. Jahrhunderts selbst notwendig auf den völligen Sieg des Humanismus hindrängte und dass gerade die Grössten im Reiche des speziell italienischen Geistes dem schrankenlosen Altertumsbetrieb des 15. Jahrhunderts Tür und Tor geöffnet haben.

Vor allen Dante. Wenn eine Reihenfolge von Genien seines Ranges die italienische Kultur hätte weiterführen können, so würde sie selbst bei der stärksten Anfüllung mit antiken Elementen beständig einen hocheigentümlichen nationalen Eindruck machen. Allein Italien und das ganze Abendland haben keinen zweiten Dante hervorgebracht, und so war und blieb er derjenige, welcher zuerst das Altertum nachdrücklich in den Vordergrund des Kulturlebens hereinschob. In der Divina Commedia behandelt er die antike und die christliche Welt zwar nicht als gleichberechtigt, doch in beständiger Parallele; wie das frühere Mittelalter Typen und Antitypen aus den Geschichten und Gestalten des Alten und des Neuen Testamentes zusammengestellt hatte, so vereinigt er in der Regel ein christliches und ein heidnisches Beispiel derselben Tatsache[3]. Nun vergesse man nicht, dass die christliche Phantasiewelt und Geschichte eine bekannte, die antike dagegen eine relativ unbekannte, vielversprechende

3. Purgatorio XVIII. enthält z. B. starke Belege: Maria eilt über das Gebirge, Cäsar nach Spanien; Maria ist arm und Fabricius uneigennützig. – Bei diesem Anlass ist aufmerksam zu machen auf die chronologische Einflechtung der Sibyllen in die antike Profangeschichte, wie sie Uberti in seinem Dittamondo (I, Kap. 14, 15) um 1360 versucht.

und aufregende war und dass sie in der allgemeinen Teilnahme notwendig das Uebergewicht bekommen musste, als kein Dante mehr das Gleichgewicht erzwang.

Petrarca lebt in den Gedanken der meisten jetzt als grosser italienischer Dichter; bei seinen Zeitgenossen dagegen kam sein Ruhm in weit höherm Grade davon her, dass er das Altertum gleichsam in seiner Person repräsentierte, alle Gattungen der lateinischen Poesie nachahmte und Briefe schrieb, welche als Abhandlungen über einzelne Gegenstände des Altertums einen für uns unbegreiflichen, für jene Zeit ohne Handbücher aber sehr erklärlichen Wert hatten.

Mit Boccaccio verhält es sich ganz ähnlich; er war 200 Jahre lang in ganz Europa berühmt, ehe man diesseits der Alpen viel von seinem Decamerone wusste, bloss um seiner mythographischen, geographischen und biographischen Sammelwerke in lateinischer Sprache willen. Eines derselben, „De genealogia Deorum", enthält im 14. und 15. Buch einen merkwürdigen Anhang, worin er die Stellung des jugendlichen Humanismus zu seinem Jahrhundert erörtert. Es darf nicht täuschen, dass er immerfort nur von der „Poesie" spricht, denn bei näherm Zusehen wird man bemerken, dass er die ganze geistige Tätigkeit des Poeten-Philologen meint[4]. Diese ist es, deren Feinde er auf das schärfste bekämpft: die frivolen Unwissenden, die nur für Schlemmen und Prassen Sinn haben; die sophistischen Theologen, welchen Helikon, der kastalische Quell und der Hain des Phöbus als blosse Torheiten erscheinen; die goldgierigen Juristen, welche die Poesie für überflüssig halten, insofern sie kein Geld

4. Poeta bedeutet noch bei Dante (Vita nuova, p. 47) ohnedies nur den lateinisch Dichtenden, während für den italienischen die Ausdrücke Rimatore, Dicitore per rima gebraucht werden. Allerdings vermischen sich mit der Zeit Ausdrücke und Begriffe.

verdient; endlich die (in Umschreibung, aber kenntlich gezeichneten) Bettelmönche, die gern über Heidentum und Immoralität Klage führen[5]. Darauf folgt die positive Verteidigung, das Lob der Poesie, namentlich des tiefern, zumal allegorischen Sinnes, den man ihr überall zutrauen müsse, der wohlberechtigten Dunkelheit, die dem dumpfen Sinn der Unwissenden zur Abschreckung dienen dürfe. Und endlich rechtfertigt der Verfasser das neue Verhältnis der Zeit zum Heidentum überhaupt, in klarer Beziehung auf sein gelehrtes Werk[6]. Anders als jetzt möge es allerdings damals sich verhalten haben, da die Urkirche sich noch gegen die Heiden verteidigen musste; heutzutage – Jesu Christo sei Dank! – sei die wahre Religion erstarkt, alles Heidentum vertilgt und die siegreiche Kirche im Besitz des feindlichen Lagers; jetzt könne man das Heidentum fast (fere) ohne Gefahr betrachten und behandeln. Es ist dasselbe Argument, mit welchem sich dann die ganze Renaissance verteidigt hat.

Es war also eine neue Sache in der Welt und eine neue Menschenklasse, welche dieselbe vertrat. Es ist unnütz, darüber zu streiten, ob diese Sache mitten in ihrem Siegeslauf hätte stillhalten, sich geflissentlich beschränken und dem rein Nationalen ein gewisses Vorrecht hätte wahren sollen. Man hatte ja keine stärkere Ueberzeugung als dies, dass das Altertum eben der höchste Ruhm der italienischen Nation sei.

Dieser ersten Generation von Poeten-Philologen ist wesentlich eine symbolische Zeremonie eigen, die auch

5. Auch Petrarca auf dem Gipfel seines Ruhmes klagt in melancholischen Augenblicken: sein übles Gestirn habe gewollt, dass er in später Zeit unter Halunken – extremi fures – leben müsse. In dem fingierten Brief an Livius, Opera, p. 704 seq.

6. Strenger hält sich Boccaccio an die eigentliche Poesie in seinem (spätern) Brief an Jacobus Pizinga, in den opere volgari, Vol. XVI. Und doch erkennt er auch hier nur das für Poesie, was vom Altertum Notiz nimmt, und ignoriert die Trovatoren.

im 15. und 16. Jahrhundert nicht ausstirbt, aber ihr höheres Pathos einbüsst: die Poetenkrönung mit einem Lorbeerkranz. Ihre Anfänge im Mittelalter sind dunkel, und zu einem festen Ritual ist sie nie gelangt; es war eine öffentliche Demonstration, ein sichtbarer Ausbruch des literarischen Ruhmes[7] und schon deshalb etwas Wandelbares. Dante z. B. scheint eine halbreligiöse Weihe im Sinn gehabt zu haben; er wollte über dem Taufstein von San Giovanni, wo er wie Hunderttausende von florentinischen Kindern getauft worden war, sich selber den Kranz aufsetzen[8]. Er hätte, sagt sein Biograph, ruhmeshalber den Lorbeer überall empfangen können, wollte es aber nirgends als in der Heimat und starb deshalb ungekrönt. Weiter erfahren wir hier, dass der Brauch bisher ungewöhnlich war und als von den Griechen auf die alten Römer vererbt galt. Die nächste Reminiszenz stammte wohl in der Tat von dem nach griechischem Vorbild gestifteten kapitolinischen Wettkampf der Kitharspieler, Dichter und anderer Künstler, welcher seit Domitian alle fünf Jahre gefeiert worden war und möglicherweise den Untergang des römischen Reiches um einige Zeit überlebt hatte. Wenn nun doch nicht leicht wieder einer wagte sich selber zu krönen, wie es Dante gewollt, so entstand die Frage, welches die krönende Behörde sei? Albertino Mussato (S. 174) wurde um 1310 zu Padua vom Bischof und vom Rektor der Universität gekrönt; um Petrarcas Krönung (1341) stritten sich die Universität Paris, welche gerade einen Florentiner zum Rektor hatte, und die Stadtbehörde von Rom; ja sein selbstgewählter Examinator, König Robert von Anjou, hätte gern die

7. Boccaccio, Vita di Dante, p. 50: la quale (laurea) non scienza accresce, ma è dell' acquistata certissimo testimonio e ornamento.

8. Paradiso XXV, 1, s. – Boccaccio, Vita di Dante, p. 50: sopra le fonti di San Giovanni si era disposto di coronare. Vgl. Paradiso I, 25.

Zeremonie nach Neapel verlegt, Petrarca jedoch zog die Krönung durch den Senator von Rom auf dem Kapitol jeder andern vor. Einige Zeit blieb diese in der Tat das Ziel des Ehrgeizes; als solches lockte sie z. B. den Jacobus Pizinga, einen vornehmen sizilischen Beamten[9]. Da erschien aber Karl IV. in Italien, der sich ein wahres Vergnügen daraus machte, eiteln Menschen und der gedankenlosen Masse durch Zeremonien zu imponieren. Ausgehend von der Fiktion, dass die Poetenkrönung einst Sache der alten römischen Kaiser gewesen und also jetzt die seinige sei, bekränzte er in Pisa den florentinischen Gelehrten Zanobi della Strada[10], zum grossen Verdruss Boccaccios (a. a. O.), der diese laurea pisana nicht als vollgültig anerkennen will. Man konnte in der Tat fragen, wie der Halb-Slave dazukomme, über den Wert italienischer Dichter zu Gerichte zu sitzen. Allein fortan krönten doch reisende Kaiser bald hier, bald dort einen Poeten, worauf im 15. Jahrhundert die Päpste und andere Fürsten auch nicht mehr zurückbleiben wollten, bis zuletzt auf Ort und Umstände gar nichts mehr ankam. In Rom erteilte zur Zeit Sixtus IV. die Akademie[11] des Pomponius Laetus von sich aus Lorbeerkränze. Die Florentiner hatten den Takt, ihre berühmten Humanisten zu krönen, aber erst im Tode; so wurde Carlo Aretino, so Lionardo Aretino bekränzt; dem erstern hielt Matteo Palmieri, dem letztern Giannozzo Manetti die Lobrede vor allem Volk, in Gegenwart der Konzilsherren; der Redner stand zu Häupten der Bahre, auf welcher in seidenem Gewande die Leiche

9. Boccaccios Brief an denselben, in den Opere volgari, vol. XVI: si praestet Deus, concedente senatu Romuleo ...

10. Matt. Villani, V, 26. Es gab einen feierlichen Umritt durch die Stadt, wobei das Gefolge des Kaisers, seine Baroni, den Poeten begleiteten. – Auch Fazio degli Uberti wurde gekrönt, man weiss aber nicht, wo und durch wen.

11. Jac. Volaterran. bei Murat. XXIII, Col. 185.

lag[12]. Ausserdem ist Carlo Aretino durch ein Grabmal (in S. Croce) geehrt worden, welches zu den herrlichsten der ganzen Renaissance gehört.

Die Einwirkung des Altertumes auf die Bildung, wovon nunmehr zu handeln ist, setzte zunächst voraus, dass der Humanismus sich der Universitäten bemächtigte. Dies geschah, doch nicht in dem Masse und nicht mit der Wirkung, wie man glauben möchte.

Die meisten Universitäten in Italien[13] tauchen im Lauf des 13. und 14. Jahrhunderts erst recht empor, als der wachsende Reichtum des Lebens auch eine strengere Sorge für die Bildung verlangte. Anfangs hatten sie meist nur drei Professuren: des geistlichen und weltlichen Rechtes und der Medizin; dazu kamen mit der Zeit ein Rhetoriker, ein Philosoph und ein Astronom, letzterer in der Regel, doch nicht immer, identisch mit dem Astrologen. Die Besoldungen waren äusserst verschieden; bisweilen wurde sogar ein Kapital geschenkt. Mit der Steigerung der Bildung trat Wetteifer ein, so dass die Anstalten einander berühmte Lehrer abspenstig zu machen suchten; unter solchen

12. Vespas. Fior., p. 575, 589. – Vita Jan. Manetti, bei Murat. XX, Col. 543. – Die Berühmtheit Lion. Aretinos war bei Lebzeiten freilich so gross gewesen, dass Leute aus allen Gegenden kamen, nur um ihn zu sehen, und dass sich ein Spanier vor ihm auf die Knie warf. Vesp., p. 568. – Für Guarinos Denkmal setzte der Magistrat von Ferrara 1461 die damals bedeutende Summe von 100 Dukaten aus.

13. Vgl. Libri, Histoire des sciences mathém. II, p. 92, s. – Bologna war bekanntlich älter, Pisa dagegen eine späte Gründung des Lorenzo magnifico, «ad solatium veteris amissae libertatis» gestiftet, wie Giovio, Vita Leonis X, L. I sagt. – Die Universität Florenz (vgl. Gaye, carteggio, I, p. 461 bis 560 passim; Matteo Villani I, 8; VII, 90) schon 1321 vorhanden mit Studienzwang für die Landeskinder, wurde neu gestiftet nach dem schwarzen Tode 1348 und mit 2500 Goldgulden jährlich ausgestattet, schlief aber wieder ein und wurde 1357 abermals hergestellt. Der Lehrstuhl für Erklärung des Dante, gestiftet auf Petition vieler Bürger 1373, war in der Folge meist mit der Professur der Philologie und Rhetorik verbunden, so noch bei Filelfo.

Umständen soll Bologna zu Zeiten die Hälfte seiner Staatseinnahmen (20 000 Dukaten) auf die Universität gewandt haben. Die Anstellungen erfolgten in der Regel nur auf Zeit[14], selbst auf einzelne Semester, so dass die Dozenten ein Wanderleben führten wie Schauspieler; doch gab es auch lebenslängliche Anstellungen. Bisweilen versprach man, das an einem Ort Gelehrte nirgend anderswo mehr vorzutragen. Ausserdem gab es auch unbesoldete, freiwillige Lehrer.

Von den genannten Stellen war natürlich die des Professors der Rhetorik vorzugsweise das Ziel des Humanisten; doch hing es ganz davon ab, wie weit er sich den Sachinhalt des Altertums angeeignet hatte, um auch als Jurist, Mediziner, Philosoph oder Astronom auftreten zu können. Die innern Verhältnisse der Wissenschaft wie die äussern des Dozenten waren noch sehr beweglich. Sodann ist nicht zu übersehen, dass einzelne Juristen und Mediziner weit die höchsten Besoldungen hatten und behielten, erstere hauptsächlich als grosse Konsulenten des sie besoldenden Staates für seine Ansprüche und Prozesse. In Padua gab es im 15. Jahrhundert eine juristische Besoldung von 1000 Dukaten jährlich[15], und einen berühmten Arzt wollte man mit 2000 Dukaten und dem Recht der Praxis anstellen[16], nachdem derselbe bisher in Pisa 700 Goldgulden gehabt hatte. Als der Jurist Bartolommeo Socini, Professor in Pisa, eine venezianische Anstellung in Padua annahm und dorthin reisen wollte, verhaftete ihn die florentinische Regierung und wollte ihn nur gegen eine Kaution von 18 000 Goldgulden freilassen[17]. Schon wegen einer solchen Wertschätzung

14. Dies ist bei Aufzählungen zu beachten, wie z. B. bei dem Professorenverzeichnis von Pavia um 1400 (Corio, Storia di Milano, fol. 290), wo u. a. zwanzig Juristen vorkommen.

15. Marin Sanudo, bei Mur. XXII, Col. 990.

16. Fabroni, Laurent, magn. Adnot. 52, vom Jahr 1491.

17. Allegretto, Diarî sanesi, bei Murat. XXIII, Col. 824.

dieser Fächer wäre es begreiflich, dass bedeutende Philologen sich als Juristen und Mediziner geltend machten; andererseits musste allmählich, wer in irgendeinem Fache etwas vorstellen wollte, eine starke humanistische Farbe annehmen. Anderweitiger praktischer Tätigkeiten der Humanisten wird bald gedacht werden.

Die Anstellungen der Philologen als solcher jedoch, wenn auch im einzelnen Fall mit ziemlich hohen Besoldungen[18] und Nebenemolumenten verbunden, gehören im ganzen zu den flüchtigen, vorübergehenden, so dass ein und derselbe Mann an einer ganzen Reihe von Anstalten tätig sein konnte. Offenbar liebte man die Abwechselung und hoffte von jedem Neues, wie dies bei einer im Werden begriffenen, also sehr von Persönlichkeiten abhängigen Wissenschaft sich leicht erklärt. Es ist auch nicht immer gesagt, daß derjenige, welcher über alte Autoren liest, wirklich der Universität der betreffenden Stadt angehört habe; bei der Leichtigkeit des Kommens und Gehens, bei der grossen Anzahl verfügbarer Lokale (in Klöstern usw.) genügte auch eine Privatberufung. In denselben ersten Jahrzehnden des 15. Jahrhunderts[19], da die Universität von Florenz ihren höchsten Glanz erreichte, da die Hofleute Eugens IV. und vielleicht schon Martins V. sich in den Hörsälen drängten, da Carlo Aretino und Filelfo miteinander in die Wette lasen, existierte nicht nur eine fast vollständige zweite Universität bei den Augustinern in S. Spirito, nicht nur ein ganzer Verein gelehrter Männer bei den Camaldulensern in den Angeli, sondern auch angesehene Privatleute taten sich

18. Filelfo hat bei seiner Berufung an die neugegründete Universität Pisa 500 Goldgulden wenigstens verlangt. Vgl. Fabroni, Laurent. magn. Adnot. 41.

19. Vgl. Vespasian. Fior., p. 271, 572, 580, 625. – Vita Jan. Manetti, bei Murat. XX, Col. 531, s.

zusammen oder bemühten sich einzeln, um gewisse philologische oder philosophische Kurse lesen zu lassen für sich und andere. Das philologische und antiquarische Treiben in Rom hatte mit der Universität (Sapienza) lang kaum irgendeinen Zusammenhang und ruhte wohl fast ausschliesslich teils auf besonderer persönlicher Protektion der einzelnen Päpste und Prälaten, teils auf den Anstellungen in der päpstlichen Kanzlei. Erst unter Leo X. erfolgte die grosse Reorganisation der Sapienza, mit 88 Lehrern, worunter die größten Zelebritäten Italiens auch für die Altertumswissenschaft; der neue Glanz dauerte aber nur kurze Zeit. – Von den griechischen Lehrstühlen in Italien ist bereits (S. 226) in Kürze die Rede gewesen.

Im ganzen wird man, um die damalige wissenschaftliche Mitteilung sich zu vergegenwärtigen, das Auge von unsern jetzigen akademischen Einrichtungen möglichst entwöhnen müssen. Persönlicher Umgang, Disputationen, beständiger Gebrauch des Lateinischen und bei nicht wenigen auch des Griechischen, endlich der häufige Wechsel der Lehrer und die Seltenheit der Bücher gaben den damaligen Studien eine Gestalt, die wir uns nur mit Mühe vergegenwärtigen können.

Lateinische Schulen gab es in allen irgend namhaften Städten, und zwar bei weitem nicht bloss für die Vorbildung zu den höheren Studien, sondern weil die Kenntnis des Lateinischen hier notwendig gleich nach dem Lesen, Schreiben und Rechnen kam, worauf dann die Logik folgte. Wesentlich erscheint es, dass diese Schulen nicht von der Kirche abhingen, sondern von der städtischen Verwaltung; mehrere waren auch wohl blosse Privatunternehmungen.

Nun erhob sich aber dieses Schulwesen, unter der Führung einzelner ausgezeichneter Humanisten, nicht nur zu einer grossen rationellen Vervollkommnung, sondern es wurde höhere Erziehung. An die Ausbildung der Kinder zweier oberitalienischer Fürstenhäuser schliessen sich Institute an, welche in ihrer Art einzig heissen konnten.

An dem Hofe des Giovan Francesco Gonzaga zu Mantua (reg. 1407–1444) trat der herrliche Vittorino da Feltre[20] auf, einer jener Menschen, die ihr ganzes Dasein Einem Zwecke widmen, für welchen sie durch Kraft und Einsicht im höchsten Grade ausgerüstet sind. Er erzog zunächst die Söhne und Töchter des Herrscherhauses, und zwar auch von den letztern eine bis zu wahrer Gelehrsamkeit; als aber sein Ruhm sich weit über Italien verbreitete und sich Schüler aus grossen und reichen Familien von nahe und ferne meldeten, liess es der Gonzaga nicht nur geschehen, dass sein Lehrer auch diese erzog, sondern er scheint es als Ehre für Mantua betrachtet zu haben, dass es die Erziehungsstätte für die vornehme Welt sei. Hier zum erstenmal war mit dem wissenschaftlichen Unterricht auch das Turnen und jede edlere Leibesübung für eine ganze Schule ins Gleichgewicht gesetzt. Dazu aber kam noch eine andere Schar, in deren Ausbildung Vittorino vielleicht sein höchstes Lebensziel erkannte: die Armen und Talentvollen, die er in seinem Hause nährte und erzog „per l'amore di Dio", neben jenen Vornehmen, die sich hier gewöhnen mußten, mit dem blossen Talent unter einem Dache zu wohnen. Der Gonzaga hatte ihm eigentlich 300 Goldgulden jährlich zu bezahlen, deckte ihm aber den ganzen Ausfall, welcher oft ebensoviel betrug. Er wusste, dass Vittorino keinen Heller für sich beiseite legte, und ahnte ohne Zweifel, daß die Miterziehung der Unbemittelten die stillschweigende Bedingung sei, unter welcher der wunderbare Mann ihm diente. Die Haltung des Hauses war streng religiös, wie kaum in einem Kloster.

20. Vespas. Fior., p. 640. – Die besondern Biographien des Vittorino und des Guarino von Rosmini kenne ich nicht.

Mehr auf der Gelehrsamkeit liegt der Akzent bei Guarino von Verona[21], der 1429 von Niccolò d'Este zur Erziehung seines Sohnes Lionello nach Ferrara berufen wurde und seit 1436, als sein Zögling nahezu erwachsen war, auch als Professor der Beredsamkeit und der beiden alten Sprachen an der Universität lehrte. Schon neben Lionello hatte er zahlreiche andere Schüler aus verschiedenen Gegenden und im eigenen Hause eine auserlesene Zahl von Armen, die er teilweise oder ganz unterhielt; seine Abendstunden bis spät waren der Repetition mit diesen gewidmet. Auch hier war eine Stätte strenger Religion und Sittlichkeit; es hat an Guarino so wenig wie an Vittorino gelegen, wenn die meisten Humanisten ihres Jahrhunderts in diesen Beziehungen kein Lob mehr davontrugen. Unbegreiflich ist, wie Guarino neben einer Tätigkeit, wie die seinige war, noch immerfort Uebersetzungen aus dem Griechischen und grosse eigene Arbeiten verfassen konnte.

Ausserdem kam an den meisten Höfen von Italien die Erziehung der Fürstenkinder wenigstens zum Teil und auf gewisse Jahre in die Hände der Humanisten, welche damit einen Schritt weiter in das Hofleben hinein taten. Das Traktatschreiben über die Prinzenerziehung, früher eine Aufgabe der Theologen, wird jetzt natürlich ebenfalls ihre Sache, und Aeneas Sylvius hat z. B. zweien jungen deutschen Fürsten vom Hause Habsburg[22] umständliche Abhandlungen über ihre weitere Ausbildung adressiert, worin begreiflicherweise beiden eine Pflege des Humanismus in italienischem Sinne ans Herz gelegt wird. Er mochte wissen, dass er in den Wind redete, und sorgte deshalb dafür,

21. Vesp. Fior., p. 646.

22. An Erzherzog Sigismund, Epist. 105, p. 600, und an König Ladislaus den Nachgeborenen, p. 695, letzteres als Tractatus de liberorum educatione.

dass diese Schriften auch sonst herumkamen. Doch das Verhältnis der Humanisten zu den Fürsten wird noch insbesondere zu besprechen sein.

Zunächst verdienen diejenigen Bürger, hauptsächlich in Florenz, Beachtung, welche aus der Beschäftigung mit dem Altertum ein Hauptziel ihres Lebens machten und teils selbst grosse Gelehrte wurden, teils grosse Dilettanten, welche die Gelehrten unterstützten. (Vgl. S. 218 f.) Sie sind namentlich für die Uebergangzeit zu Anfang des 15. Jahrhunderts von höchster Bedeutung gewesen, weil bei ihnen zuerst der Humanismus praktisch als notwendiges Element des täglichen Lebens wirkte. Erst nach ihnen haben sich Fürsten und Päpste ernstlich darauf eingelassen.

Von Niccolò Niccoli, von Giannozzo Manetti ist schon mehrmals die Rede gewesen. Den Niccoli schildert uns Vespasiano (S. 625) als einen Mann, welcher auch in seiner äussern Umgebung nichts duldete, was die antike Stimmung stören konnte. Die schöne Gestalt in langem Gewande, mit der freundlichen Rede, in dem Hause voll herrlicher Altertümer, machte den eigentümlichsten Eindruck; er war über die Massen reinlich in allen Dingen, zumal beim Essen; da standen vor ihm auf dem weissesten Linnen antike Gefässe und kristallene Becher[23]. Die Art, wie er einen vergnügungsüchtigen jungen Florentiner für seine Interessen gewinnt[24], ist gar zu anmutig, um sie hier nicht zu erzählen.

Piero de' Pazzi, Sohn eines vornehmen Kaufmanns und zu demselben Stande bestimmt, schön von Ansehen und sehr den Freuden der Welt ergeben, dachte an nichts weniger als an die Wissenschaft. Eines Ta-

23. Die folgenden Worte Vespasianos sind unübersetzbar: a vederlo in tavola così antico come era, era una gentilezza.

24. Ebenda, p. 485.

ges, als er am Palazzo del Podestà[25] vorbeiging, rief ihn Niccoli zu sich heran, und er kam auf den Wink des hochangesehenen Mannes, obwohl er noch nie mit demselben gesprochen hatte. Niccoli fragte ihn: wer sein Vater sei? – Er antwortete: Messer Andrea de' Pazzi. – Jener fragte weiter: was sein Geschäft sei? – Piero erwiderte, wie wohl junge Leute tun: ich lasse es mir wohl sein, attendo a darmi buon tempo. – Niccoli sagte: als Sohn eines solchen Vaters und mit solcher Gestalt begabt, solltest du dich schämen, die lateinische Wissenschaft nicht zu kennen, die für dich eine so grosse Zierde wäre: wenn du sie nicht erlernst, so wirst du nichts gelten und, sobald die Blüte der Jugend vorüber ist, ein Mensch ohne alle Bedeutung (virtù) sein. Als Piero dieses hörte, erkannte er sogleich, dass es die Wahrheit sei und entgegnete: er würde sich gerne dafür bemühen, wenn er einen Lehrer fände. – Niccoli sagte: dafür lasse du mich sorgen. – Und in der Tat schaffte er ihm einen gelehrten Mann für das Lateinische und für das Griechische, namens Pontano, welchen Piero wie einen Hausgenossen hielt und mit 100 Goldgulden im Jahr besoldete. Statt der bisherigen Ueppigkeit studierte er nun Tag und Nacht und wurde ein Freund aller Gebildeten und ein grossgesinnter Staatsmann. Die ganze Aeneide und viele Reden des Livius lernte er auswendig, meist auf dem Wege zwischen Florenz und seinem Landhause zu Trebbio.

In anderm, höherm Sinne vertritt Giannozzo Manetti[26] das Altertum. Frühreif, fast als Kind, hatte er schon eine Kaufmannslehrzeit durchgemacht und war Buchführer eines Bankiers; nach einiger Zeit aber erschien ihm dieses Tun eitel und vergänglich, und er

25. Laut Vespas., p. 271, war hier ein gelehrtes Stelldichein, wo auch disputiert wurde.

26. S. dessen Vita bei Murat. XX, Col. 532, s.

sehnte sich nach der Wissenschaft, durch welche allein der Mensch sich der Unsterblichkeit versichern könne; er zuerst vom florentinischen Adel vergrub sich nun in den Büchern und wurde, wie schon erwähnt, einer der grössten Gelehrten seiner Zeit. Als ihn aber der Staat als Geschäftsträger, Steuerbeamten und Statthalter (in Pescia und Pistoja) verwandte, versah er seine Aemter so, als wäre in ihm ein hohes Ideal erwacht, das gemeinsame Resultat seiner humanistischen Studien und seiner Religiosität. Er exequierte die gehässigsten Steuern, die der Staat beschlossen hatte, und nahm für seine Mühe keine Besoldung an; als Provinzialvorsteher wies er alle Geschenke zurück, sorgte für Kornzufuhr, schlichtete rastlos Prozesse und tat überhaupt alles für die Bändigung der Leidenschaften durch Güte. Die Pistojesen haben nie herausfinden können, welcher von ihren beiden Parteien er sich mehr zuneige; wie zum Symbol des gemeinsamen Schicksals und Rechtes aller verfasste er in seinen Mussestunden die Geschichte der Stadt, welche dann in Purpureinband als Heiligtum im Stadtpalast aufbewahrt wurde. Bei seinem Weggang schenkte ihm die Stadt ein Banner mit ihrem Wappen und einen prachtvollen silbernen Helm.

Für die übrigen gelehrten Bürger von Florenz in dieser Zeit muss schon deshalb auf Vespasiano (der sie alle kannte) verwiesen werden, weil der Ton, die Atmosphäre, in welcher er schreibt, die Voraussetzungen, unter welchen er mit jenen Leuten umgeht, noch wichtiger erscheinen als die einzelnen Leistungen selbst. Schon in einer Uebersetzung, geschweige denn in den kurzen Andeutungen, auf welche wir hier beschränkt sind, müsste dieser beste Wert seines Buches verlorengehen. Er ist kein grosser Autor, aber er kennt das ganze Treiben und hat ein tiefes Gefühl von dessen geistiger Bedeutung.

Wenn man dann den Zauber zu analysieren sucht, durch welchen die Medici des 15. Jahrhunderts, vor allen Cosimo der Aeltere († 1464) und Lorenzo magnifico († 1492), auf Florenz und auf ihre Zeitgenossen überhaupt gewirkt haben, so ist neben aller Politik ihre Führerschaft auf dem Gebiete der damaligen Bildung das Stärkste dabei. Wer in Cosimos Stellung als Kaufmann und lokales Parteihaupt noch ausserdem alles für sich hat, was denkt, forscht und schreibt, wer von Hause aus als der erste der Florentiner und dazu von Bildungswegen als der grösste der Italiener gilt, der ist tatsächlich ein Fürst. Cosimo besitzt dann den speziellen Ruhm, in der platonischen Philosophie[27] die schönste Blüte der antiken Gedankenwelt erkannt, seine Umgebung mit dieser Erkenntnis erfüllt und so innerhalb des Humanismus eine zweite und höhere Neugeburt des Altertums ans Licht gefördert zu haben. Der Hergang wird uns sehr genau überliefert[28]; alles knüpfte sich an die Berufung des gelehrten Johannes Argyropulos und an den persönlichsten Eifer des Cosimo in seinen letzten Jahren, so dass, was den Platonismus betraf, der grosse Marsilio Ficino sich als den geistigen Sohn Cosimos bezeichnen durfte. Unter Pietro Medici sah sich Ficino schon als Haupt einer Schule; zu ihm ging auch Pietros Sohn, Cosimos Enkel, der erlauchte Lorenzo von den Peripatetikern über;

27. Was man von derselben vorher kannte, kann nur fragmentarisch gewesen sein. Eine wunderliche Disputation über den Gegensatz des Plato und Aristoteles fand 1438 zu Ferrara zwischen Hugo von Siena und den auf das Konzil gekommenen Griechen statt. Vgl. Aeneas Sylvius, De Europa, Cap. 52 (Opera, p. 450).

28. Bei Nic. Valori, im Leben des Lorenzo magn. – Vgl. Vespas. Fior., p. 426. Die ersten Unterstützer des Arg. waren die Acciajuoli. Ib. 192: Kardinal Bessarion und seine Parallele zwischen Plato und Aristoteles. Ib. 223: Cusanus als Platoniker. Ib. 308: Der Catalonier Narciso und seine Disputation mit Argyropulos. Ib. 571: Einzelne platon. Dialoge schon von Lionardo Aret. übersetzt. Ib. 298: Die beginnende Einwirkung des Neoplatonismus.

als seine namhaftesten Mitschüler werden genannt Bartolommeo Valori, Donato Acciajuoli und Pierfilippo Pandolfini. Der begeisterte Lehrer hat an mehrern Stellen seiner Schriften erklärt, Lorenzo habe alle Tiefen des Platonismus durchforscht und seine Ueberzeugung ausgesprochen, ohne denselben wäre es schwer, ein guter Bürger und Christ zu sein. Die berühmte Reunion von Gelehrten, welche sich um Lorenzo sammelte, war durch diesen höhern Zug einer idealistischen Philosophie verbunden und vor allen andern Vereinigungen dieser Art ausgezeichnet. Nur in dieser Umgebung konnte ein Pico della Mirandola sich glücklich fühlen. Das Schönste aber, was sich sagen lässt, ist, dass neben all diesem Kultus des Altertums hier eine geweihte Stätte italienischer Poesie war und dass von allen Lichtstrahlen, in die Lorenzos Persönlichkeit auseinanderging, gerade dieser der mächtigste heissen darf. Als Staatsmann beurteile ihn jeder, wie er mag (S. 111, 122); in die florentinische Abrechnung von Schuld und Schicksal mischt sich ein Ausländer nicht, wenn er nicht muss; aber eine ungerechtere Polemik gibt es nicht, als wenn man Lorenzo beschuldigt, er habe im Gebiet des Geistes vorzüglich Mediokritäten beschützt, und durch seine Schuld seien Lionardo da Vinci und der Mathematiker Fra Luca Pacciolo ausser Landes, Toscanella, Vespucci u. a. wenigstens unbefördert geblieben. Allseitig ist er wohl nicht gewesen, aber von allen Grossen, welche je den Geist zu schützen und zu fördern suchten, einer der vielseitigsten, und derjenige, bei welchem dies vielleicht am meisten Folge eines tiefern innern Bedürfnisses war.

Laut genug pflegt auch unser laufendes Jahrhundert den Wert der Bildung überhaupt und den des Altertums insbesondere zu proklamieren. Aber eine vollkommen enthusiastische Hingebung, ein Anerkennen, dass dieses Bedürfnis das erste von allen sei, findet sich doch nirgends wie bei jenen Florentinern des 15. und beginnenden 16. Jahrhunderts. Hiefür gibt es indirekte Beweise, die jeden Zweifel beseitigen: man hätte nicht so oft die Töchter des Hauses an den Studien teilnehmen lassen, wenn letztere nicht absolut als das edelste Gut des Erdenlebens gegolten hätten; man hätte nicht das Exil zu einem Aufenthalt des Glückes gemacht wie Palla Strozzi; es hätten nicht Menschen, die sich sonst alles erlaubten, noch Kraft und Lust behalten, die Naturgeschichte des Plinius kritisch zu behandeln wie Filippo Strozzi[29]. Es handelt sich hier nicht um Lob oder Tadel, sondern um Erkenntnis eines Zeitgeistes in seiner energischen Eigentümlichkeit.

Ausser Florenz gab es noch manche Städte in Italien, wo einzelne und ganze gesellschaftliche Kreise bisweilen mit Aufwand aller Mittel für den Humanismus tätig waren und die anwesenden Gelehrten unterstützten. Aus den Briefsammlungen jener Zeit kommt uns eine Fülle von persönlichen Beziehungen dieser Art entgegen[30]. Die offizielle Gesinnung der höher Gebildeten trieb fast ausschliesslich nach der bezeichneten Seite hin.

Doch es ist Zeit, den Humanismus an den Fürstenhöfen ins Auge zu fassen. Die innere Zusammengehörigkeit des Gewaltherrschers mit dem ebenfalls auf seine Persönlichkeit, auf sein Talent angewiesenen Philologen wurde schon früher (S. 33, 169) angedeutet; der letztere aber zog die Höfe eingestandenermassen den freien Städten vor, schon um der reichlichern Belohnungen willen. Zu der Zeit, da es schien, als könne

29. Vardhi, Stor. fiorent. L. IV, p. 321. Ein geistvolles Lebensbild.

30. Die obengenannten Biographien Rosminis (über Vittorino und Guarino) sowie Shepherd, Leben des Poggio, müssen vieles hierüber enthalten.

der grosse Alfons von Aragon Herr von ganz Italien werden, schrieb Aeneas Sylvius[31] an einen andern Sienesen: „Wenn unter seiner Herrschaft Italien den Frieden bekäme, so wäre mir das lieber als (wenn es) unter Stadtregierungen (geschähe), denn ein edles Königsgemüt belohnt jede Trefflichkeit[32]." Auch hier hat man in neuester Zeit die unwürdige Seite, das erkaufte Schmeicheln, zu sehr hervorgehoben, wie man sich früher von dem Humanistenlob allzu günstig für jene Fürsten stimmen liess. Alles in allem genommen bleibt es immer ein überwiegend vorteilhaftes Zeugnis für letztere, dass sie an der Spitze der Bildung ihrer Zeit und ihres Landes – wie einseitig dieselbe sein mochte – glaubten stehen zu müssen. Vollends bei einigen Päpsten[33] hat die Furchtlosigkeit gegenüber den Konsequenzen der damaligen Bildung etwas unwillkürlich Imposantes. Nicolaus V. war beruhigt über das Schicksal der Kirche, weil Tausende gelehrter Männer ihr hülfreich zur Seite ständen. Bei Pius II. sind die Opfer für die Wissenschaft lange nicht so grossartig, sein Poetenhof erscheint sehr mässig, allein er selbst ist noch weit mehr das persönliche Haupt der Gelehrtenrepublik als sein zweiter Vorgänger und geniesst dieses Ruhmes in vollster Sicherheit. Erst Paul II. war mit Furcht und Misstrauen gegen den Humanismus seiner Sekretäre erfüllt, und seine drei Nachfolger Sixtus, Innocenz und Alexander nahmen wohl Dedikationen an und liessen sich andichten, so-

31. Epist. 39; Opera, p. 526, an Mariano Socino.

32. Es darf nicht irremachen, dass daneben eine fortlaufende Reihe von Klagen über die Geringfügigkeit des fürstlichen Mäzenates und über die Gleichgültigkeit mancher Fürsten gegen den Ruhm sich laut macht. So z. B. bei Bapt. Mantuan. Eclog. V. noch aus dem 15. Jahrhundert. – Es war nicht möglich, allen genug zu tun.

33. Für das wissenschaftliche Mäzenat der Päpste bis gegen Ende des 15. Jahrhunderts muss hier der Kürze wegen auf den Schluss von Papencordts „Geschichte der Stadt Rom im M. A." verwiesen werden.

viel man wollte – es gab sogar eine Borgiade, wahrscheinlich in Hexametern[34] –, waren aber zu sehr anderweitig beschäftigt und auf andere Stützpunkte ihrer Gewalt bedacht, um sich viel mit den Poeten-Philologen einzulassen. Julius II. fand Dichter, weil er selber ein bedeutender Gegenstand war (S. 151), scheint sich übrigens nicht viel um sie gekümmert zu haben. Da folgte auf ihn Leo X. „wie auf Romulus Numa", d. h. nach dem Waffenlärm des vorigen Pontifikates hoffte man auf ein ganz den Musen geweihtes. Der Genuss schöner lateinischer Prosa und wohllautender Verse gehörte mit zu Leos Lebensprogramm, und so viel hat sein Mäzenat allerdings in dieser Beziehung erreicht, dass seine lateinischen Poeten in zahllosen Elegien, Oden, Epigrammen, Sermonen jenen fröhlichen, glänzenden Geist der leonischen Zeit, welchen die Biographie des Jovius atmet, auf bildliche Weise darstellten[35]. Vielleicht ist in der ganzen abendländischen Geschichte kein Fürst, welchen man im Verhältnis zu den wenigen darstellbaren Ereignissen seines Lebens so vielseitig verherrlicht hätte. Zugang zu ihm hatten die Dichter hauptsächlich um Mittag, wann die Saitenvirtuosen aufgehört hatten[36]; aber einer der Besten aus der ganzen Schar[37] gibt zu verstehen, dass sie ihm auch sonst auf Schritt und Tritt in den Gärten wie in den innersten Gemächern des Palastes beizukommen suchten, und wer ihn da nicht

34. Lil. Greg. Gyraldus, de poetis nostri temporis, bei Anlass des Sphaerulus von Camerino. Der gute Mann wurde damit nicht zu rechter Zeit fertig und hatte seine Arbeit noch vierzig Jahre später im Pult. – Ueber die magern Honorare des Sixtus IV. vgl. Pierio Valer. de infelic. lit. bei Anlass des Theodorus Gaza. – Das absichtliche Fernhalten der Humanisten vom Kardinalat bei den Päpsten vor Leo, vgl. Lor. Granas Leichenrede auf Kardinal Egidio, Anecd. litt. IV, p. 307.

35. Das Beste in den Deliciae poetarum italorum und in den Beilagen zu den verschiedenen Ausgaben von Roscoe, Leo X.

36. Paul. Jov. Elogia, bei Anlass des Guido Posthumus.

37. Pierio Valeriano in seiner „Simia".

erreichte, versuchte es mit einem Bettelbrief in Form einer Elegie, worin der ganze Olymp vorkam[38]. Denn Leo, der kein Geld beisammen sehen konnte und lauter heitere Mienen zu erblicken wünschte, schenkte auf eine Weise, deren Andenken sich in den folgenden knappen Zeiten rasch zum Mythus verklärte[39]. Von seiner Reorganisation der Sapienza ist bereits (S. 238) die Rede gewesen. Um Leos Einfluss auf den Humanismus nicht zu gering zu taxieren, muss man den Blick freihalten von den vielen Spielereien, die dabei mit unterliefen; man darf sich nicht irre machen lassen durch die bedenklich scheinende Ironie (S. 188), womit er selbst diese Dinge bisweilen behandelt; das Urteil muss ausgehen von den grossen geistigen Möglichkeiten, welche in den Bereich der „Anregung" fallen und schlechterdings nicht im ganzen zu berechnen, wohl aber für die genauere Forschung in manchen einzelnen Fällen tatsächlich nachzuweisen sind. Was die italienischen Humanisten seit etwa 1520 auf Europa gewirkt haben, ist immer irgendwie von dem Antriebe bedingt, der von Leo ausging. Er ist derjenige Papst, welcher im Druckprivilegium für den neugewonnenen Tacitus[40] sagen durfte: die grossen Autoren seien eine Norm des Lebens, ein Trost im Unglück; die Beförderung der Gelehrten und der Erwerb trefflicher Bücher habe ihm von jeher als ein höchstes Ziel gegolten, und auch jetzt danke er dem Himmel, den Nutzen des Menschengeschlechtes durch Begünstigung dieses Buches befördern zu können.

Wie die Verwüstung Roms 1527 die Künstler zer-

38. S. die Elegie des Joh. Aurelius Mutius, in den Deliciae poet. ital.

39. Die bekannte Geschichte von der purpursamtnen Börse mit Goldpäckchen verschiedener Grösse, in welche Leo blindlings hineingreift, bei Giraldi, Hecatommithi VI, Nov. 8. Dafür wurden Leos lateinische Tafelimprovisatoren, wenn sie gar zu hinkende Verse machten, mit Peitschen geschlagen. Lil. Greg. Gyraldus, de poetis nostri temp.

40. Roscoe, Leone X, ed. Bossi, IV, 181.

streute, so trieb sie auch die Literaten nach allen Winden auseinander und breitete den Ruhm des grossen verstorbenen Beschützers erst recht bis in die äussersten Enden Italiens aus.

Von den weltlichen Fürsten des 15. Jahrhunderts zeigt den höchsten Enthusiasmus für das Altertum Alfons der Grosse von Aragon, König von Neapel (S. 61). Es scheint, dass er dabei völlig naiv war, dass die antike Welt in Denkmälern und Schriften ihm seit seiner Ankunft in Italien einen grossen, überwältigenden Eindruck machte, welchem er nun nachleben mußte. Wunderbar leicht gab er sein trotziges Aragon samt Nebenlanden an seinen Bruder auf, um sich ganz dem neuen Besitz zu widmen. Er hatte teils nach-, teils nebeneinander in seinen Diensten[41] den Georg von Trapezunt, den jüngern Chrysoloras, den Lorenzo Valla, den Bartolommeo Fazio und den Antonio Panormita, welche seine Geschichtschreiber wurden; der letztere musste ihm und seinem Hofe täglich den Livius erklären, auch während der Feldzüge im Lager. Diese Leute kosteten ihn jährlich über 20 000 Goldgulden; dem Fazio schenkte er für die Historia Alphonsi über die 500 Dukaten Jahresbesoldung am Schluss der Arbeit noch 1500 Goldgulden obendrein, mit den Worten: „Es geschieht nicht, um Euch zu bezahlen, denn Euer Werk ist überhaupt nicht zu bezahlen, auch nicht, wenn ich Euch eine meiner besten Städte gäbe; aber mit der Zeit will ich suchen, Euch zufriedenzustellen." Als er den Giannozzo Manetti unter den glänzendsten Bedingungen zu seinem Sekretär nahm, sagte er: „Mein letztes Brod würde ich mit Euch teilen." Schon als Gratulationsgesandter von

41. Vespas. Fior., p. 68, s. Die Uebersetzungen aus dem Griechischen, die A. machen liess, p. 93. – Vita Jan. Manetti, bei Murat. XX, Col. 541, s. 550, s. 595. – Panormita: Dicta et facta Alphonsi, samt den Glossen des Aeneas Sylvius.

Florenz bei der Hochzeit des Prinzen Ferrante hatte Giannozzo einen solchen Eindruck auf den König gemacht, dass dieser „wie ein Erzbild“ regungslos auf dem Throne sass und nicht einmal die Mücken abwehrte. Seine Lieblingsstätte scheint die Bibliothek des Schlosses von Neapel gewesen zu sein, wo er an einem Fenster mit besonders schöner Aussicht gegen das Meer sass und den Weisen zuhörte, wenn sie z. B. über die Trinität diskutierten. Denn er war auch völlig religiös und liess sich ausser Livius und Seneca auch die Bibel vortragen, die er beinah auswendig wusste. Wer will die Empfindung genau erraten, die er den vermeintlichen Gebeinen des Livius zu Padua (S. 177) widmete? Als er auf grosse Bitten von den Venezianern einen Armknochen davon erhielt und ehrfurchtsvoll zu Neapel in Empfang nahm, mag in seinem Gemüte Christliches und Heidnisches sonderbar durcheinander gegangen sein. Auf einem Feldzug in den Abruzzen zeigte man ihm das ferne Sulmona, die Heimat des Ovid, und er grüsste die Stadt und dankte dem Genius des Ortes; offenbar tat es ihm wohl, die Weissagung des grossen Dichters über seinen künftigen Ruhm[42] wahrmachen zu können. Einmal gefiel es ihm auch, selber in antiker Weise aufzutreten, nämlich bei seinem berühmten Einzug in das definitiv eroberte Neapel (1443); unweit vom Mercato wurde eine 40 Ellen weite Bresche in die Mauer gelegt; durch diese fuhr er auf einem goldenen Wagen wie ein römischer Triumphator[43]. Auch die Erinnerung hieran ist durch einen herrlichen marmornen Triumphbogen im Castello nuovo verewigt. – Seine neapolitanische Dynastie (S. 61) hat von diesem antiken Enthusiasmus wie von all seinen guten Eigenschaften wenig oder nichts geerbt.

42. Ovid. Amores III, 15, vs. 11. – Jovian. Pontan., de principe.
43. Giorn. napolet. bei Murat. XXI, Col. 1127.

Ungleich gelehrter als Alfonso war Federigo von Urbino[44], der weniger Leute um sich hatte, gar nichts verschwendete und wie in allen Dingen so auch in der Aneignung des Altertums planvoll verfuhr. Für ihn und für Nicolaus V. sind die meisten Uebersetzungen aus dem Griechischen und eine Anzahl der bedeutendsten Kommentare, Bearbeitungen u. dgl. verfasst worden. Er gab viel aus, aber zweckmässig, an die Leute, die er brauchte. Von einem Poetenhof war in Urbino keine Rede; der Herr selber war der Gelehrteste. Das Altertum war allerdings nur ein Teil seiner Bildung; als vollkommener Fürst, Feldherr und Mensch bemeisterte er einen grossen Teil der damaligen Wissenschaft überhaupt, und zwar zu praktischen Zwecken, um der Sachen willen. Als Theologe z. B. verglich er Thomas und Scotus und kannte auch die alten Kirchenväter des Orients und Okzidents, erstere in lateinischen Uebersetzungen. In der Philosophie scheint er den Plato gänzlich seinem Zeitgenossen Cosimo überlassen zu haben; von Aristoteles aber kannte er nicht nur Ethik und Politik genau, sondern auch die Physik und mehrere andere Schriften. In seiner sonstigen Lektüre wogen die sämtlichen antiken Historiker, die er besass, beträchtlich vor; diese und nicht die Poeten „las er immer wieder und liess sie sich vorlesen".

Die Sforza[45] sind ebenfalls alle mehr oder weniger gelehrt und erweisen sich als Mäzenaten (S. 54, 65 f.), wovon gelegentlich die Rede gewesen ist. Herzog Francesco mochte bei der Erziehung seiner Kinder die humanistische Bildung als eine Sache betrachten, die

44. Vespas. Fior., p. 3, 119, s. – Volle aver piena notizia d'ogni cosa, così sacra come gentile. – Vgl. oben S. 71.

45. Beim letzten Visconti streiten sich noch Livius und die französischen Ritterromane nebst Dante und Petrarca um die Teilnahme des Fürsten. Die Humanisten, welche sich bei ihm meldeten und ihn „berühmt machen" wollten, pflegte er nach wenigen Tagen wieder wegzuschicken. Vgl. Decembrio, bei Murat. XX, Col. 1014.

sich schon aus politischen Gründen von selbst verstehe; man scheint es durchgängig als Vorteil empfunden zu haben, wenn der Fürst mit den Gebildetsten auf gleichem Fusse verkehren konnte. Lodovico Moro, selber ein trefflicher Latinist, zeigt dann eine Teilnahme an allem Geistigen, die schon weit über das Altertum hinausgeht (S. 69).

Auch die kleinern Herrscher suchten sich ähnlicher Vorzüge zu bemächtigen, und man tut ihnen wohl Unrecht, wenn man glaubt, sie hätten ihre Hofliteraten nur genährt, um von denselben gerühmt zu werden. Ein Fürst wie Borso von Ferrara (S. 76) macht bei aller Eitelkeit doch gar nicht mehr den Effekt, als erwartete er die Unsterblichkeit von den Dichtern, so eifrig ihm dieselben mit einer „Borseïs" u. dgl. aufwarteten; dazu ist sein Herrschergefühl bei weitem zu sehr entwickelt; allein der Umgang mit Gelehrten, das Interesse für das Altertum, das Bedürfnis nach eleganter lateinischer Epistolographie waren von dem damaligen Fürstentum unzertrennlich. Wie sehr hat es noch der praktisch hochgebildete Herzog Alfonso (S. 76) beklagt, dass ihn die Kränklichkeit in der Jugend einseitig auf Erholung durch Handarbeit hingewiesen[46]! Oder hat er sich mit dieser Ausrede doch eher nur die Literaten vom Leibe gehalten? In eine Seele wie die seinige schauten schon die Zeitgenossen nicht recht hinein.

Selbst die kleinsten romagnolischen Tyrannen können nicht leicht ohne einen oder mehrere Hofhumanisten auskommen; der Hauslehrer und Sekretär sind dann öfter Eine Person, welche zeitweise sogar das Faktotum des Hofes wird[47]. Man ist mit der Ver-

46. Paul. Jov. Vita Alfonsi ducis.

47. Ueber Collenuccio am Hofe des Giovanni Sforza von Pesaro (Sohn des Alessandro, S. 54), der ihn zuletzt mit dem Tode lohnte, s. S. 169, Anm. 16. — Beim letzten Ordelaffo zu Forlì versah Codrus Urceus die Stelle. – Unter den gebildeten Tyrannen ist auch der 1488

achtung dieser kleinen Verhältnisse insgemein etwas zu rasch bei der Hand, indem man vergisst, dass die höchsten Dinge des Geistes gerade nicht an den Massstab gebunden sind.

Ein sonderbares Treiben muss jedenfalls an dem Hofe zu Rimini unter dem frechen Heiden und Condottiere Sigismondo Malatesta geherrscht haben. Er hatte eine Anzahl von Philologen um sich und stattete einzelne derselben reichlich, z. B. mit einem Landgut aus, während andere als Offiziere wenigstens ihren Lebensunterhalt hatten[48]. In seiner Burg – arx Sismundea – halten sie ihre oft sehr giftigen Disputationen, in Gegenwart des „rex", wie sie ihn nennen; in ihren lateinischen Dichtungen preisen sie natürlich ihn und besingen seine Liebschaft mit der schönen Isotta, zu deren Ehren eigentlich der berühmte Umbau von San Francesco in Rimini erfolgte, als ihr Grabdenkmal, Divae Isottae Sacrum. Und wenn die Philologen sterben, so kommen sie in (oder unter) die Sarkophage zu liegen, womit die Nischen der beiden Aussenwände dieser nämlichen Kirche geschmückt sind; eine Inschrift besagt dann, der Betreffende sei hier beigesetzt worden zur Zeit, da Sigismundus, Pandulfus' Sohn, herrschte[49]. Man würde es heute einem Scheusal, wie dieser Fürst war, schwerlich glauben, dass Bildung und gelehrter Umgang ihm ein Bedürfnis seien, und doch sagt der, welcher ihn exkommunizierte, in effigie verbrannte und bekriegte, nämlich

von seiner Gattin ermordete Galeotto Manfreddi von Faenza zu nennen; ebenso einzelne Bentivoglî von Bologna.

48. Anecdota literar. II, p. 305, s. 405. Basinius von Parma spottet über Porcellio und Tommaso Seneca; sie als hungrige Parasiten müssten in ihrem Alter noch die Soldaten spielen, indes er mit ager und villa ausgestattet sei. (Um 1460; ein belehrendes Aktenstück, aus welchem hervorgeht, dass es noch Humanisten, wie die zwei letztgenannten gab, welche sich gegen das Aufkommen des Griechischen zu wehren suchten.)

49. Das Nähere über diese Gräber bei Keyßler, Neueste Reisen, S. 924.

Papst Pius II.: „Sigismondo kannte die Historien und besass eine grosse Kunde der Philosophie; zu allem, was er ergriff, schien er geboren[50].“

Zu zweien Zwecken aber glaubten Republiken wie Fürsten und Päpste des Humanisten durchaus nicht entbehren zu können: zur Abfassung der Briefe und zur öffentlichen, feierlichen Rede.

Der Sekretär muss nicht nur von Stileswegen ein guter Lateiner sein, sondern umgekehrt: nur einem Humanisten traut man die Bildung und Begabung zu, welche für einen Sekretär nötig ist. Und so haben die grössten Männer der Wissenschaft im 15. Jahrhundert meist einen beträchtlichen Teil ihres Lebens hindurch dem Staat auf diese Weise gedient. Man sah dabei nicht auf Heimat und Herkunft; von den vier grossen florentinischen Sekretären, die seit 1429–1465 die Feder führten[1], sind drei aus der Untertanenstadt Arezzo: nämlich Lionardo (Bruni), Carlo (Marzuppini) und Benedetto Accolti; Poggio war von Terra nuova, ebenfalls im florentinischen Gebiet. Hatte man doch schon lange mehrere der höchsten Stadtämter prinzipiell mit Ausländern besetzt. Lionardo, Poggio und Giannozzo Manetti waren auch zeitweise Geheimschreiber der Päpste, und Carlo Aretino sollte es werden. Blondus von Forlì und trotz allem zuletzt auch Lorenzo Valla rückten in dieselbe Würde vor. Mehr und mehr zieht der päpstliche Palast seit Nicolaus V. und Pius II.[2] die bedeutendsten Kräfte in seine Kanz-

50. Pii II. Comment. L. II, p. 92. Historiae ist hier der Inbegriff des ganzen Altertums.

1. Fabroni, Cosmus, Adnot. 117. – Vespas. Fior. passim. – Eine Hauptstelle über das, was die Florentiner von ihren Sekretären verlangten, bei Aeneas Sylvius, De Europa, cap. 54 (Opera, p. 454).

2. Vgl. S. 247 und Papencordt, Gesch. d. Stadt Rom, p. 512, über das neue Kollegium der Abbreviatoren, welches Pius gründete.

lei, selbst unter jenen sonst nicht literarisch gesinnten letzten Päpsten des 15. Jahrhunderts. In der Papstgeschichte des Platina ist das Leben Pauls II. nichts anderes als die ergötzliche Rache des Humanisten an dem einzigen Papst, der seine Kanzlei nicht zu behandeln verstand, jenen Verein von „Dichtern und Rednern, die der Kurie ebensoviel Glanz verliehen, als sie von ihr empfingen“. Man muss diese stolzen Herrn aufbrausen sehen, wann ein Präzedenzstreit eintritt, wenn z. B. die Advocati consistoriales gleichen Rang mit ihnen, ja den Vortritt in Anspruch nehmen[3]. In einem Zuge wird appelliert an den Evangelisten Johannes, welchem die Secreta coelestia enthüllt gewesen, an den Schreiber des Porsenna, welchen M. Scävola für den König selber gehalten, an Mäcenas, welcher Augusts Geheimschreiber war, an die Erzbischöfe, welche in Deutschland Kanzler heissen usw.[4] „Die apostolischen Schreiber haben die ersten Geschäfte der Welt in Händen, denn wer anders als sie schreibt und verfügt in Sachen des katholischen Glaubens, der Bekämpfung der Ketzerei, der Herstellung des Friedens, der Vermittelung zwischen den grössten Monarchen? Wer als sie liefert die statistischen Uebersichten der ganzen Christenheit? Sie sind es, die Könige, Fürsten und Völker in Bewunderung versetzen durch das, was von den Päpsten ausgeht; sie verfassen die Befehle und Instruktionen für die Legaten; ihre Befehle empfangen sie aber nur vom Papst und sind derselben zu jeder Stunde des Tages und der Nacht gewärtig.“ Den Gipfel des Ruhmes erreichten aber doch erst die

3. Anecdota lit. I, p. 119, s. Plaidoyer des Jacobus Volaterranus im Namen der Sekretäre, ohne Zweifel aus der Zeit Sixtus IV. – Der humanistische Anspruch der Konsistorialadvokaten beruhte auf ihrer Redekunst, wie der der Sekretäre auf den Briefen.

4. Die wirkliche kaiserliche Kanzlei unter Friedrich III. kannte Aeneas Sylvius am besten. Vgl. Epp. 23 und 105, Opera, p. 516 und 607.

Ghiberti: Opferung Isaaks (Ausschnitt)

Donatello:
Hl. Markus

beiden berühmten Sekretäre und Stilisten Leos X.: Pietro Bembo und Jacopo Sadoleto.

Nicht alle Kanzleien schrieben elegant; es gab einen ledernen Beamtenstil in höchst unreinem Latein, welcher die Mehrheit für sich hatte. Ganz merkwürdig stechen in den mailändischen Aktenstücken, welche Corio mitteilt, neben diesem Stil die paar Briefe hervor, welche von den Mitgliedern des Fürstenhauses selber, und zwar in den wichtigsten Momenten, verfasst sein müssen[5]; sie sind von der reinsten Latinität. Den Stil auch in der Not zu wahren, erschien als ein Gebot der guten Lebensart und als Folge der Gewöhnung.

Man kann sich denken, wie emsig in jenen Zeiten die Briefsammlungen des Cicero, Plinius u. a. studiert wurden. Es erschien schon im 15. Jahrhundert eine ganze Reihe von Anweisungen und Formularen zum lateinischen Briefschreiben (als Seitenzweig der grossen grammatikalischen und lexikographischen Arbeiten), deren Masse in den Bibliotheken noch heute Erstaunen erregt. Je mehr Unberufene aber mit dergleichen Hülfsmitteln sich an die Aufgabe wagten, desto mehr nahmen sich die Virtuosen zusammen, und die Briefe Polizianos und im Beginn des 16. Jahrhunderts die des Pietro Bembo erschienen dann als die irgend erreichbaren Meisterwerke, nicht nur des lateinischen Stiles, sondern der Epistolographie als solcher.

Daneben meldet sich mit dem 16. Jahrhundert auch ein klassischer italienischer Briefstil, wo Bembo wiederum an der Spitze steht. Es ist eine völlig moderne,

5. Corio, Storia di Milano, fol. 449, der Brief der Isabella von Aragon an ihren Vater Alfons von Neapel; fol. 451, 464 zwei Briefe des Moro an Karl VIII. – Womit zu vergleichen das Histörchen in den Lettere pittoriche III, 86 (Sebast. del Piombo an Aretino), wie Clemens VII. während der Verwüstung Roms im Kastell seine Gelehrten aufbietet und sie eine Epistel an Karl V. konzipieren läßt, jeden besonders.

vom Lateinischen mit Absicht ferngehaltene Schreibart, und doch geistig total vom Altertum durchdrungen und bestimmt. Diese Briefe sind zum Teil wohl im Vertrauen geschrieben, meist aber im Hinblick auf eine mögliche Veröffentlichung und vielleicht ohne Ausnahme im Bewußtsein, dass sie um ihrer Eleganz willen könnten weitergezeigt werden. Auch beginnen schon seit den 1530er Jahren gedruckte Sammlungen, teils von sehr verschiedenen Briefstellern in bunter Reihe, teils Korrespondenzen einzelner, und derselbe Bembo wurde als Epistolograph im Italienischen so berühmt wie im Lateinischen[6].

Viel glänzender noch als der Briefschreiber tritt der Redner[7] hervor, in einer Zeit und bei einem Volke, wo das Hören als ein Genuss ersten Ranges galt und wo das Phantasiebild des römischen Senates und seiner Redner alle Geister beherrschte. Von der Kirche, bei welcher sie im Mittelalter ihre Zuflucht gehabt, wird die Eloquenz vollkommen emanzipiert; sie bildet ein notwendiges Element und eine Zierde jedes erhöhten Daseins. Sehr viele festliche Augenblicke, die gegenwärtig mit der Musik ausgefüllt werden, gehörten damals der lateinischen oder italienischen Rede, worüber sich jeder unserer Leser seine Gedanken machen möge.

Welches Standes der Redner war, galt völlig gleich; man bedurfte vor allem des virtuosenhaft ausgebildeten humanistischen Talentes. Am Hofe des Borso von Ferrara hat der Hofarzt, Jeronimo da Castello, sowohl Friedrich III. als Pius II. zum Willkomm anreden

6. Ueber Aretinos Briefsammlungen vgl. oben S. 196 und Anm. Lateinische Briefsammlungen waren schon im 15. Jahrhundert gedruckt worden.

7. Man vgl. die Reden in den Opera des Philelphus, Sabellicus, Beroaldus d. Ae. usw. und die Schriften und Biographien des Jan. Manetti, Aeneas Sylvius usw.

müssen[8]; verheiratete Laien besteigen in den Kirchen die Kanzeln bei jedem festlichen oder Traueranlass, ja selbst an Heiligenfesten. Es war den ausseritalischen Basler Konzilsherren etwas Neues, dass der Erzbischof von Mailand am Ambrosiustage den Aeneas Sylvius auftreten liess, welcher noch keine Weihe empfangen hatte; trotz dem Murren der Theologen liessen sie sich es gefallen und hörten mit grösster Begier zu[9].

Ueberblicken wir zunächst die wichtigern und häufigern Anlässe des öffentlichen Redens.

Vor allem heissen die Gesandten von Staat an Staat nicht vergebens Oratoren; neben der geheimen Unterhandlung gab es ein unvermeidliches Paradestück, eine öffentliche Rede, vorgetragen unter möglichst pomphaften Umständen[10]. In der Regel führte von dem oft sehr zahlreichen Personal einer zugestandenermassen das Wort, aber es begegnete doch dem Kenner Pius II., vor welchem sich gerne jeder hören lassen wollte, dass er eine ganze Gesandtschaft, einen nach dem andern, anhören musste[11]. Dann redeten gelehrte Fürsten, die des Wortes mächtig waren, gerne und gut selber, italienisch oder lateinisch. Die Kinder des Hauses Sforza waren hierauf eingeschult, der ganz junge Galeazzo Maria sagte schon 1455 im grossen Rat zu Venedig ein fliessendes Exerzitium her[12], und seine Schwester

8. Diario Ferrarese, bei Murat. XXIV, Col. 198, 205.

9. Pii II. Comment. L. I, p. 10.

10. So gross der Sukzess des glücklichen Redners war, so furchtbar war natürlich das Steckenbleiben vor grossen und erlauchten Versammlungen. Schreckensbeispiele sind gesammelt bei Petrus Crinitus, de honesta disciplina V, cap. 3. Vgl. Vespas. Fior., p. 319, 430.

11. Pii II. Comment. L. IV, p. 205. Es waren noch dazu Römer, die ihn in Viterbo erwarteten. Singuli per se verba fecere, ne alius alio melior videretur, cum essent eloquentia ferme pares. – Dass der Bischof von Arezzo nicht das Wort führen durfte für die Kollektivgesandtschaft der italienischen Staaten an den neugewählten Alexander VI., zählt Guicciardini (zu Anfang des I. B.) ganz ernsthaft unter den Ursachen auf, welche das Unglück Italiens 1494 herbeiführen halfen.

12. Mitgeteilt von Marin Sanudo, bei Murat. XXII, Col. 1160.

Ippolita begrüsste den Papst Pius II. auf dem Kongress zu Mantua 1459 mit einer zierlichen Rede[13]. Pius II. selbst hat offenbar als Redner in allen Zeiten seines Lebens seiner letzten Standeserhöhung mächtig vorgearbeitet; als grösster kurialer Diplomat und Gelehrter wäre er vielleicht doch nicht Papst geworden ohne den Ruhm und den Zauber seiner Beredsamkeit. „Denn nichts war erhabener als der Schwung seiner Rede"[14]. Gewiss galt er für Unzählige schon deshalb als der des Papsttums Würdigste, bereits vor der Wahl.

Sodann wurden die Fürsten bei jedem feierlichen Empfang angeredet, und zwar oft in stundenlanger Oration. Natürlich geschah dies nur, wenn der Fürst als Redefreund bekannt war oder dafür gelten wollte[15], und wenn man einen genügenden Redner vorrätig hatte, mochte es ein Hofliterat, Universitätsprofessor, Beamter, Arzt oder Geistlicher sein.

Auch jeder andere politische Anlass wird begierig ergriffen, und je nach dem Ruhm des Redners läuft alles herbei, was die Bildung verehrt. Bei alljährlichen Beamtenerneuerungen, sogar bei Einführung neuernannter Bischöfe muss irgendein Humanist auftreten, der bisweilen[16] in sapphischen Strophen oder

13. Pii II. Comment. L. II, p. 107. Vgl. p. 87. – Eine andere lateinische Rednerin fürstlichen Standes war Madonna Battista Montefeltro, vermählte Malatesta, welche Sigismund und Martin haranguierte. Vgl. Arch. stor. IV, I, p. 442, Nota.

14. De expeditione in Turcas, bei Murat. XXIII, Col. 68. Nihil enim Pii concionantis maiestate sublimius. – Ausser dem naiven Wohlgefallen, womit Pius selbst seine Erfolge schildert, vgl. Campanus, Vita Pii II, bei Murat. III, II, passim.

15. Karl V. hat doch einmal, als er in Genua der Blumensprache eines latein. Redners nicht folgen konnte, vor Giovios Ohren geseufzt: „Ach, wie hat mein Lehrer Hadrian einst Recht gehabt, als er mir weissagte, ich würde für meinen kindischen Unfleiss im Lateinischen gezüchtigt werden!" – Paul. Jov. vita Hadriani VI.

16. Lil. Greg. Gyraldus, de poetis nostri temp., bei Anlass des Collenuccio. – Filelfo, ein verheirateter Laie, hielt im Dom von Como die Einführungsrede für den Bischof Scarampi 1460.

Hexametern spricht; auch mancher neu antretende Beamte selbst muss eine unumgängliche Rede halten über sein Fach, z. B. „über die Gerechtigkeit"; wohl ihm, wenn er darauf geschult ist. In Florenz zieht man auch die Condottieren – sie mögen sein wer und wie sie wollen – in das landesübliche Pathos hinein und lässt sie bei Ueberreichung des Feldherrenstabes durch den gelehrtesten Staatssekretär vor allem Volk haranguieren[17]. Es scheint, dass unter oder an der Loggia de' Lanzi, der feierlichen Halle, wo die Regierung vor dem Volke aufzutreten pflegte, eine eigentliche Rednerbühne (rostra, ringhiera) angebracht war.

Von Anniversarien werden besonders die Todestage der Fürsten durch Gedächtnisreden gefeiert. Auch die eigentliche Leichenrede ist vorherrschend dem Humanisten anheimgefallen, der sie in der Kirche, in weltlichem Gewande rezitiert, und zwar nicht nur am Sarge von Fürsten, sondern auch von Beamten u. a. namhaften Leuten[18]. Ebenso verhält es sich oft mit Verlobungs- und Hochzeitsreden, nur dass diese (wie es scheint) nicht in der Kirche, sondern im Palast, z. B. die des Filelfo bei der Verlobung der Anna Sforza mit Alfonso d'Este im Kastell von Mailand, gehalten wurden. (Es könnte immerhin in der Palastkapelle geschehen sein.) Auch angesehene Privatleute liessen sich wohl einen solchen Hochzeitsredner als vornehmen Luxus gefallen. In Ferrara ersuchte man bei solchen Anlässen einfach den Guarino[19], er möchte einen seiner Schüler senden. Die Kirche als solche besorgte bei Trauungen und Leichen nur die eigentlichen Zeremonien.

Von den akademischen Reden sind die bei Einfüh-

17. Fabroni, Cosmus, Adnot. 52.

18. Was doch z. B. dem Jac. Volaterranus (bei Murat. XXIII, Col. 171) bei Platinas Gedächtnisfeier einigen Anstoss gab.

19. Anecdota lit. I, p. 299, in Fedras Leichenrede auf Lod. Podocataro, welchen Guarino vorzugsweise zu solchen Aufträgen bestimmte.

rung neuer Professoren und die bei Kurseröffnungen[20] von den Professoren selbst gehaltenen mit dem grössten rhetorischen Aufwand behandelt. Der gewöhnliche Kathedervortrag näherte sich ebenfalls oft der eigentlichen Rede[21].

Bei den Advokaten gab das jeweilige Auditorium den Maßstab für die Behandlung der Rede. Je nach Umständen wurde dieselbe mit dem vollen philologisch-antiquarischen Pomp ausgestattet.

Eine ganz eigene Gattung sind die italienisch gehaltenen Anreden an die Soldaten, teils vor dem Kampf, teils nachher. Federigo von Urbino[22] war hiefür klassisch; einer Schar nach der andern, wie sie kampfgerüstet dastanden, flösste er Stolz und Begeisterung ein. Manche Rede in den Kriegsschriftstellern des 15. Jahrhunderts, z. B. bei Porcellius (S. 130), möchte nur teilweise fingiert sein, teilweise aber auf wirklich gesprochenen Worten beruhen. Wieder etwas anderes waren die Anreden an die seit 1506, hauptsächlich auf Macchiavells Betrieb organisierte florentinische Miliz[23], bei Anlass der Musterungen und später bei einer besondern Jahresfeier. Diese sind von allgemein patriotischem Inhalt; es hielt sie in der Kirche jedes Quartiers vor den dort versammelten Milizen ein Bürger im Brustharnisch, mit dem Schwert in der Hand.

Endlich ist im 15. Jahrhundert die eigentliche Predigt bisweilen kaum mehr von der Rede zu scheiden, insofern viele Geistliche in den Bildungskreis des Alter-

20. Von solchen Einleitungsvorlesungen sind viele erhalten, in den Werken des Sabellicus, Beroaldus maior, Codrus Urceus usw.

21. Den ausgezeichneten Ruhm von Pomponazzos Vortrag s. bei Paul. Jov. Elogia.

22. Vespas. Fior., p. 103. Vgl. die Geschichte p. 598, wie Giannozzo Manetti zu ihm ins Lager kömmt.

23. Archiv. stor. XV, p. 113, 121, Canestrinis Einleitung; p. 342, s. der Abdruck zweier Soldatenreden; die erste, von Alamanni, ist ausgezeichnet schön und des Momentes (1528) würdig.

tums mit eingetreten waren und etwas darin gelten wollten. Hat doch selbst der schon bei Lebzeiten heilige, vom Volk angebetete Gassenprediger Bernardino da Siena es für seine Pflicht gehalten, den rhetorischen Unterricht des berühmten Guarino nicht zu verschmähen, obwohl er nur italienisch zu predigen hatte. Die Ansprüche, zumal an die Fastenprediger, waren damals ohne Zweifel so gross als je; hie und da gab es auch ein Auditorium, welches sehr viel Philosophie auf der Kanzel vertragen konnte und, scheint es, von Bildung wegen verlangte[24]. Doch wir haben es hier mit den vornehmen lateinischen Kasualpredigern zu tun. Manche Gelegenheit nahmen ihnen, wie gesagt, gelehrte Laien vom Munde weg. Reden an bestimmten Heiligentagen, Leichen- und Hochzeitsreden, Einführungen von Bischöfen usw., ja sogar die Rede bei der ersten Messe eines befreundeten Geistlichen und die Festrede bei einem Ordenskapitel werden wohl Laien überlassen[25]. Doch predigten wenigstens vor dem päpstlichen Hof im 15. Jahrhundert in der Regel Mönche, welches auch der festliche Anlaß sein mochte. Unter Sixtus IV. verzeichnet und kritisiert Giacomo da Volterra regelmässig diese Festprediger, nach den Gesetzen der Kunst[26]. Fedra Inghirami, als Festredner berühmt unter Julius II., hatte wenigstens die geistlichen Weihen und war Chorherr am Lateran; auch sonst hatte man unter den Prälaten jetzt elegante La-

24. Hierüber Faustinus Terdoceus, in seiner Satire De triumpho stultitiae, lib. II.

25. Diese beiden erstaunlichen Fälle kommen bei Sabellicus vor (Opera, fol. 61–82: De origine et auctu religionis, zu Verona vor dem Kapitel der Barfüsser von der Kanzel gehalten, und: De sacerdotii laudibus, zu Venedig gehalten). Vgl. S. 260, Anm. 16.

26. Jac. Volaterrani Diar. roman., bei Mur. XXIII. passim. – Col. 173 wird eine höchst merkwürdige Predigt vor dem Hofe, doch bei zufälliger Abwesenheit Sixtus IV. erwähnt: Pater Paolo Toscanella donnerte gegen den Papst, dessen Familie und die Kardinäle; Sixtus erfuhr es und lächelte.

teiner genug. Ueberhaupt erscheinen mit dem 16. Jahrhundert die früher übergrossen Vorrechte der profanen Humanisten in dieser Beziehung gedämpft wie in andern, wovon unten ein weiteres.

Welcher Art und welches Inhaltes waren nun diese Reden im grossen und ganzen? Die natürliche Wohlredenheit wird den Italienern das Mittelalter hindurch nie gefehlt haben, und eine sogenannte Rhetorik gehörte von jeher zu den sieben freien Künsten; wenn es sich aber um die Auferweckung der antiken Methode handelt, so ist dieses Verdienst nach Aussage des Filippo Villani[27] einem Florentiner Bruno Casini zuzuschreiben, welcher noch in jungen Jahren 1348 an der Pest starb. In ganz praktischen Absichten, um nämlich die Florentiner zum leichten, gewandten Auftreten in Räten u. a. öffentlichen Versammlungen zu befähigen, behandelte er nach Massgabe der Alten die Erfindung, die Deklamation, Gestus und Haltung im Zusammenhange. Auch sonst hören wir frühe von einer völlig auf die Anwendung berechneten rhetorischen Erziehung; nichts galt höher als aus dem Stegreif in elegantem Latein das jedesmal Passende vorbringen zu können. Das wachsende Studium von Ciceros Reden und theoretischen Schriften, von Quintilian und den kaiserlichen Panegyrikern, das Entstehen eigener neuer Lehrbücher[28], die Benützung der Fortschritte der Philologie im allgemeinen und die Masse von antiken Ideen und Sachen, womit man die eigenen Gedanken bereichern durfte und musste – dies zusammen vollendete den Charakter der neuen Redekunst.

Je nach den Individuen ist derselbe gleichwohl sehr

27. Fil. Villani, vite, p. 33.

28. Georg. Trapezunt. Rhetorica, das erste vollständige Lehrgebäude. – Aen. Sylvius: Artis rhetoricae praecepta, in den Opera p. 992, bezieht sich absichtlich nur auf Satzbau und Wortfügung; übrigens bezeichnend für die vollkommene Routine hierin. Er nennt mehrere andere Theoretiker.

verschieden. Manche Reden atmen eine wahre Beredsamkeit, namentlich diejenigen, welche bei der Sache bleiben; von dieser Art ist durchschnittlich was wir von Pius II. übrig haben. Sodann lassen die Wunderwirkungen, welche Giannozzo Manetti[29] erreichte, auf einen Redner schliessen, wie es in allen Zeiten wenige gegeben hat. Seine grossen Audienzen als Gesandter vor Nicolaus V., vor Dogen und Rat von Venedig waren Ereignisse, deren Andenken lange dauerte. Viele Redner dagegen benützten den Anlass, um neben einigen Schmeicheleien für vornehme Zuhörer eine wüste Masse von Worten und Sachen aus dem Altertum vorzubringen. Wie es möglich war, dabei bis zwei, ja drei Stunden auszuhalten, begreift man nur, wenn man das starke damalige Sachinteresse am Altertum und die Mangelhaftigkeit und relative Seltenheit der Bearbeitungen – vor der Zeit des allgemeinen Druckens – in Betracht zieht. Solche Reden hatten noch immer den Wert, welchen wir (S. 231) manchen Briefen Petrarcas vindiziert haben. Einige machten es aber doch zu stark. Filelfos meiste Orationen sind ein abscheuliches Durcheinander von klassischen und biblischen Zitaten, aufgereiht an einer Schnur von Gemeinplätzen; dazwischen werden die Persönlichkeiten der zu rühmenden Grossen nach irgendeinem Schema z. B. der Kardinaltugenden gepriesen, und nur mit grosser Mühe entdeckt man bei ihm und andern die wenigen zeitgeschichtlichen Elemente von Wert, welche wirklich darin sind. Die Rede eines Professors und Literaten von Piacenza z. B. für den Empfang des Herzogs Galeazzo Maria 1467 beginnt mit C. Julius Caesar, mischt einen Haufen antiker Zitate mit solchen aus einem eigenen allegorischen Werk des Verfassers zusammen und schliesst mit sehr indiskreten guten Leh-

29. Dessen Vita bei Murat. XX ist ganz voll von den Wirkungen seiner Eloquenz. – Vgl. Vespas. Fior. 592, s.

ren an den Herrscher[30]. Glücklicherweise war es schon zu spät am Abend, und der Redner musste sich damit begnügen, seinen Panegyricus schriftlich zu überreichen. Auch Filelfo hebt eine Verlobungsrede mit den Worten an: Jener peripatetische Aristoteles usw.; andere rufen gleich zu Anfang: Publius Cornelius Scipio u. dgl., ganz als könnten sie und ihre Zuhörer das Zitieren gar nicht erwarten. Mit dem Ende des 15. Jahrhunderts reinigte sich der Geschmack auf einmal, wesentlich durch das Verdienst der Florentiner; im Zitieren wird fortan sehr behutsam Mass gehalten, schon weil inzwischen allerlei Nachschlagewerke häufiger geworden sind, in welchen der erste beste dasjenige vorrätig findet, womit man bis jetzt Fürsten und Volk in Erstaunen gesetzt.

Da die meisten Reden am Studierpult erarbeitet waren, so dienten die Manuskripte unmittelbar zur weitern Verbreitung und Veröffentlichung. Grossen Stegreifrednern dagegen musste nachstenographiert werden[31]. – Ferner sind nicht alle Orationen, die wir besitzen, auch nur dazu bestimmt gewesen, wirklich gehalten zu werden; so ist z. B. der Panegyricus des ältern Beroaldus auf Lodovico Moro ein bloss schriftlich eingesandtes Werk[32]. Ja wie man Briefe mit imaginären Adressen nach allen Gegenden der Welt komponierte als Exerzitium, als Formulare, auch wohl als Tendenzschriften, so gab es auch Reden auf erdichtete Anlässe[33], als Formulare für Begrüssung grosser Beamten, Fürsten und Bischöfe u. dgl. m.

30. Annales Placentini bei Murat. XX, Col. 918.

31. So dem Savonarola, vgl. Perrens, Vie de Savonarole I, p. 163. Die Stenographen konnten jedoch ihm und z. B. auch begeisterten Improvisatoren nicht immer folgen.

32. Und zwar keines von den bessern. Das Bemerkenswerteste ist die Floskel am Schlusse: Esto tibi ipsi archetypon et exemplar, te ipsum imitare etc.

33. Briefe sowohl als Reden dieser Art schrieb Alberto di Ripalta,

Auch für die Redekunst gilt der Tod Leos X. (1521) und die Verwüstung von Rom (1527) als der Termin des Verfalls. Aus dem Jammer der ewigen Stadt kaum geflüchtet, verzeichnet Giovio[34] einseitig und doch wohl mit überwiegender Wahrheit die Gründe dieses Verfalls:

„Die Aufführungen des Plautus und Terenz, einst eine Uebungsschule des lateinischen Ausdruckes für die vornehmen Römer, sind durch italienische Komödien verdrängt. Der elegante Redner findet nicht mehr Lohn und Anerkennung wie früher. Deshalb arbeiten z. B. die Konsistorialadvokaten an ihren Vorträgen nur noch die Proömien aus und geben den Rest als trüben Mischmasch nur noch stossweise von sich. Auch Kasualreden und Predigten sind tief gesunken. Handelt es sich um die Leichenrede für einen Kardinal oder weltlichen Grossen, so wenden sich die Testamentsexekutoren nicht an den trefflichsten Redner der Stadt, den sie mit hundert Goldstücken honorieren müssten, sondern sie mieten um ein Geringes einen hergelaufenen kecken Pedanten, der nur in den Mund der Leute kommen will, sei es auch durch den schlimmsten Tadel. Der Tote, denkt man, spüre ja nichts davon, wenn ein Affe in Trauergewand auf der Kanzel steht, mit weinerlichem heiserm Gemurmel beginnt und allmählich ins laute Gebell übergeht. Auch die festlichen Predigten bei den päpstlichen Funktionen werfen keinen rechten Lohn mehr ab; Mönche von allen Orden haben sich wieder derselben bemäch-

vgl. die von ihm verfassten Annales Placentini, bei Murat. XX, Col. 914, s., wo der Pedant seinen literarischen Lebenslauf ganz lehrreich beschreibt.

34. Pauli Jovii Dialogus de viris litteris illustribus, bei Tiraboschi, Tom. VII, Parte IV. – Doch meint er noch wohl ein Jahrzehnd später, am Schluss der Elogia literaria: Tenemus adhuc, nachdem das Primat der Philologie auf Deutschland übergegangen, sincerae et constantis eloquentiae munitam arcem etc.

tigt und predigen wie für die ungebildetsten Zuhörer. Noch vor wenigen Jahren konnte eine solche Predigt bei der Messe in Gegenwart des Papstes der Weg zu einem Bistum werden."

An die Epistolographie und die Redekunst der Humanisten schliessen wir hier noch ihre übrigen Produktionen an, welche zugleich mehr oder weniger Reproduktionen des Altertums sind.

Hieher gehört zunächst die Abhandlung in unmittelbarer oder in dialogischer Form[35], welche letztere man direkt von Cicero herübernahm. Um dieser Gattung einigermassen gerecht zu werden, um sie nicht als Quelle der Langenweile von vornherein zu verwerfen, muss man zweierlei erwägen. Das Jahrhundert, welches dem Mittelalter entrann, bedurfte in vielen einzelnen Fragen moralischer und philosophischer Natur einer speziellen Vermittelung zwischen sich und dem Altertum, und diese Stelle nahmen nun die Traktat- und Dialogschreiber ein. Vieles, was uns in ihren Schriften als Gemeinplatz erscheint, war für sie und ihre Zeitgenossen eine mühsam neu errungene Anschauung von Dingen, über welche man sich seit dem Altertum noch nicht wieder ausgesprochen hatte. Sodann hört sich die Sprache hier besonders gerne selber zu – gleichviel ob die lateinische oder die italienische. Freier und vielseitiger als in der historischen Erzählung oder in der Oration und in den Briefen bildet sie hier ihr Satzwerk, und von den italienischen Schriften dieser Art gelten mehrere bis heute als Muster der Prosa. Manche von diesen Arbeiten wurden schon

35. Eine besondere Gattung machen natürlich die halbsatirischen Dialoge aus, welche Collenuccio und besonders Pontano dem Lucian nachbildeten. Von ihnen sind dann Erasmus und Hutten angeregt worden. – Für die eigentlichen Abhandlungen mochten frühe schon Stücke aus den Moralien des Plutarch als Vorbild dienen.

genannt oder werden noch angeführt werden ihres Sachinhaltes wegen; hier musste von ihnen als Gesamtgattung die Rede sein. Von Petrarcas Briefen und Traktaten an bis gegen Ende des 15. Jahrhunderts wiegt bei den meisten auch hier das Aufspeichern antiken Stoffes vor, wie bei den Rednern; dann klärt sich die Gattung ab, zumal im Italienischen, und erreicht mit den Asolani des Bembo, mit der Vita Sobria des Luigi Cornaro die volle Klassizität. Auch hier war es entscheidend, dass jener antike Stoff inzwischen sich in besondern grossen Sammelwerken, jetzt sogar gedruckt, abzulagern begonnen hatte und dem Traktatschreiber nicht mehr im Wege war.

Ganz unvermeidlich bemächtigte sich der Humanismus auch der Geschichtschreibung. Bei flüchtiger Vergleichung dieser Historien mit den frühern Chroniken, namentlich mit so herrlichen, farbenreichen, lebensvollen Werken wie die der Villani wird man dies laut beklagen. Wie abgeblasst und konventionell zierlich erscheint neben diesen alles, was die Humanisten schreiben, und zwar z. B. gerade ihre nächsten und berühmtesten Nachfolger in der Historiographie von Florenz, Lionardo Aretino und Poggio. Wie unablässig plagt den Leser die Ahnung, dass zwischen den livianischen und den cäsarischen Phrasen eines Facius, Sabellicus, Folieta, Senarega, Platina (in der mantuanischen Geschichte), Bembo (in den Annalen von Venedig) und selbst eines Giovio (in den Historien) die beste individuelle und lokale Farbe, das Interesse am vollen wirklichen Hergang Not gelitten habe. Das Misstrauen wächst, wenn man inne wird, dass der Wert des Vorbildes Livius selbst am unrechten Orte gesucht wurde, nämlich[36] darin, dass er „eine trockene und blutlose Tradition in Anmut und Fülle verwan-

36. Benedictus: Caroli VIII. hist., bei Eccard, scriptt. II, Col. 1577.

delt" habe; ja man findet (eben da) das bedenkliche Geständnis, die Geschichtschreibung müsse durch Stilmittel den Leser aufregen, reizen, erschüttern – gerade als ob sie die Stelle der Poesie vertreten könnte. Man fragt sich endlich, ob nicht die Verachtung der modernen Dinge, zu welcher diese nämlichen Humanisten sich bisweilen[37] offen bekennen, auf ihre Behandlung derselben einen ungünstigen Einfluss haben *musste?* Unwillkürlich wendet der Leser den anspruchlosen lateinischen und italienischen Annalisten, die der alten Art treu geblieben, z. B. denjenigen von Bologna und Ferrara, mehr Teilnahme und Vertrauen zu, und noch viel dankbarer fühlt man sich den bessern unter den italienisch schreibenden eigentlichen Chronisten verpflichtet, einem Marin Sanudo, einem Corio, einem Infessura, bis dann mit dem Anfang des 16. Jahrhunderts die neue glanzvolle Reihe der grossen italienischen Geschichtschreiber in der Muttersprache beginnt.

In der Tat war die Zeitgeschichte unwidersprechlich besser daran, wenn sie sich in der Landessprache erging, als wenn sie sich latinisieren musste. Ob auch für die Erzählung des Längstvergangenen, für die geschichtliche Forschung das Italienische geeigneter gewesen wäre, ist eine Frage, welche für jene Zeit verschiedene Antworten zulässt. Das Lateinische war damals die Lingua franca der Gelehrten lange nicht bloss im internationalen Sinn, z. B. zwischen Engländern, Franzosen und Italienern, sondern auch im interprovinzialen Sinne, d. h. der Lombarde, der Venezianer, der Neapolitaner wurden mit ihrer italienischen Schreibart – auch wenn sie längst toskanisiert war und nur noch schwache Spuren des Dialektes an sich

37. Petrus Crinitus beklagt diese Verachtung, de honesta discipl. L. XVIII, cap. 9. Die Humanisten gleichen hierin den Autoren des spätern Altertums, welche ebenfalls ihrer Zeit aus dem Wege gingen. – Vgl. Burckhardt, Die Zeit Constantins d. Gr. S. 285 u. f.

trug – von dem Florentiner nicht anerkannt. Dies wäre zu verschmerzen gewesen bei örtlicher Zeitgeschichte, die ihrer Leser an Ort und Stelle sicher war, aber nicht so leicht bei der Geschichte der Vergangenheit, für welche ein weiterer Leserkreis gesucht werden musste. Hier durfte die lokale Teilnahme des Volkes der allgemeinen der Gelehrten aufgeopfert werden. Wie weit wäre z. B. Blondus von Forlì gelangt, wenn er seine grossen gelehrten Werke in einem halbromagnolischen Italienisch verfasst hätte? Dieselben wären einer sichern Obskurität verfallen schon um der Florentiner willen, während sie lateinisch die allergrösste Wirkung auf die Gelehrsamkeit des ganzen Abendlandes ausübten. Und auch die Florentiner selbst schrieben ja im 15. Jahrhundert lateinisch, nicht bloss weil sie humanistisch dachten, sondern zugleich um der leichtern Verbreitung willen.

Endlich gibt es auch lateinische Darstellungen aus der Zeitgeschichte, welche den vollen Wert der trefflichsten italienischen haben. Sobald die nach Livius gebildete fortlaufende Erzählung, das Prokrustesbett so mancher Autoren, aufhört, erscheinen dieselben wie umgewandelt. Jener nämliche Platina, jener Giovio, die man in ihren grossen Geschichtswerken nur verfolgt, soweit man muss, zeigen sich auf einmal als ausgezeichnete biographische Schilderer. Von Tristan Caracciolo, von dem biographischen Werke des Facius, von der venezianischen Topographie des Sabellico usw. ist schon beiläufig die Rede gewesen, und auf andere werden wir noch kommen.

Die lateinischen Darstellungen aus der Vergangenheit betrafen natürlich vor allem das klassische Altertum. Was man aber bei diesen Humanisten weniger suchen würde, sind einzelne bedeutende Arbeiten über die allgemeine Geschichte des Mittelalters. Das erste bedeutende Werk dieser Art war die Chronik des

Matteo Palmieri, beginnend wo Prosper Aquitanus aufhört. Wer dann zufällig die Dekaden des Blondus von Forlì öffnet, wird einigermassen erstaunen, wenn er hier eine Weltgeschichte „ab inclinatione Romanorum imperii" wie bei Gibbon findet, voll von Quellenstudien der Autoren jedes Jahrhunderts, wovon die ersten 300 Folioseiten dem frühern Mittelalter bis zum Tode Friedrichs II. angehören. Und dies während man sich im Norden noch auf dem Standpunkte der bekannten Papst- und Kaiserchroniken und des Fasciculus temporum befand. Es ist hier nicht unsere Sache, kritisch nachzuweisen, welche Schriften Blondus im einzelnen benützt hat, und wo er sie beisammen gefunden; in der Geschichte der neuern Historiographie aber wird man ihm diese Ehre wohl einmal erweisen müssen. Schon um dieses einen Buches willen wäre man berechtigt zu sagen: das Studium des Altertums allein hat das des Mittelalters möglich gemacht; jenes hat den Geist zuerst an objektives geschichtliches Interesse gewöhnt. Allerdings kam hinzu, dass das Mittelalter für das damalige Italien ohnehin vorüber war und dass der Geist es erkennen konnte, weil es nun ausser ihm lag. Man kann nicht sagen, dass er es sogleich mit Gerechtigkeit oder gar mit Pietät beurteilt habe; in den Künsten setzt sich ein starkes Vorurteil gegen seine Hervorbringungen fest, und die Humanisten datieren von ihrem eigenen Aufkommen an eine neue Zeit: „Ich fange an", sagt Boccaccio[38], „zu hoffen und zu glauben, Gott habe sich des italienischen Namens erbarmt, seit ich sehe, daß seine reiche Güte in die Brust der Italiener wieder Seelen senkt, die

38. In dem Briefe an Pizinga, in den Opere volgari vol. XVI. – Noch bei Raph. Volaterranus, L. XXI, fängt die geistige Welt mit dem 14. Jahrhundert an, also bei demselben Autor, dessen erste Bücher so viele für jene Zeit treffliche spezialgeschichtliche Uebersichten für alle Länder enthalten.

Brunelleschi: S. Lorenzo in Florenz

Donatello: Eselswunder vor dem Hl. Antonius

denen der Alten gleichen, insofern sie den Ruhm auf andern Wegen suchen als durch Raub und Gewalt, nämlich auf dem Pfade der unvergänglich machenden Poesie." Aber diese einseitige und unbillige Gesinnung schloss doch die Forschung bei den Höherbegabten nicht aus, zu einer Zeit, da im übrigen Europa noch nicht davon die Rede war; es bildete sich für das Mittelalter eine geschichtliche Kritik, schon weil die rationelle Behandlung aller Stoffe bei den Humanisten auch diesem historischen Stoffe zugute kommen musste. Im 15. Jahrhundert durchdringt dieselbe bereits die einzelnen Städtegeschichten insoweit, dass das späte wüste Fabelwerk aus der Urgeschichte von Florenz, Venedig, Mailand usw. verschwindet, während die Chroniken des Nordens sich noch lange mit jenen poetisch meist wertlosen, seit dem 13. Jahrhundert ersonnenen Phantasiegespinsten schleppen müssen.

Den engen Zusammenhang der örtlichen Geschichte mit dem Ruhm haben wir schon oben bei Anlass von Florenz (S. 102 f.) berührt. Venedig durfte nicht zurückbleiben; so wie etwa eine venezianische Gesandtschaft nach einem grossen florentinischen Rednertriumph[39] eilends nach Hause schreibt, man möchte ebenfalls einen Redner schicken, so bedürfen die Venezianer auch einer Geschichte, welche mit den Werken des Lionardo Aretino und Poggio die Vergleichung aushalten soll. Unter solchen Voraussetzungen entstanden im 15. Jahrhundert die Dekaden des Sabellico, im 16. die Historia rerum venetarum des Pietro Bembo, beide Arbeiten in ausdrücklichem Auftrag der Republik, letztere als Fortsetzung der erstern.

Die grossen florentinischen Geschichtschreiber zu Anfang des 16. Jahrhunderts (S. 110 f.) sind dann von

39. Wie der des Giannozzo Manetti in Gegenwart Nicolaus V., der ganzen Kurie und zahlreicher, weithergekommener Fremden; vgl. Vespas. Fior. p. 592 und die vita Jan. Man.

Hause aus ganz andere Menschen als die Lateiner Giovio und Bembo. Sie schreiben italienisch, nicht bloss weil sie mit der raffinierten Eleganz der damaligen Ciceronianer nicht mehr wetteifern können, sondern weil sie, wie Macchiavelli, ihren Stoff als einen durch lebendige Anschauung[40] gewonnenen auch nur in unmittelbarer Lebensform wiedergeben mögen und weil ihnen, wie Guicciardini, Varchi und den meisten übrigen, die möglichst weite und tiefe Wirkung ihrer Ansicht vom Hergang der Dinge am Herzen liegt. Selbst wenn sie nur für wenige Freunde schreiben, wie Francesco Vettori, so müssen sie doch aus innerm Drange Zeugnis geben für Menschen und Ereignisse, und sich erklären und rechtfertigen über ihre Teilnahme an den letztern.

Und dabei erscheinen sie, bei aller Eigentümlichkeit ihres Stiles und ihrer Sprache, doch auf das stärkste vom Altertum berührt und ohne dessen Einwirkung gar nicht denkbar. Sie sind keine Humanisten mehr, allein sie sind durch den Humanismus hindurchgegangen und haben vom Geist der antiken Geschichtschreibung mehr an sich als die meisten jener livianischen Latinisten: es sind Bürger, die für Bürger schreibei, wie die Alten taten.

In die übrigen Fachwissenschaften hinein dürfen wir den Humanismus nicht begleiten; jede derselben hat ihre Spezialgeschichte, in welcher die italienischen Forscher dieser Zeit, hauptsächlich vermöge des von ihnen neu entdeckten Sachinhaltes des Altertums[41], einen grossen neuen Abschnitt bilden, womit dann

40. Auch des Vergangenen, darf man bei Macchiavelli sagen.

41. Fand man doch bereits damals, dass schon Homer allein die Summe aller Künste und Wissenschaften enthalte, dass er eine Enzyklopädie sei. Vgl. Codri Urcei opera, Sermo XIII, Schluss. Schon im Altertum freilich kommt dieselbe Ansicht vor.

jedesmal das moderne Zeitalter der betreffenden Wissenschaft beginnt, hier mehr, dort weniger entschieden. Auch für die Philosophie müssen wir auf die besondern historischen Darstellungen verweisen. Der Einfluss der alten Philosophen auf die italienische Kultur erscheint dem Blicke bald ungeheuer gross, bald sehr untergeordnet. Ersteres besonders, wenn man nachrechnet, wie die Begriffe des Aristoteles, hauptsächlich aus seiner frühverbreiteten Ethik[42] und Politik, Gemeingut der Gebildeten von ganz Italien wurden und wie die ganze Art des Abstrahierens von ihm beherrscht war[43]. Letzteres dagegen, wenn man die geringe dogmatische Wirkung der alten Philosophen und selbst der begeisterten florentinischen Platoniker auf den Geist der Nation erwägt. Was wie eine solche Wirkung aussieht, ist in der Regel nur ein Niederschlag der Bildung im allgemeinen, eine Folge speziell italienischer Geistesentwicklungen. Bei Anlass der Religion wird hierüber noch einiges zu bemerken sein. Weit in den meisten Fällen aber hat man es nicht einmal mit der allgemeinen Bildung, sondern nur mit der Aeusserung einzelner Personen oder gelehrter Kreise zu tun, und selbst hier müsste jedesmal unterschieden werden zwischen wahrer Aneignung antiker Lehre und blossem modemässigen Mitmachen. Denn für viele war das Altertum überhaupt nur eine Mode, selbst für solche, die darin sehr gelehrt wurden.

Indes braucht nicht alles, was unserm Jahrhundert als Affektation erscheint, damals wirklich affektiert gewesen zu sein. Die Anwendung griechischer und römischer Namen als Taufnamen z. B. ist noch immer viel

42. Ein Kardinal unter Paul II. liess sogar seinen Köchen des A. Ethik vortragen. Vgl. Gasp. Veron. vita Pauli II. bei Muratori III, II, Col. 1034.

43. Für das Studium des Aristoteles im allgemeinen ist besonders lehrreich eine Rede des Hermolaus Barbarus.

schöner und achtungswerter als die heute beliebte von (zumal weiblichen) Namen, die aus Romanen stammen. Sobald die Begeisterung für die alte Welt grösser war als die für die Heiligen, erscheint es ganz einfach und natürlich, dass ein adliges Geschlecht seine Söhne Agamemnon, Achill und Tydeus taufen liess[44], dass der Maler seinen Sohn Apelles nannte und seine Tochter Minerva usw.[45] Auch soviel wird sich wohl verteidigen lassen, dass statt eines Hausnamens, welchem man überhaupt entrinnen wollte, ein wohllautender antiker angenommen wurde. Einen Heimatsnamen, der alle Mitbürger mitbezeichnete und noch gar nicht zum Familiennamen geworden war, gab man gewiss um so lieber auf, wenn er zugleich als Heiligenname unbequem wurde; Filippo da S. Gemignano nannte sich Callimachus. Wer von der Familie verkannt und beleidigt sein Glück als Gelehrter in der Fremde machte, der durfte sich, auch wenn er ein Sanseverino war, mit Stolz zum Julius Pomponius Laetus umtaufen. Auch die reine Uebersetzung eines Namens ins Lateinische oder ins Griechische (wie sie dann in Deutschland fast ausschliesslich Brauch wurde) mag man einer Generation zugute halten, welche lateinisch sprach und schrieb und nicht bloss deklinable, sondern leicht in Prosa und Vers mitgleitende Namen brauchte. Tadelhaft und oft lächerlich war erst das *halbe* Aendern eines Namens, bis er einen klassischen Klang und einen neuen Sinn hatte, sowohl Taufnamen als Zunamen. So wurde aus Giovanni Jovianus oder Janus,

44. Bursellis, Ann. Bonon., bei Murat. XXIII, Col 898.

45. Vasari XI, p. 189, 257, vite di Sodoma e di Garofalo. – Begreiflicherweise bemächtigten sich die liederlichen Weibspersonen in Rom der volltönendsten antiken Namen Giulia, Lucrezia, Cassandra, Porzia, Virginia, Pentesilea usw., womit sie bei Aretino auftreten. – Die Juden mögen vielleicht damals die Namen der grossen semitischen Römerfeinde Amilcare, Annibale, Asdrubale an sich genommen haben, die sie noch heute in Rom so häufig führen.

aus Pietro Pierius oder Petreius, aus Antonio Aonius u. dgl., sodann aus Sannazaro Syncerus, aus Luca Grasso Lucius Crassus usw. Ariosto, der sich über diese Dinge so spöttisch auslässt[46], hat es dann noch erlebt, dass man Kinder nach seinen Helden und Heldinnen benannte[47].

Auch die Antikisierung vieler Lebensverhältnisse, Amtsnamen, Verrichtungen, Zeremonien usw. in den lateinischen Schriftstellern darf nicht zu strenge beurteilt werden. Solange man sich mit einem einfachen, fliessenden Latein begnügte, wie dies bei den Schriftstellern etwa von Petrarca bis auf Aeneas Sylvius der Fall war, kam dies allerdings nicht in auffallender Weise vor, unvermeidlich aber wurde es, seit man nach einem absolut reinen, zumal ciceronischen Latein strebte. Da fügten sich die modernen Dinge nicht mehr in die Totalität des Stiles, wenn man sie nicht künstlich umtaufte. Pedanten machten sich nun ein Vergnügen daraus, jeden Stadtrat als Patres conscripti, jedes Nonnenkloster als Virgines Vestales, jeden Heiligen als Divus oder Deus zu betiteln, während Leute von feinerm Geschmack wie Paolo Giovio damit wahrscheinlich nur taten, was sie nicht vermeiden konnten. Weil Giovio keinen Akzent darauf legt, stört es auch nicht, wenn in seinen wohllautenden Phrasen die Kardinäle Senatores heissen, ihr Dekan Princeps Senatus, die Exkommunikation Dirae[48], der Karneval Luper-

46. Quasi che'l nome i buon giudicî inganni,
E che quel meglio t'abbia a far poeta,
Che non farà lo studio di molt' anni!

– so spottet Ariosto, der freilich vom Schicksal einen wohllautenden Namen mitbekommen hatte, in der VII. Satire, Vs. 64.

47. Oder schon nach denjenigen des Bojardo, die zum Teil die seinigen sind.

48. So werden die Soldaten des französischen Heeres 1512: omnibus diris ad inferos devocati. Den guten Domherrn Tizio, welcher es ernstlicher meinte und gegen fremde Truppen eine Exekrationsformel aus Macrobius aussprach, werden wir unten wieder erwähnen.

calia usw. Wie sehr man sich hüten muss, aus dieser Stilsache einen voreiligen Schluss auf die ganze Denkweise zu ziehen, liegt gerade bei diesem Autor klar zutage.

Die Geschichte des lateinischen Stiles an sich dürfen wir hier nicht verfolgen. Volle zwei Jahrhunderte hindurch taten die Humanisten dergleichen, als ob das Lateinische überhaupt die einzige würdige Schriftsprache wäre und bleiben müsste. Poggio[49] bedauert, dass Dante sein grosses Gedicht italienisch verfasst habe, und bekanntlich hatte Dante es in der Tat mit dem Lateinischen versucht und den Anfang des Inferno zuerst in Hexametern gedichtet. Das ganze Schicksal der italienischen Poesie hing davon ab, dass er nicht in dieser Weise fortfuhr, aber noch Petrarca verliess sich mehr auf seine lateinischen Dichtungen als auf seine Sonette und Canzonen, und die Zumutung lateinisch zu dichten, ist noch an Ariosto ergangen. Einen stärkern Zwang hat es in literarischen Dingen nie gegeben[50], allein die Poesie entwischte demselben grösstenteils, und jetzt können wir wohl ohne allzugrossen Optimismus sagen: es ist gut, dass die italienische Poesie zweierlei Organe hatte, denn sie hat in beiden Vortreffliches und Eigentümliches geleistet, und zwar so, dass man inne wird, weshalb hier italienisch, dort lateinisch gedichtet wurde. Vielleicht gilt Aehnliches auch von der Prosa; die Weltstellung und der Weltruhm der italienischen Bildung hing davon

49. De infelicitate principum, in Poggii opera, fol. 152: Cuius (Dantis) exstat poema praeclarum, neque, si literis latinis constaret, ulla ex parte poetis superioribus (den Alten) postponendum. Laut Boccaccio, vita di Dante, p. 74, warfen schon damals viele „und darunter weise“ Leute die Frage auf, warum wohl Dante nicht lateinisch gedichtet?

50. Wer den vollen Fanatismus hierin will kennenlernen, vergleiche Lil. Greg. Gyraldus, de poetis nostri temporis, a. m. O.

ab, dass gewisse Gegenstände lateinisch – Urbi et orbi – behandelt wurden[51], während die italienische Prosa gerade von denjenigen am besten gehandhabt worden ist, welchen es einen innern Kampf kostete, nicht lateinisch zu schreiben.

Als reinste Quelle der Prosa galt seit dem 14. Jahrhundert unbestritten Cicero. Dies kam bei weitem nicht bloss von einer abstrakten Ueberzeugung zugunsten seiner Wörter, seiner Satzbildung und seiner literarischen Kompositionsweise her, sondern im italienischen Geiste fand die Liebenswürdigkeit des Briefschreibers, der Glanz des Redners, die klare beschauliche Art des philosophischen Darstellers einen vollen Wiederklang. Schon Petrarca erkannte vollständig die Schwächen des Menschen und Staatsmannes Cicero[52], er hatte nur zu viel Respekt, um sich darüber zu freuen; seit ihm hat sich zunächst die Epistolographie fast ausschließlich nach Cicero gebildet, und die andern Gattungen, mit Ausnahme der erzählenden, folgten nach. Doch der wahre Ciceronianismus, der sich jeden Ausdruck versagte, wenn derselbe nicht aus der Quelle zu belegen war, beginnt erst zu Ende des 15. Jahrhunderts, nachdem die grammatischen Schriften des Lorenzo Valla ihre Wirkung durch ganz Italien getan, nachdem die Aussagen der römischen Literarhistoriker selbst gesichtet und verglichen waren[53]. Jetzt erst unterscheidet man genauer und bis auf das genaueste die Stilschattierungen in der Prosa der Alten und kommt mit tröstlicher Sicherheit immer

51. Freilich gibt es auch zugestandene Stilübungen, wie z. B. in den Orationes etc. des ältern Beroaldus die zwei aus Boccaccio ins Lateinische übersetzten Novellen, ja eine Canzone aus Petrarca.

52. Vgl. Petrarcas Briefe aus der Oberwelt an erlauchte Schatten. Opera, p. 704, s. Ausserdem p. 372 in der Schrift de rep. optime administranda: „sic esse doleo, sed sic est.“

53. Ein burleskes Bild des fanatischen Purismus in Rom gibt Jovian. Pontanus in seinem „Antonius“.

wieder auf das Ergebnis, dass Cicero allein das unbedingte Muster sei, oder, wenn man alle Gattungen umfassen wollte: „jenes unsterbliche und fast himmlische Zeitalter Ciceros[54]." Jetzt wandten Leute wie Pietro Bembo, Pierio Valeriano u. a. ihre besten Kräfte auf dieses Ziel; auch solche, die lange widerstrebt und sich aus den ältesten Autoren eine archaistische Diktion zusammengebaut[55], gaben endlich nach und knieten vor Cicero; jetzt liess sich Longolius von Bembo bestimmen, fünf Jahre lang nur Cicero zu lesen; derselbe gelobte sich gar, kein Wort zu brauchen, welches nicht in diesem Autor vorkäme, und solche Stimmungen brachen dann zu jenem grossen gelehrten Streit aus, in welchem Erasmus und der ältere Scaliger die Scharen führten.

Denn auch die Bewunderer Ciceros waren doch lange nicht alle so einseitig, ihn als die einzige Quelle der Sprache gelten zu lassen. Noch im 15. Jahrhundert wagten Poliziano und Ermolao Barbaro, mit Bewusstsein nach einer eigenen, individuellen Latinität zu streben[56], natürlich auf der Basis einer „überquellend grossen" Gelehrsamkeit, und dieses Ziel hat auch derjenige verfolgt, welcher uns dies meldet, Paolo Giovio. Er hat eine Menge moderner Gedanken, zumal ästhetischer Art, zuerst und mit grosser Anstrengung lateinisch wiedergegeben, nicht immer glücklich, aber bisweilen mit einer merkwürdigen Kraft und Eleganz. Seine lateinischen Charakteristiken der grossen Maler und

54. Hadriani (Cornetani) Card. S. Chrysogoni de sermone latino liber. Hauptsächlich die Einleitung. – Er findet in Cicero und seinen Zeitgenossen die Latinität „an sich".

55. Paul. Jov. Elogia, bei Anlass des Bapt. Pius.

56. Paul. Jov. Elogia, bei Anlass des Naugerius. Ihr Ideal sei gewesen: aliquid in stylo proprium, quod peculiarem ex certa nota mentis effigiem referret, ex naturae genio effinxisse. – Poliziano genierte sich bereits, wenn er Eile hatte, seine Briefe lateinisch zu schreiben, vgl. Raph. Volat. comment. urban. L. XXI.

Bildhauer jener Zeit[57] enthalten das Geistvollste und das Missratenste nebeneinander. Auch Leo X., der seinen Ruhm dareinsetzte „ut lingua latina nostro pontificatu dicatur facta auctior[58]“, neigte sich einer liberalen, nicht ausschliesslichen Latinität zu, wie dies bei seiner Richtung auf den Genuss nicht anders möglich war; ihm genügte es, wenn das, was er anzuhören und zu lesen hatte, wahrhaft lateinisch, lebendig und elegant erschien. Endlich gab Cicero für die lateinische Konversation kein Vorbild, so dass man hier gezwungen war, andere Götter neben ihm zu verehren. In die Lücke traten die in und ausserhalb Rom ziemlich häufigen Aufführungen der Komödien des Plautus und Terenz, welche für die Mitspielenden eine unvergleichliche Uebung des Lateinischen als Umgangssprache abgaben. Schon unter Paul II. wird[59] der gelehrte Kardinal von Theanum (wahrscheinlich Niccolò Fortiguerra von Pistoja) gerühmt, weil er sich auch an die schlechterhaltensten, der Personenverzeichnisse beraubten plautinischen Stücke wage und dem ganzen Autor um der Sprache willen die grösste Aufmerksamkeit widme, und von ihm könnte wohl auch die Anregung zum Aufführen jener Stücke ausgegangen sein. Dann nahm sich Pomponius Laetus der Sache an, und wo in den Säulenhöfen grosser Prälaten Plautus über die Szene ging[60], war er Regisseur. Dass

57. Paul Jov. Dialogus de viris literis illustribus; bei Tiraboschi, ed. Venez. 1796, Tom. VII, parte IV. Bekanntlich wollte Giovio eine Zeitlang diejenige grosse Arbeit unternehmen, welche dann Vasari durchführte. – In jenem Dialog wird auch geahnt und beklagt, dass das Lateinschreiben seine Herrschaft bald gänzlich verlieren werde.

58. In dem Breve von 1517 an Franc. de' Rosi, konzipiert von Sadoleto, bei Roscoe, Leo X, ed. Bossi VI, p. 172.

59. Gasp. Veronens. vita Pauli II, bei Murat. III, II, Col. 1031. Ausserdem wurden etwa Seneca und lateinische Uebersetzungen nach griechischen Dramen aufgeführt.

60. In Ferrara spielte man Plautus wohl meist in italienischer Bearbeitung von Collenuccio, dem jüngern Guarino u. a., um des Inhaltes

man seit etwa 1520 davon abkam, zählt Giovio, wie wir (S. 267) sahen, mit unter die Ursachen des Verfalls der Eloquenz.

Zum Schluss dürfen wir hier eine Parallele des Ciceronianismus aus dem Gebiete der Kunst namhaft machen: den Vitruvianismus der Architekten. Und zwar bekundet sich auch hier das durchgehende Gesetz der Renaissance, dass die Bewegung in der Bildung durchgängig der analogen Kunstbewegung vorangeht. Im vorliegenden Fall möchte der Unterschied etwa zwei Jahrzehnde betragen, wenn man von Kardinal Hadrian von Corneto (1505?) bis auf die ersten absoluten Vitruvianer rechnet.

Der höchste Stolz des Humanisten endlich ist die neulateinische Dichtung. Soweit sie den Humanismus charakterisieren hilft, muss auch sie hier behandelt werden.

Wie vollständig sie das Vorurteil für sich hatte, wie nahe ihr der entschiedene Sieg stand, wurde oben (S. 278) dargetan. Man darf von vornherein überzeugt sein, dass die geistvollste und meistentwickelte Nation der damaligen Welt nicht aus blosser Torheit, nicht ohne etwas Bedeutendes zu wollen, in der Poesie auf eine Sprache verzichtete wie die italienische ist. Eine übermächtige Tatsache muss sie dazu bestimmt haben.

Dies war die Bewunderung des Altertums. Wie jede echte, rückhaltlose Bewunderung erzeugte sie notwendig die Nachahmung. Auch in andern Zeiten und bei andern Völkern finden sich eine Menge vereinzelter Versuche nach diesem nämlichen Ziele hin, nur in Italien aber waren die beiden Hauptbedingungen der Fortdauer und Weiterbildung für die neulateinische

willen, und Isabella Gonzaga erlaubte sich, diesen langweilig zu finden. – Ueber Pomp. Laetus vgl. Sabellici opera, Epist. L. XI, fol. 56, s.

Poesie vorhanden: ein allseitiges Entgegenkommen bei den Gebildeten der Nation und ein teilweises Wiedererwachen des antiken italischen Genius in den Dichtern selbst, ein wundersames Weiterklingen eines uralten Saitenspiels. Das Beste, was so entsteht, ist nicht mehr Nachahmung, sondern eigene freie Schöpfung. Wer in den Künsten keine abgeleiteten Formen vertragen kann, wer entweder schon das Altertum selber nicht schätzt oder es im Gegenteil für magisch unnahbar und unnachahmlich hält, wer endlich gegen Verstösse keine Nachsicht übt bei Dichtern, welche z. B. eine Menge Silbenquantitäten neu entdecken oder erraten mussten, der lasse diese Literatur beiseite. Ihre schönern Werke sind nicht geschaffen, um irgendeiner absoluten Kritik zu trotzen, sondern um den Dichter und viele Tausende seiner Zeitgenossen zu erfreuen[61].

Am wenigsten Glück hatte man mit dem Epos aus Geschichten und Sagen des Altertums. Die wesentlichen Bedingungen einer lebendigen epischen Poesie werden bekanntlich nicht einmal den römischen Vorbildern, ja ausser Homer nicht einmal den Griechen zuerkannt; wie hätten sie sich bei den Lateinern der Renaissance finden sollen. Indes möchte doch die Africa des Petrarca im ganzen so viele und so begeisterte Leser und Hörer gefunden haben als irgendein Epos der neuern Zeit. Absicht und Entstehung des Gedichtes sind nicht ohne Interesse. Das 14. Jahrhundert erkannte mit ganz richtigem Gefühl in der Zeit des Zweiten Punischen Krieges die Sonnenhöhe des Römertums, und diese wollte und musste Petrarca behandeln. Wäre Silius Italicus schon entdeckt gewesen, so hätte er vielleicht einen andern Stoff gewählt, in dessen Ermangelung

61. Für das Folgende s. die Deliciae poetarum italor.; – Paul. Jovius, elogia; – Lil. Greg. Gyraldus, de poetis nostri temporis; – die Beilagen zu Roscoe, Leone X, ed. Bossi.

aber lag die Verherrlichung des ältern Scipio Africanus dem 14. Jahrhundert so nahe, dass schon ein anderer Dichter, Zanobi di Strada, sich diese Aufgabe gestellt hatte; nur aus Hochachtung für Petrarca zog er sein bereits vorgerücktes Gedicht zurück[62]. Wenn es irgendeine Berechtigung für die Africa gab, so lag sie darin, dass sich damals und später jedermann für Scipio interessierte, als lebte er noch, dass er für grösser galt als Alexander, Pompejus und Cäsar[63]. Wie viele neuere Epopöen haben sich eines für ihre Zeit so populären, im Grunde historischen und dennoch für die Anschauung mythischen Gegenstandes zu rühmen? An sich ist das Gedicht jetzt freilich ganz unlesbar. Für andere historische Sujets müssen wir auf die Literaturgeschichten verweisen.

Reicher und ausgiebiger war schon das Weiterdichten am antiken Mythus, das Ausfüllen der poetischen Lücken in demselben. Hier griff auch die italienische Dichtung früh ein, schon mit der Teseide des Boccaccio, welche als dessen bestes poetisches Werk gilt. Lateinisch dichtete Maffeo Vegio unter Martin V. ein dreizehntes Buch zur Aeneide; dann finden sich eine Anzahl kleinerer Versuche zumal in der Art des Claudian, eine Meleagris, eine Hesperis usw. Das Merkwürdigste aber sind die neu ersonnenen Mythen, welche die schönsten Gegenden Italiens mit einer Urbevölkerung von Göttern, Nymphen, Genien und auch Hirten erfüllen, wie denn überhaupt hier das Epische und das Bukolische nicht mehr zu trennen sind. Dass in den bald erzählenden, bald dialogischen Eklogen seit Pe-

62. Filippo Villani, Vite, p. 5.

63. Franc. Aleardi oratio in laudem Franc. Sfortiae bei Murat. XXV, Col. 384. – Bei der Parallele zwischen Scipio und Cäsar war Guarino für den letztern, Poggio (Opera, epp. fol. 125, 134, s.) für erstern als für den Grössten. – Scipio und Hannibal in den Miniaturen des Attavante, s. Vasari IV, 41, vita di Fiesole. – Die Namen beider für Piccinino und Sforza gebraucht, S. 130.

trarca das Hirtenleben schon beinah völlig[64] konventionell, als Hülle beliebiger Phantasien und Gefühle behandelt ist, wird bei späterm Anlass wieder hervorzuheben sein; hier handelt es sich nur um die neuen Mythen. Deutlicher als sonst irgendwo verrät es sich hier, dass die alten Götter in der Renaissance eine doppelte Bedeutung haben: einerseits ersetzen sie allerdings die allgemeinen Begriffe und machen die allegorischen Figuren unnötig, zugleich aber sind sie auch ein freies, selbständiges Element der Poesie, ein Stück neutrale Schönheit, welches jeder Dichtung beigemischt und stets neu kombiniert werden kann. Keck voran ging Boccaccio mit seiner imaginären Götter- und Hirtenwelt der Umgebung von Florenz, in seinem Ninfale d'Ameto und Ninfale fiesolano, welche italienisch gedichtet sind. Das Meisterwerk aber möchte wohl der Sarca des Pietro Bembo[65] sein: die Werbung des Flussgottes jenes Namens um die Nymphe Garda, das prächtige Hochzeitsmahl in einer Höhle am Monte Baldo, die Weissagungen der Manto, Tochter des Tiresias, von der Geburt des Kindes Mincius, von der Gründung Mantuas und vom künftigen Ruhme des Virgil, der als Sohn des Mincius und der Nymphe von Andes, Maja, geboren werden wird. Zu diesem stattlichen humanistischen Rokoko fand Bembo sehr schöne Verse und eine Schlussanrede an Virgil, um welche ihn jeder Dichter beneiden kann. Man pflegt dergleichen als blosse Deklamation gering zu achten, worüber, als über eine Geschmackssache, mit niemanden zu rechten ist.

64. Die glänzenden Ausnahmen, wo das Landleben realistisch behandelt auftritt, werden ebenfalls unten zu erwähnen sein.

65. Abgedruckt bei Mai, Spicilegium romanum, Vol. VIII. (Gegen 500 Hexameter stark.) Pierio Valeriano dichtete an dem Mythus weiter; sein „Carpio" in den Deliciae poet. ital. – Die Fresken des Brusasorci am Pal. Murari zu Verona stellen den Inhalt des Sarca vor.

Ferner entstanden umfangreiche epische Gedichte biblischen und kirchlichen Inhaltes in Hexametern. Nicht immer bezweckten die Verfasser damit eine kirchliche Beförderung oder die Erwerbung päpstlicher Gunst; bei den Besten, und auch bei Ungeschicktern wie Battista Mantuano, dem Verfasser der Parthenice, wird man ein ganz ehrliches Verlangen voraussetzen dürfen, mit ihrer gelehrten lateinischen Poesie dem Heiligen zu dienen, womit freilich ihre halbheidnische Auffassung des Katholizismus nur zu wohl zusammenstimmte. Gyraldus zählt ihrer eine Anzahl auf, unter welchen Vida mit seiner Christiade, Sannazaro mit seinen drei Gesängen „De partu Virginis" in erster Reihe stehen. Sannazaro imponiert durch den gleichmässigen gewaltigen Fluss, in welchen er Heidnisches und Christliches ungescheut zusammendrängt, durch die plastische Kraft der Schilderung, durch die vollkommen schöne Arbeit. Er hatte sich nicht vor der Vergleichung zu fürchten, als er die Verse von Virgils vierter Ekloge in den Gesang der Hirten an der Krippe verflocht. Im Gebiet des Jenseitigen hat er da und dort einen Zug dantesker Kühnheit, wie z. B. König David im Limbus der Patriarchen sich zu Gesang und Weissagung erhebt, oder wie der Ewige thronend in seinem Mantel, der von Bildern alles elementaren Daseins schimmert, die himmlischen Geister anredet. Andere Male bringt er unbedenklich die alte Mythologie mit seinem Gegenstande in Verbindung, ohne doch eigentlich barock zu erscheinen, weil er die Heidengötter nur gleichsam als Einrahmung benutzt, ihnen keine Hauptrollen zuteilt. Wer das künstlerische Vermögen jener Zeit in seinem vollen Umfange kennen lernen will, darf sich gegen ein Werk wie dieses nicht abschliessen. Sannazaros Verdienst erscheint um so viel grösser, da sonst die Vermischung von Christlichem und Heidnischem in der Poesie viel leichter stört als in der bildenden Kunst; letztere kann das Auge dabei beständig durch irgendeine bestimmte, greifbare Schönheit schadlos halten und ist überhaupt von der Sachbedeutung ihrer Gegenstände viel unabhängiger als die Poesie, indem die Einbildungskraft bei ihr eher an der Form, bei der Poesie eher an der Sache weiterspinnt. Der gute Battista Mantuano in seinem[66] Festkalender hatte einen andern Ausweg versucht; statt Götter und Halbgötter der heiligen Geschichte dienen zu lassen, bringt er sie, wie die Kirchenväter taten, in Gegensatz zu derselben; während der Engel Gabriel zu Nazareth die Jungfrau grüsst, ist ihm Mercur vom Karmel her nachgeschwebt und lauscht nun an der Pforte; dann berichtet er das Gehörte den versammelten Göttern und bewegt sie damit zu den äussersten Entschlüssen. Andere Male[67] freilich müssen bei ihm Thetis, Ceres, Aeolus usw. wieder der Madonna und ihrer Herrlichkeit gutwillig untertan sein.

Sannazaros Ruhm, die Menge seiner Nachahmer, die begeisterte Huldigung der Grössten jener Zeit – dies alles zeigt, wie sehr er seinem Jahrhundert nötig und wert war. Für die Kirche beim Beginn der Reformation löste er das Problem: völlig klassisch und doch christlich zu dichten, und Leo sowohl als Clemens sagten ihm lauten Dank dafür.

Endlich wurde in Hexametern oder Distichen auch die Zeitgeschichte behandelt, bald mehr erzählend, bald mehr panegyrisch, in der Regel aber zu Ehren eines Fürsten oder Fürstenhauses. So entstand eine Sphorcias, eine Borseïs, eine Borgias, eine Triultias usw., freilich mit gänzlichem Verfehlen des Zweckes, denn wer irgend berühmt und unsterblich geblieben ist, der blieb es nicht durch diese Art von Gedichten, gegen welche die Welt einen unvertilgbaren Widerwillen hat,

66. De sacris diebus.
67. Z. B. in seiner achten Ekloge.

selbst wenn sich gute Dichter dazu hergeben. Ganz anders wirken kleinere, genreartig und ohne Pathos ausgeführte Einzelbilder aus dem Leben der berühmten Männer, wie z. B. das schöne Gedicht von Leos X. Jagd bei Palo[68] oder die „Reise Julius II." von Hadrian von Corneto (S. 151). Glänzende Jagdschilderungen jener Art gibt es auch von Ercole Strozza, von dem eben genannten Hadrian u. a. m., und es ist schade, wenn sich der moderne Leser durch die zugrunde liegende Schmeichelei abschrecken oder erzürnen lässt. Die Meisterschaft der Behandlung und der bisweilen nicht unbedeutende geschichtliche Wert sichern diesen anmutigen Dichtungen ein längeres Fortleben als manche jetzt namhafte Poesien unserer Zeit haben dürfen.

Im ganzen sind diese Sachen immer um so viel besser, je mässiger die Einmischung des Pathetischen und Allgemeinen ist. Es gibt einzelne kleinere epische Dichtungen von berühmten Meistern, die durch barockes mythologisches Dreinfahren unbewusst einen unbeschreiblich komischen Eindruck hervorbringen. So das Trauergedicht des Ercole Strozza[69] auf Cesare Borgia (S. 145 f.). Man hört die klagende Rede der Roma, welche all ihre Hoffnung auf die spanischen Päpste Calixt III. und Alexander VI. gesetzt hatte und dann Cesare für den Verheissenen hielt, dessen Geschichte durchgegangen wird bis zur Katastrophe des Jahres 1503. Dann frägt der Dichter die Muse, welches in jenem Augenblick[70] die Ratschlüsse der Götter ge-

68. Roscoe, Leone X, ed. Bossi VIII, 184; sowie noch ein Gedicht ähnlichen Stiles XII, 130. – Wie nahe steht schon Angilberts Gedicht vom Hofe Karls des Grossen dieser Renaissance. Vgl. Pertz, monum. II.

69. Strozii poetae, p. 31, s. Caesaris Borgiae ducis epicedium.

70. Pontificem addiderat, flaminis lustralibus omneis
Corporis ablutum labes, Diis Juppiter ipsis etc.

wesen, und Erato erzählt: auf dem Olymp nahmen Pallas für die Spanier, Venus für die Italiener Partei; beide umfassten Jupiters Knie, worauf er sie küsste, begütigte und sich ausredete, er vermöge nichts gegen das von den Parzen gesponnene Schicksal, die Götterverheissungen würden sich aber erfüllen durch das Kind vom Hause Este-Borgia[71]; nachdem er die abenteuerliche Urgeschichte beider Familien erzählt, beteuert er, dem Cesare so wenig die Unvergänglichkeit schenken zu können als einst – trotz grosser Fürbitten – einem Memnon oder Achill; endlich schliesst er mit dem Troste, Cesare werde vorher noch im Krieg viele Leute umbringen. Nun geht Mars nach Neapel und bereitet Krieg und Streit, Pallas aber eilt nach Nepi und erscheint dort dem kranken Cesare unter der Gestalt Alexanders VI.; nach einigen Vermahnungen, sich zu schicken und sich mit dem Ruhme seines Namens zu begnügen, verschwindet die päpstliche Göttin „wie ein Vogel".

Man verzichtet indes unnützerweise auf einen bisweilen grossen Genuss, wenn man alles perhorresziert, worein antike Mythologie wohl oder übel verwoben ist; bisweilen hat die Kunst diesen an sich konventionellen Bestandteil so sehr geadelt als in Malerei und Skulptur. Auch fehlt es sogar für den Liebhaber nicht an Anfängen der Parodie (S. 189 f.) z. B. in der Macaroneide, wozu dann das komische Götterfest des Giovanni Bellini bereits eine Parallele bildet.

Manche erzählende Gedichte in Hexametern sind auch blosse Exerzitien oder Bearbeitungen von Relationen in Prosa, welche letztere der Leser vorziehen wird, wo er sie findet. Am Ende wurde bekanntlich alles, jede Fehde und jede Zeremonie, besungen, auch

71. Es ist der spätere Ercole II. von Ferrara, geb. 4. April 1508, wahrscheinlich kurz vor oder nach Abfassung dieses Gedichtes. Nascere magne puer matri exspectate patrique, heisst es gegen Ende.

von den deutschen Humanisten der Reformationszeit[72]. Indes würde man Unrecht tun, dies bloss dem Müssiggang und der übergrossen Leichtigkeit im Versemachen zuzuschreiben. Bei den Italienern wenigstens ist es ein ganz entschiedener Ueberfluss an Stilgefühl, wie die gleichzeitige Masse von italienischen Berichten, Geschichtsdarstellungen und selbst Pamphleten in Terzinen beweist. So gut Niccolò da Uzzano sein Plakat mit einer neuen Staatsverfassung, Macchiavelli seine Uebersicht der Zeitgeschichte, ein Dritter das Leben Savonarolas, ein Vierter die Belagerung von Piombino durch Alfons den Grossen[73] usw. in diese schwierige italienische Versart gossen, um eindringlicher zu wirken, ebensogut mochten viele andere für *ihr* Publikum des Hexameters bedürfen, um es zu fesseln. Was man in dieser Form vertragen konnte und begehrte, zeigt am besten die didaktische Poesie. Diese nimmt im 16. Jahrhundert einen ganz erstaunlichen Aufschwung, um das Goldmachen, das Schachspiel, die Seidenzucht, die Astronomie, die venerische Seuche u. dgl. in Hexametern zu besingen, wozu noch mehrere umfassende italienische Dichtungen kommen. Man pflegt dergleichen heutzutage ungelesen zu verdammen, und inwiefern diese Lehrgedichte wirklich lesenswert sind, wüssten auch wir nicht zu sagen[74]. Eins nur ist gewiss, dass Epochen, die der unsrigen an Schönheitssinn unendlich überlegen waren, dass die spätgriechische und die römische Welt und die Re-

72. Vgl. die Sammlungen der Scriptores von Schardius, Freher usw.

73. Uzzano s. Arch. IV, I, 296. – Macchiavelli: i Decennali. – Savonarolas Geschichte u. d. Titel Cedrus Libani von Fra Benedetto. – Assedio di Piombino, bei Murat. XXV. – Hiezu als Parallele der Teuerdank und andere damalige Reimwerke des Nordens.

74. Von der in italienischen Versi sciolti gedichteten „coltivazione" des L. Alamanni liesse sich behaupten, dass alle poetisch geniessbaren Stellen aus den antiken Dichtern entlehnt sind, unmittelbar oder mittelbar.

naissance die betreffende Gattung von Poesie nicht entbehren konnten. Man mag dagegen einwenden, dass heute nicht der Mangel an Schönheitssinn, sondern der grössere Ernst und die universalistische Behandlung alles Lehrenswerten die poetische Form ausschlössen, was wir auf sich beruhen lassen.

Eines dieser didaktischen Werke wird noch jetzt hie und da wieder aufgelegt: der Zodiacus des Lebens, von Marcellus Palingenius, einem ferraresischen Kryptoprotestanten. An die höchsten Fragen von Gott, Tugend und Unsterblichkeit knüpft der Verfasser die Besprechung vieler Verhältnisse des äussern Lebens und ist von dieser Seite auch eine nicht zu verachtende sittengeschichtliche Autorität. Im wesentlichen jedoch geht sein Gedicht schon aus dem Rahmen der Renaissance heraus, wie denn auch, seinem ernsten Lehrzweck gemäss, bereits die Allegorie der Mythologie den Rang abläuft.

Weit am nächsten kam aber der Poet-Philolog dem Altertum in der Lyrik, und zwar speziell in der Elegie; ausserdem noch im Epigramm.

In der leichtern Gattung übte Catull eine wahrhaft faszinierende Wirkung auf die Italiener aus. Manches elegante lateinische Madrigal, manche kleine Invektive, manches boshafte Billet ist reine Umschreibung nach ihm; dann werden verstorbene Hündchen, Papageien beklagt ohne ein Wort aus dem Gedicht von Lesbiens Sperling und doch in völliger Abhängigkeit von dessen Gedankengang. Indes gibt es kleine Gedichte dieser Art, welche auch den Kenner über ihr wahres Alter täuschen können, wenn nicht ein sachlicher Bezug klar auf das 15. oder 16. Jahrhundert hinweist.

Dagegen möchte von Oden des sapphischen, alkäischen usw. Versmasses kaum eine zu finden sein, welche nicht irgendwie ihren modernen Ursprung deutlich verriete. Dies geschieht meist durch eine rhetorische Redseligkeit, welche im Altertum erst etwa dem Statius eigen ist, durch einen auffallenden Mangel an lyrischer Konzentration, wie diese Gattung sie durchaus verlangt. Einzelne Partien einer Ode, 2 oder 3 Strophen zusammen, sehen wohl etwa wie ein antikes Fragment aus, ein längeres Ganzes hält diese Farbe selten fest. Und wo dies der Fall ist, wie z. B. in der schönen Ode an Venus von Andrea Navagero, da erkennt man leicht eine blosse Umschreibung nach antiken Meisterwerken[75]. Einige Odendichter bemächtigen sich des Heiligenkultes und bilden ihre Invokationen sehr geschmackvoll den horazischen und catullischen Oden analogen Inhaltes nach. So Navagero in der Ode an den Erzengel Gabriel, so besonders Sannazaro, der in der Substituierung einer heidnischen Andacht sehr weit geht. Er feiert vorzüglich seinen Namensheiligen[76], dessen Kapelle zu seiner herrlich gelegenen kleinen Villa am Gestade des Posilipp gehörte, „dort wo die Meereswoge den Felsquell wegschlürft und an die Mauer des kleinen Heiligtums anschlägt". Seine Freude ist das alljährliche St. Nazariusfest, und das Laubwerk und die Guirlanden, womit das Kirchlein zumal an diesem Tage geschmückt wird, erscheinen ihm als Opfergaben. Auch fern auf der Flucht, mit dem verjagten Federigo von Aragon, zu St. Nazaire an der Loiremündung, bringt er voll tiefen Herzeleides seinem Heiligen am Namenstage Kränze von Bux und Eichenlaub; er gedenkt früherer Jahre, da die jungen Leute des ganzen Posilipp zu seinem

75. Hier nach dem Eingang des Lucretius und nach Horat. Od. IV, I.

76. Das Hereinziehen eines Schutzheiligen in ein wesentlich heidnisches Beginnen haben wir S. 84 schon bei einem ernstern Anlass kennengelernt.

Feste gefahren kamen auf bekränzten Nachen, und fleht um Heimkehr[77].

Täuschend antik erscheinen vorzüglich eine Anzahl Gedichte in elegischem Versmass oder auch bloss in Hexametern, deren Inhalt von der eigentlichen Elegie bis zum Epigramm herabreicht. So wie die Humanisten mit dem Text der römischen Elegiker am allerfreisten umgingen, so fühlten sie sich denselben auch in der Nachbildung am meisten gewachsen. Navageros Elegie an die Nacht ist so wenig frei von Reminiszenzen aus jenen Vorbildern als irgendein Gedicht dieser Art und Zeit, aber dabei vom schönsten antiken Klang. Ueberhaupt sorgt Navagero[78] immer zuerst für einen echt poetischen Inhalt, den er dann nicht knechtisch, sondern mit meisterhafter Freiheit im Stil der Anthologie, des Ovid, des Catull, auch der virgilischen Eklogen wiedergibt; die Mythologie braucht er nur äusserst mässig, etwa um in einem Gebet an Ceres u. a. ländliche Gottheiten das Bild des einfachsten Daseins zu entwickeln. Einen Gruss an die Heimat, bei der Rückkehr von seiner Gesandtschaft in Spanien, hat er nur angefangen; es hätte wohl ein herrliches Ganzes werden können, wenn der Rest diesem Anfang entsprach:

Salve cura Deûm, mundi felicior ora,
Formosae Veneris dulces salvete recessus;
Ut vos post tantos animi mentisque labores
Aspicio lustroque libens, ut munere vestro
Sollicitas toto depello e pectore curas!

77. Sit satis ventos tolerasse et imbres
Ac minas fatorum hominumque fraudes,
Da Pater tecto salientem avito
Cernere fumum!

78. Andr. Naugerii orationes duae carminaque aliquot, Venet. 1530 in 4. – Die wenigen Carmina auch grösstenteils oder vollständig in den Deliciae.

Die elegische oder hexametrische Form wird ein Gefäss für jeden höhern pathetischen Inhalt, und die edelste patriotische Aufregung (S. 151, die Elegie an Julius II.) wie die pomphafteste Vergötterung der Herrschenden sucht hier ihren Ausdruck[79], aber auch die zarteste Melancholie eines Tibull. Mario Molsa, der in seiner Schmeichelei gegen Clemens VII. und die Farnesen mit Statius und Martial wetteifert, hat in einer Elegie „an die Genossen", vom Krankenlager, so schöne und echt antike Grabgedanken als irgendeiner der Alten, und dies ohne Wesentliches von letztern zu entlehnen. Am vollständigsten hat übrigens Sannazaro Wesen und Umfang der römischen Elegie erkannt und nachgebildet, und von keinem andern gibt es wohl eine so grosse Anzahl guter und verschiedenartiger Gedichte dieser Form. – Einzelne Elegien werden noch hie und da um ihres Sachinhaltes willen zu erwähnen sein.

Endlich war das lateinische Epigramm in jenen Zeiten eine ernsthafte Angelegenheit, indem ein paar gut gebildete Zeilen, eingemeisselt an einem Denkmal oder von Mund zu Munde mit Gelächter mitgeteilt, den Ruhm eines Gelehrten begründen konnten. Ein Anspruch dieser Art meldet sich schon früh; als es verlautete, Guido della Polenta wolle Dantes Grab mit einem Denkmal schmücken, liefen von allen Enden Grabschriften ein[80] „von solchen, die *sich zeigen* oder auch den toten Dichter ehren oder die Gunst des Polenta erwerben wollten". Am Grabmal des Erzbischofes Giovanni Visconti († 1354) im Dom von Mailand liest man unter 36 Hexametern: „Herr Ga-

79. Was man Leo X. bieten durfte, zeigt das Gebet des Guido Postumo Silvestri an Christus, Maria und alle Heiligen, sie möchten der Menschheit dieses numen noch lange lassen, da sie ja im Himmel ihrer genug seien. Abgedr. bei Roscoe, Leone X, ed. Bossi V, 237.

80. Boccaccio, Vita di Dante, p. 36.

brius de Zamoreis aus Parma, Doktor der Rechte, hat diese Verse gemacht.“ Allmählich bildete sich, hauptsächlich unter dem Einfluss Martials, auch Catulls, eine ausgedehnte Literatur dieses Zweiges; der höchste Triumph war, wenn ein Epigramm für antik, für abgeschrieben von einem alten Stein galt[81], oder wenn es so vortrefflich erschien, dass ganz Italien es auswendig wusste wie z. B. einige des Bembo. Wenn der Staat Venedig an Sannazaro für seinen Lobspruch in drei Distichen 600 Dukaten Honorar bezahlte, so war dies nicht etwa eine generöse Verschwendung, sondern man würdigte das Epigramm als das, was es für alle Gebildeten jener Zeit war: als die konzentrierteste Form des Ruhmes. Niemand hinwiederum war damals so mächtig, dass ihm nicht ein witziges Epigramm hätte unangenehm werden können, und auch die Grossen selber bedurften für jede Inschrift, welche sie setzten, sorgfältigen und gelehrten Beirates, denn lächerliche Epitaphien z. B. liefen Gefahr, in Sammlungen zum Zweck der Erheiterung aufgenommen zu werden[82]. Epigraphik und Epigrammatik reichten einander die Hand; erstere beruhte auf dem emsigsten Studium der antiken Steinschriften.

Die Stadt der Epigramme und der Inskriptionen in vorzugsweisem Sinne war und blieb Rom. In diesem Staate ohne Erblichkeit musste jeder für seine Verewigung selber sorgen; zugleich war das kurze Spottgedicht eine Waffe gegen die Mitemporstrebenden. Schon Pius II. zählt mit Wohlgefallen die Distichen auf, welche sein Hauptdichter Campanus bei jedem irgend geeigneten Momente seiner Regierung ausarbeitete. Unter den folgenden Päpsten blühte dann das satirische Epigramm und erreichte gegenüber von

81. Sannazaro spottet über einen, der ihm mit solchen Fälschungen lästig fiel: Sint vetera haec aliis, mî nova semper erunt.

82. Lettere de' principi, I, 88, 91.

Alexander VI. und den Seinigen die volle Höhe des skandalösen Trotzes. Sannazaro dichtete die seinigen allerdings in einer relativ gesicherten Lage, andere aber wagten in der Nähe des Hofes das Gefährlichste (S. 145). Auf acht drohende Distichen hin, die man an der Pforte der Bibliothek angeschlagen[83] fand, liess einst Alexander die Garde um 800 Mann verstärken; man kann sich denken, wie er gegen den Dichter würde verfahren sein, wenn derselbe sich erwischen liess. – Unter Leo X. waren lateinische Epigramme das tägliche Brod; für die Verherrlichung wie für die Verlästerung des Papstes, für die Züchtigung genannter wie ungenannter Feinde und Schlachtopfer, für wirkliche wie für fingierte Gegenstände des Witzes, der Bosheit, der Trauer, der Kontemplation gab es keine passendere Form. Damals strengten sich für die berühmte Gruppe der Mutter Gottes mit der heiligen Anna und dem Kinde, welche Andrea Sansovino für S. Agostino meisselte, nicht weniger als hundertundzwanzig Personen in lateinischen Versen an, freilich nicht so sehr aus Andacht, als dem Besteller des Werkes zuliebe[84]. Dieser, Johann Goritz aus Luxemburg, päpstlicher Supplikenreferendar, liess nämlich am St. Annenfeste nicht bloss etwa Gottesdienst halten, sondern er gab ein grosses Literaten-

83. Malipiero, Ann. veneti, Arch. stor. VII, I, p. 508. Am Ende heisst es, mit Bezug auf den Stier als Wappentier der Borgia:

Merge, Tyber vitulos animosas ultor in undas;
Bos cadat inferno victima magna Jovi!

84. Ueber diese ganze Angelegenheit s. Roscoe, Leone X, ed. Bossi VII, 211, VIII, 214, s. Die gedruckte, jetzt seltene Sammlung dieser „Coryciana" vom Jahr 1524 enthält nur die lateinischen Gedichte; Vasari sah bei den Augustinern noch ein besonderes Buch, worin sich auch Sonette usw. befanden. Das Anheften von Gedichten wurde so ansteckend, dass man die Gruppe durch ein Gitter abschliessen, ja unsichtbar machen musste. Die Umdeutung von Goritz in einen Corycius senex ist aus Virgil. Georg. IV, 127. Das kummervolle Ende des Mannes nach dem Sacco di Roma s. bei Pierio Valeriano, de infelic. literat.

bankett in seinen Gärten am Abhang des Kapitols. Damals lohnte es sich auch der Mühe, die ganze Poetenschar, welche an Leos Hofe ihr Glück suchte, in einem eigenen grossen Gedicht „de poetis urbanis“ zu mustern, wie Franc. Arsillus tat[85], ein Mann, der kein päpstliches oder anderes Mäzenat brauchte und sich seine freie Zunge auch gegen die Kollegen vorbehielt. – Ueber Paul III. herab reicht das Epigramm nur noch in vereinzelten Nachklängen, die Epigraphik dagegen blüht länger und unterliegt erst im 17. Jahrhundert völlig dem Schwulst.

Auch in Venedig hat sie ihre besondere Geschichte, die wir mit Hülfe von Francesco Sansovinos „Venezia“ verfolgen können. Eine stehende Aufgabe bildeten die Mottos (Brievi) auf den Dogenbildnissen des grossen Saales im Dogenpalast, zwei bis vier Hexameter, welche das Wesentliche aus der Amtsführung des Betreffenden enthalten[86]. Dann hatten die Dogengräber des 14. Jahrhunderts lakonische Prosainschriften, welche nur Tatsachen enthalten, und daneben schwülstige Hexameter oder leoninische Verse. Im 15. Jahrhundert steigt die Sorgfalt des Stiles; im 16. erreicht sie ihre Höhe, und bald beginnt die unnütze Antithese, die Prosopopöe, das Pathos, das Prinzipienlob, mit einem Worte: der Schwulst. Ziemlich oft wird gestichelt und verdeckter Tadel gegen andere durch direktes Lob des Verstorbenen ausgedrückt. Ganz spät kommen dann wieder ein paar absichtlich einfache Epitaphien.

Architektur und Ornamentik waren auf das An-

85. Abgedruckt in den Beilagen zu Roscoe, Leone X, und in den Deliciae. Vgl. Paul. Jov. Elogia, bei Anlass des Arsillus. Ferner für die grosse Zahl der Epigrammatiker Lil. Greg. Gyraldus, a. a. O. Eine der schlimmsten Federn war Marcantonio Casanova. – Von den weniger bekannten ist Jo. Thomas Musconius (s. d. Deliciae) auszuzeichnen.

86. Marin Sanudo, in den Vite de' duchi di Venezia (Murat. XXII.) teilt sie regelmäßig mit.

bringen von Inschriften – oft in vielfacher Wiederholung – vollkommen eingerichtet, während z. B. das Gotische des Nordens nur mit Mühe einen zweckmässigen Platz für eine Inschrift schafft und sie an Grabmälern z. B. gerne den bedrohtesten Stellen, den Rändern zuweist.

Durch das bisher Gesagte glauben wir nun keineswegs den Leser von dem eigentümlichen Werte dieser lateinischen Poesie der Italiener überzeugt zu haben. Es handelte sich nur darum, die kulturgeschichtliche Stellung und Notwendigkeit derselben anzudeuten. Schon damals entstand[87] übrigens ein Zerrbild davon: die sogenannte macaroneische Poesie, deren Hauptwerk, das Opus macaronicorum, von Merlinus Cocaius (d. h. Teofilo Folengo von Mantua) gedichtet ist. Vom Inhalt wird noch hie und da die Rede sein; was die Form betrifft – Hexameter u. a. Verse gemischt aus lateinischen und italienischen Wörtern mit lateinischen Endungen – so liegt das Komische derselben wesentlich darin, dass sich diese Mischungen wie lauter Lapsus linguae anhören, wie das Sprudeln eines übereifrigen lateinischen Improvisators. Nachahmungen aus Deutsch und Latein geben hievon keine Ahnung.

Nachdem mehrere glänzende Generationen von Poeten-Philologen seit Anfang des 14. Jahrhunderts Italien und die Welt mit dem Kultus des Altertums erfüllt, die Bildung und Erziehung wesentlich bestimmt, oft auch das Staatswesen geleitet und die antike Literatur nach Kräften reproduziert hatten, fiel mit dem 16. Jahrhundert die ganze Menschenklasse in einen

87. Scardeonius, de urb. Patav. antiq. (Graev. thes. VI, III, Col. 270) nennt als den eigentlichen Erfinder einen gew. Odaxius von Padua, um die Mitte des 15. Jahrhunderts. Gemischte Verse aus Latein und den Landessprachen gibt es aber schon viel früher allenthalben.

lauten und allgemeinen Misskredit, zu einer Zeit, da man ihre Lehre und ihr Wissen noch durchaus nicht völlig entbehren wollte. Man redet, schreibt und dichtet noch fortwährend wie sie, aber persönlich will niemand mehr zu ihnen gehören. In die beiden Hauptanklagen wegen ihres bösartigen Hochmutes und ihrer schändlichen Ausschweifungen tönt bereits die dritte hinein, die Stimme der beginnenden Gegenreformation: wegen ihres Unglaubens.

Warum verlauteten, muss man zunächst fragen, diese Vorwürfe nicht früher, mochten sie nun wahr oder unwahr sein? Sie sind schon frühe genug vernehmlich, allein ohne sonderliche Wirkung, offenbar weil man von den Literaten noch gar zu abhängig war in betreff des Sachinhaltes des Altertums, weil sie im persönlichsten Sinne die Besitzer, Träger und Verbreiter desselben waren. Allein das Ueberhandnehmen gedruckter Ausgaben der Klassiker[1], grosser wohlangelegter Handbücher und Nachschlagewerke emanzipierte das Volk schon in bedeutendem Grade von dem dauernden persönlichen Verkehr mit den Humanisten, und sobald man sich ihrer auch nur zur Hälfte entschlagen konnte, trat dann jener Umschlag der Stimmung ein. Gute und Böse litten darunter ohne Unterschied.

Urheber jener Anklagen sind durchaus die Humanisten selbst. Von allen, die jemals einen Stand gebildet, haben sie am allerwenigsten ein Gefühl des Zusammenhaltes gehabt oder, wo es sich aufraffen wollte, respektiert. Sobald sie dann anfingen, sich einer über den andern zu erheben, war ihnen jedes Mittel gleichgültig. Blitzschnell gehen sie von wissenschaftlichen Gründen zur Invektive und zur bodenlosesten Lästerung über; sie wollen ihren Gegner nicht wider-

1. Man übersehe nicht, dass dieselben sehr früh mit alten Scholien und neuen Kommentaren abgedruckt wurden.

legen, sondern in jeder Beziehung zernichten. Etwas hievon kommt auf Rechnung ihrer Umgebung und Stellung; wir sahen, wie heftig das Zeitalter, dessen lauteste Organe sie waren, von den Wogen des Ruhmes und des Hohnes hin und her geworfen wurde. Auch war ihre Lage im wirklichen Leben meist eine solche, dass sie sich beständig ihrer Existenz wehren mussten. In solchen Stimmungen schrieben und perorierten sie und schilderten einander. Poggios Werke allein enthalten schon Schmutz genug, um ein Vorurteil gegen die ganze Schar hervorzurufen – und diese Opera Poggii mussten gerade am häufigsten aufgelegt werden, diesseits wie jenseits der Alpen. Man freue sich nicht zu früh, wenn sich im 15. Jahrhundert eine Gestalt unter dieser Schar findet, die unantastbar scheint; bei weiterem Suchen läuft man immer Gefahr, irgendeiner Lästerung zu begegnen, welche, selbst wenn man sie nicht glaubt, das Bild trüben wird. Die vielen unzüchtigen lateinischen Gedichte und etwa eine Persiflage der eigenen Familie, wie z. B. in Pontanos Dialog „Antonius", taten das übrige. Das 16. Jahrhundert kannte diese Zeugnisse alle und war der betreffenden Menschengattung ohnehin müde geworden. Sie musste büssen für das, was sie verübt hatte und für das Uebermass der Geltung, das ihr bisher zuteil geworden war. Ihr böses Schicksal wollte es, dass der grösste Dichter der Nation sich über sie mit ruhiger souveräner Verachtung aussprach[2].

Von den Vorwürfen, die sich jetzt zu einem Gesamtwiderwillen sammelten, war nur zu vieles begründet. Ein bestimmter, kenntlicher Zug zur Sittenstrenge und Religiosität war und blieb in manchen Philologen lebendig, und es ist ein Zeichen geringer Kenntnis jener Zeit, wenn man die ganze Klasse ver-

2. Ariosto, Satira VII. Vom Jahre 1531.

urteilt, aber viele, und darunter die lautesten, waren schuldig.

Drei Dinge erklären und vermindern vielleicht ihre Schuld: die übermässige, glänzende Verwöhnung, wenn das Glück ihnen günstig war; die Garantielosigkeit ihres äussern Daseins, so dass Glanz und Elend je nach Launen der Herrn und nach der Bosheit der Gegner rasch wechselten; endlich der irremachende Einfluß des Altertums. Dieses störte ihre Sittlichkeit, ohne ihnen die seinige mitzuteilen; und auch in religiösen Dingen wirkte es auf sie wesentlich von seiner skeptischen und negativen Seite, da von einer Annahme des positiven Götterglaubens doch nicht die Rede sein konnte. Gerade weil sie das Altertum dogmatisch, d. h. als Vorbild alles Denkens und Handelns auffassten, mussten sie hier in Nachteil geraten. Dass es aber ein Jahrhundert gab, welches mit voller Einseitigkeit die alte Welt und deren Hervorbringungen vergötterte, das war nicht mehr Schuld Einzelner, sondern höhere geschichtliche Fügung. Alle Bildung der seitherigen und künftigen Zeiten beruht darauf, dass dies geschehen ist und dass es damals so ganz einseitig und mit Zurücksetzung aller andern Lebenszwecke geschehen ist.

Der Lebenslauf der Humanisten war in der Regel ein solcher, dass nur die stärksten sittlichen Naturen ihn durchmachen konnten, ohne Schaden zu nehmen. Die erste Gefahr kam bisweilen wohl von den Eltern her, welche den oft ausserordentlich früh entwickelten Knaben zum Wunderkind[3] ausbildeten, im Hinblick auf eine künftige Stellung in jenem Stande, der damals

3. Solche kommen mehrere vor, doch muss ich einen eigentlichen Beweis des hier Gesagten schuldig bleiben. Das Wunderkind Giulio Campagnola gehört nicht zu den aus Ehrgeiz emporgetriebenen. Vgl. Scardeonius, de urb. Patav. antiq., bei Graev. thesaur. VI, III, Col. 276. – Das Wunderkind Cecchino Bracci, † 1544 im 15. Jahr, vgl. Trucchi,

alles galt. Wunderkinder aber bleiben insgemein auf einer gewissen Stufe stehen, oder sie müssen sich die weitere Entwicklung und Geltung unter den allerbittersten Prüfungen erkämpfen. Auch für den aufstrebenden Jüngling war der Ruhm und das glänzende Auftreten des Humanisten eine gefährliche Lockung; es kam ihm vor, auch er könne „wegen angeborenen Hochsinns die gemeinen und niedrigen Dinge nicht mehr beachten“[4]. Und so stürzte man sich in ein wechselvolles, aufreibendes Leben hinein, in welchem angestrengte Studien, Hauslehrerschaft, Sekretariat, Professur, Dienstbarkeit bei Fürsten, tödliche Feindschaften und Gefahren, begeisterte Bewunderung und Ueberschüttung mit Hohn, Ueberfluß und Armut wirr aufeinander folgten. Dem gediegensten Wissen konnte der flachste Dilettantismus bisweilen den Rang ablaufen. Das Hauptübel aber war, dass dieser Stand mit einer festen Heimat beinahe unverträglich blieb, indem er entweder den Ortswechsel geradezu erforderte, oder den Menschen so stimmte, dass ihm nirgends lange wohl sein konnte. Während er der Leute des Ortes satt wurde und im Wirbel der Feindschaften sich übel befand, verlangten auch eben jene Leute stets Neues (S. 237). So manches hier auch an die griechischen Sophisten der Kaiserzeit erinnert, wie sie Philostratus beschreibt, so standen diese doch günstiger, indem sie grossenteils Reichtümer besassen, oder leichter entbehrten und überhaupt leichter lebten, weil sie nicht sowohl Gelehrte als ausübende Virtuosen der Rede waren. Der Humanist der Renaissance dagegen muss eine grosse Erudition und einen Strudel der verschiedensten Lagen und Beschäftigungen zu tragen wissen.

poesie ital. inedite III, p. 229. – Wie der Vater des Cardano ihm wollte memoriam artificialem instillare und ihn schon als Kind in der arabischen Astrologie unterwies, vgl. Cardanus, de propria vita, cap. 34.

4. Ausdruck des Filippo Villani, Vite p. 5 bei einem solchen Anlass.

Dazu dann, um sich zu betäuben, unordentlicher Genuss und, sobald man ihm ohnehin das Schlimmste zutraute, Gleichgültigkeit gegen alle sonst geltende Moral. Ohne Hochmut sind solche Charaktere vollends nicht denkbar; sie bedürfen desselben, schon um oben schwimmend zu bleiben, und die mit dem Hass abwechselnde Vergötterung bestärkt sie notwendig darin. Sie sind die auffallendsten Beispiele und Opfer der entfesselten Subjektivität.

Die Klagen wie die satirischen Schilderungen beginnen, wie bemerkt, schon früh, indem ja für jeden entwickelten Individualismus, für jede Art von Zelebrität ein bestimmter Hohn als Zuchtrute vorhanden war. Zudem lieferten ja die Betreffenden selber das furchtbarste Material, welches man nur zu benützen brauchte. Noch im 15. Jahrhundert ordnet Battista Mantovano in der Aufzählung der sieben Ungeheuer[5] die Humanisten mit vielen andern unter dem Artikel: Superbia; er schildert sie mit ihrem Dünkel als Apollssöhne, wie sie verdrossenen und maliziösen Aussehens mit falscher Gravität einherschreiten, dem körnerpickenden Kranich vergleichbar, bald ihren Schatten betrachtend, bald in zehrende Sorge um Lob versunken. Allein das 16. Jahrhundert machte ihnen förmlich den Prozess. Ausser Ariosto bezeugt dies hauptsächlich ihr Literarhistoriker Gyraldus, dessen Abhandlung[6] schon unter Leo X. verfasst, wahrscheinlich aber um 1540 überarbeitet wurde. Antike und moderne Warnungsexempel der sittlichen Haltlosigkeit und des jammervollen Lebens der Literaten strömen uns hier in gewaltiger Masse entgegen, und dazwischen werden schwere allgemeine Anklagen formuliert. Dieselben lauten hauptsächlich auf Leidenschaftlichkeit, Eitelkeit, Starrsinn, Selbstvergötterung,

5. Bapt. Mantuan., de calamitatibus temporum, L. I.
6. Lil. Greg. Gyraldus: Progymnasma adversus literas et literatos.

zerfahrenes Privatleben, Unzucht aller Art, Ketzerei, Atheismus, – dann Wohlredenheit ohne Ueberzeugung, verderblichen Einfluß auf die Kabinette, Sprachpedanterei, Undank gegen die Lehrer, kriechende Schmeichelei gegen die Fürsten, welche den Literaten zuerst anbeissen und dann hungern lassen u. dgl. m. Den Schluss bildet eine Bemerkung über das goldene Zeitalter, welches nämlich damals geherrscht habe, als es noch keine Wissenschaft gab. Von diesen Anklagen wurde bald eine die gefährlichste: diejenige auf Ketzerei, und Gyraldus selbst muss sich später beim Wiederabdruck einer völlig harmlosen Jugendschrift[7] an den Mantel des Herzogs Ercole II. von Ferrara anklammern, weil schon Leute das Wort führen, welche finden, die Zeit wäre besser an christliche Gegenstände gewendet worden als an mythologische Forschungen. Er gibt zu erwägen, dass letztere im Gegenteil bei so beschaffenen Zeiten fast der einzige unschuldige, d. h. neutrale Gegenstand gelehrter Darstellung seien.

Wenn aber die Kulturgeschichte nach Aussagen zu suchen verpflichtet ist, in welchen neben der Anklage das menschliche Mitgefühl vorwiegt, so ist keine Quelle zu vergleichen mit der oft erwähnten Schrift des Pierio Valeriano „über das Unglück der Gelehrten“[8]. Sie ist geschrieben unter dem düstern Eindruck der Verwüstung von Rom, welche mit dem Jammer, den sie auch über die Gelehrten brachte, dem Verfasser wie der Abschluss eines schon lange gegen dieselben wütenden bösen Schicksals erscheint. Pierio folgt hier einer einfachen, im ganzen richtigen Empfindung; er tut nicht gross mit einem besondern vornehmen Dämon, der die geistreichen Leute *wegen* ihres Genies ver-

7. Lil. Greg. Gyraldus: Hercules. Die Widmung ist ein sprechendes Denkmal der ersten drohenden Regungen der Inquisition.
8. De infelicitate literatorum.

folge, sondern er konstatiert das Geschehene, worin oft der blosse unglückliche Zufall als entscheidend vorkömmt. Er wünscht keine Tragödie zu schreiben oder alles aus höhern Konflikten herzuleiten, weshalb er denn auch Alltägliches vorbringt. Da lernen wir Leute kennen, welche bei unruhigen Zeiten zunächst ihre Einnahmen, dann auch ihre Stellen verlieren, Leute, welche zwischen zwei Anstellungen leer ausgehen, menschenscheue Geizhälse, die ihr Geld immer eingenäht auf sich tragen und nach geschehener Beraubung im Wahnsinn sterben, andere, welche Pfründen annehmen und in melancholischem Heimweh nach der frühern Freiheit dahinsiechen. Dann wird der frühe Tod vieler durch Fieber oder Pest beklagt, wobei die ausgearbeiteten Schriften mitsamt Bettzeug und Kleidern verbrannt werden; andere leben und leiden unter Morddrohungen von Kollegen; diesen und jenen mordet ein habsüchtiger Diener, oder Bösewichter fangen ihn auf der Reise weg und lassen ihn in einem Kerker verschmachten, weil er kein Lösegeld zahlen kann. Manchen rafft geheimes Herzeleid, erlittene Kränkung und Zurücksetzung dahin; ein Venezianer stirbt vor Gram, weil sein Söhnchen, ein Wunderkind, gestorben ist, und die Mutter und deren Bruder folgen bald, als zöge das Kind sie alle nach sich. Ziemlich viele, zumal Florentiner, enden durch Selbstmord[9], andere durch geheime Justiz eines Tyrannen. Wer ist am Ende noch glücklich? und auf welche Weise? etwa durch völlige Abstumpfung des Gefühles gegen solchen Jammer? Einer der Mitredner des Dialoges, in welchen Pierio seine Darstellung gekleidet hat, weiss Rat in diesen Fragen; es ist der herrliche Gasparo Contarini, und schon bei Nennung dieses Namens darf man erwarten, dass uns wenigstens etwas von dem Tiefsten und

9. Hiezu vgl. schon Dante, Inferno, XIII.

Wahrsten mitgeteilt werde, was sich damals darüber denken liess. Als Bild eines glücklichen Gelehrten erscheint ihm Fra Urbano Valeriano von Belluno, der in Venedig lange Zeit hindurch Lehrer des Griechischen war, Griechenland und den Orient besuchte, noch in späten Jahren bald dieses und bald jenes Land durchlief, ohne je ein Tier zu besteigen, nie einen Heller für sich besass, alle Ehren und Standeserhöhungen zurückwies und nach einem heitern Alter im 84. Jahre starb, ohne, mit Ausnahme eines Sturzes von der Leiter, eine kranke Stunde gehabt zu haben. Was unterschied ihn von den Humanisten? Diese haben mehr freien Willen, mehr losgebundene Subjektivität als sie mit Glück verwerten können; der Bettelmönch dagegen, im Kloster seit seinen Knabenjahren, hatte nie nach eigenem Belieben auch nur Speise oder Schlaf genossen und empfand deshalb den Zwang nicht mehr als Zwang; kraft dieser Gewöhnung führte er mitten in allen Beschwerden das innerlich ruhigste Leben und wirkte durch diesen Eindruck mehr auf seine Zuhörer als durch sein Griechisch; sie glaubten nunmehr überzeugt zu sein, dass es von uns selbst abhänge, ob wir im Missgeschick jammern oder uns trösten sollen. „Mitten in Dürftigkeit und Mühen war er glücklich, weil er es sein wollte, weil er nicht verwöhnt, nicht phantastisch, nicht unbeständig und ungenügsam war, sondern sich immer mit wenig oder nichts zufrieden gab." – Wenn wir Contarini selber hörten, so wäre vielleicht auch noch ein religiöses Motiv dem Bilde beigemischt; doch ist schon der praktische Philosoph in Sandalen sprechend und bedeutsam genug. Einen verwandten Charakter in andern Umgebungen verrät auch jener Fabio Calvi von Ravenna[10], der Erklärer des Hippokrates. Er lebte hochbejahrt in Rom bloss von

10. Coelii Calcagnini opera, ed. Basil. 1544, p. 101, im VII. Buch der Episteln. – Vgl. Pierio Val. de inf. lit.

Kräutern „wie einst die Pythagoräer“ und bewohnte ein Gemäuer, das vor der Tonne des Diogenes keinen grossen Vorzug hatte; von der Pension, die ihm Papst Leo bezahlte, nahm er nur das Allernötigste und gab den Rest an andere. Er blieb nicht gesund wie Fra Urbano, auch war sein Ende so, dass er wohl schwerlich im Tode gelächelt haben wird wie dieser, denn bei der Verwüstung von Rom schleppten ihn, den fast neunzigjährigen Greis, die Spanier fort in der Absicht, ihn zu ranzionieren, und er starb an den Folgen des Hungers in einem Spital. Aber sein Name ist in das Reich der Unvergänglichkeit gerettet, weil Rafael den Alten wie einen Vater geliebt und wie einen Meister geehrt, weil er ihn in allen Dingen zu Rate gezogen hatte. Vielleicht bezog sich die Beratung vorzugsweise auf jene antiquarische Restauration des alten Rom (S. 215), vielleicht aber auch auf viel höhere Dinge. Wer kann sagen, wie grossen Anteil Fabio am Gedanken der Schule von Athen und anderer hochwichtiger Kompositionen Rafaels gehabt hat?

Gerne möchten wir hier mit einem anmutigen und versöhnlichen Lebensbilde schliessen, etwa mit dem des Pomponius Laetus, wenn uns nur über diesen noch etwas mehr als der Brief seines Schülers Sabellicus[11] zu Gebote stände, in welchem Laetus wohl absichtlich etwas antikisiert wird; doch mögen einige Züge daraus folgen. Er war (S. 276) ein Bastard aus dem Hause der neapolitanischen Sanseverinen, Fürsten von Salerno, wollte sie aber nicht anerkennen und schrieb ihnen auf die Einladung, bei ihnen zu leben, das berühmte Billet: Pomponius Laetus cognatis et propinquis suis salutem. Quod petitis fieri non potest. Valete. Ein unansehnliches Männchen mit kleinen, lebhaften Augen,

11. M. Ant. Sabellici opera, Epist. L. XI, fol. 56. Dazu die betreffende Biographie in den Elogia des Paolo Giovio.

in wunderlicher Tracht, bewohnte er in den letzten Jahrzehnten des 15. Jahrhunderts, als Lehrer an der Universität Rom, bald sein Häuschen mit Garten auf dem Esquilin, bald seine Vigne auf dem Quirinal; dort zog er seine Enten u. a. Geflügel, hier baute er sein Grundstück durchaus nach den Vorschriften des Cato, Varro und Columella; Festtage widmete er draussen dem Fisch- und Vogelfang, auch wohl dem Gelage im Schatten bei einer Quelle oder an der Tiber. Reichtum und Wohlleben verachtete er. Neid und Uebelrede war nicht in ihm, und er duldete sie auch in seiner Nähe nicht; nur gegen die Hierarchie liess er sich sehr frei gehen, wie er denn auch, die letzten Zeiten ausgenommen, als Verächter der Religion überhaupt galt. In die Humanistenverfolgung Papst Pauls II. verflochten, war er von Venedig an diesen ausgeliefert worden und hatte sich durch kein Mittel zu unwürdigen Geständnissen bringen lassen; seitdem luden ihn Päpste und Prälaten zu sich ein und unterstützten ihn, und als in den Unruhen unter Sixtus IV. sein Haus geplündert wurde, steuerte man für ihn mehr zusammen als er eingebüsst hatte. Als Dozent war er gewissenhaft; schon vor Tage sah man ihn mit seiner Laterne vom Esquilin herabsteigen, und immer fand er seinen Hörsaal schon gedrängt voll; da er im Gespräch stotterte, sprach er auf dem Katheder behutsam, aber doch schön und gleichmässig. Auch seine wenigen Schriften sind sorgfältig abgefasst. Alte Texte behandelte keiner so sorgfältig und schüchtern, wie er denn auch vor andern Resten des Altertums seinen wahren Respekt bewies, indem er wie verzückt dastand oder in Tränen ausbrach. Da er die eigenen Studien liegen liess, wenn er andern behülflich sein konnte, so hing man ihm sehr an, und als er starb, sandte sogar Alexander VI. seine Höflinge, die Leiche zu begleiten, welche von den vornehmsten Zuhörern getragen wurde; den Exequien in Araceli wohnten vierzig Bischöfe und alle fremden Gesandten bei.

Laetus hatte die Aufführungen antiker, hauptsächlich plautinischer Stücke in Rom aufgebracht und geleitet (S. 281 f.). Auch feierte er den Gründungstag der Stadt alljährlich mit einem Feste, wobei seine Freunde und Schüler Reden und Gedichte vortrugen. Bei diesen beiden Hauptanlässen bildete sich und blieb dann auch später beisammen, was man die römische Akademie nannte. Dieselbe war durchaus nur ein freier Verein und an kein festes Institut geknüpft; ausser jenen Gelegenheiten kam sie zusammen[12], wenn ein Gönner sie einlud oder wenn das Gedächtnis eines verstorbenen Mitgliedes, z. B. des Platina gefeiert wurde. Vormittags pflegte dann ein Prälat, der dazu gehörte, eine Messe zu lesen; darauf betrat etwa Pomponio die Kanzel und hielt die betreffende Rede; nach ihm stieg ein anderer hinauf und rezitierte Distichen. Der obligate Schmaus mit Disputationen und Rezitationen beschloss Trauer- wie Freudenfeste und die Akademiker, z. B. gerade Platina selber, galten schon früh als Feinschmecker[13]. Andere Male führten einzelne Gäste auch Farcen im Geschmack der Atellanen auf. Als freier Verein von sehr wandelbarem Umfang dauerte diese Akademie in ihrer ursprünglichen Art weiter bis auf die Verwüstung Roms und erfreute sich der Gastlichkeit eines Angelus Coloccius, eines Joh. Corycius (S. 296) u. a. Wie hoch sie für das Geistesleben der Nation zu werten ist, lässt sich so wenig genau bestimmen als bei irgend einer geselligen Verbindung dieser Art; immerhin rechnet sie selbst ein Sadoleto[14] zu den besten Erinnerungen seiner Jugend.

12. Jac. Volaterran. Diar. Rom. bei Murat. XXIII, Col. 161, 171, 185. – Anecdota liter. II, p. 168, s.

13. Paul. Jov. de romanis piscibus, cap. 17 und 34.

14. Sadoleti Epist. 106, vom Jahre 1529.

– Eine ganze Anzahl anderer Akademien entstanden und vergingen in verschiedenen Städten, je nachdem die Zahl und Bedeutung der ansässigen Humanisten oder die Gönnerschaft von Reichen und Grossen es möglich machte. So die Akademie von Neapel, welche sich um Jovianus Pontanus versammelte und von welcher ein Teil nach Lecce übersiedelte[15], diejenige von Pordenone, welche den Hof des Feldherrn Alviano bildete usw. Von derjenigen des Lodovico Moro und ihrer eigentümlichen Bedeutung für den Umgang des Fürsten ist bereits (S. 69) die Rede gewesen.

Gegen die Mitte des 16. Jahrhunderts scheint eine vollständige Umwandlung mit diesen Vereinen vorgegangen zu sein. Die Humanisten, auch sonst aus der gebietenden Stellung im Leben verdrängt und der beginnenden Gegenreformation Objekte des Verdachtes, verlieren die Leitung der Akademien, und die italienische Poesie tritt auch hier an die Stelle der lateinischen. Bald hat jede irgend beträchtliche Stadt ihre Akademie mit möglichst bizarrem Namen[16] und mit eigenem, durch Beiträge und Vermächtnisse gebildetem Vermögen. Ausser dem Rezitieren von Versen ist aus der frühern, lateinischen Zeit herübergenommen das periodische Gastmahl und die Aufführung von Dramen, teils durch die Akademiker selbst, teils unter ihrer Aufsicht durch junge Leute und bald durch bezahlte Schauspieler. Das Schicksal des italienischen Theaters, später auch der Oper, ist lange Zeit in den Händen dieser Vereine geblieben.

15. Anton. Galatei epist. 10 und 12, bei Mai, Spicileg. rom. vol. VIII.
16. Dieses schon vor der Mitte des Jahrhunderts. Vgl. Lil. Greg. Gyraldus, de poetis nostri temp. II.

VIERTER ABSCHNITT

DIE ENTDECKUNG DER WELT UND DES MENSCHEN

Frei von zahllosen Schranken, die anderwärts den Fortschritt hemmten, individuell hoch entwickelt und durch das Altertum geschult, wendet sich der italienische Geist auf die Entdeckung der äussern Welt und wagt sich an deren Darstellung in Wort und Form. Wie die Kunst diese Aufgabe löste, müsste anderswo erzählt werden.

Ueber die Reisen der Italiener nach fernen Weltgegenden ist uns hier nur eine allgemeine Bemerkung gestattet. Die Kreuzzüge hatten allen Europäern die Ferne geöffnet und überall den abenteuernden Wandertrieb geweckt. Es wird immer schwer sein, den Punkt anzugeben, wo derselbe sich mit dem Wissensdrang verbindet oder vollends dessen Diener wird; am frühsten und vollständigsten aber ist dies bei den Italienern geschehen. Schon an den Kreuzzügen selbst hatten sie sich in einem andern Sinne beteiligt als die übrigen, weil sie bereits Flotten und Handelsinteressen im Orient besassen; von jeher hatte das Mittelmeer seine Anwohner anders erzogen als das Binnenland die seinigen, und Abenteurer im nordischen Sinne konnten die Italiener nach ihrer Naturanlage überhaupt nie sein. Als sie nun in allen östlichen Häfen des Mittelmeeres heimisch geworden waren, geschah es leicht, dass sich die Unternehmendsten dem grandiosen mohammedanischen Wanderleben, welches dort ausmündete, anschlossen; eine ganze grosse Seite der Erde lag dann gleichsam schon entdeckt vor ihnen. Oder sie gerieten, wie die Polo von Venedig, in die Wellenschläge der mongolischen Welt hinein und wurden weitergetragen bis an die Stufen des Thrones des Grosschans. Frühe finden wir einzelne Italiener auch schon im Atlantischen Meere als Teilnehmer von Entdeckungen, wie denn z. B. Genuesen im 13. Jahrhundert bereits die Kanarischen Inseln fanden[1]; in demselben Jahre, 1291, da Ptolemais, der letzte Rest des christlichen Ostens, verlorenging, machten wiederum Genuesen den ersten bekannten Versuch zur Entdeckung eines Seeweges nach Ostindien[2]; Columbus ist nur der Grösste einer ganzen Reihe von Italienern, welche im Dienste der Westvölker in ferne Meere fuhren. Nun ist aber der wahre Entdecker nicht der, welcher zufällig zuerst irgendwohin gerät, sondern der, welcher gesucht hat und findet; ein solcher allein wird auch im Zusammenhange stehen mit den Gedanken und Interessen seiner Vorgänger, und die Rechenschaft, die er ablegt, wird danach beschaffen sein. Deshalb werden die Italiener, auch wenn ihnen jede einzelne Priorität der Ankunft an diesem oder jenem Strande abgestritten würde, doch immer das moderne Entdeckervolk im vorzugsweisen Sinne für das ganze Spätmittelalter bleiben.

Die nähere Begründung dieses Satzes gehört der Spezialgeschichte der Entdeckungen an. Immer von neuem aber wendet sich die Bewunderung der ehrwürdigen Gestalt des grossen Genuesen zu, der einen neuen Kontinent jenseits der Wasser forderte, suchte und fand, und der es zuerst aussprechen durfte: il

1. Luigi Bossi, Vita di Cristoforo Colombo, wo sich eine Uebersicht der frühern ital. Reisen und Entdeckungen findet, p. 91, s.

2. Hierüber eine Abhandlung von Pertz. Eine ungenügende Kunde davon schon bei Aeneas Sylvius, Europae status sub Friderico III. Imp. cap. 44. (U. a. in Frehers Scriptores, Ausg. v. 1624, Vol. II, p. 87.)

mondo è poco, die Erde ist nicht so gross als man glaubt. Während Spanien den Italienern einen Alexander VI. sendet, gibt Italien den Spaniern den Columbus; wenige Wochen vor dem Tode jenes Papstes (7. Juli 1503) datiert dieser aus Jamaica seinen herrlichen Brief an die undankbaren katholischen Könige, den die ganze Nachwelt nie wird ohne die stärkste Erregung lesen können. In einem Kodizill zu seinem Testamente, datiert zu Valladolid, 4. Mai 1506, vermacht er „seiner geliebten Heimat, der Republik Genua, das Gebetbuch, welches ihm Papst Alexander geschenkt, und welches ihm in Kerker, Kampf und Widerwärtigkeiten zum höchsten Troste gereicht hatte". Es ist als ob damit auf den fürchterlichen Namen Borgia ein letzter Schimmer von Gnade und Güte fiele.

Ebenso wie die Geschichte der Reisen dürfen wir auch die Entwicklung des geographischen Darstellens bei den Italienern, ihren Anteil an der Kosmographie, nur kurz berühren. Schon eine flüchtige Vergleichung ihrer Leistungen mit denjenigen anderer Völker zeigt eine frühe und augenfällige Ueberlegenheit. Wo hätte sich um die Mitte des 15. Jahrhunderts ausserhalb Italiens eine solche Verbindung des geographischen, statistischen und historischen Interesses gefunden wie in Aeneas Sylvius? Wo eine so gleichmässig ausgebildete Darstellung? Nicht nur in seiner eigentlich kosmographischen Hauptarbeit, sondern auch in seinen Briefen und Kommentarien schildert er mit gleicher Virtuosität Landschaften, Städte, Sitten, Gewerbe und Erträgnisse, politische Zustände und Verfassungen, sobald ihm die eigene Wahrnehmung oder lebendige Kunde zu Gebote steht; was er nur nach Büchern beschreibt, ist natürlich geringer. Schon die kurze Skizze[3]

3. Pii II. comment. L. I, p. 14. – Dass er nicht immer richtig beobachtete und bisweilen das Bild willkürlich ergänzte, zeigt uns z. B.

jenes tirolischen Alpentales, wo er durch Friedrich III. eine Pfründe bekommen hatte, berührt alle wesentlichen Lebensbeziehungen und zeigt eine Gabe und Methode des objektiven Beobachtens und Vergleichens, wie sie nur ein durch die Alten gebildeter Landsmann des Columbus besitzen konnte. Tausende sahen und wussten wenigstens stückweise, was er wusste, aber sie hatten keinen Drang, ein Bild davon zu entwerfen, und kein Bewusstsein, dass die Welt solche Bilder verlange.

Auch in der Kosmographie[4] wird man umsonst genau zu sondern suchen, wie viel dem Studium der Alten, wieviel dem eigentümlichen Genius der Italiener auf die Rechnung zu schreiben sei. Sie beobachten und behandeln die Dinge dieser Welt objektiv, noch bevor sie die Alten genauer kennen, weil sie selber noch ein halbantikes Volk sind und weil ihr politischer Zustand sie dazu vorbereitet; sie würden aber nicht zu solcher raschen Reife darin gelangt sein, hätten ihnen nicht die alten Geographen den Weg gewiesen. Ganz unberechenbar ist endlich die Einwirkung der schon vorhandenen italienischen Kosmographien auf Geist und Tendenz der Reisenden, der Entdecker. Auch der dilettantische Bearbeiter einer Wissenschaft, wenn wir z. B. im vorliegenden Fall den Aeneas Sylvius so niedrig taxieren wollen, kann gerade diejenige Art von allgemeinem Interesse für die Sache verbreiten, welche für neue Unternehmer den unentbehrlichen neuen Boden einer herrschenden Meinung, eines günstigen Vorurteils bildet. Wahre Entdecker in allen

seine Beschreibung Basels nur zu klar. Im ganzen bleibt ihm doch ein hoher Wert.

4. Im 16. Jahrhundert hielt sich Italien noch lange als die vorzugsweise Heimat der kosmographischen Literatur, als die Entdecker selbst schon fast nur den atlantischen Völkern angehörten. Die einheimische Geographie hat gegen Mitte des Jahrhunderts das grosse und sehr achtungswerte Werk des Leandro Alberti: Descrizione di tutta l'Italia aufzuweisen.

Fächern wissen recht wohl, was sie solchen Vermittlern verdanken.

Für die Stellung der Italiener im Bereich der Naturwissenschaften müssen wir auf die besondern Fachbücher verweisen, von welchen uns nur das offenbar sehr flüchtige und absprechende Werk Libris bekannt ist[5]. Der Streit über Priorität gewisser einzelner Entdeckungen berührt uns um so weniger, da wir der Ansicht sind, dass in jeder Zeit und in jedem Kulturvolke möglicherweise ein Mensch aufstehen kann, der sich, von sehr mässiger Vorbildung ausgehend, aus unwiderstehlichem Drange der Empirie in die Arme wirft und vermöge angeborener Begabung die erstaunlichsten Fortschritte macht. Solche Männer waren Gerbert von Rheims und Roger Bacon; dass sie sich überdies des ganzen Wissens ihrer Zeit in ihren Fächern bemächtigten, war dann blosse notwendige Konsequenz ihres Strebens. Sobald einmal die allgemeine Hülle des Wahns durchgerissen, die Knechtschaft unter der Tradition und den Büchern, die Scheu vor der Natur überwunden war, lagen die Probleme massenweise vor ihren Augen. Ein anderes ist es aber, wenn einem ganzen Volke das Betrachten und Erforschen der Natur vorzugsweise und früher als andern Völkern eigen ist, wenn also der Entdecker nicht bedroht und totgeschwiegen wird, sondern auf das Entgegenkommen verwandter Geister rechnen kann. Dass dies sich in Italien so verhalten habe, wird versichert[6]. Nicht ohne Stolz verfolgen die italienischen Natur-

5. Libri, Histoire des sciences mathématiques en Italie, IV vols., Paris 1838.

6. Um hier zu einem bündigen Urteil zu gelangen, müsste das Zunehmen des Sammelns von Beobachtungen, getrennt von den wesentlich mathematischen Wissenschaften, konstatiert werden, was unsere Sache nicht ist.

forscher in der Divina Commedia die Beweise und Anklänge von Dantes empirischer Naturforschung[7]. Ueber die einzelnen Entdeckungen oder Prioritäten der Erwähnung, die sie ihm beilegen, haben wir kein Urteil, aber jedem Laien muss die Fülle der Betrachtung der äussern Welt auffallen, welche schon aus Dantes Bildern und Vergleichungen spricht. Mehr als wohl irgendein neuerer Dichter entnimmt er sie der Wirklichkeit, sei es Natur oder Menschenleben, braucht sie auch nie als blossen Schmuck, sondern um die möglichst adäquate Vorstellung von dem zu erwecken, was er zu sagen hat. Als spezieller Gelehrter tritt er dann vorzüglich in der Astronomie auf, wenngleich nicht zu verkennen ist, dass manche astronomische Stelle in dem grossen Gedichte, die uns jetzt gelehrt erscheint, damals allgemein verständlich gewesen sein muss. Dante appelliert, abgesehen von seiner Gelehrsamkeit, an eine populäre Himmelskunde, welche die damaligen Italiener, schon als Seefahrer, mit den Alten gemein hatten. Diese Kenntnis des Aufganges und Niederganges der Sternbilder ist für die neuere Welt durch Uhren und Kalender entbehrlich geworden, und mit ihr ging verloren, was sich sonst von astronomischem Interesse im Volke entwickelt hatte. Gegenwärtig fehlt es nicht an Handbüchern und Gymnasialunterricht, und jedes Kind weis, dass die Erde sich um die Sonne bewegt, was Dante nicht wusste, aber die Teilnahme an der Sache ist der vollkommensten Gleichgültigkeit gewichen, mit Ausnahme der Fachleute.

Die Wahnwissenschaft, welche sich an die Sterne hing, beweist nichts gegen den empirischen Sinn der damaligen Italiener; derselbe wurde nur durchkreuzt und überwältigt durch die Leidenschaft, den heftigen Wunsch, die Zukunft zu wissen. Auch wird von der

7. Libri, a. a. O. II, p. 174, s.

Astrologie bei Anlass des sittlichen und religiösen Charakters der Nation zu reden sein.

Die Kirche war gegen diese und andere falsche Wissenschaften fast immer tolerant, und auch gegen die echte Naturforschung schritt sie wohl nur dann ein, wenn die Anklage – wahr oder unwahr – zugleich auf Ketzerei und Nekromantie lautete, was denn allerdings ziemlich nahelag. Der Punkt, auf welchen es ankömmt, wäre: zu ermitteln, ob und in welchen Fällen die dominikanischen Inquisitoren (und wohl auch die Franziskaner) in Italien sich der Falschheit dieser Anklagen bewußt waren und dennoch verurteilten, sei es aus Konnivenz gegen Feinde des Betreffenden, oder aus stillem Hass gegen die Naturbeobachtung überhaupt und besonders gegen die Experimente. Letzteres wird wohl vorgekommen, aber kaum je zu beweisen sein. Was im Norden solche Verfolgungen mit veranlassen mochte, der Widerstand des von den Scholastikern rezipierten, offiziellen Systems der Naturkunde gegen die Neuerer als solche, möchte für Italien weniger oder auch gar nicht in Betracht kommen. Pietro von Abano (zu Anfang des 14. Jahrhunderts) fiel notorisch als Opfer des kollegialischen Neides eines andern Arztes, der ihn bei der Inquisition wegen Irrglaubens und Zauberei verklagte[8], und auch bei seinem paduanischen Zeitgenossen Giovannino Sanguinacci wird man etwas Aehnliches vermuten dürfen, da derselbe als Arzt ein praktischer Neuerer war; derselbe kam mit blosser Verbannung davon. Endlich ist nicht zu vergessen, dass die Macht der Dominikaner als Inquisitoren in Italien weniger gleichmässig geübt werden konnte als im Norden; Tyrannen sowohl als freie Staaten zeigten bisweilen im 14. Jahr-

8. Scardeonius, de urb. Patav. antiq., in Graevii Thesaur. ant. Ital. Tom. VI, pars III.

hundert der ganzen Klerisei eine solche Verachtung, dass noch ganz andere Dinge als blosse Naturforschung ungeahndet durchgingen. Als aber mit dem 15. Jahrhundert das Altertum mächtig in den Vordergrund trat, war die ins alte System gelegte Bresche eine gemeinsame zugunsten jeder Art profanen Forschens, nur dass allerdings der Humanismus die besten Kräfte an sich zog und damit auch wohl der empirischen Naturkunde Eintrag tat[9]. Hie und da erwacht dazwischen immer wieder die Inquisition und straft oder verbrennt Aerzte als Lästerer und Nekromanten, wobei nie sicher zu ermitteln ist, welches das wahre, tiefste Motiv der Verurteilung gewesen. Bei alledem stand Italien zu Ende des 15. Jahrhunderts mit Paolo Toscanelli, Luca Paccioli und Lionardo da Vinci in Mathematik und Naturwissenschaften ohne allen Vergleich als das erste Volk Europas da, und die Gelehrten aller Länder bekannten sich als seine Schüler, auch Regiomontanus und Copernicus.

Ein bedeutsamer Wink für die allgemeine Verbreitung des naturgeschichtlichen Interesses liegt auch in dem früh geäusserten Sammlersinn, der vergleichenden Betrachtung der Pflanzen und Tiere. Italien rühmt sich zunächst der frühsten botanischen Gärten, doch mag hier der praktische Zweck überwogen haben und selbst die Priorität streitig sein. Ungleich wichtiger ist es, dass Fürsten und reiche Privatleute bei der Anlage ihrer Lustgärten von selbst auf das Sammeln möglichst vieler verschiedenen Pflanzen und Spezies und Varietäten derselben gerieten. So wird uns im 15. Jahrhundert der prächtige Garten der Mediceischen Villa Ca-

9. S. die übertriebenen Klagen Libris, a. a. O. II, p. 258, s. So sehr es zu bedauern sein mag, dass das hochbegabte Volk nicht einen grössern Teil seiner Kraft auf die Naturwissenschaften wandte, so glauben wir doch, dass dasselbe noch wichtigere Ziele hatte und teilweise erreichte.

reggi beinahe wie ein botanischer Garten geschildert[10], mit zahllosen einzelnen Gattungen von Bäumen und Sträuchern. So im Beginn des 16. Jahrhunderts eine Villa des Kardinals Triulzio in der römischen Campagna[11], gegen Tivoli hin, mit Hecken von verschiedenen Rosengattungen, mit Bäumen aller Art, worunter die Fruchtbäume in allen möglichen Varietäten; endlich zwanzig Rebengattungen und ein grosser Küchengarten. Hier handelt es sich offenbar um etwas anderes als um ein paar Dutzend allbekannte Medizinalpflanzen, wie sie durch das ganze Abendland in keinem Schloss- oder Klostergarten fehlten; neben einer höchst verfeinerten Kultur des Tafelobstes zeigt sich ein Interesse für die Pflanze als solche, um ihres merkwürdigen Anblickes willen. Die Kunstgeschichte belehrt uns darüber, wie spät erst die Gärten sich von dieser Sammlerlust befreiten, um fortan einer grossen architektonisch-malerischen Anlage zu dienen.

Auch das Unterhalten fremder Tiere ist gewiss nicht ohne Zusammenhang mit einem höhern Interesse der Beobachtung zu denken. Der leichte Transport aus den südlichen und östlichen Häfen des Mittelmeeres und die Gunst des italienischen Klimas machten es möglich, die mächtigsten Tiere des Südens anzukaufen oder von den Sultanen als Geschenk anzunehmen[12]. Vor allem hielten Städte und Fürsten gern lebendige Löwen, auch wenn der Löwe nicht gerade das Wap-

10. Alexandri Braccii descriptio horti Laurentii Med., abgedruckt u. a. als Beilage Nr. 58 zu Roscoes Leben des Lorenzo. Auch in den Beilagen zu Fabronis Laurentius.

11. Mondanarii villa, abgedruckt in den Poemata aliquot insignia illustr. poetar. recent.

12. Der Tiergarten von Palermo unter Heinrich VI., Otto de S. Blasio ad a. 1194. – Derjenige Heinrichs I. von England im Park von Woodstock (Guil. Malmesbur., p. 638) enthielt Löwen, Leoparden, Luchse, Kamele und ein Stachelschwein, lauter Geschenke fremder Fürsten.

pentier war wie in Florenz[13]. Die Löwengruben befanden sich in oder bei den Staatspalästen, so in Perugia und in Florenz; diejenige in Rom lag am Abhang des Kapitols. Diese Tiere dienten nämlich bisweilen als Vollstrecker politischer Urteile[14] und hielten wohl auch sonst einen gewissen Schrecken unter dem Volke wach. Ausserdem galt ihr Verhalten als vorbedeutungsvoll; namentlich war ihre Fruchtbarkeit ein Zeichen allgemeinen Gedeihens, und auch ein Giovanni Villani verschmäht es nicht anzumerken, dass er bei einem Wurf der Löwin zugegen gewesen[15]. Die Jungen pflegte man zum Teil an befreundete Städte und Tyrannen zu verschenken, auch an Condottieren als Preis der Tapferkeit[16]. Ausserdem hielten die Florentiner schon sehr früh Leoparden, für welche ein besonderer Leopardenmeister unterhalten wurde[17]. Borso

13. Als solcher heisst er hier, gemalt oder in Stein gehauen, marzocco. – In Pisa unterhielt man Adler, vgl. die Ausleger zu Dante, Inferno XXXIII, 22.

14. S. das Exzerpt aus Aegid. Viterb. bei Papencordt, Gesch. der Stadt Rom im Mittelalter, S. 367, Anm. mit einem Ereignis von 1328. – Kämpfe der wilden Tiere unter einander und gegen Hunde dienten bei grossen Anlässen zur Belustigung des Volkes. Beim Empfang Pius II. und des Galeazzo Maria Sforza zu Florenz 1459 liess man auf dem Signorenplatz in einem geschlossenen Raum Stiere, Pferde, Eber, Hunde, Löwen und eine Giraffe zusammen auftreten, aber die Löwen legten sich hin und wollten die andern Tiere nicht angreifen. Vgl. Ricordi di Firenze, Rer. ital. scriptt. ex florent. codd. T. II, Col. 741. Abweichend hievon Vita Pii II, Murat. III, II, Col. 976. Eine zweite Giraffe schenkte später der Mamelukensultan Kaytbey an Lorenzo magnifico. Vgl. Paul. Jov. Vita Leonis X, L. I. Sonst war von der Menagerie Lorenzos besonders ein prächtiger Löwe berühmt, dessen Zerfleischung durch die andern Löwen als Vorzeichen von Lorenzos Tode galt.

15. Gio. Villani X, 185. XI, 66. Matteo Villani III, 90. V, 68. – Wenn die Löwen stritten oder gar einander töteten, so galt dies als schlimmes Omen. Vgl. Varchi, Stor. fiorent. III, p. 143.

16. Cron. di Perugia, Arch. stor. XVI, II, p. 77. Zum Jahre 1497. – Den Peruginern entwischte einmal ihr Löwenpaar, ibid. XVI, I, p. 382, zum Jahre 1434.

17. Gaye, Carteggio I, p. 422, zum Jahre 1291. – Die Visconti brauchten sogar abgerichtete Leoparden als Jagdtiere, und zwar auf

Nanni di Banco: Die „Quattro Coronati"

Michelangelo: Kentaurenkampf

von Ferrara[18] liess seinen Löwen mit Stieren, Bären und Wildschweinen kämpfen.

Zu Ende des 15. Jahrhunderts aber gab es schon an mehrern Fürstenhöfen wahre Menagerien (Serragli), als Sache des standesgemäßen Luxus. „Zu der Pracht eines Herrn", sagt Matarazzo[19], „gehören Pferde, Hunde, Maultiere, Sperber und andere Vögel, Hofnarren, Sänger und fremde Tiere." Die Menagerie von Neapel enthielt unter Ferrante unter anderm eine Giraffe und ein Zebra, Geschenke des damaligen Fürsten von Bagdad, wie es scheint[20]. Filippo Maria Visconti besass nicht nur Pferde, die mit 500, ja 1000 Goldstücken bezahlt wurden, und kostbare englische Hunde, sondern auch viele Leoparden, welche aus dem ganzen Orient zusammengebracht waren; die Pflege seiner Jagdvögel, die er aus dem Norden zusammensuchen liess, kostete monatlich 3000 Goldstücke[21]. König Emanuel der Grosse von Portugal wusste wohl, was er tat, als er an Leo X. einen Elefanten und ein Rhinozeros schickte[22]. Inzwischen war bereits der Grund zu einer wissenschaftlichen Zoologie so gut wie zur Botanik gelegt worden.

Hasen, die man durch kleine Hunde auftreiben liess. Vgl. v. Kobell, Wildanger, S. 247, wo auch spätere Beispiele der Jagd mit Leoparden verzeichnet sind.

18. Strozii poetae, p. 146. Vgl. p. 188 und über den Wildpark p. 193.

19. Cron. di Perugia, l. c. XVI, II, p. 199. – Aehnliches schon bei Petrarca, de remed. utriusque fortunae, I, 61, doch noch weniger deutlich ausgesprochen.

20. Jovian. Pontan. de magnificentia. – Im Tiergarten des Kardinals von Aquileja zu Albano fanden sich 1463 ausser Pfauen und indischen Hühnern auch syrische Ziegen mit langen Ohren. Pii II. comment., L. XI, p. 562, s.

21. Decembrio, ap. Murat. XX, Col. 1012.

22. Das Nähere, recht ergötzlich, in Paul. Jov. Elogia, bei Anlass des Tristanus Acunius. Die Stachelschweine und Strausse im Pal. Strozzi zu Florenz, vgl. Rabelais, Pantagruel IV, chap. 11. – Lorenzo magnifico bekam aus Aegypten durch Kaufleute eine Giraffe, Baluz. Miscell. IV, 516.

Eine praktische Seite der Tierkunde entwickelte sich dann in den Gestüten, von welchen das mantuanische unter Francesco Gonzaga als das erste in Europa galt[23]. Die vergleichende Schätzung der Pferderassen ist wohl so alt wie das Reiten überhaupt, und die künstliche Erzeugung von Mischrassen muss namentlich seit den Kreuzzügen üblich gewesen sein; für Italien aber waren die Ehrengewinnste bei den Pferderennen aller irgend bedeutenden Städte der stärkste Beweggrund, möglichst rasche Pferde hervorzubringen. Im mantuanischen Gestüt wuchsen die unfehlbaren Gewinner dieser Art, ausserdem aber auch die edelsten Streitrosse und überhaupt Pferde, welche unter allen Geschenken an grosse Herren als das fürstlichste erschienen. Der Gonzaga hatte Hengste und Stuten aus Spanien und Irland wie aus Afrika, Thrazien und Zilizien; um letzterer willen unterhielt er Verkehr und Freundschaft mit den Großsultanen. Alle Varietäten wurden hier versucht, um das Trefflichste hervorzubringen.

Aber auch an einer Menschenmenagerie fehlte es nicht; der bekannte Kardinal Ippolito Medici[24], Bastard des Giuliano, Herzogs von Nemours, hielt an seinem wunderlichen Hofe eine Schar von Barbaren, welche mehr als zwanzig verschiedene Sprachen redeten und jeder in seiner Art und Rasse ausgezeichnet waren. Da fand man unvergleichliche Voltigeurs von edlem nordafrikanischem Maurengeblüt, tatarische Bogenschützen, schwarze Ringer, indische Taucher, Türken, welche hauptsächlich auf der Jagd die Begleiter des Kardinals waren. Als ihn sein frühes

23. Ebenda, bei Anlass des Franc. Gonzaga. – Der mailändische Luxus in Pferderassen, Bandello, Parte II, Nov. 3 und 8. – Auch in den erzählenden Gedichten hört man bisweilen den Pferdekenner sprechen. Vgl. Pulci, il Morgante, c. XV, str. 105, s.

24. Paul. Jov. Elogia, bei Anlass des Hipol. Medices.

Schicksal (1535) ereilte, trug diese bunte Schar die Leiche auf den Schultern von Itri nach Rom und mischte in die allgemeine Trauer der Stadt um den freigebigen Herrn ihre vielsprachige, von heftigen Gebärden begleitete Totenklage[25].

Diese zerstreuten Notizen über das Verhältnis der Italiener zur Naturwissenschaft und ihre Teilnahme für das Verschiedene und Reiche in den Produkten der Natur sollen nur zeigen, welcher Lücke der Verfasser sich an dieser Stelle bewusst ist. Von den Spezialwerken, welche dieselbe überreichlich ausfüllen würden, sind ihm kaum die Namen genügend bekannt.

25. Bei diesem Anlass mögen einige Notizen über die Sklaverei in Italien zur Zeit der Renaissance ihre Stelle finden. Kurze Hauptstelle bei Jovian. Pontan. de obedientia L. III: In Oberitalien gab es keine Sklaven; sonst kaufte man auch Christen aus dem türkischen Reich, auch Bulgaren und Zirkassier und liess sie dienen, bis sie die Kaufsumme abverdient hatten. Die Neger dagegen blieben Sklaven, nur durfte man sie, wenigstens im Reich Neapel, nicht kastrieren. – Moro bezeichnet alle dunkelfarbigen; der Neger heisst Moro nero. – Fabroni, Cosmus, Adn. 110: Akt über den Verkauf einer zirkassischen Sklavin (1427); – Adn. 141: Verzeichnis der Sklavinnen des Cosimo. – Nantiporto, bei Murat. III, II, Col. 1106: Innocenz VIII. erhält hundert Mori als Geschenk von Ferdinand d. Kathol. und verschenkt sie weiter an Kardinäle u. a. Herrn (1488). – Massuccio, Novelle 14: Verkäuflichkeit von Sklaven; – 24 und 25: Negersklaven die zugleich (zum Nutzen ihrer Herrn?) als fachini arbeiten; – 48: Catalanen fangen tunesische Mori und verkaufen sie in Pisa. – Gaye, carteggio I, 360: Manumission und Beschenkung eines Negersklaven in einem florentinischen Testamente (1490). – Paul. Jov. Elogia, sub. Franc. Sfortia, – Porzio, congiura, III, 194 – und Comines, Charles VIII, chap. 17: Neger als bestellte Henker und Kerkermeister des Hauses Aragon in Neapel. – Paul. Jov. Elog., sub Galeatio: Neger als Begleiter von Fürsten bei Ausgängen. – Aeneae Sylvii opera, p. 456: Negersklave als Musikant. – Paul. Jov. de piscibus, cap. 3: ein (freier?) Neger als Schwimmlehrer und Taucher in Genua. – Alex. Benedictus, de Carolo VIII, bei Eccard, scriptores, II, Col. 1608: ein Neger (Aethiops) als höherer venezianischer Offizier, wonach auch Othello als Neger gefasst werden kann. – Bandello, Parte III, Nov. 21: Wenn ein Sklave in Genua Züchtigung verdient, wird er nach den Balearen, und zwar nach Iviza zum Salztragen verkauft.

Allein ausser dem Forschen und Wissen gab es noch eine andere Art, der Natur nahezutreten, und zwar zunächst in einem besondern Sinne. Die Italiener sind die frühsten unter den Modernen, welche die Gestalt der Landschaft als etwas mehr oder weniger Schönes wahrgenommen und genossen haben[1].

Diese Fähigkeit ist immer das Resultat langer, komplizierter Kulturprozesse, und ihr Entstehen lässt sich schwer verfolgen, indem ein verhülltes Gefühl dieser Art lange vorhanden sein kann, ehe es sich in Dichtung und Malerei verraten und damit seiner selbst bewusst werden wird. Bei den Alten z. B. waren Kunst und Poesie mit dem ganzen Menschenleben gewissermassen fertig, ehe sie an die landschaftliche Darstellung gingen, und diese blieb immer nur eine beschränkte Gattung, während doch von Homer an der starke Eindruck der Natur auf den Menschen aus zahllosen einzelnen Worten und Versen hervorleuchtet. Sodann waren die germanischen Stämme, welche auf dem Boden des römischen Reiches ihre Herrschaften gründeten, von Hause aus im höchsten Sinne ausgerüstet zur Erkenntnis des Geistes in der landschaftlichen Natur, und wenn sie auch das Christentum eine Zeitlang nötigte, in den bisher verehrten Quellen und Bergen, in See und Wald das Antlitz falscher Dämonen zu ahnen, so war doch dieses Durchgangsstadium ohne Zweifel bald überwunden. Auf der Höhe des Mittelalters, um das Jahr 1200, existiert wieder ein völlig naiver Genuss der äussern Welt und gibt sich lebendig zu erkennen bei den Minnedichtern der verschiedenen Nationen[2]. Dieselben verraten das stärkste Mitleben in den einfachsten Erscheinungen, als da

1. Es ist kaum nötig, auf die berühmte Darstellung dieses Gegenstandes im zweiten Bande von Humboldts Kosmos zu verweisen.

2. Hieher gehören bei Humboldt a. a. O. die Mitteilungen von Wilhelm Grimm.

sind der Frühling und seine Blumen, die grüne Heide und der Wald. Aber es ist lauter Vordergrund ohne Ferne, selbst noch in dem besondern Sinne, dass die weitgereisten Kreuzfahrer sich in ihren Liedern kaum als solche verraten. Auch die epische Poesie, welche z. B. Trachten und Waffen so genau bezeichnet, bleibt in der Schilderung der Oertlichkeit skizzenhaft, und der grosse Wolfram von Eschenbach erweckt kaum irgendein genügendes Bild von der Szene, auf welcher seine handelnden Personen sich bewegen. Aus den Gesängen würde vollends niemand erraten, dass dieser dichtende Adel aller Länder tausend hochgelegene, weitschauende Schlösser bewohnte oder besuchte und kannte. Auch in jenen lateinischen Dichtungen der fahrenden Kleriker (S. 204) fehlt noch der Blick in die Ferne, die eigentliche Landschaft, aber die Nähe wird bisweilen mit einer so glühenden Farbenpracht geschildert, wie sie vielleicht kein ritterlicher Minnedichter wiedergibt. Oder existiert noch eine Schilderung vom Haine des Amor wie bei jenem, wie wir annehmen, italienischen Dichter des 12. Jahrhunderts?

Immortalis fieret
Ibi manens homo;
Arbor ibi quaelibet
Suo gaudet pomo;
Viae myrrha, cinnamo
Fragrant, et amomo –
Coniectari poterat
Dominus ex domo[3] etc.

Für Italiener jedenfalls ist die Natur längst entsündigt und von jeder dämonischen Einwirkung befreit. San Francesco von Assisi preist in seinem Sonnenhymnus den Herrn ganz harmlos um der Schöpfung der Himmelslichter und der vier Elemente willen.

3. Carmina Burana p. 162, de Phyllide et Flora, str. 66.

Aber die festen Beweise für eine tiefere Wirkung grosser landschaftlicher Anblicke auf das Gemüt beginnen mit Dante. Er schildert nicht nur überzeugend in wenigen Zeilen die Morgenlüfte mit dem fernzitternden Licht des sanft bewegten Meeres, den Sturm im Walde u. dgl., sondern er besteigt hohe Berge in der einzig möglichen Absicht, den Fernblick zu geniessen[4]; vielleicht seit dem Altertum einer der ersten, der dies getan hat. Boccaccio lässt mehr erraten, als dass er es schilderte, wie ihn die Landschaft ergreift, doch wird man in seinen Hirtenromanen[5] die wenigstens in seiner Phantasie vorhandene mächtige Naturszenerie nicht verkennen. Vollständig und mit grösster Entschiedenheit bezeugt dann Petrarca, einer der frühsten völlig modernen Menschen, die Bedeutung der Landschaft für die erregbare Seele. Der lichte Geist, welcher zuerst aus allen Literaturen die Anfänge und Fortschritte des malerischen Natursinnes zusammengesucht und in den „Ansichten der Natur“ selber das höchste Meisterwerk der Schilderung vollbracht hat, Alexander von Humboldt, ist gegen Petrarca nicht völlig gerecht gewesen, so dass uns nach dem grossen Schnitter noch eine kleine Aehrenlese übrigbleibt.

Petrarca war nämlich nicht bloss ein bedeutender

4. Man wird schwer erraten, was er sonst auf dem Gipfel der Bismantova, im Gebiet von Reggio, könnte zu tun gehabt haben. Purgat. IV, 26. Schon die Präzision, womit er alle Teile seines Jenseits zu verdeutlichen sucht, beweist vielen Raum- und Formensinn. – Wie sich früher an Berggipfel die Lüsternheit nach dort befindlichen Schätzen und zugleich abergläubischer Schrecken anknüpfte, zeigt anschaulich Chron. Novaliciense, II, 5 (bei Pertz, Scriptt. VII und Monumenta hist. patriae, Scriptt. III).

5. Ausser der Schilderung von Bajae in der Fiammetta, von dem Hain im Ameto usw. ist eine Stelle de Genealogia Deor. XIV, 11 von Bedeutung, wo er eine Anzahl landschaftlicher Einzelheiten, Bäume, Wiesen, Bäche, Herden, Hütten usw. aufzählt und beifügt, diese Dinge animum mulcent; ihre Wirkung sei, mentem in se colligere.

Geograph und Kartograph – die frühste Karte von Italien[6] soll er haben entwerfen lassen – er wiederholte auch nicht bloss, was die Alten gesagt hatten[7], sondern der Anblick der Natur traf ihn unmittelbar. Der Naturgenuss ist für ihn der erwünschteste Begleiter jeder geistigen Beschäftigung; auf der Verflechtung beider beruht sein gelehrtes Anachoretenleben in Vaucluse und anderswo, seine periodische Flucht aus Zeit und Welt[8]. Man würde ihm Unrecht tun, wenn man aus seinem noch schwachen und wenig entwickelten Vermögen des landschaftlichen Schilderns auf einen Mangel an Empfindung schliessen wollte. Seine Beschreibung des wunderbaren Golfes von Spezzia und Porto Venere zum Beispiel, die er deshalb am Ende des VI. Gesanges der „Africa" einlegt, weil sie bis jetzt weder von Alten noch von Neuern besungen worden[9], ist allerdings eine blosse Aufzählung. Aber derselbe Petrarca kennt doch bereits die Schönheit von Felsbildungen und weiss überhaupt die malerische Bedeutung einer Landschaft von der Nutzbarkeit zu trennen[10]. Bei seinem Aufenthalt in den Wäldern von Reggio wirkt der plötzliche Anblick einer grossartigen Landschaft so auf ihn, dass er ein längst unterbrochenes Gedicht wieder fortsetzt[11]. Die wahrste und tiefste Aufregung aber kömmt über ihn bei der Besteigung

6. Libri, Hist. des Sciences math. II, p. 249.

7. Obwohl er sich gern auf sie beruft, z. B.: de vita solitaria, bes. p. 241, wo er die Beschreibung einer Weinlaube aus S. Augustin zitiert.

8. Epist. famil. VII, 4, p. 675. Interea utinam scire posses, quanta cum voluptate solivagus ac liber, inter montes et nemora, inter fontes et flumina, inter libros et maximorum hominum ingenia respiro, quamque me in ea, quae ante sunt, cum Apostolo extendens et praeterita oblivisci nitor et praesentia non videre. Vergl. VI, 3, p. 665.

9. Jacuit sine carmine sacro. – Vgl. Itinerar. syriacum, p. 558.

10. Er unterscheidet im Itinerar. syr. p. 557, an der Riviera di Levante: colles *asperitate* gratissima et mira *fertilitate* conspicuos. Ueber das Gestade von Gaeta vgl. de remediis utriusque fort. I, 54.

11. De orig. et vita, p. 3: subito loci specie percussus.

des Mont Ventoux unweit Avignon[12]. Ein unbestimmter Drang nach einer weiten Rundsicht steigert sich in ihm aufs höchste, bis endlich das zufällige Treffen jener Stelle im Livius, wo König Philipp, der Römerfeind, den Hämus besteigt, den Entscheid gibt. Er denkt: was an einem königlichen Greise nicht getadelt werde, sei auch bei einem jungen Manne aus dem Privatstande wohl zu *entschuldigen*. Planloses Bergsteigen war nämlich in seiner Umgebung etwas Unerhörtes, und an die Begleitung von Freunden oder Bekannten war nicht zu denken. Petrarca nahm nur seinen jüngern Bruder und vom letzten Rastort aus zwei Landleute mit. Am Gebirge beschwor sie ein alter Hirte, umzukehren; er habe vor fünfzig Jahren dasselbe versucht und nichts als Reue, zerschlagene Glieder und zerfetzte Kleider heimgebracht; vorher und seitdem habe sich niemand mehr des Weges unterstanden. Allein sie dringen mit unsäglicher Mühe weiter empor, bis die Wolken unter ihren Füssen schweben, und erreichen den Gipfel. Eine Beschreibung der Aussicht erwartet man nun allerdings vergebens, aber nicht weil der Dichter dagegen unempfindlich wäre, sondern im Gegenteil, weil der Eindruck allzu gewaltig auf ihn wirkt. Vor seine Seele tritt sein ganzes vergangenes Leben mit allen Torheiten; er erinnert sich, dass es heut zehn Jahre sind, seit er jung aus Bologna gezogen, und wendet einen sehnsüchtigen Blick in der Richtung gen Italien hin; er schlägt ein Büchlein auf, das damals sein Begleiter war, die Bekenntnisse des heiligen Augustin – allein siehe, sein Auge fällt auf die Stelle im zehnten Abschnitt: „Und da gehen die Menschen hin und bewundern hohe Berge und weite Meeresfluten und mächtig daherrauschende Ströme und den Ozean und den Lauf der Gestirne und

12. Epist. famil. IV, 1, p. 624.

verlassen sich selbst darob." Sein Bruder, dem er diese Worte vorliest, kann nicht begreifen, warum er hierauf das Buch schliesst und schweigt.

Einige Jahrzehnde später, um 1360, schildert Fazio degli Uberti in seiner gereimten Kosmographie[13] (S. 208) die weite Aussicht vom Gebirge Alvernia zwar nur mit der Teilnahme des Geographen und Antiquars, doch deutlich als eine wirklich von ihm gesehene. Er muss aber noch viel höhere Gipfel erstiegen haben, da er Phänomene kennt, die sich erst mit mehr als 10000 Fuss über Meer einstellen, das Blutwallen, Augendrücken und Herzklopfen, wogegen sein mythischer Gefährte Solinus durch einen Schwamm mit einer Essenz Hülfe schafft. Die Besteigungen des Parnasses und des Olymp[14], von welchen er spricht, mögen freilich blosse Fiktionen sein.

Mit dem 15. Jahrhundert rauben dann auf einmal die grossen Meister der flandrischen Schule, Hubert und Johann van Eyck, der Natur ihr Bild. Und zwar ist ihre Landschaft nicht bloss Konsequenz ihres allgemeinen Strebens, einen Schein der Wirklichkeit hervorzubringen, sondern sie hat bereits einen selbständigen poetischen Gehalt, eine Seele, wenn auch nur in befangener Weise. Der Eindruck derselben auf die ganze abendländische Kunst ist unleugbar, und so blieb auch die italienische Landschaftsmalerei davon nicht unberührt. Allein daneben geht das eigentümliche Interesse des gebildeten italienischen Auges für die Landschaft seinen eigenen Weg.

Wie in der wissenschaftlichen Kosmographik so ist

13. Il Dittamondo, III, cap. 9.

14. Dittamondo, III, cap. 21. IV, cap. 4. – Papencordt, Geschichte der Stadt Rom, S. 426, sagt, dass Kaiser Karl IV. vielen Sinn für schöne Gegenden gehabt habe und zitiert hiezu Pelzel, Karl IV. S. 456. (Die beiden andern Zitate, die er anführt, sagen dies nicht.) Es wäre möglich, dass dergleichen dem Kaiser durch seinen Umgang mit den Humanisten angeflogen wäre.

auch hier Aeneas Sylvius eine der wichtigsten Stimmen der Zeit. Man könnte den Menschen Aeneas völlig preisgeben und müsste gleichwohl dabei gestehen, dass in wenigen andern das Bild der Zeit und ihrer Geisteskultur sich so vollständig und lebendig spiegelte, dass wenige andere dem Normalmenschen der Frührenaissance so nahe kommen. Uebrigens wird man ihn auch in moralischer Beziehung, beiläufig gesagt, nicht ganz billig beurteilen, wenn man einseitig die Beschwerden der mit Hülfe seiner Wandelbarkeit um ihr Konzil betrogenen deutschen Kirche zum Ausgangspunkt nimmt[15].

Hier interessiert er uns als der erste, welcher die Herrlichkeit der italienischen Landschaft nicht bloss genossen, sondern mit Begeisterung bis ins einzelne geschildert hat. (Vgl. oben S. 211.) Den Kirchenstaat und das südliche Toscana (seine Heimat) kannte er besonders genau, und als er Papst wurde, wandte er seine Musse in der guten Jahreszeit wesentlich auf Ausflüge und die Landaufenthalte. Jetzt wenigstens hatte der längst podagrische Mann die Mittel, sich auf dem Tragsessel über Berg und Tal bringen zu lassen, und wenn man die Genüsse der folgenden Päpste damit vergleicht, so erscheint Pius, dessen höchste Freude Natur, Altertum und mässige, aber edelzierliche Bauten waren, wie ein halber Heiliger. In dem schönen lebendigen Latein seiner Kommentarien legt er ganz unbefangen das Zeugnis seines Glückes nieder[16].

15. Auch dürfte man wohl Platina, Vitae Pontiff., p. 310 anhören: Homo fuit (Pius II.) verus, integer, apertus; nil habuit ficti, nil simulati, ein Feind der Heuchelei und des Aberglaubens, mutig, konsequent.

16. Die bedeutendsten Stellen sind folgende. Pii II. P. M. Commentarii. L. IV, p. 183: Der Frühling in der Heimat. L. V, p. 251: Der Sommeraufenthalt in Tibur. L. VI, p. 306: Das Mahl an der Quelle von Vicovaro. L. VIII, p. 378: Die Umgegend von Viterbo. p. 387: Das Bergkloster S. Martino. p. 388: Der See von Bolsena. L. IX, p. 396: Die herrliche Schilderung von Monte Amiata. L. X, p. 483: Die Lage

Sein Auge erscheint so vielseitig gebildet als dasjenige irgend eines modernen Menschen. Er geniesst mit Entzücken die grosse panoramatische Pracht der Aussicht vom höchsten Gipfel des Albanergebirges, dem Monte Cavo, von wo er das Gestade der Kirche von Terracina und dem Vorgebirge der Circe bis nach Monte Argentaro überschaut, und das weite Land mit all den Ruinenstädten der Urzeit, mit den Bergzügen Mittelitaliens, mit dem Blick auf die in der Tiefe ringsum grünenden Wälder und die nahe scheinenden Seen des Gebirges. Er empfindet die Schönheit der Lage von Todi, wie es thront über seinen Weinbergen und Oelhalden, mit dem Blick auf ferne Wälder und auf das Tibertal, wo die vielen Kastelle und Städtchen über dem schlängelnden Fluss ragen. Das reizende Hügelland um Siena mit seinen Villen und Klöstern auf allen Höhen ist freilich seine Heimat, und seine Schilderung zeigt eine besondere Vorliebe. Aber auch das einzelne malerische Motiv im engern Sinne beglückt ihn, wie z. B. jene in den Bolsener See vortretende Landzunge, Capo di Monte: „Felstreppen, von Weinlaub beschattet, führen steil nieder ans Gestade, wo zwischen den Klippen die immergrünen Eichen stehen, stets belebt vom Gesang der Drosseln.“ Auf dem Wege rings um den See von Nemi, unter den Kastanien und andern Fruchtbäumen fühlt er, dass hier wenn irgendwo das Gemüt eines Dichters erwachen müsste, hier in „Dianens Versteck“. Oft und viel hat er Konsistorium und Segnatura gehalten oder Gesandte angehört unter alten Riesenkastanien, oder unter Oelbäumen, auf grüner Wiese, neben sprudelnden Gewässern. Einem Anblick wie der einer sich verengenden Waldschlucht mit einer kühn darüber ge-

von Monteoliveto. p. 497: Die Aussicht von Todi. L. XI, p. 554: Ostia und Porto. p. 562: Beschreibung des Albanergebirges. L. XII, p. 609: Frascati und Grottaferrata.

wölbten Brücke gewinnt er sofort seine hohe Bedeutung ab. Auch das Einzelste erfreut ihn dann wieder durch seine schöne oder vollständig ausgebildete und charakteristische Erscheinung: die blauwogenden Flachsfelder, der gelbe Ginster, welcher die Hügel überzieht, selbst das wilde Gestrüpp jeder Art, und ebenso einzelne prächtige Bäume und Quellen, die ihm wie Naturwunder erscheinen.

Den Gipfel seines landschaftlichen Schwelgens bildet sein Aufenthalt auf dem Monte Amiata im Sommer 1462, als Pest und Gluthitze die Tieflande schrecklich machten. In der halben Höhe des Berges, in dem alten langobardischen Kloster San Salvatore schlug er mit der Kurie sein Quartier auf: dort, zwischen Kastanien über dem schroffen Abhang, überschaut man das ganze südliche Toscana und sieht in der Ferne die Türme von Siena. Die Ersteigung der höchsten Spitze überliess er seinen Begleitern, zu welchen sich auch der venezianische Orator gesellte; sie fanden oben zwei gewaltige Steinblöcke übereinander, vielleicht die Opferstätte eines Urvolkes, und glaubten über dem Meere in weiter Ferne auch Corsica und Sardinien[17] zu entdecken. In der herrlichen Sommerkühle, zwischen den alten Eichen und Kastanien, auf dem frischen Rasen, wo kein Dorn den Fuss ritzte, kein Insekt und keine Schlange sich lästig oder gefährlich machte, genoss der Papst der glücklichsten Stimmung; für die Segnatura, welche an bestimmten Wochentagen stattfand, suchte er jedesmal neue schattige Plätze[18] auf – „novos in convallibus fontes et novas inveniens umbras, quae dubiam facerent electionem". Dabei geschah es wohl, dass die Hunde einen gewaltigen Hirsch aus seinem nahen Lager aufjagten, den man mit

17. So muss es wohl heissen statt: Sizilien.

18. Er nennt sich selbst mit Anspielung auf seinen Namen: Silvarum amator et varia videndi cupidus.

Klauen und Geweih sich verteidigen und bergaufwärts fliehen sah. Des Abends pflegte der Papst vor dem Kloster zu sitzen an der Stelle, von wo man in das Tal der Paglia niederschaut, und mit den Kardinälen heitere Gespräche zu führen. Kurialen, die sich auf der Jagd abwärts wagten, fanden unten die Hitze unleidlich und alles verbrannt, eine wahre Hölle, während das Kloster in seiner grünen, kühlen Umgebung eine Wohnung der Seligen schien.

Dies ist lauter wesentlich moderner Genuss, nicht Einwirkung des Altertums. So gewiss die Alten ähnlich empfanden, so gewiss hätten doch die spärlichen Aussagen hierüber, welche Pius kennen mochte, nicht hingereicht, um in ihm eine solche Begeisterung zu entzünden[19].

Die nun folgende zweite Blütezeit der italienischen Poesie zu Ende des 15. und zu Anfang des 16. Jahrhunderts nebst der gleichzeitigen lateinischen Dichtung ist reich an Beweisen für die starke Wirkung der landschaftlichen Umgebung auf das Gemüt, wie der erste Blick auf die damaligen Lyriker lehren mag. Eigentliche Beschreibungen grosser landschaftlicher Anblicke aber finden sich deshalb kaum, weil Lyrik, Epos und Novelle in dieser energischen Zeit anderes zu tun haben. Bojardo und Ariosto zeichnen ihre Naturszenerie sehr entschieden, aber so kurz als möglich, ohne sie je durch Fernen und grosse Perspektiven zur Stimmung beitragen zu lassen[20], denn diese liegt ausschliesslich in den Gestalten und Ereignissen. Beschauliche Dialogenschreiber[21] und Epistolographen können

19. Ueber Leonbattista Albertis Verhältnis zur Landschaft vgl. S. 170.

20. Das ausgeführteste Bild dieser Art bei Ariosto, sein sechster Gesang, besteht aus lauter Vordergrund.

21. Agnolo Pandolfini (Trattato del gov. della famiglia, p. 90), noch ein Zeitgenosse des Aeneas, freut sich auf dem Lande „der buschigen Hügel, der reizvollen Ebenen und der rauschenden Gewässer“, aber

viel eher eine Quelle für das wachsende Naturgefühl sein als Dichter. Merkwürdig bewusst hält z. B. Bandello die Gesetze seiner Literaturgattung fest: in den Novellen selbst kein Wort mehr als das Notwendigste über die Naturumgebung[22], in den jedesmal vorangehenden Widmungen dagegen mehrmals eine behagliche Schilderung derselben als Szene von Gespräch und Geselligkeit. Von den Briefschreibern ist leider Aretino[23] zu nennen als derjenige, welcher vielleicht zuerst einen prachtvollen abendlichen Licht- und Wolkeneffekt umständlich in Worte gefasst hat.

Doch auch bei Dichtern kommt bisweilen eine merkwürdige Verflechtung ihres Gefühlslebens mit einer liebevoll und zwar genrehaft geschilderten Naturumgebung vor. Tito Strozza beschreibt in einer lateinischen Elegie[24] (um 1480) den Aufenthalt seiner Geliebten: ein altes, von Epheu umzogenes Häuschen mit verwitterten Heiligenfresken, in Bäumen versteckt, daneben eine Kapelle, übel zugerichtet von den reissenden Hochwassern des hart vorbeiströmenden Po; in der Nähe ackert der Kaplan seine sieben magern Jucharten mit entlehntem Gespann. Dies ist keine Reminiszenz aus den römischen Elegikern, sondern eigene moderne Empfindung, und die Parallele dazu, eine wahre, nicht künstlich bukolische Schilderung des Landlebens, wird uns zu Ende dieses Abschnitts auch nicht fehlen.

Man könnte nun einwenden, dass unsere deutschen Meister des beginnenden 16. Jahrhunderts solche realistische Umgebungen des Menschenlebens bisweilen

vielleicht ist unter seinem Namen der grosse Alberti verborgen, der, wie bemerkt, noch ein ganz anderes Verhältnis zur Landschaft hatte.

22. Ueber die architektonische Umgebung denkt er anders, und hier kann auch die Dekoration noch von ihm lernen. Er will einen bestimmten Luxus schildern.

23. Lettere pittoriche III, 36. An Tizian, Mai 1544.

24. Strozzi poetae, in den Erotica, L. VI, p. 182, s.

mit vollster Meisterschaft darstellen, wie z. B. Albrecht Dürer in seinem Kupferstich des verlorenen Sohnes. Aber es sind zwei ganz verschiedene Dinge, ob ein Maler, der mit Realismus grossgewachsen, solche Szenerien beifügt, oder ob ein Dichter, der sich sonst ideal und mythologisch drapiert, aus innerm Drange in die Wirklichkeit niedersteigt. Ueberdies ist die zeitliche Priorität hier wie bei den Schilderungen des Landlebens auf der Seite der italienischen Dichter.

Zu der Entdeckung der Welt fügt die Kultur der Renaissance eine noch grössere Leistung, indem sie zuerst den ganzen, vollen Gehalt des Menschen entdeckt und zu Tage fördert[1].

Zunächst entwickelt dies Weltalter, wie wir sahen, auf das Stärkste den Individualismus; dann leitet es denselben zur eifrigsten, vielseitigsten Erkenntnis des Individuellen auf allen Stufen an. Die Entwicklung der Persönlichkeit ist wesentlich an das Erkennen derselben bei sich und andern gebunden. Zwischen beide grosse Erscheinungen hinein haben wir die Einwirkung der antiken Literatur deshalb versetzen müssen, weil die Art des Erkennens und Schilderns des Individuellen wie des allgemein Menschlichen wesentlich durch dieses Medium gefärbt und bestimmt wird. Die Kraft des Erkennens aber lag in der Zeit und in der Nation.

Die beweisenden Phänomene, auf welche wir uns berufen, werden wenige sein. Wenn irgendwo im Verlauf dieser Darstellung, so hat der Verfasser hier das Gefühl, dass er das bedenkliche Gebiet der Ahnung betreten hat und dass, was ihm als zarter, doch deutlicher Farbenübergang in der geistigen Geschichte des 14. und 15. Jahrhunderts vor Augen schwebt, von

1. Diese betreffenden Ausdrücke sind aus dem VII. Bande von Michelets Histoire de France (Introd.) entnommen.

andern doch schwerlich mag als Tatsache anerkannt werden. Dieses allmähliche Durchsichtigwerden einer Volksseele ist eine Erscheinung, welche jedem Beschauer anders vorkommen mag. Die Zeit wird sichten und richten.

Glücklicherweise begann die Erkenntnis des geistigen Wesens des Menschen nicht mit dem Grübeln nach einer theoretischen Psychologie – denn dafür genügte Aristoteles –, sondern mit der Gabe der Beobachtung und der Schilderung. Der unerlässliche theoretische Ballast beschränkt sich auf die Lehre von den vier Temperamenten in ihrer damals üblichen Verbindung mit dem Dogma vom Einfluss der Planeten. Diese starren Elemente behaupten sich als unauflöslich seit unvordenklichen Zeiten in der Beurteilung der Einzelmenschen, ohne weiter dem grossen allgemeinen Fortschritt Schaden zu tun. Freilich nimmt es sich sonderbar aus, wenn damit manövriert wird in einer Zeit, da bereits nicht nur die exakte Schilderung, sondern auch eine unvergängliche Kunst und Poesie den vollständigen Menschen in seinem tiefsten Wesen wie in seinen charakteristischen Aeusserlichkeiten darzustellen vermochten. Fast komisch lautet es, wenn ein sonst tüchtiger Beobachter Clemens VII. zwar für melancholischen Temperamentes hält, sein Urteil aber demjenigen der Aerzte unterordnet, welche in dem Papste eher ein sanguinisch-cholerisches Temperament erkennen[2]. Oder wenn wir erfahren, dass derselbe Gaston de Foix, der Sieger von Ravenna, welchen Giorgione malte und Bambaja meisselte, und welchen alle Historiker schildern, ein saturnisches Gemüt gehabt habe[3]. Freilich wollen die, welche solches melden, da-

2. Tomm. Gar, Relaz. della corte di Roma I, p. 278, 279. In der Rel. des Soriano vom Jahr 1533.

3. Prato, Arch. stor. III, p. 295, s. – Dem Sinne nach ist es sowohl „unglücklich" als „unglückbringend". – Das Verhältnis der Planeten zu den menschlichen Charakteren überhaupt s. bei Corn. Agrippa, de occulta philosophia, c. 52.

Melozzo da Forlì:
Gründung der Vatikanischen Bibliothek

Pisanello: Figurenstudien

mit etwas sehr Bestimmtes bezeichnen; wunderlich und überlebt erscheinen nur die Kategorien, durch welche sie ihre Meinung ausdrücken.

Im Reiche der freien geistigen Schilderung empfangen uns zunächst die grossen Dichter des 14. Jahrhunderts.

Wenn man aus der ganzen abendländischen Hof- und Ritterdichtung der beiden vorhergehenden Jahrhunderte die Perlen zusammensucht, so wird eine Summe von herrlichen Ahnungen und Einzelbildern von Seelenbewegungen zum Vorschein kommen, welche den Italienern auf den ersten Blick den Preis streitig zu machen scheint. Selbst abgesehen von der ganzen Lyrik gibt schon der einzige Gottfried von Strassburg mit „Tristan und Isolde" ein Bild der Leidenschaft, welches unvergängliche Züge hat. Allein diese Perlen liegen zerstreut in einem Meere des Konventionellen und Künstlichen, und ihr Inhalt bleibt noch immer weit entfernt von einer vollständigen Objektivmachung des innern Menschen und seines geistigen Reichtums.

Auch Italien hatte damals, im 13. Jahrhundert, seinen Anteil an der Hof- und Ritterdichtung durch seine Trovatoren. Von ihnen stammt wesentlich die Canzone her, die sie so künstlich und schwierig bauen als irgendein nordischer Minnesänger sein Lied; Inhalt und Gedankengang sogar ist der konventionell höfische, mag der Dichter auch bürgerlichen oder gelehrten Standes sein.

Aber schon offenbaren sich zwei Auswege, die auf eine neue, der italienischen Poesie eigene Zukunft hindeuten und die man nicht für unwichtig halten darf, wenn es sich schon nur um Formelles handelt.

Von demselben Brunetto Latini (dem Lehrer des Dante), welcher in der Canzonendichtung die gewöhnliche Manier der Trovatoren vertritt, stammen die frühsten bekannten Versi sciolti, reimlose Hendekasyllaben[4] her, und in dieser scheinbaren Formlosigkeit äussert sich auf einmal eine wahre, erlebte Leidenschaft. Es ist eine ähnliche bewusste Beschränkung der äussern Mittel im Vertrauen auf die Kraft des Inhaltes, wie sich einige Jahrzehnde später in der Freskomalerei und noch später in der Tafelmalerei zeigt, indem auf die Farben verzichtet und bloss in einem hellern oder dunklern Ton gemalt wird. Für jene Zeit, welche sonst auf das Künstliche in der Poesie so grosse Stücke hielt, sind diese Verse des Brunetto der Anfang einer neuen Richtung[5].

Daneben aber, ja noch in der ersten Hälfte des 13. Jahrhunderts, bildet sich eine von den vielen strenggemessenen Strophenformen, die das Abendland damals hervorbrachte, für Italien zu einer herrschenden Durchschnittsform aus: das Sonett. Die Reimstellung und sogar die Zahl der Verse schwankt[6] noch hundert Jahre lang, bis Petrarca die bleibende Normalgestalt durchsetzte. In diese Form wird anfangs jeder höhere lyrische und kontemplative, später jeder mögliche Inhalt gegossen, so dass Madrigale, Sestinen und selbst die Canzonen daneben nur eine untergeordnete Stelle einnehmen. Spätere Italiener haben selber bald scherzend, bald missmutig geklagt über diese unvermeidliche Schablone, dieses vierzehnzeilige Prokrustesbett der Gefühle und Gedanken. Andere waren und sind gerade mit dieser Form sehr zufrieden und

4. Mitgeteilt von Trucchi, Poesie italiane inedite I, p. 165, s.

5. Diese reimlosen Verse gewannen später bekanntlich die Herrschaft im Drama. Trissino in seiner Widmung der Sofonisba an Leo X. hofft, dass der Papst diese Versart erkennen werde als das, was sie sei, als besser, edler und *weniger leicht* als es den Anschein habe. Roscoe, Leone X, ed. Bossi VIII, 174.

6. Man vgl. z. B. die sehr auffallenden Formen bei Dante, Vita nuova, p. 10 und 12.

brauchen sie viel tausendmal, um darin Reminiszenzen und müssigen Singsang ohne allen tiefern Ernst und ohne Notwendigkeit niederzulegen. Deshalb gibt es sehr viel mehr unbedeutende und schlechte Sonette als gute.

Nichtsdestoweniger erscheint uns das Sonett als ein ungeheurer Segen für die italienische Poesie. Die Klarheit und Schönheit seines Baues, die Aufforderung zur Steigerung des Inhaltes in der lebhafter gegliederten zweiten Hälfte, dann die Leichtigkeit des Auswendiglernens, mussten es auch den grössten Meistern immer von neuem lieb und wert machen. Oder meint man im Ernst, dieselben hätten es bis auf unser Jahrhundert beibehalten, wenn sie nicht von seinem hohen Werte wären durchdrungen gewesen? Nun hätten allerdings diese Meister ersten Ranges auch in andern Formen der verschiedensten Art dieselbe Macht äussern können. Allein weil sie das Sonett zur lyrischen Hauptform erhoben, wurden auch sehr viele andere von hoher, wenn auch nur bedingter Begabung, die sonst in einer weitläufigen Lyrik untergegangen wären, genötigt, ihre Empfindungen zu konzentrieren. Das Sonett wurde ein allgemeingültiger Kondensator der Gedanken und Empfindungen, wie ihn die Poesie keines andern modernen Volkes besitzt.

So tritt uns nun die italienische Gefühlswelt in einer Menge von höchst entschiedenen, gedrängten und in ihrer Kürze höchst wirksamen Bildern entgegen. Hätten andere Völker eine konventionelle Form von dieser Gattung besessen, so wüssten wir vielleicht auch mehr von ihrem Seelenleben; wir besässen möglicherweise auch eine Reihe abgeschlossener Darstellungen äusserer und innerer Situationen oder Spiegelbilder des Gemütes und wären nicht auf eine vorgebliche Lyrik des 14. und 15. Jahrhunderts verwiesen, die fast nirgends ernstlich geniessbar ist. Bei den Italienern erkennt man einen sichern Fortschritt fast von der Geburt des Sonettes an; in der zweiten Hälfte des 13. Jahrhunderts bilden die neuerlich[7] so benannten „Trovatori della transizione“ in der Tat einen Uebergang von den Trovatoren zu den Poeten, d. h. zu den Dichtern unter antikem Einfluss; die einfache, starke Empfindung, die kräftige Bezeichnung der Situation, der präzise Ausdruck und Abschluss in ihren Sonetten u. a. Gedichten kündet zum voraus einen Dante an. Einige Parteisonette der Guelfen und Ghibellinen (1260 bis 1270) tönen schon in der Art wie seine Leidenschaft, anderes erinnert an das Süsseste in seiner Lyrik.

Wie er selbst das Sonett theoretisch ansah, wissen wir nur deshalb nicht, weil die letzten Bücher seiner Schrift „von der Vulgärsprache“, worin er von Balladen und Sonetten handeln wollte, entweder ungeschrieben geblieben oder verloren gegangen sind. Praktisch aber hat er in Sonett und Canzone die herrlichsten Seelenschilderungen niedergelegt. Und in welchen Rahmen sind sie eingefasst! Die Prosa seiner „Vita nuova“, worin er Rechenschaft gibt von dem Anlass jedes Gedichtes, ist so wunderbar als die Verse selbst und bildet mit denselben ein gleichmässig von der tiefsten Glut beseeltes Ganzes. Rücksichtslos gegen die Seele selbst konstatiert er alle Schattierungen ihrer Wonne und ihres Leides und prägt dann dies alles mit fester Willenskraft in der strengsten Kunstform aus. Wenn man diese Sonette und Canzonen und dazwischen diese wundersamen Bruchstücke des Tagebuches seiner Jugend aufmerksam liest, so scheint es, als ob das ganze Mittelalter hindurch alle Dichter sich selber gemieden, er zuerst sich selber aufgesucht hätte. Künstliche Strophen haben Unzählige vor ihm gebaut; aber er zuerst ist in vollem Sinne ein Künstler, weil er mit Bewusstsein unvergänglichen Inhalt in eine unver-

7. Trucchi, a. a. O. I, p. 181, s.

gängliche Form bildet. Hier ist subjektive Lyrik von völlig objektiver Wahrheit und Grösse; das meiste so durchgearbeitet, dass alle Völker und Jahrhunderte es sich aneignen und nachempfinden können[8]. Wo er aber völlig objektiv dichtet und die Macht seines Gefühles nur durch einen ausser ihm liegenden Tatbestand erraten lässt, wie in den grandiosen Sonetten Tanto gentile usw. und Vede perfettamente usw., glaubt er noch sich entschuldigen zu müssen[9]. Im Grunde gehört auch das allerschönste dieser Gedichte hieher: das Sonett Deh peregrini che pensosi andate etc.

Auch ohne die Divina Commedia wäre Dante durch diese blosse Jugendgeschichte ein Markstein zwischen Mittelalter und neuer Zeit. Geist und Seele tun hier plötzlich einen gewaltigen Schritt zur Erkenntnis ihres geheimsten Lebens.

Was hierauf die Commedia an solchen Offenbarungen enthält, ist vollends unermesslich, und wir müssten das ganze grosse Gedicht, einen Gesang nach dem andern, durchgehen, um seinen vollen Wert in dieser Beziehung darzulegen. Glücklicherweise bedarf es dessen nicht, da die Commedia längst eine tägliche Speise aller abendländischen Völker geworden ist. Ihre Anlage und Grundidee gehört dem Mittelalter und spricht unser Bewusstsein nur historisch an; ein Anfang aller modernen Poesie aber ist das Gedicht wesentlich wegen des Reichtums und der hohen plastischen Macht in der Schilderung des Geistigen auf jeder Stufe und in jeder Wandlung[10].

8. Diese Canzonen und Sonette sind es, die jener Schmied und jener Eseltreiber sangen und entstellten, über welche Dante so böse wurde. (Vgl. Franco Sacchetti, Nov. 114, 115.) So rasch ging diese Poesie in den Mund des Volkes über.

9. Vita nuova, p. 52.

10. Für Dantes theoretische Psychologie ist Purgat. IV, Anfang, eine der wichtigsten Stellen. Ausserdem vgl. die betreffenden Partien des Convito.

Fortan mag diese Poesie ihre schwankenden Schicksale haben und auf halbe Jahrhunderte einen sogenannten Rückgang zeigen – ihr höheres Lebensprinzip ist auf immer gerettet, und wo im 14., 15. und beginnenden 16. Jahrhundert ein tiefer, originaler Geist in Italien sich ihr hingibt, stellt er von selbst eine wesentlich höhere Potenz dar als irgendein ausseritalischer Dichter, wenn man Gleichheit der Begabung – freilich eine schwer zu ermittelnde Sache – voraussetzt.

Wie in allen Dingen bei den Italienern die Bildung (wozu die Poesie gehört) der bildenden Kunst vorangeht, ja dieselbe erst wesentlich anregen hilft, so auch hier. Es dauert mehr als ein Jahrhundert, bis das Geistig-Bewegte, das Seelenleben in Skulptur und Malerei einen Ausdruck erreicht, welcher demjenigen bei Dante nur irgendwie analog ist. Wie viel oder wenig dies von der Kunstentwicklung anderer Völker gilt[11], und wie weit die Frage im ganzen von Werte ist, kümmert uns hier wenig. Für die italienische Kultur hat sie ein entscheidendes Gewicht.

Was Petrarca in dieser Beziehung gelten soll, mögen die Leser des vielverbreiteten Dichters entscheiden. Wer ihm mit der Absicht eines Verhörrichters naht und die Widersprüche zwischen dem Menschen und dem Dichter, die erwiesenen Nebenliebschaften und andere schwache Seiten recht emsig aufspürt, der kann in der Tat bei einiger Anstrengung die Lust an seinen Sonetten gänzlich verlieren. Man hat dann statt eines poetischen Genusses die Kenntnis des Mannes in seiner „Totalität". Nur schade, dass Petrarcas Briefe so wenigen avignonesischen Klatsch enthalten, woran man ihn fassen könnte, und dass die Korrespondenzen seiner Bekannten und der Freunde dieser Bekannten ent-

11. Die Porträts der Eyckschen Schule würden für den Norden eher das Gegenteil beweisen. Sie bleiben allen Schilderungen in Worten noch auf lange Zeit überlegen.

weder verloren gegangen sind oder gar nie existiert haben. Anstatt dem Himmel zu danken, wenn man nicht zu erforschen braucht, wie und mit welchen Kämpfen ein Dichter das Unvergängliche aus seiner Umgebung und seinem armen Leben heraus ins Sichere brachte, hat man gleichwohl auch für Petrarca aus den wenigen „Reliquien" solcher Art eine Lebensgeschichte zusammengestellt, welche einer Anklageakte ähnlich sieht. Uebrigens mag sich der Dichter trösten; wenn das Drucken und Verarbeiten von Briefwechseln berühmter Leute in Deutschland und England noch fünfzig Jahre so fort geht, so wird die Armesünderbank, auf welcher er sitzt, allgemach die erlauchteste Gesellschaft enthalten.

Ohne das viele Künstliche und Gesuchte zu verkennen, wo Petrarca sich selber nachahmt und in seiner eigenen Manier weiterdichtet, bewundern wir in ihm eine Fülle herrlicher Seelenbilder, Schilderungen seliger und unseliger Momente, die ihm wohl eigen sein müssen, weil kein anderer vor ihm sie aufweist, und welche seinen eigentlichen Wert für die Nation und die Welt ausmachen. Nicht überall ist der Ausdruck gleichmässig durchsichtig; nicht selten gesellt sich dem Schönsten etwas für uns Fremdartiges bei, allegorisches Spielwerk und spitzfindige Sophistik; allein das Vorzügliche überwiegt.

Auch Boccaccio erreicht in seinen zu wenig beachteten Sonetten[12] eine bisweilen höchst ergreifende Darstellung seines Gefühles. Der Wiederbesuch einer durch Liebe geweihten Stätte (Son. 22), die Frühlings-Melancholie (Son. 33), die Wehmut des alternden Dichters (Son. 65) sind von ihm ganz herrlich besungen. Sodann hat er im Ameto die veredelnde und verklärende Kraft der Liebe in einer Weise geschildert, wie man es von dem Verfasser des Decamerone schwerlich erwar-

12. Abgedruckt im XVI. Bande seiner Opere volgari.

ten würde[13]. Endlich aber ist seine „Fiammetta" ein grosses, umständliches Seelengemälde voll der tiefsten Beobachtung, wenn auch nichts weniger als gleichmässig durchgeführt, ja stellenweise unleugbar beherrscht von der Lust an der prachtvoll tönenden Phrase; auch Mythologie und Altertum mischen sich bisweilen unglücklich ein. Wenn wir nicht irren, so ist die Fiammetta ein weibliches Seitenstück zur Vita nuova des Dante, oder doch auf Anregung von dieser Seite her entstanden.

Dass die antiken Dichter, zumal die Elegiker und das vierte Buch der Aeneide, nicht ohne Einfluss[14] auf diese und die folgenden Italiener blieben, versteht sich von selbst, aber die Quelle des Gefühls sprudelt mächtig genug in ihrem Innern. Wer sie nach dieser Seite hin mit ihren ausseritalischen Zeitgenossen vergleicht, wird in ihnen den frühsten vollständigen Ausdruck der modernen europäischen Gefühlswelt überhaupt erkennen. Es handelt sich hier durchaus nicht darum zu wissen, ob ausgezeichnete Menschen anderer Nationen nicht ebenso tief und schön empfunden haben, sondern wer zuerst die reichste Kenntnis der Seelenregungen urkundlich erwiesen hat.

Warum haben aber die Italiener der Renaissance in der Tragödie nur Untergeordnetes geleistet? Dort war die Stelle, Charakter, Geist und Leidenschaft tausendgestaltig im Wachsen, Kämpfen und Unterliegen der Menschen zur Anschauung zu bringen. Mit andern

13. Im Gesang des Hirten Teogapen, nach dem Venusfeste, Parnasso teatrale, Lipsia 1829, p. VIII.

14. Der berühmte Lionardo Aretino als Haupt des Humanismus zu Anfang des 15. Jahrhunderts meint zwar: che gli antichi Greci d'umanità e di gentilezza di cuore abbino avanzato di gran lunga i nostri Italiani, allein er sagt es am Eingang einer Novelle, welche die weichliche Geschichte vom kranken Prinzen Antiochus und seiner Stiefmutter Stratonice, also einen an sich zweideutigen und dazu halbasiatischen Beleg enthält. (Abgedruckt u. a. als Beilage zu den cento novelle antiche.)

Worten: warum hat Italien keinen Shakespeare hervorgebracht? – denn dem übrigen nordischen Theater des 16., 17. Jahrhunderts möchten die Italiener wohl gewachsen sein, und mit dem spanischen konnten sie nicht konkurrieren, weil sie keinen religiösen Fanatismus empfanden, den abstrakten Ehrenpunkt nur pro forma mitmachten und ihr tyrannisches, illegitimes Fürstentum als solches anzubeten und zu verklären zu klug und stolz waren[15]. Es handelt sich also einzig nur um die kurze Blütezeit des englischen Theaters.

Hierauf liesse sich erwidern, dass das ganze übrige Europa auch nur Einen Shakespeare hervorgebracht hat und dass ein solcher Genius überhaupt ein seltenes Geschenk des Himmels ist. Ferner könnte möglicherweise eine hohe Blüte des italienischen Theaters im Anzuge gewesen sein, als die Gegenreformation hereinbrach und im Zusammenhang mit der spanischen Herrschaft (über Neapel und Mailand und indirekt fast über ganz Italien) die besten Blüten des italienischen Geistes knickte oder verdorren liess. Man denke sich nur Shakespeare selber z. B. unter einem spanischen Vizekönig oder in der Nähe des heiligen Officiums zu Rom, oder nur in seinem eigenen Lande ein paar Jahrzehnde später, zur Zeit der englischen Revolution. Das Drama, in seiner Vollkommenheit ein spätes Kind jeder Kultur, will seine Zeit und sein besonderes Glück haben.

Bei diesem Anlass müssen wir jedoch einiger Umstände gedenken, welche allerdings geeignet waren, eine höhere Blüte des Dramas in Italien zu erschweren oder zu verzögern, bis es zu spät war.

Als den wichtigsten dieser Umstände darf man ohne Zweifel die grosse anderweitige Beschäftigung der

15. Dem einzelnen Hofe oder Fürsten allerdings wurde von den Gelegenheitsdramatikern hinlänglich geschmeichelt.

Schaulust bezeichnen, zunächst vermöge der Mysterien u. a. religiösen Aufzüge. Im ganzen Abendlande sind Aufführungen der dramatisierten heiligen Geschichte und Legende gerade Quelle und Anfang des Dramas und des Theaters gewesen; Italien aber hatte sich, wie im folgenden Abschnitt erörtert werden soll, den Mysterien mit einem solchen künstlerisch dekorativen Prachtsinn hingegeben, dass darunter notwendig das dramatische Element in Nachteil geraten musste. Aus all den unzähligen kostbaren Aufführungen entwikkelte sich dann nicht einmal eine poetische Kunstgattung wie die „Autos sagramentales" bei Calderon und andern spanischen Dichtern, geschweige denn ein Vorteil oder Anhalt für das profane Drama.

Als letzteres dennoch emporkam, nahm es sofort nach Kräften an der Pracht der Ausstattung teil, an welche man eben von den Mysterien her nur allzusehr gewöhnt war. Man erfährt mit Staunen, wie reich und bunt die Dekoration der Szene in Italien war, zu einer Zeit, da man sich im Norden noch mit der einfachsten Andeutung der Oertlichkeit begnügte. Allein selbst dies wäre vielleicht noch von keinem entscheidenden Gewichte gewesen, wenn nicht die Aufführung selbst teils durch Pracht der Kostüme, teils und hauptsächlich durch bunte Intermezzi den Sinn von dem poetischen Gehalt des Stückes abgelenkt hätte.

Dass man an vielen Orten, namentlich in Rom und Ferrara, Plautus und Terenz, auch wohl Stücke alter Tragiker aufführte (S. 267, 281), bald lateinisch, bald italienisch, dass jene Akademien (S. 309) sich eine förmliche Aufgabe hieraus machten, und dass die Dichter der Renaissance selbst in ihren Dramen von diesen Vorbildern mehr als billig abhingen, gereichte dem italienischen Drama für die betreffenden Jahrzehnde allerdings auch zum Nachteil, doch halte ich diesen Umstand für untergeordnet. Wäre nicht Gegenreformation und Fremdherrschaft dazwischen gekommen, so hätte sich jener Nachteil gar wohl in eine nützliche Uebergangsstufe verwandeln können. War doch schon bald nach 1520 wenigstens der Sieg der Muttersprache in Tragödie und Komödie zum grossen Verdruss der Humanisten[16] soviel als entschieden. Von dieser Seite hätte der entwickeltsten Nation Europas kein Hindernis mehr im Wege gestanden, wenn es sich darum handelte, das Drama im höchsten Sinne des Wortes zu einem geistigen Abbild des Menschenlebens zu erheben. Inquisitoren und Spanier waren es, welche die Italiener verschüchterten und die dramatische Schilderung der wahrsten und grössten Konflikte, zumal im Gewande nationaler Erinnerungen, unmöglich machten. Daneben aber müssen wir doch auch jene zerstreuenden Intermezzi als einen wahren Schaden des Dramas näher ins Auge fassen.

Als die Hochzeit des Prinzen Alfonso von Ferrara mit Lucrezia Borgia gefeiert wurde, zeigte der Herzog Ercole in Person den erlauchten Gästen die 110 Kostüme, welche zur Aufführung von fünf plautinischen Komödien dienen sollten, damit man sehe, dass keines zweimal diene[17]. Aber was wollte dieser Luxus von Taffet und Kamelot sagen im Vergleich mit der Ausstattung der Ballette und Pantomimen, welche als Zwischenakte der plautinischen Stücke aufgeführt wurden. Dass Plautus daneben einer lebhaften jungen Dame wie Isabella Gonzaga schmerzlich langweilig vorkam und dass jedermann sich während des Dramas nach den Zwischenakten sehnte, ist begreiflich, sobald man den bunten Glanz derselben in Betracht zieht. Da

16. Paul. Jovious, Dialog. de viris lit. illustr., bei Tiraboschi, Tom. VII, IV. – Lil. Greg. Gyraldus, de poetis nostri temp.

17. Isabella Gonzaga an ihren Gemahl, 3. Februar 1502, Arch. stor. Append. II, p. 306, s. – Bei den französischen Mystères marschierten die Schauspieler selbst vorher in Prozessionen auf, was man la montre hiess.

gab es Kämpfe römischer Krieger, welche ihre antiken Waffen kunstgerecht zum Takte der Musik bewegten, Fackeltänze von Mohren, einen Tanz von wilden Männern mit Füllhörnern, aus welchen flüssiges Feuer sprühte; sie bildeten das Ballett zu einer Pantomime, welche die Rettung eines Mädchens von einem Drachen darstellte. Dann tanzten Narren in Pulcinelltracht und schlugen einander mit Schweinsblasen und dergleichen mehr. Es war eine zugestandene Sache am Hofe von Ferrara, dass jede Komödie „ihr" Ballett (moresca) habe[18]. Wie man sich vollends die Aufführung des plautinischen Amphitruo daselbst (1491, bei Alfonsos erster Vermählung mit Anna Sforza) zu denken habe, ob vielleicht schon mehr als Pantomime mit Musik, denn als Drama, bleibt zweifelhaft[19]. Das Eingelegte überwog jedenfalls das Stück selber; da sah man, von einem rauschenden Orchester begleitet, einen Chortanz von Jünglingen in Efeu gehüllt, in künstlich verschlungenen Figuren; dann erschien Apoll, schlug die Lyra mit dem Plektrum und sang dazu ein Preislied auf das Haus Este; zunächst folgte, gleichsam als Intermezzo im Intermezzo, eine bäuerische Genreszene oder Posse, worauf wieder die Mythologie mit Venus, Bacchus und ihrem Gefolge die Szene in Beschlag nahm und eine Pantomime – Paris auf dem Ida – vorging. Nun erst kam die zweite Hälfte der Fabel des Amphitruo, mit deutlicher Anspielung auf die künftige Geburt eines Herkules aus dem Hause Este. Bei einer frühern Aufführung desselben Stückes im Hof des Palastes (1487) brannte fortwährend „ein Paradies mit Sternen und andern Rädern", d. h. eine Illumi-

18. Diario Ferrarese, bei Murat. XXIV, Col. 404. Andere Stellen über das dortige Theaterwesen Col. 278, 279, 282 bis 285, 361, 380, 381, 393, 397.

19. Strozii poetae, p. 232, im IV. Buch der Aeolosticha des Tito Strozza.

nation vielleicht mit Feuerwerk, welche gewiss die beste Aufmerksamkeit absorbierte. Offenbar war es besser, wenn dergleichen Zutaten für sich als eigene Darstellungen auftraten, wie etwa an andern Höfen geschah. Von den festlichen Aufführungen beim Kardinal Pietro Riario, bei den Bentivogli zu Bologna usw. wird deshalb bei Anlass der Feste zu handeln sein.

Für die italienische Originaltragödie war die nun einmal gebräuchliche Pracht der Ausstattung wohl ganz besonders verhängnisvoll. „Man hat früher in Venedig", schreibt Francesco Sansovino[20] um 1570, „oft ausser den Komödien auch Tragödien von antiken und modernen Dichtern mit grossem Pomp aufgeführt. Um des Ruhmes der Ausstattung (apparati) willen strömten Zuschauer von fern und nahe dazu herbei. Heutzutage jedoch finden Festlichkeiten, die von Privatleuten veranstaltet werden, zwischen vier Mauern statt, und seit einiger Zeit hat sich von selbst der Gebrauch so festgesetzt, dass die Karnevalszeit mit Komödien und andern heitern und schätzbaren Vergnügungen hingebracht wird." Das heisst, der Pomp hat die Tragödie töten helfen.

Die einzelnen Anläufe und Versuche dieser modernen Tragiker, worunter die Sofonisba des Trissino (1515) den grössten Ruhm gewann, gehören in die Literaturgeschichte. Und auch von der vornehmern, dem Plautus und Terenz nachgebildeten Komödie lässt sich dasselbe sagen. Selbst ein Ariost konnte in dieser Gattung nichts Ausgezeichnetes leisten. Dagegen hätte die populäre Komödie in Prosa, wie sie Macchiavelli, Bibiena, Aretino behandelten, gar wohl eine Zukunft haben können, wenn sie nicht um ihres Inhaltes willen dem Untergang verfallen gewesen wäre. Dieser war nämlich einstweilen teils äusserst unsittlich,

20. Franc Sansovino: Venezia, fol. 169. Statt parenti ist wohl pareti zu lesen. Seine Meinung ist auch sonst nicht ganz klar.

teils gegen einzelne Stände gerichtet, welche sich seit etwa 1540 nicht mehr eine so öffentliche Feindschaft bieten liessen. Wenn in der Sofonisba die Charakteristik vor einer glanzvollen Deklamation hatte weichen müssen, so war sie hier, nebst ihrer Stiefschwester, der Karikatur, nur zu rücksichtslos gehandhabt gewesen. Immerhin waren diese italienischen Lustspiele, wenn wir nicht irren, die frühesten in Prosa und in völlig realistischem Ton gedichteten, so dass die europäische Literaturgeschichte ihrer nicht vergessen darf.

Nun dauert das Dichten von Tragödien und Komödien unaufhörlich fort, und auch an zahlreichen wirklichen Aufführungen antiker und moderner Stücke fehlt es fortwährend nicht; allein man nimmt davon nur Anlass und Gelegenheit, um bei Festen die standesmässige Pracht zu entwickeln, und der Genius der Nation hat sich davon als von einer lebendigen Gattung völlig abgewandt. Sobald Schäferspiel und Oper auftraten, konnte man jene Versuche vollends entbehren.

National war und blieb nun nur eine Gattung: die ungeschriebene Commedia dell' Arte, welche nach einem vorliegenden Szenarium improvisiert wurde. Sie kommt der höhern Charakteristik deshalb nicht sonderlich zugute, weil sie wenige und feststehende Masken hat, deren Charakter jedermann auswendig weiss. Die Begabung der Nation aber neigte so sehr nach dieser Gattung hin, dass man auch mitten in den Aufführungen geschriebener Komödien sich der eigenen Improvisation überliess[21], so dass eine förmliche Mischgattung sich hie und da geltend machen konnte. In dieser Weise mögen die Komödien gehalten gewesen sein, welche in Venedig Burchiello und dann die Ge-

21. Dies meint wohl Sansovino, Venezia fol. 168, wenn er klagt, die recitanti verdürben die Komödien „con invenzioni o personaggi troppo ridicoli".

sellschaft des Armonio, Val. Zuccato, Lod. Dolce usw. aufführte[22]; von Burchiello erfährt man bereits, dass er die Komik durch einen mit Griechisch und Slawonisch versetzten venezianischen Dialekt zu steigern wusste. Eine fast oder ganz vollständige Commedia dell' Arte war dann die des Angelo Beolco, genannt il Ruzzante (1502–1542), dessen stehende Masken paduanische Bauern (Menato, Vezzo, Billora u. a.) sind; ihren Dialekt pflegte er zu studieren, wenn er auf der Villa seines Gönners Luigi Cornaro zu Codevico den Sommer zubrachte[23]. Allmählich tauchen dann all die berühmten Lokalmasken auf, an deren Ueberresten Italien sich noch heute ergötzt: Pantalone, der Dottore, Brighella, Pulcinella, Arlecchino usw. Sie sind gewiss grossenteils sehr viel älter, ja möglicherweise im Zusammenhang mit den Masken altrömischer Farsen, allein erst das 16. Jahrhundert vereinigte mehrere von ihnen in einem Stücke. Gegenwärtig geschieht dies nicht mehr leicht, aber jede grosse Stadt hält wenigstens ihre Lokalmaske fest: Neapel seinen Pulcinella, Florenz den Stenterello, Mailand den bisweilen herrlichen Meneking[24].

Ein dürftiger Ersatz freilich für eine grosse Nation, welche vielleicht vor allen die Gabe gehabt hätte, ihr Höchstes im Spiegel des Dramas objektiv zu schildern und anzuschauen. Aber dies sollte ihr auf Jahrhunderte verwehrt bleiben durch feindselige Mächte, an deren Aufkommen sie nur zum Teil schuld war. Nicht auszurotten war freilich das allverbreitete Talent der dramatischen Darstellung, und mit der Musik hat Italien

22. Sansovino, a. a. O.

23. Scardeonius, de urb. Patav. antiq. bei Graevius, Thes. VI, III, Col. 288, s. Eine wichtige Stelle auch für die Dialektliteratur überhaupt.

24. Dass letzterer mindestens im 15. Jahrhundert schon vorhanden ist, lässt sich aus dem Diario Ferrarese schliessen, indem dieses aus den in Ferrara 1501 aufgeführten Menächmen des Plautus missverständlich einen Menechino macht. Diar. Ferr. bei Murat. XXIV, Col. 393.

vollends Europa zinspflichtig gehalten. Wer in dieser Tonwelt einen Ersatz oder einen verhüllten Ausdruck für das verwehrte Drama erkennen will, mag sich damit nach Gefallen trösten.

Was das Drama nicht geleistet hatte, darf man es etwa vom Epos erwarten? Gerade das italienische Heldengedicht wird scharf darob angeklagt, dass die Haltung und Durchführung der Charaktere seine allerschwächste Seite sei.

Andere Vorzüge sind ihm nicht abzustreiten, unter andern der, dass es seit vierthalb Jahrhunderten wirklich gelesen und immer von neuem abgedruckt wird, während fast die ganze epische Poesie der übrigen Völker zur blossen literargeschichtlichen Kuriosität geworden ist. Oder liegt es etwa an den Lesern, die etwas anderes verlangen und anerkennen als im Norden? Wenigstens gehört für uns schon eine teilweise Aneignung des italienischen Gesichtskreises dazu, um diesen Dichtungen ihren eigentümlichen Wert abzugewinnen, und es gibt sehr ausgezeichnete Menschen, welche erklären, nichts damit anfangen zu können. Freilich wer Pulci, Bojardo, Ariosto und Berni auf den reinen sogenannten Gedankengehalt hin analysiert, der muss dabei zu kurz kommen. Sie sind Künstler der eigensten Art, welche für ein entschieden und vorherrschend künstlerisches Volk dichten.

Die mittelalterlichen Sagenkreise hatten nach dem allmählichen Erlöschen der Ritterdichtung teils in Gestalt von gereimten Umarbeitungen und Sammlungen, teils als Prosaromane weitergelebt. Letzteres war in Italien während des 14. Jahrhunderts der Fall; doch wuchsen die neu erwachenden Erinnerungen des Altertums riesengross daneben empor und stellten alle Phantasiebilder des Mittelalters in tiefen Schatten. Boccaccio z. B. in seiner Visione amorosa nennt zwar unter den in seinem Zauberpalast dargestellten Heroen auch einen Tristan, Artus, Galeotto usw. mit, aber ganz kurz, als schämte er sich ihrer, und die folgenden Schriftsteller aller Art nennen sie entweder gar nicht mehr oder nur im Scherz. Das Volk jedoch behielt sie im Gedächtnis, und aus seinen Händen gingen sie dann wieder an die Dichter des 15. Jahrhunderts über. Dieselben konnten ihren Stoff nun ganz neu und frei empfinden und darstellen; sie taten aber noch mehr, indem sie unmittelbar daran weiterdichteten, ja sogar bei weitem das meiste neu erfanden. Eines muss man nicht von ihnen verlangen: dass sie einen so überkommenen Stoff hätten mit einem vorweltlichen Respekt behandeln sollen. Das ganze neuere Europa darf sie darum beneiden, dass sie noch an die Teilnahme ihres Volkes für eine bestimmte Phantasiewelt anknüpfen konnten, aber sie hätten Heuchler sein müssen, wenn sie dieselbe als Mythus verehrt hätten[25].

Statt dessen bewegen sie sich auf dem neu für die Kunstpoesie gewonnenen Gebiete als Souveräne. Ihr Hauptziel scheint die möglichst schöne und muntere Wirkung des einzelnen Gesanges beim Rezitieren gewesen zu sein, wie denn auch diese Gedichte ausserordentlich gewinnen, wenn man sie stückweise und vortrefflich, mit einem leisen Anflug von Komik in Stimme und Gebärde hersagen hört. Eine tiefere, durchgeführte Charakterzeichnung hätte zur Erhöhung dieses Effekts nicht sonderlich beigetragen; der Leser mag sie verlangen, der Hörer denkt nicht daran, da er immer nur ein Stück hört. In betreff der vorgeschriebenen Figuren ist die Stimmung des Dichters eine doppelte: seine humanistische Bildung protestiert gegen

25. Pulci in seinem Mutwillen fingiert für seine Geschichte des Riesen Margutte eine feierliche uralte Tradition. (Morgante, canto XIX, str. 153, s.) – Noch drolliger lautet die kritische Einleitung des Limerno Pitocco (Orlandino, cap. 1, str. 12–22).

das mittelalterliche Wesen derselben, während doch ihre Kämpfe als Seitenbild des damaligen Turnier- und Kriegswesen alle mögliche Kennerschaft und poetische Hingebung erfordern und zugleich eine Glanzaufgabe des Rezitanten sind. Deshalb kömmt es selbst bei Pulci[26] zu keiner eigentlichen Parodie des Rittertums, wenn auch die komisch derbe Redeweise seiner Paladine oft daran streift. Daneben stellt er das Ideal der Rauflust, seinen drolligen und gutmütigen Morgante, der mit seinem Glockenschwengel ganze Armeen bändigt; ja er weiss auch diesen wiederum relativ zu verklären durch die Gegenüberstellung des absurden und dabei höchst merkwürdigen Monstrums Margutte. Ein besonderes Gewicht legt aber Pulci auf diese beiden derb und kräftig gezeichneten Charaktere keineswegs, und seine Geschichte geht auch, nachdem sie längst daraus verschwunden sind, ihren wunderlichen Gang weiter. Auch Bojardo[27] steht ganz bewusst über seinen Gestalten und braucht sie nach Belieben ernst und komisch; selbst mit den dämonischen Wesen treibt er seinen Spass und schildert sie bisweilen absichtlich als tölpelhaft. Es gibt aber eine künstlerische Aufgabe, mit welcher er es sich so sehr ernst sein lässt wie Pulci; nämlich die äusserst lebendige und, man möchte sagen, technisch genaue Schilderung aller Hergänge. – Pulci rezitierte sein Gedicht, sobald wieder ein Gesang fertig war, vor der Gesellschaft des Lorenzo magnifico, und gleichermassen Bojardo das seinige vor dem Hofe des Ercole von Ferrara; nun errät man leicht, auf was für Vorzüge hier geachtet wurde und wie wenig Dank die durchgeführten Charaktere geerntet haben würden. Natürlich bilden auch die Gedichte selbst bei sobewandten Umständen kein geschlossenes Ganzes und

26. Der Morgante zuerst gedruckt vor 1488. – Das Turnierwesen s. unten.

27. Der Orlando inamorato zuerst gedruckt 1496.

könnten halb oder auch doppelt so lang sein als sie sind; ihre Komposition ist nicht die eines grossen Historienbildes, sondern die eines Frieses oder einer von bunten Gestalten umgaukelten prachtvollen Fruchtschnur. So wenig man in den Figuren und dem Rankenwerk eines Frieses durchgeführte individuelle Formen, tiefe Perspektiven und verschiedene Pläne fordert oder auch nur gestattet, so wenig erwartete man es in diesen Gedichten.

Die bunte Fülle der Erfindungen, durch welche besonders Bojardo stets von neuem überrascht, spottet aller unserer jetzt geltenden Schuldefinitionen vom Wesen der epischen Poesie. Für die damalige Zeit war es die angenehmste Diversion gegenüber der Beschäftigung mit dem Altertum, ja der einzig mögliche Ausweg, wenn man überhaupt wieder zu einer selbständigen erzählenden Dichtung gelangen sollte. Denn die Poetisierung der Geschichte des Altertums führte doch nur auf jene Irrpfade, welche Petrarca betrat mit seiner „Africa" in lateinischen Hexametern und anderthalb Jahrhunderte später Trissino mit seinem „von den Goten befreiten Italien" in versi sciolti, einem enormen Gedichte von tadelloser Sprache und Versifikation, wo man nur im Zweifel sein kann, ob die Geschichte oder die Poesie bei dem unglücklichen Bündnis übler weggekommen sei. Und wohin verlockte Dante diejenigen, die ihn nachahmten? Die visionären Trionfi des Petrarca sind eben noch das letzte, was dabei mit Geschmack zu erreichen war, Boccaccios „verliebte Vision" ist schon wesentlich blosse Aufzählung historischer und fabelhafter Personen nach allegorischen Kategorien. Andere leiten dann, was sie irgend vorzubringen haben, mit einer barocken Nachahmung von Dantes erstem Gesang ein und versehen sich dabei mit irgendeinem allegorischen Begleiter, der die Stelle des Virgil einnimmt; Uberti hat für sein geographisches Gedicht (Dittamondo) den Solinus gewählt, Giovanni Santi für sein Lobgedicht auf Federigo von Urbino den Plutarch[28]. Von diesen falschen Fährten erlöste einstweilen nur diejenige epische Dichtung, welche von Pulci und Bojardo vertreten war. Die Begierde und Bewunderung, mit der man ihr entgegenkam – wie man vielleicht bis an der Tage Abend mit dem Epos nicht mehr tun wird – beweist glänzend, wie sehr die Sache ein Bedürfnis war. Es handelt sich gar nicht darum, ob in diesen Schöpfungen die seit unserm Jahrhundert aus Homer und den Nibelungen abstrahierten Ideale des wahren Heldengedichtes verwirklicht seien oder nicht; ein Ideal ihrer Zeit verwirklichten sie jedenfalls. Mit ihren massenhaften Kampfbeschreibungen, die für uns der am meisten ermüdende Bestandteil sind, begegneten sie überdies, wie gesagt, einem Sachinteresse, von dem wir uns schwer eine richtige Vorstellung machen[29], so wenig als von der Hochschätzung des lebendigen momentanen Schilderns überhaupt.

So kann man denn auch an Ariosto keinen falschern Massstab legen, als wenn man in seinem Orlando furioso[30] nach Charakteren suchen geht. Sie sind hie und da vorhanden und sogar mit Liebe behandelt, allein das Gedicht stützt sich keinen Augenblick auf sie und würde durch ihre Hervorhebung sogar eher verlieren als gewinnen. Jene Anforderung hängt aber mit einem allgemeinern Begehren zusammen, welchem Ariosto nicht im Sinne unserer Zeit genügt; von einem so gewaltig begabten und berühmten Dichter nämlich hätte man gerne überhaupt etwas anderes als Rolands-

28. Vasari VIII, 71, im Kommentar zur Vita di Raffaelle.

29. Wie vieles der Art würde nicht der jetzige Geschmack selbst in der Ilias entbehrlich finden? Aber was uns ermüdet, ist deshalb noch nicht unecht und späterer Zusatz.

30. Die erste Ausgabe 1516.

abenteuer u. dgl. Er hätte sollen in einem grossen Werke die tiefsten Konflikte der Menschenbrust, die höchsten Anschauungen der Zeit über göttliche und menschliche Dinge, mit einem Worte: eines jener abschliessenden Weltbilder darstellen, wie die Göttliche Komödie und der Faust sie bieten. Statt dessen verfährt er ganz wie die damaligen bildenden Künstler und wird unsterblich, indem er von der Originalität in unserm jetzigen Sinne abstrahiert, an einem bekannten Kreise von Gestalten weiterbildet und selbst das schon dagewesene Detail noch einmal benützt, wo es ihm dient. Was für Vorzüge bei einem solchen Verfahren noch immer erreicht werden können, das wird Leuten ohne künstlerisches Naturell um so viel schwerer begreiflich zu machen sein, je gelehrter und geistreicher sie sonst sein mögen. Das Kunstziel des Ariosto ist das glanzvoll lebendige „Geschehen", welches sich gleichmässig durch das ganze grosse Gedicht verbreitet. Er bedarf dazu einer Dispensation nicht nur von der tiefern Charakterzeichnung, sondern auch von allem strengern Zusammenhang der Geschichten. Er muss verlorene und vergessene Fäden wieder anknüpfen dürfen, wo es ihm beliebt; seine Figuren müssen kommen und verschwinden, nicht weil ihr tieferes persönliches Wesen, sondern weil das Gedicht es so verlangt. Freilich innerhalb dieser scheinbar irrationellen, willkürlichen Kompositionsweise entwickelt er eine völlig gesetzmässige Schönheit. Er verliert sich nie ins Beschreiben, sondern gibt immer nur so viel Szenerie und Personenschilderung, als mit dem Vorwärtsrücken der Ereignisse harmonisch verschmolzen werden kann; noch weniger verliert er sich in Gespräche und Monologe[31], sondern er behauptet das majestätische Privilegium des wahren Epos, alles zu lebendigen Vorgän-

31. Die eingelegten Reden sind nämlich wiederum nur Erzählungen.

gen zu gestalten. Das Pathos liegt bei ihm nie in den Worten[32], vollends nicht in dem berühmten dreiundzwanzigsten Gesang und den folgenden, wo Rolands Raserei geschildert wird. Dass die Liebesgeschichten im Heldengedicht keinen lyrischen Schmelz haben, ist ein Verdienst mehr, wenn man sie auch von moralischer Seite nicht immer gutheissen kann. Bisweilen besitzen sie dafür eine solche Wahrheit und Wirklichkeit trotz allem Zauber- und Ritterwesen, das sie umgibt, dass man darin unmittelbare Angelegenheiten des Dichters selbst zu erkennen glaubt. Im Vollgefühl seiner Meisterschaft hat er dann unbedenklich noch manches andere aus der Gegenwart in das grosse Werk verflochten und den Ruhm des Hauses Este in Gestalt von Erscheinungen und Weissagungen mit hineingenommen. Der wunderbare Strom seiner Ottaven trägt dieses alles in gleichmässiger Bewegung vorwärts.

Mit Teofilo Folengo oder, wie er sich hier nennt, Limerno Pitocco, tritt dann die Parodie des ganzen Ritterwesens in ihr längst ersehntes Recht[33], zudem aber meldet sich mit der Komik und ihrem Realismus notwendig auch das strengere Charakterisieren wieder. Unter den Püffen und Steinwürfen der wilden Gassenjugend eines römischen Landstädtchens, Sutri, wächst der kleine Orlando sichtbarlich zum mutigen Helden, Mönchsfeind und Raisonneur auf. Die konventionelle Phantasiewelt, wie sie sich seit Pulci ausgebildet und als Rahmen des Epos gegolten hatte, springt hier freilich in Splitter auseinander; Herkunft und Wesen der Paladine werden offen verhöhnt, z. B. durch jenes Eselturnier im zweiten Gesange, wobei die Ritter mit den sonderbarsten Rüstungen und Waffen erscheinen.

32. Was sich Pulci wohl erlaubt hatte. Morgante, Canto XIX, Str. 20, s.

33. Sein Orlandino, erste Ausg. 1526. – Vgl. oben S. 189 f.

Der Dichter zeigt bisweilen ein komisches Bedauern über die unerklärliche Treulosigkeit, die in der Familie des Gano von Mainz zu Hause gewesen, über die mühselige Erlangung des Schwertes Durindana u. dgl., ja das Ueberlieferte dient ihm überhaupt nur noch als Substrat für lächerliche Einfälle, Episoden, Tendenzausbrüche (worunter sehr schöne, z. B. der Schluss von Cap. VI) und Zoten. Neben alledem ist endlich noch ein gewisser Spott auf Ariosto nicht zu verkennen, und es war wohl für den Orlando furioso ein Glück, dass der Orlandino mit seinen lutherischen Ketzereien ziemlich bald der Inquisition und der künstlichen Vergessenheit anheimfiel. Eine kenntliche Parodie scheint z. B. durch, wenn (Cap. VI, Str. 28) das Haus Gonzaga von dem Paladin Guidone abgeleitet wird, sintemal von Orlando die Colonnesen, von Rinaldo die Orsinen und von Ruggieri – laut Ariost – die Estenser abstammen sollten. Vielleicht war Ferrante Gonzaga, der Patron des Dichters, dieser Anzüglichkeit gegen das Haus Este nicht fremd.

Dass endlich in der Gerusalemme liberata des Torquato Tasso die Charakteristik eine der höchsten Angelegenheiten des Dichters ist, beweist allein schon, wie weit seine Denkweise von der um ein halbes Jahrhundert früher herrschenden abweicht. Sein bewundernswürdiges Werk ist wesentlich ein Denkmal der inzwischen vollzogenen Gegenreformation und ihrer Tendenz.

Ausserhalb des Gebietes der Poesie haben die Italiener zuerst von allen Europäern den historischen Menschen nach seinen äussern und innern Zügen und Eigenschaften genau zu schildern eine durchgehende Neigung und Begabung gehabt.

Allerdings zeigt schon das frühere Mittelalter bemerkenswerte Versuche dieser Art, und die Legende musste als eine stehende Aufgabe der Biographie das Interesse und das Geschick für individuelle Schilderung wenigstens bis zu einem gewissen Grade aufrecht halten. In den Kloster- und Domstiftannalen werden manche Hierarchen, wie z. B. Meinwerk von Paderborn, Godehard von Hildesheim usw. recht anschaulich beschrieben, und von mehrern unserer deutschen Kaiser gibt es Schilderungen, nach antiken Mustern, etwa Sueton, verfasst, welche die kostbarsten Züge enthalten; ja diese und ähnliche profane „vitae" bilden allmählich eine fortlaufende Parallele zu den Heiligengeschichten. Doch wird man weder Einhard noch Radevicus[1] nennen dürfen neben Joinvilles Schilderung des heiligen Ludwig, welche als das erste vollkommene Geistesbildnis eines neu-europäischen Menschen allerdings sehr vereinzelt dasteht. Charaktere wie St. Ludwig sind überhaupt selten, und dazu gesellt sich noch das seltene Glück, dass ein völlig naiver Schilderer aus allen einzelnen Zügen und Ereignissen eines Lebens die Gesinnung heraus erkennt und sprechend darstellt. Aus welch kümmerlichen Quellen muss man das innere Wesen eines Friedrich II., eines Philipp des Schönen zusammen erraten. Vieles, was sich dann bis zu Ende des Mittelalters als Biographie gibt, ist eigentlich nur Zeitgeschichte und ohne Sinn für das Individuelle des zu preisenden Menschen geschrieben.

Bei den Italienern wird nun das Aufsuchen der charakteristischen Züge bedeutender Menschen eine herrschende Tendenz, und dies ist es, was sie von den übrigen Abendländern unterscheidet, bei welchen dergleichen mehr nur zufällig und in ausserordentlichen Fällen vorkömmt. Diesen entwickelten Sinn für das

1. Radevicus, de gestis Friderici imp., bes. II, 76. – Die ausgezeichnete Vita Heinrici IV. enthält gerade wenig Personalschilderung und ebenso die Vita Chuonradi Imp. von Wippo.

Individuelle kann überhaupt nur derjenige haben, welcher selbst aus der Rasse herausgetreten und zum Individuum geworden ist.

Im Zusammenhang mit dem weitherrschenden Begriff des Ruhmes (S. 172 f.) entsteht eine sammelnde und vergleichende Biographik, welche nicht mehr nötig hat, sich an Dynastien und geistliche Reihefolgen zu halten wie Anastasius, Agnellus und ihre Nachfolger, oder wie die Dogenbiographen von Venedig. Sie darf vielmehr den Menschen schildern, wenn und weil er bedeutend ist. Als Vorbilder wirken hierauf ausser Sueton auch Nepos, die viri illustres und Plutarch ein, soweit er bekannt und übersetzt war; für literaturgeschichtliche Aufzeichnungen scheinen die Lebensbeschreibungen der Grammatiker, Rhetoren und Dichter, welche wir als Beilagen zu Sueton kennen[2], wesentlich als Vorbilder gedient zu haben, auch das vielgelesene Leben Virgils von Donatus.

Wie nun biographische Sammlungen, Leben berühmter Männer, berühmter Frauen, mit dem 14. Jahrhundert aufkamen, wurde schon oben (S. 177 ff.) erwähnt. Soweit sie nicht Zeitgenossen schildern, hängen sie natürlich von den frühern Darstellern ab; die erste bedeutende freie Leistung ist wohl das Leben Dantes von Boccaccio. Leicht und schwungvoll hingeschrieben und reich an Willkürlichkeiten, gibt diese Arbeit doch das lebhafte Gefühl von dem Ausserordentlichen in Dantes Wesen. Dann folgen, zu Ende des 14. Jahrhunderts, die „vite“ ausgezeichneter Florentiner, von Filippo Villani. Es sind Leute jedes Faches: Dichter,

2. Wie früh auch Philostratus, wage ich nicht zu entscheiden. Sueton war allerdings von frühe an ein leicht nachzuahmendes Vorbild gewesen; ausser Einhards Leben Karls des Grossen ist hiefür aus dem 12. Jahrhundert besonders belehrend Guilielm. Malmesbur. mit seinen Schilderungen Wilhelms des Eroberers (p. 446, ss., 452, ss.), Wilhelms II. (p. 494, 504) und Heinrichs I. (p. 640).

Juristen, Aerzte, Philologen, Künstler, Staats- und Kriegsmänner, darunter noch lebende. Florenz wird hier behandelt wie eine begabte Familie, wo man die Sprösslinge notiert, in welchen der Geist des Hauses besonders kräftig ausgesprochen ist. Die Charakteristiken sind nur kurz, aber mit einem wahren Talent für das Bezeichnende gegeben und noch besonders merkwürdig durch das Zusammenfassen der äussern Physiognomie mit der innern. Fortan[3] haben die Toscaner nie aufgehört, die Menschenschilderung als eine Sache ihrer speziellen Befähigung zu betrachten, und von ihnen haben wir die wichtigsten Charakteristiken der Italiener des 15. und 16. Jahrhunderts überhaupt. Giovanni Cavalcanti (in den Beilagen zu seiner florentinischen Geschichte, vor 1450) sammelt Beispiele bürgerlicher Trefflichkeit und Aufopferung, politischen Verstandes, sowie auch kriegerischer Tüchtigkeit, von lauter Florentinern. Papst Pius II. gibt in seinen Kommentarien wertvolle Lebensbilder von berühmten Zeitgenossen; neuerlich ist auch eine besondere Schrift seiner frühern Zeit[4] wieder abgedruckt worden, welche gleichsam die Vorarbeiten zu jenen Porträts, aber mit eigentümlichen Zügen und Farben enthält. Dem Jakob von Volterra verdanken wir pikante Porträts der römischen Kurie[5] nach Pius. Von Vespasiano Fiorentino war schon oft die Rede, und als Quelle im ganzen gehört er zum Wichtigsten, was wir besitzen, aber seine Gabe des Charakterisierens kommt noch nicht in Betracht neben derjenigen eines Macchiavelli, Niccolò Valori, Guicciardini, Varchi, Francesco Vettori und anderer, von welchen die euro-

3. Hier ist wieder auf jene oben, S. 169 f., exzerpierte Biographie des L. B. Alberti hinzuweisen, sowie auf die zahlreichen florentinischen Biographien bei Muratori, im Archivio storico u. a. a. O.

4. De viris illustribus, in den Schriften des Stuttgarter literarischen Vereins.

5. Sein Diarium bei Murat. XXIII.

päische Geschichtschreibung vielleicht so nachdrücklich als von den Alten auf diesen Weg gewiesen wurde. Man darf nämlich nicht vergessen, dass mehrere dieser Autoren in lateinischen Uebersetzungen frühe ihren Weg nach dem Norden fanden. Und ebenso gäbe es ohne Giorgio Vasari von Arezzo und sein unvergleichlich wichtiges Werk noch keine Kunstgeschichte des Nordens und des neuern Europas überhaupt.

Von den Oberitalienern des 15. Jahrhunderts soll Bartolommeo Fazio (von Spezzia) höhere Bedeutung haben (S. 181 Anm.). Platina, aus dem Cremonesischen gebürtig, repräsentiert in seinem „Leben Pauls II." (S. 256) bereits die biographische Karikatur. Vorzüglich wichtig aber ist die von Piercandido Decembrio verfasste Schilderung des letzten Visconti[6], eine grosse erweiterte Nachahmung des Sueton. Sismondi bedauert, dass so viele Mühe an einen solchen Gegenstand gewandt worden, allein für einen grössern Mann hätte vielleicht der Autor nicht ausgereicht, während er völlig genügt, um den gemischten Charakter des Filippo Maria und an und in demselben mit wunderwürdiger Genauigkeit die Voraussetzungen, Formen und Folgerungen einer bestimmten Art von Tyrannis darzustellen. Das Bild des 15. Jahrhunderts wäre unvollständig ohne diese in ihrer Art einzige Biographie, welche bis in die feinsten Miniaturpünktchen hinein charakteristisch ist. – Späterhin besitzt Mailand an dem Geschichtschreiber Corio einen bedeutenden Bildnismaler; dann folgt der Comaske Paolo Giovio, dessen grössere Biographien und kleinere Elogien weltberühmt und für Nachfolger aller Länder ein Vorbild geworden sind. Es ist leicht, an hundert Stellen Giovios Flüchtigkeit und auch wohl (doch nicht so häufig als man glaubt) seine Unredlich-

6. Petri Candidi Decembrii Vita Philippi Mariae Vicecomitis, bei Murat. XX. Vgl. oben S. 64.

keit nachzuweisen, und eine ernste höhere Absicht liegt ohnehin nie in einem Menschen wie er war. Allein der Atem des Jahrhunderts weht durch seine Blätter, und sein Leo, sein Alfonso, sein Pompeo Colonna leben und bewegen sich vor uns mit völliger Wahrheit und Notwendigkeit, wenngleich ihr tieferes Wesen uns hier nicht kund wird.

Unter den Neapolitanern nimmt Tristan Caracciolo (S. 62), soweit wir urteilen können, ohne Frage die erste Stelle ein, obwohl seine Absicht nicht einmal eine streng biographische ist. Wundersam verflechten sich in den Gestalten, die er uns vorführt, Schuld und Schicksal, ja man könnte ihn wohl einen unbewussten Tragiker nennen. Die wahre Tragödie, welche damals auf der Szene keine Stätte fand, schritt mächtig einher durch die Paläste, Strassen und Plätze. – Die „Worte und Taten Alfons des Grossen", von Antonio Panormita bei Lebzeiten des Königs geschrieben, sind merkwürdig als eine der frühsten derartigen Sammlungen von Anekdoten und weisen wie scherzhaften Reden.

Langsam nur folgte das übrige Europa den italienischen Leistungen in der geistigen Charakteristik[7], obschon die grossen politischen und religiösen Bewegungen so manche Bande gesprengt, so viele Tausende zum Geistesleben geweckt hatten. Ueber die wichtigsten Persönlichkeiten der damaligen europäischen Welt sind wiederum im ganzen unsere besten Gewährsmänner Italiener, sowohl Literaten als Diplomaten. Wie rasch und unwidersprochen haben in neuester Zeit die venezianischen Gesandtschaftsberichte des 16. und 17. Jahrhunderts in betreff der Personalschilderungen die erste Stelle errungen.

Auch die Selbstbiographie nimmt bci den Italienern hie und da einen kräftigen Flug in die Tiefe und Weite

7. Ueber Comines vgl. S. 127 Anm.

und schildert neben dem buntesten Aussenleben ergreifend das eigene Innere, während sie bei andern Nationen, auch bei den Deutschen der Reformationszeit, sich an die merkwürdigen äussern Schicksale hält und den Geist mehr nur aus der Darstellungsweise erraten lässt. Es ist als ob Dantes vita nuova mit ihrer unerbittlichen Wahrheit der Nation die Wege gewiesen hätte.

Den Anfang dazu machen die Haus- und Familiengeschichten aus dem 14. und 15. Jahrhundert, welche noch in ziemlicher Anzahl namentlich in den florentinischen Bibliotheken handschriftlich vorhanden sein sollen; naive, im Interesse des Hauses und des Schreibenden abgefasste Lebensläufe, wie z. B. der des Buonaccorso Pitti.

Eine tiefere Selbstkritik ist auch nicht gerade in den Kommentarien Pius II. zu suchen; was man hier von ihm als Menschen erfährt, beschränkt sich sogar dem ersten Anschein nach darauf, dass er meldet, wie er seine Karriere machte. Allein bei weiterm Nachdenken wird man dieses merkwürdige Buch anders beurteilen. Es gibt Menschen, die wesentlich Spiegel dessen sind, was sie umgibt; man tut ihnen Unrecht, wenn man sich beharrlich nach ihrer Ueberzeugung, nach ihren inneren Kämpfen und tiefern Lebensresultaten erkundigt. So ging Aeneas Sylvius völlig auf in den Dingen, ohne sich um irgendeinen sittlichen Zwiespalt sonderlich zu grämen; nach dieser Seite deckte ihn seine gutkatholische Orthodoxie, soweit als nötig war. Und nachdem er in allen geistigen Fragen, die sein Jahrhundert beschäftigten, mitgelebt und mehr als einen Zweig derselben wesentlich gefördert hatte, behielt er doch am Ende seiner Laufbahn noch Temperament genug übrig, um den Kreuzzug gegen die Türken zu betreiben und am Gram ob dessen Vereitelung zu sterben.

Auch die Selbstbiographie des Benvenuto Cellini

geht nicht gerade auf Beobachtungen über das eigene Innere aus. Gleichwohl schildert sie den ganzen Menschen, zum Teil wider Willen, mit einer hinreissenden Wahrheit und Fülle. Es ist wahrlich kein kleines, dass Benvenuto, dessen bedeutendste Arbeiten blosser Entwurf geblieben und untergegangen sind, und der uns als Künstler nur im kleinen dekorativen Fach vollendet erscheint, sonst aber, wenn man bloss nach seinen erhaltenen Werken urteilt, neben so vielen grössern Zeitgenossen zurückstehen muss, – dass Benvenuto als Mensch die Menschen beschäftigen wird bis ans Ende der Tage. Es schadet ihm nicht, dass der Leser häufig ahnt, er möchte gelogen oder geprahlt haben; denn der Eindruck der gewaltig energischen, völlig durchgebildeten Natur überwiegt. Neben ihm erscheinen z. B. unsere nordischen Selbstbiographien, so viel höher ihre Tendenz und ihr sittliches Wesen bisweilen zu achten sein mag, doch als ungleich weniger vollständig in der Darstellung. Er ist ein Mensch, der alles kann, alles wagt und sein Mass in sich selber trägt[8].

Und noch ein anderer ist hier zu nennen, der es ebenfalls mit der Wahrheit nicht immer soll genau genommen haben: Girolamo Cardano von Mailand (geb. 1500). Sein Büchlein de propria vita[9] wird selbst sein grosses Andenken in der Geschichte der Naturforschung und der Philosophie überleben und übertönen wie die vita Benvenutos dessen Werke, obwohl der Wert der Schrift wesentlich ein anderer ist. Cardano fühlt sich als Arzt selber den Puls und schildert seine physische, intellektuelle und sittliche Persönlich-

8. Von den nordischen Selbstbiographien wird man vielleicht am ehesten hier die (freilich bedeutend spätere) des Agrippa d'Aubigné vergleichen können, wenn es sich um den völlig runden, sprechenden Ausdruck der Individualität handelt.

9. Verfasst in hohem Alter, um 1576. – Ueber Cardano als Forscher und Entdecker vgl. Libri, Hist. des sciences mathém., III, p. 167, s.

keit samt den Bedingungen, unter welchen sich dieselbe entwickelt hatte, und zwar aufrichtig und objektiv, soweit ihm dies möglich war. Sein zugestandenes Vorbild, Marc Aurels Schrift auf sich selbst, konnte er in dieser Beziehung deshalb überbieten, weil ihn kein stoisches Tugendgebot genierte. Er begehrt weder sich noch die Welt zu schonen; beginnt doch sein Lebenslauf damit, dass seiner Mutter die versuchte Abtreibung der Leibesfrucht nicht gelang. Es ist schon viel, dass er den Gestirnen, die in seiner Geburtsstunde gewaltet, nur seine Schicksale und seine intellektuellen Eigenschaften auf die Rechnung schreibt und nicht auch die sittlichen; übrigens gesteht er (Kapitel 10) offen ein, dass ihm der astrologisch erworbene Wahn, er werde das vierzigste und höchstens das fünfundvierzigste Jahr nicht überleben, in seiner Jugend viel geschadet habe. Doch es ist uns hier nicht erlaubt, ein so stark verbreitetes, in jeder Bibliothek vorhandenes Buch zu exzerpieren. Wer es liest, wird in die Dienstbarkeit jenes Mannes kommen, bis er damit zu Ende ist. Cardano bekennt allerdings, dass er ein falscher Spieler, rachsüchtig, gegen jede Reue verhärtet, absichtlich verletzend im Reden gewesen; – er bekennt es freilich ohne Frechheit wie ohne fromme Zerknirschung, ja ohne damit interessant werden zu wollen, vielmehr mit dem einfachen, objektiven Wahrheitssinn eines Naturforschers. Und was das Anstössigste ist, der sechsundsiebzigjährige Mann findet sich nach den schauerlichsten Erlebnissen[10], bei einem sehr erschütterten Zutrauen zu den Menschen, gleichwohl leidlich glücklich: noch lebt ihm ja ein Enkel, noch besitzt er sein ungeheures Wissen, den Ruhm wegen seiner Werke, ein hübsches Vermögen, Rang und Ansehen, mächtige Freunde, Kunde von Geheimnissen,

10. Z. B. die Hinrichtung seines ältesten Sohnes, der seine verbuhlte Gemahlin vergiftet hatte, Kap. 27, 50.

und was das beste ist: den Glauben an Gott. Nachträglich zählt er die Zähne in seinem Munde; es sind ihrer noch fünfzehn.

Doch als Cardano schrieb, sorgten auch in Italien Inquisitoren und Spanier bereits dafür, dass solche Menschen entweder sich nicht mehr ausbilden konnten oder auf irgendeine Weise umkamen. Es ist ein grosser Sprung von da bis auf die Memoiren des Alfieri.

Es wäre indes ungerecht, diese Zusammenstellung von Selbstbiographen zu schliessen, ohne einen sowohl achtbaren als glücklichen Menschen zu Worte kommen zu lassen. Es ist dies der bekannte Lebensphilosoph Luigi Cornaro, dessen Wohnung in Padua schon als Bauwerk klassisch und zugleich eine Heimat aller Musen war. In seinem berühmten Traktat „vom mässigen Leben"[11] schildert er zunächst die strenge Diät, durch welche es ihm gelungen, nach früherer Kränklichkeit ein gesundes und hohes Alter, damals von 83 Jahren, zu erreichen; dann antwortet er denjenigen, welche das Alter über 65 Jahre hinaus überhaupt als einen lebendigen Tod verschmähen; er beweist ihnen, dass sein Leben ein höchst lebendiges und kein totes sei. „Sie mögen kommen, sehen und sich wundern über mein Wohlbefinden, wie ich ohne Hülfe zu Pferde steige, Treppen und Hügel hinauf laufe, wie ich lustig, amüsant und zufrieden bin, wie frei von Gemütssorgen und widerwärtigen Gedanken. Freude und Friede verlassen mich nicht ... Mein Umgang sind weise, gelehrte, ausgezeichnete Leute von Stande, und wenn diese nicht bei mir sind, lese und schreibe ich, und suche damit wie auf jede andere Weise andern nützlich zu sein nach Kräften. Von diesen Dingen tue ich jedes zu seiner Zeit, bequem, in meiner schönen Be-

11. Discorsi della vita sobria, bestehend aus dem eigentlichen trattato, einem compendio, einer esortazione und einer lettera an Daniel Barbaro. – Oefter gedruckt.

hausung, welche in der besten Gegend Paduas gelegen und mit allen Mitteln der Baukunst auf Sommer und Winter eingerichtet, auch mit Gärten am fliessenden Wasser versehen ist. Im Frühling und Herbst gehe ich für einige Tage auf meinen Hügel in der schönsten Lage der Euganeen, mit Brunnen, Gärten und bequemer und zierlicher Wohnung; da mache ich auch wohl eine leichte und vergnügliche Jagd mit, wie sie für mein Alter passt. Einige Zeit bringe ich dann in meiner schönen Villa in der Ebene[12] zu; dort laufen alle Wege auf einen Platz zusammen, dessen Mitte eine artige Kirche einnimmt; ein mächtiger Arm der Brenta strömt mitten durch die Anlagen, lauter fruchtbare, wohl angebaute Felder, alles jetzt stark bewohnt, wo früher nur Sumpf und schlechte Luft und eher ein Wohnsitz für Schlangen als für Menschen war. Ich war's, der die Gewässer ableitete; da wurde die Luft gut und die Leute siedelten sich an und vermehrten sich, und der Ort wurde so ausgebaut, wie man ihn jetzt sieht, so dass ich in Wahrheit sagen kann: an dieser Stätte gab ich Gott einen Altar und einen Tempel und Seelen, um ihn anzubeten. Dies ist mein Trost und mein Glück so oft ich hinkomme. Im Frühling und Herbst besuche ich auch die nahen Städte und sehe und spreche meine Freunde und mache durch sie die Bekanntschaft anderer ausgezeichneter Leute, Architekten, Maler, Bildhauer, Musiker und Landökonomen. Ich betrachte, was sie Neues geschaffen haben, betrachte das schon Bekannte wieder und lerne immer vieles, was mir dient, in und an Palästen, Gärten, Altertümern, Stadtanlagen, Kirchen und Festungswerken. Vor allem aber entzückt mich auf der Reise die Schönheit der Gegenden und der Ortschaften, wie sie bald in der Ebene, bald auf Hügeln, an Flüssen und

12. Ist dies wohl die S. 351 erwähnte Villa von Codevico?

Bächen mit ihren Landhäusern und Gärten ringsum daliegen. Und diese meine Genüsse werden mir nicht geschmälert durch Abnahme des Auges oder des Ohres; alle meine Sinne sind Gott sei Dank in vollkommen gutem Zustande, auch der Geschmack, indem mir jetzt das Wenige und Einfache, was ich zu mir nehme, besser schmeckt, als einst die Leckerbissen zur Zeit, da ich unordentlich lebte.“

Nachdem er hierauf die von ihm für die Republik betriebenen Entsumpfungsarbeiten und die von ihm beharrlich vorgeschlagenen Projekte zur Erhaltung der Lagunen erwähnt hat, schliesst er: „Dies sind die wahren Erholungen eines durch Gottes Hülfe gesunden Alters, das von jenen geistigen und körperlichen Leiden frei ist, welchen so manche jüngere Leute und so manche hinsiechende Greise unterliegen. Und wenn es erlaubt ist, zum Grossen das Geringe, zum Ernst den Scherz hinzuzufügen, so ist auch das eine Frucht meines mässigen Lebens, dass ich in diesem meinem dreiundachtzigsten Altersjahre noch eine sehr ergötzliche Komödie voll ehrbarer Spasshaftigkeit geschrieben habe. Dergleichen ist sonst Sache der Jugend, wie die Tragödie Sache des Alters; wenn man es nun jenem berühmten Griechen zum Ruhm anrechnet, dass er noch im dreiundsiebzigsten Jahre eine Tragödie gedichtet, muss ich nicht mit zehn Jahren darüber gesunder und heiterer sein als jener damals war? – Und damit der Fülle meines Alters kein Trost fehle, sehe ich eine Art leiblicher Unsterblichkeit in Gestalt meiner Nachkommenschaft vor Augen. Wenn ich nach Hause komme, habe ich nicht einen oder zwei, sondern eilf Enkel vor mir, zwischen zwei und achtzehn Jahren, alle von einem Vater und einer Mutter, alle kerngesund und (soviel bis jetzt zu sehen ist) mit Talent und Neigung für Bildung und gute Sitten begabt. Einen von den kleinern habe ich immer als meinen

Possenmacher (buffoncello) bei mir, wie denn die Kinder vom dritten bis zum fünften Jahre geborene Buffonen sind; die grössern behandle ich schon als meine Gesellschaft, und freue mich auch, da sie herrliche Stimmen haben, sie singen und auf verschiedenen Instrumenten spielen zu hören; ja ich selbst singe auch und habe jetzt eine bessere, hellere, tönendere Stimme als je. Das sind die Freuden meines Alters. Mein Leben ist also ein lebendiges und kein totes, und ich möchte mein Alter nicht tauschen gegen die Jugend eines solchen, der den Leidenschaften verfallen ist."

In der „Ermahnung", welche Cornaro viel später, in seinem fünfundneunzigsten Jahre beifügte, rechnet er zu seinem Glück unter andern auch, dass sein „Traktat" viele Proselyten gewonnen habe. Er starb zu Padua 1565, mehr als hundertjährig.

Neben der Charakteristik der einzelnen Individuen entsteht auch eine Gabe des Urteils und der Schilderung für ganze Bevölkerungen. Während des Mittelalters hatten sich im ganzen Abendlande Städte, Stämme und Völker gegenseitig mit Spott- und Scherzworten verfolgt, welche meistens einen wahren Kern in starker Verzerrung enthielten. Von jeher aber taten sich die Italiener im Bewusstsein der geistigen Unterschiede ihrer Städte und Landschaften besonders hervor; ihr Lokalpatriotismus, so gross oder grösser als bei irgendeinem mittelalterlichen Volke, hatte frühe schon eine literarische Seite und verband sich mit dem Begriff des Ruhmes; die Topographie entsteht als eine Parallele der Biographie (S. 178). Während sich nun jede grössere Stadt in Prosa und Versen zu preisen anfing[13], traten auch Schriftsteller auf, welche sämtliche

13. Dies zum Teil schon sehr früh, in den lombardischen Städten schon im 12. Jahrhundert. Vgl. Landulfus senior, Ricobaldus und (bei Murat. XI) den merkwürdigen Anonymus De laudibus Papiae, aus

wichtigere Städte und Bevölkerungen teils ernsthaft nebeneinander beschrieben, teils witzig verspotteten, auch wohl so besprachen, dass Ernst und Spott nicht scharf voneinander zu trennen sind.

Nächst einigen berühmten Stellen in der Divina Commedia kommt der Dittamondo des Uberti in Betracht (um 1360). Hier werden hauptsächlich nur einzelne auffallende Erscheinungen und Wahrzeichen namhaft gemacht: das Krähenfest zu St. Apollinare in Ravenna, die Brunnen in Treviso, der grosse Keller bei Vicenza, die hohen Zölle von Mantua, der Wald von Türmen in Lucca; doch finden sich dazwischen auch Lobeserhebungen und anzügliche Kritiken anderer Art; Arezzo figuriert bereits mit dem subtilen Ingenium seiner Stadtkinder, Genua mit den künstlich geschwärzten Augen und Zähnen (?) der Weiber, Bologna mit dem Geldvertun, Bergamo mit dem groben Dialekt und den gescheiten Köpfen u. dgl.[14] Im 15. Jahrhundert rühmt dann jeder seine eigene Heimat auch auf Kosten anderer Städte. Michele Savonarola z. B. lässt neben seinem Padua nur Venedig und Rom als herrlicher, Florenz höchstens als fröhlicher gelten[15], womit denn natürlich der objektiven Erkenntnis wenig gedient war. Am Ende des Jahrhunderts schildert Jovianus Pontanus in seinem „Antonius“ eine fingierte Reise durch Italien nur um boshafte Bemerkungen dabei vorbringen zu können. Aber mit dem 16. Jahrhundert beginnt eine Reihe wahrer und tiefer Charakteristiken[16], wie sie damals wohl kein

dem 14. Jahrhundert. – Sodann (bei Murat. I, b) Liber de situ urbis Mediol.

14. Ueber Paris, welches damals noch dem Italiener vom Mittelalter her weit mehr galt als hundert Jahre später, s. Dittamondo IV, cap. 18.

15. Savonarola, bei Murat. XXIV, Col. 1186. – Ueber Venedig s. oben S. 89 f.

16. Der Charakter der rastlos tätigen Bergamasken voll Argwohn und Neugier ist sehr artig geschildert bei Bandello, Parte I, Nov. 34.

anderes Volk in dieser Weise besass. Macchiavell schildert in einigen kostbaren Aufsätzen die Art und den politischen Zustand der Deutschen und Franzosen, so dass auch der geborene Nordländer, der seine Landesgeschichte kennt, dem florentinischen Weisen für seine Lichtblicke dankbar sein wird. Dann zeichnen die Florentiner (S. 103, 110) gerne sich selbst[17] und sonnen sich dabei im reichlich verdienten Glanze ihres geistigen Ruhmes; vielleicht ist es der Gipfel ihres Selbstgefühls, wenn sie z. B. das künstlerische Primat Toscanas über Italien nicht einmal von einer besondern genialen Begabung, sondern von der Anstrengung, von den Studien herleiten[18]. Huldigungen berühmter Italiener anderer Gegenden, wie z. B. das herrliche sechzehnte Capitolo des Ariost, mochte man wohl wie einen schuldigen Tribut in Empfang nehmen.

Von einer, wie es scheint, sehr ausgezeichneten Quelle über die Unterschiede der Bevölkerungen Italiens können wir nur den Namen angeben[19]. Leandro Alberti[20] ist in der Schilderung des Genius der einzelnen Städte nicht so ausgiebig als man erwarten sollte. Ein kleiner anonymer[21] Commentario enthält zwischen vielen Torheiten auch manchen wertvollen

17. So Varchi, im IX. Buch der Storie Fiorentine (Vol. III, p. 56, s.).

18. Vasari, XII, p. 158, v. di Michelangelo, Anfang. Andere Male wird dann doch laut genug der Mutter Natur gedankt, wie z. B. in dem Sonett des Alfonso de' Pazzi an den Nicht-Toscaner Annibal Caro (bei Trucchi, I, c. III, p. 187):

Misero il Varchi! e più infelici noi,
Se a vostri virtudi accidentali
Aggiunto fosse 'l natural, ch'è in noi!

19. Landi: Quaestiones Forcianae, Neapoli 1536, benützt von Ranke, Päpste I, S. 385.

20. Descrizione di tutta l'Italia.

21. Commentario delle più notabili et mostruose cose d'Italia etc., Venezia 1569. (Wahrscheinlich vor 1547 verfasst.)

Wink über den unglücklichen zerfallenen Zustand um die Mitte des Jahrhunderts[22].

Wie nun diese vergleichende Betrachtung der Bevölkerungen, hauptsächlich durch den italienischen Humanismus, auf andere Nationen eingewirkt haben mag, sind wir nicht imstande näher nachzuweisen. Jedenfalls gehört Italien dabei die Priorität wie bei der Kosmographie im grossen.

Allein die Entdeckung des Menschen bleibt nicht stehen bei der geistigen Schilderung der Individuen und der Völker; auch der äussere Mensch ist in Italien auf ganz andere Weise das Objekt der Betrachtung als im Norden[1].

Von der Stellung der grossen italienischen Aerzte zu den Fortschritten der Physiologie wagen wir nicht zu sprechen, und die künstlerische Ergründung der Menschengestalt gehört nicht hieher, sondern in die Kunstgeschichte. Wohl aber muss hier von der allgemeinen Bildung des Auges die Rede sein, welche in Italien ein objektives, allgültiges Urteil über körperliche Schönheit und Hässlichkeit möglich machte.

Fürs erste wird man bei der aufmerksamen Lesung der damaligen italienischen Autoren erstaunen über die Genauigkeit und Schärfe in der Bezeichnung der äussern Züge und über die Vollständigkeit mancher Personalbeschreibungen überhaupt[2]. Noch heutzutage

22. Possenhafte Aufzählungen der Städte gibt es fortan häufig; z. B. Macaroneide, Phantas. II. – Für Frankreich ist dann Rabelais, welcher die Macaroneide gekannt hat, die grosse Quelle lokaler und provinzialer Spässe, Anspielungen und Bosheiten.

1. Freilich auch sinkende Literaturen sind wohl eifrig im peinlich genauen Beschreiben. Vgl. etwa bei Sidonius Apollinaris die Schilderung eines Westgotenkönigs (Epist. I, 2), die eines persönlichen Feindes (Epist. III, 13), oder in den Gedichten die Typen der einzelnen Germanenvölker.

2. Ueber Filippo Villani, vgl. S. 361 f.

haben besonders die Römer das Talent, einen Menschen, von dem die Rede ist, in drei Worten kenntlich zu machen. Dieses rasche Erfassen des Charakteristischen aber ist eine wesentliche Vorbedingung für die Erkenntnis des Schönen und für die Fähigkeit, dasselbe zu beschreiben. Bei Dichtern kann allerdings das umständliche Beschreiben ein Fehler sein, da ein einziger Zug, von der tiefern Leidenschaft eingegeben, im Leser ein viel mächtigeres Bild von der betreffenden Gestalt zu erwecken vermag. Dante hat seine Beatrice nirgends herrlicher gepriesen als wo er nur den Reflex schildert, der von ihrem Wesen ausgeht auf ihre ganze Umgebung. Allein es handelt sich hier nicht um die Poesie, welche als solche ihren eigenen Zielen nachgeht, sondern um das Vermögen, spezielle sowohl als ideale Formen in Worten zu malen.

Hier ist Boccaccio Meister, nicht im Decamerone, da die Novelle alles lange Beschreiben verbietet, sondern in seinen Romanen, wo er sich die Musse und den nötigen Schwung dazu nehmen darf. In seinem Ameto schildert er[3] eine Blonde und eine Braune ungefähr wie ein Maler sie hundert Jahre später würde gemalt haben – denn auch hier geht die Bildung der Kunst lange voran. Bei der Braunen (oder eigentlich nur weniger Blonden) erscheinen schon einige Züge, die wir klassisch nennen würden: in seinen Worten „la spaziosa testa e distesa" liegt die Ahnung grosser Formen, die über das Niedliche hinausgehen; die Augbraunen bilden nicht mehr wie beim Ideal der Byzantiner zwei Bogen, sondern zusammen eine geschwungene Linie; die Nase scheint er sich der sogenannten Adlernase genähert zu denken[4]; auch die breite Brust, die mässig langen Arme, die Wirkung der schönen Hand, wie sie auf dem Purpurgewande liegt – all diese Züge

3. Parnasso teatrale, Lipsia 1829. Introd., p. VII.
4. Die Lesart ist hier offenbar verdorben.

deuten wesentlich auf das Schönheitsgefühl einer kommenden Zeit, welches zugleich dem des hohen klassischen Altertums unbewusst sich nähert. In andern Schilderungen erwähnt Boccaccio auch eine ebene (nicht mittelalterlich gerundete) Stirn, ein ernstes langgezogenes braunes Auge, einen runden, nicht ausgehöhlten Hals, freilich auch das sehr moderne „kleine Füsschen", und bei einer schwarzhaarigen Nymphe bereits „zwei schelmisch rollende Augen"[5] u. a. m.

Ob das 15. Jahrhundert schriftliche Rechenschaft über sein Schönheitsideal hinterlassen hat, weiss ich nicht zu sagen; die Leistungen der Maler und Bildhauer würden dieselbe nicht so ganz entbehrlich machen, wie es auf den ersten Anblick scheint, da gerade ihrem Realismus gegenüber in den Schreibenden ein spezielles Postulat der Schönheit fortgelebt haben könnte[6]. Im 16. Jahrhundert tritt dann Firenzuola hervor mit seiner höchst merkwürdigen Schrift über weibliche Schönheit[7]. Man muß vor allem ausscheiden, was er nur von antiken Autoren und von Künstlern gelernt hat, wie die Massbestimmungen nach Kopflängen, einzelne abstrakte Begriffe usw. Was übrigbleibt, ist eigene echte Wahrnehmung, die er aus Beispielen von lauter Frauen und Mädchen aus Prato belegt. Da nun sein Werkchen eine Art von Vortrag

5. Due occhi ladri nel loro movimento. Die ganze Schrift ist reich an solchen Beschreibungen.

6. Das sehr schöne Liederbuch des Giusto de' Conti: la bella mano meldet nicht einmal von dieser berühmten Hand seiner Geliebten so viel Spezielles wie Boccaccio an zehn Stellen seines Ameto von den Händen seiner Nymphen erzählt.

7. Della bellezza delle donne, im I. Band der Opere di Firenzuola, Milano 1802. – Seine Ansicht über die Körperschönheit als Anzeige der Seelenschönheit vgl. vol. II, p. 48 bis 52, in den ragionamenti vor seinen Novellen. – Unter den vielen andern, welche dies, zum Teil nach Art der Alten, verfechten, nennen wir nur Castiglione, il Cortigiano, L. IV fol. 176.

ist, den er vor seinen Prateserinnen, also den strengsten Richterinnen hält, so muss er dabei sich wohl an die Wahrheit angeschlossen haben. Sein Prinzip ist zugestandenermaßen das des Zeuxis und Lucian: ein Zusammensuchen von einzelnen schönsten Teilen zu einer höchsten Schönheit. Er definiert die Ausdrücke der Farben, die an Haut und Haaren vorkommen, und gibt dem biondo den Vorzug als der wesentlichen und schönsten Haarfarbe[8], nur dass er darunter ein sanftes, dem Bräunlichen zugeneigtes Gelb versteht. Ferner verlangt er das Haar dicht, lockig und lang, die Stirn heiter und doppelt so breit als hoch, die Haut hell leuchtend (candido), aber nicht von toter Weisse (bianchezza), die Braunen dunkel, seidenweich, in der Mitte am stärksten und gegen Nase und Ohr abnehmend, das Weisse im Auge leise bläulich, die Iris nicht gerade schwarz, obwohl alle Dichter nach occhi neri als einer Gabe der Venus schreien, während doch das Himmelblau selbst Göttinnen eigen gewesen und das sanfte, fröhlich blickende Dunkelbraun allbeliebt sei. Das Auge selbst soll gross gebildet sein und vortreten; die Lider sind weiss mit kaum sichtbaren roten Aederchen am schönsten; die Wimpern weder zu dicht noch zu lang, noch zu dunkel. Die Augenhöhle muss die Farbe der Wangen haben[9]. Das Ohr, von mittlerer Grösse, fest und

8. Worüber jedermann einverstanden war, nicht bloss die Maler aus Gründen des Kolorits.

9. Bei diesem Anlass etwas über das Auge der Lucrezia Borgia, aus den Distichen eines ferraresischen Hofpoeten, Ercole Strozza (Strozii poetae, p. 85, 86). Die Macht ihres Blickes wird auf eine Weise bezeichnet, die nur in einer künstlerischen Zeit erklärlich ist, und die man sich jetzt verbitten würde. Bald heisst dies Auge entflammend, bald versteinernd. Wer die Sonne lange ansieht, wird blind; wer Medusa betrachtet, wurde Stein; wer aber Lucreziens Angesicht schaut:

Fit primo intuitu caecus et inde lapis.

Ja der marmorne schlafende Cupido in ihren Sälen soll von ihrem Blick versteinert sein:

Lumine Borgiados saxificatus Amor.

wohl angesetzt, muss in den geschwungenen Teilen lebhafter gefärbt sein als in den flachern, der Saum durchsichtig und rotglänzend wie Granatenkern. Die Schläfe sind weiss und flach und nicht zu schmal am schönsten[10]. Auf den Wangen muss das Rot mit der Rundung zunehmen. Die Nase, welche wesentlich den Wert des Profiles bestimmt, muß nach oben sehr sanft und gleichmäßig abnehmen; wo der Knorpel aufhört, darf eine kleine Erhöhung sein, doch nicht, dass daraus eine Adlernase würde, die an Frauen nicht gefällt; der untere Teil muss sanfter gefärbt sein als die Ohren, nur nicht erfroren weiss, die mittlere Wand über der Lippe leise gerötet. Den Mund verlangt der Autor eher klein, doch weder gespitzt noch platt, die Lippen nicht zu subtil und schön aufeinander passend; beim zufälligen Oeffnen (d. h. ohne Lachen oder Reden) darf man höchstens sechs Oberzähne sehen. Besondere Delikatessen sind das Grübchen in der Oberlippe, ein schönes Anschwellen der Unterlippe, ein liebreizendes Lächeln im linken Mundwinkel usw. Die Zähne sollen sein: nicht zu winzig, ferner gleichmässig, schön getrennt, elfenbeinfarbig; das Zahnfleisch nicht zu dunkel, ja nicht etwa wie roter Sammet. Das Kinn sei rund, weder gestülpt noch spitzig, gegen die Er-

Man kann nun darüber streiten, ob der sogenannte praxitelische oder derjenige von Michelangelo gemeint sei, da sie beide besass.

Und derselbe Blick erschien einem andern Dichter, dem Marcello Filosseno, nur mild und stolz, mansueto e altero (Roscoe, Leone X, ed. Bossi, VII, p. 306).

Vergleichungen mit antiken Idealgestalten kommen damals nicht selten vor (S. 57, 214). Von einem zehnjährigen Knaben heisst es im Orlandino (II, Str. 47): er hat einen antiken Kopf, ed ha capo romano.

10. Bei diesem Anlass, da das Aussehen der Schläfe durch die Anordnung der Haare modifiziert werden kann, erlaubt sich F. einen komischen Ausfall gegen die allzuvielen Blumen im Haar, welche dem Gesicht ein Ansehen geben, „gleich einem Topf voll Nelken oder einem Geissviertel am Bratspiess". Ueberhaupt versteht er recht wohl zu karikieren.

höhung hin sich rötend; sein besonderer Ruhm ist das Grübchen. Der Hals muss weiss und rund und eher zu lang als zu kurz sein, Grube und Adamsapfel nur angedeutet; die Haut muss bei jeder Wendung schöne Falten bilden. Die Schultern verlangt er breit, und bei der Brust erkennt er sogar in der Breite das höchste Erfordernis der Schönheit; ausserdem muss daran kein Knochen sichtbar, alles Zu- und Abnehmen kaum bemerklich, die Farbe „candidissimo“ sein. Das Bein soll lang und an dem untern Teil zart, doch am Schienbein nicht zu fleischlos und überdies mit starken weissen Waden versehen sein. Den Fuß will er klein, doch nicht mager, die Spannung (scheint es) hoch, die Farbe weiss wie Alabaster. Die Arme sollen weiss sein und sich an den erhöhten Teilen leise röten; ihre Konsistenz beschreibt er als fleischig und muskulös, doch sanft wie die der Pallas, da sie vor dem Hirten auf Ida stand, mit einem Worte: saftig, frisch und fest. Die Hand verlangt er weiss, besonders oben, aber *gross* und etwas voll, und anzufühlen wie feine Seide, das rosige Innere mit wenigen, aber deutlichen, nicht gekreuzten Linien und nicht zu hohen Hügeln versehen, den Raum zwischen Daumen und Zeigefinger lebhaft gefärbt und ohne Runzeln, die Finger lang, zart und gegen das Ende hin kaum merklich dünner, mit hellen wenig gebogenen und nicht zu langen noch zu viereckigen Nägeln, die beschnitten sein sollen nur bis auf die Breite eines Messerrückens.

Neben dieser speziellen Aesthetik nimmt die allgemeine nur eine untergeordnete Stelle ein. Die tiefsten Gründe des Schönfindens, nach welchen das Auge „senza appello“ richtet, sind auch für Firenzuola ein Geheimnis, wie er offen eingesteht, und seine Definitionen von Leggiadria, Grazia, Vaghezza, Venustà, Aria, Maestà sind zum Teil, wie bemerkt, philologisch erworben, zum Teil ein vergebliches Ringen mit dem

Unaussprechlichen. Das Lachen definiert er – wahrscheinlich nach einem alten Autor – recht hübsch als ein Erglänzen der Seele.

Alle Literaturen werden am Ausgange des Mittelalters einzelne Versuche aufweisen, die Schönheit gleichsam dogmatisch festzustellen[11]. Allein neben Firenzuola wird schwerlich ein anderes Werk irgend aufkommen. Der um ein starkes halbes Jahrhundert spätere Brantome z. B. ist ein geringer Kenner dagegen, weil ihn die Lüsternheit und nicht der Schönheitssinn leitet.

Zu der Entdeckung des Menschen dürfen wir endlich auch die schildernde Teilnahme an dem wirklichen bewegten Menschenleben rechnen.

Die ganze komische und satirische Seite der mittelalterlichen Literaturen hatte zu ihren Zwecken das Bild des gemeinen Lebens nicht entbehren können. Etwas ganz anderes ist es, wenn die Italiener der Renaissance dieses Bild um seiner selbst willen ausmalen, weil es an sich interessant, weil es ein Stück des grossen allgemeinen Weltlebens ist, von welchem sie sich zauberhaft umwogt fühlen. Statt und neben der Tendenzkomik, welche sich in den Häusern, auf den Gassen, in den Dörfern herumtreibt, weil sie Bürgern, Bauern und Pfaffen eines anhängen will, treffen wir hier in der Literatur die Anfänge des echten Genre, lange Zeit bevor sich die Malerei damit abgibt. Dass beides sich dann oft wieder verbindet, hindert nicht, dass es verschiedene Dinge sind.

Wie viel irdisches Geschehen muss Dante aufmerksam und teilnehmend angesehen haben, bis er die Vorgänge eines Jenseits so ganz sinnlich wahr schildern

11. Das Schönheitsideal der Minnesinger, s. bei Falke, Die deutsche Trachten- und Modenwelt, I, S. 85 ff.

konnte[1]. Die berühmten Bilder von der Tätigkeit im Arsenal zu Venedig, vom Aneinanderlehnen der Blinden vor den Kirchtüren[2] u. dgl. sind lange nicht die einzigen Beweise dieser Art; schon seine Kunst, den Seelenzustand in der äussern Gebärde darzustellen, zeigt ein grosses und beharrliches Studium des Lebens.

Die Dichter, welche auf ihn folgen, erreichen ihn in dieser Beziehung selten, und den Novellisten verbietet es das höchste Gesetz ihrer Literaturgattung, bei dem einzelnen zu verweilen (vgl. S. 334, 375). Sie dürfen so weitschweifig präludieren und erzählen als sie wollen, aber nicht genrehaft schildern. Wir müssen uns gedulden, bis die Männer des Altertums Lust und Gelegenheit finden, sich in der Beschreibung zu ergehen.

Hier tritt uns wiederum *der* Mensch entgegen, welcher Sinn hatte für alles: Aeneas Sylvius. Nicht bloss die Schönheit der Landschaft, nicht bloss das kosmographisch oder antiquarisch Interessante (S. 211, 313 f., 330 f.) reizt ihn zur Darstellung, sondern jeder lebendige Vorgang[3]. Unter den sehr vielen Stellen seiner Memoiren, wo Szenen geschildert werden, welchen damals kaum jemand einen Federstrich gegönnt hätte, heben wir hier nur das Wettrudern auf dem Bolsener See hervor[4]. Man wird nicht näher ermitteln können, aus welchen antiken Epistolographen oder Erzählern die spezielle Anregung zu so lebensvollen Bildern auf ihn übergegangen ist, wie denn überhaupt die geistigen Berührungen zwischen Altertum und Renaissance oft überaus zart und geheimnisvoll sind.

Sodann gehören hieher jene beschreibenden lateini-

1. Ueber die Wahrheit seines Raumsinns vgl. S. 326, Anm.

2. Inferno XXI, 7. Purgat. XIII, 61.

3. Man muss es nicht zu ernst nehmen, dass er an seinem Hofe eine Art Spottdrossel, den Florentiner Greco hatte, hominem certe cuiusvis mores, naturam, linguam cum maximo omnium qui audiebant risu facile exprimentem. Platina, Vitae Pontiff. p. 310.

4. Pii II. Comment. VIII, p. 391.

schen Gedichte, von welchen oben (S. 288) die Rede war: Jagden, Reisen, Zeremonien u. dgl. Es gibt auch Italienisches dieser Gattung; wie z. B. die Schilderungen des berühmten mediceischen Turniers von Poliziano und Luca Pulci. Die eigentlichen epischen Dichter, Luigi Pulci, Bojardo und Ariost, treibt ihr Gegenstand schon rascher vorwärts, doch wird man bei allen die leichte Präzision in der Schilderung des Bewegten als ein Hauptelement ihrer Meisterschaft erkennen müssen. Franco Sacchetti macht sich einmal das Vergnügen, die kurzen Reden eines Zuges hübscher Weiber aufzuzeichnen[5], die im Wald vom Regen überrascht werden.

Andere Beschreibungen der bewegten Wirklichkeit findet man am ehesten bei Kriegsschriftstellern u. dgl. (vgl. S. 130). Schon aus früherer Zeit ist uns in einem umständlichen Gedicht[6] das getreue Abbild einer Söldnerschlacht des 14. Jahrhunderts erhalten, hauptsächlich in Gestalt der Zurufe, Kommandos und Gespräche, die während einer solchen vorkommen.

Das Merkwürdigste dieser Art aber ist die echte Schilderung des Bauernlebens, welche besonders bei Lorenzo magnifico und den Dichtern in seiner Umgebung bemerklich wird.

Seit Petrarca[7] gab es eine falsche, konventionelle Bukolik oder Eklogendichtung, eine Nachahmung Virgils, mochten die Verse lateinisch oder italienisch

5. Diese sogenannte Caccia ist abgedruckt im Kommentar zu Castigliones Ekloge.

6. Siehe die Serventese des Giannozzo von Florenz, bei Trucchi, Poesie italiane inedite, II, p. 99. Die Worte sind zum Teil ganz unverständlich, d. h. wirklich oder scheinbar aus den Sprachen der fremden Söldner entlehnt. – Auch Macchiavells Beschreibung von Florenz während der Pest von 1527 gehört gewissermassen hieher. Lauter lebendig sprechende Einzelbilder eines schrecklichen Zustandes.

7. Laut Boccaccio (Vita di Dante, p. 77) hätte schon Dante zwei, wahrscheinlich lateinische, Eklogen gedichtet.

sein. Als ihre Nebengattungen traten auf der Hirtenroman von Boccaccio (S. 285) bis auf Sannazaros Arcadia, und später das Schäferspiel in der Art des Tasso und Guarini, Werke der allerschönsten Prosa wie des vollendetsten Versbaues, worin jedoch das Hirtenwesen nur ein äusserlich übergeworfenes ideales Kostüm für Empfindungen ist, die einem ganz andern Bildungskreis entstammen[8].

Daneben aber tritt gegen das Ende des 15. Jahrhunderts jene echt genrehafte Behandlung des ländlichen Daseins in die Dichtung ein. Sie war nur in Italien möglich, weil nur hier der Bauer (sowohl der Kolone als der Eigentümer) Menschenwürde und persönliche Freiheit und Freizügigkeit hatte, so hart bisweilen auch sein Los sein mochte. Der Unterschied zwischen Stadt und Dorf ist bei weitem nicht so ausgesprochen wie im Norden; eine Menge Städtchen sind ausschliesslich von Bauern bewohnt, die sich des Abends Städter nennen können. Die Wanderungen der comaskischen Maurer gingen fast durch ganz Italien; das Kind Giotto durfte von seinen Schafen hinweg und konnte in Florenz zünftig werden; überhaupt war ein beständiger Zustrom vom Lande nach den Städten, und gewisse Bergbevölkerungen schienen dafür eigentlich geboren[9]. Nun sorgen zwar Bildungshochmut und städtischer Dünkel noch immer dafür, dass Dichter und Novellisten sich über den villano

8. Boccaccio gibt in seinem Ameto schon eine Art von mythisch verkleidetem Decamerone und fällt bisweilen auf komische Weise aus dem Kostüm. Eine seiner Nymphen ist gut katholisch und wird in Rom von den Prälaten lüstern angesehen; eine andere heiratet. Im Ninfale Fiesolano zieht die schwangere Nymphe Mensola eine „alte, weise Nymphe“ zu Rate, u. dgl.

9. Nullum est hominum genus aptius urbi, sagt Battista Mantovano (Ecl. VIII) von den zu allen Dingen brauchbaren Bewohnern des Monte Baldo und der Val Sassina. Bekanntlich haben einzelne Landbevölkerungen noch heute ein Vorrecht auf gewisse Beschäftigungen in grossen Städten.

lustig machen[10], und die Improvisier-Komödie (S. 350 f.) tat vollends das übrige. Aber wo fände sich ein Ton von jenem grausamen, verachtungsvollen Rassenhass gegen die vilains, der die adligen provenzalischen Dichter und stellenweise die französischen Chronisten beseelt? Vielmehr[11] erkennen italienische Autoren jeder Gattung das Bedeutende und Grosse, wo es sich im Bauernleben zeigt, freiwillig an und heben es hervor. Gioviano Pontano erzählt[12] mit Bewunderung Züge von Seelenstärke der wilden Abruzzesen; in den biographischen Sammelwerken wie bei den Novellisten fehlt auch das heroische Bauermädchen[13] nicht, welches sein Leben dran setzt, um seine Unschuld oder seine Familie zu verteidigen[14].

Unter solchen Voraussetzungen war eine poetische Betrachtung des Bauernlebens möglich. Zunächst sind hier zu erwähnen die einst viel gelesenen und noch heute lesenswerten Eklogen des Battista Mantovano

10. Vielleicht eine der stärksten Stellen: Orlandino, cap. V, str. 54–58.

11. In der Lombardie scheuten sich zu Anfang des 16. Jahrhunderts die Edelleute nicht, mit den Bauern zu tanzen, zu ringen, zu springen und um die Wette zu laufen. Il cortigiano, L. II, fol. 54. – Ein Gutsbesitzer, der sich über Gier und Trug seiner Pachtbauern damit tröstet, dass man sich dabei in die Leute schicken lerne, ist A. Pandolfini, im Trattato del governo della famiglia, p. 86.

12. Jovian. Pontan. de fortidudine, lib. II.

13. Die berühmte veltlinische Bäurin Bona Lombarda als Gemahlin des Condottiere Pietro Brunoro lernt man kennen aus Jacobus Bergomensis und aus Porcellius, bei Murat. XXV, Col. 43. — Vgl. oben S. 180, Anm.

14. Ueber das Schicksal der damaligen italienischen Bauern überhaupt und je nach den Landschaften insbesondere sind wir ausserstande, Näheres hier beizubringen. Wie sich der freie Grundbesitz damals zum gepachteten verhielt, welches die Belastung beider im Verhältnis zur jetzigen Zeit war, müssen Spezialwerke lehren, die uns nicht zu Gebote stehen. In stürmischen Zeiten pflegen die Bauern bisweilen schrecklich zu verwildern (Arch. stor. XVI, I, p. 451, s. – Corio, fol. 259. – Annales Foroliv. bei Murat. XXII, Col. 227), aber nirgends kommt es zu einem grossen gemeinsamen Bauernkrieg. Von einiger Bedeutung und an sich sehr interessant ist der Bauernaufstand um Piacenza 1462. Vgl. Corio, Storia di Milano, fol. 409. Annales Placent. bei Murat. XX, Col. 907. Sismondi, X, p. 138.

Tizian:
Johannes
der Täufer
(Ausschnitt)

Giovannino de'Grassi: Vogelstudien

(eines seiner frühern Werke, etwa um 1480). Sie schwanken noch zwischen echter und konventioneller Ländlichkeit, doch überwiegt die erstere. Im wesentlichen spricht daraus der Sinn eines wohldenkenden Dorfgeistlichen, nicht ohne einen gewissen aufklärerischen Eifer. Als Karmelitermönch mag er viel mit Landleuten verkehrt haben.

Allein mit einer ganz andern Kraft versetzt sich Lorenzo magnifico in den bäurischen Gesichtskreis hinein. Seine Nencia di Barberino[15] liest sich wie ein Inbegriff echter Volkslieder aus der Umgegend von Florenz, zusammengegossen in einen grossen Strom von Ottaven. Die Objektivität des Dichters ist der Art, dass man im Zweifel bleibt, ob er für den Redenden (den Bauerburschen Vallera, welcher der Nencia seine Liebe erklärt) Sympathie oder Hohn empfindet. Ein bewusster Gegensatz zur konventionellen Bukolik mit Pan und Nymphen ist unverkennbar; Lorenzo ergeht sich absichtlich im derben Realismus des bäurischen Kleinlebens, und doch macht das Ganze einen wahrhaft poetischen Eindruck.

Ein zugestandenes Seitenstück zur Nencia ist die Beca da Dicomano des Luigi Pulci[16]. Allein es fehlt der tiefere objektive Ernst; die Beca ist nicht sowohl gedichtet aus innerem Drang, ein Stück Volksleben darzustellen, als vielmehr aus dem Verlangen, durch etwas der Art den Beifall gebildeter Florentiner zu gewinnen. Daher die viel grössere, absichtlichere Derbheit des Genrehaften und die beigemischten Zoten. Doch wird der Gesichtskreis des ländlichen Liebhabers noch sehr geschickt festgehalten.

15. Poesie di Lorenzo magnif., I, p. 37, s. – Die sehr merkwürdigen Gedichte aus der Zeit des deutschen Minnegesanges, welche den Namen des Neithard von Reuenthal tragen, stellen das Bauernleben doch nur dar, insoweit sich der Ritter zu seinem Vergnügen darauf einlässt.

16. Ebenda, II, p. 149.

Der dritte in diesem Verein ist Angelo Poliziano mit seinem Rusticus[17] in lateinischen Hexametern. Er schildert, unabhängig von Virgils Georgica, speziell das toscanische Bauernjahr, beginnend mit dem Spätherbst, da der Landmann einen neuen Pflug schnitzt und die Wintersaat bestellt. Sehr reich und schön ist die Schilderung der Fluren im Frühling, und auch der Sommer enthält vorzügliche Stellen; als eine Perle aller neulateinischen Poesie aber darf das Kelterfest im Herbste gelten. Auch auf italienisch hat Poliziano einzelnes gedichtet, woraus hervorgeht, dass man im Kreise des Lorenzo bereits irgendein Bild aus dem leidenschaftlich bewegten Leben der untern Stände realistisch behandeln durfte. Sein Liebeslied des Zigeuners[18] ist wohl eines der frühsten Produkte der echt modernen Tendenz, sich in die Lage irgendeiner Menschenklasse mit poetischem Bewusstsein hineinzuversetzen. Mit komischer Absicht war dergleichen wohl von jeher versucht worden[19], und in Florenz boten die Gesänge der Maskenzüge sogar eine bei jedem Karneval wiederkehrende Gelegenheit hiezu. Neu aber ist das Eingehen auf die Gefühlswelt eines andern, womit die Nencia und diese „Canzone zingaresca" einen denkwürdigen neuen Anfang in der Geschichte der Poesie ausmachen.

Auch hier muss schliesslich darauf hingewiesen werden, wie die Bildung der Kunst vorangeht. Von der Nencia an dauert es wohl achtzig Jahre bis zu den ländlichen Genremalereien des Jacopo Bassano und seiner Schule.

17. U. a. in den Deliciae poetar. ital. und in den Werken Polizianos. – Die Lehrgedichte des Rucellai und Alamanni, welche einiges Aehnliches enthalten sollen, stehen mir nicht zu Gebote.

18. Poesie di Lorenzo m. II, p. 75.

19. Dahin gehört schon das Nachmachen verschiedener Dialekte, wozu das der Landesmanieren sich gesellt haben muss. Vgl. S. 186.

Im nächsten Abschnitt wird es sich zeigen, dass in Italien damals die Geburtsunterschiede zwischen den Menschenklassen ihre Geltung verloren. Gewiss trug hiezu viel bei, dass man hier zuerst die Menschen und die Menschheit in ihrem tiefern Wesen vollständig erkannt hatte. Schon dieses eine Resultat der Renaissance darf uns mit ewigem Dankgefühl erfüllen. Den logischen Begriff der Menschheit hatte man von jeher gehabt, aber sie kannte die Sache.

Die höchsten Ahnungen auf diesem Gebiete spricht Pico della Mirandola aus in seiner Rede von der Würde des Menschen[20], welche wohl eines der edelsten Vermächtnisse jener Kulturepoche heissen darf. Gott hat am Ende der Schöpfungstage den Menschen geschaffen, damit derselbe die Gesetze des Weltalls erkenne, dessen Schönheit liebe, dessen Grösse bewundre. Er band denselben an keinen festen Sitz, an kein bestimmtes Tun, an keine Notwendigkeiten, sondern er gab ihm Beweglichkeit und freien Willen. „Mitten in die Welt", spricht der Schöpfer zu Adam, „habe ich dich gestellt, damit du um so leichter um dich schauest und sehest alles was darinnen ist. Ich schuf dich als ein Wesen weder himmlisch noch irdisch, weder sterblich noch unsterblich allein, damit du dein eigener freier Bildner und Ueberwinder seiest; du kannst zum Tier entarten und zum gottähnlichen Wesen dich wiedergebären. Die Tiere bringen aus dem Mutterleibe mit was sie haben sollen, die höhern Geister sind von Anfang an oder doch bald hernach[21] was sie in Ewigkeit bleiben werden. Du allein hast eine Entwicklung, ein Wachsen nach freiem Willen, du hast Keime eines allartigen Lebens in dir."

20. Jo. Pici oratio de hominis dignitate, in den Opera und in besondern Abdrücken.

21. Eine Anspielung auf den Sturz Lucifers und seiner Genossen.

FÜNFTER ABSCHNITT

DIE GESELLIGKEIT UND DIE FESTE

Jede Kulturepoche, die in sich ein vollständig durchgebildetes Ganze vorstellt, spricht sich nicht nur im staatlichen Zusammenleben, in Religion, Kunst und Wissenschaft kenntlich aus, sondern sie drückt auch dem geselligen Dasein ihren bestimmten Stempel auf. So hatte das Mittelalter seine nach Ländern nur wenig verschiedene Hof- und Adelssitte und Etikette, sein bestimmtes Bürgertum.

Die Sitte der italienischen Renaissance ist hievon in den wichtigsten Beziehungen das wahre Widerspiel. Schon die Basis ist eine andere, indem es für die höhere Geselligkeit keine Kastenunterschiede mehr, sondern einen gebildeten Stand im modernen Sinne gibt, auf welchen Geburt und Herkunft nur noch dann Einfluss haben, wenn sie mit ererbtem Reichtum und gesicherter Musse verbunden sind. In absolutem Sinne ist dies nicht zu verstehen, indem die Standeskategorien des Mittelalters bald mehr, bald weniger sich geltend zu machen suchen, und wäre es auch nur, um mit der ausseritalienischen, europäischen Vornehmheit in irgendeinem Rangverhältnis zu bleiben; aber der allgemeine Zug der Zeit war offenbar die Verschmelzung der Stände im Sinn der neuern Welt.

Von erster Wichtigkeit war hiefür das Zusammenwohnen von Adligen und Bürgern in den Städten mindestens seit dem 12. Jahrhundert[1], wodurch Schick-

1. Bei dem piemontesischen Adel fiel das Wohnen auf den Landschlössern als eine Ausnahme auf. Bandello, Parte II, Nov. 12.

sale und Vergnügungen gemeinschaftlich wurden und die Anschauung der Welt vom Bergschloss aus von vornherein am Entstehen verhindert war. Sodann liess sich die Kirche in Italien niemals zur Apanagierung der jüngern Söhne des Adels brauchen wie im Norden; Bistümer, Domherrnstellen und Abteien wurden oft nach den unwürdigsten Rücksichten, aber doch nicht wesentlich nach Stammtafeln vergeben, und wenn die Bischöfe viel zahlreicher, ärmer und aller weltlichen Fürstenhoheit in der Regel bar und ledig waren, so blieben sie dafür in der Stadt wohnen, wo ihre Kathedrale stand, und bildeten samt ihrem Domkapitel ein Element der gebildeten Bevölkerung derselben. Als hierauf absolute Fürsten und Tyrannen emporkamen, hatte der Adel in den meisten Städten allen Anlass und alle Musse, sich ein Privatleben zu schaffen (S. 163 f.), welches politisch gefahrlos und mit jeglichem feinern Lebensgenusse geschmückt, dabei übrigens von dem der reichen Bürger gewiss kaum zu unterscheiden war. Und als die neue Poesie und Literatur seit Dante Sache eines jeden[2] wurde, als vollends die Bildung im Sinne des Altertums und das Interesse für den Menschen als solchen hinzutrat, während Condottieren Fürsten wurden und nicht nur die Ebenbürtigkeit, sondern auch die eheliche Geburt aufhörten, Requisite des Thrones zu sein (S. 45), da konnte man glauben, ein Zeitalter der Gleichheit sei angebrochen, der Begriff des Adels völlig verflüchtigt.

Die Theorie, wenn sie sich auf das Altertum berief, konnte schon aus dem einen Aristoteles die Berechtigung des Adels bejahen oder verneinen. Dante z. B. leitet noch[3] aus der einen aristotelischen Definition,

2. Dies schon lange vor dem Bücherdruck. Eine Menge Manuskripte, und von den besten, gehörten florentinischen Arbeitern. Ohne Savonarolas Opferbrand wären noch viel mehr vorhanden. Vgl. S. 229.

3. Dante, de monarchia, L. II, cap. 3.

„Adel beruhe auf Trefflichkeit und ererbtem Reichtum" seinen Satz her: „Adel beruhe auf eigener Trefflichkeit oder auf der der Vorfahren." Aber an andern Stellen gibt er sich damit nicht mehr zufrieden; er tadelt sich[4], weil er selbst im Paradies, im Gespräch mit seinem Ahn Cacciaguida, der edlen Herkunft gedacht habe, welche doch nur ein Mantel sei, von dem die Zeit beständig abschneide, wenn man nicht täglich neuen Wert hinzusetze. Und im Convito[5] löst er den Begriff nobile und nobiltà fast gänzlich von jeder Bedingung der Geburt ab und identifiziert ihn mit der Anlage zu jedem sittlichen und intellektuellen Vorrang; ein besonderer Akzent wird dabei auf die höhere Bildung gelegt, indem die nobiltà die Schwester der filosofia sein soll.

Je konsequenter hierauf der Humanismus sich die Anschauungsweise der Italiener dienstbar machte, desto fester überzeugte man sich auch, dass die Abstammung über den Wert des Menschen nicht entscheide. Im 15. Jahrhundert war dies schon die herrschende Theorie. Poggio in seinem Gespräch „vom Adel"[6] ist mit seinen Interlokutoren – Niccolò Niccoli und Lorenzo Medici, Bruder des grossen Cosimo – schon darüber einverstanden, dass es keine andere Nobilität mehr gebe als die des persönlichen Verdienstes. Mit den schärfsten Wendungen wird manches von dem persifliert, was nach dem gewöhnlichen Vorurteil zum adligen Leben gehört. „Vom wahren Adel sei einer nur um so viel weiter entfernt, je länger seine Vorfahren kühne Missetäter gewesen. Der Eifer für Vogelbeize und Jagd rieche nicht stärker nach Adel als die Nester der betreffenden Tiere nach Balsam. Landbau, wie ihn die Alten trieben, wäre viel edler

4. Paradiso XVI, Anfang.
5. Dante, Convito, fast der ganze Trattato IV, u. m. a. Stellen.
6. Poggii opera, Dial. de nobilitate.

als dies unsinnige Herumrennen in Wald und Gebirge, wobei man am meisten den Tieren selber gleiche. Eine Erholung dürfe dergleichen etwa vorstellen, nicht aber ein Lebensgeschäft." Vollends unadlig erscheine das französische und englische Ritterleben auf dem Lande oder in Waldschlössern, oder gar das deutsche Raubrittertum. Der Medici nimmt hierauf einigermassen die Partei des Adels, aber – bezeichnend genug – nicht mit Berufung auf ein angeborenes Gefühl, sondern weil Aristoteles im V. Buch der Politica den Adel als etwas Seiendes anerkenne und definiere, nämlich eben als beruhend auf Trefflichkeit und ererbtem Reichtum. Allein Niccoli erwidert: Aristoteles sage dies nicht als seine Ueberzeugung, sondern als allgemeine Meinung; in der Ethik, wo er sage was er denke, nenne er denjenigen adlig, welcher nach dem wahren Guten strebe. Umsonst hält ihm nun der Medici den griechischen Ausdruck für Adel, nämlich Wohlgeborenheit, Eugeneia entgegen; Niccoli findet das römische Wort nobilis, d. h. bemerkenswert, richtiger, indem selbiges den Adel von den Taten abhängig mache[7]. Ausser diesen Raisonnements wird die Stellung des Adels in den verschiedenen Gegenden Italiens folgendermassen skizziert. In Neapel ist der Adel träge und gibt sich weder mit seinen Gütern noch mit dem als schmachvoll geltenden Handel ab; entweder tagediebt er zu Hause[8] oder sitzt zu Pferde. Auch der römische Adel verachtet den Handel, bewirtschaftet aber seine Güter selbst; ja wer das Land baut, dem

7. Dieselbe Verachtung des Geburtsadels findet sich dann bei den Humanisten häufig. Vgl. die scharfen Stellen bei Aen. Sylvius, Opera, p. 84 (Hist. bohem., cap. 2) und 640 (Gesch. von Lucretia und Euryalus).

8. Und zwar in der Hauptstadt. Vgl. Bandello, Parte II, Nov. 7. – Joviani Pontani Antonius (wo der Verfall der Adelskraft erst von den Aragonesen an datiert wird).

eröffnet sich von selbst der Adelsrang[9]; „es ist eine ehrbare, wenn auch bäurische Nobilität." Auch in der Lombardie leben die Adligen vom Ertrag der ererbten Landgüter; Abstammung und Enthaltung von gewöhnlichen Geschäften machen hier schon den Adel aus[10]. In Venedig treiben die Nobili, die regierende Kaste, sämtlich Handel; ebenso sind in Genua Adlige und Nichtadlige sämtlich Kaufleute und Seefahrer und nur durch die Geburt unterschieden; einige freilich lauern auch als Wegelagerer in Bergschlössern. In Florenz hat sich ein Teil des alten Adels dem Handel ergeben; ein anderer Teil (gewiss der weit kleinere) erfreut sich seines Ranges und gibt sich mit gar nichts ab als mit Jagd und Vogelbeize[11].

Das Entscheidende war, dass fast in ganz Italien auch die, welche auf ihre Geburt stolz sein mochten, doch gegenüber der Bildung und dem Reichtum keinen Dünkel geltend machen konnten, und dass sie durch ihre politischen oder höfischen Vorrechte zu keinem erhöhten Standesgefühl provoziert wurden. Venedig macht hier nur eine scheinbare Ausnahme, weil das Leben der Nobili durchaus nur ein bürgerliches, durch wenige Ehrenrechte bevorzugtes war. Anders verhält es sich allerdings mit Neapel, welches durch die stren-

9. In ganz Italien galt wenigstens soviel, dass wer bedeutende Landrenten hatte, vom Adel nicht mehr zu unterscheiden war.

10. Für die Taxierung des Adels in Oberitalien ist Bandello mit seiner mehrmaligen Polemik gegen die Missheiraten nicht ohne Bedeutung. Parte I, Nov. 4, 26. Parte III, 60. IV, 8. Der mailändische Nobile als Kaufmann ist eine Ausnahme. Parte III, Nov. 37. – Wie die lombardischen Adligen an den Spielen der Bauern teilnahmen, vgl. S. 384, Anm.

11. Das strenge Urteil Macchiavells, Discorsi I, 55, bezieht sich bloss auf den noch mit Lehnsrechten versehenen, völlig untätigen und politisch zerstörenden Adel. – Agrippa von Nettesheim, der seine merkwürdigsten Ideen wesentlich seinem Leben in Italien verdankt, hat doch einen Abschnitt über Adel und Fürstentum (de incert. et vanitate scient., cap. 80), der an radikaler Bitterkeit stärker als alles ist und wesentlich der nordischen Geistergärung angehört.

gere Ausscheidung und die Pompsucht seines Adels mehr als aus irgendeinem andern Grunde von der geistigen Bewegung der Renaissance abgeschnitten blieb. Zu einer starken Nachwirkung des langobardischen und normannischen Mittelalters und des spätfranzösischen Adelswesens kam hier schon vor der Mitte des 15. Jahrhunderts die aragonesische Herrschaft, und so vollzog sich hier am frühsten, was erst hundert Jahre später im übrigen Italien überhandnahm: die teilweise Hispanisierung des Lebens, deren Hauptelement die Verachtung der Arbeit und die Sucht nach Adelstiteln war. Der Einfluss hievon zeigte sich schon vor dem Jahre 1500 selbst in kleinen Städten; aus La Cava wird geklagt: der Ort sei sprichwörtlich reich gewesen, so lange dort lauter Maurer und Tuchweber lebten; jetzt, da man statt Maurerzeug und Webstühlen nur Sporen, Steigbügel und vergoldete Gürtel sehe, da jedermann Doktor der Rechte oder der Medizin, Notar, Offizier und Ritter zu werden trachte, sei die bitterste Armut eingekehrt[12]. In Florenz wird eine analoge Entwicklung erst unter Cosimo, dem ersten Grossherzog, konstatiert; es wird ihm dafür gedankt, dass er die jungen Leute, welche jetzt Handel und Gewerbe verachteten, zur Ritterschaft in seinem Stephansorden heranziehe[13]. Es ist das direkte Gegenteil jener frühern florentinischen Denkweise[14], da die Väter den Söhnen eine Beschäftigung zur Bedingung des Erbes machten (S. 108).

12. Massuccio, nov. 19.

13. Jac. Pitti an Cosimo I, Archiv. stor. IV, II, p. 99. – Auch in Oberitalien kam ähnliches erst mit der spanischen Herrschaft auf. Bandello, Parte II, Nov. 40, stammt aus dieser Zeit.

14. Wenn sich im 15. Jahrhundert Vespasiano Fiorentino (p. 518, 632) dahin ausspricht, dass die Reichen ihr ererbtes Vermögen nicht vermehren, sondern jährlich ihre ganze Einnahme ausgeben sollten, so kann dies im Munde eines Florentiners nur von den großen Grundbesitzern gelten.

Aber eine besondere Art von Rangsucht kreuzt namentlich bei den Florentinern den gleichmachenden Kultus von Kunst und Bildung auf eine oft komische Weise; es ist das Streben nach der Ritterwürde, welches als Modetorheit erst recht in Schwung kam, als es bereits jeden Schatten von eigentlicher Geltung eingebüsst hatte.

„Vor ein paar Jahren", schreibt Franco Sacchetti[15] gegen Ende des 14. Jahrhunderts, „hat jedermann sehen können, wie sich Handwerker bis zu den Bäkkern herunter, ja bis zu den Wollekratzern, Wucherern, Wechslern und Halunken zu Rittern machen liessen. Weshalb braucht ein Beamter, um als Rettore in eine Landstadt gehen zu können, die Ritterwürde? Zu irgendeinem gewöhnlichen Broderwerb passt dieselbe vollends nicht. O wie bist du gesunken, unglückliche Würde! von all der langen Liste von Ritterpflichten tun diese Ritter das Gegenteil. Ich habe von diesen Dingen reden wollen, damit die Leser inne werden, dass das Rittertum gestorben ist[16]. So gut wie man jetzt sogar Verstorbene zu Rittern erklärt, könnte man auch eine Figur von Holz oder Stein, ja einen Ochsen zum Ritter machen." – Die Geschichten, welche Sacchetti als Beleg erzählt, sind in der Tat sprechend genug; da lesen wir, wie Bernabò Visconti den Sieger eines Saufduells und dann auch den Besiegten höhnisch mit jenem Titel schmückt, wie deutsche Ritter mit ihren Helmzierden und Abzeichen zum Besten gehalten werden u. dgl. Später moquiert sich Poggio[17] über die vielen Ritter ohne Pferd und ohne Kriegsübung. Wer die Ehrenrechte des Standes, z. B. das Ausreiten mit Fahnen, geltend machen wollte, hatte in Florenz sowohl gegen-

15. Franco Sacchetti, Nov. 153. Vgl. Nov. 82 und 150.
16. Che la cavalleria è morta.
17. Poggius, de nobilitate, fol. 27

über der Regierung als gegen die Spötter eine schwere Stellung[18].

Bei näherer Betrachtung wird man inne, dass dieses von allem Geburtsadel unabhängige verspätete Ritterwesen allerdings zum Teil Sache der blossen lächerlichen, titelsüchtigen Eitelkeit ist, dass es aber auch eine andere Seite hat. Die Turniere dauern nämlich fort, und wer daran teilnehmen will, muss der Form wegen Ritter sein. Der Kampf in geschlossener Bahn aber, und zwar das regelrechte, je nach Umständen sehr gefährliche Lanzenrennen ist ein Anlass, Kraft und Mut zu zeigen, welchen sich das entwickelte Individuum – abgesehen von aller Herkunft – nicht will entgehen lassen.

Da half es nichts, dass schon Petrarca sich mit dem lebhaftesten Abscheu über das Turnier als über einen gefährlichen Unsinn ausgelassen hatte; er bekehrte die Leute nicht mit seinem pathetischen Ausruf: „man liest nirgends, dass Scipio oder Cäsar turniert hätten[19]!" Die Sache wurde gerade in Florenz förmlich populär; der Bürger fing an, sein Turnier – ohne Zweifel in einer weniger gefährlichen Form – als eine Art von regelrechtem Vergnügen zu betrachten, und Franco Sacchetti[20] hat uns das unendlich komische Bild eines solchen Sonntagsturnierers aufbehalten. Derselbe reitet hinaus nach Peretola, wo man um ein Billiges turnieren konnte, auf einem gemieteten Färbergaul, welchem dann durch Bösewichter eine Distel unter den Schwanz gebunden wird; das Tier nimmt den Reissaus und jagt mit dem behelmten Ritter in die

18. Vasari III, 49 und Anm., Vita di Dello.

19. Petrarca, epist. senil. XI, 13, p. 889. Eine andere Stelle, in den Epist. famil., schildert das Grausen, das er empfand, als er bei einem Turnier in Neapel einen Ritter fallen sah.

20. Nov. 64. – Deshalb heisst es auch im Orlandino (II, Str. 7) von einem Turnier unter Karl dem Grossen ausdrücklich: da stritten nicht Köche und Küchenjungen, sondern Könige, Herzoge und Markgrafen.

Stadt zurück. Der unvermeidliche Schluss der Geschichte ist die Gardinenpredigt der über solche halsbrechende Streiche empörten Gattin[21].

Endlich nehmen die ersten Medici sich des Turnierwesens mit einer wahren Leidenschaft an, als wollten sie, die unadligen Privatleute, gerade hierin zeigen, dass ihr geselliger Kreis jedem Hofe gleichstehe[22]. Schon unter Cosimo (1459), dann unter Pietro dem ältern fanden weitberühmte grosse Turniere in Florenz statt; Pietro der jüngere liess über solchen Bestrebungen sogar das Regieren liegen und wollte nur noch im Harnisch abgemalt sein. Auch am Hofe Alexanders VI. kamen Turniere vor. Als Kardinal Ascanio Sforza den Türkenprinzen Dschem (S. 140, 148) fragte, wie ihm dies Schauspiel gefalle, antwortete derselbe sehr weise: in seiner Heimat lasse man dergleichen durch Sklaven aufführen, um welche es, wenn sie fielen, nicht schade sei. Der Orientale stimmt hier unbewusst mit den alten

21. Immerhin eine der frühsten Parodien des Turnierwesens. Es dauerte dann wohl noch 60 Jahre, bis Jacques Cœur, der bürgerliche Finanzminister Karls VII., an seinem Palast zu Bourges ein Eselturnier ausmeisseln liess (um 1450). Das Glänzendste in dieser Art, der ebenzitierte zweite Gesang des Orlandino, ist erst im Jahre 1526 herausgegeben.

22. Vgl. die schon genannten Gedichte des Poliziano und Luca Pulci. Ferner Paul. Jov. Vita Leonis X, L. I. – Macchiav. Storie fiorent. L. VII. – Paul. Jov. Elogia, bei Anlass des Petrus Medices und des Franc. Borbonius. – Vasari IX, 219, v. di Granacci. – Im Morgante des Pulci, welcher unter Lorenzos Augen gedichtet wurde, sind die Ritter oft komisch in ihrem Reden und Tun, aber ihre Hiebe sind echt und kunstgerecht. Auch Bojardo dichtet für genaue Kenner des Turniers und des Krieges. Vgl. S. 356. – Turniere in Ferrara 1464, Diario Ferrar., Muratori XXIV, Col. 208 – in Venedig, Sansovino, Venezia fol. 153, s. – in Bologna 1470, seqq., Bursellis Annal. Bonon., Murat. XXIII, Col. 898, 903, 906, 908, 909, wobei eine wunderliche Vermischung mit dem Pathos zu bemerken ist, welches sich damals an die Aufführung römischer Triumphe knüpfte. – Federigo von Urbino (S. 71) verlor bei einem Turnier das rechte Auge ab ictu lanceae. – Ueber das damalige nordische Turnierwesen ist statt aller andern Autoren zu vergleichen: Olivier de la Marche, Mémoires, passim, bes. Kap. 8, 9, 14, 16, 18, 19, 21 usw.

Römern zusammen, gegenüber der Sitte des Mittelalters.

Abgesehen von diesem nicht unwesentlichen Anhalt der Ritterwürde gab es auch bereits, z. B. in Ferrara (S. 81) wahre Hoforden, welche den Titel Cavaliere mit sich führten.

Welches aber auch die einzelnen Ansprüche und die Eitelkeiten der Adligen und Cavaliere sein mochten, immerhin nahm der italienische Adel seine Stellung in der Mitte des Lebens und nicht an einem äussern Rande desselben. Jeden Augenblick verkehrt er mit allen Ständen auf dem Fusse der Gleichheit, und das Talent und die Bildung sind seine Hausgenossen. Allerdings wird für den eigentlichen Cortigiano des Fürsten der Adel einbedungen[23], allein zugestandenermassen hauptsächlich um des Vorurteils der Leute willen (per l'oppenion universale) und unter ausdrücklicher Verwahrung gegen den Wahn, als könnte der Nichtadlige nicht denselben innern Wert haben. Der sonstige Aufenthalt von Nichtadligen in der Nähe des Fürsten ist damit vollends nicht ausgeschlossen; es handelt sich nur darum, dass dem vollkommenen Menschen, dem Cortigiano, kein irgend denkbarer Vorzug fehle. Wenn ihm dann eine gewisse Zurückhaltung in allen Dingen zum Gesetze gemacht wird, so geschieht dies, nicht weil er von edlerm Geblüte stammt, sondern weil seine zarte individuelle Vollendung es so verlangt. Es handelt sich um eine moderne Vornehmheit, wobei doch Bildung und Reichtum schon überall die Gradmesser des gesellschaftlichen Wertes sind, und zwar der Reichtum nur insofern er es möglich macht, das Leben der Bildung zu widmen und deren Interessen im Grossen zu fördern.

23. Bald. Castiglione, il Cortigiano, L. I, fol. 18.

Je weniger nun die Unterschiede der Geburt einen bestimmten Vorzug verliehen, desto mehr war das Individuum als solches aufgefordert, all seine Vorteile geltend zu machen; desto mehr musste auch die Geselligkeit sich aus eigener Kraft beschränken und veredeln. Das Auftreten des einzelnen und die höhere Form der Geselligkeit werden ein freies, bewusstes Kunstwerk.

Schon die äussere Erscheinung und Umgebung des Menschen und die Sitte des täglichen Lebens ist vollkommener, schöner, mehr verfeinert als bei den Völkern ausserhalb Italiens. Von der Wohnung der höhern Stände handelt die Kunstgeschichte; hier ist nur hervorzuheben, wie sehr dieselbe an Bequemlichkeit und harmonischer, vernünftiger Anlage das Schloss und den Stadthof oder Stadtpalast der nordischen Grossen übertraf. Die Kleidung wechselte dergestalt, dass es unmöglich ist, eine durchgehende Parallele mit den Moden anderer Länder zu ziehen, zumal da man sich seit Ende des 15. Jahrhunderts häufig den letztern anschloss. Was die italienischen Maler als Zeittracht darstellen, ist insgemein das Schönste und Kleidsamste, was damals in Europa vorkam, allein man weiss nicht sicher, ob sie das Herrschende und ob sie es genau darstellen. So viel bleibt aber doch wohl ausser Zweifel, dass nirgends ein so grosser Wert auf die Tracht gelegt wurde wie in Italien. Die Nation war und ist eitel; ausserdem aber rechneten auch ernste Leute die möglichst schöne und günstige Kleidung mit zur Vollendung der Persönlichkeit. Einst gab es ja in Florenz einen Augenblick, da die Tracht etwas Individuelles war, da jeder seine eigene Mode trug (S. 162, Anm.), und noch bis tief ins 16. Jahrhundert gab es bedeutende Leute, die diesen Mut hatten[24]; die Uebrigen

24. Paul. Jovii Elogia, sub. tit. Petrus Gravina, Alex. Achillinus, Balth. Castellio etc.

wussten wenigstens in die herrschende Mode etwas Individuelles zu legen. Es ist ein Zeichen des sinkenden Italiens, wenn Giovanni della Casa vor dem Auffallenden, vor der Abweichung von der herrschenden Mode warnt[25]. Unsere Zeit, welche wenigstens in der Männerkleidung das Nichtauffallen als höchstes Gesetz respektiert, verzichtet damit auf Grösseres als sie selber weiss. Sie erspart sich aber damit viele Zeit, wodurch allein schon (nach unserm Maßstab der Geschäftigkeit) jeder Nachteil aufgewogen würde.

In Venedig[26] und Florenz gab es zur Zeit der Renaissance für die Männer vorgeschriebene Trachten und für die Frauen Luxusgesetze. Wo die Trachten frei waren, wie z. B. in Neapel, da konstatieren die Moralisten, sogar nicht ohne Schmerz, dass kein Unterschied mehr zwischen Adel und Bürger zu bemerken sei[27]. Ausserdem beklagen sie den bereits äusserst raschen Wechsel der Moden und (wenn wir die Worte richtig deuten) die törichte Verehrung alles dessen, was aus Frankreich kommt, während es doch oft ursprünglich italienische Moden seien, die man nur von den Franzosen zurückerhalte. Insofern nun der häufige Wechsel der Kleiderformen und die Annahme französicher und spanischer Moden[28] der gewöhnlichen

25. Casa, il Galateo, p. 78.

26. Hierüber die venezian. Trachtenbücher und Sansovino: Venezia, fol. 150, s. Die Brauttracht bei der Verlobung – weiss, mit aufgelöst über die Schultern wallendem Haare – ist die von Tizians Flora.

27. Jovian. Pontan. de principe: Utinam autem non eo impudentiae perventum esset, ut inter mercatorem et patricium nullum sit in vestitu ceteroque ornatu discrimen. Sed haec tanta licentia reprehendi potest, coerceri non potest, quanquam mutari vestes sic quotidie videamus, ut quas *quarto ante mense* in deliciis habebamus, nunc repudiemus et tanquam veteramenta abiiciamus. Quodque tolerari vix potest, nullum fere vestimenti genus probatur, quod e Galliis non fuerit adductum, in quibus levia pleraque in pretio sunt, tametsi nostri persaepe homines modum illis et quasi formulam quandam praescribant.

28. Hierüber z. B. Diario Ferrarese, bei Murat. XXIV, Col. 297, 320, 376, 399, hier auch deutsche Mode.

Putzsucht diente, haben wir uns damit nicht weiter zu beschäftigen; allein es liegt darin ausserdem ein kulturgeschichtlicher Beleg für das rasche Leben Italiens überhaupt in den Jahrzehnden um 1500.

Eine besondere Beachtung verdient die Bemühung der Frauen, durch Toilettenmittel aller Art ihr Aussehen wesentlich zu verändern. In keinem Lande Europas seit dem Untergange des römischen Reiches hat man wohl der Gestalt, der Hautfarbe, dem Haarwuchs von so vielen Seiten zugesetzt wie damals in Italien[29]. Alles strebt einer Normalbildung zu, selbst mit den auffallendsten, sichtbarsten Täuschungen. Wir sehen hiebei gänzlich ab von der sonstigen Tracht, die im 14. Jahrhundert[30] äusserst bunt und schmuckbeladen, später von einem mehr veredelten Reichtum war, und beschränken uns auf die Toilette im engern Sinne.

Vor allem werden falsche Haartouren, auch aus weisser und gelber Seide[31], in Masse getragen, verboten und wieder getragen, bis etwa ein Bussprediger die weltlichen Gemüter rührt; da erhebt sich auf einem öffentlichen Platz ein zierlicher Scheiterhaufen (talamo), auf welchen neben Lauten, Spielgeräten, Masken, Zauberzetteln, Liederbüchern und anderm Tand auch die Haartouren[32] zu liegen kommen; die reini-

29. Man vgl. damit die betr. Stellen bei Falke: Die deutsche Trachten- und Modenwelt.

30. Ueber die Florentinerinnen vgl. die Hauptstellen bei Giov. Villani X, 10 und 152; Matteo Villani I, 4. Im großen Modenedikt von 1330 werden u. a. nur eingewirkte Figuren auf den Frauengewändern erlaubt, die bloss „aufgemalten" (dipinto) dagegen verboten. Soll man hiebei etwa an Modeldruck denken?

31. Diejenigen aus echten Haaren heissen capelli morti. – Falsche Zähne aus Elfenbein, die ein ital. Prälat, doch nur um der deutlichen Aussprache willen, einsetzt, bei Anshelm, Berner Chronik, IV, S. 30 (1508).

32. Infessura, bei Eccard, scriptores II, Col. 1874. – Allegretto, bei Murat. XXIII, Col. 823. – Dann die Autoren über Savonarola, s. unten.

Verrocchio: Die Frau mit dem Blumenstrauß

Benozzo Gozzoli: Zug der Hl. Drei Könige
(Fresko, Ausschnitt)

gende Flamme nimmt alles mit in die Lüfte. Die Idealfarbe aber, welche man in den eigenen, wie in den aufgesetzten Haaren zu erreichen strebte, war blond. Und da die Sonne im Rufe stand, das Haar blond machen zu können[33], so gab es Damen, welche bei gutem Wetter den ganzen Tag nicht aus der Sonne gingen[34], sonst brauchte man auch Färbemittel und ausserdem Mixturen für den Haarwuchs. Dazu kommt aber noch ein Arsenal von Schönheitswassern, Teigpflastern und Schminken für jeden einzelnen Teil des Gesichtes, selbst für Augenlider und Zähne, wovon unsere Zeit keinen Begriff mehr hat. Kein Hohn der Dichter[35], kein Zorn der Bussprediger, keine Warnung vor frühem Verderben der Haut konnte die Weiber von dem Gebrauch abwendig machen, ihrem Antlitz eine andere Farbe und sogar eine teilweis andere Gestalt zu geben. Es ist möglich, dass die häufigen und prachtvollen Aufführungen von Mysterien, wobei Hunderte von Menschen bemalt und geputzt wurden[36], den Missbrauch im täglichen Leben fördern halfen; jedenfalls war er ein allgemeiner, und die Landmädchen hielten dabei nach Kräften mit[37]. Man konnte

33. Sansovino, Venezia, fol. 152: capelli biondissimi per forza di sole. – Vgl. S. 377.

34. Wie auch in Deutschland geschah. – Poesie satiriche, p. 119, in der Satire des Bern. Giambullari: per prender moglie. Ein Inbegriff der ganzen Toilettenchemie, welche sich offenbar noch sehr an Aberglauben und Magie anlehnt.

35. Welche sich doch alle Mühe gaben, das Ekelhafte, Gefährliche und Lächerliche dieser Schmiererei hervorzuheben. Vgl. Ariosto, Satira III, vs. 202, s. – Aretino, il marescalco, Atto II, scena 5 und mehrere Stellen in den Ragionamenti. Dann Giambullari a. a. O. – Phil. Beroald. sen. Carmina.

36. Cennino Cennini, Trattato della pittura gibt Kap. 161 ein Rezept des Bemalens von Gesichtern, offenbar für Mysterien oder Maskeraden, denn Kap. 162 warnt er ernstlich vor Schminken und Schönheitswassern im allgemeinen.

37. Vgl. La Nencia di Barberino, Str. 20 und 40. Der Geliebte verspricht ihr Schminke und Bleiweiss aus der Stadt in einer Düte mitzubringen. Vgl. oben S. 385.

lange predigen, dass dergleichen ein Abzeichen von Buhlerinnen sei; gerade die ehrbarsten Hausfrauen, die sonst das ganze Jahr keine Schminke anrührten, schminkten sich doch an Festtagen, wo sie sich öffentlich zeigten[38]. – Möge man nun diese ganze Unsitte betrachten als einen Zug von Barbarei, wofür sich das Schminken der Wilden als Parallele anführen lässt, oder als eine Konsequenz des Verlangens nach normaler jugendlicher Schönheit in Zügen und Farbe, wofür die grosse Sorgfalt und Vielseitigkeit dieser Toilette spräche – jedenfalls haben es die Männer an Abmahnungen nicht fehlen lassen.

Das Parfümieren ging ebenfalls über alles Mass hinaus und erstreckte sich auf die ganze Umgebung des Menschen. Bei Festlichkeiten wurden sogar Maultiere mit Salben und Wohlgerüchen behandelt[39], und Pietro Aretino dankt dem Cosimo I. für eine parfümierte Geldsendung[40].

Sodann waren die Italiener damals überzeugt, dass sie reinlicher seien als die Nordländer. Aus allgemeinen kulturgeschichtlichen Gründen kann man diesen Anspruch eher billigen als verwerfen, indem die Reinlichkeit mit zur Vollendung der modernen Persönlichkeit gehört, diese aber bei den Italienern am frühsten durchgebildet ist; auch dass sie eine der reichsten Nationen der damaligen Welt waren, spräche eher dafür als dagegen. Ein Beweis wird sich jedoch natürlich niemals leisten lassen, und wenn es sich um die Priorität von Reinlichkeitsvorschriften handelt, so möchte die Ritterpoesie des Mittelalters deren ältere aufweisen können. Immerhin ist so viel gewiss, dass bei einigen

38. Agn. Pandolfini, Trattato del governo della famiglia, p. 118.

39. Tristan. Caracciolo, bei Murat. XXII, Col. 87. – Bandello, Parte II, Nov. 47.

40. Capitolo I. an Cosimo: Quei cento scudi nuovi e profumati che l'altro di mi mandaste a donare. Gegenstände aus jener Zeit riechen noch jetzt bisweilen.

ausgezeichneten Vertretern der Renaissance die ausgezeichnete Sauberkeit ihres ganzen Wesens, zumal bei Tische, mit Nachdruck hervorgehoben wird[41] und dass als Inbegriff alles Schmutzes nach italienischem Vorurteil der Deutsche gilt[42]. Was Massimiliano Sforza von seiner deutschen Erziehung für unreinliche Gewohnheiten mitbrachte und wie sehr dieselben auffielen, erfahren wir aus Giovio[43]. Es ist dabei auffallend, dass man wenigstens im 15. Jahrhundert die Gastwirtschaft wesentlich in den Händen der Deutschen liess[44], welche sich wohl hauptsächlich um der Rompilger willen diesem Geschäfte widmeten. Doch könnte in der betreffenden Aussage vorzugsweise nur das offene Land gemeint sein, da in den grössern Städten notorisch italienische Wirtschaften den ersten Rang behaupteten[45]. Der Mangel an leidlichen Herbergen auf dem Lande würde sich auch durch die grosse Unsicherheit erklären.

Aus der ersten Hälfte des 16. Jahrhunderts haben wir dann jene Schule der Höflichkeit, welche Giovanni della Casa, ein geborener Florentiner, unter dem Titel „Il Galateo" herausgab. Hier wird nicht nur die Reinlichkeit im engern Sinne, sondern auch die Entwöhnung von allen Gewohnheiten, die wir „unschick-

41. Vespasiano Fiorent., p. 458 im Leben des Donato Acciajuoli, und p. 625 im Leben des Niccoli.

42. Giraldi, Hecatommithi, Introduz., Nov. 6.

43. Paul. Jov. Elogia.

44. Aeneas Sylvius (Vitae Paparum, ap. Murat. III, II, Col. 880) sagt bei Anlass von Baccano: pauca sunt mapalia, eaque hospitia faciunt Theutonici; hoc hominum genus totam fere Italiam hospitalem facit; ubi non repereris hos, neque diversorium quaeras.

45. Franco Sacchetti, Nov. 21. – Padua rühmte sich um 1450 eines sehr grossen palastähnlichen Gasthofes zum Ochsen, welcher Ställe für 200 Pferde hatte. Michele Savonar. ap. Murat. XXIV, Col. 1175. – Florenz hatte vor Porta S. Gallo eine von den grössten und schönsten Osterien, die man kannte, doch wie es scheint, nur als Erholungsort für die Leute aus der Stadt. Varchi, Stor. fiorent. III, p. 86.

lich“ zu nennen pflegen, mit derselben untrüglichen Sicherheit vorgeschrieben, mit welcher der Moralist für die höchsten Sittengesetze redet. In andern Literaturen wird dergleichen weniger von der systematischen Seite, als vielmehr mittelbar gelehrt, durch die abschreckende Schilderung des Unflätigen[46].

Ausserdem aber ist der Galateo eine schön und geistvoll geschriebene Unterweisung in der guten Lebensart, in Delikatesse und Takt überhaupt. Noch heute können ihn Leute jedes Standes mit grossem Nutzen lesen, und die Höflichkeit des alten Europas wird wohl schwerlich mehr über seine Vorschriften hinauskommen. Insofern der Takt Herzenssache ist, wird er von Anfang aller Kultur an bei allen Völkern gewissen Menschen angeboren gewesen sein, und einige werden ihn auch durch Willenskraft erworben haben, allein als allgemeine gesellige Pflicht und als Kennzeichen von Bildung und Erziehung haben ihn erst die Italiener erkannt. Und Italien selbst hatte seit zwei Jahrhunderten sich sehr verändert. Man empfindet deutlich, dass die Zeit der bösen Spässe zwischen Bekannten und Halbbekannten, der burle und beffe (S. 185 f.) in der guten Gesellschaft vorüber ist[47], dass die Nation aus den Mauern ihrer Städte heraustritt und eine kosmopolitische, neutrale Höflichkeit und Rücksicht entwickelt. Von der eigentlichen, positiven Geselligkeit wird weiterhin die Rede sein.

Das ganze äussere Dasein war überhaupt im 15. und beginnenden 16. Jahrhundert verfeinert und verschönert wie sonst bei keinem Volke der Welt. Schon eine Menge jener kleinen und grossen Dinge, welche

46. Man vgl. z. B. die betreffenden Partien in Sebastian Brants Narrenschiff, in Erasmus Colloquien, in dem lateinischen Gedicht Grobianus etc. – Aus dem Altertum: Theophrasts Charaktere.

47. Die Mässigung der Burla geht u. a. aus den Beispielen im Cortigiano, L. II, fol. 96, s. hervor. In Florenz hielt sich die bösartige Burla doch solange sie konnte. Die Novellen des Lasca sind ein Zeugnis hievon.

zusammen die moderne Bequemlichkeit, den Komfort ausmachen, waren in Italien zum Teil erweislich zuerst vorhanden. Auf den wohlgepflasterten Strassen italienischer Städte[48] wurde das Fahren allgemeiner, während man sonst überall ging oder ritt oder doch nicht zum Vergnügen fuhr. Weiche elastische Betten, köstliche Bodenteppiche, Toilettengeräte, von welchen sonst noch nirgends die Rede ist, lernt man besonders bei den Novellisten kennen[49]. Die Menge und Zierlichkeit des Weisszeugs wird öfter ganz besonders hervorgehoben. Manches gehört schon zugleich in das Gebiet der Kunst; man wird mit Bewunderung inne, wie sie von allen Seiten her den Luxus adelt, wie sie nicht bloss das mächtige Buffett und die leichte Etagere mit herrlichen Gefässen, die Mauern mit der beweglichen Pracht der Teppiche, den Nachtisch mit endlosem plastischem Konfekt schmückt, sondern vorzüglich die Schreinerarbeit auf wunderbare Weise völlig in ihren Bereich zieht. Das ganze Abendland versucht sich in den spätern Zeiten des Mittelalters, sobald die Mittel reichen, auf ähnlichen Wegen, allein es ist dabei teils in kindlicher, bunter Spielerei, teils in den Fesseln des einseitigen gotischen Dekorationsstiles befangen, während die Renaissance sich frei bewegt, sich nach dem Sinn jeder Aufgabe richtet und für einen viel grössern Kreis von Teilnehmern und Bestellern arbeitet. Womit dann auch der leichte Sieg dieser italienischen Zierformen jeder Art über die nordischen im Lauf des 16. Jahrhunderts zusammenhängt, obwohl derselbe noch seine grössern und allgemeinern Ursachen hat.

48. Für Mailand eine Hauptstelle: Bandello, Parte I, Nov. 9. Es gab über 60 vierspännige und zahllose zweispännige Wagen, zum Teil reich vergoldet und geschnitzt, mit seidenen Decken, vgl. ebenda Nov. 4. – Ariosto, sat. III, vs. 127.

49. Bandello, Parte I, Nov. 3. III, 42. IV, 25.

Die höhere Geselligkeit, die hier als Kunstwerk, als eine höchste und bewusste Schöpfung des Volkslebens auftritt, hat ihre wichtigste Vorbedingung und Grundlage in der Sprache.

In der Blütezeit des Mittelalters hatte der Adel der abendländischen Nationen eine „höfische" Sprache für den Umgang wie für die Poesie zu behaupten gesucht. So gab es auch in Italien, dessen Dialekte schon frühe so weit auseinander gingen, im 13. Jahrhundert ein sogenanntes „Curiale", welches den Höfen und ihren Dichtern gemeinsam war. Die entscheidende Tatsache ist nun, dass man dasselbe mit bewusster Anstrengung zur Sprache aller Gebildeten und zur Schriftsprache zu machen suchte. Die Einleitung der noch vor 1300 redigierten „hundert alten Novellen" gesteht diesen Zweck offen zu. Und zwar wird hier die Sprache ausdrücklich als von der Poesie emanzipiert behandelt; das Höchste ist der einfach klare, geistig schöne Ausdruck in kurzen Reden, Sprüchen und Antworten. Dieser geniesst eine Verehrung wie nur je bei Griechen und Arabern: „Wie viele haben in einem langen Leben doch kaum ein einziges bel parlare zutage gebracht!"

Allein die Angelegenheit, um welche es sich handelte, war um so schwieriger, je eifriger man sie von sehr verschiedenen Seiten aus betrieb. In diesen Kampf führt uns Dante mitten hinein; seine Schrift „von der italienischen Sprache"[1] ist nicht nur für die Frage selbst wichtig, sondern auch das erste raisonnierende Werk über eine moderne Sprache überhaupt. Sein Gedankengang und seine Resultate gehören in die Geschichte der Sprachwissenschaft, wo sie auf immer

1. De vulgari eloquio ed. Corbinelli, Parisiis 1577. Laut Boccaccio, vita di Dante, p. 77, kurz vor seinem Tode verfasst. – Ueber die rasche und merkliche Veränderung der Sprache bei seinen Lebzeiten äussert er sich im Anfang des Convito.

einen hochbedeutenden Platz einnehmen. Hier ist nur zu konstatieren, dass schon lange Zeit vor Abfassung der Schrift die Sprache eine tägliche wichtige Lebensfrage gewesen sein muss, dass alle Dialekte mit parteiischer Vorliebe und Abneigung studiert worden waren und dass die Geburt der allgemeinen Idealsprache von den stärksten Wehen begleitet war.

Das Beste tat freilich Dante selber durch sein grosses Gedicht. Der toscanische Dialekt wurde wesentlich die Basis der neuen Idealsprache[2]. Wenn damit zu viel gesagt sein sollte, so darf der Ausländer um Nachsicht bitten, indem er schlechtweg in einer höchst bestrittenen Frage der vorherrschenden Meinung folgt.

In Literatur und Poesie mag nun der Hader über diese Sprache, der Purismus ebensoviel geschadet als genützt, er mag manchem sonst sehr begabten Autor die Naivetät des Ausdruckes geraubt haben. Und andere, die der Sprache im höchsten Sinne mächtig waren, verliessen sich hinwiederum auf den prachtvoll wogenden Gang und Wohllaut derselben als auf einen vom Inhalt unabhängigen Vorzug. Auch eine geringe Melodie kann nämlich, von solch einem Instrument getragen, herrlich klingen. Allein wie dem auch sei, in gesellschaftlicher Beziehung hatte diese Sprache einen hohen Wert. Sie war die Ergänzung zu dem edeln, stilgemässen Auftreten überhaupt, sie nötigte den gebildeten Menschen, auch im Alltäglichen Haltung und in ungewöhnlichern Momenten äussere

2. Das allmähliche Vordringen derselben in Literatur und Leben könnte ein einheimischer Kenner leicht tabellarisch darstellen. Es müsste konstatiert werden, wie lange sich während des 14. und 15. Jahrhunderts die einzelnen Dialekte in der täglichen Korrespondenz, in den Regierungsschriften und Gerichtsprotokollen, endlich in den Chroniken und in der freien Literatur ganz oder gemischt behauptet haben. Auch das Fortleben der ital. Dialekte neben einem reinern oder geringern Latein, welches dann als offizielle Sprache diente, käme dabei in Betracht.

Würde zu behaupten. Schmutz und Bosheit genug hüllten sich allerdings auch in dies klassische Gewand wie einst in den reinsten Attizismus, allein auch das Feinste und Edelste fand in ihr einen gültigen Ausdruck. Vorzüglich bedeutend aber ist sie in nationaler Beziehung, als ideale Heimat der Gebildeten aller Staaten des früh zerrissenen Landes[3]. Zudem gehört sie nicht nur den Adligen oder sonst irgendeinem Stande, sondern der Aermste und Geringste hat Zeit und Mittel übrig, sich ihrer zu bemächtigen, sobald er nur will. Noch heutzutage (und vielleicht mehr als je) wird der Fremde in solchen Gegenden Italiens, wo sonst der unverständlichste Dialekt herrscht, bei geringen Leuten und Bauern oft durch ein sehr reines und rein gesprochenes Italienisch überrascht und besinnt sich vergebens auf Aehnliches bei denselben Menschenklassen in Frankreich oder gar in Deutschland, wo auch die Gebildeten an der provinzialen Aussprache festhalten. Freilich ist das Lesenkönnen in Italien viel verbreiteter als man nach den sonstigen Zuständen, z. B. des bisherigen Kirchenstaates, denken sollte, allein wie weit würde dies helfen ohne den allgemeinen, unbestrittenen Respekt vor der reinen Sprache und Aussprache als einem hohen und werten Besitztum? Eine Landschaft nach der andern hat sich derselben offiziell anbequemt, auch Venedig, Mailand und Neapel noch zur Zeit der Blüte der Literatur und zum Teil wegen derselben. Piemont ist erst in unserm Jahrhundert durch freien Willensakt ein recht italienisches Land geworden, indem es sich diesem wichtigsten Kapital der Nation, der reinen Sprache, anschloss[4]. Der Dialektliteratur wurden schon seit Anfang des 16. Jahrhunderts gewisse Gegenstände freiwillig und mit Absicht überlassen, und

3. So empfindet es schon Dante: De vulgari eloquio I, c. 17, 18.

4. Man schrieb und las in Piemont schon lange vorher toscanisch, aber man schrieb und las eben wenig.

zwar nicht etwa lauter komische, sondern auch ernste[5]. Der Stil, welcher sich darin entwickelte, war allen Aufgaben gewachsen. Bei andern Völkern findet eine bewusste Trennung dieser Art erst sehr viel später statt.

Die Denkweise der Gebildeten über den Wert der Sprache als Medium der höhern Geselligkeit stellt der Cortigiano[6] sehr vollständig dar. Es gab schon damals, zu Anfang des 16. Jahrhunderts, Leute, welche geflissentlich die veralteten Ausdrücke aus Dante und den übrigen Toscanern seiner Zeit festhielten, bloss weil sie alt waren. Für das Sprechen verbittet sich der Autor dieselben unbedingt und will sie auch für das Schreiben nicht gelten lassen, indem dasselbe doch nur eine Form des Sprechens sei. Hierauf folgt dann konsequent das Zugeständnis: dasjenige Reden sei das schönste, welches sich am meisten den schön verfassten Schriften nähere. Sehr klar tritt der Gedanke hervor, dass Leute, die etwas Bedeutendes zu sagen haben, ihre Sprache selber bilden und dass die Sprache beweglich und wandelbar, weil sie etwas Lebendiges ist. Man möge die schönsten beliebigen Ausdrücke brauchen, wenn nur das Volk sie noch brauche, auch solche aus nichttoscanischen Gegenden, ja hie und da französische und spanische, wenn sie der Gebrauch schon für bestimmte Dinge angenommen habe[7]. So entstehe, mit

5. Man wusste auch recht wohl, wohin im täglichen Leben der Dialekt gehörte und wohin nicht. Gioviano Pontano darf den Kronprinzen von Neapel ausdrücklich vor dessen Gebrauch warnen (Jov. Pontan. de principe). Bekanntlich waren die letzten Bourbons darin weniger bedenklich. – Den Hohn über einen mailänd. Kardinal, der in Rom seinen Dialekt behaupten wollte, s. bei Bandello, Parte II, Nov. 31.

6. Bald. Castiglione, il cortigiano, L. I, fol. 27, s. Aus der dialogischen Form leuchtet doch überall die eigene Meinung hervor.

7. Nur durfte man darin nicht zu weit gehen. Die Satiriker mischten spanische und Folengo (unter dem Pseudonym Limerno Pitocco, in seinem Orlandino) französische Brocken immer nur Hohnes wegen ein. In den Komödien spricht etwa ein Spanier ein lächerliches Kauderwelsch

Geist und Sorgfalt, eine Sprache, welche zwar nicht eine rein antik toscanische, wohl aber eine italienische wäre, reich an Fülle wie ein köstlicher Garten voller Blumen und Früchte. Es gehört sehr wesentlich mit zu der allgemeinen Virtuosität des Cortigiano, dass nur in diesem ganz vollkommenen Gewande seine feine Sitte, sein Geist und seine Poesie zutage treten.

Da nun die Sprache eine Angelegenheit der lebendigen Gesellschaft geworden war, so setzten die Archaisten und Puristen trotz aller Anstrengung ihre Sache im wesentlichen nicht durch. Es gab zu viele und treffliche Autoren und Konversationsmenschen in Toscana selbst, welche sich über das Streben jener hinwegsetzten oder lustig machten; letzteres vorzüglich, wenn ein Weiser von draussen kam und ihnen, den Toscanern, dartun wollte, sie verständen ihre eigene Sprache nicht[8]. Schon das Dasein und die Wirkung eines Schriftstellers wie Machiavelli riss alle jene Spinnweben durch, insofern seine mächtigen Gedanken, sein klarer, einfacher Ausdruck in einer Sprache auftraten, welche eher alle andern Vorzüge hatte als den eines reinen Trecentismo. Andererseits gab es zu viele Oberitaliener, Römer, Neapolitaner usw., welchen es lieb sein musste, wenn man in Schrift und Konversation die Ansprüche auf Reinheit des Ausdruckes nicht zu hoch spannte. Sie verleugnen zwar Sprachformen und Ausdrücke ihres Dialektes völlig, und ein

von Spanisch und Italienisch. Es ist schon sehr aussergewöhnlich, dass eine Strasse in Mailand, welche zur Franzosenzeit, 1500 bis 1512, 1515 bis 1522, Rue belle hiess, noch heute Rugabella heisst. Von der langen spanischen Herrschaft ist an der Sprache fast keine Spur, an Gebäuden und Strassen höchstens hie und da der Name eines Vizekönigs haften geblieben. Erst im 18. Jahrhundert drangen mit den Gedanken der französischen Literatur auch viele französische Wendungen und Einzelausdrücke ins Italienische ein; der Purismus unseres Jahrhunderts war und ist noch bemüht, sie wieder wegzuschaffen.

8. Firenzuola, opere I, in der Vorrede zur Frauenschönheit, und II, in den Ragionamenti vor den Novellen.

Ausländer wird es leicht für falsche Bescheidenheit halten, wenn z. B. Bandello öfter hoch und teuer protestiert: „ich habe keinen Stil; ich schreibe nicht florentinisch, sondern oft barbarisch; ich begehre der Sprache keine neuen Zierden zu verleihen; ich bin nur ein Lombarde und noch dazu von der ligurischen Grenze her[9].“ Allein gegenüber der strengen Partei behauptete man sich in der Tat am ehesten, indem man auf höhere Ansprüche ausdrücklich verzichtete und sich dafür der grossen allgemeinen Sprache nach Kräften bemächtigte. Nicht jeder konnte es Pietro Bembo gleichtun, welcher als geborener Venezianer zeitlebens das reinste Toscanisch, aber fast als eine fremde Sprache schrieb, oder einem Sannazaro, der es als Neapolitaner ebenso machte. Das Wesentliche war, dass jeder die Sprache in Wort und Schrift mit Achtung behandeln musste. Daneben mochte man den Puristen ihren Fanatismus, ihre Sprachkongresse[10] u. dgl. lassen; schädlich im Grossen wurden sie erst später, als der originale Hauch in der Literatur ohnehin schwächer war und noch ganz andern, viel schlimmern Einflüssen unterlag. Endlich stand es der Academia della Crusca frei, das Italienische wie eine tote Sprache zu behandeln. Sie war aber so machtlos, dass sie nicht einmal die geistige Französierung desselben im vorigen Jahrhundert verhindern konnte. (Vgl. S. 409, Anm.)

Diese geliebte, gepflegte, auf alle Weise geschmeidig gemachte Sprache war es nun, welche als Konversa-

9. Bandello, Parte I, Proemio und Nov. 1 und 2. – Ein anderer Lombarde, der eben genannte Teofilo Folengo in seinem Orlandino, erledigt die Sache mit heiterm Spott.

10. Ein solcher fand, wie es scheint, in Bologna zu Ende 1531 unter Bembos Vorsitz statt. S. den Brief des Claud. Tolomei, bei Firenzuola, opere, vol. II, Beilagen.

tion die Basis der ganzen Geselligkeit ausmachte. Während im Norden der Adel und die Fürsten ihre Musse entweder einsam oder mit Kampf, Jagd, Gelagen und Zeremonien, die Bürger die ihrige mit Spielen und Leibesübungen, allenfalls auch mit Verskünsten und Festlichkeiten hinbrachten, gab es in Italien zu all diesem noch eine neutrale Sphäre, wo Leute jeder Herkunft, sobald sie das Talent und die Bildung dazu hatten, der Unterredung und dem Austausch von Ernst und Scherz in veredelter Form oblagen. Da die Bewirtung dabei Nebensache war[11], so konnte man stumpfe und gefrässige Individuen ohne Schwierigkeit fernhalten. Wenn wir die Verfasser von Dialogen beim Wort nehmen dürften, so hätten auch die höchsten Probleme des Daseins das Gespräch zwischen auserwählten Geistern ausgefüllt; die Hervorbringung der erhabensten Gedanken wäre nicht, wie bei den Nordländern in der Regel, eine einsame, sondern eine mehrern gemeinsame gewesen. Doch wir beschränken uns hier gerne auf die spielende, um ihrer selbst willen vorhandene Geselligkeit.

Sie war wenigstens zu Anfang des 16. Jahrhunderts eine gesetzlich schöne und beruhte auf einem stillschweigenden, oft aber auch auf einem laut zugestandenen und vorgeschriebenen Uebereinkommen, welches sich frei nach der Zweckmässigkeit und dem Anstand richtet und das gerade Gegenteil von aller blossen Etikette ist. In derbern Lebenskreisen, wo dergleichen den Charakter einer dauernden Korporation annahm, gab es Statuten und förmlichen Eintritt, wie z. B. bei jenen tollen Gesellschaften florentinischer Künstler, von

11. Luigi Cornaro klagt gegen 1550 (zu Anfang seines Trattato della vita sobria): erst seit nicht langer Zeit nähmen in Italien überhand: Die (spanischen) Zeremonien und Komplimente, das Luthertum und die Schlemmerei. (Die Mässigkeit und die freie, leichte Geselligkeit schwanden zu gleicher Zeit.) Vgl. S. 388.

welchen Vasari erzählt[12]; ein solches Beisammenbleiben machte denn auch die Aufführung der wichtigsten damaligen Komödien möglich. Die leichtere Geselligkeit des Augenblickes dagegen nahm gerne die Vorschriften an, welche etwa die namhafteste Dame aussprach. Alle Welt kennt den Eingang von Boccaccios Decamerone und hält das Königtum der Pampinea über die Gesellschaft für eine angenehme Fiktion; um eine solche handelt es sich auch gewiss in diesem Falle, allein dieselbe beruht auf einer häufig vorkommenden wirklichen Uebung. Firenzuola, der fast zwei Jahrhunderte später seine Novellensammlung auf ähnliche Weise einleitet, kommt gewiss der Wirklichkeit noch viel näher, indem er seiner Gesellschaftskönigin eine förmliche Thronrede in den Mund legt, über die Einteilung der Zeit während des bevorstehenden gemeinsamen Landaufenthaltes: zuerst eine philosophische Morgenstunde, während man nach einer Anhöhe spaziert; dann die Tafel[13] mit Lautenspiel und Gesang; darauf, in einem kühlen Raum, die Rezitation einer frischen Canzone, deren Thema jedesmal am Vorabend aufgegeben wird; ein abendlicher Spaziergang zu einer Quelle, wo man Platz nimmt und jedermann eine Novelle erzählt; endlich das Abendessen und heitere Gespräche „von solcher Art, dass sie für uns Frauen noch schicklich heissen können und bei euch Männern nicht vom Weine eingegeben scheinen müssen". Bandello gibt in den Einleitungen

12. Vasari XII, p. 9 und 11, Vita di Rustici. – Dazu die medisante Clique von verlumpten Künstlern, XI, 216, s. Vita d'Aristotile. – Macchiavells Capitoli für eine Vergnügungsgesellschaft (in den opere minori p. 407) sind eine komische Karikatur von Gesellschaftsstatuten, im Stil der verkehrten Welt. – Unvergleichlich ist und bleibt die bekannte Schilderung jenes römischen Künstlerabends bei Benvenuto Cellini, I, cap. 30.

13. Die man sich wohl vormittags um 10–11 Uhr zu denken hat. Vgl. Bandello, Parte II, Nov. 10.

oder Widmungen zu den einzelnen Novellen zwar nicht solche Einweihungsreden, indem die verschiedenen Gesellschaften, vor welchen seine Geschichten erzählt werden, bereits als gegebene Kreise existieren, allein er lässt auf andere Weise erraten, wie reich, vielartig und anmutig die gesellschaftlichen Voraussetzungen waren. Manche Leser werden denken, an einer Gesellschaft, welche so unmoralische Erzählungen anzuhören imstande war, sei nichts zu verlieren noch zu gewinnen. Richtiger möchte der Satz so lauten: auf welchen sichern Grundlagen musste eine Geselligkeit ruhen, die trotz jener Historien nicht aus den äussern Formen, nicht aus Rand und Band ging, die zwischen hinein wieder der ernsten Diskussion und Beratung fähig war. Das Bedürfnis nach höhern Formen des Umganges war eben stärker als alles. Man braucht dabei nicht die sehr idealisierte Gesellschaft als Massstab zu nehmen, welche Castiglione am Hofe Guidobaldos von Urbino, Pietro Bembo auf dem Schloss Asolo selbst über die höchsten Gefühle und Lebenszwecke reflektieren lassen. Gerade die Gesellschaft eines Bandello mitsamt den Frivolitäten, die sie sich bieten lässt, gibt den besten Masstab für den vornehm leichten Anstand, für das Grossweltswohlwollen und den echten Freisinn, auch für den Geist und den zierlichen poetischen und andern Dilettantismus, der diese Kreise belebte. Ein bedeutender Wink für den Wert einer solchen Geselligkeit liegt besonders darin, dass die Damen, welche deren Mittelpunkte bildeten, damit berühmt und hochgeachtet wurden, ohne dass es ihrem Ruf im geringsten schadete. Von den Gönnerinnen Bandellos z. B. ist wohl Isabella Gonzaga, geborene Este (S. 70) durch ihren Hof von lockern Fräulein[14], aber nicht durch ihr eigenes Benehmen in

14. Prato, Arch. stor. III, p. 309.

ungünstige Nachrede geraten; Giulia Gonzaga Colonna, Ippolita Sforza vermählte Bentivoglio, Bianca Rangona, Cecilia Gallerana, Camilla Scarampa u. a. waren entweder völlig unbescholten oder es wurde auf ihr sonstiges Benehmen kein Gewicht gelegt neben ihrem sozialen Ruhm. Die berühmteste Dame von Italien, Vittoria Colonna, war vollends eine Heilige. Was nun Spezielles von dem zwanglosen Zeitvertreib jener Kreise in der Stadt, auf der Villa, in Badeorten gemeldet wird, lässt sich nicht so wiedergeben, dass daraus die Superiorität über die Geselligkeit des übrigen Europas buchstäblich klar würde. Aber man höre Bandello an[15] und frage sich dann nach der Möglichkeit von etwas Aehnlichem z. B. in Frankreich, bevor diese Art von Geselligkeit eben durch Leute wie er aus Italien dorthin verpflanzt worden war. – Gewiss wurde auch damals das Grösste im Gebiet des Geistes hervorgebracht ohne die Beihülfe solcher Salons und ohne Rücksicht auf sie; doch täte man Unrecht, ihren Wert für die Bewegung von Kunst und Poesie gar zu gering zu schätzen, wäre es auch nur, weil sie das schaffen halfen, was damals in keinem Lande existierte: eine gleichartige Beurteilung und Teilnahme für die Produktionen. Abgesehen davon ist diese Art von Geselligkeit schon als solche eine notwendige Blüte jener bestimmten Kultur und Existenz, welche damals eine italienische war und seitdem eine europäische geworden ist.

In Florenz wird das Gesellschaftsleben stark bedingt von seiten der Literatur und der Politik. Lorenzo magnifico ist vor allem eine Persönlichkeit, welche nicht, wie man glauben möchte, durch die fürstengleiche Stellung, sondern durch das ausserordentliche Naturell seine Umgebung vollständig beherrscht, eben weil er

15. Die wichtigern Stellen: Parte I, Nov. 1, 3, 21, 30, 44. II, 10, 34, 55. III, 17 etc.

diese unter sich so verschiedenen Menschen in Freiheit sich ergehen lässt[16]. Man sieht z. B., wie er seinen grossen Hauslehrer Poliziano schonte, wie die souveränen Manieren des Gelehrten und Dichters eben noch kaum verträglich waren mit den notwendigen Schranken, welche der sich vorbereitende Fürstenrang des Hauses und die Rücksicht auf die empfindliche Gemahlin vorschrieben; dafür ist aber Poliziano der Herold und das wandelnde Symbol des mediceischen Ruhmes. Lorenzo freut sich dann auch recht in der Weise eines Medici, sein geselliges Vergnügen selber zu verherrlichen, monumental darzustellen. In der herrlich improvisierten „Falkenjagd" schildert er seine Genossen scherzhaft, in dem „Gelage" sogar höchst burlesk, allein so, dass man die Fähigkeit des ernsthaftesten Verkehrs deutlich durchfühlt[17]. Von diesem Verkehr geben dann seine Korrespondenz und die Nachrichten über seine gelehrte und philosophische Konversation reichliche Kunde. Andere spätere gesellige Kreise in Florenz sind zum Teil theoretisierende politische Klubs, die zugleich eine poetische und philosophische Seite haben wie z. B. die sogenannte platonische Akademie, als sie sich nach Lorenzos Tode in den Gärten der Ruccellai versammelte[18].

16. Vgl. Lor. magnif. de' Medici, Poesie I, 204 (das Gelage); 291 (die Falkenjagd). – Roscoe, Vita di Lorenzo, III, p. 140 und Beilagen 17 bis 19.

17. Der Titel Simposio ist ungenau; er sollte heissen: die Heimkehr von der Weinlese. Lorenzo schildert in höchst vergnüglicher Weise, nämlich in einer Parodie nach Dantes Hölle, wie er, zumeist in Via Faenza, alle seine guten Freunde nacheinander mehr oder weniger benebelt vom Lande her kommend antrifft. Von der schönsten Komik ist im 8. Capitolo das Bild des Piovano Arlotto, welcher auszieht seinen verlorenen Durst zu suchen und zu diesem Endzweck an sich hängen hat: dürres Fleisch, einen Häring, einen Reif Käse, ein Würstchen und vier Sardellen, e tutte si cocevan nel sudore.

18. Ueber Cosimo Ruccellai als Mittelpunkt dieses Kreises zu Anfang des 16. Jahrhunderts vgl. Macchiavelli, Arte della guerra, L. I.

An den Fürstenhöfen hing natürlich die Geselligkeit von der Person des Herrschers ab. Es gab ihrer allerdings seit Anfang des 16. Jahrhunderts nur noch wenige, und diese konnten nur geringernteils in dieser Beziehung etwas bedeuten. Rom hatte seinen wahrhaft einzigen Hof Leos X., eine Gesellschaft von so besonderer Art, wie sie sonst in der Weltgeschichte nicht wieder vorkommt.

Für die Höfe, im Grunde aber noch viel mehr um seiner selber willen bildet sich nun der Cortigiano aus, welchen Castiglione schildert. Es ist eigentlich der gesellschaftliche Idealmensch, wie ihn die Bildung jener Zeit als notwendige, höchste Blüte postuliert, und der Hof ist mehr für ihn als er für den Hof bestimmt. Alles wohl erwogen, könnte man einen solchen Menschen an keinem Hofe brauchen, weil er selber Talent und Auftreten eines vollkommenen Fürsten hat und weil seine ruhige, unaffektierte Virtuosität in allen äussern und geistigen Dingen ein zu selbständiges Wesen voraussetzt. Die innere Triebkraft, die ihn bewegt, bezieht sich, obwohl es der Autor verhehlt, nicht auf den Fürstendienst, sondern auf die eigene Vollendung. Ein Beispiel wird dies klar machen: im Kriege nämlich verbittet sich[19] der Cortigiano selbst nützliche und mit Gefahr und Aufopferung verbundene Aufgaben, wenn dieselben stillos und unschön sind, wie etwa das Wegfangen einer Herde; was ihn zur Teilnahme am Kriege bewegt, ist ja nicht die Pflicht an sich, sondern „l'honore". Die sittliche Stellung zum Fürsten, wie sie im vierten Buch verlangt wird, ist eine sehr freie und selbständige. Die Theorie der vornehmen Liebschaft (im dritten Buche) enthält sehr viele feine psychologische Beobachtungen, die aber bessernteils dem allgemein

19. Il cortigiano, L. II, fol. 53. – Vgl. oben S. 397, 409.

menschlichen Gebiet angehören, und die grosse, fast lyrische Verherrlichung der idealen Liebe (am Ende des vierten Buches) hat vollends nichts mehr zu tun mit der speziellen Aufgabe des Werkes. Doch zeigt sich auch hier wie in den Asolani des Bembo die ungemeine Höhe der Bildung in der Art, wie die Gefühle verfeinert und analysiert auftreten. Dogmatisch beim Worte nehmen darf man diese Autoren allerdings nicht. Dass aber Reden dieser Art in der vornehmern Gesellschaft vorkamen, ist nicht zu bezweifeln, und dass nicht blosses Schöntun, sondern auch wahre Leidenschaft in diesem Gewande erschien, werden wir unten sehen.

Von den äusserlichen Fertigkeiten werden beim Cortigiano zunächst die sogenannten ritterlichen Uebungen in Vollkommenheit verlangt, ausserdem aber auch noch manches andere, das nur an einem geschulten, gleichmässig fortbestehenden, auf persönlichstem Wetteifer begründeten Hof gefordert werden konnte, wie es damals ausserhalb Italiens keinen gab; mehreres beruht auch sichtlich nur auf einem allgemeinen, beinahe abstrakten Begriff der individuellen Vollkommenheit. Der Cortigiano muss mit allen edeln Spielen vertraut sein, auch mit dem Springen, Wettlaufen, Schwimmen, Ringen; hauptsächlich muss er ein guter Tänzer sein und (wie sich von selbst versteht) ein nobler Reiter. Dazu aber muss er mehrere Sprachen, mindestens Italienisch und Latein besitzen, und sich auf die schöne Literatur verstehen, auch über die bildenden Künste ein Urteil haben; in der Musik fordert man von ihm sogar einen gewissen Grad von ausübender Virtuosität, die er überdies möglichst geheimhalten muss. Gründlicher Ernst ist es natürlich mit nichts von allem, ausgenommen die Waffen; aus der gegenseitigen Neutralisierung des Vielen entsteht eben das absolute Individuum, in welchem keine Eigenschaft aufdringlich vorherrscht.

So viel ist gewiss, dass im 16. Jahrhundert die Italiener sowohl als theoretische Schriftsteller wie als praktische Lehrer das ganze Abendland in die Schule nahmen für alle edlern Leibesübungen und für den höhern geselligen Anstand. Für Reiten, Fechten und Tanzen haben sie durch Werke mit Abbildungen und durch Unterricht den Ton angegeben; das Turnen, abgelöst von der Kriegsübung wie vom blossen Spiel, ist vielleicht zu allererst von Vittorino da Feltre (S. 239) gelehrt worden, und dann ein Requisit der höhern Erziehung geblieben[20]. Entscheidend ist dabei, dass es kunstgemäß gelehrt wird; welche Uebungen vorkamen, ob die jetzt vorwiegenden auch damals gekannt waren, können wir freilich nicht ermitteln. Wie sehr aber ausser der Kraft und Gewandtheit auch die Anmut als Zweck und Ziel galt, geht nicht nur aus der sonst bekannten Denkweise der Nation, sondern auch aus bestimmten Nachrichten hervor. Es genügt an den grossen Federigo von Montefeltro (S. 72) zu erinnern, wie er die abendlichen Spiele der ihm anvertrauten jungen Leute leitete.

Spiele und Wettübungen des Volkes unterschieden sich wohl nicht wesentlich von den im übrigen Abendlande verbreiteten. In den Seestädten kam natürlich das Wettrudern hinzu, und die venezianischen Regat-

20. Coelius Calcagninus (Opera, p. 514) schildert die Erziehung eines jungen Italieners von Stande um 1500 (in der Leichenrede auf Antonio Costabili) wie folgt: zuerst artes liberales et ingenuae disciplinae; tum adolescentia in iis exercitationibus acta, quae ad rem militarem corpus animumque praemuniunt. Nunc *gymnastae* (d. h. dem Turnlehrer) operam dare, luctari, excurrere, natare, equitare, venari, aucupari, ad palum et apud lanistam ictus inferre aut declinare, caesim punctimve hostem ferire, hastam vibrare, sub armis hyemem iuxta et aestatem traducere, lanceis occursare, veri ac communis Martis simulacra imitari. – Cardanus (de propria vita, c. 7) nennt unter seinen Turnübungen auch das Hinaufspringen auf das hölzerne Pferd. – Vgl. Gargantua I, 23, 24: die Erziehung überhaupt, und 35: die Künste der Gymnasten.

ten waren schon früh berühmt[21]. Das klassische Spiel Italiens war und ist bekanntlich das Ballspiel, und auch dieses möchte schon zur Zeit der Renaissance mit viel grösserm Eifer und Glanze geübt worden sein als anderswo in Europa. Doch ist es nicht wohl möglich, bestimmte Zeugnisse für diese Annahme zusammenzubringen.

An dieser Stelle muss auch von der Musik[22] die Rede sein. Die Komposition war noch um 1500 vorherrschend in den Händen der niederländischen

21. Sansovino, Venezia, fol. 172, s. Sie sollen entstanden sein bei Anlass des Hinausfahrens zum Lido, wo man mit der Armbrust zu schiessen pflegte; die grosse allgemeine Regatta am St. Paulstag war gesetzlich seit 1315. – Früher wurde in Venedig auch viel geritten, ehe die Strassen gepflastert und die ebenen hölzernen Brücken in hochgewölbte steinerne verwandelt waren. Noch Petrarca (Epist. seniles, IV, 2, p. 783) schildert ein prächtiges Reiterturnier auf dem Marcusplatz, und der Doge Steno hielt um 1400 einen Marstall so herrlich wie der irgendeines italienischen Fürsten. Doch war das Reiten in der Umgegend jenes Platzes schon seit 1291 in der Regel verboten. – Später galten die Venezianer natürlich für schlechte Reiter. Vgl. Ariosto, Sat. V, vs. 208.

22. Ueber Dantes Verhältnis zur Musik und über die Weisen zu Petrarcas und Boccaccios Gedichten vgl. Trucchi, poesie ital. inedite II, p. 139. – Ueber Theoretiker des 14. Jahrhunderts Filippo Villani, vite, p. 46, und Scardeonius, de urb. Patav. antiq. bei Graev. Thesaur. VI, III, Col. 297. – Ueber die Musik am Hofe des Federigo von Urbino umständlich Vespasiano Fior., p. 122. – Die Kinderkapelle Ercoles I., Diario Ferrarese, bei Murat. XXIV, Col. 358. – Ausserhalb Italiens war den angesehenen Leuten das persönliche Musizieren noch kaum gestattet; am niederländischen Hofe des jungen Karl V. kommt es darüber zu gefährlichem Streit; vgl. Hubert. Leod. de vita Frid. II Palat., L. III. – Heinrich VIII. von England machte eine Ausnahme.

Eine merkwürdige und umfangreiche Stelle über die Musik findet sich, wo man sie nicht suchen würde, Macaroneide, Phant. XX. Es wird ein Quartettgesang komisch geschildert, wobei man erfährt, dass auch französische und spanische Lieder gesungen wurden, dass die Musik bereits ihre Feinde hatte (um 1520), und dass Leos X. Kapelle und der noch frühere Komponist Josquin des Prés das Höchste war, wofür man schwärmte; die Hauptwerke des letztern werden genannt. Derselbe Autor (Folengo) legt auch in seinem (unter dem Namen Limerno

Schule, welche wegen der ungemeinen Künstlichkeit und Wunderlichkeit ihrer Werke bestaunt wurde. Doch gab es schon daneben eine italienische Musik, welche ohne Zweifel unserm jetzigen Tongefühl etwas näher stand. Ein halbes Jahrhundert später tritt Palestrina auf, dessen Gewalt sich auch heute noch alle Gemüter unterwirft; wir erfahren auch, er sei ein grosser Neuerer gewesen, allein ob er oder andere den entscheidenden Schritt in die Tonsprache der modernen Welt hinein getan haben, wird nicht so erörtert, dass der Laie sich einen Begriff von dem Tatbestand machen könnte. Indem wir daher die Geschichte der musikalischen Komposition gänzlich auf sich beruhen lassen, suchen wir die Stellung der Musik zur damaligen Gesellschaft auszumitteln.

Höchst bezeichnend für die Renaissance und für Italien ist vor allem die reiche Spezialisierung des Orchesters, das Suchen nach neuen Instrumenten, d. h. Klangarten, und – in engem Zusammenhang damit – das Virtuosentum, d. h. das Eindringen des Individuellen im Verhältnis zu bestimmten Zweigen der Musik und zu bestimmten Instrumenten.

Von denjenigen Tonwerkzeugen, welche eine ganze Harmonie ausdrücken können, ist nicht nur die Orgel frühe sehr verbreitet und vervollkommnet, sondern auch das entsprechende Saiteninstrument, das gravicembalo oder clavicembalo; Stücke von solchen aus dem Beginn des 14. Jahrhunderts werden bekanntlich noch aufbewahrt, weil die grössten Maler sie mit Bildern schmückten. Sonst nahm die Geige den ersten Rang ein und gewährte bereits grosse persönliche Zelebrität. Bei Leo X., der schon als Kardinal sein Haus voller Sänger und Musiker gehabt hatte und der als

Pitocco herausgegebenen) Orlandino III, 23, s. einen ganz modernen Musikfanatismus an den Tag.

Kenner und Mitspieler eine hohe Reputation genoss, wurden der Jude Giovan Maria und Jacopo Sansecondo berühmt; ersterem gab Leo den Grafentitel und ein Städtchen[23]; letztern glaubt man in dem Apoll auf Rafaels Parnass dargestellt zu sehen. Im Verlauf des 16. Jahrhunderts bildeten sich dann Renommeen für jede Gattung, und Lomazzo (um 1580) nennt je drei namhaft gewordene Virtuosen für Gesang, Orgel, Laute, Lyra, Viola da Gamba, Harfe, Zither, Hörner und Posaunen; er wünscht, dass ihre Bildnisse auf die Instrumente selbst gemalt werden möchten[24]. Solch ein vielseitiges vergleichendes Urteil wäre wohl in jener Zeit außerhalb Italiens ganz undenkbar, wenn auch fast dieselben Instrumente überall vorgekommen sein mögen.

Der Reichtum an Instrumenten sodann geht besonders daraus hervor, dass es sich lohnte, aus Kuriosität Sammlungen derselben anzulegen. In dem höchst musikalischen Venedig[25] gab es mehrere dergleichen, und wenn eine Anzahl Virtuosen sich dazu einfanden, so ergab sich gleich an Ort und Stelle ein Konzert. (In einer dieser Sammlungen sah man auch viele nach antiken Abbildungen und Beschreibungen verfertigte Tonwerkzeuge, nur wird nicht gemeldet, ob sie jemand

23. Leonis vita anonyma, bei Roscoe, ed. Bossi, XII, p. 171. Ob dies vielleicht der Violinspieler der Galerie Sciarra ist? – Ein Giovan Maria da Cornetto wird gepriesen im Orlandino (S. 190, 358) III, 27.

24. Lomazzo, Trattato dell' arte della pittura, etc., p. 347. – Bei der Lyra ist Lionardo da Vinci mitgenannt, auch Alfonso (Herzog?) von Ferrara. Der Verfasser nimmt überhaupt die Berühmtheiten des Jahrhunderts zusammen. Mehrere Juden sind darunter. – Die grösste Aufzählung von berühmten Musikern des 16. Jahrhunderts, in eine frühere und eine spätere Generation getrennt, bei Rabelais im „neuen Prolog" zum IV. Buche. – Ein Virtuose, der blinde Francesco von Florenz († 1390), wird schon frühe in Venedig von dem anwesenden König von Cypern mit einem Lorbeerkranze gekrönt.

25. Sansovino, Venezia, fol. 138. Natürlich sammelten dieselben Liebhaber auch Notenbücher.

spielen konnte und wie sie klangen.) Es ist nicht zu vergessen, dass solche Gegenstände zum Teil ein festlich prachtvolles Aeusseres hatten und sich schön gruppieren liessen. Auch in Sammlungen anderer Raritäten und Kunstsachen pflegen sie sich deshalb als Zugabe einzufinden.

Die Exekutanten selbst sind ausser den eigentlichen Virtuosen entweder einzelne Liebhaber oder ganze Orchester von solchen, etwa als „Akademie" korporationsmässig zusammengesellt[26]. Sehr viele bildende Künstler waren auch in der Musik bewandert und oft Meister. – Leuten von Stande wurden die Blasinstrumente abgeraten aus denselben Gründen[27], welche einst den Alkibiades und selbst Pallas Athene davon abgeschreckt haben sollen; die vornehme Geselligkeit liebte den Gesang entweder allein oder mit Begleitung der Geige; auch das Streichquartett[28] und um der Vielseitigkeit willen das Klavier; aber nicht den mehrstimmigen Gesang, „denn eine Stimme höre, geniesse und beurteile man weit besser". Mit andern Worten, da der Gesang trotz aller konventionellen Bescheidenheit (S. 418) eine Exhibition des einzelnen Gesellschaftsmenschen bleibt, so ist es besser, man höre (und sehe) jeden besonders. Wird ja doch die Weckung der süssesten Gefühle in den Zuhörerinnen vorausgesetzt und deshalb den alten Leuten eine ausdrückliche Abmahnung erteilt, auch wenn sie noch so schön spielten

26. Die Accademia de' filarmonici zu Verona erwähnt schon Vasari XI, 133 im Leben des Sanmichele. – Um Lorenzo magnifico hatte sich bereits 1480 eine „Harmonieschule" von 15 Mitgliedern gesammelt, darunter der berühmte Organist Squarcialupi. Vgl. Delécluze, Florence et ses vicissitudes, Vol. II, p. 256. Von Lorenzo scheint sein Sohn Leo X. die Musikbegeisterung geerbt zu haben. Auch sein ältester Sohn Pietro war sehr musikalisch.

27. Il cortigiano, fol. 56; vgl. fol. 41.

28. Quattro viole da arco, gewiss ein hoher und damals im Ausland sehr seltener Grad von Dilettantenbildung.

und sängen. Es kam sehr darauf an, dass der einzelne einen aus Ton und Gestalt harmonisch gemischten Eindruck hervorbringe. Von einer Anerkennung der Komposition als eines für sich bestehenden Kunstwerkes ist in diesen Kreisen keine Rede. Dagegen kommt es vor, dass der Inhalt der Worte ein furchtbares eigenes Schicksal des Sängers schilderte[29].

Offenbar ist dieser Dilettantismus, sowohl der vornehmern als der mittlern Stände, in Italien verbreiteter und zugleich der eigentlichen Kunst näher verwandt gewesen als in irgend einem andern Lande. Wo irgend Geselligkeit geschildert wird, ist auch immer und mit Nachdruck Gesang und Saitenspiel erwähnt; Hunderte von Porträts stellen die Leute, oft mehrere zusammen, musizierend oder doch mit der Laute usw. im Arm dar, und selbst in Kirchenbildern zeigen die Engelkonzerte, wie vertraut die Maler mit der lebendigen Erscheinung der Musizierenden waren. Bereits erfährt man z. B. von einem Lautenspieler Antonio Rota in Padua († 1549), der vom Stundengeben reich wurde und auch eine Lautenschule drucken liess[30].

In einer Zeit, da noch keine Oper den musikalischen Genius zu konzentrieren und zu monopolisieren angefangen hatte, darf man sich wohl dieses Treiben geistreich, vielartig und wunderbar eigentümlich vorstellen. Eine andere Frage ist, wie weit wir noch an jener Tonwelt teilhätten, wenn unser Ohr sie wieder vernähme.

29. Bandello, Parte I, Nov. 26. Der Gesang des Antonio Bologna im Hause der Ippolita Bentivoglia. Vgl. III, 26. In unserer zimperlichen Zeit würde man dies eine Profanation der heiligsten Gefühle nennen. – (Vgl. das letzte Lied des Britannicus, Tacit. Annal. XIII, 15.) – Die Rezitation zur Laute oder Viola ist in den Aussagen nicht leicht vom eigentlichen Gesang zu scheiden.

30. Scardeonius, a. a. O.

Zum Verständnis der höhern Geselligkeit der Renaissance ist endlich wesentlich zu wissen, dass das Weib dem Manne gleich geachtet wurde. Man darf sich ja nicht irre machen lassen durch die spitzfindigen und zum Teil boshaften Untersuchungen über die vermutliche Inferiorität des schönen Geschlechtes, wie sie bei den Dialogenschreibern hin und wieder vorkommen, auch nicht durch eine Satire wie die dritte des Ariosto[1], welcher das Weib wie ein gefährliches grosses Kind betrachtet, das der Mann zu behandeln wissen müsse, während es durch eine Kluft von ihm geschieden bleibt. Letzteres ist allerdings in einem gewissen Sinne wahr; gerade *weil* das ausgebildete Weib dem Manne gleichstand, konnte in der Ehe das, was man geistige und Seelengemeinschaft oder höhere Ergänzung nennt, nicht so zur Blüte gelangen wie später in der gesitteten Welt des Nordens.

Vor allem ist die Bildung des Weibes in den höchsten Ständen wesentlich dieselbe wie beim Manne. Es erregt den Italienern der Renaissance nicht das geringste Bedenken, den literarischen und selbst den philologischen Unterricht auf Töchter und Söhne gleichmässig wirken zu lassen (S. 246); da man ja in dieser neuantiken Kultur den höchsten Besitz des Lebens erblickte, so gönnte man sie gerne auch den Mädchen. Wir sahen, bis zu welcher Virtuosität selbst Fürstentöchter im lateinischen Reden und Schreiben gelangten (S. 252, 259). Andere mussten wenigstens die Lektüre der Männer teilen, um dem Sachinhalt des Altertums, wie er die Konversation grossenteils beherrschte, folgen zu können. Weiter schloss sich daran die tätige Teilnahme an der italienischen Poesie durch Canzonen, Sonette und Improvisation, womit seit der Venezianerin Cassandra Fedele (Ende des 15. Jahrhunderts)

1. An Annibale Maleguccio, sonst auch als fünfte und sechste bezeichnet.

eine Anzahl von Damen berühmt wurden[2]; Vittoria Colonna kann sogar unsterblich heißen. Wenn irgend etwas unsere obige Behauptung beweist, so ist es diese Frauenpoesie mit ihrem völlig männlichen Ton. Liebessonette wie religiöse Gedichte zeigen eine so entschiedene, präzise Fassung, sind von dem zarten Halbdunkel der Schwärmerei und von allem Dilettantischen, was sonst der weiblichen Dichtung anhängt, so weit entfernt, daß man sie durchaus für die Arbeiten eines Mannes halten würde, wenn nicht Namen, Nachrichten und bestimmte äussere Andeutungen das Gegenteil besagten.

Denn mit der Bildung entwickelt sich auch der Individualismus in den Frauen höherer Stände auf ganz ähnliche Weise wie in den Männern, während ausserhalb Italiens bis auf die Reformation die Frauen, und selbst die Fürstinnen, noch sehr wenig persönlich hervortreten. Ausnahmen wie Isabeau von Baiern, Margarethe von Anjou, Isabella von Castilien usw. kommen auch nur unter ganz ausnahmsweisen Verhältnissen, ja gleichsam nur gezwungen zum Vorschein. In Italien haben schon während des ganzen 15. Jahrhunderts die Gemahlinnen der Herrscher und vorzüglich die der Condottieren fast alle eine besondere, kenntliche Physiognomie, und nehmen an der Notorietät, ja am Ruhme ihren Anteil (S. 163). Dazu kömmt allmählich eine Schar von berühmten Frauen verschiedener Art (S. 180), wäre auch ihre Auszeichnung nur darin zu finden gewesen, dass in ihnen Anlage, Schönheit, Erziehung, gute Sitte und Frömmigkeit ein völlig harmonisches Ganzes bildeten[3]. Von einer aparten,

2. Wogegen die Beteiligung der Frauen an den bildenden Künsten nur äusserst gering ist.

3. So muss man z. B. bei Vespasiano Fiorentino (Mai, Spicileg. rom. XI, p. 593, s.) die Biographie der Alessandra de' Bardi auffassen. Der Autor ist, beiläufig gesagt, ein grosser laudator temporis acti und

bewussten „Emanzipation" ist gar nicht die Rede, weil sich die Sache von selber verstand. Die Frau von Stande musste damals ganz wie der Mann nach einer abgeschlossenen, in jeder Hinsicht vollendeten Persönlichkeit streben. Derselbe Hergang in Geist und Herz, welcher den Mann vollkommen macht, sollte auch das Weib vollkommen machen. Aktive literarische Tätigkeit verlangt man nicht von ihr, und wenn sie Dichterin ist, so erwartet man wohl irgendeinen mächtigen Klang der Seele, aber keine speziellen Intimitäten in Form von Tagebüchern und Romanen. An das Publikum dachten diese Frauen nicht; sie mussten vor allem bedeutenden Männern imponieren[4] und deren Willkür in Schranken halten.

Das Ruhmvollste, was damals von den grossen Italienerinnen gesagt wird, ist, dass sie einen männlichen Geist, ein männliches Gemüt hätten. Man braucht nur die völlig männliche Haltung der meisten Weiber in den Heldengedichten, zumal bei Bojardo und Ariosto, zu beachten, um zu wissen, dass es sich hier um ein bestimmtes Ideal handelt. Der Titel einer „virago", den unser Jahrhundert für ein sehr zweideutiges Kompliment hält, war damals reiner Ruhm. Ihn trug mit vollem Glanze Caterina Sforza, Gemahlin, dann Witwe des Girolamo Riario, dessen Erbe Forlì sie zuerst gegen die Partei seiner Mörder, dann später gegen Cesare Borgia mit allen Kräften verteidigte; sie unterlag, behielt aber doch die Bewunderung aller ihrer Landsleute und den Namen der „prima donna d'Ita-

man darf nicht vergessen, dass fast hundert Jahre vor dem, was er die gute alte Zeit nennt, schon Boccaccio den Decamerone schrieb.

4. Ant. Galateo, epist. 3, an die junge Bona Sforza, die spätere Gemahlin des Sigismund von Polen: Incipe aliquid de viro sapere, quoniam ad imperandum viris nata es . . . Ita fac, ut sapientibus viris placeas, ut te prudentes et graves viri admirentur, et vulgi et muliercularum studia et iudicia despicias etc. Auch sonst ein merkwürdiger Brief. (Mai, Spicileg. rom. VIII, p. 532.)

lia"[5]. Eine heroische Ader dieser Art erkennt man noch in verschiedenen Frauen der Renaissance, wenn auch keine mehr solchen Anlass fand, sich als Heldin zu betätigen. Isabella Gonzaga (S. 70 f.) verrät diesen Zug ganz deutlich.

Frauen dieser Gattung konnten denn freilich auch in ihrem Kreise Novellen erzählen lassen wie die des Bandello, ohne dass darunter die Geselligkeit Schaden litt. Der herrschende Genius der letztern ist nicht die heutige Weiblichkeit, d. h. der Respekt vor gewissen Voraussetzungen, Ahnungen und Mysterien, sondern das Bewußtsein der Energie, der Schönheit und einer gefährlichen, schicksalsvollen Gegenwart. Deshalb geht neben den gemessensten Weltformen ein Etwas einher, das unserm Jahrhundert wie Schamlosigkeit vorkömmt[6], während wir nur eben das Gegengewicht, nämlich die mächtige Persönlichkeit der dominierenden Frauen des damaligen Italiens uns nicht mehr vorstellen können.

Dass alle Traktate und Dialoge zusammengenommen keine entscheidende Aussage dieser Art enthalten, versteht sich von selbst, so weitläufig auch über die Stellung und die Fähigkeiten der Frauen und über die Liebe debattiert wird.

Was dieser Gesellschaft im allgemeinen gefehlt zu

5. So heisst sie in dem Hauptbericht Chron. venetum bei Murat. XXIV, Col. 128, s. Vgl. Infessura bei Eccard, scriptt. II, Col. 1981 und Arch. stor. Append. II, p. 250.

6. Und es zu Zeiten auch ist. – Wie sich die Damen bei solchen Erzählungen zu benehmen haben, lehrt der Cortigiano, L. III, fol. 107. Dass schon die Damen, welche bei seinen Dialogen zugegen waren, sich gelegentlich mussten zu benehmen wissen, zeigt z. B. die starke Stelle L. II, Fol. 100. – Was von dem Gegenstück des Cortigiano, der Donna di palazzo gesagt wird, ist deshalb nicht entscheidend, weil diese Palastdame bei weitem mehr Dienerin der Fürstin ist als der Cortigiano Diener des Fürsten. – Bei Bandello I, Nov. 44, erzählt Bianca d'Este die schauerliche Liebesgeschichte ihres eignen Ahns Niccolò von Ferrara und der Parisina.

haben scheint, war der Flor junger Mädchen[7], welche man sehr davon zurückhielt, auch wenn sie nicht im Kloster erzogen wurden. Es ist schwer zu sagen, ob ihre Abwesenheit mehr die grössere Freiheit der Konversation oder ob umgekehrt letztere jene veranlaßt hat.

Auch der Umgang mit Buhlerinnen nimmt bisweilen einen scheinbaren Aufschwung, als wollte sich das Verhältnis der alten Athener zu ihren Hetären erneuern. Die berühmte römische Kurtisane Imperia war ein Weib von Geist und Bildung und hatte bei einem gewissen Domenico Campana Sonette machen gelernt, trieb auch Musik[8]. Die schöne Isabella de Luna, von spanischer Herkunft, galt wenigstens als amüsant, war übrigens aus Gutherzigkeit und einem entsetzlich frechen Lästermaul wunderlich zusammengesetzt[9]. In Mailand kannte Bandello die majestätische Caterina di San Celso[10], welche herrlich spielte und sang und Verse rezitierte. Und so weiter. Aus allem geht hervor, dass die berühmten und geistreichen Leute, welche diese Damen besuchten und zeitweise mit ihnen lebten, auch geistige Ansprüche an sie stellten, und dass man den berühmten Buhlerinnen mit der grössten Rücksicht begegnete; auch nach Auflösung des Verhältnisses suchte man sich ihre gute Meinung zu bewahren[11], weil die vergangene Leidenschaft doch einen bedeu-

7. Wie sehr die gereisten Italiener den freien Umgang mit den Mädchen in England und den Niederlanden zu würdigen wussten, zeigt Bandello II, Nov. 42 und IV, Nov. 27.

8. Paul. Jov. de rom. piscibus, cap. 5. – Bandello, Parte III, Nov. 42. – Aretin, im Ragionamento del Zoppino, p. 327, sagt von einer Buhlerin: sie weiss auswendig den ganzen Petrarca und Boccaccio und zahllose schöne lateinische Verse aus Virgil, Horaz, Ovid und tausend andern Autoren.

9. Bandello II, 51. IV, 16.

10. Bandello IV, 8.

11. Ein sehr bezeichnendes Beispiel hievon bei Giraldi, Hecatommithi VI, Nov. 7.

tenden Eindruck für immer zurückgelassen hatte. Im ganzen kommt jedoch dieser Umgang in geistigem Sinne nicht in Betracht neben der erlaubten, offiziellen Geselligkeit, und die Spuren, welche er in Poesie und Literatur zurückläßt, sind vorherrschend skandalöser Art. Ja man darf sich billig wundern, dass unter den 6800 Personen dieses Standes, welche man zu Rom im Jahre 1490 – also vor dem Eintreten der Syphilis – zählte[12], kaum irgendein Weib von Geist und höherm Talent hervortritt; die oben genannten sind erst aus der nächstfolgenden Zeit. Die Lebensweise, Moral und Philosophie der öffentlichen Weiber, namentlich den raschen Wechsel von Genuss, Gewinnsucht und tieferer Leidenschaft, sowie die Heuchelei und Teufelei einzelner im spätern Alter schildert vielleicht am besten Giraldi in den Novellen, welche die Einleitung zu seinen Hecatommithi ausmachen; Pietro Aretino dagegen in seinen Ragionamenti zeichnet wohl mehr sein eigenes Inneres als das jener unglücklichen Klasse, wie sie wirklich war.

Die Maitressen der Fürsten, wie schon oben (S. 80) bei Anlaß des Fürstentums erörtert wurde, sind der Gegenstand von Dichtern und Künstlern und daher der Mit- und Nachwelt persönlich bekannt, während man von einer Alice Perries, einer Clara Dettin (Maitresse Friedrichs des Siegreichen) kaum mehr als den Namen und von Agnes Sorel eine eher fingierte als wahre Minnesage übrig hat. Anders verhält es sich dann schon mit den Geliebten der Könige der Renaissance, Franz I. und Heinrich II.

12. Infessura, bei Eccard, scriptores, II, Col. 1997. Es sind nur die öffentlichen Weiber, nicht die Konkubinen mitgerechnet. Die Zahl ist übrigens im Verhältnis zur vermutlichen Bevölkerung von Rom enorm hoch, vielleicht durch einen Schreibfehler.

Nach der Geselligkeit verdient auch das Hauswesen der Renaissance einen Blick. Man ist im allgemeinen geneigt, das Familienleben der damaligen Italiener wegen der grossen Sittenlosigkeit als ein verlorenes zu betrachten, und diese Seite der Frage wird im nächsten Abschnitt behandelt werden. Einstweilen genügt es, darauf hinzuweisen, daß die eheliche Untreue dort bei weitem nicht so zerstörend auf die Familie wirkt wie im Norden, solange dabei nur gewisse Schranken nicht überschritten werden.

Das Hauswesen unseres Mittelalters war ein Produkt der herrschenden Volkssitte oder, wenn man will, ein höheres Naturprodukt, beruhend auf den Antrieben der Völkerentwicklung und auf der Einwirkung der Lebensweise je nach Stand und Vermögen. Das Rittertum in seiner Blütezeit liess das Hauswesen unberührt; sein Leben war das Herumziehen an Höfen und in Kriegen; seine Huldigung gehörte systematisch einer andern Frau als der Hausfrau, und auf dem Schloss daheim mochten die Dinge gehen wie sie konnten. Die Renaissance zuerst versucht auch das Hauswesen mit Bewusstsein als ein geordnetes, ja als ein Kunstwerk aufzubauen. Eine sehr entwickelte Oekonomie (S. 108) und ein rationeller Hausbau kömmt ihr dabei zu Hülfe, die Hauptsache aber ist eine verständige Reflexion über alle Fragen des Zusammenlebens, der Erziehung, der Einrichtung und Bedienung.

Das schätzbarste Aktenstück hiefür ist der Dialog über die Leitung des Hauses von Agnolo Pandolfini[1]. Ein Vater spricht zu seinen erwachsenen Söhnen und weiht sie in seine ganze Handlungsweise ein. Man sieht in einen grossen, reichlichen Hausstand hinein, der, mit vernünftiger Sparsamkeit und mit mässigem Leben

1. Trattato del governo della famiglia. Vgl. oben S. 165, 171, Anm. Pandolfini starb 1446, L. B. Alberti, dem das Werk ebenfalls zugeschrieben wird, im Jahre 1472. – Vgl. auch S. 333, Anm.

weitergeführt, Glück und Wohlergehen auf viele Geschlechter hinaus verheisst. Ein ansehnlicher Grundbesitz, der schon durch seine Produkte den Tisch des Hauses versieht und die Basis des Ganzen ausmacht, wird mit einem industriellen Geschäft, sei es Seiden- oder Wollenweberei, verbunden. Wohnung und Nahrung sind höchst solid; alles, was zur Einrichtung und Anlage gehört, soll gross, dauerhaft und kostbar, das tägliche Leben darin so einfach als möglich sein. Aller übrige Aufwand, von den grössten Ehrenausgaben bis auf das Taschengeld der jüngern Söhne, steht hiezu in einem rationellen, nicht in einem konventionellen Verhältnis. Das Wichtigste aber ist die Erziehung, die der Hausherr bei weitem nicht bloss den Kindern, sondern dem ganzen Hause gibt. Er bildet zunächst seine Gemahlin aus einem schüchternen, in vorsichtigem Gewahrsam erzogenen Mädchen zur sichern Gebieterin der Dienerschaft, zur Hausfrau aus; dann erzieht er die Söhne ohne alle unnütze Härte[2], durch sorgfältige Aufsicht und Zureden, „mehr mit Autorität als mit Gewalt", und endlich wählt und behandelt er auch die Angestellten und Diener nach solchen Grundsätzen, dass sie gerne und treu am Hause halten.

Noch einen Zug müssen wir hervorheben, der diesem Büchlein zwar keineswegs eigen, wohl aber mit besonderer Begeisterung darin hervorgehoben ist: die Liebe des gebildeten Italieners zum Landleben. Im Norden

2. Eine gründliche, mit psychologischem Geist gearbeitete Geschichte des Prügelns bei den germanischen und romanischen Völkern wäre wohl so viel wert als ein paar Bände Depeschen und Unterhandlungen. Wann und durch welchen Einfluss ist das Prügeln in der deutschen Familie zu einem alltäglichen Gebrauch geworden? Es geschah wohl erst lange, nachdem Walther gesungen: Nieman kan mit gerten kindes zuht beherten. In Italien hört wenigstens das Schlagen sehr früh auf; ein siebenjähriges Kind bekömmt keine Schläge mehr. Der kleine Roland (Orlandino, cap. VII, str. 42) stellt das Prinzip auf:

Sol gli asini si ponno bastonare,
Se una tal bestia fussi, patirei.

wohnten damals auf dem Lande die Adligen in ihren Bergschlössern und die vornehmern Mönchsorden in ihren wohlverschlossenen Klöstern; der reichste Bürger aber lebte jahraus jahrein in der Stadt. In Italien dagegen war, wenigstens was die Umgebung gewisser Städte[3] betrifft, teils die politische und polizeiliche Sicherheit grösser, teils die Neigung zum Aufenthalt draussen so mächtig, dass man in Kriegsfällen sich auch einigen Verlust gefallen liess. So entstand die Landwohnung des wohlhabenden Städters, die Villa. Ein köstliches Erbteil des alten Römertums lebt hier wieder auf, sobald Gedeihen und Bildung im Volke weit genug fortgeschritten sind.

Unser Autor findet auf seiner Villa lauter Glück und Frieden, worüber man ihn freilich selber hören muss (S. 88). Die ökonomische Seite der Sache ist, dass ein und dasselbe Gut womöglich alles in sich enthalten soll: Korn, Wein, Oel, Futterland und Waldung (S. 84), und dass man solche Güter gerne teuer bezahlt, weil man nachher nichts mehr auf dem Markt zu kaufen nötig hat. Der höhere Genuss aber verrät sich in den Worten der Einleitung zu diesem Gegenstand: „Um Florenz liegen viele Villen in kristallheller Luft, in heiterer Landschaft, mit herrlicher Aussicht; da ist wenig Nebel, kein verderblicher Wind; alles ist gut, auch das reine, gesunde Wasser; und von den zahllosen Bauten sind manche wie Fürstenpaläste, manche wie Schlösser anzuschauen, prachtvoll und kostbar.“ Er meint jene in ihrer Art mustergültigen Landhäuser, von welchen die meisten 1529 durch die Florentiner selbst der Verteidigung der Stadt – vergebens – geopfert wurden.

3. Giovanni Villani XI, 93: Hauptaussage über den Villenbau der Florentiner schon vor der Mitte des 14. Jahrhunderts; sie hatten schönere Villen als Stadthäuser, und sollen sich damit auch überanstrengt haben, onde erano tenuti matti.

In diesen Villen wie in denjenigen an der Brenta, in den lombardischen Vorbergen, am Posilipp und Vomero nahm dann auch die Geselligkeit einen freiern, ländlichen Charakter an als in den Sälen der Stadtpaläste. Das Zusammenwohnen der gastfrei Geladenen, die Jagd und der übrige Verkehr im Freien werden hie und da ganz anmutig geschildert. Aber auch die tiefste Geistesarbeit und das Edelste der Poesie ist bisweilen von einem solchen Landaufenthalt datiert.

Es ist keine blosse Willkür, wenn wir an die Betrachtung des gesellschaftlichen Lebens die der festlichen Aufzüge und Aufführungen anknüpfen. Die kunstvolle Pracht, welche das Italien der Renaissance dabei an den Tag legt[1], wurde nur erreicht durch dasselbe Zusammenleben aller Stände, welches auch die Grundlage der italienischen Gesellschaft ausmacht. Im Norden hatten die Klöster, die Höfe und die Bürgerschaften ihre besondern Feste und Aufführungen wie in Italien, allein dort waren dieselben nach Stil und Inhalt getrennt, hier dagegen durch eine allgemeine Bildung und Kunst zu einer gemeinsamen Höhe entwickelt. Die dekorierende Architektur, welche diesen Festen zu Hülfe kam, verdient ein eigenes Blatt in der Kunstgeschichte, obgleich sie uns nur noch als ein Phantasiebild gegenübersteht, das wir aus den Beschreibungen zusammenlesen müssen. Hier beschäftigt uns das Fest selber als ein erhöhter Moment im Dasein des Volkes, wobei die religiösen, sittlichen und poetischen Ideale des letztern eine sichtbare Gestalt annehmen. Das italienische Festwesen in seiner höhern Form ist ein wahrer Uebergang aus dem Leben in die Kunst.

1. Man vgl. S. 346, wo diese Pracht der Festausstattung als ein Hindernis für die höhere Entwicklung des Dramas nachgewiesen wurde.

Die beiden Hauptformen festlicher Aufführung sind ursprünglich, wie überall im Abendlande, das Mysterium, d. h. die dramatisierte heilige Geschichte oder Legende und die Prozession, d. h. der bei irgendeinem kirchlichen Anlass entstehende Prachtaufzug.

Nun waren in Italien schon die Aufführungen der Mysterien im ganzen offenbar prachtvoller, zahlreicher und durch die parallele Entwicklung der bildenden Kunst und der Poesie geschmackvoller als anderswo. Sodann scheidet sich aus ihnen nicht bloss wie im übrigen Abendlande zunächst die Posse aus und dann das übrige weltliche Drama, sondern frühe schon auch eine auf den schönen und reichen Anblick berechnete Pantomime mit Gesang und Ballett.

Aus der Prozession aber entwickelt sich in den eben gelegenen italienischen Städten mit ihren breiten[2], wohlgepflasterten Strassen der Trionfo, d. h. der Zug von Kostümierten zu Wagen und zu Fuss, erst von überwiegend geistlicher, dann mehr und mehr von weltlicher Bedeutung. Fronleichnamsprozession und Karnevalszug berühren sich hier in einem gemeinsamen Prachtstil, welchem sich dann auch fürstliche Einzüge anschliessen. Auch die übrigen Völker verlangten bei solchen Gelegenheiten bisweilen den grössten Aufwand, in Italien allein aber bildete sich eine kunstgerechte Behandlungsweise, die den Zug als sinnvolles Ganzes komponierte und ausstattete.

Was von diesen Dingen heute noch in Uebung ist, kann nur ein armer Ueberrest heissen. Kirchliche sowohl als fürstliche Aufzüge haben sich des dramatischen Elementes, der Kostümierung, fast völlig entledigt, weil man den Spott fürchtet und weil die gebildeten Klassen, welche ehemals diesen Dingen ihre volle Kraft widmeten, aus verschiedenen Gründen

2. Dies im Vergleich mit den Städten des Nordens.

keine Freude mehr daran haben können. Auch am Karneval sind die grossen Maskenzüge ausser Uebung. Was noch weiterlebt, wie z. B. die einzelnen geistlichen Masken bei Umzügen von Bruderschaften, ja selbst das pomphafte Rosalienfest zu Palermo, verrät deutlich, wie weit sich die höhere Bildung von diesen Dingen zurückgezogen hat.

Die volle Blüte des Festwesens tritt erst mit dem entschiedenen Siege des Modernen, mit dem 15. Jahrhundert ein[3], wenn nicht etwa Florenz dem übrigen Italien auch hierin vorangegangen war. Wenigstens war man hier schon früh quartierweise organisiert für öffentliche Aufführungen, welche einen sehr grossen künstlerischen Aufwand voraussetzen. So jene Darstellung der Hölle auf einem Gerüst und auf Barken im Arno, 1. Mai 1304, wobei unter den Zuschauern die Brücke alla Carraja zusammenbrach[4]. Auch dass später Florentiner als Festkünstler, festaiuoli, im übrigen Italien reisen konnten[5], beweist eine frühe Vervollkommnung zu Hause.

Suchen wir nun die wesentlichsten Vorzüge des italienischen Festwesens gegenüber dem Auslande vorläufig auszumitteln, so steht in erster Linie der Sinn des entwickelten Individuums für Darstellung des Individuellen, d. h. die Fähigkeit, eine vollständige Maske zu erfinden, zu tragen und zu agieren. Maler und Bildhauer halfen dann bei weitem nicht bloss zur Dekora-

3. Die Festlichkeiten bei der Erhebung des Visconti zum Herzog von Mailand 1395 (Corio, fol. 270) haben bei grösster Pracht noch etwas roh Mittelalterliches, und das dramatische Element fehlt noch ganz. Vgl. auch die relative Geringfügigkeit der Aufzüge in Pavia während des 14. Jahrhunderts. (Anonymus de laudibus Papiae, bei Murat. XI, Col. 34, s.)

4. Gio. Villani, VIII, 70.

5. Vgl. z. B. Infessura, bei Eccard, scriptt. II, Col. 1896. – Corio. fol. 417, 421.

tion des Ortes, sondern auch zur Ausstattung der Personen mit, und gaben Tracht, Schminke (S. 400 f.) und anderweitige Ausstattung an. Das zweite ist die Allverständlichkeit der poetischen Grundlage. Bei den Mysterien war dieselbe im ganzen Abendlande gleich gross, indem die biblischen und legendarischen Historien von vornherein jedermann bekannt waren, für alles übrige aber war Italien im Vorteil. Für die Rezitationen einzelner heiliger oder profan-idealer Gestalten besass es eine volltönende lyrische Poesie, welche Gross und Klein gleichmässig hinreissen konnte[6]. Sodann verstand der grösste Teil der Zuschauer (in den Städten) die mythologischen Figuren und erriet wenigstens leichter als irgendwo die allegorischen und geschichtlichen, weil sie einem allverbreiteten Bildungskreise entnommen waren.

Dies bedarf einer nähern Bestimmung. Das ganze Mittelalter war die Zeit des Allegorisierens in vorzugsweisem Sinne gewesen; seine Theologie und Philosophie behandelte ihre Kategorien dergestalt als selbständige Wesen[7], dass Dichtung und Kunst es scheinbar leicht hatten, dasjenige beizufügen, was noch zur Persönlichkeit fehlte. Hierin stehen alle Länder des Okzidents auf gleicher Stufe; aus ihrer Gedankenwelt können sich überall Gestalten erzeugen, nur dass Ausstattung und Attribute in der Regel rätselhaft und unpopulär ausfallen werden. Letzteres ist auch in Italien häufig der Fall, und zwar selbst während der ganzen Renaissance und noch über dieselbe hinaus. Es genügt dazu, dass irgendein Prädikat der betreffenden alle-

6. Der Dialog der Mysterien bewegte sich gern in Ottaven, der Monolog in Terzinen.

7. Wobei man nicht einmal an den Realismus der Scholastiker zu denken braucht. – Schon um 970 schrieb Bischof Wibold von Cambray seinen Klerikern statt des Würfelspiels etwas wie ein geistliches Tarockspiel vor, mit nicht weniger als 56 Namen abstrakter Eigenschaften und Zustände. Vgl. Gesta episcopor. Cameracens. Pertz, Scriptt. VII, p. 433.

gorischen Gestalt auf unrichtige Weise durch ein Attribut übersetzt werde. Selbst Dante ist durchaus nicht frei von solchen falschen Uebertragungen[8], und aus der Dunkelheit seiner Allegorien überhaupt hat er sich bekanntlich eine wahre Ehre gemacht[9]. Petrarca in seinen Trionfi will wenigstens die Gestalten des Amor, der Keuschheit, des Todes, der Fama usw. deutlich, wenn auch in Kürze schildern. Andere dagegen überladen ihre Allegorien mit lauter verfehlten Attributen. In den Satiren des Vinciguerra[10] z. B. wird der Neid mit „rauhen eisernen Zähnen", die Gefrässigkeit als sich auf die Lippen beissend, mit wirrem, struppigem Haar usw. geschildert, letzteres wahrscheinlich, um sie als gleichgültig gegen alles, was nicht Essen ist, zu bezeichnen. Wie übel sich vollends die bildende Kunst bei solchen Missverständnissen befand, können wir hier nicht erörtern. Sie durfte sich wie die Poesie glücklich schätzen, wenn die Allegorie durch eine mythologische Gestalt, d. h. durch eine vom Altertum her vor der Absurdität gesicherte Kunstform ausgedrückt werden konnte, wenn statt des Krieges Mars, statt der Jagdlust Diana[11] usw. zu gebrauchen war.

Nun gab es in Kunst und Dichtung auch besser gelungene Allegorien, und von denjenigen Figuren dieser Art, welche bei italienischen Festzügen auftraten, wird

8. Dahin darf man es z. B. rechnen, wenn er Bilder auf Metaphern baut, wenn an der Pforte des Fegefeuers die mittlere, geborstene Stufe die Zerknirschung des Herzens bedeuten soll (Purgat. IX, 97), während doch die Steinplatte durch das Bersten ihren Wert als Stufe verliert; oder wenn (Purgat. XVIII, 94) die auf Erden Lässigen ihre Busse im Jenseits durch Rennen bezeigen müssen, während doch das Rennen auch ein Zeichen der Flucht usw. sein könnte.

9. Inferno IX, 61, Purgat. VIII, 19.

10. Poesie satiriche, ed. Milan. p. 70, s. – Vom Ende des 15. Jahrhunderts.

11. Letzteres z. B. in der venatio des Kard. Adriano da Corneto. Es soll darin Ascanio Sforza durch das Jagdvergnügen über den Sturz seines Hauses getröstet werden. – Vgl. S. 288.

man wenigstens annehmen dürfen, dass das Publikum sie deutlich und sprechend charakterisiert verlangte, weil es durch seine sonstige Bildung angeleitet war, dergleichen zu verstehen. Auswärts, zumal am burgundischen Hofe, liess man sich damals noch sehr undeutsame Figuren, auch blosse Symbole gefallen, weil es noch eine Sache der Vornehmheit war, eingeweiht zu sein oder zu scheinen. Bei dem berühmten Fasanengelübde von 1453[12] ist die schöne junge Reiterin, welche als Freudenkönigin daherzieht, die einzige erfreuliche Allegorie; die kolossalen Tischaufsätze mit Automaten und lebendigen Personen sind entweder blosse Spielereien oder mit einer platten moralischen Zwangsauslegung behaftet. In einer nackten weiblichen Statue am Büfett, die ein lebendiger Löwe hütete, sollte man Konstantinopel und seinen künftigen Retter, den Herzog von Burgund ahnen. Der Rest, mit Ausnahme einer Pantomime (Jason in Kolchis), erscheint entweder sehr tiefsinnig oder ganz sinnlos; der Beschreiber des Festes, Olivier selbst, kam als „Kirche“ kostümiert in dem Turme auf dem Rücken eines Elefanten, den ein Riese führte, und sang eine lange Klage über den Sieg der Ungläubigen[13].

Wenn aber auch die Allegorien der italienischen Dichtungen, Kunstwerke und Feste an Geschmack und Zusammenhang im ganzen höher stehen, so bilden sie doch nicht die starke Seite. Der entscheidende Vor-

12. Eigentlich 1454. Vgl. Olivier de la Marche, mémoires, chap. 29.

13. Für andere französische Feste s. z. B.: Juvénal des Ursins ad a. 1389 (Einzug der Königin Isabeau); – Jean de Troyes ad a. 1461 (Einzug Ludwigs XI.). Auch hier fehlt es nicht ganz an Schwebemaschinen, an lebendigen Statuen u. dgl., aber alles ist bunter, zusammenhangloser und die Allegorien meist unergründlich. – Höchst pomphaft und bunt die vieltägigen Feste zu Lissabon 1452 bei der Abreise der Infantin Eleonora, als Braut Kaiser Friedrichs III. Siehe Freher-Struve, rer. german. scriptores, II, fol. 51, die Relation des Nic. Lanckmann.

teil[14] lag vielmehr darin, dass man hier ausser den Personifikationen des Allgemeinen auch historische Repräsentanten desselben Allgemeinen in Menge kannte, daß man an die dichterische Aufzählung wie an die künstlerische Darstellung zahlreicher berühmter Individuen gewöhnt war. Die Göttliche Komödie, die Trionfi des Petrarca, die Amorosa Visione des Boccaccio – lauter Werke, welche hierauf gegründet sind –, ausserdem die ganze grosse Ausweitung der Bildung durch das Altertum hatten die Nation mit diesem historischen Element vertraut gemacht. Und nun erschienen diese Gestalten auch bei Festzügen entweder völlig individualisiert, als bestimmte Masken, oder wenigstens als Gruppen, als charakteristisches Geleite einer allegorischen Hauptfigur oder Hauptsache. Man lernte dabei überhaupt gruppenweise komponieren, zu einer Zeit, da die prachtvollsten Aufführungen im Norden zwischen unergründliche Symbolik und buntes, sinnloses Spiel geteilt waren.

Wir beginnen mit der vielleicht ältesten Gattung, den Mysterien[15]. Sie gleichen im ganzen denjenigen des übrigen Europa; auch hier werden auf öffentlichen Plätzen, in Kirchen, in Klosterkreuzgängen grosse Gerüste errichtet, welche oben ein verschließbares Paradies, ganz unten bisweilen eine Hölle enthalten und dazwischen die eigentliche Scena, welche sämtliche irdische Lokalitäten des Dramas nebeneinander darstellt; auch hier beginnt das biblische oder legendarische Drama nicht selten mit einem theologischen Vordialog von Aposteln, Kirchenvätern, Propheten,

14. D. h. ein Vorteil für sehr grosse Dichter und Künstler, die etwas damit anzufangen wussten.

15. Vgl. Bartol. Gamba, Notizie intorno alle opere di Feo Belcari, Milano 1808, und bes. die Einleitung der Schrift: le rappresentazioni di Feo Belcari ed altre di lui poesie, Firenze 1833. – Als Parallele die Einleitung des Bibliophile Jacob zu seiner Ausgabe des Pathelin.

Sibyllen und Tugenden und schliesst je nach Umständen mit einem Tanz. Dass die halbkomischen Intermezzi von Nebenpersonen in Italien ebenfalls nicht fehlen, scheint sich von selbst zu verstehen, doch tritt dies Element nicht so derb hervor wie im Norden[16]. Für das Auf- und Niederschweben auf künstlichen Maschinen, einen Hauptreiz aller Schaulust, war in Italien wahrscheinlich die Uebung viel grösser als anderswo, und bei den Florentinern gab es schon im 14. Jahrhundert spöttische Reden, wenn die Sache nicht ganz geschickt ging[17]. Bald darauf erfand Brunellesco für das Annunziatenfest auf Piazza S. Felice jenen unbeschreiblich kunstreichen Apparat einer von zwei Engelkreisen umschwebten Himmelskugel, von welcher Gabriel in einer mandelförmigen Maschine niederflog, und Cecca gab Ideen und Mechanik für ähnliche Feste an[18]. Die geistlichen Brüderschaften oder die Quartiere, welche die Besorgung und zum Teil die Aufführung selbst übernahmen, verlangten je nach Massgabe ihres Reichtums wenigstens in den grössern Städten den Aufwand aller erreichbaren Mittel der Kunst. Eben dasselbe darf man voraussetzen, wenn bei grossen fürstlichen Festen neben dem weltlichen Drama oder der Pantomime auch noch Mysterien aufgeführt werden. Der Hof des Pietro Riario (S. 137), der von Ferrara usw. liessen es dabei gewiss nicht an der ersinnlichsten Pracht fehlen[19]. Vergegenwärtigt man sich das

16. Freilich schloss ein Mysterium vom bethlehemit. Kindermord in einer Kirche von Siena damit, dass die unglücklichen Mütter einander bei den Haaren nehmen mussten. Della Valle, lettere sanesi, III, p. 53. – Es war ein Hauptstreben des eben genannten Feo Belcari († 1484), die Mysterien von solchen Auswüchsen zu reinigen.

17. Franco Sacchetti, Nov. 72.

18. Vasari III, 232, s. Vita di Brunellesco. V, 36, s. Vita del Cecca. Vgl. V, 52. Vita di Don Bartolommeo.

19. Arch. stor. Append. II, p. 310. Das Mysterium von Mariä Verkündigung in Ferrara bei der Hochzeit des Alfonso, mit kunstreichen Schwebemaschinen und Feuerwerk. Die Aufführung der Su-

szenische Talent und die reichen Trachten der Schauspieler, die Darstellung der Oertlichkeiten durch ideale Dekorationen des damaligen Baustils, durch Laubwerk und Teppiche, endlich als Hintergrund die Prachtbauten der Piazza einer grossen Stadt oder die lichten Säulenhallen eines Palasthofes, eines grossen Klosterhofes, so ergibt sich ein überaus reiches Bild. Wie aber das weltliche Drama eben durch eine solche Ausstattung zu Schaden kam, so ist auch wohl die höhere poetische Entwicklung des Mysteriums selber durch dieses unmässige Vordrängen der Schaulust gehemmt worden. In den erhaltenen Texten findet man ein meist sehr dürftiges dramatisches Gewebe mit einzelnen schönen lyrisch-rhetorischen Stellen, aber nichts von jenem grossartigen symbolischen Schwung, der die „Autos sagramentales" eines Calderon auszeichnet.

Bisweilen mag in kleinern Städten, bei ärmerer Ausstattung, die Wirkung dieser geistlichen Dramen auf das Gemüt eine stärkere gewesen sein. Es kommt vor[20], daß einer jener grossen Bussprediger, von welchen im letzten Abschnitt die Rede sein wird, Roberto da Lecce, den Kreis seiner Fastenpredigten während der Pestzeit 1448 in Perugia mit einer Karfreitagsaufführung der Passion beschliesst; nur wenige Personen traten auf, aber das ganze Volk weinte laut. Freilich kamen bei solchen Anlässen Rührungsmittel zur Anwendung, welche dem Gebiet des herbsten Naturalismus entnommen waren. Es bildet eine Parallele zu den Gemälden eines Matteo da Siena, zu den Tongruppen eines Guido Mazzoni, wenn der den Christus vorstel-

sanna, des Täufers Johannes und einer Legende beim Kard. Riario s. bei Corio, fol. 417. Das Mysterium von Constantin d. Gr., im päpstl. Palast, Karneval 1484, s. bei Jac. Volaterran., Murat. XXIII, Col. 194.

20. Graziani, Cronaca di Perugia, Arch. stor. XVI, I, p. 598. Bei der Kreuzigung wurde eine breit gehaltene Figur untergeschoben.

lende Autor mit Striemen bedeckt und scheinbar Blut schwitzend, ja aus der Seitenwunde blutend auftreten musste[21].

Die besondern Anlässe zur Aufführung von Mysterien, abgesehen von gewissen grossen Kirchenfesten, fürstlichen Vermählungen usw. sind sehr verschieden. Als z. B. S. Bernardino von Siena durch den Papst heilig gesprochen wurde (1450), gab es, wahrscheinlich auf dem grossen Platz seiner Vaterstadt, eine Art von dramatischer Nachahmung (rappresentazione) seiner Kanonisation[22], nebst Speise und Trank für jedermann. Oder ein gelehrter Mönch feiert seine Promotion zum Doktor der Theologie durch Aufführung der Legende des Stadtpatrons[23]. König Karl VIII. war kaum nach Italien hinabgestiegen, als ihn die Herzogin Witwe Blanca von Savoyen zu Turin mit einer Art von halbgeistlicher Pantomime empfing[24], wobei zuerst eine Hirtenszene „das Gesetz der Natur“, dann ein Zug der Erzväter „das Gesetz der Gnade“ vorzustellen zensiert war; darauf folgten die Geschichten des Lancelot vom See, und die „von Athen“. Und so wie der König nur in Chieri anlangte, wartete man ihm wieder mit einer Pantomime auf, die ein Wochenbette mit vornehmem Besuch darstellte.

Wenn aber irgendein Kirchenfest einen allgemeinen Anspruch auf die höchste Anstrengung hatte, so war

21. Für letzteres z. B. Pii II. comment., L. VIII, p. 383, 386. – Auch die Poesie des 15. Jahrhunderts stimmt bisweilen denselben rohen Ton an. Eine Canzone des Andrea da Basso konstatiert bis ins einzelne die Verwesung der Leiche einer hartherzigen Geliebten. Freilich in einem Klosterdrama des 12. Jahrhunderts hatte man sogar auf der Szene gesehen, wie König Herodes von den Würmern gefressen wird. Carmina Burana, p. 80, s.

22. Allegretto, Diarî sanesi, bei Murat. XXIII, Col. 767.

23. Matarazzo, Arch. stor. XVI, II, p. 36.

24. Auszüge aus dem Vergier d'honneur bei Roscoe, Leone X, ed. Bossi, I, p. 220 und III, p. 263.

es Fronleichnam, an dessen Feier sich ja in Spanien jene besondere Gattung von Poesie (S. 442) anschloss. Für Italien besitzen wir wenigstens die pomphafte Schilderung des Corpus Domini, welches Pius II. 1462 in Viterbo abhielt[25]. Der Zug selber, welcher sich von einem kolossalen Prachtzelt vor S. Francesco durch die Hauptstrasse nach dem Domplatz bewegte, war das wenigste dabei; die Kardinäle und reichern Prälaten hatten den Weg stückweise unter sich verteilt und nicht nur für fortlaufende Schattentücher, Mauerteppiche[26], Kränze u. dgl. gesorgt, sondern lauter eigene Schaubühnen errichtet, wo während des Zuges kurze historische und allegorische Szenen aufgeführt wurden. Man ersieht aus dem Bericht nicht ganz klar, ob alles von Menschen oder einiges von drapierten Figuren dargestellt wurde[27], jedenfalls war der Aufwand sehr gross. Da sah man einen leidenden Christus zwischen singenden Engelknaben; ein Abendmahl in Verbindung mit der Gestalt des S. Thomas von Aquino; den Kampf des Erzengels Michael mit den Dämonen; Brunnen mit Wein und Orchester von Engeln; ein Grab des Herrn mit der ganzen Szene der Auferstehung; endlich auf dem Domplatz das Grab der Maria, welches sich nach dem Hochamt und dem Segen eröffnete; von Engeln getragen schwebte die Mutter Gottes singend nach dem Paradies, wo Christus sie krönte und dem ewigen Vater zuführte.

In der Reihe jener Szenen an der Hauptstrasse sticht diejenige des Kardinal Vizekanzlers Roderigo Borgia – des spätern Alexander VI. – besonders

25. Pii II. Comment. L. VIII. p. 382, s. – Ein ähnliches besonders prächtiges Fronleichnamsfest wird erwähnt von Bursellis, Annal. Bonon., bei Murat. XXIII, Col. 911, zum Jahre 1492.

26. Bei solchen Anlässen musste es heissen: Nulla di muro si potea vedere.

27. Dasselbe gilt von manchen ähnlichen Schilderungen.

hervor durch Pomp und dunkle Allegorie[28]. Ausserdem tritt dabei die damals beginnende Vorliebe für festlichen Kanonendonner[29] zutage, welche dem Haus Borgia noch ganz besonders eigen war.

Kürzer geht Pius II. hinweg über die in demselben Jahr zu Rom abgehaltene Prozession mit dem aus Griechenland erworbenen Schädel des h. Andreas. Auch dabei zeichnete sich Roderigo Borgia durch besondere Pracht aus, sonst aber hatte das Fest etwas Profanes, indem sich ausser den nie fehlenden Musikengeln auch noch andere Masken zeigten, auch „starke Männer", d. h. Herkulesse, welche allerlei Turnkünste mögen vorgebracht haben.

Die rein oder überwiegend weltlichen Aufführungen waren besonders an den grössern Fürstenhöfen ganz wesentlich auf die geschmackvolle Pracht des Anblicks berechnet, dessen einzelne Elemente in einem mythologischen und allegorischen Zusammenhang standen, soweit ein solcher sich gerne und angenehm erraten liess. Das Barocke fehlte nicht; riesige Tierfiguren, aus welchen plötzlich Scharen von Masken herauskamen, wie z. B. bei einem fürstlichen Empfang (1465) zu Siena[30] aus einer goldenen Wölfin ein ganzes Ballett von zwölf Personen hervorstieg; belebte Tafelaufsätze, wenn auch nicht in der sinnlosen Dimension wie beim

28. Fünf Könige mit Bewaffneten, ein Waldmensch, der mit einem (gezähmten?) Löwen kämpfte, letzteres vielleicht mit Bezug auf den Namen des Papstes, Sylvius.

29. Beispiele unter Sixtus IV., Jac. Volaterran., bei Murat. XXIII, Col. 134, 139. Auch beim Amtsantritt Alexanders VI. wurde furchtbar kanoniert. – Das Feuerwerk, eine schönere Erfindung des italienischen Festwesens, gehört samt der festlichen Dekoration eher in die Kunstgeschichte als hieher. – Ebenso die prächtige Beleuchtung (vgl. S. 348 f.), welche bei manchen Festen gerühmt wird, und selbst die Tischaufsätze und Jagdtrophäen.

30. Allegretto, bei Murat. XXIII, Col. 772. – Vgl. ausserdem Col. 772, den Empfang Pius II., 1459.

Herzog von Burgund (S. 439); das meiste aber hatte einen künstlerischen und poetischen Zug. Die Vermischung des Dramas mit der Pantomime am Hofe von Ferrara wurde bereits bei Anlass der Poesie (S. 348) geschildert. Weltberühmt waren dann die Festlichkeiten, welche Kardinal Pietro Riario 1473 in Rom gab, bei der Durchreise der zur Braut des Prinzen Ercole von Ferrara bestimmten Lianora von Aragon[31]. Die eigentlichen Dramen sind hier noch lauter Mysterien kirchlichen Inhalts, die Pantomimen dagegen mythologisch; man sah Orpheus mit den Tieren, Perseus und Andromeda, Ceres von Drachen, Bacchus und Ariadne von Panthern gezogen, dann die Erziehung des Achill; hierauf ein Ballett der berühmten Liebespaare der Urzeit und einer Schar von Nymphen; dieses wurde unterbrochen durch einen Ueberfall räuberischer Kentauren, welche dann Herkules besiegte und von dannen jagte. Eine Kleinigkeit, aber für den damaligen Formensinn bezeichnend, ist folgende: Wenn bei allen Festen lebende Figuren als Statuen in Nischen, auf und an Pfeilern und Triumphbogen vorkamen und sich dann doch mit Gesang und Deklamation als lebend erwiesen, so waren sie dazu durch natürliche Farbe und Gewandung berechtigt; in den Sälen des Riario aber fand sich unter andern ein lebendes und doch völlig vergoldetes Kind, welches aus einem Brunnen Wasser um sich spritzte[32].

Andere glänzende Pantomimen dieser Art gab es in Bologna bei der Hochzeit des Annibale Bentivoglio mit Lucrezia von Este[33]; statt des Orchesters wurden

31. Corio, fol. 417, s. – Infessura, bei Eccard, scriptt. II, Col. 1896. – Strozii poetae, p. 193, in den Aeolostichen. Vgl. S. 74 f., 79.

32. Vasari XI, p. 37, Vita di Puntormo erzählt, wie ein solches Kind 1513 bei einem florentinischen Fest an den Folgen der Anstrengung – oder vielleicht der Vergoldung? – starb. Der arme Knabe hatte „das goldene Zeitalter" vorstellen müssen.

33. Phil. Beroaldi orationes; nuptiae Bentivoleae.

Chöre gesungen, während die Schönste aus Dianens Nymphenschar zur Juno Pronuba hinüberfloh, während Venus mit einem Löwen, d. h. hier nur einem täuschend verkappten Menschen, sich unter einem Ballett wilder Männer bewegte; dabei stellte die Dekoration ganz naturwahr einen Hain vor. In Venedig feierte man 1491 die Anwesenheit estensischer Fürstinnen[34] durch Einholung mit dem Bucintoro, Wettrudern und eine prächtige Pantomime „Meleager" im Hof des Dogenpalastes. In Mailand leitete Lionardo da Vinci[35] die Feste des Herzogs und auch diejenigen anderer Grossen; eine seiner Maschinen, welche wohl mit derjenigen des Brunellesco (S. 441) wetteifern mochte, stellte in kolossaler Grösse das Himmelssystem in voller Bewegung dar; jedesmal wenn sich ein Planet der Braut des jüngern Herzogs, Isabella, näherte, trat der betreffende Gott aus der Kugel hervor[36] und sang die von Hofdichter Bellincioni gedichteten Verse (1489). Bei einem andern Feste (1493) paradierte unter andern schon das Modell zur Reiterstatue des Francesco Sforza, und zwar unter einem Triumphbogen auf dem Kastellplatz. Aus Vasari ist weiter bekannt, mit welch sinnreichen Automaten Lionardo in der Folge die französischen Könige als Herren von Mailand bewillkommnen half. Aber auch in kleinern Städten strengte man sich bisweilen sehr an. Als Herzog Borso (S. 78) 1453 zur Huldigung nach Reggio kam[37], empfing man ihn am Tor mit einer grossen Maschine,

34. M. Anton. Sabellici Epist. L. III, fol. 17.

35. Amoretti, Memorie etc. su Lionardo da Vinci, p. 38, s.

36. Wie die Astrologie dies Jahrhundert bis in die Feste hinein verfolgte, zeigen auch die (undeutlich geschilderten) Planetenaufzüge beim Empfang fürstlicher Bräute in Ferrara. Diario Ferrarese, bei Muratori XXIV, Col. 248, ad a. 1473. Col. 282, ad a. 1491. – Ebenso in Mantua. Arch. stor. append. II, p. 233.

37. Annal. Estens. bei Murat. XX, Col. 468, s. Die Beschreibung ist undeutlich, und überdies nach einer inkorrekten Abschrift gedruckt.

auf welcher S. Prospero, der Stadtpatron, zu schweben schien, überschattet durch einen von Engeln gehaltenen Baldachin, unter ihm eine drehende Scheibe mit acht Musikengeln, deren zwei sich hierauf von dem Heiligen die Stadtschlüssel und das Szepter erbaten, um beides dem Herzog zu überreichen. Dann folgte ein durch verdeckte Pferde bewegbares Gerüst, welches einen leeren Thron enthielt, hinten eine stehende Justitia mit einem Genius als Diener, an den Ecken vier greise Gesetzgeber, umgeben von sechs Engeln mit Fahnen; zu beiden Seiten geharnischte Reiter, ebenfalls mit Fahnen; es versteht sich, dass der Genius und die Göttin den Herzog nicht ohne Anrede ziehen liessen. Ein zweiter Wagen, wie es scheint, von einem Einhorn gezogen, trug eine Caritas mit brennender Fackel; dazwischen aber hatte man sich das antike Vergnügen eines von verborgenen Menschen vorwärts getriebenen Schiffwagens nicht versagen mögen. Dieser und die beiden Allegorien zogen nun dem Herzog voran; aber schon vor S. Pietro wurde wieder stille gehalten; ein hl. Petrus schwebte mit zwei Engeln in einer runden Glorie von der Fassade hernieder bis zum Herzog, setzte ihm einen Lorbeerkranz auf und schwebte wieder empor[38]. Auch noch für eine andere rein kirchliche Allegorie hatte der Klerus hier gesorgt; auf zwei hohen Säulen standen „der Götzendienst“ und die „Fides“; nachdem letztere, ein schönes Mädchen, ihren Gruss hergesagt, stürzte die andere Säule samt ihrer Puppe zusammen. Weiterhin begegnete man einem „Cäsar“ mit sieben schönen Weibern, welche er dem Borso als die Tugenden präsentierte, welche derselbe zu erstreben habe. Endlich gelangte man zum Dom, nach dem Gottesdienst aber nahm Borso wieder

38. Man erfährt, dass die Stricke dieser Maschinerie als Guirlanden maskiert waren.

P. da Milano und P. Romano: Triumph Alfons' I.

Giorgione und Tizian (?): Das Konzert

draussen auf einem hohen goldenen Throne Platz, wo ein Teil der schon genannten Masken ihn noch einmal bekomplimentierten. Den Schluss machten drei von einem nahen Gebäude niederschwebende Engel, welche ihm unter holdem Gesange Palmzweige als Sinnbilder des Friedens überreichten.

Betrachten wir nun diejenigen Festlichkeiten, wobei der bewegte Zug selber die Hauptsache ist.

Ohne Zweifel gewährten die kirchlichen Prozessionen seit dem frühen Mittelalter einen Anlass zur Maskierung, mochten nun Engelkinder das Sakrament, die herumgetragenen heiligen Bilder und Reliquien begleiten, oder Personen der Passion im Zuge mitgehen, etwa Christus mit dem Kreuz, die Schächer und Kriegsknechte, die heiligen Frauen. Allein mit grossen Kirchenfesten verbindet sich schon frühe die Idee eines städtischen Aufzuges, der nach der naiven Art des Mittelalters eine Menge profaner Bestandteile verträgt. Merkwürdig ist besonders der aus dem Heidentum herübergenommene[39] Schiffwagen, carrus navalis, der, wie schon an einem Beispiel bemerkt wurde, bei Festen sehr verschiedener Art mitgeführt werden mochte, dessen Name aber vorzugsweise auf dem „Karneval“ haften blieb. Ein solches Schiff konnte freilich als heiter ausgestattetes Prachtstück die Beschauer vergnügen, ohne dass man sich irgend noch der frühern Bedeutung bewusst war, und als z. B. Isabella von England mit ihrem Bräutigam Kaiser Friedrich II. in Köln zusammenkam, fuhren ihr eine ganze Anzahl von Schiffwagen mit musizierenden Geistlichen, von verdeckten Pferden gezogen, entgegen.

39. Eigentlich das Isisschiff, das am 5. März als Symbol der wieder eröffneten Meerfahrt ins Wasser gelassen wird. – Die Analogie im deutschen Kult s. bei Jac. Grimm, Deutsche Mythologie.

Aber die kirchliche Prozession konnte nicht nur durch Zutaten aller Art verherrlicht, sondern auch durch einen Zug geistlicher Masken geradezu ersetzt werden. Einen Anlass hiezu gewährte vielleicht schon der Zug der zu einem Mysterium gehenden Schauspieler durch die Hauptstrassen einer Stadt, frühe aber möchte sich eine Gattung geistlicher Festzüge auch unabhängig hievon gebildet haben. Dante schildert[40] den „trionfo" der Beatrice mit den vierundzwanzig Aeltesten der Offenbarung, den vier mystischen Tieren, den drei christlichen und den vier Kardinaltugenden, S. Lucas, S. Paulus und andern Aposteln in einer solchen Weise, dass man beinahe genötigt ist, das wirkliche frühe Vorkommen solcher Züge vorauszusetzen. Dies verrät sich hauptsächlich durch den Wagen, auf welchem Beatrice fährt und welcher in dem visionären Wunderwald nicht nötig wäre, ja auffallend heissen darf. Oder hat Dante etwa den Wagen nur als wesentliches Symbol des Triumphierens betrachtet? Und ist vollends erst sein Gedicht die Anregung zu solchen Zügen geworden, deren Form von dem Triumph römischer Imperatoren entlehnt war? Wie dem nun auch sei, jedenfalls haben Poesie und Theologie an dem Sinnbilde mit Vorliebe festgehalten. Savonarola in seinem „Triumph des Kreuzes" stellt[41] Christus auf einem Triumphwagen vor, über ihm die leuchtende Kugel der Dreifaltigkeit, in seiner Linken das Kreuz, in seiner Rechten die beiden Testamente; tiefer hinab die Jungfrau Maria; vor dem Wagen Patriarchen, Propheten, Apostel und Prediger; zu beiden Seiten die Märtyrer und die Doktoren mit den aufgeschlagenen Büchern; hinter ihm alles Volk der Bekehrten; in wei-

40. Purgatorio XXIX, 43 bis Ende, und XXX, Anfang. – Der Wagen ist laut Vs. 115 herrlicher als der Triumphwagen des Scipio, des Augustus, ja als der des Sonnengottes.

41. Ranke, Gesch. der roman. und german. Völker, S. 119.

terer Entfernung die unzähligen Haufen der Feinde, Kaiser, Mächtige, Philosophen, Ketzer, alle besiegt, ihre Götzenbilder zerstört, ihre Bücher verbrannt. (Eine als Holzschnitt bekannte grosse Komposition Tizians kommt dieser Schilderung ziemlich nahe.) Von Sabellicos (S. 90 ff.) dreizehn Elegien auf die Mutter Gottes enthalten die neunte und die zehnte einen umständlichen Triumphzug derselben, reich mit Allegorien ausgestattet, und hauptsächlich interessant durch denselben antivisionären, räumlich wirklichen Charakter, den die realistische Malerei des 15. Jahrhunderts solchen Szenen mitteilt.

Weit häufiger aber als diese geistlichen Trionfi waren jedenfalls die weltlichen, nach dem unmittelbaren Vorbild eines römischen Imperatorenzuges, wie man es aus antiken Reliefs kannte und aus den Schriftstellern ergänzte. Die Geschichtsanschauung der damaligen Italiener, womit dies zusammenhing, ist oben (S. 172, 205) geschildert worden.

Zunächst gab es hie und da wirkliche Einzüge siegreicher Eroberer, welche man möglichst jenem Vorbilde zu nähern suchte, auch gegen den Geschmack des Triumphators selbst. Francesco Sforza hatte (1450) die Kraft, bei seinem Einzug in Mailand den bereitgehaltenen Triumphwagen auszuschlagen, indem dergleichen ein Aberglaube der Könige sei[42]. Alfonso der Grosse, bei seinem Einzug[43] in Neapel (1443), enthielt sich wenigstens des Lorbeerkranzes, welchen bekanntlich Napoleon bei seiner Krönung in Notredame nicht verschmähte. Im übrigen war Alfonsos Zug (durch

42. Corio, fol. 401: dicendo, tali cose essere superstitioni de' Re. – Vgl. Cagnola, Arch. stor. III, p. 127.

43. S. oben S. 250. – Vgl. S. 36, Anm. – Triumphus Alphonsi, als Beilage zu den Dicta et Facta, von Panormita. – Eine Scheu vor allzu grossem triumphalem Glanz zeigt sich schon bei den tapferen Komnenen. Vgl. Cinnamus I, 5. VI, 1.

eine Mauerbresche und dann durch die Stadt bis zum Dom) ein wundersames Gemisch von antiken, allegorischen und rein possierlichen Bestandteilen. Der von vier weissen Pferden gezogene Wagen, auf welchem er thronend sass, war gewaltig hoch und ganz vergoldet; zwanzig Patrizier trugen die Stangen des Baldachins von Goldstoff, in dessen Schatten er einherfuhr. Der Teil des Zuges, den die anwesenden Florentiner übernommen hatten, bestand zunächst aus eleganten jungen Reitern, welche kunstreich ihre Speere schwangen, aus einem Wagen mit der Fortuna und aus sieben Tugenden zu Pferde. Die Glücksgöttin[44] war nach derselben unerbittlichen Allegorik, welcher sich damals auch die Künstler bisweilen fügten, nur am Vorderhaupt behaart, hinten kahl, und der auf einem untern Absatz des Wagens befindliche Genius, welcher das leichte Zerrinnen des Glückes vorstellte, musste deshalb die Füsse in einem Wasserbecken stehen (?) haben. Dann folgte, von derselben Nation ausgestattet, eine Schar von Reitern in den Trachten verschiedener Völker, auch als fremde Fürsten und Grosse kostümiert, und nun auf hohem Wagen, über einer drehenden Weltkugel ein lorbeergekrönter Julius Cäsar[45], welcher dem König in italienischen Versen alle bisherigen Allegorien erklärte und sich dann dem Zuge einordnete. Sechzig Florentiner, alle in Purpur und Scharlach, machten den Beschluss dieser prächtigen Exhibition der festkundigen Heimat. Dann aber kam eine Schar von Catalanen zu Fuss, mit vorn und hinten

44. Es gehört zu den rechten Naivetäten der Renaissance, dass man der Fortuna eine solche Stelle anweisen durfte. Beim Einzug des Massimiliano Sforza in Mailand (1512) stand sie als Hauptfigur eines Triumphbogens *über* der Fama, Speranza, Audacia und Penitenza; lauter lebendige Personen. Vgl. Prato, Arch. stor. III, p. 305.

45. Der oben S. 447 f. geschilderte Einzug des Borso von Este in Reggio zeigt, welchen Eindruck der alfonsinische Triumph in ganz Italien gemacht hatte.

angebundenen Scheinpferdchen und führten gegen eine Türkenschar ein Scheingefecht auf, ganz als sollte das florentinische Pathos verspottet werden. Darauf fuhr ein gewaltiger Turm einher, dessen Tür von einem Engel mit einem Schwert bewacht wurde; oben standen wiederum vier Tugenden, welche den König, jede besonders, ansangen. Der übrige Pomp des Zuges war nicht besonders charakteristisch.

Beim Einzug Ludwigs XII. in Mailand 1507[46] gab es ausser dem unvermeidlichen Wagen mit Tugenden auch ein lebendes Bild: Jupiter, Mars und eine von einem grossen Netz umgebene Italia; hernach kam ein mit Trophäen beladener Wagen usw.

Wo aber in Wirklichkeit keine Siegeszüge zu feiern waren, da hielt die Poesie sich und die Fürsten schadlos. Petrarca und Boccaccio hatten (S. 440) die Repräsentanten jeder Art von Ruhm als Begleiter und Umgebung einer allegorischen Gestalt aufgezählt; jetzt werden die Zelebritäten der ganzen Vorzeit zum Gefolge von Fürsten. Die Dichterin Cleofe Gabrielli von Gubbio besang[47] in diesem Sinne den Borso von Ferrara. Sie gab ihm zum Geleit sieben Königinnen (die freien Künste nämlich), mit welchen er einen Wagen besteigt, ferner ganze Scharen von Helden, welche zu leichterer Unterscheidung ihre Namen an der Stirn geschrieben tragen; hernach folgen alle berühmten Dichter; die Götter aber kommen auf Wagen mitgefahren. Um diese Zeit ist überhaupt des mythologischen und allegorischen Herumkutschierens kein Ende, und auch das wichtigste erhaltene Kunstwerk aus Borsos Zeiten, der Freskenzyklus im Palast Schifanoja, weist einen ganzen Fries dieses Inhalts auf[48]. Rafael,

46. Prato, Arch. stor. III, p. 260.

47. Ihre drei Capitoli in Terzinen, Anecdota litt. IV, p. 461, s.

48. Auch Tafelbilder ähnlichen Inhalts kommen nicht selten vor, gewiss oft als Erinnerung an wirkliche Maskeraden. Die Grossen gewöhn-

als er die Camera della Segnatura auszumalen hatte, bekam überhaupt diesen ganzen Gedankenkreis schon in recht ausgelebter, entweihter Gestalt in seine Hände. Wie er ihm eine neue und letzte Weihe gab, wird denn auch ein Gegenstand ewiger Bewunderung bleiben.

Die eigentlichen triumphalen Einzüge von Eroberern waren nur Ausnahmen. Jeder festliche Zug aber, mochte er irgendein Ereignis verherrlichen oder nur um seiner selber willen vorhanden sein, nahm mehr oder weniger den Charakter und fast immer den Namen eines Trionfo an. Es ist ein Wunder, dass man nicht auch die Leichenbegängnisse in diesen Kreis hineinzog[49].

Fürs erste führte man am Karneval und bei andern Anlässen Triumphe bestimmter altrömischer Feldherrn auf. So in Florenz den des Paulus Aemilius (unter Lorenzo magnifico), den des Camillus (beim Besuch Leos X.), beide unter der Leitung des Malers Francesco Granacci[50]. In Rom war das erste vollständig ausgestattete Fest dieser Art der Triumph des Augustus nach dem Siege über Cleopatra[51], unter Paul II., wobei ausser heitern und mythologischen Masken (die ja auch den antiken Triumphen nicht fehlten) auch alle andern Requisite vorkamen: gefesselte Könige, seidene Schrifttafeln mit Volks- und Senatsbeschlüssen, ein antik kostümierter Scheinsenat nebst Aedilen, Quästoren, Prätoren usw., vier Wagen voll singender Mas-

ten sich bald bei jeder Feierlichkeit ans Fahren. Annibale Bentivoglio, der älteste Sohn des Stadtherrn von Bologna, fährt als Kampfrichter von einem ordinären Waffenspiel nach dem Palast cum triumpho more romano. Bursellis, l. c. Col. 909, ad a. 1490.

49. Bei der merkwürdigen Leichenfeier des 1437 vergifteten Malatesta Baglione zu Perugia (Graziani, Arch. stor. XVI, I, p. 413) wird man beinahe an den Leichenpomp des alten Etruriens erinnert. Indes gehören die Trauerritter u. dgl. der allgemeinen abendländischen Adelssitte an. Vgl. z. B.: Die Exequien des Bertrand Duguesclin bei Juvénal des Ursins, ad a. 1389. – S. auch Graziani, l. c. p. 360.

50. Vasari, IX, p. 218, Vita di Granacci.

51. Mich. Cannesius, Vita Pauli II., bei Murat. III, II, Col. 118, s.

ken, und ohne Zweifel auch Trophäenwagen. Andere Aufzüge versinnlichten mehr im allgemeinen die alte Weltherrschaft Roms, und gegenüber der wirklich vorhandenen Türkengefahr prahlte man etwa mit einer Kavalkade gefangener Türken auf Kamelen. Später, im Karneval 1500, liess Cesare Borgia, mit kecker Beziehung auf seine Person, den Triumph Julius Cäsars, eilf prächtige Wagen stark, aufführen[52], gewiss zum Aergernis der Jubiläumspilger (S. 149). – Sehr schöne und geschmackvolle Trionfi von allgemeiner Bedeutung waren die von zwei wetteifernden Gesellschaften in Florenz 1513 zur Feier der Wahl Leos X. aufgeführten[53]: der eine stellte die drei Lebensalter der Menschen dar, der andere die Weltalter, sinnvoll eingekleidet in fünf Bilder aus der Geschichte Roms und in zwei Allegorien, welche das goldene Zeitalter Saturns und dessen endliche Wiederbringung schilderten. Die phantasiereiche Verzierung der Wagen, wenn grosse florentinische Künstler sich dazu hergaben, machte einen solchen Eindruck, dass man eine bleibende, periodische Wiederholung solcher Schauspiele wünschbar fand. Bisher hatten die Untertanenstädte am alljährlichen Huldigungstag ihre symbolischen Geschenke (kostbare Stoffe und Wachskerzen) einfach überreicht; jetzt[54] liess die Kaufmannsgilde einstweilen zehn Wagen bauen (wozu in der Folge noch mehrere kommen sollten), nicht sowohl um die Tribute zu tragen als um sie zu symbolisieren, und Andrea del Sarto, der einige davon ausschmückte, gab denselben ohne Zweifel die herrlichste Gestalt. Solche Tribut- und Trophäenwagen gehörten bereits zu jeder festlichen Gelegenheit, auch wenn man nicht viel auf-

52. Tommasi, Vita di Cesare Borgia, p. 251.

53. Vasari, XI, p. 34, s. Vita di Puntormo. Eine Hauptstelle in ihrer Art.

54. Vasari VIII, p. 264, Vita di A. del Sarto.

zuwenden hatte. Die Sienesen proklamierten 1477 das Bündnis zwischen Ferrante und Sixtus IV., wozu auch sie gehörten, durch das Herumführen eines Wagens, in welchem „Einer als Friedensgöttin gekleidet auf einem Harnisch und andern Waffen stand“[55].

Bei den venezianischen Festen entwickelte statt der Wagen die Wasserfahrt eine wundersame, phantastische Herrlichkeit. Eine Ausfahrt des Bucintoro zum Empfang der Fürstinnen vor Ferrara 1491 (S. 447) wird uns als ein ganz märchenhaftes Schauspiel geschildert[56]; ihm zogen voran zahllose Schiffe mit Teppichen und Girlanden, besetzt mit prächtig kostümierter Jugend; auf Schwebemaschinen bewegten sich ringsum Genien mit Attributen der Götter; weiter unten waren andere in Gestalt von Tritonen und Nymphen gruppiert; überall Gesang, Wohlgerüche und das Flattern goldgestickter Fahnen. Auf den Bucintoro folgte dann ein solcher Schwarm von Barken aller Art, dass man wohl eine Miglie weit das Wasser nicht mehr sah. Von den übrigen Festlichkeiten ist ausser der schon oben genannten Pantomime besonders eine Regatta von fünfzig starken Mädchen erwähnenswert als etwas Neues. Im 16. Jahrhundert[57] war der Adel in besondere Korporationen zur Abhaltung von Festlichkeiten geteilt, deren Hauptstück irgendeine ungeheure Maschine auf einem Schiff ausmachte. So bewegte sich z. B. 1541 bei einem Fest der Sempiterni durch den grossen Kanal ein rundes „Weltall“, in dessen offnem Innern ein prächtiger Ball gehalten wurde. Auch der Karneval war hier berühmt durch Bälle, Aufzüge und Aufführungen aller Art. Bisweilen

55. Allegretto, bei Murat. XXIII, Col. 783. Dass ein Rad zerbrach, galt als böses Vorzeichen.

56. M. Anton. Sabellici Epist. L. III, fol. 17.

57. Sansovino, Venezia, fol. 151, s. – Die Gesellschaften heissen: Pavoni, Accesi, Eterni, Reali, Sempiterni; es sind wohl dieselben, welche dann in Akademien übergingen.

fand man selbst den Marcusplatz gross genug, um nicht nur Turniere (S. 395 f., 419), sondern auch Trionfi nach festländischer Art darauf abzuhalten. Bei einem Friedensfest[58] übernahmen die frommen Brüderschaften (scuole) jede ihr Stück eines solchen Zuges. Da sah man zwischen goldenen Kandelabern mit roten Wachskerzen, zwischen Scharen von Musikern und von Flügelknaben mit goldenen Schalen und Füllhörnern einen Wagen, auf welchem Noah und David beisammen thronten; dann kam Abigail, ein mit Schätzen beladenes Kamel führend, und ein zweiter Wagen mit einer Gruppe politischen Inhalts: Italia zwischen Venezia und Liguria, und auf einer erhöhten Stufe drei weibliche Genien mit den Wappen der verbündeten Fürsten. Es folgte unter andern eine Weltkugel mit Sternbildern ringsum, wie es scheint. Auf andern Wagen fuhren jene Fürsten in leibhaftiger Darstellung mit, samt Dienern und Wappen, wenn wir die Aussage richtig deuten.

Der eigentliche Karneval, abgesehen von den grossen Aufzügen, hatte vielleicht im 15. Jahrhundert nirgends eine so vielartige Physiognomie als in Rom[59]. Hier waren zunächst die Wettrennen am reichsten abgestuft; es gab solche von Pferden, Büffeln, Eseln, dann von Alten, von Burschen, von Juden usw. Paul II. speiste auch wohl das Volk in Masse vor Palazzo di Venezia, wo er wohnte. Sodann hatten die Spiele auf Piazza Navona, welche vielleicht seit der antiken Zeit nie ganz ausgestorben waren, einen krie-

58. Wahrscheinlich 1495. Vgl. M. Anton. Sabellici Epist. L. V, fol. 28.

59. Infessura, bei Eccard, scrippt. II, Col. 1893, 2000. – Mich. Cannesius, Vita Pauli II., bei Murat. III, II, Col. 1012. – Platina, Vitae pontiff. p. 318. – Jac. Volaterran. bei Muratori XXIII, Col. 163, 194. – Paul. Jov. Elogia, sub Juliano Caesarino. – Anderswo gab es auch Wettrennen von Weibern; Diario Ferrarese, bei Murat. XXIV, Col. 384.

gerisch prächtigen Charakter; es war ein Scheingefecht von Reitern und eine Parade der bewaffneten Bürgerschaft. Ferner war die Maskenfreiheit sehr gross und dehnte sich bisweilen über mehrere Monate aus[60]. Sixtus IV. scheute sich nicht, in den volkreichsten Gegenden der Stadt, auf Campo Fiore und bei den Banchi, durch Schwärme von Masken hindurch zu passieren, nur einem beabsichtigten Besuch von Masken im Vatikan wich er aus. Unter Innocenz VIII. erreichte eine schon früher vorkommende Unsitte der Kardinäle ihre Vollendung; im Karneval 1491 sandten sie einander Wagen voll prächtig kostümierter Masken, Buffonen und Sängern zu, welche skandalöse Verse hersagten; sie waren freilich von Reitern begleitet. – Ausser dem Karneval scheinen die Römer zuerst den Wert eines grossen Fackelzuges erkannt zu haben. Als Pius II. 1459 vom Kongress von Mantua zurückkam[61], wartete ihm das ganze Volk mit einem Fackelritt auf, welcher sich vor dem Palast in einem leuchtenden Kreise herum bewegte. Sixtus IV. fand indes einmal für gut, eine solche nächtliche Aufwartung des Volkes, das mit Fackeln und Oelzweigen kommen wollte, nicht anzunehmen[62].

Der florentinische Karneval aber übertraf den römischen durch eine bestimmte Art von Aufzügen, welche auch in der Literatur ihr Denkmal hinterlassen hat[63]. Zwischen einem Schwarme von Masken zu Fuss

60. Unter Alexander VI. einmal vom Oktober bis zu den Fasten. Vgl. Tommasi, l. c. p. 322.

61. Pii II. Comment. L. IV, p. 211.

62. Nantiporto, bei Murat. III, II, Col. 1080. Sie wollten ihm für einen Friedensschluss danken, fanden aber die Tore des Palastes verschlossen und auf allen Plätzen Truppen aufgestellt.

63. Tutti i trionfi, carri, mascherate, o canti carnascialeschi, Cosmopoli 1750. – Macchiavelli, Opere minori, p. 505. Vasari, VII, p. 115, s., vita di Piero di Cosimo, welchem letztern ein Hauptanteil an der Ausbildung dieser Züge zugeschrieben wird.

und zu Ross erscheint ein gewaltiger Wagen in irgendeiner Phantasieform, und auf diesem entweder eine herrschende allegorische Gestalt oder Gruppe samt den ihr zukommenden Gefährten, z. B. die Eifersucht mit vier bebrillten Gesichtern an Einem Kopfe, die vier Temperamente (S. 336) mit den ihnen zukommenden Planeten, die drei Parzen, die Klugheit thronend über Hoffnung und Furcht, die gefesselt vor ihr liegen, die vier Elemente, Lebensalter, Winde, Jahreszeiten usw.; auch der berühmte Wagen des Todes mit den Särgen, die sich dann öffneten. Oder es fuhr einher eine prächtige mythologische Szene, Bacchus und Ariadne, Paris und Helena usw. Oder endlich ein Chor von Leuten, welche zusammen einen Stand, eine Kategorie ausmachten, z. B. die Bettler, die Jäger mit Nymphen, die armen Seelen, welche im Leben unbarmherzige Weiber gewesen, die Eremiten, die Landstreicher, die Astrologen, die Teufel, die Verkäufer bestimmter Waren, ja sogar einmal il popolo, die Leute als solche, die sich dann in ihrem Gesang als schlechte Sorte überhaupt anklagen müssen. Die Gesänge nämlich, welche gesammelt und erhalten sind, geben bald in pathetischer, bald in launiger, bald in höchst unzüchtiger Weise diese Erklärung des Zuges. Auch dem Lorenzo magnifico werden einige der schlimmsten zugeschrieben, wahrscheinlich, weil sich der wahre Autor nicht zu nennen wagte, gewiss aber ist von ihm der sehr schöne Gesang zur Szene mit Bacchus und Ariadne, dessen Refrain aus dem 15. Jahrhundert zu uns herübertönt wie eine wehmütige Ahnung der kurzen Herrlichkeit der Renaissance selbst:

Quanto è bella giovinezza,
Che si fugge tuttavia!
Chi vuol esser lieto, sia:
Di doman non c'è certezza.

SECHSTER ABSCHNITT

SITTE UND RELIGION

Das Verhältnis der einzelnen Völker zu den höchsten Dingen, zu Gott, Tugend und Unsterblichkeit, lässt sich wohl bis zu einem gewissen Grade erforschen, niemals aber in strenger Parallele darstellen. Je deutlicher die Aussagen auf diesem Gebiete zu sprechen scheinen, desto mehr muss man sich vor einer unbedingten Annahme, einer Verallgemeinerung derselben hüten.

Vor allem gilt dies von dem Urteil über die Sittlichkeit. Man wird viele einzelne Kontraste und Nuancen zwischen den Völkern nachweisen können, die absolute Summe des Ganzen aber zu ziehen ist menschliche Einsicht zu schwach. Die grosse Verrechnung von Nationalcharakter, Schuld und Gewissen bleibt eine geheime, schon weil die Mängel eine zweite Seite haben, wo sie dann als nationale Eigenschaften, ja als Tugenden erscheinen. Solchen Autoren, welche den Völkern gerne allgemeine Zensuren und zwar bisweilen im heftigsten Tone schreiben, muss man ihr Vergnügen lassen. Abendländische Völker können einander misshandeln, aber glücklicherweise nicht richten. Eine grosse Nation, die durch Kultur, Taten und Erlebnisse mit dem Leben der ganzen neuern Welt verflochten ist, überhört es, ob man sie anklage oder entschuldige; sie lebt weiter mit oder ohne Gutheissen der Theoretiker.

So ist denn auch, was hier folgt, kein Urteil, sondern eine Reihe von Randbemerkungen, wie sie sich bei mehrjährigem Studium der italienischen Renaissance von selber ergaben. Ihre Geltung ist eine um so beschränktere, als sie sich meist auf das Leben der höhern Stände beziehen, über welche wir hier im Guten wie im Bösen unverhältnismässig reichlicher unterrichtet sind als bei andern europäischen Völkern. Weil aber Ruhm und Schmach hier lauter tönen als sonst irgendwo, so sind wir deshalb der allgemeinen Bilanz der Sittlichkeit noch um keinen Schritt näher.

Wessen Auge dringt in die Tiefen, wo sich Charaktere und Schicksale der Völker bilden? Wo Angeborenes und Erlebtes zu einem neuen Ganzen gerinnt und zu einem zweiten, dritten Naturell wird? Wo selbst geistige Begabungen, die man auf den ersten Blick für ursprünglich halten würde, sich erst relativ spät und neu bilden? Hatte z. B. der Italiener vor dem 13. Jahrhundert schon jene leichte Lebendigkeit und Sicherheit des ganzen Menschen, jene mit allen Gegenständen spielende Gestaltungskraft in Wort und Form, die ihm seitdem eigen ist? – Und wenn wir solche Dinge nicht wissen, wie sollen wir das unendlich reiche und feine Geäder beurteilen, durch welches Geist und Sittlichkeit unaufhörlich ineinander überströmen? Wohl gibt es eine persönliche Zurechnung und ihre Stimme ist das Gewissen, aber die Völker möge man mit Generalsentenzen in Ruhe lassen. Das scheinbar kränkste Volk kann der Gesundheit nahe sein, und ein scheinbar gesundes kann einen mächtig entwickelten Todeskeim in sich bergen, den erst die Gefahr an den Tag bringt.

Zu Anfang des 16. Jahrhunderts, als die Kultur der Renaissance auf ihrer Höhe angelangt und zugleich das politische Unglück der Nation soviel als unabwendbar entschieden war, fehlte es nicht an ernsten Denkern, welche dieses Unglück mit der grossen Sittenlosigkeit in Verbindung brachten. Es sind keine von jenen Busspredigern, welche bei jedem Volke und zu jeder Zeit über die schlechten Zeiten zu klagen sich verpflichtet glauben, sondern ein Macchiavell ist es, der mitten in einer seiner wichtigsten Gedankenreihen[1] es offen ausspricht: ja, wir Italiener sind vorzugsweise irreligiös und böse. – Ein anderer hätte vielleicht gesagt: wir sind vorzugsweise individuell entwickelt; die Rasse hat uns aus den Schranken ihrer Sitte und Religion entlassen, und die äussern Gesetze verachten wir, weil unsere Herrscher illegitim und ihre Beamten und Richter verworfene Menschen sind. – Macchiavell selber setzt hinzu: weil die Kirche in ihren Vertretern das übelste Beispiel gibt.

Sollen wir hier noch beifügen: „weil das Altertum ungünstig einwirkte?" – jedenfalls bedürfte eine solche Annahme sorgfältiger Beschränkungen. Bei den Humanisten (S. 301) wird man am ehesten davon reden dürfen, zumal in betreff ihres wüsten Sinnenlebens. Bei den übrigen möchte sich die Sache ungefähr so verhalten haben, dass an die Stelle des christlichen Lebensideals, der Heiligkeit, das der historischen Grösse trat, seit sie das Altertum kannten (S. 177, Anm.). Durch einen naheliegenden Missverstand hielt man dann auch die Fehler für indifferent, trotz welcher die grossen Männer gross gewesen waren. Vermutlich geschah dies fast unbewußt, denn wenn theoretische Aussagen dafür angeführt werden sollen, so muss man sie wieder bei den Humanisten suchen wie z. B. bei Paolo Giovio, der den Eidbruch des Giangaleazzo Visconti, insofern dadurch die Gründung eines Reiches ermöglicht wurde, mit dem Beispiel des Julius

1. Discorsi L. I, c. 12. Auch c. 55: Italien sei verdorbener als alle andern Länder; dann kommen zunächst Franzosen und Spanier.

Cäsar entschuldigt[2]. Die grossen florentinischen Geschichtschreiber und Politiker sind von so knechtischen Zitaten völlig frei, und was in ihren Urteilen und Taten antik erscheint, ist es, weil ihr Staatswesen eine notwendig dem Altertum einigermassen analoge Denkweise hervorgetrieben hatte.

Immerhin aber fand Italien um den Anfang des 16. Jahrhunderts sich in einer schweren sittlichen Krisis, aus welcher die Bessern kaum einen Ausweg hofften.

Beginnen wir damit, die dem Bösen aufs stärkste entgegenwirkende sittliche Kraft namhaft zu machen. Jene hochbegabten Menschen glaubten sie zu erkennen in Gestalt des Ehrgefühls. Es ist die rätselhafte Mischung aus Gewissen und Selbstsucht, welche dem modernen Menschen noch übrigbleibt, auch wenn er durch oder ohne seine Schuld alles übrige, Glauben, Liebe und Hoffnung eingebüsst hat. Dieses Ehrgefühl verträgt sich mit vielem Egoismus und grossen Lastern und ist ungeheurer Täuschungen fähig; aber auch alles Edle, das in einer Persönlichkeit übriggeblieben, kann sich daran anschliessen und aus diesem Quell neue Kräfte schöpfen. In viel weiterm Sinne, als man gewöhnlich denkt, ist es für die heutigen individuell entwickelten Europäer eine entscheidende Richtschnur des Handelns geworden; auch viele von denjenigen, welche noch ausserdem Sitte und Religion treulich festhalten, fassen doch die wichtigsten Entschlüsse unbewusst nach jenem Gefühl[3].

Es ist nicht unsere Aufgabe nachzuweisen, wie schon das Altertum eine eigentümliche Schattierung dieses Gefühles kannte und wie dann das Mittelalter die Ehre in einem speziellen Sinne zur Sache eines be-

2. Paul. Jov. viri illustres; Jo. Gal. Vicecomes.

3. Ueber diese Stellung des Ehrgefühls in der jetzigen Welt vgl. die tiefernste Auseinandersetzung bei Prévost-Paradol, la France nouvelle, Livre III, chap. 2 (verfasst 1868).

stimmten Standes machte. Auch dürfen wir mit denjenigen nicht streiten, welche das Gewissen allein statt des Ehrgefühls als die wesentliche Triebkraft ansehen; es wäre schöner und besser, wenn es sich so verhielte, allein sobald man doch zugeben muss, dass die bessern Entschlüsse aus einem „von Selbstsucht mehr oder weniger getrübten Gewissen“ hervorgehen, so nenne man lieber diese Mischung mit ihrem Namen. Allerdings ist es bei den Italienern der Renaissance bisweilen schwer, dieses Ehrgefühl von der direkten Ruhmbegier zu unterscheiden, in welche dasselbe häufig übergeht. Doch bleiben es wesentlich zwei verschiedene Dinge.

An Aussagen über diesen Punkt fehlt es nicht. Eine besonders deutliche mag statt vieler hier ihre Stelle finden; sie stammt aus den erst neuerlich an den Tag getretenen[4] Aphorismen des Guicciardini. „Wer die Ehre hochhält, dem gelingt alles, weil er weder Mühe, Gefahr noch Kosten scheut; ich habe es an mir selbst erprobt und darf es sagen und schreiben: eitel und tot sind diejenigen Handlungen der Menschen, welche nicht von diesem starken Antrieb ausgehen.“ Wir müssen freilich hinzusetzen, dass nach anderweitiger Kunde vom Leben des Verfassers hier durchaus nur vom Ehrgefühl und nicht vom eigentlichen Ruhme die Rede sein kann. Schärfer aber als vielleicht alle Italiener hat Rabelais die Sache betont. Zwar nur ungern mischen wir diesen Namen in unsere Forschung; was der gewaltige, stets barocke Franzose gibt, gewährt uns ungefähr ein Bild davon, wie die Renaissance sich ausnehmen würde ohne Form und ohne Schönheit[5]. Aber seine Schilderung eines Idealzustan-

4. Franc. Guicciardini, Ricordi politici e civili, N. 118. (Opere inedite, vol. I.)

5. Seine nächste Parallele ist Merlinus Coccajus (Teofilo Folengo), dessen Opus Macaronicorum (S. 190 und 298) Rabelais erweislich ge-

Cellini: Salzfaß für Franz I.

Nanni di Banco: Hl. Thomas

des im Thelemitenkloster ist kulturgeschichtlich entscheidend, so dass ohne diese höchste Phantasie das Bild des 16. Jahrhunderts unvollständig wäre. Er erzählt[6] von diesen seinen Herren und Damen vom Orden des freien Willens unter andern wie folgt:

En leur reigle n'estoit que ceste clause: *Fay ce que vouldras*. Parce que gens liberes, bien nayz[7], bien instruictz, conversans en compaignies honnestes, ont par nature ung instinct et aguillon qui tousjours les poulse à faictz vertueux, et retire de vice: lequel ilz nommoyent *honneur*.

Es ist derselbe Glaube an die Güte der menschlichen Natur, welcher auch die zweite Hälfte des 18. Jahrhunderts beseelte und der französischen Revolution die Wege bereiten half. Auch bei den Italienern appelliert jeder individuell an diesen seinen eigenen edeln Instinkt, und wenn im grossen und ganzen – hauptsächlich unter dem Eindruck des nationalen Unglückes – pessimistischer geurteilt oder empfunden wird, gleichwohl wird man immer jenes Ehrgefühl hochhalten müssen. Wenn einmal die schrankenlose Entwicklung des Individuums eine welthistorische Fügung, wenn sie stärker war als der Wille des einzelnen, so ist auch diese gegenwirkende Kraft, wo sie im damaligen Italien vorkömmt, eine grosse Erscheinung. Wie oft und gegen welch heftige Angriffe der Selbstsucht sie den Sieg davontrug, wissen wir eben

kannt und mehrmals zitiert hat (Pantagruel L. II, ch. 1 und ch. 7, Ende). Ja die Anregung zum Gargantua und Pantagruel möchte überhaupt aus Merlinus Coccajus stammen.

6. Gargantua L. I, chap. 57.

7. D. h. wohlgeboren im höhern Sinn, denn Rabelais, der Wirtssohn von Chinon, hat keine Ursache, dem Adel als solchem hier ein Vorrecht zu gestatten. – Die Predigt des Evangeliums, von welcher in der Inschrift des Klosters die Rede ist, würde zu dem sonstigen Leben der Thelemiten wenig passen; sie ist auch eher negativ, im Sinne des Trotzes gegen die römische Kirche zu deuten.

nicht, und deshalb reicht unser menschliches Urteil überhaupt nicht aus, um den absoluten moralischen Wert der Nation richtig zu schätzen.

Was nun der Sittlichkeit des höher entwickelten Italieners der Renaissance als wichtigste allgemeine Voraussetzung gegenübersteht, ist die Phantasie. Sie vor allem verleiht seinen Tugenden und Fehlern ihre besondere Farbe; unter ihrer Herrschaft gewinnt seine entfesselte Selbstsucht erst ihre volle Furchtbarkeit.

Um ihretwillen wird er z. B. der frühste grosse Hazardspieler der neuern Zeit, indem sie ihm die Bilder des künftigen Reichtums und der künftigen Genüsse mit einer solchen Lebendigkeit vormalt, dass er das Aeusserste daran setzt. Die mohammedanischen Völker wären ihm hierin ohne allen Zweifel vorangegangen, hätte nicht der Koran von Anfang an das Spielverbot als die notwendigste Schutzwehr islamitischer Sitte festgestellt und die Phantasie seiner Leute an Auffindung vergrabener Schätze gewiesen. In Italien wurde eine Spielwut allgemein, welche schon damals häufig genug die Existenz des Einzelnen bedrohte oder zerstörte. Florenz hat schon zu Ende des 14. Jahrhunderts seinen Casanova, einen gewissen Buonaccorso Pitti, welcher auf beständigen Reisen als Kaufmann, Parteigänger, Spekulant, Diplomat und Spieler von Profession enorme Summen gewann und verlor und nur noch Fürsten zu Partnern gebrauchen konnte, wie die Herzoge von Brabant, Baiern und Savoyen[8]. Auch der grosse Glückstopf, welchen man die römische Kurie nannte, gewöhnte seine Leute an ein Bedürfnis der Aufregung, welches sich in den Zwischenpausen der grossen Intrigen notwendig durch Würfelspiel Luft machte. Franceschetto Cybò verspielte z. B. einst in

8. Dessen Tagebuch im Auszug bei Delécluze, Florence et ses vicissitudes, vol. 2. — Vgl. S. 365.

zweien Malen an Kardinal Raffaele Riario 14 000 Dukaten und klagte hernach beim Papst, sein Mitspieler habe ihn betrogen[9]. In der Folge wurde bekanntlich Italien die Heimat des Lotteriewesens.

Die Phantasie ist es auch, welche hier der Rachsucht ihren besondern Charakter gibt. Das Rechtsgefühl wird wohl im ganzen Abendland von jeher eins und dasselbe gewesen und seine Verletzung, so oft sie ungestraft blieb, auf die gleiche Weise empfunden worden sein. Aber andere Völker, wenn sie auch nicht leichter verzeihen, können doch leichter vergessen, während die italienische Phantasie das Bild des Unrechts in furchtbarer Frische erhält[10]. Dass zugleich in der Volksmoral die Blutrache als eine Pflicht gilt und oft auf das grässlichste geübt wird, gibt dieser allgemeinen Rachsucht noch einen besondern Grund und Boden. Regierungen und Tribunale der Städte erkennen ihr Dasein und ihre Berechtigung an und suchen nur den schlimmsten Exzessen zu steuern. Aber auch unter den Bauern kommen thyesteische Mahlzeiten und weit sich ausbreitender Wechselmord vor; hören wir nur einen Zeugen[11].

In der Landschaft von Acquapendente hüteten drei Hirtenknaben das Vieh, und einer sagte: wir wollen versuchen, wie man die Leute henkt. Als der eine dem andern auf der Schulter saß und der dritte den Strick zuerst um dessen Hals schlang und dann an eine Eiche band, kam der Wolf, so daß die beiden entflohen und jenen hängen ließen. Hernach fanden sie ihn tot und begruben ihn. Sonntags kam sein Vater, um ihm

9. Infessura, ap. Eccard, scrippt. II, Col. 1892. Vgl. oben S. 139.

10. Dieses Raisonnement des geistreichen Stendhal (la chartreuse de Parme, ed. Delahays, p. 355) scheint mir auf tiefer psychologischer Beobachtung zu ruhen.

11. Graziani, Cronaca di Perugia, zum Jahr 1437 (Arch. stor. XVI, I, p. 415).

Brod zu bringen, und einer von den beiden gestand ihm den Hergang und zeigte ihm das Grab. Der Alte aber tötete diesen mit einem Messer, schnitt ihn auf, nahm die Leber und bewirtete damit zu Hause dessen Vater; dann sagte er ihm, wessen Leber er gegessen. Hierauf begann das wechselseitige Morden zwischen den beiden Familien, und binnen einem Monat waren 36 Personen, Weiber sowohl als Männer, umgebracht.

Und solche Vendetten, erblich bis auf mehrere Generationen, auf Seitenverwandte und Freunde, erstreckten sich auch weit in die höhern Stände hinauf. Chroniken sowohl als Novellensammlungen sind voll von Beispielen, zumal von Racheübungen wegen entehrter Weiber. Der klassische Boden hiefür war besonders die Romagna, wo sich die Vendetta mit allen erdenklichen sonstigen Parteiungen verflocht. In furchtbarer Symbolik stellt die Sage bisweilen die Verwilderung dar, welche über dieses kühne, kräftige Volk kam. So z. B. in der Geschichte von jenem vornehmen Ravennaten, der seine Feinde in einem Turm beisammen hatte und sie hätte verbrennen können, statt dessen aber sie herausliess, umarmte und herrlich bewirtete, worauf die wütende Scham sie erst recht zur Verschwörung antrieb[12]. Unablässig predigten fromme, ja heilige Mönche zur Versöhnung, aber es wird alles gewesen sein, was sie erreichten, wenn sie die schon im Gange befindlichen Vendetten einschränkten; das Entstehen von neuen werden sie wohl schwerlich gehindert haben. Die Novellen schildern uns nicht selten auch diese Einwirkung der Religion, die edle Aufwallung und dann deren Sinken durch das Schwergewicht dessen, was vorangegangen und doch nicht mehr zu ändern ist. Hatte doch der Papst in Person nicht immer Glück im Friedenstiften: „Papst

12. Giraldi, Hecatommithi I, Nov. 7.

Paul II. wollte, dass der Hader zwischen Antonio Caffarello und dem Hause Alberino aufhöre und liess Giovanni Alberino und Antonio Caffarello vor sich kommen und befahl ihnen, einander zu küssen und kündigte ihnen 2000 Dukaten Strafe an, wenn sie einander wieder ein Leid antäten, und zwei Tage darauf wurde Antonio von demselben Giacomo Alberino, Sohn des Giovanni, gestochen, der ihn vorher schon verwundet hatte, und Papst Paul wurde sehr unwillig und liess dem Alberino die Habe konfiszieren und die Häuser schleifen und Vater und Sohn aus Rom verbannen[13]." Die Eide und Zeremonien, wodurch die Versöhnten sich vor dem Rückfall zu sichern suchen, sind bisweilen ganz entsetzlich; als am Silvesterabend 1494 im Dom von Siena[14] die Parteien der Nove und der Popolari sich paarweise küssen mussten, wurde ein Schwur dazu verlesen, worin dem künftigen Uebertreter alles zeitliche und ewige Heil abgesprochen wurde, „ein Schwur so erstaunlich und schrecklich wie noch keiner erhört worden"; selbst die letzten Tröstungen in der Todesstunde sollten sich in Verdammnis verkehren für den, welcher ihn verletzen würde. Es leuchtet ein, dass dergleichen mehr die verzweifelte Stimmung der Vermittler als eine wirkliche Garantie des Friedens ausdrückte, und dass gerade die wahrste Versöhnung am wenigsten solcher Worte bedurfte.

Das individuelle Rachebedürfnis des Gebildeten und des Hochstehenden, ruhend auf der mächtigen Grundlage einer analogen Volkssitte, spielt nun natürlich in tausend Farben und wird von der öffentlichen Meinung, welche hier aus den Novellisten redet, ohne allen Rückhalt gebilligt[15]. Alle Welt ist darüber einig,

13. Infessura, bei Eccard, scriptt. II, Col. 1892, zum Jahr 1464.

14. Allegretto, Diarî sanesi, bei Murat. XXIII, Col. 837.

15. Diejenigen, welche die Vergeltung Gott anheimstellen, werden u. a. lächerlich gemacht bei Pulci, Morgante, canto XXI, Str. 83, s. 104, s.

dass bei denjenigen Beleidigungen und Verletzungen, für welche die damalige italienische Justiz kein Recht schafft, und vollends bei denjenigen, gegen die es nie und nirgends ein genügendes Gesetz gegeben hat noch geben kann, jeder sich selbst Recht schaffen dürfe. Nur muss Geist in der Rache sein und die Satisfaktion sich mischen aus tatsächlicher Schädigung und geistiger Demütigung des Beleidigers; brutale plumpe Uebermacht allein gilt in der öffentlichen Meinung für keine Genugtuung. Das ganze Individuum, mit seiner Anlage zu Ruhm und Hohn muss triumphieren, nicht bloss die Faust.

Der damalige Italiener ist vieler Verstellung fähig, um bestimmte Zwecke zu erreichen, aber gar keiner Heuchelei in Sachen von Prinzipien, weder vor andern noch vor sich selber. Mit völliger Naivetät wird deshalb auch diese Rache als ein Bedürfnis zugestanden. Ganz kühle Leute preisen sie vorzüglich dann, wenn sie, getrennt von eigentlicher Leidenschaft, um der blossen Zweckmässigkeit willen auftritt, „damit andere Menschen lernen dich unangefochten zu lassen“[16]. Doch werden solche Fälle eine kleine Minderzahl gewesen sein gegenüber von denjenigen, da die Leidenschaft Abkühlung suchte. Deutlich scheidet sich hier diese Rache von der Blutrache; während letztere sich eher noch innerhalb der Schranken der Vergeltung, des ius talionis hält, geht die erstere notwendig darüber hinaus, indem sie nicht nur die Beistimmung des Rechtsgefühls verlangt, sondern die Bewunderer und je nach Umständen die Lacher auf ihrer Seite haben will.

Hierin liegt dann auch der Grund des oft langen Aufschiebens. Zu einer „bella vendetta“ gehört in der Regel ein Zusammentreffen von Umständen, welches

16. Guicciardini, Ricordi, l. c. N. 74.

durchaus abgewartet werden muss. Mit einer wahren Wonne schildern die Novellisten hie und da das allmähliche Heranreifen solcher Gelegenheiten.

Ueber die Moralität von Handlungen, wobei Kläger und Richter eine Person sind, braucht es weiter keines Urteils. Wenn diese italienische Rachsucht sich irgendwie rechtfertigen wollte, so müsste dies geschehen durch den Nachweis einer entsprechenden nationalen Tugend, nämlich der Dankbarkeit; dieselbe Phantasie, welche das erlittene Unrecht auffrischt und vergrössert, müsste auch das empfangene Gute im Andenken erhalten[17]. Es wird niemals möglich sein, einen solchen Nachweis im Namen des ganzen Volkes zu führen, doch fehlt es nicht an Spuren dieser Art im jetzigen italienischen Volkscharakter. Dahin gehört bei den gemeinen Leuten die grosse Erkenntlichkeit für honette Behandlung und bei den höhern Ständen das gute gesellschaftliche Gedächtnis.

Dieses Verhältnis der Phantasie zu den moralischen Eigenschaften des Italieners wiederholt sich nun durchgängig. Wenn daneben scheinbar viel mehr kalte Berechnung zutage tritt in Fällen, da der Nordländer mehr dem Gemüte folgt, so hängt dies wohl davon ab, dass der Italiener häufiger sowohl als früher und stärker individuell entwickelt ist. Wo dies ausserhalb Italiens ebenfalls stattfindet, da ergeben sich auch ähnliche Resultate; die zeitige Entfremdung vom Hause und von der väterlichen Autorität z. B. ist der italienischen und der nordamerikanischen Jugend gleichmässig eigen. Später stellt sich dann bei den edlern Naturen das Verhältnis einer freien Pietät zwischen Kindern und Eltern ein.

Es ist überhaupt ganz besonders schwer, über die

17. So schildert sich Cardanus (de propria vita, cap. 13) als äusserst rachsüchtig, aber auch als verax, memor beneficiorum, amans justitiae.

Sphäre des Gemütes bei andern Nationen zu urteilen. Dasselbe kann sehr entwickelt vorhanden sein, aber in so fremdartiger Weise, dass der von draussen Kommende es nicht erkennt, es kann sich auch wohl vollkommen vor ihm verstecken. Vielleicht sind alle abendländischen Nationen in dieser Beziehung gleichmässig begnadigt.

Wenn aber irgendwo die Phantasie als gewaltige Herrin sich in die Moralität gemischt hat, so ist dies geschehen im unerlaubten Verkehr der beiden Geschlechter. Vor der gewöhnlichen Hurerei scheute sich bekanntlich das Mittelalter überhaupt nicht, bis die Syphilis kam, und eine vergleichende Statistik der damaligen Prostitution jeder Art gehört nicht hieher. Was aber dem Italien der Renaissance eigen zu sein scheint, ist, dass die Ehe und ihr Recht vielleicht mehr und jedenfalls bewusster als anderswo mit Füssen getreten wird. Die Mädchen der höhern Stände, sorgfältig abgeschlossen, kommen nicht in Betracht; auf verheiratete Frauen bezieht sich alle Leidenschaft.

Dabei ist bemerkenswert, daß die Ehen doch nicht nachweisbar abnahmen und dass das Familienleben bei weitem nicht diejenige Zerstörung erlitt, welche es im Norden unter ähnlichen Umständen erleiden würde. Man wollte völlig nach Willkür leben, aber durchaus nicht auf die Familie verzichten, selbst wenn zu fürchten stand, dass es nicht ganz die eigene sei. Auch sank die Rasse deshalb weder physisch noch geistig – denn von derjenigen scheinbaren geistigen Abnahme, welche sich gegen die Mitte des 16. Jahrhunderts zu erkennen gibt, lassen sich ganz bestimmte äussere Ursachen politischer und kirchlicher Art namhaft machen, selbst wenn man nicht zugeben will, dass der Kreis der möglichen Schöpfungen der Renaissance durchlaufen gewesen sei. Die Italiener fuhren fort, trotz aller Ausschweifung zu den leiblich und geistig gesundesten und wohlgeborensten Bevölkerungen Europas zu gehören[18], und behaupten diesen Vorzug bekanntlich bis auf diesen Tag, nachdem sich die Sitten sehr gebessert haben.

Wenn man nun der Liebesmoral der Renaissance näher nachgeht, so findet man sich betroffen von einem merkwürdigen Gegensatz in den Aussagen. Die Novellisten und Komödiendichter machen den Eindruck, als bestände die Liebe durchaus nur im Genusse und als wären zu dessen Erreichung alle Mittel, tragische wie komische, nicht nur erlaubt, sondern je kühner und frivoler, desto interessanter. Liest man die bessern Lyriker und Dialogenschreiber, so lebt in ihnen die edelste Vertiefung und Vergeistigung der Leidenschaft, ja der letzte und höchste Ausdruck derselben wird gesucht in einer Aneignung antiker Ideen von einer ursprünglichen Einheit der Seelen im göttlichen Wesen. Und beide Anschauungen sind damals wahr und in einem und demselben Individuum vereinbar. Es ist nicht durchaus rühmlich, aber es ist eine Tatsache, dass in dem modernen gebildeten Menschen die Gefühle auf verschiedenen Stufen zugleich nicht nur stillschweigend vorhanden sind, sondern auch zur bewussten, je nach Umständen künstlerischen Darstellung kommen. Erst der moderne Mensch ist, wie der antike, auch in dieser Beziehung ein Mikrokosmus, was der mittelalterliche nicht war und nicht sein konnte.

Zunächst ist die Moral der Novellen beachtenswert. Es handelt sich in den meisten derselben, wie bemerkt, um Ehefrauen und also um Ehebruch.

Höchst wichtig erscheint nun hier jene oben (S. 425) erwähnte Ansicht von der gleichen Geltung des Weibes mit dem Manne. Die höher gebildete individuell ent-

18. Mit der völlig entwickelten spanischen Herrschaft trat allerdings eine relative Entvölkerung ein. Wäre sie Folge der Entsittlichung gewesen, so hätte sie viel früher eintreten müssen.

wickelte Frau verfügt über sich mit einer ganz andern Souveränetät als im Norden, und die Untreue macht nicht jenen furchtbaren Riss durch ihr Leben, sobald sie sich gegen die äussern Folgen sichern kann. Das Recht des Gemahles auf ihre Treue hat nicht denjenigen festen Boden, den es bei den Nordländern durch die Poesie und Leidenschaft der Werbung und des Brautstandes gewinnt; nach flüchtigster Bekanntschaft, unmittelbar aus dem elterlichen oder klösterlichen Gewahrsam tritt die junge Frau in die Welt, und nun erst bildet sich ihre Individualität ungemein schnell aus. Hauptsächlich deshalb ist jenes Recht des Gatten nur ein sehr bedingtes, und auch wer es als ein ius quaesitum ansieht, bezieht es doch nur auf die äussere Tat, nicht auf das Herz. Die schöne junge Gemahlin eines Greises z. B. weist die Geschenke und Botschaften eines jungen Liebhabers zurück, im festen Vorsatz, ihre Ehrbarkeit (honestà) zu behaupten. „Aber sie freute sich doch der Liebe des Jünglings wegen seiner grossen Trefflichkeit, und sie erkannte, dass ein edles Weib einen ausgezeichneten Menschen lieben darf ohne Nachteil ihrer Ehrbarkeit[19]". Wie kurz ist aber der Weg von einer solchen Distinktion bis zu völliger Hingebung.

Letztere erscheint dann soviel als berechtigt, wenn Untreue des Mannes hinzukömmt. Das individuell entwickelte Weib empfindet dieselbe bei weitem nicht bloss als einen Schmerz, sondern als Hohn und Demütigung, namentlich als Ueberlistung, und nun übt sie, oft mit ziemlich kaltem Bewusstsein, die vom Gemahl verdiente Rache. Ihrem Takt bleibt es überlassen, das für den betreffenden Fall richtige Strafmass zu treffen. Die tiefste Kränkung kann z. B. einen Ausweg zur Versöhnung und zu künftigem ruhigem Le-

19. Giraldi, Hecatommithi III, Nov. 2. – Ganz ähnlich: Cortigiano, L. IV, fol. 180.

ben anbahnen, wenn sie völlig geheim bleibt. Die Novellisten, welche dergleichen dennoch erfahren oder es gemäss der Atmosphäre ihrer Zeit erdichten, sind voll von Bewunderung, wenn die Rache höchst angemessen, wenn sie ein Kunstwerk ist. Es versteht sich, dass der Ehemann ein solches Vergeltungsrecht doch im Grunde nie anerkennt und sich nur aus Furcht oder aus Klugheitsgründen fügt. Wo diese wegfallen, wo er um der Untreue seiner Gemahlin willen ohnehin erwarten oder wenigstens besorgen muss, von dritten Personen ausgehöhnt zu werden, da wird die Sache tragisch. Nicht selten folgt die gewaltsamste Gegenrache und der Mord. Es ist höchst bezeichnend für die wahre Quelle dieser Taten, dass ausser dem Gemahl auch die Brüder[20] und der Vater der Frau sich dazu berechtigt, ja verpflichtet glauben; die Eifersucht hat also nichts mehr damit zu tun, das sittliche Gefühl wenig, der Wunsch, dritten Personen ihren Spott zu verleiden das Meiste. „Heute", sagt Bandello[21], „sieht man eine, um ihre Lüste zu erfüllen, den Gemahl vergiften, als dürfte sie dann, weil sie Witwe geworden, tun was ihr beliebt. Eine andere, aus Furcht vor Entdeckung ihres unerlaubten Umganges, lässt den Gemahl durch den Geliebten ermorden. Dann erheben sich Väter, Brüder und Gatten, um sich die Schande aus den Augen zu schaffen, mit Gift, Schwert und andern Mitteln, und dennoch fahren viele Weiber fort, mit Verachtung des eigenen Lebens und der Ehre, ihren Leidenschaften nachzuleben." Ein andermal, in milderer

20. Ein besonders greuliches Beispiel der Rache eines Bruders, aus Perugia vom Jahr 1455, findet man in der Chronik des Graziani, Arch. stor. XVI, I, p. 629. Der Bruder zwingt den Galan, der Schwester die Augen auszureissen und jagt ihn mit Schlägen von dannen. Freilich die Familie war ein Zweig der Oddi und der Liebhaber nur ein Seiler.

21. Bandello, Parte I, Nov. 9 und 26. – Es kommt vor, dass der Beichtvater der Gemahlin sich vom Gatten bestechen lässt und den Ehebruch verrät.

Stimmung, ruft er aus: „Wenn man doch nur nicht täglich hören müsste: dieser hat seine Frau ermordet, weil er Untreue vermutete, jener hat die Tochter erwürgt, weil sie sich heimlich vermählt hatte, jener endlich hat seine Schwester töten lassen, weil sie sich nicht nach seinen Ansichten vermählen wollte! Es ist doch eine grosse Grausamkeit, dass wir alles tun wollen, was uns in den Sinn kömmt und den armen Weibern nicht dasselbe zugestehen. Wenn sie etwas tun, was uns missfällt, so sind wir gleich mit Strick, Dolch und Gift bei der Hand. Welche Narrheit der Männer, vorauszusetzen, dass ihre und des ganzen Hauses Ehre von der Begierde eines Weibes abhänge!“ Leider wusste man den Ausgang solcher Dinge bisweilen so sicher voraus, dass der Novellist auf einen bedrohten Liebhaber Beschlag legen konnte, während derselbe noch lebendig herumlief. Der Arzt Antonio Bologna[22] hatte sich insgeheim mit der verwitweten Herzogin von Malfi, vom Hause Aragon, vermählt; bereits hatten ihre Brüder sie und ihre Kinder wieder in ihre Gewalt bekommen und in einem Schloss ermordet. Antonio, der letzteres noch nicht wusste und mit Hoffnungen hingehalten wurde, befand sich in Mailand, wo ihm schon gedungene Mörder auflauerten, und sang in Gesellschaft bei der Ippolita Sforza die Geschichte seines Unglückes zur Laute. Ein Freund des genannten Hauses, Delio, „erzählte die Geschichte bis zu diesem Punkte dem Scipione Atellano und fügte bei, er werde dieselbe in einer seiner Novellen behandeln, da er gewiss wisse, dass Antonio ermordet werden würde“. Die Art, wie dies fast unter den Augen Delios und Atellanos eintraf, ist bei Bandello (I, 26) ergreifend geschildert.

Einstweilen aber nehmen die Novellisten doch fort-

22. S. oben S. 424 und Anmerkung.

während Partei für alles Sinnreiche, Schlaue und Komische, was beim Ehebruch vorkömmt: mit Vergnügen schildern sie das Versteckspiel in den Häusern, die symbolischen Winke und Botschaften, die mit Kissen und Konfekt zum voraus versehenen Truhen, in welchen der Liebhaber verborgen und fortgeschafft werden kann, u. dgl. m. Der betrogene Ehemann wird je nach Umständen ausgemalt als eine ohnehin von Hause aus lächerliche Person oder als ein furchtbarer Rächer; ein drittes gibt es nicht, es sei denn, dass das Weib als böse und grausam und der Mann oder Liebhaber als unschuldiges Opfer geschildert werden soll. Man wird indes bemerken, dass Erzählungen dieser letztern Art nicht eigentliche Novellen, sondern nur Schreckensbeispiele aus dem wirklichen Leben sind[23].

Mit der Hispanisierung des italienischen Lebens im Verlauf des 16. Jahrhunderts nahm die in den Mitteln höchst gewaltsame Eifersucht vielleicht noch zu, doch muss man dieselbe unterscheiden von der schon vorher vorhandenen, im Geist der italienischen Renaissance selbst begründeten Vergeltung der Untreue. Mit der Abnahme des spanischen Kultureinflusses schlug dann die auf die Spitze getriebene Eifersucht gegen Ende des 17. Jahrhunderts in ihr Gegenteil um, in jene Gleichgültigkeit, welche den Cicisbeo als unentbehrliche Figur im Hause betrachtete und ausserdem noch einen oder mehrere Geduldete (Patiti) sich gefallen liess.

Wer will es nun unternehmen, die ungeheure Summe von Immoralität, welche in den geschilderten Verhältnissen liegt, mit dem zu vergleichen, was in andern Ländern geschah. War die Ehe z. B. in Frankreich während des 15. Jahrhunderts wirklich heiliger

23. Ein Beispiel Bandello, Parte I, Nov. 4.

als in Italien? Die Fabliaux und Farcen erregen starke Zweifel, und man sollte glauben, dass die Untreue ebenso häufig, nur der tragische Ausgang seltener gewesen, weil das Individuum mit seinen Ansprüchen weniger entwickelt war. Eher möchte zugunsten der germanischen Völker ein entscheidendes Zeugnis vorhanden sein, nämlich jene grössere gesellschaftliche Freiheit der Frauen und Mädchen, welche den Italienern in England und in den Niederlanden so angenehm auffiel (S. 429, Anm.). Und doch wird man auch hierauf kein zu grosses Gewicht legen dürfen. Die Untreue war gewiss ebenfalls sehr häufig und der individuell entwickeltere Mensch treibt es auch hier bis zur Tragödie. Man sehe nur, wie die damaligen nordischen Fürsten bisweilen auf den ersten Verdacht hin mit ihren Gemahlinnen umgehen.

Innerhalb des Unerlaubten aber bewegte sich bei den damaligen Italienern nicht nur das gemeine Gelüste, nicht nur die dumpfe Begier des gewöhnlichen Menschen, sondern auch die Leidenschaft der Edelsten und Besten; nicht bloss weil die unverheirateten Mädchen sich ausserhalb der Gesellschaft befanden, sondern auch weil gerade der vollkommene Mann am stärksten angezogen wurde von dem bereits durch die Ehe ausgebildeten weiblichen Wesen. Diese Männer sind es, welche die höchsten Töne der lyrischen Poesie angeschlagen und auch in Abhandlungen und Dialogen von der verzehrenden Leidenschaft ein verklärtes Abbild zu geben versucht haben: l'amor divino. Wenn sie über die Grausamkeit des geflügelten Gottes klagen, so ist damit nicht bloss die Hartherzigkeit der Geliebten oder ihre Zurückhaltung gemeint, sondern auch das Bewusstsein der Unrechtmässigkeit der Verbindung. Ueber dieses Unglück suchen sie durch jene Vergeistigung der Liebe sich zu erheben, welche sich an die platonische Seelenlehre anlehnt und in Pietro

Bembo ihren berühmtesten Vertreter gefunden hat. Man hört ihn unmittelbar im dritten Buch seiner Asolani, und mittelbar durch Castiglione, welcher ihm jene prachtvolle Schlussrede des vierten Buches des Cortigiano in den Mund legt. Beide Autoren waren im Leben keine Stoiker, aber in jener Zeit wollte es schon etwas heissen, wenn man ein berühmter und zugleich ein guter Mann war, und diese Prädikate kann man beiden nicht versagen. Die Zeitgenossen nahmen das, was sie sagten, für wahrhaft gefühlt, und so dürfen auch wir es nicht als blosses Phrasenwerk verachten. Wer sich die Mühe nimmt, die Rede im Cortigiano nachzulesen, wird einsehen, wie wenig ein Exzerpt einen Begriff davon geben könnte. Damals lebten in Italien einige vornehme Frauen, welche wesentlich durch Verhältnisse dieser Art berühmt wurden, wie Giulia Gonzaga, Veronica da Coreggio und vor allen Vittoria Colonna. Das Land der stärksten Wüstlinge und der grössten Spötter respektierte diese Gattung von Liebe und diese Weiber: Grösseres lässt sich nicht zu ihren Gunsten sagen. Ob etwas Eitelkeit dabei war, ob Vittoria den sublimierten Ausdruck hoffnungsloser Liebe von seiten der berühmtesten Männer Italiens gerne um sich herum tönen hörte, wer mag es entscheiden? Wenn die Sache stellenweise eine Mode wurde, so war es immerhin kein Kleines, dass Vittoria wenigstens nicht aus der Mode kam und dass sie in der spätesten Zeit noch die stärksten Eindrücke hervorbrachte. – Es dauerte lange, bis andere Länder irgend ähnliche Erscheinungen aufwiesen.

Die Phantasie, welche dieses Volk mehr als ein anderes beherrscht, ist dann überhaupt eine allgemeine Ursache davon, dass jede Leidenschaft in ihrem Verlauf überaus heftig und je nach Umständen verbrecherisch in den Mitteln wird. Man kennt eine Heftigkeit der Schwäche, die sich nicht beherrschen kann; hier dagegen handelt es sich um eine Ausartung der Kraft. Bisweilen knüpft sich daran eine Entwicklung ins Kolossale; das Verbrechen gewinnt eine eigene, persönliche Konsistenz.

Schranken gibt es nur noch wenige. Der Gegenwirkung des illegitimen, auf Gewalt gegründeten Staates mit seiner Polizei fühlt sich jedermann, auch das gemeine Volk, innerlich entwachsen, und an die Gerechtigkeit der Justiz glaubt man allgemein nicht mehr. Bei einer Mordtat ist, bevor man irgend die nähern Umstände kennt, die Sympathie unwillkürlich auf seiten des Mörders[24]. Ein männliches, stolzes Auftreten vor und während der Hinrichtung erregt vollends solche Bewunderung, dass die Erzähler darob leicht vergessen zu melden, warum der Betreffende verurteilt war[25]. Wenn aber irgendwo zu der innerlichen Verachtung der Justiz und zu den vielen aufgesparten Vendetten noch die Straflosigkeit hinzutritt, etwa in Zeiten politischer Unruhen, dann scheint sich bisweilen der Staat und das bürgerliche Leben auflösen zu wollen. Solche Momente hatte Neapel beim Uebergang von der aragonesischen auf die französische und auf die spanische Herrschaft, solche hatte auch Mailand bei der mehrmaligen Vertreibung und Wiederkehr der Sforza. Da kommen jene Menschen zum Vorschein, welche den Staat und die Gesellschaft insgeheim niemals anerkannt haben und nun ihre räuberische und mörderische Selbstsucht ganz souverän walten lassen.

24. Piaccia al Signore Iddio che non si ritrovi, sagen bei Giraldi III, Nov. 10 die Frauen im Hause, wenn man ihnen erzählt, die Tat könne den Mörder den Kopf kosten.

25. Dies begegnet z. B. Gioviano Pontano (de fortitudine, L. II.); seine heldenmütigen Ascolaner, welche noch die letzte Nacht hindurch tanzen und singen, die abruzzesische Mutter, welche den Sohn auf dem Gang zum Richtplatz aufheitert, usw. gehören vermutlich in Räuberfamilien, was er jedoch übergeht.

Betrachten wir beispielshalber ein Bild dieser Art aus einem kleinern Kreise.

Als das Herzogtum Mailand bereits um 1480 durch die innern Krisen nach dem Tode des Galeazzo Maria Sforza erschüttert war, hörte in den Provinzialstädten jede Sicherheit auf. So in Parma[26], wo der mailändische Gubernator, durch Mordanschläge in Schrekken gesetzt, sich die Freilassung furchtbarer Menschen abdringen liess, wo Einbrüche, Demolitionen von Häusern, öffentliche Mordtaten etwas Gewöhnliches wurden, wo zuerst maskierte Verbrecher einzeln, dann ohne Scheu jede Nacht grosse bewaffnete Scharen herumzogen; dabei zirkulierten frevelhafte Spässe, Satiren, Drohbriefe, und es erschien ein Spottsonett gegen die Behörden, welches dieselben offenbar mehr empörte als der entsetzliche Zustand selbst. Dass in vielen Kirchen die Tabernakel samt den Hostien geraubt wurden, verrät noch eine besondere Farbe und Richtung jener Ruchlosigkeit. Nun ist es wohl unmöglich zu erraten, was in jedem Lande der Welt auch heute geschehen würde, wenn Regierung und Polizei ihre Tätigkeit einstellten und dennoch durch ihr Dasein die Bildung eines provisorischen Regimentes unmöglich machten; allein was damals in Italien bei solchen Anlässen geschah, trägt doch wohl einen besondern Charakter durch starke Einmischung der Rache.

Im allgemeinen macht das Italien der Renaissance den Eindruck, als ob auch in gewöhnlichen Zeiten die grossen Verbrechen häufiger gewesen wären als in andern Ländern. Freilich könnte uns wohl der Umstand täuschen, dass wir hier verhältnismässig weit mehr Spezielles davon erfahren als irgend anderswo und dass dieselbe Phantasie, welche auf das tatsächliche Verbrechen wirkt, auch das Nichtgeschehene er-

26. Diarium Parmense, bei Murat. XXII, Col. 330 bis 349 passim.

sinnt. Die Summe der Gewalttaten war vielleicht anderswo dieselbe. Ob der Zustand z. B. in dem kraftvollen, reichen Deutschland um 1500, mit seinen kühnen Landstreichern, gewaltigen Bettlern und wegelagernden Rittern im ganzen sicherer gewesen, ob das Menschenleben wesentlich besser garantiert war, lässt sich schwer ermitteln. Aber so viel ist sicher, dass das prämeditierte, besoldete, durch dritte Hand geübte, auch das zum Gewerb gewordene Verbrechen in Italien eine grosse und schreckliche Ausdehnung gewonnen hatte.

Blicken wir zunächst auf das Räuberwesen, so wird vielleicht Italien damals nicht mehr, in glücklichern Gegenden wie z. B. Toscana sogar weniger davon heimgesucht gewesen sein als die meisten Länder des Nordens. Aber es gibt wesentlich italienische Figuren. Schwerlich findet sich anderswo z. B. die Gestalt des durch Leidenschaft verwilderten, allmählich zum Räuberhauptmann gewordenen Geistlichen, wovon jene Zeit unter andern folgendes Beispiel liefert[27]. Am 12. August 1495 wurde in einen eisernen Käfig aussen am Turm von S. Giuliano zu Ferrara eingeschlossen der Priester Don Niccolò de'Pelegati von Figarolo. Derselbe hatte zweimal seine erste Messe gelesen; das erstemal hatte er an demselben Tage einen Mord begangen und war darauf in Rom absolviert worden; nachher tötete er vier Menschen und heiratete zwei Weiber, mit welchen er herumzog. Dann war er bei vielen Tötungen anwesend, notzüchtigte Weiber, führte andere mit Gewalt fort, übte Raub in Masse, tötete noch viele und zog im Ferraresischen mit einer uniformierten bewaffneten Bande herum, Nahrung und Obdach mit Mord und Gewalt erzwingend. – Wenn

27. Diario Ferrarese, bei Murat. XXIV, Col. 312. Man erinnert sich dabei an die Bande des Priesters, welche einige Jahre vor 1837 die westliche Lombardie unsicher machte.

man sich das Dazwischenliegende hinzudenkt, so ergibt sich für den Priester eine ungeheure Summe des Frevels. Es gab damals überall viele Mörder und andere Missetäter unter den so wenig beaufsichtigten und so hoch privilegierten Geistlichen und Mönchen, aber kaum einen Pelegati. Etwas anderes, obwohl auch nichts Rühmliches, ist es, wenn verlorene Menschen sich in die Kutte stecken dürfen, um der Justiz zu entgehen, wie z. B. jener Korsar, den Massuccio in einem Kloster zu Neapel kannte[28]. Wie es sich mit Papst Johann XXIII. in dieser Beziehung verhielt, ist nicht näher bekannt[29].

Die Zeit der individuell berühmten Räuberhauptleute beginnt übrigens erst später, im 17. Jahrhundert, als die politischen Gegensätze, Guelfen und Ghibellinen, Spanier und Franzosen, das Land nicht mehr in Bewegung setzten; der Räuber löst den Parteigänger ab.

In gewissen Gegenden von Italien, wo die Kultur nicht hindrang, waren die Landleute permanent mörderisch gegen jeden von draussen, der ihnen in die Hände fiel. So namentlich in den entlegenern Teilen des Königreiches Neapel, wo eine uralte Verwilderung vielleicht seit der römischen Latifundienwirtschaft sich erhalten hatte, und wo man den Fremden und den Feind, hospes und hostis, noch in aller Unschuld für gleichbedeutend halten mochte. Diese Leute waren gar nicht irreligiös; es kam vor, dass ein Hirt voll Angst im Beichtstuhl erschien, um zu bekennen, dass ihm

28. Massuccio, Nov. 29. Es versteht sich, dass der Betreffende auch in der Liebschaft am meisten Glück hat.

29. Wenn er in seiner Jugend als Korsar in dem Kriege der beiden Linien von Anjou um Neapel auftrat, so kann er dies als politischer Parteigänger getan haben, was nach damaligen Begriffen keine Schande brachte. Der Erzbischof Paolo Fregoso von Genua war abwechselnd auch Doge und Korsar und späterhin obendrein Kardinal, vgl. oben S. 117, Anmerk. 61.

während der Fasten beim Käsemachen ein paar Tropfen Milch in den Mund gekommen. Freilich fragte der sittenkundige Beichtvater bei diesem Anlass auch noch aus ihm heraus, dass er oft mit seinen Gefährten Reisende beraubt und ermordet hatte, nur dass dies als etwas Landübliches keine Gewissensbisse rege machte[30]. Wie sehr in Zeiten politischer Unruhen die Bauern auch anderswo verwildern konnten, ist bereits (S. 384) angedeutet worden.

Ein schlimmeres Zeichen der damaligen Sitte als die Räuberei ist die Häufigkeit der bezahlten, durch dritte Hand geübten Verbrechen. Darin ging zugestandenermassen Neapel allen andern Städten voran. „Hier ist gar nichts billiger zu kaufen als ein Menschenleben", sagt Pontano[31]. Aber auch andere Gegenden weisen eine furchtbare Reihe von Missetaten dieser Art auf. Man kann dieselben natürlich nur schwer nach den Motiven sondern, indem politische Zweckmässigkeit, Parteihass, persönliche Feindschaft, Rache und Furcht durcheinander wirkten. Es macht den Florentinern die grösste Ehre, dass damals bei ihnen, dem höchstentwickelten Volke von Italien, dergleichen am wenigsten vorkömmt[32], vielleicht weil es für berechtigte Beschwerden noch eine Justiz gab, die man anerkannte, oder weil die höhere Kultur den Menschen eine andere Ansicht verlieh über das verbrecherische Eingreifen in das Rad des Schicksals; wenn irgendwo, so erwog

30. Poggio, Facetiae fol. 164. Wer das heutige Neapel kennt, hat vielleicht eine ähnliche Farce aus einem andern Lebensgebiet erzählen hören.

31. Jovian. Pontani Antonius: nec est quod Neapoli quam hominis vita minoris vendatur. Freilich meint er, das sei unter den Anjou noch nicht so gewesen; sicam ab iis – den Aragonesen – accepimus. Den Zustand um 1534 bezeugt Benv. Cellini I, 70.

32. Einen eigentlichen Nachweis wird niemand hierüber leisten können, allein es wird wenig Mord erwähnt und die Phantasie der florentinischen Schriftsteller der guten Zeit ist nicht mit Verdacht dieser Art erfüllt.

man in Florenz, wie eine Blutschuld unberechenbar weiter wirkt und wie wenig der Anstifter auch bei einem sogenannten nützlichen Verbrechen eines überwiegenden und dauernden Vorteils sicher ist. Nach dem Untergang der florentinischen Freiheit scheint der Meuchelmord, hauptsächlich der gedungene, rasch zugenommen zu haben, bis die Regierung Cosimos I. soweit zu Kräften kam, dass seine Polizei[33] allen Missetaten gewachsen war.

Im übrigen Italien wird das bezahlte Verbrechen häufiger oder seltener gewesen sein, je nachdem zahlungsfähige hochgestellte Anstifter vorhanden waren. Es kann niemandem einfallen, dergleichen statistisch zusammenzufassen, allein wenn von all den Todesfällen, die das Gerücht als gewaltsam herbeigeführt betrachtete, auch nur ein kleiner Teil wirkliche Mordtaten waren, so macht dies schon eine grosse Summe aus. Fürsten und Regierungen gaben allerdings das schlimmste Beispiel: sie machten sich gar kein Bedenken daraus, den Mord unter die Mittel ihrer Allmacht zu zählen. Es bedurfte dazu noch keines Cesare Borgia; auch die Sforza, die Aragonesen, später auch die Werkzeuge Karls V. erlaubten sich, was zweckmässig schien.

Die Phantasie der Nation erfüllte sich allmählich dergestalt mit Voraussetzungen dieser Art, dass man bei Mächtigen kaum mehr an einen natürlichen Tod glaubte. Freilich machte man sich von der Wirkungskraft der Gifte bisweilen fabelhafte Vorstellungen. Wir wollen glauben, dass jenes furchtbare weisse Pulver (S. 148) der Borgia auf bestimmte Termine berechnet werden konnte, und so mag auch dasjenige Gift wirklich ein venenum atterminatum gewesen sein, welches der Fürst von Salerno dem Kardinal von Ara-

33. Ueber diese s. die Relation des Fedeli bei Albèri, Relazioni, serie II, vol. I, p. 353, s.

gon reichte mit den Worten: „in wenigen Tagen wirst du sterben, weil dein Vater, König Ferrante, uns alle hat zertreten wollen[34]". Aber der vergiftete Brief, welchen Caterina Riario an Papst Alexander VI. sandte[35], würde diesen schwerlich umgebracht haben, auch wenn er ihn gelesen hätte; und als Alfons der Grosse von den Aerzten gewarnt wurde, ja nicht in dem Livius zu lesen, den ihm Cosimo de' Medici übersandte, antwortete er ihnen gewiss mit Recht: höret auf so töricht zu reden[36]. Vollends hätte jenes Gift nur sympathetisch wirken können, womit der Sekretär Piccininos den Tragstuhl des Papstes Pius II. nur ein wenig anstreichen wollte[37]. Wie weit es sich durchschnittlich um mineralische oder Pflanzengifte handelte, lässt sich nicht bestimmen; die Flüssigkeit, mit welcher der Maler Rosso Fiorentino (1541) sich das Leben nahm, war offenbar eine heftige Säure[38], welche

34. Infessura, bei Eccard, scriptores II, Col. 1956.

35. Chron. venetum, bei Murat. XXIV, Col. 131. – Im Norden gab man sich über die Giftkunst der Italiener noch stärkeren Phantasien hin; s. bei Juvénal des Ursins ad a. 1382 (ed. Buchon p. 336) die Lanzette des Giftmischers, welchen König Karl von Durazzo in seinen Dienst nahm; schon wer sie starr ansah, musste sterben.

36. Petr. Crinitus, de honesta disciplina, L. XVIII, cap. 9.

37. Pii II. comment. L. XI, p. 562. – Jo. Ant. Campanus: vita Pii II., bei Murat. III, II, Col. 988.

38. Vasari IX, 82, vita di Rosso. – Ob in unglücklichen Ehen mehr wirkliche Vergiftungen oder mehr Besorgnisse vor solchen vorherrschten, mag unentschieden bleiben. Vgl. Bandello II, Nov. 5 und 54. Sehr bedenklich lautet II, Nov. 40. In einer und derselben westlombardischen Stadt, die nicht näher bezeichnet wird, lebten zwei Giftköche; ein Gemahl, der sich von der Echtheit der Verzweiflung seiner Frau überzeugen will, lässt sie einen vermeintlich giftigen Trank, der aber nur gefärbtes Wasser ist, wirklich austrinken und darauf versöhnt sich das Ehepaar. – In der Familie des Cardanus allein waren vier Vergiftungen vorgekommen. De propria vita cap. 30,50. – Selbst bei einem päpstlichen Krönungsmahl brachten die Kardinäle jeder seinen eigenen Kellermeister und Wein mit, „vielleicht weil man aus Erfahrung wusste, dass sonst Gift in den Trank gemischt wurde". Und diese Sitte war in Rom allgemein und galt sine iniuria invitantis! – Blas. Ortiz, Itinerarium Adriani VI., ap. Baluz. Miscell. (ed. Mansi) I, 380.

man keinem andern hätte unbemerkt beibringen können. – Für den Gebrauch der Waffen, zumal des Dolches, zu heimlicher Gewalttat hatten die Grossen in Mailand, Neapel und anderswo leider einen unaufhörlichen Anlass, indem unter den Scharen von Bewaffneten, welche sie zu ihrem eigenen Schutze nötig hatten, schon durch den blossen Müssiggang hie und da sich eine wahre Mordlust ausbilden musste. Manche Greueltat wäre wohl unterblieben, wenn der Herr nicht gewusst hätte, dass es bei diesem und jenem aus seinem Gefolge nur eines Winkes bedürfe.

Unter den geheimen Mitteln des Verderbens kommt – wenigstens der Absicht nach – auch die Zauberei vor[39], doch nur in sehr untergeordneter Weise. Wo etwa malificii, malie u. dgl. erwähnt werden, geschieht es meist, um auf ein ohnehin gehasstes oder abscheuliches Individuum alle erdenklichen Schrecken zu häufen. An den Höfen von Frankreich und England im 14. und 15. Jahrhundert spielt der verderbliche, tödliche Zauber eine viel grössere Rolle als unter den höhern Ständen von Italien.

Endlich erscheinen in diesem Lande, wo das Individuelle in jeder Weise kulminiert, einige Menschen von absoluter Ruchlosigkeit, bei welchen das Verbrechen auftritt um seiner selber willen, nicht mehr als Mittel zu einem Zweck, oder wenigstens als Mittel zu Zwecken, welche sich aller psychologischen Norm entziehen.

Zu diesen entsetzlichen Gestalten scheinen zunächst auf den ersten Anblick einige Condottieren zu gehö-

39. Malefizien z. B. gegen Leonello von Ferrara s. Diario Ferrarese, bei Murat. XXIV, Col. 194 ad a. 1445. Während man dem Täter, einem gew. Benato, der auch sonst übelberüchtigt war, auf der Piazza das Urteil vorlas, erhob sich ein Lärm in der Luft und ein Erdbeben, so dass männiglich davonlief oder zu Boden stürzte. – Was Guicciardini (L. I.) über den bösen Zauber des Lodovico Moro gegen seinen Neffen Giangaleazzo sagt, mag auf sich beruhen.

ren[40], ein Braccio von Montone, ein Tiberto Brandolino, und schon ein Werner von Urslingen, dessen silbernes Brustschild die Inschrift trug: Feind Gottes, des Mitleids und der Barmherzigkeit. Dass diese Menschenklasse im ganzen zu den frühsten völlig emanzipierten Frevlern gehörte, ist gewiss. Man wird jedoch behutsamer urteilen, sobald man inne wird, dass das allerschwerste Verbrechen derselben – nach dem Sinne der Aufzeichner – im Trotz gegen den geistlichen Bann liegt und dass die ganze Persönlichkeit erst von da aus mit jenem fahlen, unheimlichen Lichte bestrahlt erscheint. Bei Braccio war diese Gesinnung allerdings soweit ausgebildet, dass er z. B. über psallierende Mönche in Wut geraten konnte und sie von einem Turm herunterwerfen liess[41], „allein gegen seine Soldaten war er doch loyal und ein grosser Feldherr". Ueberhaupt werden die Verbrechen der Condottieren doch wohl meist um des Vorteils willen begangen worden sein, auf Antrieb ihrer höchst demoralisierenden Stellung, und auch die scheinbar mutwillige Grausamkeit möchte in der Regel ihren Zweck gehabt haben, wäre es auch nur der einer allgemeinen Einschüchterung gewesen. Die Grausamkeiten der Aragonesen hatten, wie wir (S. 62) sahen, ihre Hauptquelle in Rachsucht und Angst. Einen unbedingten Blutdurst, eine teuflische Lust am Verderben wird man am ehesten bei dem Spanier Cesare Borgia finden, dessen Greuel die vorhandenen oder denkbaren Zwecke in der Tat um ein Bedeutendes überschreiten (S. 126 ff.). Sodann ist eine eigentliche Lust am Bösen in Sigismondo Malatesta, dem Gewaltherrscher von Rimini (S. 59 f. und 254 f.) erkennbar; es ist nicht nur die römische Kurie[42],

40. Man könnte vor allem Ezzelino da Romano nennen, wenn derselbe nicht offenbar unter der Herrschaft ehrgeiziger Zwecke und eines starken astrologischen Wahns gelebt hätte.

41. Giornali napoletani, bei Muratori XXI, Col. 1092, ad a. 1425.

sondern auch das Urteil der Geschichte, welches ihm Mord, Notzucht, Ehebruch, Blutschande, Kirchenraub, Meineid und Verrat und zwar in wiederholten Fällen Schuld gibt; das Grässlichste aber, die versuchte Notzucht am eigenen Sohn Roberto, welche dieser mit gezücktem Dolche zurückwies[43], möchte doch wohl nicht bloss Sache der Verworfenheit, sondern eines astrologischen oder magischen Aberglaubens gewesen sein. Dasselbe hat man schon vermutet, um die Notzüchtigung des Bischofs von Fano[44] durch Pierluigi Farnese von Parma, Sohn Pauls III., zu erklären.

Wenn wir uns nun erlauben dürfen, die Hauptzüge des damaligen italienischen Charakters, wie er uns aus dem Leben der höhern Stände überliefert ist, zusammenzufassen, so würde sich etwa folgendes ergeben. Der Grundmangel dieses Charakters erscheint zugleich als die Bedingung seiner Grösse: der entwickelte Individualismus. Dieser reisst sich zuerst innerlich los von dem gegebenen, meist tyrannischen und illegitimen Staatswesen, und was er nun sinnt und tut, das wird ihm zum Verrat angerechnet, mit Recht oder mit Unrecht. Beim Anblick des siegreichen Egoismus unternimmt er selbst, in eigener Sache, die Verteidigung des Rechtes und verfällt durch die Rache, die er übt, den dunkeln Gewalten, während er seinen innern Frieden herzustellen glaubt. Seine Liebe wendet sich am ehesten einem andern entwickelten Individualismus zu, nämlich der Gattin seines Nächsten. Gegenüber von allem Objektiven, von Schranken und Gesetzen jeder

42. Pii II., comment. L. VII, p. 338.

43. Jovian. Pontan. de immanitate, wo auch von Sigismondos Schwängerung der eigenen Tochter u. dgl. die Rede ist.

44. Varchi, Storie fiorentine, am Ende. (Wenn das Werk unverstümmelt abgedruckt ist, wie z. B. in der Mailänder Ausgabe.)

Art hat er das Gefühl eigener Souveränetät und entschliesst sich in jedem einzelnen Fall selbständig, je nachdem in seinem Innern Ehrgefühl und Vorteil, kluge Erwägung und Leidenschaft, Entsagung und Rachsucht sich vertragen.

Wenn nun die Selbstsucht im weitern wie im engsten Sinne Wurzel und Hauptstamm alles Bösen ist, so wäre schon deshalb der entwickelte Italiener damals dem Bösen näher gewesen als andere Völker.

Aber diese individuelle Entwicklung kam nicht durch seine Schuld über ihn, sondern durch einen weltgeschichtlichen Ratschluss; sie kam auch nicht über ihn allein, sondern wesentlich vermittelst der italienischen Kultur auch über alle andern Völker des Abendlandes und ist seitdem das höhere Medium, in welchem dieselben leben. Sie ist an sich weder gut noch böse, sondern notwendig; innerhalb derselben entwickelt sich ein modernes Gutes und Böses, eine sittliche Zurechnung, welche von der des Mittelalters wesentlich verschieden ist.

Der Italiener der Renaissance aber hatte das erste gewaltige Daherwogen dieses neuen Weltalters zu bestehen. Mit seiner Begabung und seinen Leidenschaften ist er für alle Höhen und alle Tiefen dieses Weltalters der kenntlichste, bezeichnendste Repräsentant geworden; neben tiefer Verworfenheit entwickelt sich die edelste Harmonie des Persönlichen und eine glorreiche Kunst, welche das individuelle Leben verherrlichte, wie weder Altertum noch Mittelalter dies wollten oder konnten.

Mit der Sittlichkeit eines Volkes steht in engstem Zusammenhange die Frage nach seinem Gottesbewusstsein, d. h. nach seinem grössern oder geringern Glauben an eine göttliche Leitung der Welt, mag nun dieser Glaube die Welt für eine zum Glück oder zum Jammer und baldigen Untergang bestimmte halten[1]. Nun ist der damalige italienische Unglaube im allgemeinen höchst berüchtigt, und wer sich noch die Mühe eines Beweises nimmt, hat es leicht, hunderte von Aussagen und Beispielen zusammenzustellen. Unsere Aufgabe ist auch hier, zu sondern und zu unterscheiden; ein abschliessendes Gesamturteil werden wir uns auch hier nicht erlauben.

Das Gottesbewusstsein der frühern Zeit hatte seine Quelle und seinen Anhalt im Christentum und in dessen äusserer Machtgestalt, der Kirche, gehabt. Als die Kirche ausartete, hätte die Menschheit distinguieren und ihre Religion trotz allem behaupten sollen. Aber ein solches Postulat lässt sich leichter aufstellen als erfüllen. Nicht jedes Volk ist ruhig oder stumpfsinnig genug, um einen dauernden Widerspruch zwischen einem Prinzip und dessen äusserer Darstellung zu ertragen. Die sinkende Kirche ist es, auf welche jene schwerste Verantwortlichkeit fällt, die je in der Geschichte vorgekommen ist: sie hat eine getrübte und zum Vorteil ihrer Allmacht entstellte Lehre mit allen Mitteln der Gewalt als reine Wahrheit durchgesetzt, und im Gefühl ihrer Unantastbarkeit sich der schwersten Entsittlichung überlassen; sie hat, um sich in solchem Zustande zu behaupten, gegen den Geist und das Gewissen der Völker tödliche Streiche geführt, und viele von den Höherbegabten, welche sich ihr innerlich entzogen, dem Unglauben und der Verbitterung in die Arme getrieben.

Hier stellt sich uns auf dem Wege die Frage ent-

1. Worüber natürlich je nach Ort und Menschen ganz verschiedene Stimmungen laut werden. Die Renaissance hat Städte und Zeiten gehabt, wo ein entschiedener, frischer Genuss des Glückes vorherrschte. Eine allgemeine Verdüsterung der Denkenden beginnt erst mit der entschiedenen Fremdherrschaft im 16. Jahrhundert sich kenntlich zu machen.

gegen: warum das geistig so mächtige Italien nicht kräftiger gegen die Hierarchie reagiert, warum es nicht eine Reformation gleich der deutschen und vor derselben zustande gebracht habe?

Es gibt eine scheinbare Antwort: die Stimmung Italiens habe es nicht über die Verneinung der Hierarchie hinausgebracht, während Ursprung und Unbezwingbarkeit der deutschen Reformation den positiven Lehren, zumal von der Rechtfertigung durch den Glauben und vom Unwert der guten Werke, verdankt werde.

Es ist gewiss, dass diese Lehren erst von Deutschland her auf Italien wirkten, und zwar viel zu spät, als die spanische Macht bei weitem gross genug war, um teils unmittelbar, teils durch das Papsttum und dessen Werkzeuge alles zu erdrücken[2]. Aber schon in den frühern religiösen Bewegungen Italiens von den Mystikern des 13. Jahrhunderts bis auf Savonarola war auch sehr viel positiver Glaubensinhalt, dem zur Reife nichts als das Glück fehlte, wie es ja dem sehr positiv christlichen Hugenottentum auch fehlte. Kolossale Ereignisse wie die Reform des 16. Jahrhunderts entziehen sich wohl überhaupt, was das einzelne, den Ausbruch und Hergang betrifft, aller geschichtsphilosophischen Deduktion, so klar man auch ihre Notwendigkeit im grossen und ganzen erweisen kann. Die Bewegungen des Geistes, ihr plötzliches Aufblitzen, ihre Verbreitung, ihr Innehalten sind und bleiben unsern Augen wenigstens insoweit ein Rätsel, als wir von den dabei tätigen Kräften immer nur diese und jene, aber niemals alle kennen.

2. Was wir den Geist der Gegenreformation nennen, das war in Spanien entwickelt geraume Zeit vor der Reformation selbst, und zwar durch die scharfe Ueberwachung und teilweise Neueinrichtung alles Kirchlichen unter Ferdinand und Isabel. Hauptquelle hiefür ist Gomez, Leben des Kard. Ximenez, bei Rob. Belus, Rer. hispan. scriptores.

Die Stimmung der höhern und mittlern Stände Italiens gegen die Kirche zur Zeit der Höhe der Renaissance ist zusammengesetzt aus tiefem, verachtungsvollem Unwillen, aus Akkommodation an die Hierarchie, insofern sie auf alle Weise in das äussere Leben verflochten ist, und aus einem Gefühl der Abhängigkeit von den Sakramenten, Weihen und Segnungen. Als etwas für Italien speziell Bezeichnendes dürfen wir noch die grosse individuelle Wirkung heiliger Prediger beifügen.

Ueber den antihierarchischen Unwillen der Italiener, wie er sich zumal seit Dante in Literatur und Geschichte offenbart, sind eigene umfangreiche Arbeiten vorhanden. Von der Stellung des Papsttums zur öffentlichen Meinung haben wir selber oben (S. 133 f., 246) einige Rechenschaft geben müssen, und wer das Stärkste aus erlauchten Quellen schöpfen will, der kann die berühmten Stellen in Macchiavells Discorsi und in (dem unverstümmelten) Guicciardini nachlesen. Ausserhalb der römischen Kurie geniessen noch am ehesten die bessern Bischöfe einigen sittlichen Respekt[3], auch manche Pfarrer; dagegen sind die blossen Pfründner, Chorherren und Mönche fast ohne Ausnahme verdächtig und oft mit der schmachvollsten Nachrede, die den ganzen betreffenden Stand umfasst, übel beladen.

Man hat schon behauptet, die Mönche seien zum Sündenbock für den ganzen Klerus geworden, weil man nur über sie gefahrlos habe spotten dürfen[4].

3. Man beachte, dass die Novellisten und andere Spötter der Bischöfe beinahe gar nicht gedenken, während man sie, allenfalls mit verändertem Ortsnamen, hätte durchziehen können wie die andern. Dies geschieht z. B. bei Bandello II, Nov. 45; doch schildert er II, 40 auch einen tugendhaften Bischof. Gioviano Pontano im „Charon" lässt den Schatten eines üppigen Bischofs mit „Entenschritt" daherwatscheln. – Wie gering die Qualität der italienischen Bischöfe damals im allgemeinen war, vgl. Janus S. 387.

4. Foscolo, Discorso sul testo del Decamerone: Ma de' preti in

Allein dies ist auf alle Weise irrig. In den Novellen und Komödien kommen sie deshalb vorzugsweise vor, weil diese beiden Literaturgattungen stehende, bekannte Typen lieben, bei welchen die Phantasie leicht das nur Angedeutete ergänzt. Sodann schont die Novelle auch den Weltklerus nicht[5]. Drittens beweisen zahllose Aufzeichnungen aus der ganzen übrigen Literatur, wie keck über das Papsttum und die römische Kurie öffentlich geredet und geurteilt wurde; in den freien Schöpfungen der Phantasie muss man aber dergleichen nicht erwarten. Viertens konnten sich auch die Mönche bisweilen furchtbar rächen.

So viel ist immerhin richtig, dass gegen die Mönche der Unwille am stärksten war, und dass sie als lebendiger Beweis figurierten von dem Unwert des Klosterlebens, der ganzen geistlichen Einrichtung, des Glaubenssystems, ja der Religion überhaupt, je nachdem man die Folgerungen mit Recht oder Unrecht auszudehnen beliebte. Man darf hiebei wohl annehmen, dass Italien eine deutlichere Erinnerung von dem Aufkommen der beiden grossen Bettelorden bewahrt hatte als andere Länder, dass es noch ein Bewusstsein davon besass, dieselben seien ursprünglich die Träger jener Reaktion[6] gegen das, was man die Ketzerei des 13. Jahrhunderts nennt, d. h. gegen eine frühe starke Regung des modernen italienischen Geistes. Und das

dignità niuno poteva far motto senza pericolo; onde ogni frate fu l'irco delle iniquità d'Israele etc.

5. Bandello präludiert z. B. II, Nov. 1, damit: das Laster der Habsucht stehe niemanden schlechter an als den Priestern, welche ja für keine Familie zu sorgen hätten. Mit diesem Raisonnement wird der schmähliche Ueberfall eines Pfarrhauses gerechtfertigt, wobei ein junger Herr durch zwei Soldaten oder Banditen einem zwar geizigen aber gichtbrüchigen Pfarrer einen Hammel stehlen lässt. Eine einzige Geschichte dieser Art zeigt die Voraussetzungen, unter welchen man lebte und handelte, genauer an als alle Abhandlungen.

6. G. Villani III, 29 sagt dies sehr deutlich ein Jahrhundert später.

geistliche Polizeiamt, welches den Dominikanern insbesondere dauernd anvertraut blieb, hat gewiss nie ein anderes Gefühl rege gemacht als heimlichen Hass und Hohn.

Wenn man den Decamerone und die Novellen des Franco Sacchetti liest, sollte man glauben, die frevelhafte Rede gegen Mönche und Nonnen wäre erschöpft. Aber gegen die Zeit der Reformation hin steigert sich dieser Ton noch um ein Merkliches. Gerne lassen wir Aretino aus dem Spiel, da er in den Ragionamenti das Klosterleben nur zum Vorwand braucht, um seinem eigenen Naturell den Zügel schiessen zu lassen. Aber einen Zeugen statt aller müssen wir hier nennen: Masuccio in den zehn ersten von seinen fünfzig Novellen. Sie sind in der tiefsten Entrüstung und mit dem Zweck, dieselbe zu verbreiten, geschrieben und den vornehmsten Personen, selbst dem König Ferrante und dem Prinzen Alfonso von Neapel dediziert. Die Geschichten selbst sind zum Teil älter und einzelne schon aus Boccaccio bekannt; anderes aber hat eine furchtbare neapolitanische Aktualität. Die Betörung und Aussaugung der Volksmassen durch falsche Wunder, verbunden mit einem schändlichen Wandel, bringen hier einen denkenden Zuschauer zu einer wahren Verzweiflung. Von herumziehenden Minoriten Konventualen heisst es: „Sie betrügen, rauben und huren, und wo sie nicht mehr weiter wissen, stellen sie sich als Heilige und tun Wunder, wobei der eine das Gewand von S. Vincenzo, der andere die Schrift[7] S. Bernardinos, ein dritter den Zaum von Capistranos Esel vorzeigt ..." Andere „bestellen sich Helfershelfer, welche, scheinbar blind oder todkrank, durch Berührung des Saumes ihrer Kutte oder der mitgebrachten

7. L'Ordine. Wahrscheinlich ist seine Tafel mit dem Motto I H S gemeint.

Reliquien plötzlich mitten im Volksgewühl genesen; dann schreit alles Misericordia! man läutet die Glocken und nimmt lange feierliche Protokolle auf." Es kommt vor, dass ein Mönch auf der Kanzel von einem andern, welcher unter dem Volke steht, keck als Lügner angeschrien wird; dann aber fühlt sich der Rufende plötzlich von Besessenheit ergriffen, worauf ihn der Prediger bekehrt und heilt – alles reine Komödie. Der Betreffende mit seinem Helfershelfer sammelte so viel Geld, dass er von einem Kardinal ein Bistum kaufen konnte, wo beide gemächlich auslebten. Massuccio macht keinen besondern Unterschied zwischen Franziskanern und Dominikanern, indem beide einander wert seien. „Und da lässt sich das unvernünftige Publikum noch in ihren Hass und ihre Parteiung hineinziehen und streitet darüber auf öffentlichen Plätzen[8] und teilt sich in Franceschiner und Domenichiner!" Die Nonnen gehören ausschliesslich den Mönchen; sobald sie sich mit Laien abgeben, werden sie eingekerkert und verfolgt, die andern aber halten mit Mönchen förmliche Hochzeit, wobei sogar Messen gesungen, Kontrakte aufgesetzt und Speise und Trank reichlich genossen werden. „Ich selber", sagt der Verfasser, „bin nicht ein, sondern mehrere Male dabei gewesen, habe es gesehen und mit Händen gegriffen. Solche Nonnen gebären dann entweder niedliche Mönchlein oder sie treiben die Frucht ab. Und wenn jemand behaupten möchte, dies sei eine Lüge, so untersuche er die Kloaken der Nonnenklöster, und er wird darin einen Vorrat von zarten Knöchlein finden nicht viel anders als in Bethlehem zu Herodes Zeiten." Solche und andere Sachen birgt das Klosterleben. Freilich machen einander die Mönche es in der Beichte bequem und dik-

8. Er fügt hinzu: und in den seggi, d. h. den Vereinen, in welche der neapolitanische Adel geteilt war. – Die Rivalität der beiden Orden wird häufig lächerlich gemacht, z. B. Bandello III, Nov. 14.

tieren ein Paternoster für Dinge, um derentwillen sie einem Laien alle Absolution versagen würden gleich einem Ketzer. „Darum öffne sich die Erde und verschlinge solche Verbrecher lebendig samt ihren Gönnern.“ An einer andern Stelle äussert Massuccio, weil die Macht der Mönche doch wesentlich auf der Furcht vor dem Jenseits beruhe, einen ganz merkwürdigen Wunsch: „Es gäbe keine bessere Züchtigung für sie, als wenn Gott recht bald das Fegefeuer aufhöbe; dann könnten sie nicht mehr von Almosen leben und müssten wieder zur Hacke greifen.“

Wenn man unter Ferrante und an ihn so schreiben durfte, so hing dies vielleicht damit zusammen, dass der König durch ein auf ihn gemünztes falsches Wunder erbittert war[9]. Man hatte ihn durch eine bei Tarent vergrabene und hernach gefundene Bleitafel mit Inschrift zu einer Judenverfolgung ähnlich der spanischen zu zwingen gesucht, und, als er den Betrug durchschaute, ihm Trotz geboten. Auch einen falschen Faster hatte er entlarven lassen, wie schon früher einmal sein Vater, König Alfonso tat. Der Hof hatte wenigstens am dumpfen Aberglauben keine Mitschuld[10].

Wir haben einen Autor angehört, dem es ernst war, und er ist lange nicht der einzige in seiner Art. Spott und Schimpf über die Bettelmönche sind vollends massenweise vorhanden und durchdringen die ganze Literatur[11]. Man kann kaum daran zweifeln, dass die Renaissance binnen kurzem mit diesen Orden aufgeräumt haben würde, wenn nicht die deutsche Reformation und die Gegenreformation darüber gekommen

9. Für das Folgende vgl. Jovian. Pontan. de sermone, L. II und Bandello, Parte I, Nov. 32.

10. Weshalb auch sonst in seiner Nähe dies Wesen offen denunziert werden durfte. Vgl. auch Jovian. Pontan.: Antonius und Charon.

11. Beispielshalber: der VIII. Gesang der Maccaroneide.

wäre. Ihre populären Prediger und ihre Heiligen hätten sie schwerlich gerettet. Es wäre nur darauf angekommen, dass man sich mit einem Papst, der die Bettelorden verachtete, wie z. B. Leo X., zu rechter Zeit verabredet hätte. Wenn der Zeitgeist sie doch nur noch entweder komisch oder abscheulich fand, so waren sie für die Kirche weiter nichts mehr als eine Verlegenheit. Und wer weiss, was damals dem Papsttum selber bevorstand, wenn die Reformation es nicht gerettet hätte.

Die Machtübung, welche sich fortwährend der Pater Inquisitor eines Dominikanerklosters über die betreffende Stadt erlaubte, war im spätern 15. Jahrhundert gerade noch gross genug, um die Gebildeten zu genieren und zu empören, aber eine dauernde Furcht und Devotion liess sich nicht mehr erzwingen[12]. Blosse Gesinnungen zu strafen wie vorzeiten (S. 317) war nicht mehr möglich, und vor eigentlichen Irrlehren konnte sich auch derjenige leicht hüten, der sonst gegen den ganzen Klerus als solchen die loseste Zunge führte. Wenn nicht eine mächtige Partei mithalf (wie bei Savonarola) oder böser Zauber bestraft werden sollte (wie öfter in den oberitalischen Städten), so kam es am Ende des 15. und Anfang des 16. Jahrhunderts nur noch selten bis zum Scheiterhaufen. In mehrern Fällen begnügten sich die Inquisitoren, wie es scheint, mit höchst oberflächlichem Widerruf, andere Male kam es sogar vor, dass man ihnen den Verurteilten auf dem Gange zum Richtplatz aus den Händen nahm. In Bologna (1452) war der Priester Niccolò da Verona als Nekromant, Teufelsbanner und Sakramentsschänder bereits auf einer hölzernen Bühne vor

12. Die Geschichte in Vasari V, p. 120, vita di Sandro Botticelli, zeigt, dass man bisweilen mit der Inquisition Scherz trieb. Allerdings kann der hier erwähnte Vicario sowohl der des Erzbischofs als der des dominikanischen Inquisitors gewesen sein.

San Domenico degradiert worden und sollte nun auf die Piazza zum Scheiterhaufen geführt werden, als ihn unterwegs eine Schar von Leuten befreite, welche der Johanniter Achille Malvezzi, ein bekannter Ketzerfreund und Nonnenschänder, gesandt hatte. Der Legat (Kardinal Bessarion) konnte hernach von den Tätern nur eines habhaft werden, der gehenkt wurde; Malvezzi lebte ungestört weiter[13].

Es ist bemerkenswert, dass die höhern Orden, also die Benediktiner mit ihren Abzweigungen, trotz ihres grossen Reichtums und Wohllebens weit weniger perhorresziert waren als die Bettelorden; auf zehn Novellen, die von frati handeln, kommt höchstens eine, welche einen monaco zum Gegenstand und Opfer hat. Nicht wenig kam diesen Orden zugute, dass sie älter und ohne polizeiliche Absicht gegründet waren und sich nicht in das Privatleben einmischten. Es gab darunter fromme, gelehrte und geistreiche Leute, aber den Durchschnitt schildert einer von ihnen, Firenzuola[14], wie folgt: „Diese Wohlgenährten in ihren weiten Kutten bringen ihr Leben nicht hin mit barfüssigem Herumziehen und Predigen, sondern in zierlichen Corduanpantoffeln sitzen sie in ihren schönen Zellen mit Zypressengetäfel, und falten die Hände über dem Bauch. Und wenn sie je einmal sich von der Stelle bemühen müssen, so reiten sie gemächlich auf Maultieren und fetten Pferdchen wie zur Erholung herum. Den Geist ermüden sie nicht zu sehr durch Studium vieler Bücher, damit das Wissen ihnen nicht statt ihrer mönchischen Einfalt einen Luzifershochmut beibringe.“

13. Bursellis, Ann. Bonon. ap. Murat. XXIII, Col. 886, cf. 896.

14. Vgl. S. 376 f. Er war der Abt der Vallombrosaner. Die Stelle, hier frei übersetzt, findet sich Opere, vol. II, p. 208 in seiner zehnten Novelle. – Eine einladende Schilderung des Wohllebens der Kartäuser in dem S. 373 zitierten Commentario d'Italia, fol. 32, s.

Wer die Literatur jener Zeiten kennt, wird zugeben, dass hier nur das zum Verständnis des Gegenstandes Notwendigste mitgeteilt ist[15]. Dass eine solche Reputation von Weltklerus und Mönchen bei Unzähligen den Glauben an das Heilige überhaupt erschüttern musste, springt in die Augen.

Was für schreckliche Gesamturteile bekommt man da zu hören! Wir teilen schliesslich nur eines davon mit, weil es erst neuerlich gedruckt und noch wenig bekannt ist. Guicciardini, der Geschichtschreiber und vieljährige Beamte der mediceischen Päpste, sagt (1529) in seinen Aphorismen[16]: „Keinem Menschen missfällt mehr als mir der Ehrgeiz, die Habsucht und die Ausschweifung der Priester, sowohl weil jedes dieser Laster an sich hassenswert ist, als auch weil jedes allein oder alle sich wenig ziemen bei Leuten, die sich zu einem von Gott besonders abhängigen Stand bekennen, und vollends weil sie unter sich so entgegengesetzt sind, dass sie sich nur in ganz absonderlichen Individuen vereinigt finden können. Gleichwohl hat meine Stellung bei mehrern Päpsten mich gezwungen, die Grösse derselben zu wollen meines eigenen Vorteils wegen. Aber ohne diese Rücksicht hätte ich Martin Luther geliebt, wie mich selbst, nicht um mich loszumachen von den Gesetzen, welche das Christentum, so wie es insgemein erklärt und verstanden wird, uns auferlegt, sondern um diese Schar von Nichtswürdigen (questa caterva di scelerati) in ihre gebührenden Grenzen gewiesen zu sehen, so dass sie entweder ohne Laster oder ohne Macht leben müssten."

15. Pius II. war aus Gründen für Abschaffung des Zölibates; Sacerdotibus magna ratione sublatas nuptias maiori restituendas videri, war eine seiner Lieblingssentenzen. Platina, Vitae Pontiff. p. 311.

16. Ricordi, N. 28, in den Opere inedite, Vol. I.

17. Ricordi, N. 1, 123, 125.

Derselbe Guicciardini hält denn auch dafür[17], dass wir in betreff alles Uebernatürlichen im Dunkel bleiben, dass Philosophen und Theologen nur Torheiten darüber vorbringen, dass die Wunder in allen Religionen vorkommen, für keine besonders beweisen und sich am Ende auf noch unbekannte Naturphänomene zurückführen lassen. Den bergeversetzenden Glauben, wie er sich damals bei den Nachfolgern Savonarolas zu erkennen gab, konstatiert er als ein kurioses Phänomen, doch ohne bittere Bemerkung.

Gegenüber von solchen Stimmungen hatten Klerus und Mönchtum den grossen Vorteil, dass man an sie gewöhnt war und dass ihr Dasein sich mit dem Dasein von jedermann berührte und verflocht. Es ist der Vorteil, den alle alten und mächtigen Dinge von jeher in der Welt gehabt haben. Jedermann hatte irgendeinen Verwandten im Priesterrock oder in der Kutte, irgendeine Aussicht auf Protektion oder künftigen Gewinn aus dem Schatz der Kirche, und in der Mitte von Italien sass die römische Kurie, welche ihre Leute bisweilen plötzlich reich machte. Doch muss man sehr hervorheben, dass dies alles die Zunge und die Feder nicht band. Die Autoren der lästerlichen Komik sind ja selber meist Mönche, Pfründner usw.; Poggio, der die Fazetien schrieb, war Geistlicher, Francesco Berni hatte ein Kanonikat, Teofilo Folengo war Benediktiner[18], Matteo Bandello, der seinen eigenen Orden lächerlich macht, war Dominikaner und zwar Nepot eines Generals dieses Ordens. Treibt sie ein Uebermass des Sicherheitsgefühles? oder ein Bedürfnis, die eigene Person von der Verrufenheit des Standes zu sondern? oder jene pessimistische Selbstsucht mit dem Wahlspruch: „Uns hält's noch aus"? Vielleicht war etwas

18. Freilich ein sehr unbeständiger.

von allem dabei. Bei Folengo wirkt freilich schon das Luthertum kenntlich ein[19].

Die Abhängigkeit von Segnungen und Sakramenten, von welcher bereits (S. 134 ff.) bei Anlass des Papsttums die Rede gewesen ist, versteht sich bei dem gläubigen Teil des Volkes von selbst; bei den Emanzipierten bedeutet und bezeugt sie die Stärke der Jugendeindrücke und die gewaltige magische Kraft altgewohnter Symbole. Das Verlangen des Sterbenden – wer er auch sein mochte – nach priesterlicher Absolution beweist einen Rest von Höllenfurcht, selbst bei einem Menschen wie jener Vitellozzo (a. a. O.) war. Ein belehrenderes Beispiel als das seinige wird schwer zu finden sein. Die kirchliche Lehre von dem Character indelebilis des Priesters, woneben seine Persönlichkeit indifferent wird, hat soweit Früchte getragen, dass man wirklich den Priester verabscheuen und doch seine geistlichen Spenden begehren kann. Freilich gab es auch Trotzköpfe wie z. B. Fürst Galeotto von Mirandola[20], der 1499 in einer bereits sechzehnjährigen Exkommunikation starb. Während dieser ganzen Zeit war auch die Stadt um seinetwillen im Interdikt gewesen, so dass weder Messe noch geweihtes Begräbnis stattfand.

Glänzend tritt endlich neben all diesen Zweideutigkeiten hervor das Verhältnis der Nation zu ihren grossen Busspredigern. Das ganze übrige Abendland liess sich von Zeit zu Zeit durch die Rede heiliger Mönche rühren, allein was wollte dies heissen neben der periodischen Erschütterung der italienischen Städte und Landschaften? Zudem ist z. B. der einzige, der während des 15. Jahrhunderts in Deutschland eine

19. Vgl. dessen u. d. Namen Limerno Pitocco gedichteten Orlandino, cap. VI, Str. 40, s. cap. VII, Str. 57. cap. VIII, Str. 3, s., bes. 75.
20. Diario Ferrarese, bei Murat. XXIV, Col. 362.

ähnliche Wirkung hervorbrachte[21], ein Abruzzese von Geburt gewesen, nämlich Giovanni Capistrano. Diejenigen Gemüter, welche einen so gewaltigen Ernst und einen solchen religiösen Beruf in sich tragen, sind damals im Norden intuitiv, mystisch; im Süden expansiv, praktisch, verbündet mit der hohen Achtung der Nation vor Sprache und Rede. Der Norden bringt eine Imitatio Christi hervor, welche im Stillen, anfangs nur in Klöstern, aber auf Jahrhunderte wirkt; der Süden produziert Menschen, welche auf Menschen einen kolossalen Eindruck des Augenblickes machen.

Dieser Eindruck beruht wesentlich auf Erregung des Gewissens. Es sind Moralpredigten, ohne Abstraktion, voll spezieller Anwendung, unterstützt von einer geweihten, aszetischen Persönlichkeit, woran sich dann von selbst durch die erregte Phantasie das Mirakel anschliesst, auch gegen den Willen des Predigers[22]. Das gewaltigste Argument war weniger die Drohung mit Fegefeuer und Hölle, als vielmehr die höchst lebendige Entwicklung der maledizione, des zeitlichen, in der Person wirkenden Fluches, der sich an das Böse knüpft. Die Betrübung Christi und der Heiligen hat ihre Folgen im Leben. Nur so konnte man die in Leidenschaft, Racheschwüre und Verbrechen verrannten Menschen zur Sühne und Busse bringen, was bei weitem der wichtigste Zweck war.

So predigten im 15. Jahrhundert Bernardino da Siena, Alberto da Sarzana, Giovanni Capistrano, Jacopo della Marca, Roberto da Lecce (S. 442) und an-

21. Er hatte einen deutschen und einen slawischen Dolmetscher bei sich. Auch S. Bernhard hatte einst am Rhein desselben Mittels bedurft.

22. Capistrano z. B. begnügt sich, über die Tausende von Kranken, die man ihm brachte, das Kreuz zu machen und sie im Namen der Dreieinigkeit und seines Meisters S. Bernardino zu segnen, worauf hie und da eine wirkliche Genesung erfolgte, wie in solchen Fällen zu geschehen pflegt. Der Chronist von Brescia deutet dies so an: „er tat schöne Wunder, doch erzählte man viel mehr als wirklich war."

dere; endlich Girolamo Savonarola. Es gab kein stärkeres Vorurteil als dasjenige gegen die Bettelmönche; sie überwanden es. Der hochmütige Humanismus kritisierte und höhnte[23]; wenn sie ihre Stimme erhoben, so dachte man seiner nicht mehr. Die Sache war nicht neu, und ein Spöttervolk wie die Florentiner hatte schon im 14. Jahrhundert die Karikatur davon, wo sie sich auf seinen Kanzeln blicken liess, malträtieren gelernt[24]; als Savonarola auftrat, riss er sie doch soweit hin, dass bald ihre ganze geliebte Bildung und Kunst in dem Glutfeuer, das er entzündete, zusammengeschmolzen wäre. Selbst die stärkste Profanation durch heuchlerische Mönche, welche mit Hülfe von Einverstandenen die Rührung beliebig in ihren Zuhörern hervorzubringen und zu verbreiten wussten (vgl. S. 495 f.), war nicht imstande, der Sache selbst zu schaden. Man fuhr fort, über gemeine Mönchspredigten mit erdichteten Wundern und Vorzeigung falscher Reliquien[25] zu lachen und die echten grossen Bussprediger hochzuachten. Dieselben sind eine wahre italienische Spezialität des 15. Jahrhunderts.

Der Orden – in der Regel der des heiligen Franciscus, und zwar von der sogenannten Observanz – schickt sie aus je nachdem sie begehrt werden. Dies geschieht hauptsächlich bei schwerer öffentlicher oder Privatzwietracht in den Städten, auch wohl bei schrecklicher Zunahme der Unsicherheit und Unsittlichkeit. Ist dann aber der Ruhm eines Predigers gewachsen, so begehren ihn die Städte alle auch ohne besondern Anlass; er geht wohin ihn die Obern senden. Ein besonderer Zweig dieser Tätigkeit ist die Kreuz-

23. So z. B. Poggio, de avaritia, in den Opera, fol. 2. Er findet, sie hätten es leicht, da sie in jeder Stadt dasselbe vorbrächten und das Volk dümmer entlassen dürften als es gekommen sei usw.

24. Franco Sacchetti, Nov. 72. Verfehlte Bussprediger sind bei allen Novellisten ein häufiges Thema.

25. Vgl. die bekannte Posse im Decamerone VI, Nov. 10.

predigt gegen die Türken[26]; wir haben es aber hier wesentlich mit der Busspredigt zu tun.

Die Reihenfolge der Predigten, wenn eine solche methodisch beobachtet wurde, scheint sich einfach an die kirchliche Aufzählung der Todsünden angeschlossen zu haben; je dringender aber der Moment ist, um so eher geht der Prediger unmittelbar auf das Hauptziel los. Er beginnt vielleicht in einer jener gewaltig grossen Ordenskirchen oder im Dom; binnen kurzem ist die grosse Piazza zu klein für das von allen Gegenden herbeiströmende Volk, und das Kommen und Gehen ist für ihn selbst mit Lebensgefahr verbunden[27]. In der Regel schliesst die Predigt mit einer ungeheuern Prozession, allein die ersten Stadtbeamten, welche ihn in die Mitte nehmen, können ihn auch da kaum vor den Leuten sichern, welche ihm Hände und Füsse küssen und Stücke von seiner Kutte schneiden[28].

Die nächsten Erfolge, welche sich am leichtesten ergeben, nachdem gegen Wucher, Vorkauf und unehrbare Moden gepredigt worden, sind das Eröffnen der Gefängnisse, d. h. wohl nur die Freilassung ärmerer Schuldgefangenen, und das Verbrennen von Luxussachen und Werkzeugen gefährlichen sowohl als unschuldigen Zeitvertreibes: als da sind Würfel, Karten, Spiele aller Art, „Maskengesichter", Musikinstrumente, Gesangbücher, geschriebene Zauberformeln[29],

26. Wobei die Sache wieder ganz eigentümliche Farben annahm. Vgl. Malipiero, Ann. venet., Arch. stor. VII, I, p. 18. – Chron. venetum, bei Murat. XXIV, Col. 114. – Storia Bresciana, bei Murat. XXI, Col. 898.

27. Stor. Bresciana bei Murat. XXI, Col. 865.

28. Allegretto, Diarî sanesi, bei Murat. XXIII, Col. 819.

29. Infessura (bei Eccard, scriptores II, Col. 1874) sagt: canti, brevi, sorti. Ersteres könnte auf Liederbücher gehen, dergleichen wenigstens Savonarola wirklich verbrannt hat. Allein Graziani (Cron. di Perugia, Arch. stor. XVI, I, p. 314) sagt bei einem ähnlichen Anlass, brieve incante, was ohne Zweifel brevi e incanti zu lesen ist, und eine ähnliche Emendation ist vielleicht auch bei Infessura ratsam, dessen sorti

falsche Haartouren usw. Dies alles wurde auf einem Gerüste (talamo) ohne Zweifel zierlich gruppiert, oben drauf etwa noch eine Teufelsfigur befestigt und dann Feuer angelegt (vgl. S. 400).

Nun kommen die härtern Gemüter an die Reihe; wer längst nicht mehr gebeichtet hat, beichtet nunmehr; ungerecht vorenthaltenes Gut wird zurückgegeben, unheilschwangere Schmähreden werden zurückgenommen. Redner wie Bernardino da Siena[30] gingen sehr emsig und genau auf den täglichen Verkehr der Menschen und dessen Sittengesetz ein. Wenige unserer heutigen Theologen möchten wohl eine Morgenpredigt zu halten versucht sein „über Kontrakte, Restitutionen, Staatsrenten (monte) und Ausstattung von Töchtern", wie er einst im Dom von Florenz eine hielt. Unvorsichtigere Prediger begingen dabei leicht den Fehler, so stark gegen einzelne Menschenklassen, Gewerbe, Beamtungen loszuziehen, dass sich das aufgeregte Gemüt der Zuhörer sofort durch Tätlichkeiten gegen diese entlud[31]. Auch eine Predigt des Bernardino da Siena, die er einmal in Rom (1424) hielt, hatte ausser dem Brand von Putz- und Zaubersachen auf dem Kapitol noch eine andere Folge: „Hernach", heisst es[32], „wurde auch die Hexe Finicella ver-

ohnehin irgendeine Sache des Aberglaubens bezeichnen, etwa ein wahrsagendes Kartenspiel. – Zur Zeit des Bücherdruckes sammelte man auch z. B. alle Exemplare des Martial für den Scheiterhaufen ein. Bandello III, Nov. 10.

30. S. dessen merkwürdige Biographie bei Vespasiano Fiorent. p. 244, s. – und die bei Aen. Sylvius, de viris illustr., p. 24.

31. Allegretto, l. c., Col. 823; ein Prediger hetzt das Volk gegen die Richter (wenn nicht statt giudici etwa giudei zu lesen ist), worauf dieselben bald in ihren Häusern wären verbrannt worden.

32. Infessura, l. c. Im Todestag der Hexe scheint ein Schreibfehler zu liegen. – Wie derselbe Heilige vor Arezzo ein verrufenes Wäldchen umhauen liess, erzählt Vasari III, 148; v. di Parri Spinelli. Oft mag sich der erste Busseifer an Lokalen, Symbolen und Werkzeugen so ziemlich erschöpft haben.

brannt, weil sie mit teuflischen Mitteln viele Kinder tötete und viele Personen verhexte, und ganz Rom ging hin es zu sehen."

Das wichtigste Ziel der Predigt aber ist, wie oben bemerkt, die Versöhnung von Streit und Verzichtung auf die Rache. Sie wird wohl in der Regel erst gegen Ende des Predigtkurses erfolgt sein, wenn der Strom allgemeiner Bussfertigkeit allmählich die ganze Stadt ergriff, wenn die Luft erbebte[33] von dem Geschrei des ganzen Volkes: misericordia! – Da kam es zu jenen feierlichen Friedensschlüssen und Umarmungen, auch wenn schon Wechselmord zwischen den streitenden Parteien lag. Man liess wohl die bereits Verbannten zu so heiligem Vorhaben absichtlich in die Stadt kommen. Es scheint, dass solche „paci" im ganzen beobachtet worden sind, auch wenn die gehobene Stimmung vorüber war, und dann blieb das Andenken des Mönches im Segen auf viele Geschlechter hinaus. Aber es gab wilde, furchtbare Krisen wie die der Familien della Valle und Croce zu Rom (1482), wobei selbst der grosse Roberto da Lecce seine Stimme umsonst erhob[34]. Kurz vor der Karwoche hatte er noch auf dem Platz vor der Minerva zahllosem Volk gepredigt; da erfolgte in der Nacht vor dem grünen Donnerstag die schreckliche Strassenschlacht vor Palazzo della Valle beim Ghetto; am Morgen gab Papst Sixtus den Befehl zu dessen Schleifung, und hielt dann die gewohnten Zeremonien dieses Tages ab; am Karfrei-

33. Pareva che l'aria si fendesse, heisst es irgendwo.

34. Jac. Volaterran. bei Murat. XXIII, Col. 167. Es wird nicht ausdrücklich gesagt, dass er sich mit dieser Fehde abgab, allein wir dürfen nicht daran zweifeln. – Auch Jacopo della Marca hatte einst (1445) nach ungeheuren Erfolgen kaum Perugia verlassen, als ein schrecklicher Rachemord in der Familie Ranieri geschah. Vgl. Graziani, l. c. p. 565, s. – Bei diesem Anlass muss darauf hingewiesen werden, dass jene Stadt auffallend oft von solchen Predigern besucht wird, vgl. p. 597, 626, 631, 637, 647.

tag predigte Roberto wieder, in den Händen ein Kruzifix; er und seine Zuhörer konnten aber nichts als weinen.

Gewaltsame, mit sich zerfallene Gemüter fassten häufig unter dem Eindruck der Busspredigten den Entschluss, ins Kloster zu treten. Es waren darunter Räuber und Verbrecher aller Art, auch wohl brodlose Soldaten[35]. Dabei wirkt die Bewunderung mit, welche dem heiligen Mönche sich wenigstens in der äussern Lebensstellung nach Kräften zu nähern sucht.

Die Schlusspredigt ist dann ein lauterer Segensspruch, der sich in den Worten zusammenfasst: la pace sia con voi! Grosse Scharen begleiten den Prediger nach der nächsten Stadt und hören daselbst seinen ganzen Kreis von Reden noch einmal an.

Bei der ungeheuern Macht, welche diese heiligen Männer ausübten, war es dem Klerus und den Regierungen erwünscht, sie wenigstens nicht zu Gegnern zu haben. Ein Mittel hiezu war, dass man darauf hielt, nur Mönche[36] oder Geistliche, welche wenigstens die mindern Weihen hatten, in solcher Qualität auftreten zu lassen, so dass der Orden oder die betreffende Korporation einigermassen für sie haftbar war. Aber eine scharfe Grenze liess sich auch hier nicht festhalten, da die Kirche und also auch die Kanzel längst

35. Capistrano kleidete nach einer Predigt fünfzig Soldaten ein; Stor. bresciana, l. c. – Graziani, l. c. p. 565, s. – Aen. Sylvius (de viris illustr. p. 25) war in seiner Jugend einmal nach einer Predigt S. Bernardinos nahe daran, in dessen Orden zu treten.

36. Dass es an Reibungen zwischen den berühmten Observantenpredigern und den neidischen Dominikanern nicht fehlte, zeigt der Streit über das vom Kreuz auf die Erde geflossene Blut Christi (1463). Ueber Fra Jacopo della Marca, der dem dominikanischen Inquisitor durchaus nicht nachgeben wollte, äussert sich Pius II. in seinem ausführlichen Bericht (Comment. L. XI, p. 512) mit einer ganz hübschen Ironie: Pauperiem pati et famem et sitim et corporis cruciatum et mortem pro Christi nomine nonnulli possunt; iacturam nominis vel minimam ferre recusant, tanquam sua deficiente fama Dei quoque gloria pereat.

für allerlei Zwecke der Oeffentlichkeit, gerichtliche Akte, Publikationen, Vorlesungen usw. in Anspruch genommen war, und da selbst bei eigentlichen Predigten bisweilen dem Humanisten und Laien das Wort gelassen wurde (S. 261 ff.). Nun gab es ohnehin eine zwitterhafte Menschenklasse[37], welche weder Mönche noch Geistliche waren und doch der Welt entsagt hatten, nämlich die in Italien sehr zahlreichen Einsiedler, und solche erschienen bisweilen ohne allen Auftrag und rissen die Bevölkerung hin. Ein Fall dieser Art ereignete sich zu Mailand nach der zweiten französischen Eroberung (1516), freilich in einer Zeit grosser öffentlicher Unordnung; ein toscanischer Einsiedler, vielleicht von der Partei Savonarolas, behauptete mehrere Monate lang die Kanzel des Domes, polemisierte auf das heftigste gegen die Hierarchie, stiftete einen neuen Leuchter und einen Altar im Dom, tat Wunder und räumte nur nach heftigen Kämpfen das Feld[38]. In jenen für das Schicksal Italiens entscheidenden Dezennien erwacht überall die Weissagung, und diese lässt sich, wo sie vorkömmt, nirgends auf einen bestimmten Stand einschränken. Man weiss z. B., wie vor der Verwüstung Roms die Einsiedler mit einem wahren Trotze der Prophetie auftraten (S. 154 f.). In Ermanglung eigener Beredsamkeit schicken solche Leute auch wohl Boten mit Symbolen wie z. B. jener Aszet bei Siena, der (1496) ein „Eremitlein", d. h. einen

37. Ihr Ruf schwankte schon damals zwischen Extremen. Man muss sie von den Eremitanermönchen unterscheiden. – Ueberhaupt waren die Grenzen in dieser Beziehung nicht fest gezogen. Die als Wundertäter herumziehenden Spoletiner beriefen sich immer auf San Antonio und, ihrer Schlangen wegen, auf den Apostel Paulus. Sie brandschatzten schon seit dem 13. Jahrhundert die Bauern mit halbgeistlicher Magie, und ihre Pferde waren dressiert niederzuknien, wenn man San Antonio nannte. Dem Vorgeben nach sammelten sie für Hospitäler. Massuccio, Nov. 18. Bandello III, Nov. 17. Firenzuola in seinem asino d'oro lässt sie die Stelle der Bettelpfaffen des Apulejus vertreten.

38. Prato, Arch. stor. III, p. 357. Burigozzo, ibid., p. 431.

Schüler in die geängstigte Stadt sandte mit einem Totenkopf auf einem Stecken, woran ein Zettel mit einem drohenden Bibelspruch hing[39].

Aber auch die Mönche selber schonten oft Fürsten, Behörden, Klerus und ihren eigenen Stand durchaus nicht. Zwar eine direkte Predigt zum Sturz eines Tyrannenhauses, wie die des Fra Jacopo Bussolaro zu Pavia im 14. Jahrhundert gewesen war[40], trifft man in den folgenden Zeiten nicht mehr an, wohl aber mutigen Tadel, selbst gegen den Papst in dessen eigener Kapelle (S. 263, Anm.), und naive politische Ratschläge in Gegenwart von Fürsten, die dessen nicht zu bedürfen glaubten[41]. Auf dem Kastellplatz zu Mailand durfte 1494 ein blinder Prediger aus der Incoronata (also ein Augustiner) dem Lodovico Moro von der Kanzel her zurufen: „Herr, zeige den Franzosen den Weg nicht, denn du wirst es bereuen!“[42] Es gab weissagende Mönche, welche vielleicht nicht direkt politisierten, aber so schreckliche Bilder der Zukunft entwarfen, dass den Zuhörern die Besinnung verging. Ein ganzer Verein von solchen, zwölf Franziskaner Konventualen, durchzogen bald nach der Wahl Leos X. (1513) die verschiedenen Landschaften Italiens, wie sie dieselben unter sich verteilt hatten. Derjenige von ihnen, welcher in Florenz predigte[43], Fra Francesco

39. Allegretto, bei Murat. XXIII, Col. 855, s.

40. Matteo Villani VIII, I, s. Er predigte zuerst gegen die Tyrannis überhaupt, dann, als ihn das herrschende Haus der Beccaria hatte wollen ermorden lassen, änderte er in einer Predigt selbst die Verfassung und die Behörden und nötigte die Beccaria zur Flucht (1357).

41. Bisweilen stellte auch das regierende Haus in bedrängten Zeiten Mönche an, um das Volk für Loyalität zu begeistern. Ein Beispiel aus Ferrara bei Sanudo (Murat. XXII, Col. 1218).

42. Prato, Arch. stor. III, p. 251. – Spätere fanatisch antifranzösische Prediger, nach der Vertreibung der Franzosen, erwähnt Burigozzo, ibid., pag. 443, 449, 485; ad a. 1523, 1526, 1529.

43. Jac. Pitti, Storia fior. L. II. p. 112.

di Montepulciano, erregte ein steigendes Entsetzen unter dem ganzen Volke, indem seine Aeusserungen, gewiss eher verstärkt als gemildert, auch zu denjenigen gelangten, welche vor Gedränge nicht selber in seine Nähe kommen konnten. Nach einer solchen Predigt starb er plötzlich „an einem Brustwehe"; alles kam, der Leiche die Füsse zu küssen, weshalb man sie nachts in aller Stille begrub. Aber den neu entzündeten Geist der Weissagung, der nun selbst Weiber und Bauern ergriff, konnte man nur mit grösster Mühe dämpfen. „Um die Leute wieder einigermassen heiter zu stimmen, veranstalteten hierauf die Medici, Giuliano (Bruder Leos) und Lorenzo auf St. Johannistag 1514 jene prächtigen Feste, Jagden, Aufzüge und Turniere, wozu sich von Rom her ausser einigen grossen Herrn auch sechs Kardinäle, diese allerdings verkleidet, einfanden."

Der grösste Bussprediger und Prophet aber war in Florenz schon 1498 verbrannt worden: Fra Girolamo Savonarola von Ferrara[44]. Hier müssen uns einige Winke über ihn genügen.

Das gewaltige Werkzeug, durch welches er Florenz umgestaltet und beherrscht (1494–1498), ist seine Rede, wovon die erhaltenen, meist an Ort und Stelle ungenügend nachgeschriebenen Predigten offenbar nur einen beschränkten Begriff geben. Nicht als ob die äussern Mittel seines Auftretens sehr gross gewesen wären, denn Stimme, Aussprache, rhetorische Redaktion u. dgl. bildeten vielmehr eher die schwache Seite, und wer einen Stil- und Kunstprediger verlangte, ging zu seinem Rivalen Fra Mariano da Ghinazzano – aber in Savonarolas Rede lag jene hohe persönliche Gewalt,

44. Perrens: Jérôme Savonarole, 2 voll., unter den vielen frühern Spezialwerken vielleicht das methodisch bestgeordnete und nüchternste. – Seither P. Villari, La storia di Girol. Savonarola (2 voll. 8. Firenze, Lemonnier).

welche wohl von da bis auf Luther nicht wieder vorgekommen ist. Er selber hielt es für Erleuchtung und taxierte deshalb ohne Unbescheidenheit das Predigtamt sehr hoch: über dem Prediger folge in der grossen Hierarchie der Geister unmittelbar der unterste der Engel.

Diese völlig zu Feuer und Flammen gewordene Persönlichkeit vollbrachte zunächst noch ein anderes, grösseres Wunder; das eigene Kloster S. Marco Dominikanerordens und dann alle Dominikanerklöster Toscanas werden desselben Sinnes und unternehmen eine freiwillige grosse Reform. Wenn man weiss, was die Klöster damals waren und wie unendlich schwer die geringste Veränderung bei Mönchen durchzusetzen ist, so wird man doppelt erstaunen über eine völlige Sinnesänderung wie diese. Als die Sache im Gange war, befestigte sie sich dadurch, dass Gleichgesinnte jetzt in bedeutender Zahl Dominikaner wurden. Söhne aus den ersten Häusern traten in S. Marco als Novizen ein.

Diese Reform des Ordens für ein bestimmtes Land war nun der erste Schritt zu einer Nationalkirche, zu welcher es bei längerer Dauer dieses Wesens unfehlbar hätte kommen müssen. Savonarola selber wollte freilich eine Reform der ganzen Kirche und schickte deshalb noch gegen Ende seiner Wirksamkeit an alle grossen Potentaten dringende Mahnungen, sie möchten ein Konzil versammeln. Allein sein Orden und seine Partei waren bereits für Toscana das allein mögliche Organ seines Geistes, das Salz der Erde geworden, während die Nachbargegenden im alten Zustande verharrten. Mehr und mehr baut sich aus Entsagung und Phantasie ein Zustand auf, der Florenz zu einem Reiche Gottes auf Erden machen will.

Die Weissagungen, deren teilweises Eintreffen dem Savonarola ein übermenschliches Ansehen verlieh, sind

Ghiberti: Wunder des Hl. Zenobius (Ausschnitt)

Giovanni Bellini: Allegorie

derjenige Punkt, auf welchem die allmächtige italienische Phantasie auch das bestverwahrte, liebevollste Gemüt bemeisterte. Anfangs meinten die Franziskaner von der Observanz, im Widerschein des Ruhmes, welchen ihnen S. Bernardino da Siena vermacht hatte, sie könnten den grossen Dominikaner durch Konkurrenz bändigen. Sie verschafften einem der Ihrigen die Domkanzel und liessen die Unglücksprophezeiungen Savonarolas durch noch schlimmere überbieten, bis Pietro de' Medici, der damals noch über Florenz herrschte, einstweilen beiden Ruhe gebot. Bald darauf, als Karl VIII. nach Italien kam und die Medici vertrieben wurden, wie Savonarola mit klaren Worten geweissagt hatte, glaubte man nur noch ihm.

Und hier muss nun zugestanden werden, dass er gegen seine eigenen Ahnungen und Visionen keine Kritik übte und gegen diejenigen anderer eine ziemlich strenge. In der Leichenrede auf Pico della Mirandola geht er mit dem verstorbenen Freunde etwas unbarmherzig um. Weil Pico trotz einer innern Stimme, die von Gott kam, doch nicht in den Orden treten wollte, habe er selber Gott gebeten, jenen etwas zu züchtigen; seinen Tod aber habe er wahrlich nicht gewünscht; nun sei durch Almosen und Gebet so viel erwirkt, dass die Seele sich einstweilen im Fegefeuer befinde. In betreff einer tröstlichen Vision, die Pico auf dem Krankenbette gehabt, wobei ihm die Madonna erschien und versprach, er solle nicht sterben, gesteht Savonarola, er habe es lange für eine dämonische Täuschung gehalten, bis ihm geoffenbart worden sei, die Madonna habe den zweiten Tod, nämlich den ewigen gemeint. – Wenn dies und ähnliches Ueberhebung war, so hat dieses grosse Gemüt wenigstens dafür gebüsst, so bitter es dafür büssen konnte; in seinen letzten Tagen scheint Savonarola die Nichtigkeit seiner Gesichte und Weissagungen erkannt zu haben, und doch blieb ihm innerer Friede genug übrig, um in heiliger Stimmung zum Tode zu gehen. Seine Anhänger aber hielten ausser seiner Lehre auch seine Prophezeiungen noch drei Jahrzehnde hindurch fest.

Als Reorganisator des Staates hatte er nur gearbeitet, weil sonst statt seiner feindselige Kräfte sich der Sache bemächtigt haben würden. Es ist unbillig, ihn nach der halbdemokratischen Verfassung (S. 113, Anm.) vom Anfang des Jahres 1495 zu beurteilen. Sie ist nicht besser und nicht schlechter als andere florentinische Verfassungen auch[45].

Er war zu solchen Dingen im Grunde der ungeeignetste Mensch, den man finden konnte. Sein wirkliches Ideal war eine Theokratie, bei welcher sich alles in seliger Demut vor dem Unsichtbaren beugt und alle Konflikte der Leidenschaft von vornherein abgeschnitten sind. Sein ganzer Sinn liegt in jener Inschrift des Signorenpalastes, deren Inhalt schon Ende 1495 sein Wahlspruch war[46], und die 1527 von seinen Anhängern erneuert wurde: „Jesus Christus Rex populi florentini S. P. Q. decreto creatus.“ Zum Erdenleben und seinen Bedingungen hatte er so wenig ein Verhältnis als irgendein echter und strenger Mönch. Der Mensch soll sich nach seiner Ansicht nur mit dem abgeben, was mit dem Seelenheil in unmittelbarer Verbindung steht.

Wie deutlich verrät sich dies bei seinen Ansichten über die antike Literatur. „Das einzige Gute“, predigt er, „was Plato und Aristoteles geleistet haben, ist, dass sie viele Argumente vorbrachten, welche man ge-

45. Savonarola wäre vielleicht der einzige gewesen, der den Untertanenstädten die Freiheit wiedergeben und dennoch den Zusammenhalt des toscanischen Staates irgendwie retten konnte. Daran aber kam ihm der Gedanke nicht. Und Pisa hasste er wie ein Florentiner.

46. Ein merkwürdiger Kontrast zu den Sienesen, welche 1483 ihre entzweite Stadt feierlich der Madonna geschenkt hatten. Allegretto, ap. Murat. XXIII, Col. 815.

gen die Ketzer gebrauchen kann. Sie und andere Philosophen sitzen doch in der Hölle. Ein altes Weib weiss mehr vom Glauben als Plato. Es wäre gut für den Glauben, wenn viele sonst nützlich scheinende Bücher zernichtet würden. Als es noch nicht so viele Bücher und nicht so viele Vernunftgründe (ragioni naturali) und Disputen gab, wuchs der Glaube rascher als er seither gewachsen ist.“ Die klassische Lektüre der Schulen will er auf Homer, Virgil und Cicero beschränkt und den Rest aus Hieronymus und Augustin ergänzt wissen; dagegen sollen nicht nur Catull und Ovid, sondern auch Tibull und Terenz verbannt bleiben. Hier spricht einstweilen wohl nur eine ängstliche Moralität, allein er gibt in einer besondern Schrift die Schädlichkeit der Wissenschaft im allgemeinen zu. Eigentlich sollten, meint er, einige wenige Leute dieselbe erlernen, damit die Tradition der menschlichen Kenntnisse nicht unterginge, besonders aber, damit immer einige Athleten zur Bekämpfung ketzerischer Sophismen vorrätig wären; alle übrigen dürften nicht über Grammatik, gute Sitten und Religionsunterricht (sacrae literae) hinaus. So würde natürlich die ganze Bildung wieder an Mönche zurückfallen, und da zugleich die „Wissendsten und Heiligsten“ auch Staaten und Reiche regieren sollten, so wären auch dieses wiederum Mönche. Wir wollen nicht einmal fragen, ob der Autor so weit hinaus gedacht hat.

Kindlicher kann man nicht raisonnieren. Die einfache Erwägung, dass das wiederentdeckte Altertum und die riesige Ausweitung des ganzen Gesichtskreises und Denkkreises eine je nach Umständen ruhmvolle Feuerprobe für die Religion sein möchten, kommt dem guten Menschen nicht in den Sinn. Er möchte gern verbieten, was sonst nicht zu beseitigen ist. Ueberhaupt war er nichts weniger als liberal; gegen gottlose Astrologen z. B. hält er denselben Scheiterhaufen in

Bereitschaft, auf welchem er hernach selbst gestorben ist[47].

Wie gewaltig muss die Seele gewesen sein, die bei diesem engen Geiste wohnte! Welch ein Feuer bedurfte es, um den Bildungsenthusiasmus der Florentiner vor dieser Anschauung sich beugen zu lehren!

Was sie ihm noch von Kunst und von Weltlichkeit preiszugeben bereit waren, das zeigen jene berühmten Opferbrände, neben welchen gewiss alle talami des Bernardino da Siena und anderer nur wenig besagen wollten.

Es ging dabei allerdings nicht ab ohne einige tyrannische Polizei von seiten Savonarolas. Ueberhaupt sind seine Eingriffe in die hochgeschätzte Freiheit des italienischen Privatlebens nicht gering, wie er denn zum Beispiel Spionage der Dienerschaft gegen den Hausherrn verlangte, um seine Sittenreform durchführen zu können. Was später in Genf dem eisernen Calvin, bei dauerndem Belagerungszustande von aussen, doch nur mühsam gelang, eine Umgestaltung des öffentlichen und Privatlebens, das musste in Florenz vollends nur ein Versuch bleiben und als solcher die Gegner auf das äusserste erbittern. Dahin gehört vor allem die von Savonarola organisierte Schar von Knaben, welche in die Häuser drangen und die für den Scheiterhaufen geeigneten Gegenstände mit Gewalt verlangten; sie wurden hie und da mit Schlägen abgewiesen, da gab man ihnen, um die Fiktion einer heranwachsenden heiligen Bürgerschaft dennoch zu behaupten, Erwachsene als Beschützer mit.

Und so konnten am letzten Karnevalstage des Jahres 1497 und an demselben Tage des folgenden Jahres die grossen Autodafés auf dem Signorenplatz stattfinden. Da ragte eine Stufenpyramide, ähnlich dem

47. Von den impii astrologi sagt er: non è da disputar (con loro) altrimenti che col fuoco.

rogus, auf welchem römische Imperatorenleichen verbrannt zu werden pflegten. Unten zunächst der Basis waren Larven, falsche Bärte, Maskenkleider u. dgl. gruppiert; drüber folgten die Bücher der lateinischen und italienischen Dichter, unter andern der Morgante des Pulci, der Boccaccio, der Petrarca, zum Teil kostbare Pergamentdrucke und Manuskripte mit Miniaturen; dann Zierden und Toilettengeräte der Frauen, Parfüms, Spiegel, Schleier, Haartouren; weiter oben Lauten, Harfen, Schachbretter, Triktraks, Spielkarten; endlich enthielten die beiden obersten Absätze lauter Gemälde, besonders von weiblichen Schönheiten, teils unter den klassischen Namen der Lucretia, Cleopatra, Faustina, teils unmittelbare Porträts wie die der schönen Bencina, Lena Morella, Bina und Maria de' Lenzi. Das erstemal bot ein anwesender venezianischer Kaufmann der Signorie 20 000 Goldtaler für den Inhalt der Pyramide; die einzige Antwort war, dass man ihn ebenfalls porträtieren und das Bild zu den übrigen hinaufstellen liess. Beim Anzünden trat die Signorie auf den Balkon; Gesang, Trompetenschall und Glockengeläute erfüllte die Lüfte. Nachher zog man auf den Platz vor S. Marco, wo die ganze Partei eine dreifache konzentrische Runde tanzte: zu innerst die Mönche dieses Klosters abwechselnd mit Engelknaben, dann junge Geistliche und Laien, zu äusserst endlich Greise, Bürger und Priester, diese mit Olivenzweigen bekränzt.

Der ganze Spott der siegreichen Gegenpartei, die doch wahrlich einigen Anlass und überdies das Talent dazu hatte, genügte später doch nicht, um das Andenken Savonarolas herabzusetzen. Je trauriger die Schicksale Italiens sich entwickelten, desto heller verklärte sich im Gedächtnis der Ueberlebenden die Gestalt des grossen Mönches und Propheten. Seine Weissagungen mochten im einzelnen unbewährt geblieben sein – das grosse allgemeine Unheil, das er verkündet hatte, war nur zu schrecklich in Erfüllung gegangen.

So gross aber die Wirkung der Bussprediger war und so deutlich Savonarola dem Mönchsstande als solchem das rettende Predigtamt vindizierte[48], so wenig entging dieser Stand doch dem allgemeinen verwerfenden Urteil. Italien gab zu verstehen, dass es sich nur für die Individuen begeistern könne.

Wenn man nun die Stärke des alten Glaubens, abgesehen von Priesterwesen und Mönchtum, verifizieren soll, so kann dieselbe bald sehr gering, bald sehr bedeutend erscheinen, je nachdem man sie von einer bestimmten Seite, in einem bestimmten Lichte anschaut. Von der Unentbehrlichkeit der Sakramente und Segnungen ist schon die Rede gewesen (S. 134, 502); überblicken wir einstweilen die Stellung des Glaubens und des Kultus im täglichen Leben. Hier ist die Masse und ihre Gewöhnung und die Rücksicht der Mächtigen auf beides von bestimmendem Gewicht.

Alles, was zur Busse und zur Erwerbung der Seligkeit mittelst guter Werke gehört, war bei den Bauern und bei den untern Klassen überhaupt wohl in derselben Ausbildung und Ausartung vorhanden wie im Norden, und auch die Gebildeten wurden davon stellenweise ergriffen und bestimmt. Diejenigen Seiten des populären Katholizismus, wo er sich dem antiken, heidnischen Anrufen, Beschenken und Versöhnen der Götter anschliesst, haben sich im Bewusstsein des Volkes auf das hartnäckigste festgesetzt. Die schon bei einem andern Anlass zitierte achte Ekloge des Battista Mantovano[1] enthält unter andern das Gebet eines

48. S. die Stelle aus der 14. Predigt über Ezechiel, bei Perrens l. c., vol. I, pag. 30, Nota.

1. Mit dem Titel: De rusticorum religione.

Bauern an die Madonna, worin dieselbe als spezielle Schutzgöttin für alle einzelnen Interessen des Landlebens angerufen wird. Welche Begriffe machte sich das Volk von dem Werte bestimmter Madonnen als Nothelferinnen! Was dachte sich jene Florentinerin[2], die ein Fässchen von Wachs als ex voto nach der Annunziata stiftete, weil ihr Geliebter, ein Mönch, allmählich ein Fässchen Wein bei ihr austrank, ohne dass der abwesende Gemahl es bemerkte. Ebenso regierte damals ein Patronat einzelner Heiligen für bestimmte Lebenssphären gerade wie jetzt noch. Es ist schon öfter versucht worden, eine Anzahl von allgemeinen ritualen Gebräuchen der katholischen Kirche auf heidnische Zeremonien zurückzuführen, und dass ausserdem eine Menge örtlicher und volkstümlicher Bräuche, die sich an Kirchenfeste geknüpft haben, unbewusste Reste der verschiedenen alten Heidentümer Europas sind, gibt jedermann zu. In Italien aber kam auf dem Lande noch dies und jenes vor, worin sich ein bewusster Rest heidnischen Glaubens gar nicht verkennen liess. So das Hinstellen von Speise für die Toten, vier Tage vor Petri Stuhlfeier, also nach dem Tage der alten Feralien, 18. Februar[3]. Manches andere dieser Art mag damals noch in Uebung gewesen und erst seit-

2. Franco Sacchetti, Nov. 109, wo noch anderes der Art.

3. Bapt. Mantuan. de sacris diebus, L. II. ruft aus:

Ista superstitio, ducens a Manibus ortum
Tartareis, sancta de religione facessat
Christigenûm! vivis epulas date, sacra sepultis.

Ein Jahrhundert vorher, als das Exekutionsheer Johanns XXII. gegen die Ghibellinen in der Mark zog, geschah es unter ausdrücklicher Anklage auf eresia und idolatria; Recanati, das sich freiwillig ergeben, wurde doch verbrannt, „weil daselbst Idole angebetet worden waren". Giov. Villani, IX, 139, 141. – Unter Pius II. kommt ein hartnäckiger Sonnenanbeter, Urbinate von Geburt, zum Vorschein. Aen. Sylvii opera p. 289. Hist. rer. ubique gestar. c. 12. – Das Erstaunlichste geschah unter Leo X. auf dem Forum in Rom: wegen einer Pest wurde ein Stier feierlich auf heidnische Weise geopfert; Paul. Jovius, Hist. XXI, 8.

her ausgerottet worden sein. Vielleicht ist es nur scheinbar paradox zu sagen, dass der populäre Glaube in Italien ganz besonders fest gegründet war, soweit er Heidentum war.

Wie weit nun die Herrschaft dieser Art von Glauben sich auch in die obern Stände erstreckte, liesse sich wohl bis zu einem gewissen Punkte näher nachweisen. Derselbe hatte, wie bereits bei Anlass des Verhältnisses zum Klerus bemerkt wurde, die Macht der Gewöhnung und der frühen Eindrücke für sich; auch die Liebe zum kirchlichen Festpomp wirkte mit, und hie und da kam eine jener grossen Bussepidemien hinzu, welchen auch Spötter und Leugner schwer widerstehen konnten.

Es ist aber bedenklich, in diesen Fragen rasch auf durchgehende Resultate hinzusteuern. Man sollte z. B. meinen, dass das Verhalten der Gebildeten zu den Reliquien von Heiligen einen Schlüssel gewähren müsse, der uns wenigstens einige Fächer ihres religiösen Bewusstseins öffnen könnte. In der Tat lassen sich Gradunterschiede nachweisen, doch lange nicht so deutlich wie es zu wünschen wäre. Zunächst scheint die Regierung von Venedig im 15. Jahrhundert durchaus diejenige Andacht zu den Ueberresten heiliger Leiber geteilt zu haben, welche damals durch das ganze Abendland herrschte (S. 101 f.). Auch Fremde, welche in Venedig lebten, taten wohl, sich dieser Befangenheit zu fügen[4]. Wenn wir das gelehrte Padua nach seinem Topographen Michele Savonarola (S. 178) beurteilen dürften, so wäre es hier nicht anders gewesen als in Venedig. Mit einem Hochgefühl, in welches sich frommes Grausen mischt, erzählt uns Michele,

4. So Sabellico, de situ venetae urbis. Er nennt zwar die Namen der Kirchenheiligen, nach Art mehrerer Philologen, ohne sanctus oder divus, führt aber eine Menge Reliquien an und tut sehr zärtlich damit, rühmt sich auch bei mehrern Stücken, sie geküsst zu haben.

wie man bei grossen Gefahren des Nachts durch die ganze Stadt die Heiligen seufzen höre, wie der Leiche einer heiligen Nonne zu S. Chiara beständig Nägel und Haare wachsen, wie sie bei bevorstehendem Unheil Lärm macht, die Arme erhebt, u. dgl.[5] Bei der Beschreibung der Antoniuskapelle im Santo verliert sich der Autor völlig ins Stammeln und Phantasieren. In Mailand zeigte wenigstens das Volk einen grossen Reliquienfanatismus, und als einst (1517) die Mönche in S. Simpliciano beim Umbau des Hochaltars sechs heilige Leichen unvorsichtig aufdeckten und mächtige Regenstürme über das Land kamen, suchten die Leute[6] die Ursache der letztern in jenem Sakrilegium und prügelten die betreffenden Mönche auf öffentlicher Strasse durch, wo sie sie antrafen. In andern Gegenden Italiens aber, selbst bei den Päpsten, sieht es mit diesen Dingen schon viel zweifelhafter aus, ohne dass man doch einen bündigen Schluss ziehen könnte. Es ist bekannt, unter welchem allgemeinen Aufsehen Pius II. das aus Griechenland zunächst nach S. Maura geflüchtete Haupt des Apostels Andreas erwarb und (1462) feierlich in S. Peter niederlegte; allein aus seiner eigenen Relation geht hervor, dass er dies tat aus einer Art von Scham, als schon viele Fürsten sich um die Reliquie bewarben. Jetzt erst fiel es ihm ein, Rom zu einem allgemeinen Zufluchtsort der aus ihren Kirchen vertriebenen Reste der Heiligen zu machen[7]. Unter Sixtus IV. war die Stadtbevölkerung in diesen Dingen eifriger als der Papst, so dass der Magistrat sich (1483) bitter beklagte, als Sixtus dem sterbenden Ludwig XI. einiges von den lateranensischen Reli-

5. De laudibus Patavii, bei Murat. XXIV, Col. 1149 bis 1151.

6. Prato, Arch. stor. III, p. 408. – Er gehört sonst nicht zu den Aufklärern, aber gegen diesen Kausalnexus protestiert er denn doch.

7. Pii II. Comment. L. VIII, p. 352, s. Verebatur Pontifex, ne in honore tanti apostoli diminute agere videretur etc.

quien verabfolgte[8]. In Bologna erhob sich um diese Zeit eine mutige Stimme, welche verlangte, man solle dem König von Spanien den Schädel des h. Dominicus verkaufen und aus dem Erlös etwas zum öffentlichen Nutzen Dienendes stiften[9]. Die wenigste Reliquienandacht zeigen die Florentiner. Zwischen ihrem Beschluss, den Stadtheiligen S. Zanobi durch einen neuen Sarkophag zu ehren, und der definitiven Bestellung bei Ghiberti vergehen 19 Jahre (1409–1428), und auch dann erfolgt der Auftrag nur zufällig, weil der Meister eine kleinere ähnliche Arbeit schön vollendet hatte[10]. Vielleicht war man der Reliquien etwas überdrüssig, seitdem man (1352) durch eine verschlagene Aebtissin im Neapolitanischen mit einem falschen, aus Holz und Gips nachgemachten Arm der Schutzpatronin des Domes, S. Reparata, war betrogen worden[11]. Oder dürfen wir etwa annehmen, dass der ästhetische Sinn es war, welcher sich hier vorzüglich entschieden von den zerstückelten Leichnamen, den halbvermoderten Gewändern und Geräten abwandte? Oder gar der moderne Ruhmessinn, welcher lieber die Leichen eines Dante und Petrarca in den herrlichsten Gräbern beherbergt hätte als alle zwölf Apostel miteinander? Vielleicht war aber in Italien überhaupt, abgesehen von Venedig und dem ganz exzeptionellen Rom, der Reliquiendienst schon seit langer Zeit mehr zurückgetreten[12] vor dem Madonnen-

8. Jac. Volaterran. bei Murat. XXIII, Col. 187. Ludwig konnte das Geschenk noch anbeten, starb aber dennoch. – Die Katakomben waren damals in Vergessenheit geraten, doch sagt auch Savonarola, l. c. Col. 1150 von Rom: velut ager Aceldama Sanctorum habita est.

9. Bursellis, Annal. Bonon., bei Murat. XXIII, Col. 905. Es war einer der 16 Patrizier, Bartol. della Volta, † 1485.

10. Vasari III, 111, s. et N. Vita di Ghiberti.

11. Matteo Villani III, 15 und 16.

12. Man müsste überdies unterscheiden zwischen dem in Italien blühenden Kultus der Leichen historisch noch genau bekannter Heiligen aus den letzten Jahrhunderten, und zwischen dem im Norden vorherr-

dienst, als irgendwo sonst in Europa, und darin läge dann zugleich, wenn auch verhüllt, ein frühes Ueberwiegen des Formsinnes[13].

Man wird fragen, ob denn im Norden, wo die riesenhaftesten Kathedralen fast alle Unser Frauen gewidmet sind, wo ein ganzer reicher Zweig der Poesie im Lateinischen wie in den Landessprachen die Mutter Gottes verherrlichte, eine grössere Verehrung derselben auch nur möglich gewesen wäre? Allein diesem gegenüber macht sich in Italien eine ungemein viel grössere Anzahl von wundertätigen Marienbildern geltend, mit einer unaufhörlichen Intervention in das tägliche Leben. Jede beträchtliche Stadt besitzt ihrer eine ganze Reihe, von den uralten oder für uralt geltenden „Malereien des St. Lucas" bis zu den Arbeiten von Zeitgenossen, welche die Mirakel ihrer Bilder nicht selten noch erleben konnten. Das Kunstwerk ist hier gar nicht so harmlos wie Battista Mantovano[14]

schenden Zusammensuchen von Körper- und Gewandfragmenten usw. aus der heiligen Urzeit. Letzterer Art, und vorzüglich für Pilger wichtig, war dann auch der grosse Vorrat der lateranensischen Reliquien. Allein über den Sarkophagen des heiligen Dominicus und des heiligen Antonius von Padua und über dem mysteriösen Grabe des heiligen Franz schimmert ausser der Heiligkeit auch schon der historische Ruhm. Vgl. oben S. 175.

13. Es wäre nicht ohne Interesse, genau auszuscheiden, wie vieles in den religiösen Entscheiden der Päpste und Theologen jener Zeit von spezifisch italienischen Antrieben ausging. Dahin gehört etwa die Parteinahme Sixtus IV. für die unbefleckte Empfängnis (Extravag. commun. L. III, Lit. XII). Dagegen in dem zunehmenden Kultus des Joseph und der Eltern der Maria ist eher nordischer Einfluss zu erkennen; in Nordfrankreich war derselbe schon zu Anfang des 15. Jahrhunderts populär und wurde 1414 durch einen Legaten Johanns XXIII. offiziell erlaubt (Baluz. Miscell. III, p. 111). Erst über ein halbes Jahrhundert später stiftete dann Sixtus IV. für die ganze Kirche das Fest der Darstellung Mariä im Tempel, das der heil. Anna und des heil. Joseph (Trithem. Ann. Hirsaug. II, p. 518).

14. Die merkwürdige Aussage, aus seinem späten Werke de sacris diebus (L. I.), bezieht sich freilich auf weltliche und geistliche Kunst zugleich. Bei den Hebräern, meint er, sei mit Recht alles Bildwerk

glaubt; es gewinnt je nach Umständen plötzlich eine magische Gewalt. Das populäre Wunderbedürfnis, zumal der Frauen, mag dabei vollständig gestillt worden sein und schon deshalb der Reliquien wenig mehr geachtet haben. Inwiefern dann noch der Spott der Novellisten gegen falsche Reliquien auch den für echt geltenden Eintrag tat[15], mag auf sich beruhen.

Das Verhältnis der Gebildeten zum Mariendienst zeichnet sich dann schon etwas klarer als das zum Reliquiendienst. Es darf zunächst auffallen, dass in der Literatur Dante mit seinem Paradies[16] eigentlich der letzte bedeutende Mariendichter der Italiener geblieben ist, während im Volk die Madonnenlieder bis auf den heutigen Tag neu hervorgebracht werden. Man wird vielleicht Sannazaro, Sabellico[17] und andere lateinische Dichter namhaft machen wollen, allein ihre wesentlich literarischen Zwecke benehmen ihnen ein gutes Teil der Beweiskraft. Diejenigen italienisch abgefassten Gedichte des 15. Jahrhunderts und des beginnenden 16., aus welchen eine unmittelbare Religiosität zu uns spricht, könnten meist auch von Pro-

verdammt gewesen, weil sie sonst in den ringsherrschenden Götzen- oder Teufelsdienst wieder zurückgefallen wären:

Nunc autem, postquam penitus natura Satanum
Cognita, et antiqua sine maiestate relicta est,
Nulla ferunt nobis statuae discrimina, nullos
Fert pictura dolos; iam sunt innoxia signa;
Sunt modo virtutum testes monimentaque laudum
Marmora, et aeternae decora immortalia famae . . .

15. So klagt Battista Mantovano (de sacris diebus, L. V.) über gewisse „nebulones“, welche an die Echtheit des heiligen Blutes zu Mantua nicht glauben wollten. Auch diejenige Kritik, welche bereits die Schenkung Constantins bestritt, war sicher den Reliquien ungünstig, wenn auch im Stillen.

16. Besonders Paradiso XXXIII, 1, das berühmte Gebet des heil. Bernhard: Vergine madre, figlia del tuo figlio.

17. Vielleicht auch Pius II., dessen Elegie auf die heilige Jungfrau in den opera, p. 964, abgedruckt ist und der sich von Jugend auf unter dem besondern Schutz der Maria glaubte. Jac. Card. Papiens., de morte Pii, p. 656.

testanten geschrieben sein; so die betreffenden Hymnen usw. des Lorenzo magnifico, die Sonette der Vittoria Colonna, des Michelangelo, der Gaspara Stampa usw. Abgesehen von dem lyrischen Ausdruck des Theismus redet meist das Gefühl der Sünde, das Bewusstsein der Erlösung durch den Tod Christi, die Sehnsucht nach der höhern Welt, wobei die Fürbitte der Mutter Gottes nur ganz ausnahmsweise erwähnt[18] wird. Es ist dasselbe Phänomen, welches sich in der klassischen Bildung der Franzosen, in der Literatur Ludwigs XIV. wiederholt. Erst die Gegenreformation brachte in Italien den Mariendienst wieder in die Kunstdichtung zurück. Freilich hatte inzwischen die bildende Kunst das Höchste getan zur Verherrlichung der Madonna. Der Heiligendienst endlich nahm bei den Gebildeten nicht selten (S. 85 f., 292) eine wesentlich heidnische Farbe an.

Wir könnten nun noch verschiedene Seiten des damaligen italienischen Katholizismus auf diese Weise prüfend durchgehen und das vermutliche Verhältnis der Gebildeten zum Volksglauben bis zu einem gewissen Grade von Wahrscheinlichkeit ermitteln, ohne doch je zu einem durchgreifenden Resultat zu gelangen. Es gibt schwer zu deutende Kontraste. Während z. B. an und für Kirchen rastlos gebaut, gemeisselt und gemalt wird, vernehmen wir aus dem Anfang des 16. Jahrhunderts die bitterste Klage über Erschlaffung im Kultus und Vernachlässigung derselben Kirchen: Templa ruunt, passim sordent altaria, cultus Paulatim divinus abit[19]! ... Es ist bekannt, wie Luther in Rom durch das weihelose Benehmen der Priester bei der

18. Höchst belehrend sind hiefür die wenigen und kühlen Madonnensonette der Vittoria. (N. 85 u. ff.)

19. Bapt. Mantuan. de sacris diebus, L. V., und besonders die Rede des jüngern Pico, welche für das lateranensische Konzil bestimmt war, bei Roscoe, Leone X, ed. Bossi, vol. VIII, p. 115.

Messe geärgert wurde. Und daneben waren die kirchlichen Feste mit einer Pracht und einem Geschmack ausgestattet, wovon der Norden keinen Begriff hatte. Man wird annehmen müssen, dass das Phantasievolk im vorzugsweisen Sinne das Alltägliche gern vernachlässigte, um dann von dem Aussergewöhnlichen sich hinreissen zu lassen.

Durch die Phantasie erklären sich auch jene Bussepidemien, von welchen hier noch die Rede sein muss. Sie sind wohl zu unterscheiden von den Wirkungen jener grossen Bussprediger; was sie hervorruft, sind grosse allgemeine Kalamitäten oder die Furcht vor solchen.

Im Mittelalter kam von Zeit zu Zeit über ganz Europa irgendein Sturm dieser Art, wobei die Massen sogar in strömende Bewegung gerieten, wie z. B. bei den Kreuzzügen und Geisselfahrten. Italien beteiligte sich bei beiden; die ersten ganz gewaltigen Geisslerscharen traten hier auf, gleich nach dem Sturze Ezzelinos und seines Hauses, und zwar in der Gegend desselben Perugia[20], das wir bereits (S. 507, Anm.) als eine Hauptstation der spätern Bussprediger kennenlernten. Dann folgten die Flagellanten[21] von 1310 und 1334 und dann die grosse Bussfahrt ohne Geisselung, von welcher Corio[22] zum Jahre 1399 erzählt. Es ist nicht undenkbar, dass Jubiläen zum Teil eingerichtet wurden, um diesen unheimlichen Wandertrieb religiös aufgeregter Massen möglichst zu regulieren und unschädlich zu machen; auch zogen die inzwischen neu

20. Monach. Paduani chron. L. III, Anfang. Es heisst von dieser Busse: invasit primitus Perusinos, Romanos postmodum, deinde fere Italiae populos universos. – Dagegen Guil. Ventura (de gestis Astensium, col. 701) nennt die Geisselfahrt admirabilis Lombardorum commotio; Eremiten seien aus ihren Höhlen gekommen und hätten die Städte zur Busse aufgerufen.

21. Giov. Villani VIII, 122. XI, 23.

22. Corio, fol. 281; Sismondi VII, 397, s.

berühmt gewordenen Wallfahrtsorte Italiens, wie z. B. Loreto, einen Teil jener Aufregung an sich[23].

Aber in schrecklichen Augenblicken erwacht hie und da ganz spät die Glut der mittelalterlichen Busse, und das geängstigte Volk, zumal wenn Prodigien hinzukommen, will mit Geisselungen und lautem Geschrei um Barmherzigkeit den Himmel erweichen. So war es bei der Pest von 1457 zu Bologna[24], so bei den innern Wirren von 1496 in Siena[25], um aus zahllosen Beispielen nur zwei zu wählen. Wahrhaft erschütternd aber ist, was 1529 zu Mailand geschah, als die drei furchtbaren Geschwister Krieg, Hunger und Pest samt der spanischen Aussaugerei die höchste Verzweiflung über das Land gebracht hatten[26]. Zufällig war es ein spanischer Mönch, Fra Tommaso Nieto, auf den man jetzt hörte; bei den barfüssigen Prozessionen von Alt und Jung liess er das Sakrament auf eine neue Weise mittragen, nämlich befestigt auf einer geschmückten Bahre, welche auf den Schultern von vier Priestern im Linnengewande ruhte – eine Nachahmung der Bundeslade[27], wie sie einst das Volk Israel um die Mauern von Jericho trug. So erinnerte das gequälte Volk von Mailand den alten Gott an seinen alten

23. Entferntere Wallfahrten werden schon sehr selten. Diejenigen der Fürsten vom Hause Este nach Jerusalem, S. Yago und Vienne sind aufgezählt im Diario Ferrarese bei Murat. XXIV, Col. 182, 187, 190, 279. Die des Rinaldo Albizzi ins heilige Land bei Macchiavelli, Stor. fior., L. V. Auch hier ist bisweilen die Ruhmlust das Bestimmende; von Lionardo Frescobaldi, der mit einem Gefährten (gegen 1400) nach dem heiligen Grabe pilgern wollte, sagt der Chronist Giov. Cavalcanti (II, p. 478): Stimarono di eternarsi nella mente degli uomini futuri.

24. Bursellis, Annal. Bon. bei Murat. XXIII, Col. 890.

25. Allegretto, bei Murat. XXIII, Col. 855, s.

26. Burigozzo, Arch. stor. III, p. 486. – Für das damalige Elend in der Lombardie ist Galeazzo Capella (de rebus nuper in Italia gestis) die klassische Quelle; Mailand litt im ganzen kaum weniger als Rom beim Sacco litt.

27. Man nannte es auch l'arca del testimonio, und war sich bewusst, die Sache sei conzado (eingerichtet) con gran misterio.

Bund mit den Menschen, und als die Prozession wieder in den Dom einzog und es schien, als müsse von dem Jammerruf misericordia! der Riesenbau einstürzen, da mochte wohl mancher glauben, der Himmel müsse in die Gesetze der Natur und der Geschichte eingreifen durch irgendein rettendes Wunder.

Es gab aber eine Regierung in Italien, welche sich in solchen Zeiten sogar an die Spitze der allgemeinen Stimmung stellte und die vorhandene Bussfertigkeit polizeilich ordnete: die des Herzogs Ercole I. von Ferrara[28]. Als Savonarola in Florenz mächtig war und Weissagung und Busse in weiten Kreisen, auch über den Apennin hinaus, das Volk zu ergreifen begannen, kam auch über Ferrara grosses freiwilliges Fasten (Anfang 1496); ein Lazarist verkündete nämlich von der Kanzel den baldigen Eintritt der schrecklichsten Krieges- und Hungersnot, welche die Welt gesehen; wer jetzt faste, könne diesem Unheil entgehen, so habe es die Madonna einem frommen Ehepaar verkündet. Darauf konnte auch der Hof nicht umhin zu fasten, aber er ergriff nun selber die Leitung der Devotion. Am 3. April (Ostertag) erschien ein Sitten- und Andachtsedikt gegen Lästerung Gottes und der h. Jungfrau, verbotene Spiele, Sodomie, Konkubinat, Häuservermieten an Huren und deren Wirte, Oeffnung der Buden an Festtagen mit Ausnahme der Bäcker und Gemüsehändler usw.; die Juden und Maranen, deren viele aus Spanien hergeflüchtet waren, sollten wieder ihr gelbes O auf der Brust genäht tragen. Die Zuwiderhandelnden wurden bedroht nicht nur mit den im bisherigen Gesetz verzeichneten Strafen, sondern auch „mit den noch grössern, welche der Herzog zu verhängen für gut finden wird". Darauf ging der Herzog samt dem Hofe mehrere Tage nacheinander zur

28. Diario Ferrarese, bei Murat. XXIV, Col. 317, 322, 323, 326, 386, 401.

Lionardo da Vinci: „Fünfköpfeblatt“

Cola da Caprarola und Ambrogio da Milano:
S. Maria della Consolazione in Todi

Predigt; am 10. April mussten sogar alle Juden von Ferrara dabei sein. Allein am 3. Mai liess der Polizeidirektor – der schon oben (S. 78 f.) erwähnte Gregorio Zampante – ausrufen: wer den Schergen Geld gegeben habe, um nicht als Lästerer verzeigt zu werden, möge sich melden, um es samt weiterer Vergütung zurückzuerhalten; diese schändlichen Menschen nämlich hatten von Unschuldigen bis auf 2, 3 Dukaten erpresst durch die Androhung der Denunziation, und einander dann gegenseitig verraten, worauf sie selbst in den Kerker kamen. Da man aber eben nur bezahlt hatte, um nicht mit dem Zampante zu tun zu haben, so möchte auf sein Ausschreiben kaum jemand erschienen sein. – Im Jahr 1500, nach dem Sturze des Lodovico Moro, als ähnliche Stimmungen wiederkehrten, verordnete Ercole von sich aus[29] eine Folge von neun Prozessionen, wobei auch die weissgekleideten Kinder mit der Jesusfahne nicht fehlen durften; er selber ritt mit im Zuge, weil er schlecht zu Fusse war. Dann folgte ein Edikt ganz ähnlichen Inhaltes wie das von 1496. Die zahlreichen Kirchen- und Klosterbauten dieser Regierung sind bekannt, aber selbst eine leibhaftige Heilige, die Suor Colomba[30], liess sich Ercole kommen, ganz kurz bevor er seinen Sohn Alfonso mit der Lucrezia Borgia vermählen musste (1502). Ein Kabinettskurier[31] holte die Heilige von Viterbo mit 15 andern Nonnen ab, und der Herzog selber führte sie bei der Ankunft in Ferrara in ein bereitgehaltenes Kloster ein. Tun wir ihm Unrecht, wenn wir in all diesen Dingen die stärkste politische Absichtlichkeit voraussetzen? Zu der Herrscheridee des Hauses Este,

29. Per buono rispetto a lui noto e perchè sempre è buono a star bene con Iddio, sagt der Annalist.

30. Vermutlich die S. 55 in Perugia erwähnte.

31. Die Quelle nennt ihn einen Messo de' cancellieri del Duca. Die Sache sollte recht augenscheinlich vom Hofe und nicht von Ordensobern oder sonstigen geistlichen Behörden ausgehen.

wie sie oben (S. 73 ff.) nachgewiesen wurde, gehört eine solche Mitbenützung und Dienstbarmachung des Religiösen beinahe schon nach den Gesetzen der Logik.

Um aber zu den entscheidenden Schlüssen über die Religiosität der Menschen der Renaissance zu gelangen, müssen wir einen andern Weg einschlagen. Aus der geistigen Haltung derselben überhaupt muss ihr Verhältnis sowohl zu der bestehenden Landesreligion als zu der Idee des Göttlichen klar werden.

Diese modernen Menschen, die Träger der Bildung des damaligen Italiens, sind religiös geboren wie die Abendländer des Mittelalters, aber ihr mächtiger Individualismus macht sie darin wie in andern Dingen völlig *subjektiv*, und die Fülle von Reiz, welche die Entdeckung der äussern und der geistigen Welt auf sie ausübt, macht sie überhaupt vorwiegend *weltlich*. Im übrigen Europa dagegen bleibt die Religion noch länger ein objektiv Gegebenes, und im Leben wechselt Selbstsucht und Sinnengenuss unmittelbar mit Andacht und Busse; letztere hat noch keine geistige Konkurrenz wie in Italien oder doch eine unendlich geringere.

Ferner hat von jeher der häufige und nahe Kontakt mit Byzantinern und mit Mohammedanern eine neutrale *Toleranz* aufrechterhalten, vor welcher der ethnographische Begriff einer bevorrechteten abendländischen Christenheit einigermassen zurücktrat. Und als vollends das klassische Altertum mit seinen Menschen und Einrichtungen ein Ideal des Lebens wurde, weil es die grösste Erinnerung Italiens war, da überwältigte die antike Spekulation und *Skepsis* bisweilen den Geist der Italiener vollständig.

Da ferner die Italiener die ersten neuern Europäer

waren, welche sich schrankenlos dem Nachdenken über Freiheit und Notwendigkeit hingaben, da sie dies taten unter gewaltsamen, rechtlosen politischen Verhältnissen, die oft einem glänzenden und dauernden Siege des Bösen ähnlich sahen, so wurde ihr Gottesbewusstsein schwankend, ihre Weltanschauung teilweise *fatalistisch*. Und wenn ihre Leidenschaftlichkeit bei dem Ungewissen nicht wollte stehen bleiben, so nahmen manche vorlieb mit einer Ergänzung aus dem antiken, orientalischen und mittelalterlichen *Aberglauben;* sie wurden Astrologen und Magier.

Endlich aber zeigen die geistig Mächtigen, die Träger der Renaissance, in religiöser Beziehung eine häufige Eigenschaft jugendlicher Naturen: sie unterscheiden recht scharf zwischen gut und böse, aber sie kennen keine Sünde; jede Störung der innern Harmonie getrauen sie sich vermöge ihrer plastischen Kraft wiederherzustellen und kennen deshalb keine Reue; da verblasst denn auch das Bedürfnis der Erlösung, während zugleich vor dem Ehrgeiz und der Geistesanstrengung des Tages der Gedanke an das Jenseits entweder völlig verschwindet oder eine poetische Gestalt annimmt statt der dogmatischen.

Denkt man sich dieses alles vermittelt und teilweise verwirrt durch die allherrschende *Phantasie*, so ergibt sich ein Geistesbild jener Zeit, das wenigstens der Wahrheit näher kommt als blosse unbestimmte Klagen über modernes Heidentum. Und bei näherm Forschen wird man erst noch inne werden, dass unter der Hülle dieses Zustandes ein starker Trieb echter Religiosität lebendig blieb.

Die nähere Ausführung des Gesagten muss sich hier auf die wesentlichsten Belege beschränken.

Dass die Religion überhaupt wieder mehr Sache des einzelnen Subjektes und seiner besondern Auffassung wurde, war gegenüber der ausgearteten, tyrannisch behaupteten Kirchenlehre unvermeidlich und ein Beweis, dass der europäische Geist noch am Leben sei. Freilich offenbart sich dies auf sehr verschiedene Weise; während die mystischen und aszetischen Sekten des Nordens für die neue Gefühlswelt und Denkart sogleich auch eine neue Disziplin schufen, ging in Italien jeder seinen eigenen Weg, und Tausende verloren sich auf dem hohen Meer des Lebens in religiöse Indifferenz. Um so höher muss man es denjenigen anrechnen, welche zu einer individuellen Religion durchdrangen und daran festhielten. Denn dass sie an der alten Kirche, wie sie war und sich aufdrang, keinen Teil mehr hatten, war nicht ihre Schuld; dass aber der einzelne die ganze grosse Geistesarbeit, welche dann den deutschen Reformatoren zufiel, in sich hätte durchmachen sollen, wäre ein unbilliges Verlangen gewesen. Wo es mit dieser individuellen Religion der Bessern in der Regel hinauswollte, werden wir am Schlusse zu zeigen suchen.

Die Weltlichkeit, durch welche die Renaissance einen ausgesprochenen Gegensatz zum Mittelalter zu bilden scheint, entsteht zunächst durch das massenhafte Ueberströmen der neuen Anschauungen, Gedanken und Absichten in bezug auf Natur und Menschheit. An sich betrachtet, ist sie der Religion nicht feindlicher als das, was jetzt ihre Stelle vertritt, nämlich die sogenannten Bildungsinteressen, nur dass diese, so wie wir sie betreiben, uns bloss ein schwaches Abbild geben von der allseitigen Aufregung, in welche damals das viele und grosse Neue die Menschen versetzte. So war diese Weltlichkeit eine ernste, überdies durch Poesie und Kunst geadelte. Es ist eine erhabene Notwendigkeit des modernen Geistes, dass er dieselbe gar nicht mehr abschütteln kann, dass er zur Erforschung der Menschen und der Dinge unwiderstehlich getrieben wird und dies für seine Bestimmung hält[1]. Wie bald und auf welchen Wegen ihn dies Forschen zu Gott zurückführen, wie es sich mit der sonstigen Religiosität des einzelnen in Verbindung setzen wird, das sind Fragen, welche sich nicht nach allgemeinen Vorschriften erledigen lassen. Das Mittelalter, welches sich im ganzen die Empirie und das freie Forschen erspart hatte, kann in dieser grossen Angelegenheit mit irgendeinem dogmatischen Entscheid nicht aufkommen.

Mit dem Studium des Menschen, aber auch noch mit vielen andern Dingen, hing dann die Toleranz und die Indifferenz zusammen, womit man zunächst dem Mohammedanismus begegnete. Die Kenntnis und Bewunderung der bedeutenden Kulturhöhe der islamitischen Völker, zumal vor der mongolischen Ueberschwemmung, war gewiss den Italienern seit den Kreuzzügen eigen; dazu kam die halbmohammedanische Regierungsweise ihrer eigenen Fürsten, die stille Abneigung, ja Verachtung gegen die Kirche, wie sie war, die Fortdauer der orientalischen Reisen und des Handels nach den östlichen und südlichen Häfen des Mittelmeeres[2]. Erweislich schon im 13. Jahrhundert offenbart sich bei den Italienern die Anerkennung eines mohammedanischen Ideals von Edelmut, Würde und Stolz, das am liebsten mit der Person eines Sultans verknüpft wird. Man hat dabei insgemein an ejubidische oder mamelukische Sultane von Aegypten zu denken; wenn ein Name genannt wird, so ist es höchstens Saladin[3]. Selbst die osmanischen Türken, deren zerstörende aufbrauchende Manier wahrlich kein

1. Vgl. das Zitat aus Picos Rede von der Würde des Menschen, S. 387.

2. Abgesehen davon, dass man bei den Arabern selbst bisweilen auf eine ähnliche Toleranz oder Indifferenz stossen konnte.

3. So bei Boccaccio. – Sultane ohne Namen bei Massuccio, Nov. 46, 48, 49.

Geheimnis war, flössten dann den Italienern, wie oben (S. 123 ff.) gezeigt wurde, doch nur einen halben Schrecken ein, und ganze Bevölkerungen gewöhnen sich an den Gedanken einer möglichen Abfindung mit ihnen.

Der wahrste und bezeichnendste Ausdruck dieser Indifferenz ist die berühmte Geschichte von den drei Ringen, welche unter andern Lessing seinem Nathan in den Mund legte, nachdem sie schon vor vielen Jahrhunderten zaghafter in den „hundert alten Novellen“ (Nov. 72 oder 73) und etwas rückhaltloser bei Boccaccio[4] vorgebracht worden war. In welchem Winkel des Mittelmeeres und in welcher Sprache sie zuerst einer dem andern erzählt haben mag, wird man nie herausbringen; wahrscheinlich lautete sie ursprünglich noch viel deutlicher als in den beiden italienischen Redaktionen. Der geheime Vorbehalt, der ihr zugrunde liegt, nämlich der Deismus, wird unten in seiner weitern Bedeutung an den Tag treten. In roher Missgestalt und Verzerrung gibt der bekannte Spruch von „den dreien, die die Welt betrogen“, nämlich Moses, Christus und Mohammed, dieselbe Idee wieder. Wenn Kaiser Friedrich II., von dem diese Rede stammen soll, ähnlich gedacht hat, so wird er sich wohl geistreicher ausgedrückt haben. Aehnliche Reden kommen auch im damaligen Islam vor.

Auf der Höhe der Renaissance, gegen Ende des 15. Jahrhunderts, tritt uns dann eine ähnliche Denkweise entgegen bei Luigi Pulci, im Morgante maggiore. Die Phantasiewelt, in welcher sich seine Geschichten bewegen, teilt sich, wie bei allen romantischen Heldengedichten, in ein christliches und ein mohammedanisches Heerlager. Gemäss dem Sinne des Mittelalters war nun der Sieg und die Versöhnung zwischen den Streitern gerne begleitet von der Taufe des unter-

4. Decamerone I, Nov. 3. Er zuerst nennt die christliche Religion mit, während die Cento novelle ant. eine Lücke lassen.

liegenden mohammedanischen Teiles, und die Improvisatoren, welche dem Pulci in der Behandlung solcher Stoffe vorangegangen waren, müssen von diesem Motiv reichlichen Gebrauch gemacht haben. Nun ist es Pulcis eigentliches Geschäft, diese seine Vorgänger, besonders wohl die schlechten darunter zu parodieren, und dies geschieht schon durch die Anrufungen an Gott, Christus und die Madonna, womit seine einzelnen Gesänge anheben. Noch viel deutlicher aber macht er ihnen die raschen Bekehrungen und Taufen nach, deren Sinnlosigkeit dem Leser oder Hörer ja recht in die Augen springen soll. Allein dieser Spott führt ihn weiter bis zum Bekenntnis seines Glaubens an die relative Güte aller Religionen[5], dem trotz seiner Beteurungen der Orthodoxie[6] eine wesentlich theistische Anschauung zugrunde liegt. Ausserdem tut er noch einen grossen Schritt über alles Mittelalter hinaus nach einer andern Seite hin. Die Alternativen der vergangenen Jahrhunderte hatten gelautet: Rechtgläubiger oder Ketzer, Christ oder Heide und Mohammedaner; nun zeichnet Pulci die Gestalt des Riesen Margutte[7], der sich gegenüber von aller und jeglicher Religion zum sinnlichsten Egoismus und zu allen Lastern fröhlich bekennt und sich nur das eine vorbehält: dass er nie einen Verrat begangen habe. Vielleicht hatte der Dichter mit diesem auf seine Manier ehrlichen Scheusal nichts Geringes vor, möglicherweise eine Erziehung zum Bessern durch Morgante, allein die Figur verleidete ihm bald, und er gönnte ihr bereits im nächsten Gesang ein komisches Ende[8]. Margutte ist schon als

5. Freilich im Munde des Dämons Astarotte, Ges. XXV, Str. 231 u. ff. Vgl. Str. 141 u. ff.

6. Ges. XXVIII, Str. 38 u. ff.

7. Ges. XVIII, Str. 112 bis zu Ende.

8. Pulci nimmt ein analoges Thema, obwohl nur flüchtig, wieder auf in der Gestalt des Fürsten Chiaristante (Ges. XXI, Str. 101, s. 121, s. 145, s. 163, s.), welcher nichts glaubt und sich und seine Gemahlin

Beweis von Pulcis Frivolität geltend gemacht worden; er gehört aber notwendig mit zu dem Weltbilde der Dichtung des 15. Jahrhunderts. Irgendwo musste sie in grotesker Grösse den für alles damalige Dogmatisieren unempfindlich gewordenen, wilden Egoismus zeichnen, dem nur ein Rest von Ehrgefühl geblieben ist. Auch in andern Gedichten wird den Riesen, Dämonen, Heiden und Mohammedanern in den Mund gelegt, was kein christlicher Ritter sagen darf.

Wieder auf eine ganz andere Weise als der Islam wirkte das Altertum ein, und zwar nicht durch seine Religion, denn diese war dem damaligen Katholizismus nur zu homogen, sondern durch seine Philosophie. Die antike Literatur, die man jetzt als etwas Unvergleichliches verehrte, war ganz erfüllt von dem Siege der Philosophie über den Götterglauben; eine ganze Anzahl von Systemen und Fragmente von Systemen stürzten über den italienischen Geist herein, nicht mehr als Kuriositäten oder gar als Häresien, sondern fast als Dogmen, die man nun nicht sowohl zu unterscheiden als miteinander zu versöhnen bestrebt war. Fast in all diesen verschiedenen Meinungen und Philosophemen lebte irgendeine Art von Gottesbewusstsein, aber in ihrer Gesamtheit bildeten sie doch einen starken Gegensatz zu der christlichen Lehre von der göttlichen Weltregierung. Nun gibt es eine wahrhaft zentrale Frage, um deren Lösung sich schon die Theologie des Mittelalters ohne genügenden Erfolg bemüht hatte, und welche jetzt vorzugsweise von der Weisheit des Altertums eine Antwort verlangte: das Verhältnis der Vorsehung zur menschlichen Freiheit und Notwendigkeit. Wenn wir die Geschichte dieser Frage seit dem 14. Jahrhundert auch nur oberflächlich durchgehen

göttlich verehren lässt. Man ist versucht, dabei an Sigismondo Malatesta (S. 59 f., 254, 488) zu denken.

wollten, so würde hieraus ein eigenes Buch werden. Wenige Andeutungen müssen hier genügen.

Hört man Dante und seine Zeitgenossen, so wäre die antike Philosophie zuerst gerade von derjenigen Seite her auf das italienische Leben gestossen, wo sie den schroffsten Gegensatz gegen das Christentum bildete; es stehen nämlich in Italien Epikureer auf. Nun besass man Epikurs Schriften nicht mehr, und schon das spätere Altertum hatte von seiner Lehre einen mehr oder weniger einseitigen Begriff; immerhin aber genügte schon diejenige Gestalt des Epikureismus, welche man aus Lucretius und ganz besonders aus Cicero studieren konnte, um eine völlig entgötterte Welt kennenzulernen. Wie weit man die Doktrin buchstäblich fasste, und ob nicht der Name des rätselhaften griechischen Weisen ein bequemes Schlagwort für die Menge wurde, ist schwer zu sagen; wahrscheinlich hat die dominikanische Inquisition das Wort auch gegen solche gebraucht, welchen man sonst auf keine andere Weise beikommen konnte. Es waren hauptsächlich frühentwickelte Verächter der Kirche, welche man doch schwer wegen bestimmter ketzerischer Lehren und Aussagen belangen konnte; ein mässiger Grad von Wohlleben mag dann genügt haben, um jene Anklage hervorzubringen. In diesem konventionellen Sinne braucht z. B. Giovanni Villani das Wort, wenn er[9] bereits die florentinischen Feuersbrünste von 1115 und 1117 als göttliche Strafe für die Ketzereien geltend macht, „unter andern wegen der liederlichen und schwelgerischen Sekte der Epikureer". Von Manfred

9. Gio. Villani III, 29. VI, 46. Der Name kommt auch im Norden sehr früh vor; schon vor 1150 bei Anlass einer um etwa 90 Jahre früher vorgefallenen Schreckensgeschichte (der zwei Geistlichen aus Nantes). Die Definition des Guil. Malmesbur. L. III, § 237 (Ed. Londin. 1840, p. 405): Epicureorum . . . qui opinantur animam corpore solutam in aerem evanescere, in auras effluere.

sagt er: „Sein Leben war epikureisch, indem er nicht an Gott noch an die Heiligen und überhaupt nur an leibliches Vergnügen glaubte.“

Deutlicher redet Dante im neunten und zehnten Gesang der Hölle. Das furchtbare, von Flammen durchzogene Gräberfeld mit den halb offenen Sarkophagen, aus welchen Töne des tiefsten Jammers hervordringen, beherbergt die zwei grossen Kategorien der von der Kirche im 13. Jahrhundert Besiegten oder Ausgestossenen. Die einen waren Ketzer und setzten sich der Kirche entgegen durch bestimmte mit Absicht verbreitete Irrlehren; die andern waren Epikureer, und ihre Sünde gegen die Kirche lag in einer allgemeinen Gesinnung, welche sich in dem Satze sammelt, dass die Seele mit dem Leib vergehe[10]. Die Kirche aber wusste recht gut, dass dieser eine Satz, wenn er Boden gewänne, ihrer Art von Macht verderblicher werden müsste als alles Manichäer- und Paterinerwesen, weil er ihrer Einmischung in das Schicksal des einzelnen Menschen nach dem Tode allen Wert benahm. Dass sie selber durch die Mittel, welche sie in ihren Kämpfen brauchte, gerade die Begabtesten in Verzweiflung und Unglauben getrieben hatte, gab sie natürlich nicht zu.

Dantes Abscheu gegen Epikur oder gegen das, was er für dessen Lehre hielt, war gewiss aufrichtig; der Dichter des Jenseits musste den Leugner der Unsterblichkeit hassen, und die von Gott weder geschaffene noch geleitete Welt sowie der niedrige Zweck des Daseins, den das System aufzustellen schien, waren dem Wesen Dantes so entgegengesetzt als möglich. Sieht man aber näher zu, so haben auch auf ihn gewisse Philosopheme der Alten einen Eindruck gemacht, vor welchem die biblische Lehre von der Weltlenkung zu-

10. Man vgl. die bekannte Beweisführung im dritten Buche des Lucretius.

rücktritt. Oder war es eigene Spekulation, Einwirkung der Tagesmeinung, Grauen vor dem die Welt beherrschenden Unrecht, wenn er[11] die spezielle Vorsehung völlig aufgab? Sein Gott überlässt nämlich das ganze Detail der Weltregierung einem dämonischen Wesen, der Fortuna, welche für nichts als für Veränderung, für das Durcheinanderrütteln der Erdendinge zu sorgen hat und in indifferenter Seligkeit den Jammer der Menschen überhören darf. Dafür hält er aber die sittliche Verantwortung des Menschen unerbittlich fest: er glaubt an den freien Willen.

Der Populärglaube an den freien Willen herrscht im Abendlande von jeher, wie man denn auch zu allen Zeiten jeden persönlich für das, was er getan, verantwortlich gemacht hat, als verstehe sich die Sache ganz von selbst. Anders verhält es sich mit der religiösen und philosophischen Lehre, welche sich in der Lage befindet, die Natur des menschlichen Willens mit den grossen Weltgesetzen in Einklang bringen zu müssen. Hier ergibt sich ein Mehr oder Weniger, wonach sich die Taxierung der Sittlichkeit überhaupt richtet. Dante ist nicht völlig unabhängig von den astrologischen Wahngebilden, welche den damaligen Horizont mit falschem Lichte erhellen, aber er rafft sich nach Kräften empor zu einer würdigen Anschauung des menschlichen Wesens. „Die Gestirne", lässt er[12] seinen Marco Lombardo sagen, „geben wohl die ersten Antriebe zu euerm Tun, aber Licht ist euch gegeben über Gutes und Böses, und freier Wille, der nach anfänglichem Kampf mit den Gestirnen alles besiegt, wenn er richtig genährt wird."

11. Inferno, VII, 67 bis 96.

12. Purgatorio XVI, 73. Womit die Theorie des Planeteneinflusses im Convito zu vergleichen. – Auch der Dämon Astarotte bei Pulci (Morgante XXV, Str. 150) bezeugt die menschliche Willensfreiheit und die göttliche Gerechtigkeit.

Andere mochten die der Freiheit gegenüberstehende Notwendigkeit in einer andern Potenz suchen als in den Sternen – jedenfalls war die Frage seitdem eine offene, nicht mehr zu umgehende. Soweit sie eine Frage der Schulen oder vollends nur eine Beschäftigung isolierter Denker blieb, dürfen wir dafür auf die Geschichte der Philosophie verweisen. Sofern sie aber in das Bewusstsein weiterer Kreise überging, wird noch davon die Rede sein müssen.

Das 14. Jahrhundert liess sich vorzüglich durch die philosophischen Schriften Ciceros anregen, welcher bekanntlich als Eklektiker galt, aber als Skeptiker wirkte, weil er die Theorien verschiedener Schulen vorträgt, ohne genügende Abschlüsse beizufügen. In zweiter Linie kommen Seneca und die wenigen ins Lateinische übersetzten Schriften des Aristoteles. Die Frucht dieses Studiums war einstweilen die Fähigkeit, über die höchsten Dinge zu reflektieren, wenigstens ausserhalb der Kirchenlehre, wenn auch nicht im Widerspruch mit ihr.

Mit dem 15. Jahrhundert vermehrte sich, wie wir sahen, der Besitz und die Verbreitung der Schriften des Altertums ausserordentlich; endlich kamen auch die sämtlichen noch vorhandenen griechischen Philosophen wenigstens in lateinischer Uebersetzung unter die Leute. Nun ist es zunächst sehr bemerkenswert, dass gerade einige der Hauptbeförderer dieser Literatur der strengsten Frömmigkeit, ja der Aszese ergeben sind. (Vgl. S. 300.) Von Fra Ambrogio Camaldolese darf man nicht sprechen, weil er sich ausschließlich auf das Uebertragen der griechischen Kirchenväter zurückzog und nur mit grossem Widerstreben auf Andringen des ältern Cosimo Medici den Diogenes Laertius ins Lateinische übersetzte. Aber seine Zeitgenossen Niccolò Niccoli, Giannozzo Manetti, Donato Acciajuoli, Papst Nicolaus V. vereinigen[13] mit allseitigem

Humanismus eine sehr gelehrte Bibelkunde und eine tiefe Andacht. An Vittorino da Feltre wurde bereits (S. 239 f.) eine ähnliche Richtung hervorgehoben. Derselbe Maffeo Vegio, welcher das dreizehnte Buch zur Aeneide dichtete, hatte für das Andenken S. Augustins und dessen Mutter Monica eine Begeisterung, welche nicht ohne höhern Bezug gewesen sein wird. Frucht und Folge solcher Bestrebungen war dann, dass die platonische Akademie zu Florenz sich es förmlich zum Ziele setzte, den Geist des Altertums mit dem des Christentums zu durchdringen; eine merkwürdige Oase innerhalb des damaligen Humanismus.

Letzterer war im ganzen eben doch profan und wurde es bei der Ausdehnung der Studien im 15. Jahrhundert immer mehr. Seine Leute, die wir oben als die rechten Vorposten des entfesselten Individualismus kennenlernten, entwickelten in der Regel einen solchen Charakter, dass uns selbst ihre Religiosität, die bisweilen mit sehr bestimmten Ansprüchen auftritt, gleichgültig sein darf. In den Ruf von Atheisten gelangten sie etwa, wenn sie indifferent waren und dabei ruchlose Reden gegen die Kirche führten; einen irgendwie spekulativ begründeten Ueberzeugungsatheismus hat keiner aufgestellt[14] noch aufzustellen wagen dürfen. Wenn sie sich auf einen leitenden Gedanken besannen, so wird es am ehesten eine Art von oberflächlichem Rationalismus gewesen sein, ein flüchtiger Niederschlag aus den vielen widersprechenden Ideen der Alten, womit sie sich beschäftigen mussten, und aus der Verachtung der Kirche und ihrer Lehre. Dieser Art war wohl jenes Raisonnement, welches den

13. Vespasiano fiorent. p. 26, 320, 435, 626, 651. – Murat. XX, Col. 532

14. Ueber Pomponazzo vgl. die Spezialwerke, unter andern Ritter, Geschichte der Philosophie, Bd. IX.

Galeottus Martius[15] beinahe auf den Scheiterhaufen brachte, wenn ihn nicht sein früherer Schüler Papst Sixtus IV. eilends aus den Händen der Inquisition herausgerissen hätte. Galeotto hatte nämlich geschrieben: wer sich recht aufführe und nach dem innern angeborenen Gesetz handle, aus welchem Volk er auch sei, der komme in den Himmel.

Betrachten wir beispielsweise das religiöse Verhalten eines der Geringern aus der grossen Schar, des Codrus Urceus[16], der erst Hauslehrer des letzten Ordelaffo, Fürsten von Forlì, und dann lange Jahre Professor in Bologna gewesen ist. Ueber Hierarchie und Mönche bringt er die obligaten Lästerungen im vollsten Mass; sein Ton im allgemeinen ist höchst frevelhaft, dazu erlaubt er sich eine beständige Einmischung seiner Person nebst Stadtgeschichten und Possen. Aber er kann auch erbaulich von dem wahren Gottmenschen Christus reden und sich brieflich in das Gebet eines frommen Priesters empfehlen. Einmal fällt es ihm ein, nach Aufzählung der Torheiten der heidnischen Religion also fortzufahren: „auch unsere Theologen wackeln oft und zanken de lana caprina, über unbefleckte Empfängnis, Antichrist, Sakramente, Vorherbestimmung und einiges andere, was man lieber beschweigen als herauspredigen sollte." Einst verbrannte sein Zimmer samt fertigen Manuskripten, da er nicht zu Hause war; als er es vernahm, auf der Gasse, stellte er sich gegen ein Madonnenbild und rief an dasselbe hinauf: „Höre, was ich dir sage, ich bin nicht verrückt, ich rede mit Absicht! wenn ich dich einst in der Stunde meines Todes zu Hülfe rufen sollte, so brauchst du mich nicht zu erhören und zu den Deinigen hinüberzunehmen; denn mit dem Teufel will

15. Paul. Jovii Elogia lit.

16. Codri Urcei opera, vorn sein Leben von Bart. Bianchini, dann in seinen philologischen Vorlesungen p. 65, 151, 278 etc.

ich wohnen bleiben in Ewigkeit!" Eine Rede, auf welche hin er doch für gut fand, sich sechs Monate hindurch bei einem Holzhacker verborgen zu halten. Dabei war er so abergläubisch, dass ihn Augurien und Prodigien beständig ängstigten; nur für die Unsterblichkeit hatte er keinen Glauben übrig. Seinen Zuhörern sagte er auf Befragen: was nach dem Tode mit dem Menschen, mit seiner Seele *oder* seinem Geiste geschehe, das wisse man nicht, und alle Reden über das Jenseits seien Schreckmittel für alte Weiber. Als es aber ans Sterben ging, empfahl er doch in seinem Testament seine Seele *oder* seinen Geist[17] dem allmächtigen Gott, vermahnte auch jetzt seine weinenden Schüler zur Gottesfurcht und insbesondere zum Glauben an Unsterblichkeit und Vergeltung nach dem Tode, und empfing die Sakramente mit grosser Inbrunst. – Man hat keine Garantie dafür, dass ungleich berühmtere Leute desselben Faches, auch wenn sie bedeutende Gedanken ausgesprochen haben, im Leben viel konsequenter gewesen seien. Die meisten werden innerlich geschwankt haben zwischen Freigeisterei und Fragmenten des anerzogenen Katholizismus, und äusserlich hielten sie schon aus Klugheit zur Kirche.

Insofern sich dann ihr Rationalismus mit den Anfängen der historischen Kritik verband, mochte auch hie und da eine schüchterne Kritik der biblischen Geschichte auftauchen. Es wird ein Wort Pius II. überliefert[18], welches wie mit der Absicht des Vorbauens gesagt ist: „wenn das Christentum auch nicht durch Wunder bestätigt wäre, so hätte es doch schon um seiner Moralität willen angenommen werden müssen."

17. Animum meum seu animam, eine Unterscheidung, durch welche damals die Philologie gerne die Theologie in Verlegenheit setzte.

18. Platina, Vitae pontiff., p. 311: christianam fidem, si miraculis non esset approbata, honestate sua recipi debuisse.

Ueber die Legenden, insoweit sie willkürliche Uebertragungen der biblischen Wunder enthalten, erlaubte man sich ohnehin zu spotten[19], und dies wirkte dann weiter zurück. Wenn judaisierende Ketzer erwähnt werden, so wird man dabei vor allem an Leugnung der Gottheit Christi zu denken haben; so verhielt es sich vielleicht mit Giorgio da Novara, welcher um 1500 in Bologna verbrannt wurde[20]. Aber in demselben Bologna musste um diese Zeit (1497) der dominikanische Inquisitor den wohl protegierten Arzt Gabrielle da Salò mit einer blossen Reueerklärung[21] durchschlüpfen lassen, obwohl derselbe folgende Reden zu führen pflegte: Christus sei nicht Gott gewesen, sondern Sohn des Joseph und der Maria aus einer gewöhnlichen Empfängnis; er habe die Welt mit seiner Arglist ins Verderben gebracht; den Kreuzestod möge er wohl erlitten haben wegen begangener Verbrechen; auch werde seine Religion nächstens aufhören; in der geweihten Hostie sei sein wahrer Leib nicht; seine Wunder habe er nicht vollbracht aus göttlicher Kraft, sondern sie seien durch Einfluss der Himmelskörper geschehen. Letzteres ist wiederum höchst bezeichnend; der Glaube ist dahin, aber die Magie behält man sich vor[22].

In betreff der Weltregierung raffen sich die Huma-

19. Besonders wenn die Mönche dergleichen auf der Kanzel frisch ersannen, doch auch das längst Anerkannte blieb nicht ohne Anfechtung. Firenzuola (opere, vol. II, p. 208, in der 10. Novelle) spottet über die Franziskaner von Novara, welche aus erschlichenem Geld eine Kapelle an ihre Kirche bauen wollen, dove fusse dipinta quella bella storia, quando S. Francesco predicava agli uccelli nel deserto; e quando ei fece la santa zuppa, e che l'agnolo Gabriello gli portò i zoccoli.

20. Einiges über ihn bei Bapt. Mantuan. de patientia, L. III, cap. 13.

21. Bursellis, Ann. Bonon., bei Murat. XXIII, Col. 915.

22. Wie weit die frevelhaften Reden bisweilen gingen, hat Gieseler, Kirchengeschichte II, IV, § 154 Anm. mit einigen sprechenden Beispielen dargetan.

nisten insgemein nicht weiter auf als bis zu einer kalt resignierten Betrachtung dessen, was unter der ringsum herrschenden Gewalt und Missregierung geschieht. Aus dieser Stimmung sind hervorgegangen die vielen Bücher „vom Schicksal" oder wie die Varietäten des Titels lauten mögen. Sie konstatieren meist nur das Drehen des Glücksrades, die Unbeständigkeit der irdischen, zumal der politischen Dinge; die Vorsehung wird herbeigezogen, offenbar nur weil man sich des nackten Fatalismus, des Verzichtens auf Erkenntnis von Ursachen und Wirkungen, oder des baren Jammers noch schämt. Nicht ohne Geist konstruiert Gioviano Pontano die Naturgeschichte des dämonischen Etwas, Fortuna genannt, aus hundert meist selbsterlebten Erfahrungen[23]. Mehr scherzhaft, in Form eines Traumgesichtes, behandelt Aeneas Sylvius den Gegenstand[24]. Poggios Streben dagegen, in einer Schrift seines Greisenalters[25], geht dahin, die Welt als ein Jammertal darzustellen und das Glück der einzelnen Stände so niedrig als möglich zu taxieren. Dieser Ton bleibt dann im ganzen der vorherrschende; von einer Menge ausgezeichneter Leute wird das Soll und Haben ihres Glückes und Unglückes untersucht und die Summe daraus in vorwiegend ungünstigem Sinn gezogen. In höchst würdiger Weise, fast elegisch, schildert uns vorzüglich Tristan Caracciolo[26] das Schicksal Italiens und der Italiener, soweit es sich um 1510 überschauen liess. Mit spezieller Anwendung dieses herrschenden Grundgefühls auf die Humanisten selber verfasste dann später Pierio Valeriano seine berühmte Abhandlung (S. 304 ff.). Es gab einzelne ganz besonders an-

23. Jov. Pontanus, de fortuna. Seine Art von Theodizee II, p. 286.
24. Aen. Sylvii opera, p. 611.
25. Poggius, de miseriis humanae conditionis.
26. Caracciolo, de varietate fortunae, bei Murat. XXII. Eine der lesenswertesten Schriften jener sonst so reichen Jahre. Vgl. S. 364. – Die Fortuna bei festlichen Aufzügen, S. 452 und Anm.

regende Themata dieser Art, wie z. B. das Glück Leos X. Was von politischer Seite darüber Günstiges gesagt werden kann, das hat Francesco Vettori in scharfen Meisterzügen zusammengefasst; das Bild seines Genusslebens geben Paolo Giovio und die Biographie eines Ungenannten[27]; die Schattenseiten dieses Glückes verzeichnet unerbittlich wie das Schicksal selbst der ebengenannte Pierio.

Daneben erregt es beinahe Grauen, wenn hie und da sich jemand öffentlich in lateinischer Inschrift des Glückes rühmt. So wagte Giovanni II. Bentivoglio, Herrscher von Bologna, an dem neuerbauten Turme bei seinem Palaste es in Stein hauen zu lassen: sein Verdienst und sein Glück hätten ihm alle irgend wünschbaren Güter reichlich gewährt[28] – wenige Jahre vor seiner Verjagung. Die Alten, wenn sie in diesem Sinne redeten, empfanden wenigstens das Gefühl vom Neid der Götter. In Italien hatten es wahrscheinlich die Condottieren (S. 51) aufgebracht, dass man sich laut der Fortuna rühmen durfte.

Der stärkste Einfluß des wiederentdeckten Altertums auf die Religion kam übrigens nicht von irgendeinem philosophischen System oder von einer Lehre und Meinung der Alten her, sondern von einem alles beherrschenden Urteil. Man zog die Menschen und zum Teil auch die Einrichtungen des Altertums denjenigen des Mittelalters vor, strebte ihnen auf alle Weise nach und wurde dabei über den Religionsunter-

27. Leonis X. Vita anonyma, bei Roscoe, ed. Bossi, XII, p. 153.

28. Bursellis, Ann. Bonon., bei Murat. XXIII, Col. 909: monimentum hoc conditum a Joanne Bentivolo secundo Patriae rectore, cui virtus et fortuna cuncta quae optari possunt affatim praesteterunt. Es ist indes nicht ganz klar, ob diese Inschrift aussen angebracht und sichtbar, oder wie die zunächst vorher mitgeteilte in einem Grundstein verborgen war. Im letztern Fall verbände sich wohl damit eine neue Idee: das Glück sollte durch die geheime Schrift, die vielleicht nur noch der Chronist kannte, magisch an das Gebäude gefesselt werden.

schied völlig gleichgültig. Die Bewunderung der historischen Grösse absorbierte alles. (Vgl. S. 177, Anm., 462.)

Bei den Philologen kam dann noch manche besondere Torheit hinzu, durch welche sie die Blicke der Welt auf sich zogen. Wie weit Papst Paul II. berechtigt war, das Heidentum seiner Abbreviatoren und ihrer Genossen zur Rechenschaft zu ziehen, bleibt allerdings sehr zweifelhaft, da sein Hauptopfer und Biograph Platina (S. 256, 363) es meisterlich verstanden hat, ihn dabei als rachsüchtig wegen anderer Dinge und ganz besonders als komische Figur erscheinen zu lassen. Die Anklage auf Unglauben, Heidentum[29], Leugnung der Unsterblichkeit usw. wurde gegen die Verhafteten erst erhoben, nachdem der Hochverratsprozess nichts ergeben hatte; auch war Paul, wenn wir recht berichtet werden, gar nicht der Mann dazu, irgend etwas Geistiges zu beurteilen, wie er denn die Römer ermahnte, ihren Kindern über Lesen und Schreiben hinaus keinen weitern Unterricht mehr geben zu lassen. Es ist eine ähnliche priesterliche Beschränktheit wie bei Savonarola (S. 514), nur dass man Papst Paul hätte erwidern können, er und seinesgleichen trügen mit die Hauptschuld, wenn die Bildung den Menschen von der Religion abwendig mache. Daran aber ist doch nicht zu zweifeln, dass er eine wirkliche Besorgnis wegen der heidnischen Tendenzen in seiner Nähe verspürte. Was mögen sich vollends die Humanisten am Hofe des heidnisch ruchlosen Sigismondo Malatesta (S. 536, Anm. 8) erlaubt haben? Gewiss kam es bei diesen meist haltungslosen Menschen wesentlich darauf an, wie weit ihre Umgebung ihnen zu gehen gestattete. Und wo sie das Christentum anrühren, da paganisieren sie es (S. 286 f., 363 f.). Man

29. Quod nimium gentilitatis amatores essemus.

muss sehen, wie weit z. B. ein Gioviano Pontano die Vermischung treibt; ein Heiliger heisst bei ihm nicht nur Divus, sondern Deus; die Engel hält er schlechtweg mit den Genien des Altertums für identisch[30], und seine Ansicht von der Unsterblichkeit gleicht einem Schattenreiche. Es kommt zu einzelnen ganz wunderbaren Exzessen in dieser Beziehung. Als 1526 Siena[31] von der Partei der Ausgetriebenen angegriffen wurde, stand der gute Domherr Tizio, der uns dies selber erzählt, am 22. Juli vom Bette auf, gedachte dessen, was im dritten Buch des Macrobius[32] geschrieben steht, las eine Messe und sprach dann die in jenem Autor aufgezeichnete Devotionsformel gegen die Feinde aus, nur dass er statt Tellus mater teque Jupiter obtestor sagte: Tellus teque Christe Deus obtestor. Nachdem er damit noch an den zwei folgenden Tagen fortgefahren, zogen die Feinde ab. Von der einen Seite sieht dergleichen aus wie eine unschuldige Stil- und Modesache, von der andern aber wie ein religiöser Abfall.

Doch das Altertum hatte noch eine ganz besonders gefährliche Wirkung und zwar dogmatischer Art: es teilte der Renaissance seine Art des Aberglaubens mit. Einzelnes davon hatte sich in Italien durch das Mittelalter hindurch am Leben erhalten; um so viel leichter lebte jetzt das Ganze neu auf. Dass dabei die Phantasie mächtig mitspielte, versteht sich von selbst. Nur sie konnte den forschenden Geist der Italiener so weit zum Schweigen bringen.

Der Glaube an die göttliche Weltregierung war, wie

30. Während doch die bildende Kunst wenigstens zwischen Engeln und Putten unterschied und für alle ernsten Zwecke die erstern anwandte. – Annal. Estens. bei Murat. XX, Col. 468 heisst der Amorin oder Putto ganz naiv: instar Cupidinis angelus.

31. Della Valle, Lettere sanesi, III, 18.

32. Macrob. Saturnal. III, 9. Ohne Zweifel machte er auch die dort vorgeschriebenen Gesten dazu.

gesagt, bei den einen durch die Masse des Unrechtes und Unglückes erschüttert; die andern, wie z. B. Dante, gaben wenigstens das Erdenleben dem Zufall und seinem Jammer preis, und wenn sie dabei dennoch einen starken Glauben behaupteten, so kam dies daher, dass sie die höhere Bestimmung des Menschen für das Jenseits festhielten. Sobald nun auch diese Ueberzeugung von der Unsterblichkeit wankte, bekam der Fatalismus das Uebergewicht – oder wenn letzteres geschah, so war ersteres die Folge davon.

In die Lücke trat zunächst die Astrologie des Altertums, auch wohl die der Araber. Aus der jedesmaligen Stellung der Planeten unter sich und zu den Zeichen des Tierkreises erriet sie künftige Ereignisse und ganze Lebensläufe und bestimmte auf diesem Wege die wichtigsten Entschlüsse. In vielen Fällen mag die Handlungsweise, zu welcher man sich durch die Gestirne bestimmen liess, an sich nicht unsittlicher gewesen sein als diejenige, welche man ohnedies befolgt haben würde; sehr oft aber muss der Entscheid auf Unkosten des Gewissens und der Ehre erfolgt sein. Es ist ewig lehrreich zu sehen, wie alle Bildung und Aufklärung gegen diesen Wahn lange Zeit nicht aufkam, weil derselbe seine Stütze hatte an der leidenschaftlichen Phantasie, an dem heissen Wunsch, die Zukunft vorauszuwissen und zu bestimmen, und weil das Altertum ihn bestätigte.

Die Astrologie tritt mit dem 13. Jahrhundert plötzlich sehr mächtig in den Vordergrund des italienischen Lebens. Kaiser Friedrich II. führt seinen Astrologen Theodorus mit sich, und Ezzelino da Romano[33] einen ganzen stark besoldeten Hof von Leuten, darunter den berühmten Guido Bonatto und den langbärtigen Sarazenen Paul von Bagdad. Zu allen wichtigen Unter-

33. Monachus Paduan. L. II, bei Urstisius, scriptores I, p. 598, 599, 602, 607. – Auch der letzte Visconti (S. 64) hatte eine ganze Anzahl solcher Leute bei sich. Vgl. Decembrio bei Muratori XX, Col. 1017.

nehmungen mussten sie ihm Tag und Stunde bestimmen, und die massenhaften Greuel, welche er verüben liess, mögen nicht geringen Teils auf blosser Deduktion aus ihren Weissagungen beruht haben. Seitdem scheut sich niemand mehr, die Sterne befragen zu lassen; nicht nur die Fürsten, sondern auch einzelne Stadtgemeinden[34] halten sich regelmässige Astrologen, und an den Universitäten[35] werden vom 14. bis zum 16. Jahrhundert besondere Professoren dieser Wahnwissenschaft, sogar neben eigentlichen Astronomen angestellt. Die Päpste[36] bekennen sich grossenteils offen zur Sternbefragung; allerdings macht Pius II. eine ehrenvolle Ausnahme[37], wie er denn auch Traumdeutung, Prodigien und Zauber verachtete; aber selbst Leo X. scheint einen Ruhm seines Pontifikates darin zu finden, dass die Astrologie blühe[38], und Paul III. hat kein Konsistorium gehalten[39], ohne dass ihm die Sterngucker die Stunde bestimmt hätten.

Bei den bessern Gemütern darf man nun wohl voraussetzen, dass sie sich nicht über einen gewissen Grad hinaus in ihrer Handlungsweise von den Sternen bestimmen liessen, dass es eine Grenze gab, wo Religion

34. So Florenz, wo der genannte Bonatto eine Zeitlang die Stelle versah. Vgl. auch Matteo Villani XI, 3, wo offenbar ein Stadtastrolog gemeint ist.

35. Libri, Hist. d. sciences math. II, 52, 193. In Bologna soll diese Professur schon 1125 vorkommen. – Vgl. das Verzeichnis der Professoren von Pavia bei Corio, fol. 290. – Die Professur an der Sapienza unter Leo X., vgl. Roscoe, Leone X, ed. Bossi, V, p. 283.

36. Schon um 1260 zwingt Papst Alexander IV. einen Kardinal und verschämten Astrologen, Bianco, mit politischen Weissagungen herauszurücken. Giov. Villani, VI, 81.

37. De dictis etc. Alphonsi, opera p. 493. Er fand, es sei pulchrius quam utile. Platina, Vitae Pont. p. 310. – Für Sixtus IV. vgl. Jac. Volaterran. bei Murat. XXIII, Col. 173, 186.

38. Pier. Valeriano, de infelic. literat. bei Anlass des Franc. Priuli, der über Leos Horoskop schrieb und dabei mehrere Geheimnisse des Papstes erriet.

39. Ranke, Päpste, I, p. 247.

und Gewissen Einhalt geboten. In der Tat haben nicht nur treffliche und fromme Leute an dem Wahn teilgenommen, sondern sind selbst als Repräsentanten desselben aufgetreten. So Maestro Pagolo von Florenz[40], bei welchem man beinahe diejenige Absicht auf Versittlichung des Astrologentums wiederfindet, welche bei dem späten Römer Firmicus Maternus kenntlich wird[41]. Sein Leben war das eines heiligen Aszeten; er genoss beinahe nichts, verachtete alle zeitlichen Güter und sammelte nur Bücher; als gelehrter Arzt beschränkte er seine Praxis auf seine Freunde, machte ihnen aber zur Bedingung, dass sie beichten mussten. Seine Konversation war der enge aber berühmte Kreis, welcher sich im Kloster zu den Engeln um Fra Ambrogio Camaldolese (S. 540) sammelte, – ausserdem die Unterredungen mit Cosimo dem Aeltern, zumal in dessen letzten Lebensjahren; denn auch Cosimo achtete und benutzte die Astrologie, wenngleich nur für bestimmte, wahrscheinlich untergeordnete Gegenstände. Sonst gab Pagolo nur den vertrautesten Freunden astrologischen Bescheid. Aber auch ohne solche Sittenstrenge konnte der Sterndeuter ein geachteter Mann sein und sich überall zeigen; auch gab es ihrer ohne Vergleich viel mehr als im übrigen Europa, wo sie nur an bedeutenden Höfen, und selbst da nicht durchgängig, vorkommen. Wer in Italien irgendein grösseres Haus machte, hielt sich auch, sobald der Eifer für die Sache gross genug war, einen Astrologen, der freilich bisweilen Hunger leiden mochte[42]. Durch

40. Vespas. Fiorentino p. 660, vgl. 341. – Ebenda, p. 121 wird ein anderer Pagolo als Hofmathematiker und Astrolog des Federigo von Montefeltro erwähnt, und zwar merkwürdigerweise ein Deutscher.

41. Firmicus Maternus, Matheseos Libri VIII, am Ende des zweiten Buches.

42. Bei Bandello III, Nov. 60 bekennt sich der Astrolog des Alessandro Bentivoglio in Mailand vor dessen ganzer Gesellschaft als einen armen Teufel.

die schon vor dem Bücherdruck stark verbreitete Literatur dieser Wissenschaft war überdies ein Dilettantismus entstanden, der sich soviel als möglich an die Meister des Faches anschloss. Die schlimme Gattung der Astrologen war die, welche die Sterne nur zu Hülfe nahm, um Zauberkünste damit zu verbinden oder vor den Leuten zu verdecken.

Doch selbst ohne eine solche Zutat ist die Astrologie ein trauriges Element des damaligen italienischen Lebens. Welchen Eindruck machen all jene hochbegabten, vielseitigen, eigenwilligen Menschen, wenn die blinde Begier, das Künftige zu wissen und zu bewirken, ihr kräftiges individuelles Wollen und Entschliessen auf einmal zur Abdikation zwingt! Dazwischen, wenn die Sterne etwa gar zu Ungünstiges verkünden, raffen sie sich auf, handeln unabhängig und sprechen dazu: Vir sapiens dominabitur astris[43], der Weise wird über die Gestirne Meister; – um bald wieder in den alten Wahn zurückzufallen.

Zunächst wird allen Kindern angesehener Familien das Horoskop gestellt, und bisweilen schleppt man sich hierauf das halbe Leben hindurch mit irgendeiner nichtsnutzigen Voraussetzung von Ereignissen, die nicht eintreffen[44]. Dann werden für jeden wichtigen Entschluss der Mächtigen, zumal für die Stunde des Beginnens, die Sterne befragt. Abreisen fürstlicher Personen, Empfang fremder Gesandten[45], Grundstein-

43. Einen solchen Anfall von Entschlossenheit hatte Lodovico Moro, als er das Kreuz mit jener Inschrift machen liess, welches sich jetzt im Churer Münster befindet. Auch Sixtus IV. sagte einmal, er wolle versuchen, ob der Spruch wahr sei.

44. Der Vater des Piero Capponi, selber Astrolog, steckte den Sohn in den Handel, damit er nicht die gefährliche Kopfwunde bekomme, die ihm angedroht war. Vita di P. Capponi, Arch. stor. IV, II, 15. – Das Beispiel aus dem Leben des Cardanus S. 367. – Der Arzt und Astrolog Pierleoni von Spoleto glaubte, er werde einst ertrinken, mied deshalb alle Gewässer und schlug glänzende Stellungen in Padua und Venedig aus. Paul. Jov. Elog. liter.

legungen grosser Gebäude hängen davon ab. Ein gewaltiges Beispiel der letztern Art findet sich im Leben des obengenannten Guido Bonatto, welcher überhaupt durch seine Tätigkeit sowohl als durch ein grosses systematisches Werk[46] der Wiederhersteller der Astrologie im 13. Jahrhundert heissen darf. Um dem Parteikampf der Guelfen und Ghibellinen in Forlì ein Ende zu machen, beredete er die Einwohner zu einem Neubau ihrer Stadtmauern und zum feierlichen Beginn desselben unter einer Konstellation, die er angab; wenn dann Leute beider Parteien in demselben Moment jeder seinen Stein in das Fundament würfen, so würde in Ewigkeit keine Parteiung mehr in Forlì sein. Man wählte einen Guelfen und einen Ghibellinen zu diesem Geschäfte; der hehre Augenblick erschien, beide hielten ihre Steine in der Hand, die Arbeiter warteten mit ihrem Bauzeug, und Bonatto gab das Signal – da warf der Ghibelline sogleich seinen Stein hinunter. der Guelfe aber zögerte und weigerte sich dann gänzlich, weil Bonatto selber als Ghibelline galt und etwas Geheimnisvolles gegen die Guelfen im Schilde führen konnte. Nun fuhr ihn der Astrolog an: Gott verderbe dich und deine Guelfenpartei mit euerer misstrauischen Bosheit! dies Zeichen wird 500 Jahre lang nicht mehr am Himmel über unserer Stadt erscheinen! In der Tat verdarb Gott nachher die Guelfen von Forlì, jetzt aber (schreibt der Chronist um 1480) sind Guel-

45. Beispiele aus dem Leben des Lodovico Moro: Senarega, bei Muratori XXIV, Col. 518, 524. Benedictus, bei Eccard II, Col. 1623. Und doch hatte sein Vater, der grosse Francesco Sforza, die Astrologen verachtet, und sein Grossvater Giacomo sich wenigstens nicht nach ihren Warnungen gerichtet. Corio, fol. 321, 413.

46. Dasselbe ist öfter gedruckt, mir aber nie zu Gesichte gekommen. – Das hier Mitgeteilte aus Annal. foroliviens. bei Murat. XXII, Col. 233, s. – Leonbattista Alberti sucht die Zeremonie der Grundsteinlegung zu vergeistigen. Opere volgari, Tom. IV, p. 314 (oder de re aedific. L. I).

fen und Ghibellinen hier doch gänzlich versöhnt, und man hört ihre Parteinamen nicht mehr[47].

Das Nächste, was von den Sternen abhängig wird, sind die Entschlüsse im Kriege. Derselbe Bonatto verschaffte dem grossen Ghibellinenhaupt Guido da Montefeltro eine ganze Anzahl von Siegen, indem er ihm die richtige Sternenstunde zum Auszug angab; als Montefeltro ihn nicht mehr bei sich hatte[48], verlor er allen Mut, seine Tyrannis weiter zu behaupten und ging in ein Minoritenkloster; noch lange Jahre sah man ihn als Mönch terminieren. Die Florentiner liessen sich noch im pisanischen Krieg von 1362 durch ihren Astrologen die Stunde des Auszuges bestimmen[49]; man hätte sich beinahe verspätet, weil plötzlich ein Umweg in der Stadt befohlen wurde. Frühere Male war man nämlich durch Via di Borgo S. Apostolo ausgezogen und hatte schlechten Erfolg gehabt; offenbar war mit dieser Strasse, wenn man gegen Pisa zu Felde zog, ein übles Augurium verknüpft, und deshalb wurde das Heer jetzt durch Porta rossa hinausgeführt; weil aber dort die gegen die Sonne ausgespannten Zelte nicht waren weggenommen worden, so musste man – ein neues übles Zeichen – die Fahnen gesenkt tragen. Ueberhaupt war die Astrologie

47. Bei den Horoskopen der zweiten Gründung von Florenz (Giov. Villani III, 1, unter Karl dem Grossen) und der ersten von Venedig (oben, S. 89) geht vielleicht eine alte Erinnerung neben der Dichtung des spätern Mittelalters einher.

48. Ann. foroliv. l. c. – Filippo Villani, Vite. – Macchiavelli, Stor. fior. L. I. – Wenn siegverheissende Konstellationen nahten, stieg Bonatto mit Astrolab und Buch auf den Turm von San Mercuriale über der Piazza und liess, sobald der Moment kam, gleich die grosse Glocke zum Aufgebot läuten. Doch wird zugestanden, dass er sich bisweilen sehr geirrt und das Schicksal des Montefeltro und seinen eigenen Tod nicht vorausgekannt habe. Unweit Cesena töteten ihn Räuber, als er von Paris und italienischen Universitäten, wo er gelehrt hatte, nach Forlì zurück wollte.

49. Matteo Villani XI, 3.

vom Kriegswesen schon deshalb nie zu trennen, weil ihr die meisten Condottieren anhingen. Jacopo Caldora war in der schwersten Krankheit wohlgemut, weil er wusste, dass er im Kampfe fallen würde, wie denn auch geschah[50]; Bartolommeo Alviano war davon überzeugt, dass seine Kopfwunden ihm so gut wie sein Kommando durch Beschluss der Gestirne zuteil geworden[51]; Niccolò Orsini-Pitigliano bittet sich für den Abschluss seines Soldvertrages mit Venedig (1495) von dem Physikus und Astrologen Alessandro Benedetto[52] eine gute Sternenstunde aus. Als die Florentiner den 1. Juni 1498 ihren neuen Condottiere Paolo Vitelli feierlich mit seiner Würde bekleideten, war der Kommandostab, den man ihm überreichte, mit der Abbildung von Konstellationen versehen[53], und zwar auf Vitellis eigenen Wunsch.

Bisweilen wird es nicht ganz klar, ob bei wichtigen politischen Ereignissen die Sterne vorher befragt wurden, oder ob die Astrologen nur nachträglich aus Kuriosität die Konstellation berechneten, welche den betreffenden Augenblick beherrscht haben sollte. Als Giangaleazzo Visconti (S. 38 f.) mit einem Meisterstreich seinen Oheim Bernabò und dessen Familie gefangennahm (1385), standen Jupiter, Saturn und Mars im Hause der Zwillinge – so meldet ein Zeitgenosse[54], aber wir erfahren nicht, ob dies den Entschluss zur Tat bestimmte. Nicht selten mag auch politische Ein-

50. Jovian. Pontan. de fortitudine, L. I. – Die ersten Sforza als ehrenvolle Ausnahmen S. 553, Anm.

51. Paul. Jov. Elog., sub. v. Livianus.

52. Welcher dies selber erzählt. Benedictus, bei Eccard II, Col. 1617.

53. So wird wohl die Aussage des Jac. Nardi, Vita d'Ant. Giacomini p. 65 zu verstehen sein. – An Kleidern und Geräten kommt dergleichen nicht selten vor. Beim Empfang der Lucrezia Borgia in Ferrara trug das Maultier der Herzogin von Urbino eine schwarzsamtne Decke mit goldenen astrologischen Zeichen. Arch. stor. append. II, p. 305.

54. Azario, bei Corio, Fol. 258.

sicht und Berechnung den Sterndeuter mehr geleitet haben als der Gang der Planeten[55].

Hatte sich Europa schon das ganze spätere Mittelalter hindurch von Paris und Toledo aus durch astrologische Weissagungen von Pest, Krieg, Erdbeben, grossen Wassern u. dgl. ängstigen lassen, so blieb Italien hierin vollends nicht zurück. Dem Unglücksjahr 1494, das den Fremden für immer Italien öffnete, gingen unleugbar schlimme Weissagungen nahe voraus[56], nur müsste man wissen, ob solche nicht längst für jedes beliebige Jahr bereit lagen.

In seiner vollen, antiken Konsequenz dehnt sich aber das System in Regionen aus, wo man nicht mehr erwarten würde, ihm zu begegnen. Wenn das ganze äussere und geistige Leben des Individuums von dessen Genitura bedingt ist, so befinden sich auch grössere geistige Gruppen, z. B. Völker und Religionen, in einer ähnlichen Abhängigkeit, und da die Konstellationen dieser grossen Dinge wandelbar sind, so sind es auch die Dinge selbst. Die Idee, dass jede Religion ihren Welttag habe, kommt auf diesem astrologischen Wege in die italienische Bildung hinein. Die Konjunktion des Jupiter, hiess[57] es, mit Saturn habe den hebräischen Glauben hervorgebracht, die mit Mars den chaldäischen, die mit der Sonne den ägyptischen, die mit Venus den mohammedanischen, die mit Mercur den christlichen, und die mit dem Mond werde einst die Reli-

55. Etwas der Art könnte man selbst bei jenem türkischen Astrologen vermuten, der nach der Schlacht von Nicopolis dem Sultan Bajazeth I. riet, den Loskauf des Johann von Burgund zu gestatten: „um seinetwillen werde noch viel Christenblut vergossen werden." Es war nicht zu schwer, den weitern Verlauf des innern französischen Krieges vorauszuahnen. Magn. chron. belgicum, p. 358. Juvénal des Ursins ad a. 1396.

56. Benedictus, bei Eccard II, Col. 1579. Es hiess unter anderm 1493 vom König Ferrante: er werde seine Herrschaft verlieren sine cruore, sed sola fama, wie denn auch geschah.

57. Bapt. Mantuan. de patientia, L. III, cap. 12.

gion des Antichrist hervorbringen. In frevelhaftester Weise hatte schon Cecco d'Ascoli die Nativität Christi berechnet und seinen Kreuzestod daraus deduziert; er musste deshalb 1327 in Florenz auf dem Scheiterhaufen sterben[58]. Lehren dieser Art führten in ihren weitern Folgen eine förmliche Verfinsterung alles Uebersinnlichen mit sich.

Um so anerkennenswerter ist aber der Kampf, welchen der lichte italienische Geist gegen dieses ganze Wahngespinst geführt hat. Neben den grössten monumentalen Verherrlichungen der Astrologie, wie die Fresken im Salone zu Padua[59] und denjenigen in Borsos Sommerpalast (Schifanoja) zu Ferrara, neben dem unverschämten Anpreisen, das sich selbst ein Beroaldus der Aeltere[60] erlaubt, tönt immer wieder der laute Protest der Nichtbetörten und Denkenden. Auch auf dieser Seite hatte das Altertum vorgearbeitet, doch reden sie hier nicht den Alten nach, sondern aus ihrem eigenen gesunden Menschenverstande und aus ihrer Beobachtung heraus. Petrarcas Stimmung gegen die Astrologen, die er aus eigenem Umgang kannte, ist derber Hohn[61], und ihr System durchschaut er in seiner Lügenhaftigkeit. Sodann ist die Novelle seit ihrer Geburt, seit den cento novelle antiche, den Astrologen

58. Giov. Villani, X, 39, 40. Es wirkten noch andere Dinge mit, unter anderm kollegialischer Neid. – Schon Bonatto hatte Aehnliches gelehrt und z. B. das Wunder der göttlichen Liebe in S. Franz als Wirkung des Planeten Mars dargestellt. Vgl. Jo. Picus adv. Astrol. II, 5.

59. Es sind die von Miretto zu Anfang des 15. Jahrhunderts gemalten; laut Scardeonius waren sie bestimmt ad indicandum nascentium naturas per gradus et numeros, ein populäreres Beginnen als wir uns jetzt leicht vorstellen. Es war Astrologie à la portée de tout le monde.

60. Er meint (Orationes, fol. 35, in nuptias) von der Sterndeutung: haec efficit ut homines parum a Diis distare videantur! – Ein anderer Enthusiast aus derselben Zeit ist Jo. Garzonius, de dignitate urbis Bononiae, bei Murat. XXI, Col. 1163.

61. Petrarca, epp. seniles III, 1 (p. 765) u. a. a. O. Der genannte Brief ist an Boccaccio gerichtet, welcher ebenso gedacht haben muss.

fast immer feindlich[62]. Die florentinischen Chronisten wehren sich auf das tapferste, auch wenn sie den Wahn, weil er in die Tradition verflochten ist, mitteilen müssen. Giovanni Villani sagt es mehr als einmal[63]: „keine Konstellation kann den freien Willen des Menschen unter die Notwendigkeit zwingen, noch auch den Beschluss Gottes"; Matteo Villani erklärt die Astrologie für ein Laster, das die Florentiner mit anderm Aberglauben von ihren Vorfahren, den heidnischen Römern, geerbt hätten. Es blieb aber nicht bei bloss literarischer Erörterung, sondern die Parteien, die sich darob bildeten, stritten öffentlich; bei der furchtbaren Ueberschwemmung des Jahres 1333 und wiederum 1345 wurde die Frage über Sternenschicksal und Gottes Willen und Strafgerechtigkeit zwischen Astrologen und Theologen höchst umständlich diskutiert[64]. Diese Verwahrungen hören die ganze Zeit der Renaissance hindurch niemals völlig auf[65], und man darf sie für aufrichtig halten, da es durch Verteidigung der Astrologie leichter gewesen wäre, sich bei den Mächtigen zu empfehlen als durch Anfeindung derselben.

In der Umgebung des Lorenzo magnifico, unter seinen namhaftesten Platonikern, herrschte hierüber Zwiespalt. Marsilio Ficino verteidigte die Astrologie und stellte den Kindern vom Hause das Horoskop, wie er denn auch dem kleinen Giovanni geweissagt haben soll, er würde ein Papst – Leo X. – werden[66].

62. Bei Franco Sacchetti macht Nov. 151 ihre Weisheit lächerlich.

63. Gio. Villani III, 1. X, 39.

64. Gio. Villani XI, 2. XII, 4.

65. Auch jener Verfasser der Annales Placentini (bei Murat. XX, Col. 931), der S. 265, 266, Anm. erwähnte Alberto di Ripalta schliesst sich dieser Polemik an. Die Stelle ist aber anderweitig merkwürdig, weil sie die damaligen Meinungen über die neun bekannten, und hier mit Namen genannten Kometen enthält. – Vgl. Gio. Villani, XI. 67.

66. Paul. Jov. Vita Leonis X. L. III, wo dann bei Leo selbst wenigstens ein Glaube an Vorbedeutungen usw. zum Vorschein kommt.

Dagegen macht Pico della Mirandola wahrhaft Epoche in dieser Frage durch seine berühmte Widerlegung[67]. Er weist im Sternglauben eine Wurzel aller Gottlosigkeit und Unsittlichkeit nach; wenn der Astrologe an irgend etwas glauben wolle, so müsse er am ehesten die Planeten als Götter verehren, indem ja von ihnen alles Glück und Unheil hergeleitet werde; auch aller übrige Aberglaube finde hier ein bereitwilliges Organ, indem Geomantie, Chiromantie und Zauber jeder Art für die Wahl der Stunde sich zunächst an die Astrologie wendeten. In betreff der Sitten sagt er: eine grössere Förderung für das Böse gäbe es gar nicht, als wenn der Himmel selbst als Urheber desselben erscheine, dann müsse auch der Glaube an ewige Seligkeit und Verdammnis völlig schwinden. Pico hat sich sogar die Mühe genommen, auf empirischem Wege die Astrologen zu kontrollieren; von ihren Wetterprophezeiungen für die Tage eines Monats fand er drei Vierteile falsch. Die Hauptsache aber war, dass er (im IV. Buche) eine positive christliche Theorie über Weltregierung und Willensfreiheit vortrug, welche auf die Gebildeten der ganzen Nation einen grössern Eindruck gemacht zu haben scheint als alle Busspredigten, von welchen diese Leute oft nicht mehr erreicht wurden.

Vor allem verleidet er den Astrologen die weitere Publikation ihrer Lehrgebäude[68], und die, welche bisher dergleichen hatten drucken lassen, schämten sich mehr oder weniger. Gioviano Pontano z. B. hatte in seinem Buche „vom Schicksal“ (S. 545) die ganze Wahnwissenschaft anerkannt und sie in einem eigenen grossen Werke[69] theoretisch in der Art des alten Firmi-

67. Jo. Pici Mirand. adversus astrologos libri XII.

68. Laut Paul. Jov. Elog. lit., sub tit. Jo. Picus, war seine Wirkung diese, ut subtilium disciplinarum professores a scribendo deterruisse videatur.

69. De rebus coelestibus.

cus vorgetragen; jetzt in seinem Dialog „Aegidius“ gibt er zwar nicht die Astrologie, wohl aber die Astrologen preis, rühmt den freien Willen und beschränkt den Einfluß der Sterne auf die körperlichen Dinge. Die Sache blieb in Uebung, aber sie scheint doch nicht mehr das Leben so beherrscht zu haben wie früher. Die Malerei, welche im 15. Jahrhundert den Wahn nach Kräften verherrlicht hatte, spricht nun die veränderte Denkweise aus: Rafael in der Kuppel der Kapelle Chigi[70] stellt ringsum die Planetengötter und den Fixsternhimmel dar, aber bewacht und geleitet von herrlichen Engelgestalten, und von oben herab gesegnet durch den ewigen Vater. Noch ein anderes Element scheint der Astrologie in Italien feindlich gewesen zu sein: die Spanier hatten keinen Teil daran, auch ihre Generale nicht, und wer sich bei ihnen in Gunst setzen wollte[71], bekannte sich auch wohl ganz offen als Feind der für sie halbketzerischen, weil halbmohammedanischen Wissenschaft. Freilich noch 1529 meint Guicciardini wie glücklich doch die Astrologen seien, denen man glaube, wenn sie unter hundert Lügen eine Wahrheit vorbrächten, während andere, die unter hundert Wahrheiten eine Lüge sagten, um allen Kredit kämen[72]. Und überdies schlug die Verachtung der Astrologie nicht notwendig in Vorsehungsglauben um, sie konnte sich auch auf einen allgemeinen, unbestimmten Fatalismus zurückziehen.

Italien hat in dieser wie in andern Beziehungen den Kulturtrieb der Renaissance nicht gesund durch- und

70. In S. Maria del popolo zu Rom. – Die Engel erinnern an die Theorie Dantes zu Anfang des Convito.

71. Dies ist wohl der Fall mit Antonio Galateo, der in einem Brief an Ferdinand den Katholischen (Mai, spicileg. rom. vol. VIII, p. 226, vom Jahr 1510) die Astrologie heftig verleugnet, in einem andern Brief an den Grafen von Potenza jedoch (ibid., p. 539) aus den Sternen schliesst, dass die Türken heuer Rhodus angreifen würden.

72. Ricordi, l. c. N. 57.

ausleben können, weil die Eroberung und die Gegenreformation dazwischenkam. Ohne dieses würde es wahrscheinlich die phantastischen Torheiten völlig aus eigenen Kräften überwunden haben. Wer nun der Ansicht ist, dass Invasion und katholische Reaktion notwendig und vom italienischen Volk ausschliesslich selbst verschuldet gewesen seien, wird ihm auch die daraus erwachsenen geistigen Verluste als gerechte Strafe zuerkennen. Nur schade, dass Europa dabei ebenfalls ungeheuer verloren hat.

Bei weitem unschuldiger als die Sterndeutung erscheint der Glaube an Vorzeichen. Das ganze Mittelalter hatte einen grossen Vorrat desselben aus seinen verschiedenen Heidentümern ererbt, und Italien wird wohl darin am wenigsten zurückgeblieben sein. Was aber die Sache hier eigentümlich färbt, ist die Unterstützung, welche der Humanismus diesem populären Wahn leistet; er kommt dem ererbten Stück Heidentum mit einem literarisch erarbeiteten zu Hülfe.

Der populäre Aberglaube der Italiener bezieht sich bekanntlich auf Ahnungen und Schlüsse aus Vorzeichen[73], woran sich dann noch eine meist unschuldige Magie anschliesst. Nun fehlt es zunächst nicht an gelehrten Humanisten, welche wacker über diese Dinge spotten und sie bei diesem Anlass berichten. Derselbe Gioviano Pontano, welcher jenes grosse astrologische Werk (S. 559) verfasste, zählt in seinem „Charon" ganz mitleidig allen möglichen neapolitanischen Aberglauben auf: den Jammer der Weiber, wenn ein Huhn oder eine Gans den Pips bekömmt; die tiefe Besorgnis der vornehmen Herrn, wenn ein Jagdfalke ausbleibt, ein Pferd den Fuss verstaucht; den Zauberspruch der apulischen Bauern, welchen sie in drei Samstagsnächten hersagen, wenn tolle Hunde

73. Eine Masse solchen Wahnes beim letzten Visconti zählt Decembrio (Murat. XX, Col. 1016, s.) auf.

das Land unsicher machen usw. Ueberhaupt hatte die Tierwelt ein Vorrecht des Ominösen gerade wie im Altertum, und vollends jene auf Staatskosten unterhaltenen Löwen, Leoparden u. dgl. (S. 319 f.) gaben durch ihr Verhalten dem Volke um so mehr zu denken, als man sich unwillkürlich gewöhnt hatte, in ihnen das lebendige Symbol des Staates zu erblicken. Als während der Belagerung 1529 ein angeschossener Adler nach Florenz hereinflog, gab die Signorie dem Ueberbringer vier Dukaten, weil es ein gutes Augurium sei[74]. Dann waren bestimmte Zeiten und Orte für bestimmte Verrichtungen günstig oder ungünstig oder überhaupt entscheidend. Die Florentiner glaubten, wie Varchi meldet, der Sonnabend sei ihr Schicksalstag, an welchem alle wichtigen Dinge, gute sowohl als böse, zu geschehen pflegten. Ihr Vorurteil gegen Kriegsauszüge durch eine bestimmte Gasse wurde schon (S. 554) erwähnt; bei den Peruginern dagegen gilt eines ihrer Tore, die Porta eburnea, als glückverheissend, so dass die Baglionen zu jedem Kampfe dort hinausmarschieren liessen[75]. Dann nehmen Meteore und Himmelszeichen dieselbe Stelle ein wie im ganzen Mittelalter, und aus sonderbaren Wolkenbildungen gestaltet die Phantasie auch jetzt wieder streitende Heere und glaubt deren Lärm hoch in der Luft zu hören[76]. Schon bedenklicher wird der Aberglaube, wenn er sich mit heiligen Dingen kombiniert, wenn z. B. Madonnenbilder die Augen bewegen[77] oder weinen,

74. Varchi, Stor. fior. L. IV (p. 174). Ahnung und Weissagung spielten damals in Florenz fast dieselbe Rolle wie einst in dem belagerten Jerusalem. Vgl. ibid. III, 143, 195. IV, 43, 177.

75. Matarazzo, Arch. stor. XVI, II, p. 208.

76. Prato, Arch. stor. III, p. 324, zum Jahr 1514.

77. Wie die Madonna dell' arbore im Dom von Mailand 1515 tat, vgl. Prato, l. c., p. 327. Freilich erzählt derselbe Chronist p. 357, dass man beim Graben der Fundamente für den Bau der triulzischen Grabkapelle (bei S. Nazaro) einen toten Drachen so dick wie ein Pferd

ja wenn Landeskalamitäten mit irgendeinem angeblichen Frevel in Verbindung gebracht werden, dessen Sühnung dann der Pöbel verlangt (S. 521). Als Piacenza 1478 von langem und heftigem Regen heimgesucht wurde, hiess es, derselbe werde nicht aufhören, bis ein gewisser Wucherer, der unlängst in S. Francesco begraben worden war, nicht mehr in geweihter Erde ruhe. Da sich der Bischof weigerte, die Leiche gutwillig ausgraben zu lassen, holten die jungen Bursche sie mit Gewalt, zerrten sie in den Strassen unter greulichem Tumult herum und warfen sie zuletzt in den Po[78]. Freilich auch ein Angelo Poliziano lässt sich auf dieselbe Anschauungsweise ein, wo es Giacomo Pazzi gilt, einen Hauptanstifter der nach seiner Familie benannten Verschwörung zu Florenz in demselben Jahre 1478. Als man ihn erdrosselte, hatte er mit fürchterlichen Worten seine Seele dem Satan übergeben. Nun trat auch hier Regen ein, so dass die Getreideernte bedroht war; auch hier grub ein Haufe von Leuten (meist Bauern) die Leiche in der Kirche aus, und alsobald wichen die Regenwolken und die Sonne erglänzte – „so günstig war das Glück der Volksmeinung", fügt der grosse Philologe bei[79]. Zunächst wurde die Leiche in ungeweihter Erde verscharrt, des folgenden Tages aber wiederum ausgegraben und nach einer entsetzlichen Prozession durch die Stadt in den Arno versenkt.

Solche und ähnliche Züge sind wesentlich populär und

gefunden habe; man brachte den Kopf in den Palast Triulzi und gab den Rest preis.

78. Et fuit mirabile quod illico pluvia cessavit. Diarium Parmense bei Murat. XXII, Col. 280. Dieser Autor teilt auch sonst jenen konzentrierten Hass gegen die Wucherer, wovon das Volk erfüllt ist. Vgl. Col. 371.

79. Coniurationis Pactianae commentarius, in den Beilagen zu Roscoe, Leben des Lorenzo. – Poliziano war sonst wenigstens Gegner der Astrologie.

können im 10. Jahrhundert so gut vorgekommen sein als im 16. Nun mischt sich aber auch hier das literarische Altertum ein. Von den Humanisten wird ausdrücklich versichert, dass sie den Prodigien und Augurien ganz besonders zugänglich gewesen, und Beispiele davon (S. 542 f.) wurden bereits erwähnt. Wenn es aber irgendeines Beleges bedürfte, so würde ihn schon der eine Poggio gewähren. Derselbe radikale Denker, welcher den Adel und die Ungleichheit der Menschen negiert (S. 390 f.), glaubt nicht nur an allen mittelalterlichen Geister- und Teufelsspuk (fol. 167, 179), sondern auch an Prodigien antiker Art, z. B. an diejenigen, welche beim letzten Besuch Eugens IV. in Florenz berichtet wurden[80]. „Da sah man in der Nähe von Como des Abends 4000 Hunde, die den Weg nach Deutschland nahmen; auf diese folgte eine grosse Schar Rinder, dann ein Heer von Bewaffneten zu Fuss und zu Ross, teils ohne Kopf, teils mit kaum sichtbaren Köpfen, zuletzt ein riesiger Reiter, dem wieder eine Herde von Rindern nachzog." Auch an eine Schlacht von Elstern und Dohlen (fol. 180) glaubt Poggio. Ja er erzählt, vielleicht ohne es zu merken, ein ganz wohlerhaltenes Stück antiker Mythologie. An der dalmatinischen Küste nämlich erscheint ein Triton, bärtig und mit Hörnchen, als echter Meersatyr, unten in Flossen und in einen Fischleib ausgehend; er fängt Kinder und Weiber vom Ufer weg, bis ihn fünf tapfere Waschfrauen mit Steinen und Prügeln töten[81]. Ein hölzernes Modell des Ungetüms, welches man in Ferrara zeigt, macht dem Poggio die Sache völlig glaublich. Zwar Orakel gab es keine mehr, und Göt-

80. Poggii facetiae, fol. 174. – Aen. Sylvius: De Europa c. 53, 54 (Opera, p. 451, 455) erzählt wenigstens wirklich geschehene Prodigien, z. B. Tierschlachten, Wolkenerscheinungen usw. und gibt sie schon wesentlich als Kuriositäten, wenn er auch die betreffenden Schicksale daneben nennt.

81. Poggii facetiae, fol. 160; cf. Pausanias IX, 20.

ter konnte man nicht mehr befragen, aber das Aufschlagen des Virgil und die ominöse Deutung der Stelle, auf die man traf (sortes virgilianae), wurde wieder Mode[82]. Ausserdem blieb der Dämonenglauben des spätesten Altertums gewiss nicht ohne Einfluss auf denjenigen der Renaissance. Die Schrift des Jamblichus oder Abammon über die Mysterien der Aegypter, welche hiezu dienen konnte, ist schon zu Ende des 15. Jahrhunderts in lateinischer Uebersetzung gedruckt worden. Sogar die platonische Akademie in Florenz z. B. ist von solchem und ähnlichem neuplatonischem Wahn der sinkenden Römerzeit nicht ganz frei geblieben. Von diesem Glauben an die Dämonen und dem damit zusammenhängenden Zauber muss nunmehr die Rede sein.

Der Populärglaube an das, was man die Geisterwelt nennt[83], ist in Italien so ziemlich derselbe wie im übrigen Europa. Zunächst gibt es auch dort Gespenster, d. h. Erscheinungen Verstorbener, und wenn die Anschauung von der nordischen etwas abweicht, so verrät sich dies höchstens durch den antiken Namen ombra. Wenn sich noch heute ein solcher Schatten erzeigt, so lässt man ein paar Messen für seine Ruhe lesen. Dass die Seelen böser Menschen in furchtbarer Gestalt erscheinen, versteht sich von selbst, doch geht daneben noch eine besondere Ansicht einher, wonach die Gespenster Verstorbener überhaupt bösartig wären. Die Toten bringen die kleinen Kinder um, meint der Kaplan bei Bandello[84]. Wahrscheinlich trennt er hiebei

82. Varchi III, p. 195. Zwei Verdächtige entschliessen sich 1529 zur Flucht aus dem Staate, weil sie Virg. Aen. III, vs. 44, aufschlugen. Vgl. Rabelais, Pantagruel, III, 10.

83. Phantasien von Gelehrten, wie z. B. den splendor und den spiritus des Cardanus und den Daemon familiaris seines Vaters lassen wir auf sich beruhen. Vgl. Cardanus, de propria vita, cap. 4, 38, 47. Er war selber Gegner der Magie, cap. 39. Die Prodigien und Gespenster, die ihm begegnet, cap. 37, 41. – Wieweit die Gespensterfurcht des letzten Visconti ging, vgl. Decembrio, bei Muratori XX, Col. 1016.

84. Molte fiate i morti guastano le creature. Bandello II, Nov. 1.

in Gedanken noch einen besondern Schatten von der Seele, denn diese büsst ja im Fegefeuer, und wo *sie* erscheint, pflegt sie nur zu flehen und zu jammern. Andere Male ist, was erscheint, nicht sowohl das Schattenbild eines bestimmten Menschen, als das eines Ereignisses, eines vergangenen Zustandes. So erklären die Nachbarn den Teufelsspuk im alten viscontinischen Palast bei S. Giovanni in Conca zu Mailand; hier habe einst Bernabò Visconti unzählige Opfer seiner Tyrannei foltern und erdrosseln lassen, und es sei kein Wunder, wenn sich etwas erzeige[85]. Einem ungetreuen Armenhausverwalter zu Perugia erschien eines Abends, als er Geld zählte, ein Schwarm von Armen mit Lichtern in den Händen und tanzten vor ihm herum; eine grosse Gestalt aber führte drohend das Wort für sie, es war S. Alò, der Schutzheilige des Armenhauses[86]. – Diese Anschauungen verstanden sich so sehr von selbst, dass auch Dichter ein allgemeingültiges Motiv darin finden konnten. Sehr schön gibt z. B. Castiglione die Erscheinung des erschossenen Lodovico Pico unter den Mauern des belagerten Mirandola wieder[87]. Freilich die Poesie benutzt dergleichen gerade am liebsten, wenn der Poet selber schon dem betreffenden Glauben entwachsen ist.

Sodann war Italien mit derselben Volksansicht über die Dämonen erfüllt wie alle Völker des Mittelalters. Man war überzeugt, dass Gott den bösen Geistern jedes Ranges bisweilen eine grosse zerstörende Wirkung gegen einzelne Teile der Welt und des Menschen-

85. Bandello III, Nov. 20. Freilich war es nur ein Amant, der den Gemahl seiner Dame, den Bewohner des Palastes, erschrecken wollte. Er und die Seinigen verkleideten sich in Teufel; einen, der alle Tierstimmen nachmachen konnte, hatte er sogar von auswärts kommen lassen.

86. Graziani, Arch. stor. XVI, I, p. 640, ad a. 1467. Der Verwalter starb vor Schrecken.

87. Balth. Castilionii carmina. Prosopopeja Lud. Pici.

lebens zulasse; alles, was man einbedang, war, dass wenigstens der Mensch, welchem die Dämonen als Versucher nahten, seinen freien Willen zum Widerstand anwenden könne. In Italien nimmt zumal das Dämonische der Naturereignisse im Mund des Volkes leicht eine poetische Grösse an. In der Nacht vor der grossen Ueberschwemmung des Arnotales 1333 hörte einer der heiligen Einsiedler oberhalb Vallombrosa in seiner Zelle ein teuflisches Getöse, bekreuzte sich, trat unter die Tür und erblickte schwarze und schreckliche Reiter in Waffen vorüberjagen. Auf sein Beschwören stand ihm einer davon Rede: „Wir gehen und ersäufen die Stadt Florenz um ihrer Sünden willen, wenn Gott es zulässt[88].“ Womit man die fast gleichzeitige venezianische Erscheinung (1340) vergleichen mag, aus welcher dann irgendein grosser Meister der Schule von Venedig, wahrscheinlich Giorgione, ein wundersames Bild gemacht hat: jene Galeere voller Dämonen, welche mit der Schnelligkeit eines Vogels über die stürmische Lagune daherjagte, um die sündige Inselstadt zu verderben, bis die drei Heiligen, welche unerkannt in die Barke eines armen Schiffers gestiegen waren, durch ihre Beschwörung die Dämonen und ihr Schiff in den Abgrund der Fluten trieben.

Zu diesem Glauben gesellt sich nun der Wahn, dass der Mensch sich durch Beschwörung den Dämonen nähern, ihre Hülfe zu seinen irdischen Zwecken der Habgier, Machtgier und Sinnlichkeit benützen könne. Hiebei gab es wahrscheinlich viele Verklagte früher als es viele Schuldige gab; erst als man vorgebliche Zauberer und Hexen verbrannte, begann die wirkliche Beschwörung und der absichtliche Zauber häufiger zu werden. Aus dem Qualm der Scheiterhaufen, auf welchen man jene Verdächtigen geopfert, stieg erst der nar-

88. Gio. Villani XI, 2. Er hatte es vom Abt der Vallombrosaner, dem es der Eremit eröffnet hatte.

kotische Dampf empor, der eine grössere Anzahl von verlorenen Menschen zur Magie begeisterte. Ihnen schlossen sich dann noch resolute Betrüger an.

Die populäre und primitive Gestalt, in welcher dieses Wesen vielleicht seit der Römerzeit[89] ununterbrochen fortgelebt hatte, ist das Treiben der Hexe (strega). Sie kann sich so gut als völlig unschuldig gebärden, solange sie sich auf die Divination beschränkt[90], nur dass der Uebergang vom blossen Voraussagen zum Bewirkenhelfen oft unmerklich und doch eine entscheidende Stufe abwärts sein kann. Handelt es sich einmal um wirkenden Zauber, so traut man der Hexe hauptsächlich die Erregung von Liebe und Hass zwischen Mann und Weib, doch auch rein zerstörende, boshafte Malefizien zu, namentlich das Hinsiechen von kleinen Kindern, auch wenn dasselbe noch so handgreiflich von Verwahrlosung und Unvernunft der Eltern herrührt. Nach allem bleibt dann noch die Frage übrig, wie weit die Hexe durch blosse Zaubersprüche, Zeremonien und unverstandene Formeln, oder aber durch bewusste Anrufung der Dämonen gewirkt haben soll, abgesehen von den Arzneien und Giften, die sie in voller Kenntnis von deren Wirkung mag verabfolgt haben.

Die unschuldigere Art, wobei noch Bettelmönche als Konkurrenten aufzutreten wagen, lernt man z. B. in der Hexe von Gaeta kennen, welche Pontano[91] uns vorführt. Sein Reisender Suppatius gerät in ihre Woh-

89. Von dem, was die Zauberinnen in der antiken römischen Zeit vermochten, ist doch nur ein geringer Rest übrig. Die vielleicht letzte Verwandlung eines Menschen in einen Esel, im 11. Jahrhundert unter Leo IX. s. bei Guil. Malmesbur. II, § 171 (vol. I, p. 282).

90. Dies möchte der Fall gewesen sein bei der merkwürdig Besessenen, welche um 1513 in Ferrara u. a. a. O. von lombardischen Grossen um der Weissagung willen konsultiert wurde; sie hiess Rodogine. Näheres bei Rabelais, Pantagruel IV, 58.

91. Jovian. Pontan. Antonius.

nung, während sie gerade einem Mädchen und einer Dienstmagd Audienz gibt, die mit einer schwarzen Henne, neun am Freitag gelegten Eiern, einer Ente und weissem Faden kommen, sintemal der dritte Tag seit Neumond ist; sie werden nun weggeschickt und auf die Dämmerung wieder herbeschieden. Es handelt sich hoffentlich nur um Divination; die Herrin der Dienstmagd ist von einem Mönch geschwängert, dem Mädchen ist sein Liebhaber untreu geworden und ins Kloster gegangen. Die Hexe klagt: „Seit meines Mannes Tode lebe ich von diesen Dingen und könnte es bequem haben, da unsere Gaetanerinnen einen ziemlich starken Glauben besitzen, wenn nicht die Mönche mir den Profit vorwegnähmen, indem sie Träume deuten, den Zorn der Heiligen sich abkaufen lassen, den Mädchen Männer, den Schwangern Knaben, den Unfruchtbaren Kinder versprechen und überdies des Nachts, wenn das Mannsvolk auf dem Fischfang aus ist, die Weiber heimsuchen, mit welchen sie des Tages in der Kirche Abreden getroffen haben." Suppatius warnt sie vor dem Neid des Klosters, aber sie fürchtet nichts, weil der Guardian ihr alter Bekannter ist.

Der Wahn jedoch schafft sich nun eine schlimmere Gattung von Hexen; solche, die durch bösen Zauber die Menschen um Gesundheit und Leben bringen. Bei diesen wird man auch, sobald der böse Blick usw. nicht ausreichte, zuerst an Beihülfe mächtiger Geister gedacht haben. Ihre Strafe ist, wie wir schon bei Anlass der Finicella (S. 506 f.) sahen, der Feuertod, und doch lässt der Fanatismus damals noch mit sich handeln; im Stadtgesetz von Perugia z. B. können sie sich mit 400 Pfund loskaufen[92]. Ein konsequenter Ernst

92. Graziani, Arch. stor. XVI, I, p. 565, ad a. 1445, bei Anlass einer Hexe von Nocera, welche nur die Hälfte bot und verbrannt wurde. Das Gesetz beschlägt solche, die: facciono le fature ovvero venefitie ovvero encantatione d'immundi spiriti a nuocere.

wurde damals noch nicht auf die Sache gewendet. Auf dem Boden des Kirchenstaates, im Hochapennin, und zwar in der Heimat des heiligen Benedikt, zu Norcia, behauptete sich ein wahres Nest des Hexen- und Zauberwesens. Die Sache war völlig notorisch. Es ist einer der merkwürdigsten Briefe des Aeneas Sylvius[93], aus seiner frühern Zeit, der hierüber Aufschluss gibt. Er schreibt an seinen Bruder: „Ueberbringer dieses ist zu mir gekommen, um mich zu fragen, ob ich nicht in Italien einen Venusberg wüsste? In einem solchen nämlich würden magische Künste gelehrt, nach welchen sein Herr, ein Sachse und grosser Astronom[94], Begierde trüge. Ich sagte, ich kenne ein Porto Venere unweit Carrara an der ligurischen Felsküste, wo ich auf der Reise nach Basel drei Nächte zubrachte; auch fand ich, dass in Sizilien ein der Venus geweihter Berg Eryx vorhanden sei, weiss aber nicht, dass dort Magie gelehrt werde. Unter dem Gespräch jedoch fiel mir ein, dass in Umbrien, im alten Herzogtum (Spoleto) unweit der Stadt Nursia eine Gegend ist, wo sich unter einer steilen Felswand eine Höhle findet, in welcher Wasser fliesst. Dort sind, wie ich mich entsinne gehört zu haben, Hexen (striges), Dämonen und nächtliche Schatten, und wer den Mut hat, kann Geister (spiritus) sehen und anreden und Zauberkünste lernen[95]. Ich habe es nicht gesehen, noch mich bemüht es zu sehen, denn, was man nur mit Sünden lernt, das kennt man besser gar nicht." Nun nennt er aber

93. Lib. I, ep. 46. Opera, p. 531, s. Statt umbra, p. 532, ist Umbria, statt lacum locum zu lesen.

94. Später nennt er ihn Medicus Ducis Saxoniae, homo tum dives tum potens.

95. Eine Art von Höllenloch kannte man im 14. Jahrhundert unweit Ansedonia in Toscana. Es war eine Höhle, wo man im Sande Tier- und Menschenspuren sah, welche, auch wenn man sie verwischte, des folgenden Tages doch wieder sichtbar waren. Uberti, il Dittamondo, L. III, cap. 9.

seinen Gewährsmann und ersucht den Bruder, den Ueberbringer des Briefes zu jenem hinzuführen, wenn er noch lebe. Aeneas geht hier in der Gefälligkeit gegen einen Hochstehenden sehr weit, aber für seine Person ist er nicht nur freier von allem Aberglauben als seine Zeitgenossen (S. 521, 550), sondern er hat darüber auch eine Prüfung bestanden, die noch heute nicht jeder Gebildete aushalten würde. Als er zur Zeit des Basler Konzils zu Mailand 75 Tage lang am Fieber darniederlag, konnte man ihn doch nie dazu bewegen, auf die Zauberärzte zu hören, obwohl ihm ein Mann ans Bett gebracht wurde, der kurz vorher 2000 Soldaten im Lager des Piccinino auf wunderbare Weise vom Fieber kuriert haben sollte. Noch leidend reiste Aeneas über das Gebirge nach Basel und genas im Reiten[96].

Weiter erfahren wir etwas von der Umgegend Norcias durch den Nekromanten, welcher den trefflichen Benvenuto Cellini in seine Gewalt zu bekommen suchte. Es handelt sich darum[97] ein neues Zauberbuch zu weihen, und der schicklichste Ort hiefür sind die dortigen Gebirge; zwar hat der Meister des Zauberers einmal ein Buch geweiht in der Nähe der Abtei Farfa, aber es ergaben sich dabei Schwierigkeiten, die man bei Norcia nicht anträfe; überdies sind die nursinischen Bauern zuverlässige Leute, haben einige Praxis in der Sache und können im Notfall mächtige Hülfe leisten. Der Ausflug unterblieb dann, sonst hätte Benvenuto wahrscheinlich auch die Helfershelfer des Gauners kennengelernt. Damals war diese Gegend völlig sprichwörtlich. Aretino sagt irgendwo von einem verhexten Brunnen: es wohnten dort die Schwester der Sibylle von Norcia und die Tante der Fata Morgana. Und um dieselbe Zeit durfte doch Trissino in seinem

96. Pii II. comment, L. I, p. 10.
97. Benv. Cellini, L. I, cap. 65.

grossen Epos[98] jene Oertlichkeit mit allem möglichen Aufwand von Poesie und Allegorie als den Sitz der wahren Weissagung feiern.

Mit der berüchtigten Bulle Innocenz' VIII. (1484)[99] wird dann bekanntlich das Hexenwesen und dessen Verfolgung zu einem grossen und scheusslichen System. Wie die Hauptträger desselben deutsche Dominikaner waren, so wurde auch Deutschland am meisten durch diese Geissel heimgesucht und von Italien in auffallender Weise diejenigen Gegenden, welche Deutschland am nächsten lagen. Schon die Befehle und Bullen der Päpste selber[100] beziehen sich z. B. auf die dominikanische Ordensprovinz Lombardia, auf die Diözesen Brescia und Bergamo, auf Cremona. Sodann erfährt man aus Sprengers berühmter theoretisch-praktischer Anweisung, dem Malleus Maleficarum, dass zu Como schon im ersten Jahre nach Erlass der Bulle 41 Hexen verbrannt wurden; Scharen von Italienerinnen flüchteten auf das Gebiet Erzherzog Sigismunds, wo sie sich noch sicher glaubten. Endlich setzt sich dies Hexenwesen in einigen unglücklichen Alpen-

98. L'Italia liberata da' Goti, canto XXIV. Man kann fragen, ob Trissino selber noch an die Möglichkeit seiner Schilderung glaubt oder ob es sich bereits um ein Element freier Romantik handelt. Derselbe Zweifel ist bei seinem vermutlichen Vorbild Lucan (Ges. VI) gestattet, wo die thessalische Hexe dem Sextus Pompejus zu Gefallen eine Leiche beschwört.

99. Septimo Decretal. Lib. V. Tit. XII. Sie beginnt: summis desiderantes affectibus etc. Beiläufig glaube ich mich zu der Bemerkung veranlasst, dass hier bei längerer Betrachtung jeder Gedanke an einen ursprünglichen objektiven Tatbestand, an Reste heidnischen Glaubens usw. verschwindet. Wer sich überzeugen will, wie die Phantasie der Bettelmönche die einzige Quelle dieses ganzen Wahns ist, verfolge in den Memoiren von Jacques du Clerc den sog. Waldenserprozess von Arras im Jahr 1459. Erst durch hundertjähriges Hineinverhören brachte man auch die Phantasie des Volkes auf den Punkt, wo sich das ganze scheussliche Wesen von selbst verstand und sich vermeintlich neu erzeugte.

100. Alexanders VI., Leos X., Hadrians VI., a. a. O.

tälern, besonders Val Camonica[101], ganz unaustilgbar fest; es war dem System offenbar gelungen, Bevölkerungen, welche irgendwie speziell disponiert waren, bleibend mit seinem Wahn zu entzünden. Dieses wesentlich deutsche Hexentum ist diejenige Nuance, an welche man bei Geschichten und Novellen aus Mailand, Bologna usw.[102] zu denken hat. Wenn es in Italien nicht weiter um sich griff, so hing dies vielleicht davon ab, dass man hier bereits eine ausgebildete Stregheria besass und kannte, welche auf wesentlich andern Voraussetzungen beruhte. Die italienische Hexe treibt ein Gewerbe und braucht Geld und vor allem Besinnung. Von jenen hysterischen Träumen der nordischen Hexen, von weiten Ausfahrten, Incubus und Succubus ist keine Rede; die Strega hat für das Vergnügen anderer Leute zu sorgen. Wenn man ihr zutraut, dass sie verschiedene Gestalten annehmen, sich schnell an entfernte Orte versetzen könne, so lässt sie sich dergleichen insofern gefallen, als es ihr Ansehen erhöht; dagegen ist es schon überwiegend gefährlich für sie, wenn die Furcht vor ihrer Bosheit und Rache, besonders vor der Verzauberung von Kindern, Vieh und Feldfrüchten überhandnimmt. Es kann für Inquisitoren und Ortsbehörden eine höchst populäre Sache werden, sie zu verbrennen.

Weit das wichtigste Feld der Strega sind und bleiben, wie schon angedeutet wurde, die Liebesangelegenheiten, worunter die Erregung von Liebe und Hass,

101. Sprichwörtlich als Hexenland genannt z. B. im Orlandino, cap. I, str. 12.

102. Z. B. Bandello III, Nov. 29, 52. Prato, Arch. stor. III, p. 408. – Bursellis, Ann. Bonon. ap. Murat. XXIII, Col. 897, erzählt bereits zum Jahr 1468 die Verurteilung eines Priors vom Servitenorden, welcher ein Geisterbordell hielt; cives Bononienses coire faciebat cum Daemonibus in specie puellarum. Er brachte den Dämonen förmliche Opfer. – Eine Parallele hiezu bei Procop. Hist. arcana, c. 12, wo ein wirkliches Bordell von einem Dämon frequentiert wird, der die andern Gäste auf die Gasse wirft.

das rachsüchtige Nestelknüpfen, das Abtreiben der Leibesfrucht, je nach Umständen auch der vermeintliche Mord des oder der Ungetreuen durch magische Begehungen und selbst die Giftküche[103] begriffen sind. Da man sich solchen Weibern nur ungern anvertraute, so entstand ein Dilettantismus, der ihnen dieses und jenes im stillen ablernte und auf eigene Hand damit weiteroperierte. Die römischen Buhlerinnen z. B. suchten dem Zauber ihrer Persönlichkeit noch durch anderweitigen Zauber in der Art der horazischen Canidia nachzuhelfen. Aretino[104] kann nicht nur etwas über sie wissen, sondern auch in dieser Beziehung Wahres berichten. Er zählt die entsetzlichen Schmierereien auf, welche sich in ihren Schränken gesammelt vorfinden: Haare, Schädel, Rippen, Zähne, Augen von Toten, Menschenhaut, der Nabel von kleinen Kindern, Schuhsohlen und Gewandstücke aus Gräbern; ja sie holen selbst von den Kirchhöfen verwesendes Fleisch und geben es dem Galan unvermerkt zu essen (nebst noch Unerhörterem). Haare, Nestel, Nägelabschnitte des Galans kochen sie in Oel, das sie aus ewigen Lämpchen in den Kirchen gestohlen. Von ihren Beschwörungen ist es die unschuldigste, wenn sie ein Herz aus heisser Asche formen und hineinstechen unter dem Gesang:

Prima che'l fuoco spenghi
Fa ch'a mia porta venghi;
Tal ti punga il mio amore
Quale io fo questo cuore.

Sonst kommen auch Zauberformeln bei Mond-

103. Die ekelhaften Vorräte der Hexenküche vgl. Macaroneide, Phant. XVI, XXI, wo das ganze Treiben erzählt wird.

104. Im Ragionamento del Zoppino. Er meint, die Buhlerinnen lernten ihre Weisheit besonders von gewissen Judenweibern, welche im Besitz von malie seien.

schein, Zeichnungen am Boden und Figuren aus Wachs oder Erz vor, welche ohne Zweifel den Geliebten vorstellen und je nach Umständen behandelt werden.

Man war an diese Dinge doch so sehr gewöhnt, dass ein Weib, welches ohne Schönheit und Jugend gleichwohl einen grossen Reiz auf die Männer ausübte, ohne weiteres in den Verdacht der Zauberei geriet. Die Mutter des Sanga[105] (Sekretärs bei Clemens VII.) vergiftete dessen Geliebte, die in diesem Falle war; unseligerweise starb auch der Sohn und eine Gesellschaft von Freunden, die von dem vergifteten Salat mitassen.

Nun folgt, nicht als Helfer, sondern als Konkurrent der Hexe, der mit den gefährlichern Aufgaben noch besser vertraute Zauberer oder Beschwörer, *incantatore*. Bisweilen ist er ebensosehr oder noch mehr Astrolog als Zauberer; öfter mag er sich als Astrologen gegeben haben, um nicht als Zauberer verfolgt zu werden, und etwas Astrologie zur Ermittelung der günstigen Stunden konnte der Zauberer ohnehin nicht entbehren (S. 551, 558 f.). Da aber viele Geister gut[106] oder indifferent sind, so kann auch ihr Beschwörer bisweilen noch eine leidliche Reputation behaupten, und noch Sixtus IV. hat 1474 in einem ausdrücklichen Breve[107] gegen einige bolognesische Karmeliter einschreiten müssen, welche auf der Kanzel sagten, es sei nichts Böses, von den Dämonen Bescheid zu begehren. An die Möglichkeit der Sache selber glaubten offenbar sehr viele; ein mittelbarer Beweis dafür liegt schon darin, dass auch die Frömmsten ihrerseits an erbetene Visionen guter Geister glaubten. Savonarola ist von

105. Varchi, Stor. fior. II, p. 153.

106. Diese Reservation wurde dann ausdrücklich betont. Corn. Agrippa, de occulta philosophia, cap. 39.

107. Septimo Decretal. l. c.

solchen Dingen erfüllt, die florentinischen Platoniker reden von einer mystischen Vereinigung mit Gott, und Marcellus Palingenius (S. 291) gibt nicht undeutlich zu verstehen, dass er mit geweihten Geistern umgehe[108]. Ebenderselbe ist auch überzeugt vom Dasein einer ganzen Hierarchie böser Dämonen, welche, vom Mond herwärts wohnend, der Natur und dem Menschenleben auflauern[109], ja er erzählt von einer persönlichen Bekanntschaft mit solchen, und da der Zweck unseres Buches eine systematische Darstellung des damaligen Geisterglaubens ohnehin nicht gestattet, so mag wenigstens der Bericht des Palingenius als Einzelbeispiel folgen[110].

Er hat bei einem frommen Einsiedler auf dem Soracte, zu S. Silvestro, sich über die Nichtigkeit des Irdischen und die Wertlosigkeit des menschlichen Lebens belehren lassen und dann mit einbrechender Nacht den Weg nach Rom angetreten. Da gesellen sich auf der Strasse bei hellem Vollmond drei Männer zu ihm, deren einer ihn beim Namen nennt und ihn fragt, woher des Weges er komme? Palingenio antwortet: von dem Weisen auf jenem Berge. „O du Tor", erwidert jener, „glaubst du wirklich, dass auf Erden jemand weise sei? Nur höhere Wesen (Divi) haben Weisheit, und dazu gehören wir drei, obwohl wir mit Menschengestalt angetan sind; ich heisse Saracil, und diese hier Sathiel und Jana; unser Reich ist zunächst beim Mond, wo überhaupt die grosse Schar von Mittelwesen haust, die über Erde und Meer herrschen." Palingenio fragt nicht ohne inneres Beben, was sie in Rom vorhätten? – Die Antwort lautet: „Einer unserer Genossen, Ammon, wird durch magische Kraft von einem Jüngling aus Narni, aus dem

108. Zodiacus vitae, XII, 363 bis 539. cf. X, 393, s.
109. Ibid. IX, 291, s.
110. Ibid. X, 770, s.

Gefolge des Kardinals Orsini, in Knechtschaft gehalten; denn merkt euch's nur, Menschen, es liegt beiläufig ein Beweis für eure eigene Unsterblichkeit darin, dass ihr unsereinen zwingen könnt; ich selbst habe einmal, in Kristall eingeschlossen, einem Deutschen dienen müssen, bis mich ein bärtiges Mönchlein befreite. Diesen Dienst wollen wir nun in Rom unserm Genossen zu leisten suchen und bei dem Anlass ein paar vornehme Herren diese Nacht in den Orkus befördern." Bei diesen Worten des Dämons erhebt sich ein Lüftchen, und Sathiel sagt: „Höret, unser Remisses kommt schon von Rom zurück, dies Wehen kündigt ihn an." In der Tat erscheint noch einer, den sie fröhlich begrüssen und über Rom ausfragen. Seine Auskunft ist höchst antipäpstlich; Clemens VII. ist wieder mit den Spaniern verbündet und hofft Luthers Lehre nicht mehr mit Gründen, sondern mit dem spanischen Schwerte auszurotten; lauter Gewinn für die Dämonen, welche bei dem grossen bevorstehenden Blutvergiessen die Seelen Unzähliger zur Hölle führen werden. Nach diesen Reden, wobei Rom mit seiner Unsittlichkeit als völlig dem Bösen verfallen dargestellt wird, verschwinden die Dämonen und lassen den Dichter traurig seine Straße ziehen[111].

Wer sich von dem Umfang desjenigen Verhältnisses zu den Dämonen einen Begriff machen will, welches man noch öffentlich zugestehen durfte trotz des Hexenhammers usw., den müssen wir auf das vielgelesene Buch des Agrippa von Nettesheim „von der geheimen Philosophie" verweisen. Er scheint es zwar ursprünglich geschrieben zu haben, ehe er in Italien

111. Das mythische Vorbild der Zauberer bei den damaligen Dichtern ist bekanntlich Malagigi. Bei Anlass dieser Figur lässt sich Pulci (Morgante, canto XXIV, Str. 106, s.) auch theoretisch aus über die Grenzen der Macht der Dämonen und der Beschwörung. Wenn man nur wüsste, wie weit es ihm Ernst ist. (Vgl. Canto XXI.)

war[112], allein er nennt in der Widmung an Trithemius unter andern auch wichtige italienische Quellen, wenn auch nur, um sie nebst den andern schlecht zu machen. Bei zweideutigen Individuen, wie Agrippa eines war, bei Gaunern und Narren, wie die meisten andern heissen dürfen, interessiert uns das System, in welches sie sich etwa hüllen, nur sehr wenig, samt seinen Formeln, Räucherungen, Salben, Pentakeln, Totenknochen[113] usw. Allein fürs erste ist dies System mit Zitaten aus dem Aberglauben des Altertums ganz angefüllt; sodann erscheint seine Einmischung in das Leben und in die Leidenschaft der Italiener bisweilen höchst bedeutend und folgenreich. Man sollte denken, dass nur die verdorbensten Grossen sich damit eingelassen hätten, allein das heftige Wünschen und Begehren führt den Zauberern hie und da auch kräftige und schöpferische Menschen aller Stände zu, und schon das Bewusstsein, dass die Sache möglich sei, raubt auch den Fernstehenden immer etwas von ihrem Glauben an eine sittliche Weltordnung. Mit etwas Geld und Gefahr schien man der allgemeinen Vernunft und Sittlichkeit ungestraft trotzen zu können und die Zwischenstufen zu ersparen, welche sonst zwischen dem Menschen und seinen erlaubten oder unerlaubten Zielen liegen.

Betrachten wir zunächst ein älteres, im Absterben begriffenes Stück Zauberei. Aus dem dunkelsten Mittelalter, ja aus dem Altertum bewahrte manche

112. Polydorus Virgilius war zwar Italiener von Geburt, allein sein Werk de prodigiis konstatiert wesentlich nur den Aberglauben von England, wo er sein Leben zubrachte. Bei Anlass der Präszienz der Dämonen macht er jedoch eine kuriose Anwendung auf die Verwüstung von Rom 1527.

113. Doch ist wenigstens der Mord nur höchst selten (S. 487) Zweck und vielleicht gar nie Mittel. Ein Scheusal wie Gilles de Retz (um 1440), der den Dämonen über 100 Kinder opfert, hat in Italien kaum eine ferne Analogie.

Stadt in Italien eine Erinnerung an die Verknüpfung ihres Schicksals mit gewissen Bauten, Statuen usw. Die Alten hatten einst zu erzählen gewusst von den Weihepriestern oder Telesten, welche bei der feierlichen Gründung einzelner Städte zugegen gewesen waren und das Wohlergehen derselben durch bestimmte Denkmäler, auch wohl durch geheimes Vergraben bestimmter Gegenstände (Telesmata) magisch gesichert hatten. Wenn irgend etwas aus der römischen Zeit mündlich und populär überliefert weiterlebte, so waren es Traditionen dieser Art; nur wird natürlich der Weihepriester im Lauf der Jahrhunderte zum Zauberer schlechthin, da man die religiöse Seite seines Tuns im Altertum nicht mehr versteht. In einigen neapolitanischen Virgilswundern[114] lebt ganz deutlich die uralte Erinnerung an einen Telesten fort, dessen Name im Laufe der Zeit durch den des Virgil verdrängt wurde. So ist das Einschliessen des geheimnisvollen Bildes der Stadt in ein Gefäss nichts anderes als ein echtes antikes Telesma; so ist Virgil der Mauerngründer von Neapel nur eine Umbildung des bei der Gründung anwesenden Weihepriesters. Die Volksphantasie spann mit wucherndem Reichtum an diesen Dingen weiter, bis Virgil auch der Urheber des ehernen Pferdes, der Köpfe am Nolaner Tor, der ehernen Fliege über irgendeinem andern Tore, ja der Grotte des Posilipp usw. geworden war – lauter Dinge, welche das Schicksal in einzelnen Beziehungen magisch binden, während jene beiden erstgenannten Züge das Fatum von Neapel überhaupt zu bestimmen scheinen.

114. Vgl. die wichtige Abhandlung von *Roth* „über den Zauberer Virgilius" in Pfeiffers Germania, IV. – Das Aufkommen Virgils an der Stelle des ältern Telesten mag sich am ehesten dadurch erklären, dass etwa die häufigen Besuche an seinem Grabe schon während der Kaiserzeit dem Volk zu denken gaben. – Das Telesma von Paris, Gregor. Turon. VIII, 33.

Auch das mittelalterliche Rom hatte verworrene Erinnerungen dieser Art. In S. Ambrogio zu Mailand befand sich ein antiker marmorner Herkules; solange derselbe an seiner Stelle stehe, hiess es, werde auch das Reich dauern, wahrscheinlich das der deutschen Kaiser, deren Krönungskirche S. Ambrogio war[115]. Die Florentiner waren überzeugt[116], dass ihr (später zum Baptisterium umgebauter) Marstempel stehen werde bis ans Ende der Tage, gemäss der Konstellation, unter welcher er zur Zeit des Augustus erbaut war; die marmorne Reiterstatue des Mars hatten sie allerdings daraus entfernt, als sie Christen wurden; weil aber die Zertrümmerung derselben grosses Unheil über die Stadt gebracht haben würde – ebenfalls wegen einer Konstellation –, so stellte man sie auf einen Turm am Arno. Als Totila Florenz zerstörte, fiel das Bild ins Wasser und wurde erst wieder herausgefischt, als Karl der Grosse Florenz neu gründete; es kam nunmehr auf einen Pfeiler am Eingang des Ponte vecchio zu stehen – und an dieser Stelle wurde 1215 Bondelmonte umgebracht, und das Erwachen des grossen Parteikampfes der Guelfen und Ghibellinen knüpft sich auf diese Weise an das gefürchtete Idol. Bei der Ueberschwemmung von 1333 verschwand dasselbe für immer[117].

Allein dasselbe Telesma findet sich anderswo wieder. Der schon erwähnte Guido Bonatto begnügte sich nicht, bei der Neugründung der Stadtmauern von Forlì

115. Uberti: Dittamondo L. III, cap. 4.

116. Das Folgende s. bei Gio. Villani I, 42, 60. II, 1. III, 1. V, 38. XI, 1. Er selber glaubt an solche gottlosen Sachen nicht. – Vgl. Dante, Inferno XIII, 146.

117. Laut einem Fragment bei Baluz. Miscell. IV, 119 haben einst in alten Zeiten die Leute von Pavia gegen die von Ravenna Krieg geführt, et militem marmoreum, qui iuxta Ravennam se continue volvebat ad solem, usurpaverunt et ad eorum civitatem victoriosissime transtulerunt. Wahrscheinlich eine ähnliche Schicksalsfigur.

jene symbolische Szene der Eintracht der beiden Parteien (S. 553) zu verlangen; durch ein ehernes oder steinernes Reiterbild, das er mit astrologischen und magischen Hülfsmitteln zustande brachte und vergrub[118], glaubte er die Stadt Forlì vor Zerstörung, ja schon vor Plünderung und Einnahme geschützt zu haben. Als Kardinal Albornoz (S. 132) etwa sechs Jahrzehnde später die Romagna regierte, fand man das Bild bei zufälligem Graben und zeigte es, wahrscheinlich auf Befehl des Kardinals, dem Volke, damit dieses begreife, durch welches Mittel der grausame Montefeltro sich gegen die römische Kirche behauptet habe. Aber wiederum ein halbes Jahrhundert später (1410), als eine feindliche Ueberrumpelung von Forlì misslang, appelliert man doch wieder an die Kraft des Bildes, das vielleicht gerettet und wieder vergraben worden war. Es sollte das letztemal sein, dass man sich dessen freute; schon im folgenden Jahr wurde die Stadt wirklich eingenommen. – Gründungen von Gebäuden haben noch im ganzen 15. Jahrhundert nicht nur astrologische (S. 553), sondern auch magische Anklänge mit sich. Es fiel z. B. auf, dass Papst Paul II. eine solche Masse von goldenen und silbernen Medaillen in die Grundsteine seiner Bauten versenkte[119], und Platina hat keine üble Lust, hierin ein heidnisches Telesma zu erkennen. Von der mittelalterlich religiösen Bedeutung eines solchen Opfers[120] hatte wohl freilich Paul so wenig als sein Biograph ein Bewusstsein.

118. Den Ortsglauben hierüber geben Annal. Foroliviens. ap. Muratori XXII, Col. 207, 238; mit Erweiterungen ist die Sache erzählt bei Fil. Villani, Vite, p. 43.

119. Platina, Vitae Pontiff. p. 320: veteres potius hac in re quam Petrum, Anacletum et Linum imitatus.

120. Die man z. B. bei Sugerius, de consecratione ecclesiae (Duchesne, scriptores IV, p. 355) und Chron. Petershusanum I, 13 und 16 recht wohl ahnt.

Doch dieser offizielle Zauber, der ohnedies grossenteils ein blosses Hörensagen war, erreichte bei weitem nicht die Wichtigkeit der geheimen, zu persönlichen Zwecken angewandten Magie.

Was davon im gewöhnlichen Leben besonders häufig vorkam, hat Ariost in seiner Komödie vom Nekromanten zusammengestellt[121]. Sein Held ist einer der vielen aus Spanien vertriebenen Juden, obgleich er sich auch für einen Griechen, Aegypter und Afrikaner ausgibt und unaufhörlich Namen und Maske wechselt. Er kann zwar mit seinen Geisterbeschwörungen den Tag verdunkeln und die Nacht erhellen, die Erde bewegen, sich unsichtbar machen, Menschen in Tiere verwandeln usw., aber diese Prahlereien sind nur der Aushängeschild; sein wahres Ziel ist das Ausbeuten unglücklicher und leidenschaftlicher Ehepaare, und da gleichen die Spuren, die er zurücklässt, dem Geifer einer Schnecke, oft aber auch dem verheerenden Hagelschlag. Um solcher Zwecke willen bringt er es dazu, dass man glaubt, die Kiste, worin ein Liebhaber steckt, sei voller Geister, oder er könne eine Leiche zum Reden bringen u. dgl. Es ist wenigstens ein gutes Zeichen, dass Dichter und Novellisten diese Sorte von Menschen lächerlich machen durften und dabei auf Zustimmung rechnen konnten. Bandello behandelt nicht nur das Zaubern eines lombardischen Mönches als eine kümmerliche und in ihren Folgen schreckliche Gaunerei[122], sondern er schildert auch[123] mit wahrer Entrüstung das Unheil, welches den gläubigen Toren unaufhörlich begleitet. „Ein solcher hofft mit dem

121. Vgl. auch die Calandra des Bibiena.

122. Bandello III, Nov. 52.

123. Ebenda III, Nov. 29. Der Beschwörer lässt sich das Geheimhalten mit hohen Eiden versprechen, hier z. B. mit einem Schwur auf den Hochaltar von S. Petronio in Bologna, als gerade sonst niemand in der Kirche war. – Einen ziemlichen Vorrat von Zauberwesen findet man auch Macaroneide, Phant. XVIII.

Schlüssel Salomonis und vielen andern Zauberbüchern die verborgenen Schätze im Schoss der Erde zu finden, seine Dame zu seinem Willen zu zwingen, die Geheimnisse der Fürsten zu erkunden, von Mailand sich in einem Nu nach Rom zu versetzen und ähnliches. Je öfter getäuscht, desto beharrlicher wird er ... Entsinnt Ihr Euch noch, Signor Carlo, jener Zeit, da ein Freund von uns, um die Gunst seiner Geliebten zu erzwingen, sein Zimmer mit Totenschädeln und Gebeinen anfüllte wie einen Kirchhof?" Es kommen die ekelhaftesten Verpflichtungen vor, z. B. einer Leiche drei Zähne auszuziehen, ihr einen Nagel vom Finger zu reissen usw., und wenn dann endlich die Beschwörung mit ihrem Hokuspokus vor sich geht, sterben bisweilen die unglücklichen Teilnehmer vor Schrecken.

Benvenuto Cellini, bei der bekannten grossen Beschwörung (1532) im Kolosseum zu Rom[124], starb nicht, obgleich er und seine Begleiter das tiefste Entsetzen ausstanden; der sizilianische Priester, der in ihm wahrscheinlich einen brauchbaren Mithelfer für künftige Zeiten vermutete, machte ihm sogar auf dem Heimweg das Kompliment, einen Menschen von so festem Mute habe er noch nie angetroffen. Ueber den Hergang selbst wird sich jeder Leser seine besondern Gedanken machen; das Entscheidende waren wohl die narkotischen Dämpfe und die von vornherein auf das schrecklichste vorbereitete Phantasie, weshalb denn auch der mitgebrachte Junge, bei welchem dies am stärksten wirkt, weit das meiste allein erblickt. Dass es aber wesentlich auf Benvenuto abgesehen sein mochte, dürfen wir erraten, weil sonst für das gefährliche Beginnen gar kein anderer Zweck als die Neugier ersichtlich wird. Denn auf die schöne Angelica muss

124. Benv. Cellini I, cap. 64.

sich Benvenuto erst besinnen, und der Zauberer sagt ihm nachher selbst, Liebschaften seien eitle Torheit im Vergleich mit dem Auffinden von Schätzen. Endlich darf man nicht vergessen, daß es der Eitelkeit schmeichelte, sagen zu können: die Dämonen haben mir Wort gehalten, und Angelica ist genau einen Monat später, wie mir verheissen war, in meinen Händen gewesen (Kap. 68). Aber auch wenn sich Benvenuto allmählich in die Geschichte hineingelogen haben sollte, so wäre sie doch als Beispiel der damals herrschenden Anschauung von bleibendem Werte.

Sonst gaben sich die italienischen Künstler, auch die „wunderlichen, capricciosen und bizarren", mit Zauberei nicht leicht ab; wohl schneidet sich einer bei Gelegenheit des anatomischen Studiums ein Wams aus der Haut einer Leiche, aber auf Zureden eines Beichtvaters legt er es wieder in ein Grab[125]. Gerade das häufige Studium von Kadavern mochte den Gedanken an magische Wirkung einzelner Teile derselben am gründlichsten niederschlagen, während zugleich das unablässige Betrachten und Bilden der Form dem Künstler die Möglichkeit einer ganz andern Magie aufschloss.

Im allgemeinen erscheint das Zauberwesen zu Anfang des 16. Jahrhunderts trotz der angeführten Beispiele doch schon in kenntlicher Abnahme, zu einer Zeit also, wo es ausserhalb Italiens erst recht in Blüte kommt, so dass die Rundreisen italienischer Zauberer und Astrologen im Norden erst zu beginnen scheinen, seitdem ihnen zu Hause niemand mehr grosses Vertrauen schenkte. Das 14. Jahrhundert war es, welches die genaue Bewachung des Sees auf dem Pilatusberg bei Scariotto nötig fand, um die Zauberer an ihrer

125. Vasari VIII, 143, Vita di Andrea da Fiesole. Es war Silvio Cosini, der auch sonst „den Zaubersprüchen und ähnlichen Narrheiten" nachging.

Bücherweihe zu verhindern[126]. Im 15. Jahrhundert kamen dann noch Dinge vor wie z. B. das Anerbieten, Regengüsse zu bewirken, um damit ein Belagerungsheer zu verscheuchen; und schon damals hatte der Gebieter der belagerten Stadt – Niccolò Vittelli in Città di Castello – den Verstand, die Regenmacher als gottlose Leute abzuweisen[127]. Im 16. Jahrhundert treten solche offizielle Dinge nicht mehr an den Tag, wenn auch das Privatleben noch mannigfach den Beschwörern anheimfällt. In diese Zeit gehört allerdings die klassische Figur des deutschen Zauberwesens, Dr. Johann Faust; die des italienischen dagegen, Guido Bonatto, fällt bereits ins 13. Jahrhundert.

Auch hier wird man freilich beifügen müssen, dass die Abnahme des Beschwörungsglaubens sich nicht notwendig in eine Zunahme des Glaubens an eine sittliche Ordnung des Menschenlebens verwandelte, sondern dass sie vielleicht bei vielen nur einen dumpfen Fatalismus zurückliess, ähnlich wie der schwindende Sternglaube.

Ein paar Nebengattungen des Wahns, die Pyromantie, Chiromantie[128] usw., welche erst mit dem

126. Uberti, il Dittamondo, III, cap. 1. Er besucht in der Mark Ancona auch Scariotto, den vermeintlichen Geburtsort des Judas und bemerkt dabei: „an dieser Stelle darf ich auch nicht den Pilatusberg übergehen, mit seinem See, wo den Sommer über regelmässig Wachen abwechseln; denn wer Magie versteht, kommt hier heraufgestiegen, um sein Buch zu weihen, worauf grosser Sturm sich erhebt, wie die Leute des Ortes sagen." Das Weihen der Bücher ist, wie schon S. 571 erwähnt wurde, eine besondere, von der eigentlichen Beschwörung verschiedene Zeremonie. – Im 16. Jahrhundert war das Besteigen des Pilatusberges bei Luzern „by lib und guot" verboten, wie der Luzerner Diebold Schilling (S. 67) meldet. Man glaubte, in dem See auf dem Berge liege ein Gespenst, welches „der Geist Pilati" sei. Wenn Leute hinaufkamen, oder etwas in den See warfen, erhoben sich furchtbare Gewitter.

127. De obsidione Tiphernatium 1474. (Rerum ital. scriptt. ex florent. codicibus, Tom. II.)

128. Diesen unter den Soldaten stark verbreiteten Aberglauben (um 1520) verspottet Limerno Pitocco, im Orlandino, cap. V, Str. 60.

Sinken des Beschwörungsglaubens und der Astrologie einigermaßen zu Kräften kamen, dürfen wir hier völlig übergehen, und selbst die auftauchende Physiognomik hat lange nicht das Interesse, das man bei Nennung dieses Namens voraussetzen sollte. Sie erscheint nämlich nicht als Schwester und Freundin der bildenden Kunst und der praktischen Psychologie, sondern wesentlich als eine neue Gattung fatalistischen Wahnes, als ausdrückliche Rivalin der Sterndeuterei, was sie wohl schon bei den Arabern gewesen sein mag. Bartolommeo Cocle z. B., der Verfasser eines physiognomischen Lehrbuches, der sich einen Metoposkopen nannte[129] und dessen Wissenschaft, nach Giovios Ausdruck, schon wie eine der vornehmsten freien Künste aussah, begnügte sich nicht mit Weissagungen an die klügsten Leute, die ihn täglich zu Rate zogen, sondern er schrieb auch ein höchst bedenkliches „Verzeichnis solcher, welchen verschiedene grosse Lebensgefahren bevorständen". Giovio, obwohl gealtert in der Aufklärung Roms – in hac luce romana! – findet doch, dass sich die darin enthaltenen Weissagungen nur zu sehr erwahrt hätten[130]. Freilich erfährt man bei dieser Gelegenheit auch, wie die von diesen und ähnlichen Voraussagungen Betroffenen sich an den Propheten rächten; Giovanni Bentivoglio liess den Lucas Gauricus an einem Seil, das von einer hohen Wendeltreppe herabhing, fünfmal hin und her an die Wand schmeissen, weil Lucas ihm[131] den Verlust seiner Herrschaft vorhersagte; Ermes Bentivoglio sandte dem Cocle einen Mörder nach, weil der unglückliche Metoposkop

129. Paul. Jov. Elog. lit. sub voce Cocles.

130. Aus Giovio spricht hier vernehmlich der begeisterte Porträtsammler.

131. Und zwar aus den Sternen, denn Gauricus kannte die Physiognomik nicht; für sein eigenes Schicksal aber war er auf die Weissagung des Cocle angewiesen, da sein Vater versäumt hatte, sein Horoskop zu notieren.

ihm, noch dazu wider Willen, prophezeit hatte, er werde als Verbannter in einer Schlacht umkommen. Der Mörder höhnte, wie es scheint, noch in Gegenwart des Sterbenden: dieser habe ihm ja selber geweissagt, er würde nächstens einen schmählichen Mord begehen! – Ein ganz ähnliches jammervolles Ende nahm der Neugründer der Chiromantie, Antioco Tiberto von Cesena[132], durch Pandolfo Malatesta von Rimini, dem er das Widerwärtigste prophezeit hatte, was ein Tyrann sich denken mag: den Tod in Verbannung und äusserster Armut. Tiberto war ein geistreicher Mann, dem man zutraute, dass er weniger nach einer chiromantischen Methode als nach einer durchdringenden Menschenkenntnis seinen Bescheid gebe; auch achteten ihn seiner hohen Bildung wegen selbst diejenigen Gelehrten, welche von seiner Divination nichts hielten[133].

Die Alchymie endlich, welche im Altertum erst ganz spät, unter Diocletian, erwähnt wird, spielt zur Zeit der Blüte der Renaissance nur eine untergeordnete Rolle[134]. Auch diese Krankheit hatte Italien früher durchgemacht, im 14. Jahrhundert, als Petrarca in seiner Polemik dagegen es zugestand: das Goldkochen sei eine weitverbreitete Sitte[135]. Seitdem war in Italien diejenige besondere Sorte von Glauben, Hingebung und Isolierung, welche der Betrieb der Alchymie verlangt, immer seltener geworden, während italienische und andere Adepten im Norden die grossen Herrn erst recht auszubeuten anfingen[136]. Unter Leo X. hies-

132. Paul. Jov. l. c., s. v. Tibertus.

133. Das Notwendigste über diese Nebengattungen der Mantik gibt Corn. Agrippa, de occulta philosophia, cap. 52, 57.

134. Libri, Hist. des sciences mathém. II, p. 122.

135. Novi nihil narro, mos est publicus. (Remed. utriusque fortunae, p. 93, eine der sehr lebendig und ab irato geschriebenen Partien dieses Buches.)

136. Hauptstelle bei Trithem. Ann. Hirsaug. II, p. 286, s.

sen bei den Italienern die wenigen[137], die sich noch damit abgaben, schon „Grübler" (ingenia curiosa), und Aurelio Augurelli, der dem grossen Goldverächter Leo selbst sein Lehrgedicht vom Goldmachen widmete, soll als Gegengeschenk eine prächtige, aber leere Börse erhalten haben. Die Adeptenmystik, welche ausser dem Gold noch den allbeglückenden Stein der Weisen suchte, ist vollends erst ein spätes nordisches Gewächs, welches aus den Theorien des Paracelsus usw. emporblüht.

Mit diesem Aberglauben sowohl als mit der Denkweise des Altertums überhaupt hängt die Erschütterung des Glaubens an die Unsterblichkeit eng zusammen. Diese Frage hat aber überdies noch viel weitere und tiefere Beziehungen zu der Entwicklung des modernen Geistes im grossen und ganzen.

Eine mächtige Quelle aller Zweifel an der Unsterblichkeit war zunächst der Wunsch, der verhassten Kirche, wie sie war, innerlich nichts mehr zu verdanken. Wir sahen, dass die Kirche diejenigen, welche so dachten, Epikureer nannte (S. 536 ff.). Im Augenblick des Todes mag sich mancher wieder nach den Sakramenten umgesehen haben, aber Unzählige haben während ihres Lebens, zumal während ihrer tätigsten Jahre unter jener Voraussetzung gelebt und gehandelt. Dass sich daran bei vielen ein allgemeiner Unglaube hängen musste, ist an sich einleuchtend und überdies geschichtlich auf alle Weise bezeugt. Es sind diejenigen, von welchen es bei Ariost heisst: sie glauben nicht über das Dach hinaus[138]. In Italien, zumal in

137. Neque enim desunt, heisst es bei Paul. Jov. Elog. lit., s. v. Pompon. Gauricus. Vgl. Ibid., s. v. Aurel. Augurellus. – Macaroneide, Phant. XII.

138. Ariosto, Sonetto 34 . . . non creder sopra il tetto. Der Dichter sagt es mit Bosheit von einem Beamten aus, der in einer Sache von Mein und Dein gegen ihn entschieden hatte.

Florenz, konnte man zuerst als ein notorisch Ungläubiger existieren, wenn man nur keine unmittelbare Feindseligkeit gegen die Kirche übte. Der Beichtvater z. B., der einen politischen Delinquenten zum Tode vorbereiten soll, erkundigt sich vorläufig, ob derselbe glaube? „Denn es war ein falsches Gerücht gegangen, er habe keinen Glauben[139]."

Der arme Sünder, um den es sich hier handelt, jener S. 87 f. erwähnte Pierpaolo Boscoli, der 1513 an einem Attentat gegen das eben hergestellte Haus Medici teilnahm, ist bei diesem Anlass zu einem wahren Spiegelbild der damaligen religiösen Konfusion geworden. Von Hause aus der Partei Savonarolas zugetan, hatte er dann doch für die antiken Freiheitsideale und anderes Heidentum geschwärmt; in seinem Kerker aber nimmt sich jene Partei wiederum seiner an und verschafft ihm ein seliges Ende in ihrem Sinne. Der pietätvolle Zeuge und Aufzeichner des Herganges ist einer von der Künstlerfamilie della Robbia, der gelehrte Philologe Luca. „Ach, seufzt Boscoli, treibet mir den Brutus aus dem Kopf, damit ich meinen Gang als Christ gehen kann!" – Luca: „Wenn Ihr wollt, so ist das nicht schwer; Ihr wisset ja, dass jene Römertaten uns nicht schlicht, sondern idealisiert (con arte accresciute) überliefert sind." Nun zwingt jener seinen Verstand, zu glauben und jammert, dass er nicht freiwillig glauben könne. Wenn er nur noch einen Monat mit guten Mönchen zu leben hätte, dann würde er ganz geistlich gesinnt werden! Es zeigt sich weiter, dass diese Leute vom Anhang Savonarolas die Bibel wenig kannten; Boscoli kann nur Paternoster und Avemaria beten, und ersucht nun den Luca dringend, den Freunden zu sagen, sie möchten die heilige Schrift

139. Narrazione del caso del Boscoli, Arch. stor. I, p. 273, s. – Der stehende Ausdruck war non aver fede, vgl. Vasari, VII, p. 122, Vita di Piero di Cosimo.

studieren, denn nur was der Mensch im Leben erlernt habe, das besitze er im Sterben. Darauf liest und erklärt ihm Luca die Passion nach dem Evangelium Johannis; merkwürdigerweise ist dem Armen die Gottheit Christi einleuchtend, während ihm dessen Menschheit Mühe macht; diese möchte er gerne so sichtbar begreifen, „als käme ihm Christus aus einem Walde entgegen" – worauf ihn sein Freund zur Demut verweist, indem dies nur Zweifel seien, welche der Satan sende. Später fällt ihm ein ungelöstes Jugendgelübde einer Wallfahrt nach der Impruneta ein; der Freund verspricht, es zu erfüllen an seiner Statt. Dazwischen kommt der Beichtvater, ein Mönch aus Savonarolas Kloster, wie er ihn erbeten hatte, gibt ihm zunächst jene oben erwähnte Erläuterung über die Ansicht des Thomas von Aquino wegen des Tyrannenmordes, und ermahnt ihn dann, den Tod mit Kraft zu ertragen. Boscoli antwortet: „Pater, verlieret damit keine Zeit, denn dazu genügen mir schon die Philosophen; helfet mir, den Tod zu erleiden aus Liebe zu Christus." Das weitere, die Kommunion, der Abschied und die Hinrichtung, wird auf sehr rührende Weise geschildert; besonders hervorzuheben ist aber der eine Zug, dass Boscoli, indem er das Haupt auf den Block legte, den Henker bat, noch einen Augenblick mit dem Hieb zu warten: „Er hatte nämlich die ganze Zeit über (seit der Verkündigung des Todesurteils) nach einer engen Vereinigung mit Gott gestrebt, ohne sie nach Wunsch zu ereichen, nun gedachte er in diesem Augenblick durch volle Anstrengung sich gänzlich Gott hinzugeben." Offenbar ist es ein Ausdruck Savonarolas, der – halb verstanden – ihn beunruhigt hatte.

Besässen wir noch mehr Bekenntnisse dieser Art, so würde das geistige Bild jener Zeit um viele wichtige Züge reicher werden, die uns keine Abhandlung und kein Gedicht gibt. Wir würden noch besser sehen, wie stark der angeborene religiöse Trieb, wie subjektiv und auch wie schwankend das Verhältnis des Einzelnen zum Religiösen war und was für gewaltige Feinde dem letztern gegenüberstanden. Dass Menschen von einem so beschaffenen Innern nicht taugen, um eine neue Kirche zu bilden, ist unleugbar, aber die Geschichte des abendländischen Geistes wäre unvollständig ohne die Betrachtung jener Gärungszeit der Italiener, während sie sich den Blick auf andere Nationen, die am Gedanken keinen Teil hatten, getrost ersparen darf. Doch wir kehren zur Frage von der Unsterblichkeit zurück.

Wenn der Unglaube in dieser Beziehung unter den höher Entwickelten eine so bedeutende Stellung gewann, so hing dies weiter davon ab, dass die grosse irdische Aufgabe der Entdeckung und Reproduktion der Welt in Wort und Bild alle Geistes- und Seelenkräfte bis zu einem hohen Grade für sich in Anspruch nahm. Von dieser notwendigen Weltlichkeit der Renaissance war schon (S. 531 f.) die Rede. Aber überdies erhob sich aus dieser Forschung und Kunst mit derselben Notwendigkeit ein allgemeiner Geist des Zweifels und der Frage. Wenn derselbe sich in der Literatur wenig kundgibt, wenn er z. B. zu einer Kritik der biblischen Geschichte (S. 544) nur vereinzelte Anläufe verrät, so muss man nicht glauben, er sei nicht vorhanden gewesen. Er war nur übertönt durch das soeben genannte Bedürfnis des Darstellens und Bildens in allen Fächern, d. h. durch den positiven Kunsttrieb; ausserdem hemmte ihn auch die noch vorhandene Zwangsmacht der Kirche, sobald er theoretisch zu Werke gehen wollte. Dieser Geist des Zweifels aber musste sich unvermeidlich und vorzugsweise auf die Frage vom Zustand nach dem Tode werfen, aus Gründen, welche zu einleuchtend sind, als dass sie genannt zu werden brauchten.

Und nun kam das Altertum hinzu und wirkte auf diese ganze Angelegenheit in zwiefacher Weise. Fürs erste suchte man sich die Psychologie der Alten anzueignen und peinigte den Buchstaben des Aristoteles um eine entscheidende Auskunft. In einem der lucianischen Dialoge jener Zeit[140] erzählt Charon dem Mercur, wie er den Aristoteles bei der Ueberfahrt im Nachen selber um seinen Unsterblichkeitsglauben befragt habe; der vorsichtige Philosoph, obwohl selber bereits leiblich gestorben und dennoch fortlebend, habe sich auch jetzt nicht mit einer klaren Antwort kompromittieren wollen; wie werde es erst nach vielen Jahrhunderten mit der Deutung seiner Schriften gehen! – Nur um so eifriger stritt man über seine und anderer alten Schriftsteller Meinungen in betreff der wahren Beschaffenheit der Seele, ihren Ursprung, ihre Präexistenz, ihre Einheit in allen Menschen, ihre absolute Ewigkeit, ja ihre Wanderungen, und es gab Leute, die dergleichen auf die Kanzel brachten[141]. Die Debatte wurde überhaupt schon im 15. Jahrhundert sehr laut; die einen bewiesen, dass Aristoteles allerdings eine unsterbliche Seele lehre[142]; andere klagten über die Herzenshärte der Menschen, welche die Seele gern breit auf einem Stuhl vor sich sitzen sähen, um überhaupt an ihr Dasein zu glauben[143]; Filelfo in seiner Leichenrede auf Francesco Sforza führt eine bunte Reihe von Aussagen antiker und selbst arabischer Philosophen zugunsten der Unsterblichkeit an und schliesst dies im Druck[144] anderthalb enge Folioseiten betragende Gemisch mit zwei Zeilen: „überdies

140. Jovian. Pontan. Charon.

141. Faustini Terdocei triumphus stultitiae, L. II.

142. So Borbone Morosini um 1460, vgl. Sansovino, Venezia, L. XIII, p. 243.

143. Vespas. Fiorentin., p. 260.

144. Orationes Philelphi, fol. 8.

haben wir das Alte und Neue Testament, was über alle Wahrheit ist.“ Dazwischen kamen die florentinischen Platoniker mit der Seelenlehre Platos, und, wie z. B. Pico, mit sehr wesentlicher Ergänzung derselben aus der Lehre des Christentums. Allein die Gegner erfüllten die gebildete Welt mit ihrer Meinung. Zu Anfang des 16. Jahrhunderts war das Aergernis, das die Kirche darob empfand, so hoch gestiegen, dass Leo X. auf dem lateranensischen Konzil (1513) eine Konstitution[145] erlassen musste zum Schutz der Unsterblichkeit und Individualität der Seele, letzteres gegen die, welche lehrten, die Seele sei in allen Menschen nur eine. Wenige Jahre später erschien aber das Buch des Pomponazzo, worin die Unmöglichkeit eines philosophischen Beweises für die Unsterblichkeit dargetan wurde, und nun spann sich der Kampf mit Gegenschriften und Apologien fort und verstummte erst gegenüber der katholischen Reaktion. Die Präexistenz der Seelen in Gott, mehr oder weniger nach Platos Ideenlehre gedacht, blieb lange ein sehr verbreiteter Begriff und kam z. B. den Dichtern[146] gelegen. Man erwog nicht näher, welche Konsequenz für die Art der Fortdauer nach dem Tode daran hing.

Die zweite Einwirkung des Altertums kam ganz vorzüglich von jenem merkwürdigen Fragment aus Ciceros sechstem Buche vom Staat her, welches unter dem Namen „Traum des Scipio“ bekannt ist. Ohne den Kommentar des Macrobius wäre es wahrscheinlich untergegangen wie die übrige zweite Hälfte des ciceronischen Werkes; nun war es wieder in unzähligen

145. Septimo Decretal. Lib. V. Tit. III, cap. 8.

146. Ariosto, Orlando, canto VII, Str. 61. – Ins Lächerliche gezogen: Orlandino, cap. IV, Str. 67, 68. (Vgl. S. 358.) – Cariteo, ein Mitglied der neapolitanischen Akademie des Pontanus, benützt die Präexistenz der Seelen, um die Sendung des Hauses Aragon damit zu verherrlichen. Roscoe, Leone X, ed. Bossi, II, p. 288.

Abschriften[147] und von Anfang der Typographie an in Abdrücken verbreitet und wurde mehrfach neu kommentiert. Es ist die Schilderung eines verklärten Jenseits für die grossen Männer, durchtönt von der Harmonie der Sphären. Dieser Heidenhimmel, für den sich allmählich auch noch andere Aussagen der Alten fanden, vertrat allmählich in demselben Masse den christlichen Himmel, in welchem das Ideal der historischen Grösse und des Ruhmes die Ideale des christlichen Lebens in den Schatten stellte, und dabei wurde doch das Gefühl nicht beleidigt wie bei der Lehre von dem gänzlichen Aufhören der Persönlichkeit. Schon Petrarca gründet nun seine Hoffnung wesentlich auf diesen „Traum des Scipio“, auf die Aeusserungen in andern ciceronischen Schriften und auf Platos Phädon, ohne die Bibel zu erwähnen[148]. „Warum soll ich“, frägt er anderswo, „als Katholik eine Hoffnung nicht teilen, welche ich erweislich bei den Heiden vorfinde?“ Etwas später schrieb Coluccio Salutati seine (noch handschriftlich vorhandenen) „Arbeiten des Hercules“, wo am Schluß bewiesen wird, dass den energischen Menschen, welche die ungeheuern Mühen der Erde überstanden haben, der Wohnsitz auf den Sternen von Rechts wegen gehöre[149]. Wenn Dante noch strenge darauf gehalten hatte, dass auch die grössten Heiden, denen er gewiss das Paradies gönnte, doch nicht über jenen Limbus am Eingang der Hölle hinauskamen[150], so griff jetzt die Poesie mit beiden Händen nach den neuen liberalen Ideen vom Jenseits.

147. Orelli ad Cic. de republ. L. VI. – Vgl. auch Lucan. Pharsal. IX, Anfang.

148. Petrarca, epp. fam. IV, 3 (p. 629). IV, 6 (p. 632).

149. Fil. Villani, Vite, p. 15. Diese merkwürdige Stelle, wo Werkdienst und Heidentum zusammentreffen, lautet: che agli uomini fortissimi, poichè hanno vinto le mostruose fatiche della terra, debitamente sieno date le stelle.

150. Inferno IV, 24, s. – Vgl. Purgatorio VII, 28. XXII, 100.

Cosimo der Aeltere wird, laut Bernardo Pulcis Gedicht auf seinen Tod, im Himmel empfangen von Cicero, der ja auch „Vater des Vaterlandes" geheissen, von den Fabiern, von Curius, Fabricius und vielen andern; mit ihnen wird er eine Zierde des Chores sein, wo nur tadellose Seelen singen[151].

Aber es gab in den alten Autoren noch ein anderes, weniger gefälliges Bild des Jenseits, nämlich das Schattenreich Homers und derjenigen Dichter, welche jenen Zustand nicht versüsst und humanisiert hatten. Auf einzelne Gemüter machte auch dies Eindruck. Gioviano Pontano legt irgendwo[152] dem Sannazar die Erzählung einer Vision in den Mund, die er frühmorgens im Halbschlummer gehabt habe. Es erscheint ihm ein verstorbener Freund, Ferrandus Januarius, mit dem er sich einst oft über die Unsterblichkeit der Seele unterhalten hatte; jetzt frägt er ihn, ob die Ewigkeit und Schrecklichkeit der Höllenstrafen eine Wahrheit sei? Der Schatten antwortet nach einigem Schweigen ganz im Sinne des Achill, als ihn Odysseus befragte: „Soviel sage und beteure ich dir, dass wir vom leiblichen Leben Abgeschiedenen das stärkste Verlangen tragen, wieder in dasselbe zurückzukehren." Dann grüsst und verschwindet er.

Es ist gar nicht zu verkennen, dass solche Ansichten vom Zustande nach dem Tode das Aufhören der wesentlichsten christlichen Dogmen teils voraussetzen, teils verursachen. Die Begriffe von Sünde und Erlösung müssen fast völlig verduftet gewesen sein. Man darf sich durch die Wirkung der Bussprediger und

151. Dieser Heidenhimmel findet sich deutlich auch in der Grabschrift des Tonbildners Niccolò dell'Arca:

Nunc te Praxiteles, Phidias, Polycletus adorant
Miranturque tuas, o Nicolae, manus.

(Bei Bursellis, ann. Bonon., Murat. XXIII, Col. 912.)

152. In seiner späten Schrift Actius.

durch die Bussepidemien, von welchen oben (S. 502 u. f., 526 u. f.) die Rede war, nicht irre machen lassen; denn selbst zugegeben, dass auch die individuell entwickelten Stände daran teilgenommen hätten wie alle andern, so war die Hauptsache dabei doch nur das Rührungsbedürfnis, die Losspannung heftiger Gemüter, das Entsetzen über grosses Landesunglück, der Schrei zum Himmel um Hülfe. Die Weckung des Gewissens hatte durchaus nicht notwendig das Gefühl der Sündhaftigkeit und des Bedürfnisses der Erlösung zur Folge, ja selbst eine sehr heftige äussere Busse setzt nicht notwendig eine Reue im christlichen Sinne voraus. Wenn kräftig entwickelte Menschen der Renaissance uns erzählen, ihr Prinzip sei: nichts zu bereuen[153], so kann dies allerdings sich auf sittlich indifferente Angelegenheiten, auf bloss Unkluges und Unzweckmässiges beziehen, aber von selbst wird sich diese Verachtung der Reue auch auf das sittliche Gebiet ausdehnen, weil ihre Quelle eine allgemeine, nämlich das individuelle Kraftgefühl ist. Das passive und kontemplative Christentum mit seiner beständigen Beziehung auf eine jenseitige höhere Welt beherrschte diese Menschen nicht mehr. Macchiavell wagt dann die weitere Konsequenz: dasselbe könne auch dem Staat und der Verteidigung von dessen Freiheit nicht förderlich sein[154].

Welche Gestalt musste nun die trotz allem vorhandene starke Religiosität bei den tiefern Naturen annehmen? Es ist der Theismus oder Deismus, wie man will. Den letztern Namen mag diejenige Denkweise führen, welche das Christliche abgestreift hat, ohne einen weitern Ersatz für das Gefühl zu suchen

153. Cardanus, de propria vita, cap. 13: non poenitere ullius rei quam voluntarie effecerim, etiam quae male cessisset; ohne dieses wäre ich der unglücklichste Mensch gewesen.

154. Discorsi, L. II, cap. 2.

oder zu finden. Theismus aber erkennen wir in der erhöhten positiven Andacht zum göttlichen Wesen, welche das Mittelalter nicht gekannt hatte. Dieselbe schliesst das Christentum nicht aus und kann sich jederzeit mit dessen Lehre von der Sünde, Erlösung und Unsterblichkeit verbinden, aber sie ist auch ohne dasselbe in den Gemütern vorhanden.

Bisweilen tritt sie mit kindlicher Naivetät, ja mit einem halbheidnischen Anklang auf; Gott erscheint ihr als der allmächtige Erfüller der Wünsche. Agnolo Pandolfini erzählt[155], wie er nach der Hochzeit sich mit seiner Gemahlin einschloss und vor dem Hausaltar mit dem Marienbilde niederkniete, worauf sie aber nicht zur Madonna sondern zu Gott beteten, er möge ihnen verleihen die richtige Benützung ihrer Güter, langes Zusammenleben in Fröhlichkeit und Eintracht und viele männliche Nachkommen; „für mich betete ich um Reichtum, Freundschaften und Ehre, für sie um Unbescholtenheit, Ehrbarkeit und dass sie eine gute Haushälterin werden möge". Wenn dann noch eine starke Antikisierung im Ausdruck hinzukömmt, so hat man es bisweilen schwer, den heidnischen Stil und die theistische Ueberzeugung auseinanderzuhalten[156].

155. Del governo della famiglia, p. 114.

156. Als Beispiel die kurze Ode des M. Antonio Flaminio aus den Coryciana (vgl. S. 296):

Dii quibus tam Corycius venusta
Signa, tam dives posuit sacellum,
Ulla si vestros animos piorum
    Gratia tangit,
Vos iocos risusque senis faceti
Sospites servate diu; senectam
Vos date et semper viridem et Falerno
    Usque madentem.
At simul longo satiatus aevo
Liquerit terras, dapibus Deorum
Laetus intersit, potiore mutans
    Nectare Bacchum.

Auch im Unglück äussert sich hie und da diese Gesinnung mit ergreifender Wahrheit. Es sind aus der spätern Zeit des Firenzuola, da er jahrelang am Fieber krank lag, einige Anreden an Gott vorhanden, in welchen er sich beiläufig mit Nachdruck als einen gläubigen Christen geltend macht und doch ein rein theistisches Bewusstsein an den Tag legt[157]. Er fasst sein Leiden weder als Sündenschuld noch als Prüfung und Vorbereitung auf eine andere Welt; es ist eine Angelegenheit zwischen ihm und Gott allein, der die mächtige Liebe zum Leben zwischen den Menschen und seine Verzweiflung hineingestellt hat. „Ich fluche, doch nur gegen die Natur, denn Deine Grösse verbietet mir, Dich selbst zu nennen ... gib mir den Tod, Herr, ich flehe Dich, gib mir ihn jetzt!"

Einen augenscheinlichen Beweis für einen ausgebildeten, bewussten Theismus wird man freilich in diesen und ähnlichen Aussagen vergebens suchen; die Betreffenden glaubten zum Teil noch Christen zu sein und respektierten ausserdem aus verschiedenen Gründen die vorhandene Kirchenlehre. Aber zur Zeit der Reformation, als die Gedanken gezwungen waren, sich abzuklären, gelangte diese Denkweise zu einem deutlichern Bewusstsein; eine Anzahl der italienischen Protestanten erwiesen sich als Antitrinitarier, und die Sozinianer machten sogar als Flüchtlinge in weiter Ferne den denkwürdigen Versuch, eine Kirche in diesem Sinn zu konstituieren. Aus dem bisher Gesagten wird wenigstens so viel klar geworden sein, dass ausser dem humanistischen Rationalismus noch andere Geister in diese Segel wehten.

Ein Mittelpunkt der ganzen theistischen Denkweise ist wohl in der platonischen Akademie von Florenz und ganz besonders in Lorenzo magnifico selbst zu

157. Firenzuola, opere, vol. IV, p. 147, s.

suchen. Die theoretischen Werke und selbst die Briefe jener Männer geben doch nur die Hälfte ihres Wesens. Es ist wahr, dass Lorenzo von Jugend auf bis an sein Lebensende sich dogmatisch christlich geäussert hat[158] und dass Pico sogar unter die Herrschaft Savonarolas und in eine mönchisch aszetische Gesinnung hineingeriet[159]. Allein in den Hymnen Lorenzos[160], welche wir als das höchste Resultat des Geistes jener Schule zu bezeichnen versucht sind, spricht ohne Rückhalt der Theismus, und zwar von einer Anschauung aus, welche sich bemüht, die Welt als einen grossen moralischen und physischen Kosmos zu betrachten Während die Menschen des Mittelalters die Welt ansehen als ein Jammertal, welches Papst und Kaiser hüten müssen bis zum Auftreten des Antichrist, während die Fatalisten der Renaissance abwechseln zwischen Zeiten der gewaltigen Energie und Zeiten der dumpfen Resignation oder des Aberglaubens, erhebt sich hier, im Kreise[161] auserwählter Geister, die Idee, dass die sichtbare Welt von Gott aus Liebe geschaffen, dass sie ein Abbild des in ihm präexistierenden Vorbildes sei, und dass er ihr dauernder Beweger und Fortschöpfer

158. Nic. Valori, Vita di Lorenzo, passim. – Die schöne Instruktion an seinen Sohn Kardinal Giovanni, bei Fabroni, Laurentius, Adnot. 178, und in den Beilagen zu Roscoe, Leben des Lorenzo.

159. Jo. Pici vita, auct. Jo. Franc. Pico. – Seine Deprecatio ad Deum, in den Deliciae poetar. italor.

160. Es sind die Gesänge: Orazione („Magno Dio, per la cui costante legge etc.", bei Roscoe, Leone X, ed. Bossi, VIII, p. 120); – der Hymnus („Oda il sacro inno tutta la natura etc." bei Fabroni, Laurentius, Adnot. 9); – L'altercazione (Poesie di Lorenzo magn. I, p. 265; in letzterer Sammlung sind auch die übrigen hier genannten Gedichte mit abgedruckt).

161. Wenn es dem Pulci in seinem Morgante irgendwo mit religiösen Dingen ernst ist, so wird dies von Ges. XVI, Str. 6, gelten; diese deistische Rede der schönen Heidin Antea ist vielleicht der greifbarste Ausdruck der Denkweise, welche unter Lorenzos Genossen geltend war; die oben (S. 535 f., 539, Anm.) zitierten Reden des Dämons Astarotte bilden dann gewissermassen die Ergänzung dazu.

bleiben werde. Die Seele des Einzelnen kann zunächst durch das Erkennen Gottes *ihn* in ihre engen Schranken zusammenziehen, aber auch durch Liebe zu ihm *sich* ins Unendliche ausdehnen, und dies ist dann die Seligkeit auf Erden.

Hier berühren sich Anklänge der mittelalterlichen Mystik mit platonischen Lehren und mit einem eigentümlichen modernen Geiste. Vielleicht reifte hier eine höchste Frucht jener Erkenntnis der Welt und des Menschen, um derentwillen allein schon die Renaissance von Italien die Führerin unseres Weltalters heissen muss.

GENAUERE TITELANGABEN

einiger häufiger zitierten Werke

Archivio storico italiano, nebst Appendice. Firenze, Vieusseux.
Muratori: Scriptores rerum Italicarum.
Fabroni: Magni Cosmi Medicei vita.
Desselben: Laurentii Med. magnifici vita.
Roscoe: Leben des Lorenzo Medici.
Poesie del magnifico Lorenzo de' Medici, Londra 1801.
Roscoe: Vita e pontificato di Leone X, trad. da Luigi Bossi, Milano 1816, s., 12 voll. in 8., mit vielen Beilagen, die dem englischen Original fehlen.
Petrarca: Gesamtausgabe seiner lateinischen opera, Basileae 1581, fol.
Poggii opera, Strassburger Ausgabe von 1513, fol.
Philelphi orationes, ed. Venet. 1492, fol.
M. Anton. Sabellici opera, ed. Venet. 1502, fol.
Pii II. P. M. commentarii, ed. Romana 1584.
Aeneae Silvii opera, ed. Basil. 1551, fol.
Platina: De vitis pontificum romanor., Coloniae Aggrippinae 1626.
Anecdota literaria e mss. codd. eruta, herausg. von Amaduzzi und Bianconi, Rom 1773 bis 1783, vier Bände in 8.
Corio: Historia di Milano, ed. Venet. 1554.
Macchiavelli: Opere minori, Firenze, Lemonnier, 1852.
Varchi: Storia fiorentina, Milano 1803, 5 voll. in 8.
Tommaso Gar: Relazioni della corte di Roma (der dritte Band der zweiten Serie der Relazioni degli ambasciatori veneti, raccolte da Eug. Albèri, Firenze).
Boccaccio: Opere volgari, Firenze 1829, s., presso Ign. Moutier, 17 voll. in 8.

Filippo Villani: Le vite d'uomini illustri fiorentini, Firenze 1826.
Agnolo Pandolfini: Trattato del governo della famiglia, Torino, Pomba, 1829.
Trucchi, Poesie italiane inedite, Prato 1846, 4 voll. in 8.
Raccolta di Poesie satiriche, Milano 1808, 1 vol.
Firenzuola: Opere, Milano 1802. in 8.
Castiglione: Il cortigiano, Venezia, 1549.
Vespasiano fiorentino, ausser der hier benützten Ausgabe von Mai, im X. Bande des Spicilegium romanum ist eine neuere von Bartoli, Firenze 1859, zu erwähnen.
Vasari: Le vite de' più eccellenti pittori, scultori e architetti, Firenze, Lemonnier, seit 1846, dreizehn Bände.

NAMENREGISTER

(Hauptstellen sind durch Kursivsatz hervorgehoben)

ABBILDUNGSVERZEICHNIS

INHALTSÜBERSICHT

ZWEITER ABSCHNITT

Entwicklung des Individuums

DRITTER ABSCHNITT

Die Wiedererweckung des Altertums

VIERTER ABSCHNITT

Die Entdeckung der Welt und des Menschen

FÜNFTER ABSCHNITT

Die Geselligkeit und die Feste

SECHSTER ABSCHNITT

Sitte und Religion